Entscheidungen

des

Reichsgerichts.

Herausgegeben

von

den Mitgliedern des Gerichtshofes
und der Reichsanwaltschaft.

Entscheidungen in Zivilsachen.

132. Band.

Berlin und Leipzig 1931

Walter de Gruyter & Co.

vormals G. J. Göschen'sche Verlagshandlung – J. Guttentag, Verlags-
buchhandlung – Georg Reimer – Karl J. Trübner – Veit & Comp.

Entscheidungen

des

Reichsgerichts

in

Zivilsachen.

---

132. Band.

Mit Anhang: Entscheidung des Staatsgerichtshofs.

Berlin und Leipzig 1931

Walter de Gruyter & Co.

vormals G. J. Göschen'sche Verlagshandlung – J. Guttentag, Verlags-buchhandlung – Georg Reimer – Karl J. Trübner – Veit & Comp.

Druck von Metzger & Wittig in Leipzig

Inhalt.

I. Bürgerliches Recht.

a. Reichsrecht.

b. Landesrecht.

II. Öffentliches Recht.

III. Gerichtliches Verfahren.

Anhang: Entscheidung des Staatsgerichtshofs.

1. 1. Anfechtung eines gemeinschaftlichen wechselbezüglichen Testaments, wenn der überlebende Ehegatte zur zweiten Ehe geschritten ist.

2. Inwiefern wird der Beginn der Anfechtungsfrist durch einen Rechtsirrtum des wiederverheirateten Ehegatten gehindert?

3. Wann beginnt die Anfechtungsfrist für den überlebenden zweiten Ehegatten?

BGB. §§ 2079, 2082, 2270, 2271 Abs. 2, §§ 2281 flg., 2285.

IV. Zivilsenat. Beschl. v. 11. Dezember 1930 in der Sch.schen Nachlaßsache. IV B 27/30.

I. Amtsgericht Berlin-Wedding.
II. Landgericht III Berlin.

Sachverhalt und Entscheidung ergeben sich aus den

Gründen:

Der Rektor Sch. errichtete mit seiner Ehefrau Anna geb. H. zu notariellem Protokoll vom 5. Januar 1903 ein gemeinschaftliches Testament, in dem die Ehegatten sich gegenseitig zu Erben einsetzten und bestimmten, daß nach dem Tode des Letztlebenden der gemeinschaftliche Nachlaß an die vier Kinder falle, der Überlebende „sonach" Vorerbe des Erstversterbenden und die Kinder Nacherben (und zwar für den Überrest) seien. Nachdem die Ehefrau gestorben war, schloß der Ehemann am 5. April 1927 eine zweite Ehe mit Anna geb. L. Ohne die Erbschaft nach seiner ersten Frau ausgeschlagen zu haben, errichtete er am 1. Mai 1930 ein neues eigenhändiges Testament, worin er unter Aufhebung seiner früheren Verfügungen neben zwei überlebenden Kindern und den beiden Kindern einer vorverstorbenen Tochter auch seine zweite Ehefrau zu einem Viertel des Nachlasses als Erbin einsetzte. Am 2. Mai 1930 starb er. Die Witwe focht im Mai 1930 das erste Testament wegen ihres nachträglich entstandenen Pflichtteilsrechts an und beantragte auf Grund des letzten Testaments die Erteilung eines Erbscheins dahin, daß sie zu einem Viertel Erbin ihres Ehemanns geworden sei. Das Amtsgericht lehnte den Antrag ab, weil das zweite Testament wegen seines Widerspruchs mit dem ersten, für den Erblasser unwiderruflich gewordenen gemeinschaftlichen Testament unwirksam sei. Daran sei auch durch die von der Witwe erklärte Anfechtung des ersten Testaments nichts geändert worden, weil die nach §§ 2079, 2281 flg. BGB. laufende Anfechtungsfrist bereits vom Erblasser selbst versäumt worden sei. Die Beschwerde der Antragstellerin wurde vom Landgericht zurückgewiesen, und zwar mit der Begründung, daß das Amtsgericht die Vorschrift des § 2285 BGB. mit Recht für entsprechend anwendbar ansehe und daß der Beginn der Anfechtungsfrist durch einen Rechtsirrtum des Erblassers, insbesondere durch seine etwaige Unkenntnis des Anfechtungsrechts, nicht gehemmt worden sei.

Mit der weiteren Beschwerde macht die Antragstellerin geltend: Eine entsprechende Anwendung der Vorschriften über die Anfechtung eines Erbvertrags, insbesondere des § 2285 BGB., auf den Fall der Bindung des Erblassers an ein gemeinschaftliches Testament sei nicht zulässig. Keinesfalls aber könne angenommen werden, daß die Anfechtungsfrist für den Erblasser selbst zu laufen begonnen habe, da ihm als Laien die durch seine Wiederverheiratung begründete Möglichkeit der Anfechtung des mit seiner ersten Frau errichteten gemeinschaftlichen Testaments nicht bekannt gewesen sei.

Das Kammergericht erachtet die nach § 27 FGG. zulässige weitere Beschwerde insofern für begründet, als das Landgericht einer etwaigen Rechtsunkenntnis des Erblassers jede Bedeutung für den Beginn des Laufes der Anfechtungsfrist abspreche. Es will nicht soweit gehen wie das Oberlandesgericht Dresden, das den Grundsatz aufgestellt hat, daß, wenn sich der anfechtungsberechtigte überlebende Ehegatte in einem Rechtsirrtum über die Notwendigkeit der Anfechtung des gemeinschaftlichen Testaments befunden hat, die Unterlassung der Anfechtung durch ihn die Anfechtung durch den Pflichtteilsberechtigten nicht hindere, sofern anzunehmen sei, daß der Erblasser bei Kenntnis der Rechtslage von seinem Anfechtungsrecht Gebrauch gemacht haben würde (JFG. Bd. 1 S. 163, Bd. 5 S. 174). Das Kammergericht erachtet aber einen Rechtsirrtum des überlebenden Ehegatten nicht nur dann für beachtlich, wenn dieser das ihn bindende gemeinschaftliche Testament aus formellen oder sachlichen Gründen für ungültig hält, sondern auch dann, wenn er es zwar für gültig ansieht, aber rechtsirrtümlich annimmt, es sei für ihn wegen des Vorhandenseins des Pflichtteilsberechtigten (hier seiner zweiten Ehefrau) nicht mehr bindend und er könne es deshalb jederzeit widerrufen. Demgemäß meint das Kammergericht, die Anfechtungsfrist laufe für den überlebenden Ehegatten nur dann, wenn er sich der Gültigkeit des gemeinschaftlichen Testaments und seiner Bindung daran bewußt sei und die Anfechtung nur deshalb unterlasse, weil er nicht wisse, daß das Gesetz die Möglichkeit einer solchen Anfechtung vorsehe.

Von diesem Standpunkt aus will das Kammergericht auf die weitere Beschwerde den landgerichtlichen Beschluß aufheben und die Sache in die Vorinstanz zurückverweisen, da der Sachverhalt noch der Aufklärung bedürfe. Es sieht sich aber daran gehindert durch das Urteil des Reichsgerichts vom 25. September 1919 IV 167/19 (Recht 1920 Nr. 424 = Bayr. Zeitschr. f. Rechtspfl. 1919 S. 424), worin unzweideutig ausgesprochen sei, daß auch ein Rechtsirrtum des anfechtungsberechtigten Ehegatten über seine Bindung an das gemeinschaftliche Testament den Beginn der Anfechtungsfrist nicht hindere. Deshalb legt das Kammergericht die weitere Beschwerde dem Reichsgericht zur Entscheidung vor.

Die Zuständigkeit des Reichsgerichts ist nach § 28 Abs. 2 FGG. gegeben. Die weitere Beschwerde kann aber, abweichend von der Ansicht des Kammergerichts, auch nicht bedingt als begründet angesehen werden.

Der Ausgangspunkt der Vorinstanzen ist zutreffend. Danach sind die Bestimmungen des gemeinschaftlichen Testaments vom 5. Januar 1903 — gegenseitige Erbeinsetzung der Ehegatten, Zuwendung des beiderseitigen Nachlasses an die Kinder — nach der Regel des § 2270 Abs. 2 BGB., gegen die von der Beschwerdeführerin nichts vorgebracht ist, als wechselbezüglich im Sinne dieser Vorschrift anzusehen. Deshalb konnten sie nach § 2271 Abs. 2 vom überlebenden Ehemann nicht mehr aufgehoben werden, nachdem er das ihm Zugewendete nicht ausgeschlagen, sondern die Erbschaft nach seiner ersten Ehefrau angetreten hatte. In einem solchen Falle ist, wenn der überlebende Teil zu einer neuen Ehe schreitet, sein ihn überlebender zweiter Ehegatte als Pflichtteilsberechtigter nach § 2079 BGB. zur Anfechtung des gemeinschaftlichen Testaments soweit berechtigt, daß ihm der gesetzliche Erbteil zusteht. Die Anfechtung ist an die Frist des § 2082 das. gebunden.

Mit Recht haben ferner die Vorinstanzen angenommen, daß die Beschwerdeführerin nach § 2285 BGB. zur Anfechtung nicht mehr befugt war, wenn das Anfechtungsrecht des Erblassers zur Zeit des Erbfalls bereits erloschen war. Daß die für den Erbvertrag geltenden Vorschriften der §§ 2281 flg., insbesondere des § 2285 BGB., auf das gemeinschaftliche wechselbezügliche Testament entsprechend anzuwenden sind, entspricht der feststehenden Rechtsprechung des beschließenden Senats (RGZ. Bd. 77 S. 165, Bd. 87 S. 95; WarnRspr. 1918 Nr. 213; Urt. vom 22. Dezember 1921 IV 633/21, vom 29. September 1930 IV 798/29). Im vorliegenden Falle sind seit der Wiederverheiratung des Erblassers, mit der sein Anfechtungsrecht entstand, bis zu seinem Tode mehrere Jahre verflossen, ohne daß er das mit seiner ersten Ehefrau errichtete gemeinschaftliche Testament angefochten hätte. Die Beschwerdeführerin war also zur Anfechtung des gemeinschaftlichen Testaments nur dann befugt, wenn der Fristlauf dem Erblasser gegenüber gehemmt war.

Der Fristlauf beginnt nach § 2082 BGB. mit dem Zeitpunkt, in dem der überlebende Ehegatte vom Anfechtungsgrund Kenntnis erlangt, d. h. alle sein Anfechtungsrecht begründenden Tatsachen zuverlässig erfahren hat (vgl. Entsch. des Senats bei Gruch. Bd. 59 S. 481; RGZ. Bd. 107 S. 192; auch WarnRspr. 1914 Nr. 26 und RGZ. Bd. 115 S. 27). Die Kenntnis von dem Anfechtungsgrund kann dem überlebenden Ehegatten fehlen, wenn er sich in einem Irrtum befindet. Es ist zuzugeben, daß auch ein auf Unkenntnis der gesetzlichen Vorschriften beruhender Rechtsirrtum die Kenntnis in diesem Sinne ausschließen kann. Jedenfalls muß aber der Rechtsirrtum die Unkenntnis einer die Anfechtung begründenden Tatsache zur Folge haben, und es darf sich nicht lediglich um eine rechtsirrtümliche Beurteilung des Anfechtungstatbestands selbst handeln. Denn schon die Kenntnis dieses Anfechtungstatbestands setzt die Anfechtungsfrist in Lauf, und es ist nach § 2082 nicht erforderlich, daß der Erblasser von seinem Anfechtungsrecht unterrichtet ist.

Faßt man dies ins Auge, so kann der Ansicht des Kammergerichts, daß die Anfechtungsfrist gegen den überlebenden Ehegatten nicht laufe, solange er das gemeinschaftliche Testament aus formellen oder sachlichen Gründen für ungültig halte, nur unter der Voraussetzung beigetreten werden, daß der Ehegatte die Ungültigkeit nicht aus Umständen herleitet, die ihrerseits erst sein Anfechtungsrecht begründen. Diese Voraussetzung kann z. B. gegeben sein, wenn ein formelles Bedenken gegen die Gültigkeit des gemeinschaftlichen Testaments vorliegt, sodaß es verständlich erscheint, wenn der überlebende Ehegatte es deshalb als von Anfang an nichtig angesehen hat. In einem solchen Falle, der freilich wohl selten praktisch werden wird, bezieht sich der Rechtsirrtum des überlebenden Ehegatten nicht auf die sein Anfechtungsrecht begründenden Tatsachen, schließt also seine Kenntnis vom Anfechtungsgrund im Sinne des § 2082 aus.

Im vorliegenden Falle ist derartiges oder ähnliches nicht vorgebracht. Der Erblasser hat, was auch das Kammergericht nicht verkennt, das gemeinschaftliche Testament vom 5. Januar 1903 für an sich gültig gehalten. Er ist sich lediglich der ihn bindenden Wirkung jenes Testaments nicht bewußt gewesen und hat demgemäß auch nicht gewußt, daß er das Testament anfechten könne. Das könnte ohne weiteres daraus entnommen werden, daß er geglaubt hat, durch sein Testament vom 1. Mai 1930 die wechselbezüglichen Verfügungen des gemeinschaftlichen Testaments umstoßen zu können, und ist jedenfalls zugunsten der Beschwerdeführerin zu unterstellen. Dagegen sind ihm alle sein Anfechtungsrecht begründenden Tatsachen, nämlich das von ihm selbst errichtete gemeinschaftliche Testament, der Tod seiner ersten Ehefrau, sein Erbantritt nach ihr und seine zweite Eheschließung, bekannt gewesen. Dann lag aber, wie der beschließende Senat in dem bereits erwähnten, einen ähnlichen Fall betreffenden Urteil vom 25. September 1919 angenommen hat, reine Rechtsunkenntnis des Erblassers vor, die den Lauf der Anfechtungsfrist nicht hinderte.

Es ist hiernach rechtlich nicht zu beanstanden, daß die Vorinstanzen die Beschwerdeführerin nach § 2285 BGB. nicht mehr für anfechtungsberechtigt angesehen haben. Die weitere Beschwerde ist somit unbegründet.

2. Kann die Unterwerfung unter die sofortige Zwangsvollstreckung in einem Vertragsangebot wirksam erklärt werden?

ZPO. § 794 Abs. 1 Nr. 5. BGB. § 145.

IV. Zivilsenat. Urt. v. 9. Februar 1931 i. S. Frau F. B. (Bekl.) w. Witwe M. B. (Kl.). IV 320/30.

I. Landgericht Altona.
II. Oberlandesgericht Kiel.

Der am 18. Februar 1928 verstorbene Ehemann der Klägerin, der von der Beklagten, seiner ersten Ehefrau, geschieden war, hatte am 30. Mai 1924 folgende notarielle Urkunde ausgestellt: „Ich mache meiner früheren Ehefrau ... folgendes Vertragsangebot: Ich verpflichte mich, meiner früheren Ehefrau ... bis zu deren Wiederverheiratung zur Abfindung aller Unterhaltsansprüche eine monatliche Rente von 55 GM. zu zahlen. ... Ich unterwerfe mich der sofortigen Zwangsvollstreckung aus dieser Urkunde." Das Angebot war am 2. Juni 1924 von der Beklagten zu notariellem Protokoll angenommen worden. Die Klägerin ist die Alleinerbin ihres Mannes. Die Beklagte verlangte von ihr die Weiterzahlung der Rente und erwirkte gegen sie eine vollstreckbare Ausfertigung der Urkunde vom 30. Mai 1924. Die Klägerin erhob darauf Klage und beantragte, die Zwangsvollstreckung aus der Urkunde für unzulässig zu erklären, die Beklagte zur Herausgabe der vollstreckbaren Ausfertigung zu verurteilen und festzustellen, daß die Klägerin nicht verpflichtet sei, der Beklagten weiterhin Unterhalt zu gewähren. Das Landgericht wies die Klage ab. Das Berufungsgericht gab ihr statt. Die Revision der Beklagten blieb ohne Erfolg.

Aus den Gründen:

Das Berufungsgericht ist im Gegensatz zum Landgericht der Ansicht, daß die Urkunde vom 30. Mai 1924 einen zur Vollstreckung geeigneten Titel im Sinne des § 794 Abs. 1 Nr. 5 ZPO. bilde. Denn sie sei, obwohl sie nur einen Vertragsantrag enthalte, über einen Anspruch errichtet, der die Zahlung einer bestimmten Geldsumme zum Gegenstand habe; die in ihr beurkundete Unterwerfungsklausel sei also wirksam. Die hiergegen gerichteten Angriffe der Revision sind nicht begründet. Richtig ist, daß ein Vertragsangebot dem Empfänger keinen gegenwärtigen Anspruch auf Leistung, sondern nur ein Gestaltungsrecht gewährt (Staudinger Anm. 5 zu § 145 BGB.; v. Tuhr Allgem. Teil II S. 468), das unter Umständen übertragbar ist. Auf der anderen Seite wird allgemein anerkannt, daß sich der Schuldner in Urkunden, die über bedingte oder betagte Ansprüche errichtet werden, der sofortigen Zwangsvollstreckung unterwerfen kann. Um einen solchen Anspruch handelt es sich hier allerdings nicht. Denn die Bedingung der Annahme des Vertrags wäre eine bloße Rechtsbedingung, von der notwendigerweise schon kraft Gesetzes die Rechtswirkung abhängig ist. Es kann sich daher nur fragen, ob die Urkunde über einen künftigen, demnächst mit Annahme des Angebots entstehenden Anspruch errichtet sein sollte. Das muß bejaht werden. Jeder Vertragsantrag schließt die Willenserklärung des Antragenden in sich, den Anspruch des Antragsempfängers für den Fall der Annahme des Antrags zur Entstehung zu bringen. Der Antragende, der sich zum Vertragsschluß bereit erklärt, ist kraft Gesetzes (§ 145 BGB.) an seinen Antrag gebunden. Seine Erklärung hat mithin einen künftigen, durch die Annahme entstehenden Anspruch des Antragsempfängers zum Gegenstand und Inhalt. Daraus folgt, daß die Urkunde dann, wenn der Antrag beurkundet wird, zugleich „über" den künftigen Anspruch errichtet ist, auch wenn das nicht besonders zum Ausdruck gebracht wird.

Eine andere Frage ist, ob nach Prozeßrecht die Zulässigkeit der Unterwerfungsklausel wegen bloß künftiger Ansprüche anerkannt werden muß. Diese Frage ist streitig. Die Kommentare zur Zivilprozeßordnung, mit Ausnahme von Stein-Jonas (§ 794 VII 2 bei Anm. 91) und Baumbach (Anm. 5 zu § 794), verneinen eine solche Möglichkeit, im wesentlichen unter Berufung auf Seuffert in Zeitschr. f. Zivilprozeß Bd. 16 S. 453/54 und auf Kohler in Gruch. Bd. 31 S. 315 und Arch. f. ziv. Pr. Bd. 80 S. 149/50; ebenso Falkmann Zwangsvollstreckung § 7 S. 75. Auf dem gleichen Standpunkt stehen das Kammergericht (RJOLG. Bd. 10 S. 86 und Blätter f. Rechtspfl. 1925 S. 54) sowie das Oberlandesgericht Stuttgart in Jahrb. f. Württ. Rechtspfl. Bd. 20 S. 290. Dagegen läßt das Landgericht II Berlin (JW. 1922 S. 1346 Nr. 2, mit zustimmender Anmerkung von Stillschweig) die Unterwerfungsklausel wegen künftiger Ansprüche zu. Die Gegner sind der Ansicht, daß die Unterwerfung wegen solcher Ansprüche dem Wesen des Vollstreckungsrechts widerstreite, das stets einen bereits bestehenden, wenn auch bedingten oder betagten Anspruch voraussetze. Soweit sie sich hierbei darauf berufen, daß das Gesetz in § 794 Abs. 1 Nr. 5 ZPO. von der Unterwerfung unter die „sofortige" Zwangsvollstreckung spreche, eine solche aber zur Zeit der Unterwerfung bei künftigen Forderungen noch gar nicht möglich sei, begegnet dem der Berufungsrichter mit dem zutreffenden Hinweis, daß damit nur die Vollstreckung ohne vorherigen Prozeß und vorheriges Urteil gemeint sei. Sonstige Vorschriften des Gesetzes, aus denen sich die Unzulässigkeit der Unterwerfungsklausel wegen künftiger Ansprüche ergeben könnte, bestehen nicht. Daß die Vollstreckungsklausel erst nach Entstehung des Anspruchs erteilt werden kann (§§ 726, 795 ZPO.), ist für die hier zu entscheidende Frage ohne Bedeutung. Die Annahme eines Unterwerfungsvertrags, der sich auf eine bereits bestehende Schuld beziehen müsse, ist abzulehnen, da die Unterwerfungserklärung ein einseitiger Rechtsakt des Schuldners ist (RGZ. Bd. 84 S. 318). Das Gesetz selbst erfordert nur die Bestimmtheit des Anspruchs. Eine solche mag nicht vorliegen, wenn sich der Schuldner der Vollstreckung z. B. ganz allgemein wegen der aus einem Gesellschafts- oder Mietverhältnis in Zukunft etwa entstehenden Ansprüche oder wegen der dem Betrag nach noch unbestimmten Ansprüche aus einer Höchstbetragshypothek unterwirft. Anders liegt es hier, wo es sich um einen Anspruch auf zeitlich und ziffermäßig fest begrenzte Rentenzahlungen handelt. In einem solchen Fall ist nicht einzusehen, weshalb sich der Schuldner nicht schon im Vertragsangebot in der Voraussetzung seiner Annahme der Zwangsvollstreckung soll unterwerfen können. Ähnlich wäre der Fall zu beurteilen, daß der Schuldner einem Geldgeber den Abschluß eines Darlehensvertrags anträgt und sich schon dabei der Zwangsvollstreckung unterwirft. Auch künftige Ansprüche können hiernach der Unterwerfungsklausel zur Grundlage dienen, wenn sie der nötigen Bestimmtheit nicht entbehren. Im übrigen weist der Berufungsrichter zutreffend darauf hin, daß nach der Rechtsprechung des Reichsgerichts selbst Urteile wegen künftiger Ansprüche ergehen, also vollstreckt werden können (RGZ. Bd. 58 S. 139; JW. 1909 S. 393 Nr. 10, 1914 S. 937 Nr. 24).

Nach alledem muß im Streitfall die Unterwerfungsklausel als rechtswirksam angesehen werden. Daß sie nur den Sinn haben sollte, der Ehemann wolle und werde sich erst nach Annahme seines Antrags der Zwangsvollstreckung unterwerfen, er werde also seine Erklärung dann wiederholen, trifft nicht zu. Auch können sich aus der hier vertretenen Auffassung praktische Schwierigkeiten im Rechtsverkehr nicht ergeben. Der Notar, der das Vertragsangebot mit Unterwerfungsklausel beurkundet hat, darf eine vollstreckbare Ausfertigung der Urkunde erst erteilen, wenn die Annahme des Angebots vor ihm selbst erklärt worden ist oder ihm durch öffentliche oder öffentlich beglaubigte Urkunde nachgewiesen wird (§§ 795, 726 Abs. 1 ZPO.). Und auch nur dieser Notar oder sein Nachfolger in der Verwahrung der Urkunde (§ 797 Abs. 2 das.) darf die vollstreckbare Ausfertigung erteilen. Dies gilt selbst dann, wenn die Annahmeerklärung von einem anderen Notar aufgenommen worden ist. . . . (Es wird sodann die Annahme des Berufungsgerichts gebilligt, daß der Anspruch auf Rentenzahlung nicht mehr bestehe und der Klagantrag deshalb begründet sei.)

---

3. 1. Wird die Gültigkeit einer Hypothek durch eine persönliche Pfandbrieflieferungspflicht des Schuldner-Eigentümers beeinträchtigt?

2. Kann der Schuldner-Eigentümer dem Gläubiger die Befugnis zugestehen, ihm die Löschung der Hypothek bis zur Lieferung von Pfandbriefen zu verweigern?

BGB. §§ 262flg., 273, 1113, 1144.

V. Zivilsenat. Urt. v. 21. März 1931 i. S. H. (Kl.) w. B. Hypothekenverein (Bekl.). V 256/30.

I. Landgericht II Berlin.

Die Klägerin, die im Jahre 1925 vom Beklagten ein Hypothekendarlehen von 8000 Feingoldmark in zehnprozentigen Goldpfandbriefen erhielt, kündigte es ihm für Ende 1930. Der Beklagte verlangte darauf, daß das Kapital, soweit es nicht schon durch Beiträge getilgt sei, in Goldpfandbriefen erstattet werde. Die Klägerin lehnte das ab und will im vorliegenden Rechtsstreit die Hypothek überhaupt nicht mehr gelten lassen. Sie fordert deshalb in erster Linie Verurteilung des Beklagten zur Berichtigung des Grundbuchs durch Löschung der Hypothek und zur Herausgabe des Briefs, hilfsweise die gleiche Verurteilung gegen Zahlung von 7297,75 GM. ab 31. Dezember 1930 und zugleich die Feststellung, daß dem Beklagten keine weiteren Ansprüche gegen sie zustehen, andernfalls die Feststellung, daß der Beklagte durch Zahlung von 7297,75 GM. ab 31. Dezember 1930 zur Ausstellung der löschungsfähigen Quittung verpflichtet werde und danach keine weiteren Ansprüche mehr gegen sie habe; in letzter Linie verlangt sie die Feststellung, daß dem Beklagten kein dinglich gesicherter Anspruch auf die Ablösung der auf ihrem Grundstück eingetragenen Darlehenshypothek in Pfandbriefen zustehe.

Der Streit der Parteien geht um den Inhalt und die rechtlichen Wirkungen der nach dem Vordruck des verklagten Hypothekenvereins in die Urkunde vom 22. Juli 1925 aufgenommenen Vereinbarungen. Die Klägerin bekennt darin, vom Beklagten ein Darlehen in Höhe des Preises von 2867,30 g Feingold = 8000 GM., ausgezahlt in zehnprozentigen Berliner Gold-Stadtschaftspfandbriefen des Beklagten, unter den nachfolgenden Bedingungen erhalten zu haben. Unter I ist (neben anderem, was hier nicht in Betracht kommt) die Verpflichtung vermerkt, zur Tilgung des Darlehens jährlich 1%, unter Umständen mehr zu zahlen. Unter II heißt es: „Wegen aller Ansprüche der Gläubigerin aus dieser Urkunde, insbesondere auch auf Rückzahlung, unterwirft sich die Schuldnerin den Bestimmungen der durch Erlaß vom ... genehmigten Satzung und des ... Nachtrags." Nach V sind alle Zahlungen auf Grund der Urkunde an der Kasse der Gläubigerin zu leisten; die Geldbeträge sind in Feingold zu berechnen und in Reichswährung zu zahlen. Im Anschluß hieran erklärt die Klägerin, daß sie für alle Ansprüche aus der Urkunde ... auf Zinsen, Kosten, Nebenleistungen sowie auf Zahlung eines Betrags in Höhe der angegebenen Feingoldmenge an ihrem Grundstück Hypothek bestelle; sie bewillige und beantrage die Eintragung der obigen Hypothek. Zum Schlusse heißt es:

Abgesehen von den vorstehenden durch die Hypothekbestellung gesicherten Bestimmungen sollen noch folgende, nicht im Grundbuch einzutragende Bestimmungen gelten:

A. Bei Fälligkeit des Darlehens, gleichgültig, ob sie auf Grund der Kündigung der Gläubigerin oder der Schuldnerin eintritt, ist die Schuldnerin berechtigt und auf Verlangen der

Gläubigerin verpflichtet, das Darlehenskapital in nicht ausgelosten Gold-Stadtschaftspfandbriefen von derselben Gattung, wie sie der Schuldnerin gegeben sind, nach deren Nennwert ... zurückzuerstatten. ... Werden die Goldpfandbriefe trotz wirksamer Erklärung, sei es der Schuldnerin, sei es der Gläubigerin, nicht zurückgewährt, so hat die Gläubigerin das Recht, an Stelle der ... briefe einen Betrag in Höhe des Preises des oben angegebenen Quantums Feingold sowie Schadensersatz wegen unterlassener Rückgewähr zu verlangen. In jedem Fall bleibt aber bis zur tatsächlichen Rückgewähr der ... briefe bzw. anderweitigen Tilgung dieses Anspruchs der Gläubigerin die Geldforderung der Gläubigerin, auf Grund deren die Hypothek bestellt ist, sowie die Hypothek selbst bestehen.

Unter B bis D folgen Bestimmungen über Schadensersatz wegen Verzugs oder vertragswidrigen Verkaufs der Pfandbriefe sowie über den Beitritt zur Stadtschaft. Im Satzungsnachtrag, auf den zu II verwiesen wird, findet sich der Satz: „freiwillige wie notwendige Darlehensrückzahlungen sind bei Goldhypotheken nur in nicht ausgelosten Gold-Stadtschaftspfandbriefen ... zulässig."

Die Klägerin führt aus, die Forderung des Beklagten sei, wie durch die Kündigung zutage getreten, nicht oder nicht mehr eine Geldforderung, sondern gehe auf Lieferung von Pfandbriefen. Sie folgert daraus die Nichtigkeit der Hypothek. Andernfalls glaubt sie wenigstens nur zur Zahlung der Darlehenssumme in Geld verpflichtet zu sein oder, wenn sie Pfandbriefe liefern müsse, gegen solche Zahlung immerhin die Löschung der Hypothek verlangen zu dürfen. Der letzte Antrag bezweckt angeblich die Klärung des Umfangs der dinglichen Belastung. Ihm hat sich der erste Richter versagt, weil der Beklagte selbst die Hypothek nicht auf die Forderung nach Lieferung der Pfandbriefe beziehe und deshalb kein rechtliches Interesse an der verlangten Feststellung bestehe. Im übrigen hat er die Klage als sachlich unbegründet abgewiesen.

Die unmittelbar eingelegte Revision der Klägerin blieb ohne Erfolg.

Gründe:

Die Hypothek ist für eine Geldforderung eingetragen. Die Eintragung nimmt aber auf die Bewilligung, die Satzung und den Satzungsnachtrag Bezug. Sie will also von diesen Urkunden nicht abweichen und konnte jedenfalls nur in Verbindung mit einer gültigen Einigung die Hypothek zur Entstehung bringen. Die Klage läßt aber gerade die Einigung nicht gelten. Sie beruht auf der Annahme, die Einigung sei nicht, wie § 1113 BGB. voraussetze, auf die Sicherung einer Geldforderung gerichtet oder, weil sie einen Widerspruch berge, nichtig. In der Revisionsinstanz ist auch geltend gemacht worden, man könne die Begründung einer Geldforderung als Scheingeschäft auffassen. Das Berufungsgericht hat die Ernstlichkeit der in der Schuldurkunde enthaltenen Erklärungen nicht in Zweifel gezogen und darin die Bestellung einer Hypothek für eine bestimmte Geldforderung gefunden. Die Angriffe der Revision sind nicht begründet.

Mit klaren Worten sagt die Urkunde in ihrem ersten Teil, daß die Eigentümerin ein Darlehen im Preise einer gewissen Menge Feingold erhalten, es mit 1% jährlich abzutragen und den Geldbetrag der Tilgungsbeiträge in Reichswährung zu zahlen habe. Das Bedenken der Klage geht in erster Linie darauf zurück, daß im Satzungsnachtrag des Beklagten, dessen Bestimmungen sich die Klägerin in der Schuldurkunde unterworfen hat, freiwillige wie notwendige Darlehensrückzahlungen nur in nicht ausgelosten Gold-Stadtschaftspfandbriefen für zulässig erklärt werden. Der Zweifel entfällt aber, wenn man den weiteren Inhalt der Schuldurkunde würdigt. Sie beschränkt sich nicht darauf, allgemein auf die Satzung und ihren Nachtrag zu verweisen, sondern sie bestimmt in der Folge gerade die Pflicht zur Lieferung von Pfandbriefen näher und ordnet ihr Verhältnis zur Hypothekenforderung und zur Hypothek. Einleitend wird hervorgehoben, daß die Vereinbarungen über die Lieferung von Pfandbriefen nicht zu denen gehören, welche den Inhalt der hypothekarisch gesicherten Forderung bestimmen. Soweit eine Verpflichtung zur Lieferung von Pfandbriefen entsteht, soll vielmehr nach ausdrücklicher Vorschrift die Geldforderung, wofür die Hypothek bestellt ist, daneben fortbestehen, bis die Pfandbriefe zurückgewährt werden. Pfandbriefe zu liefern, soll eine Befugnis der Schuldnerin und ihre Pflicht sein, falls der Gläubiger die Lieferung in bestimmter Form und Frist verlangt. Die erklärte Absicht der Parteien ging also dahin, zunächst eine hypothekarisch gesicherte Forderung auf Zahlung einer bestimmten Geldsumme zu begründen, daneben unter Umständen einen Anspruch auf Lieferung von Pfandbriefen entstehen zu lassen und in diesem Falle mit der Erfüllung des Anspruchs auch die Geldforderung zum Erlöschen zu bringen. Eine Unklarheit oder ein Widerspruch liegt hierin nicht. Es besteht insbesondere nicht etwa deshalb ein unlöslicher Widerspruch, weil die Urkunde auf die Satzung samt dem Nachtrag Bezug nimmt und dann die Pfandbrieflieferung selbst regelt. Sieht man darin eine Abweichung von dem erwähnten Grundsatz des Satzungsnachtrags, so unterliegt es doch keinem Zweifel, daß insoweit nur der Inhalt der Urkunde gelten sollte. Daß es den Parteien mit dem erklärten Willen ernst war, dafür spricht die Sach- und Rechtslage. Kann man die Pfandbriefe im Rückzahlungstermin zum Nennwert anschaffen, so sind die Interessen beider Parteien durch die Rückzahlung in Geld gewahrt. Sind die Pfandbriefe billiger, so hat nur der Schuldner einen Vorteil, wenn er Briefe zurückgeben darf. Für diesen Fall genügt die ihm in der Urkunde vorbehaltene Befugnis, statt des Geldes Briefe zu erstatten. Übersteigen aber die Anschaffungskosten den Nennbetrag, so wird der Gläubiger von dem ihm zugestandenen Rechte Gebrauch machen. Im Fall der normalen Tilgung durch vieljährige Beiträge, wie sie auch die Klägerin seit 6 Jahren geleistet hat, wird nur Geld gezahlt. Damit sind alle Bestimmungen der Urkunde über den Inhalt der Forderung erklärt. Wenn aber der Anspruch auf Lieferung der Pfandbriefe selbständig gestaltet und die Hypothek allein für die Geldforderung bestellt worden ist, so beruht das ersichtlich darauf, daß § 1113 BGB. die Hypothek nur für die Geldforderung zuläßt und die Sicherung der Pflicht zur Lieferung von Pfandbriefen auf diesem Wege, wie schon beim Abschluß mit der Klägerin bekannt war, in der Rechtsprechung des Kammergerichts abgelehnt wurde (Beschluß des I. Zivilsenats vom 24. April 1924, JFG. Bd. 2 S. 366). Auch insofern war demnach, was erklärt worden ist, ernsthaft gewollt. Es bleibt nur zu prüfen, ob etwa bei dem dargelegten Zusammenhang zwischen der Geldforderung und der Forderung auf Lieferung von Pfandbriefen die Hypothek dennoch an zwingenden Rechtsvorschriften scheitert.

Es ist in der Rechtsprechung anerkannt, daß die dem Schuldner eingeräumte Befugnis, seine Geldschuld durch Pfandbriefe zu tilgen, und seine Erklärung, davon Gebrauch machen zu wollen, den Gegenstand der Forderung nicht ändern und den Bestand der Hypothek nicht in Frage stellen (JW. 1929 S. 750 Nr. 21, S. 1390 Nr. 23). Hier kommt daneben die dem Gläubiger eingeräumte Befugnis in Betracht, die Lieferung von Pfandbriefen zu fordern. Die Klägerin nimmt deshalb eine Wahlschuld an und folgert aus § 263 Abs. 2 BGB., daß mit dem Verlangen des Beklagten nach Lieferung von Briefen die Geldforderung rückwirkend erloschen sei. Aber diese Vorschrift gilt nur, soweit nichts anderes vereinbart ist (RG. VI. Zivils. vom 17. Mai 1923 WarnRspr. 1923/24 Nr. 63; KG. I. Zivils. vom 2. Februar 1928 Recht Nr. 1034), und hier bestimmt die Schuldurkunde, daß die Geldforderung bis zur tatsächlichen Rückgewähr der Pfandbriefe fortbestehen solle. Bei dieser rechtlichen Beurteilung würde allerdings die Frage auftauchen, ob eine Wahlschuld hypothekarisch gesichert werden kann, insoweit daraus eine Geldforderung entspringt. Der I. Zivilsenat des Kammergerichts hat die Frage gegen die im Schrifttum herrschende Lehrmeinung, deren Belegstellen sein Beschluß zusammenstellt, bejaht (JFG. Bd. 1 S. 456). Einer Entscheidung bedarf sie hier aber nicht. Denn nach dem Inhalt des vorliegenden Vertrags sollte zunächst nur eine Geldforderung entstehen und allein bestehen bleiben, wenn sich die Rechtslage nicht änderte. Sie zu ändern, hat aber der Gläubiger durch den Vertrag die Befugnis erhalten. Er darf danach statt der geschuldeten Geldleistung eine andere — Lieferung von Pfandbriefen — verlangen, und zwar so, daß erst mit deren Bewirkung die insoweit auflösend bedingte Geldschuld erlischt. Diese in der Wissenschaft als Ersetzungsbefugnis, als Gestaltungsrecht, als facultas alternativa des Gläubigers und mit anderen Namen bezeichnete Rechtsform kann nach der Rechtsprechung auch durch Vertrag begründet werden (vgl. RGUrt. vom 17. Mai 1923 s. o., vom 25. Oktober 1923 VI 662/22, vom 17. September 1928 Recht Nr. 2249). Selbst für den Fall, wo die Befugnis des Gläubigers, an Stelle der zunächst geschuldeten Leistung eine andere zu verlangen, auf dem Gesetz beruht, die Wirkung des Verlangens aber nicht geregelt ist, wird gelehrt, es hänge von der Interessenlage ab, ob schon die Bestimmung einer anderen Leistung durch den Gläubiger sein Recht auf die ursprüngliche Leistung beseitige (Planck BGB. Bd. II 1 S. 126 2b). Die Rechtsgültigkeit der hier ausdrücklich getroffenen Vereinbarung, daß die Geldforderung bis zur Rückgewähr der Pfandbriefe fortbestehen solle, ist bei der geltenden Vertragsfreiheit und den schutzwürdigen Interessen, denen ihr Gebrauch dient, nicht zu beanstanden. Die Hypothek des Beklagten besteht mithin für diese Geldforderung noch zu recht. Der Hauptanspruch ist daher hinfällig.

Auch die Hilfsanträge sind mit Recht abgewiesen worden. Die Klägerin hat die Verpflichtung, Pfandbriefe zu liefern, für den eingetretenen Fall übernommen und, wie sie selbst nicht verkennt, persönlich übernehmen können. Der erste Grundgedanke der Hilfsanträge, der Beklagte habe nichts als den Geldbetrag zu fordern, geht also fehl. Zu entscheiden bleibt, ob jene persönliche Verpflichtung die Voraussetzungen berührt, unter denen die Klägerin die Löschung der Hypothek fordern darf. Nach § 1144 BGB. kann der Eigentümer gegen Befriedigung des Gläubigers die Aushändigung des Hypothekenbriefs und der sonstigen Urkunden verlangen, die zur Berichtigung des Grundbuchs oder zur Löschung der Hypothek erforderlich sind. Diese Vorschrift unterscheidet nicht, ob der Eigentümer der persönliche Schuldner ist oder nicht. Die Rechtsprechung hat sie daher auch auf den ersten Fall angewandt und gefolgert, daß der Gläubiger wegen persönlicher Ansprüche aus demselben Rechtsverhältnis, die nicht durch die Hypothek gesichert sind, das gesetzliche Zurückbehaltungsrecht nach § 273 BGB. nicht ausüben könne (WarnRspr. 1911 Nr. 392). Man hat insbesondere bei der verschiedenen Regelung des persönlichen und des dinglichen Aufwertungsbetrags als gesetzmäßig anerkannt, daß der Gläubiger schon gegen die Zahlung des Aufwertungsbetrags der (Verkehrs-) Hypothek deren Löschung bewilligen müsse (RGZ. Bd. 116 S. 241). Es ist aber, wie der erkennende Senat im Urteil vom 3. Dezember 1924 (WarnRspr. 1925 Nr. 36) ausgeführt hat, durch die erwähnte Vorschrift des Sachenrechts dem Schuldner nicht verwehrt, sich weiter zu binden, also die Verpflichtung des Gläubigers zur Aushändigung der im § 1144 BGB. bezeichneten Urkunden bis zur Befriedigung anderer Ansprüche aus demselben Rechtsverhältnis hinauszuschieben. Auch hier ist eine solche Vereinbarung in der Schuldurkunde getroffen, indem sie sagt, daß bis zur tatsächlichen Rückgewähr der Pfandbriefe sowohl die Geldforderung wie auch die dafür bestellte Hypothek fortbestehen solle. Bei der nach den §§ 133, 157 BGB. gebotenen Auslegung ist dem Beklagten damit die Befugnis eingeräumt, bis zur Gewährung der Pfandbriefe oder bis zur sonstigen Erledigung dieser Verpflichtung nicht nur die Annahme des Geldes, sondern auch die Aushändigung der Löschungsurkunden zu verweigern. Es ist nicht richtig, daß so die persönliche Verpflichtung der Klägerin dinglich gesichert wird. Denn der Beklagte kann ihretwegen nicht ins Grundstück vollstrecken, er kann nicht mehr daraus erhalten als die eingetragene Geldsumme. Ebensowenig können Dritte, etwa nachstehende Gläubiger, dadurch einen Schaden erleiden, weil ihnen die persönlichen Verpflichtungen des Eigentümers, die nicht durch die Hypothek gesichert sind, nicht entgegengehalten werden können. Dagegen steht dem Verlangen des Schuldners nach Annahme des Geldbetrags die Vereinbarung entgegen, und es wäre bei deren feststehender Gültigkeit kein annehmbares Ergebnis, wenn der Gläubiger zunächst das Geld annehmen und die Löschungsurkunde erteilen müßte, um dann auf Rücknahme des Geldes und auf Lieferung der Pfandbriefe zu klagen. Deshalb kann auch nicht anerkannt werden, daß die Ausübung des vereinbarten Zurückbehaltungsrechts arglistig sei, wie die Klägerin meint.

Für den letzten Antrag hat das Landgericht die Voraussetzungen des § 256 ZPO. mit Recht verneint.

---

4. Hindert die unanfechtbare Entscheidung über den Grund eines Schadensersatzanspruchs die vollständige Abweisung der Klage, die damit begründet wird, daß dem Kläger kein Vermögensschaden entstanden sei?

ZPO. §§ 304, 318, 512.

IX. Zivilsenat. Urt. v. 21. Februar 1931 i. S. G. (Kl.) w. K. (Bekl.). IX 478/30.

I. Landgericht Glatz.
II. Oberlandesgericht Breslau.

Am 11. Oktober 1925 hat die Beklagte den Kläger mit ihrem Fahrrad angefahren; dabei ist dieser zu Fall gekommen und verletzt worden. Mit der im Januar 1926 erhobenen Klage hat er Schadensersatzansprüche erhoben, unter anderem auch eine vom Gericht festzusetzende Geldrente gefordert, was er damit begründet, daß eine Verletzung seines rechten Armes ihn dauernd hindere, den Betrieb seines Gasthofs in R. selbst zu führen, und daß er deshalb seinen Schwiegersohn N. als Geschäftsführer habe einstellen müssen.

Das Landgericht hat durch Zwischenurteil vom 28. Februar 1927 die Klaganspruche dem Grunde nach für gerechtfertigt erklärt; Berufung hat die Beklagte hiergegen nicht eingelegt. Im Betragsverfahren hat der Kläger Zahlung von 1620 RM. als Vergütung für den Geschäftsführer N. für die Zeit vom 1. Mai 1926 bis zum 30. April 1927, da N. monatlich 75 RM. Gehalt und freie Verpflegung im Werte von 60 RM. erhalte, und Feststellung weiterer Schadensersatzpflicht verlangt, ist dann aber von der Feststellungs- zur Leistungsklage übergegangen und hat für die Zeit seit 1. Mai 1927 eine Monatsrente von 60 RM. begehrt, weil er infolge der Armverletzung beim Schreiben behindert sei. Durch Teilurteil vom 15. Oktober 1928 hat das Landgericht dem Kläger für die Zeit vom 1. Mai 1926 bis 30. April 1927 den Betrag von 480 RM. für eine Schreibhilfe zugesprochen, den weitergehenden Anspruch für diese Zeit aber abgewiesen. Gegen dieses Urteil hat der Kläger Berufung, die Beklagte Anschlußberufung eingelegt; der Kläger beantragte Verurteilung auch insoweit, als er vom ersten Richter abgewiesen worden war, die Beklagte verlangte vollständige Abweisung des Anspruchs. Durch Schlußurteil vom 30. September 1929 hat das Landgericht auch über die Rentenforderung entschieden, diese aber nur in Höhe von monatlich 40 RM. zuerkannt, im übrigen abgewiesen. Gegen dieses Urteil haben beide Parteien Berufung eingelegt und Abänderung insoweit begehrt, als zu ihren Ungunsten entschieden war. Das Oberlandesgericht hat die Verhandlung über sämtliche Berufungen verbunden und diejenigen des Klägers zurückgewiesen, auf die Berufungen der Beklagten aber die Klage auch hinsichtlich der vom Landgericht zugesprochenen 480 RM. und der zuerkannten Rente von 40 RM. monatlich abgewiesen. Die Revision des Klägers hatte keinen Erfolg.

Gründe:

Die Klage wurde in Ansehung des Betrags von 1620 RM. für das erste Jahr und der Monatsrente von 60 RM. für die Zukunft damit begründet, daß der Kläger infolge des Unfalls eine Armverletzung erlitten habe, die ihn hindere, seinen Geschäftsbetrieb selbst zu führen, daß er deshalb seinen Schwiegersohn als Geschäftsführer habe anstellen müssen, daß die Aufwendungen dafür im ersten Jahre 1620 RM. betragen hätten und in Zukunft monatlich 60 RM. betragen würden. Die Erstattung dieser Beträge hat der Kläger von der Beklagten verlangt, da sie schadensersatzpflichtig sei. Das Landgericht hat in dem rechtskräftigen Urteil vom 28. Februar 1927 den Anspruch dem Grunde nach für gerechtfertigt erklärt, weil die Beklagte den Unfall des Klägers verschuldet habe; deshalb sei sie zum Ersatz des daraus entstandenen Schadens verpflichtet. Irgendeine Feststellung darüber, ob die Verletzung des Klägers die Anstellung eines Geschäftsführers erfordere und ob dieser Zustand von einer gewissen Dauer sein und daher auch die Zuerkennung einer Rente rechtfertigen werde, findet sich in diesem Urteil nicht. Man kann nur aus dem Hinweis auf § 843 BGB. entnehmen, daß das Landgericht von einer dauernden Beeinträchtigung des Klägers im Gebrauch des rechten Armes oder der rechten Hand ausging. Die weiteren landgerichtlichen Urteile vom 15. Oktober 1928 und 30. September 1929 haben deshalb geprüft, ob der Kläger infolge dieser Beschädigung die Bewirtschaftung des Gasthofs nicht mehr selbst besorgen konnte, sondern einem Geschäftsführer überlassen mußte. Das Landgericht hat diese Frage verneint, aber die Annahme einer Schreibhilfe mit monatlichen Kosten von 40 RM. für notwendig erklärt.

Diese Frage allein war also in die Berufungsinstanz gediehen; nicht aber konnte auf dem Umweg über die Berufung gegen die landgerichtlichen Urteile vom 15. Oktober 1928 und 30. September 1929 eine Frage erneut geprüft werden, die durch das unangefochten gebliebene Urteil des Landgerichts vom 28. Februar 1927 der Nachprüfung entzogen war. Mit Recht hat deshalb das Berufungsgericht die von ihm zu beantwortende Frage in der Einleitung seiner Entscheidungsgründe dahin zusammengefaßt, daß es darauf ankomme, ob die Armverletzung des Klägers sein Einkommen in der behaupteten Weise beeinträchtigt habe. Der Vorderrichter prüft die Art der Verletzung und den Grad der Erwerbsbeschränkung, erklärt diese für wenig bedeutend, sodaß der Kläger höchstens im Schreiben etwas behindert, an der wenigen erforderlichen Schreibarbeit aber nicht vollständig verhindert sei. Zu einer Ablehnung jeglichen Ersatzes kommt das oberlandesgerichtliche Urteil dann auf Grund der Beweisaufnahme mit der tatsächlichen Feststellung, daß der Eintritt des N.

in die Führung des Gasthofs und die Erledigung der Schreibarbeiten durch diesen auch erfolgt wäre, wenn der Kläger die von der Beklagten zu vertretende Beschädigung nicht erlitten hätte.

Vergeblich rügt die Revision Verletzung der §§ 304, 318, 322 ZPO. Von diesen Vorschriften muß zunächst § 322 das. ausscheiden. Denn das nach § 304 Abs. 1 erlassene Urteil ist nur für die Rechtsmittel als Endurteil anzusehen, wird also nur formell, nicht aber materiell rechtskräftig. Es bindet also das Gericht im Nachverfahren für die gleiche und für die höhere Instanz nur nach §§ 318, 512, 548 ZPO., niemals aber nach § 322. Diese Auffassung hat das Reichsgericht bisher in ständiger Rechtsprechung (RGZ. Bd. 66 S. 10 u. Bd. 90 S. 238) unter Zustimmung des Schrifttums (Stein-Jonas Bem. III zu § 304 ZPO.) vertreten; daran ist festzuhalten. Aber auch die §§ 304, 318 ZPO. sind nicht verletzt, ebensowenig wie § 512 das. Die Revision meint, weil bereits in der Klage und jedenfalls vor Erlaß des Urteils vom 28. Februar 1927 der Schadensersatzanspruch, soweit er hier in Betracht kommt, darauf gestützt worden sei, daß der Kläger infolge des Unfalls einen Geschäftsführer habe anstellen müssen, sei letzteres durch das genannte Urteil bindend festgestellt. Die Revision verkennt dabei die Voraussetzungen und deshalb den Umfang der Bindung des Zwischenurteils nach § 304. Gewiß ist es richtig, daß das Urteil die vollständige Erledigung des Klagegrundes zur Voraussetzung hat. Insbesondere muß das Gericht vor Erlaß eines solchen Urteils bei Schadensersatzansprüchen prüfen, ob nach der gegenwärtigen Sachlage überhaupt ein Schaden entstanden ist, und zwar für jeden der geltend gemachten Ansprüche gesondert (vgl. Stein-Jonas Bem. I 2 zu § 304, bes. S. 874). Ob das geschehen ist, kann aber nur nachgeprüft werden, wenn gegen das Urteil über den Grund des Anspruchs ein Rechtsmittel eingelegt ist. Geschieht das nicht, so wird zwar in der Regel anzunehmen sein, daß das Gericht den Klagegrund (RGZ. Bd. 27 S. 385, Bd. 99 S. 176) vollständig geprüft hat. Das Zwischenurteil und erläuternd auch das Urteil im Nachverfahren können aber das Gegenteil ergeben, daß nämlich ein gewisser Inbegriff von Tatsachen im Verfahren über den Grund des Anspruchs noch nicht geprüft ist, daß man nur nach der Lebenserfahrung mit der Richtigkeit der betreffenden Behauptungen so weit gerechnet hat, als erforderlich war, um den Klaganspruch mindestens zum Teil als gerechtfertigt erscheinen zu lassen. Die Rechtsprechung hat es deshalb z. B. auch für zulässig erklärt, daß die Frage des mitwirkenden Verschuldens (§ 254 BGB.) im Verfahren über den Grund des Anspruchs nicht bis in alle Einzelheiten geprüft wird (RGZ. Bd. 101 S. 24); es ist auch anerkannt, daß über die Dauer einer Unfallrente nicht unbedingt im Verfahren über den Grund des Anspruchs entschieden werden muß (RGZ. Bd. 98 S. 223). Bei der nach § 304 zulässigen Trennung der Prüfung aller klagbegründenden Tatsachen in solche, die sich auf den Grund, und solche, die sich auf den Betrag des Anspruchs beziehen, beruht das Wesen des Zwischenurteils in der Ausschaltung aller den Betrag des Anspruchs betreffenden Fragen. Bei Schadensersatzansprüchen der vorliegenden Art gehören zum Grund des Anspruchs alle Fragen, welche die schuldhafte und rechtswidrige Verletzung von Körper und Gesundheit des Klägers angehen, also besonders die Frage, ob eine solche Verletzung vorliegt, welcher Art sie ist und ob sie schuldhaft und rechtswidrig von der Beklagten herbeigeführt worden ist. Ergibt sich dann aus den festgestellten Tatsachen, daß dem Kläger nach der Erfahrung des täglichen Lebens aus der Körperverletzung ein Vermögensschaden entstanden ist, so kann das Zwischenurteil erlassen werden. Dagegen gehören alle weiteren Fragen in das Verfahren über den Betrag des Anspruchs. Insbesondere ist hier zu prüfen, welche Folgen die Verletzung für das Fortkommen und das Vermögen des Verletzten gehabt hat. Es kann dahingestellt bleiben, ob das Gericht auch schon im Zwischenurteil bindend über einzelne von den dem Nachverfahren vorbehaltenen Fragen entscheiden kann. Jedenfalls müßte sich ein derartiger Wille des Gerichts zum mindesten aus den Gründen des Zwischenurteils klar ergeben. Denn grundsätzlich kann die Bindung nach §§ 318, 512 ZPO. nicht weiter gehen, als dem Willen des das Zwischenurteil erlassenden Gerichts entspricht. Maßgeblich ist dabei nicht die Urteilsformel für sich allein, sondern auch hier nur in Verbindung mit den zur Erläuterung heranzuziehenden Entscheidungsgründen (vgl. RGZ. Bd. 97 S. 118 [121]; RG. in LZ. 1927 Sp. 48 Nr. 17 und Sp. 173 Nr. 10; WarnRspr. 1929 Nr. 35). Das Urteil nach § 304 ZPO. hat also nicht einen durch die vorgetragenen Klagebehauptungen fest umschriebenen Inhalt; dieser richtet sich vielmehr nach den vom Gericht erkennbar getroffenen Feststellungen und Schlußfolgerungen und geht darüber nicht hinaus. Nur soweit reicht nach § 512 das. auch die Bindung des Berufungsgerichts. Es kann daher sehr wohl vorkommen, daß im Nachverfahren die Klage vollständig abgewiesen wird, weil kein Schaden entstanden ist; der Umstand, daß die Vorabentscheidung über den Grund des Anspruchs nicht mehr anfechtbar ist, steht dem nicht entgegen (JW. 1922 S. 500 Nr. 9; RGZ. Bd. 89 S. 119, Bd. 110 S. 155 [160]).

Im vorliegenden Falle ergibt schon das Urteil vom 28. Februar 1927 mit aller Deutlichkeit, daß das Landgericht nur feststellen wollte, die Beklagte habe dem Kläger denjenigen Vermögensschaden zu ersetzen, den er durch die dauernde Beeinträchtigung im Gebrauch seines rechten Armes bereits erlitten habe und noch erleiden werde. Dadurch wurde also die Notwendigkeit der Bestellung eines Geschäftsführers nicht anerkannt; überhaupt blieb die Frage offen, welche Aufwendungen der Kläger etwa machen müsse, um sich einen Ersatz für den Ausfall an seiner Erwerbsfähigkeit zu beschaffen. Im Nachverfahren konnte daher unbedenklich geprüft werden, ob die Aufwendungen, deren Notwendigkeit der Kläger aus dem Unfall ableitet, wirklich durch den Unfall und die daraus folgende Erwerbsbeschränkung (Beschränkung der Gebrauchsfähigkeit des rechten Armes) notwendig geworden waren. Darin ist kein Verstoß gegen §§ 304, 318 ZPO. zu erblicken.

Es kann aber auch eine Verletzung der §§ 249, 823 BGB. nicht in Frage kommen. Das Oberlandesgericht hat ohne Rechtsirrtum angenommen, daß eine Vermögensbeschädigung des Klägers nicht deshalb vorliegt, weil er infolge des Unfalls im Schreiben etwas behindert ist. Denn es stellt fest, daß diese Arbeit ihm auch ohne den Unfall von seinem Schwiegersohn abgenommen worden wäre. Diese Feststellung ist, ebenso wie die fernere, daß eine weitergehende Beeinträchtigung bei Ausübung des Gastwirtsgewerbes als Unfallsfolge überhaupt nicht in Betracht kommt, mit der Revision nicht anfechtbar, zumal da keine verfahrensrechtlichen Rügen erhoben worden sind. Die Revision kann zur Begründung der Rüge einer Verletzung der §§ 249, 823 BGB. auch nur dadurch gelangen, daß sie von dem oben erörterten und als irrig nachgewiesenen Umfang der Rechtskraft des Urteils vom 28. Februar 1927 ausgeht.

5. Ist § 139 BGB. auf Eintragungen im Genossenschaftsregister anwendbar?

GenG. § 16.

II. Zivilsenat. Urt. v. 24. Februar 1931 i. S. Kreisbank AG. in R. (Kl.) w. Sch. u. Gen. (Bekl.). II 243/30.

I. Landgericht Bochum.

Die Beklagten sind Mitglieder der Ende März 1919 gegründeten, am 11. April 1919 in das Genossenschaftsregister eingetragenen und am 24. September 1924 in Konkurs geratenen „Edeka"-Großhandel, eingetr. Genossenschaft m. beschr. Haftpfl. in R. Ursprünglich war der Pflichtanteil jedes Genossen auf 500 M. (§ 9 Abs. 1 der Satzung), die Haftsumme ebenfalls auf 500 M. (§ 11 Abs. 1 das.), die Höchstzahl der Geschäftsanteile, mit denen sich ein Genosse beteiligen konnte, auf fünf (§ 10 Abs. 1 das.) festgesetzt. Durch Generalversammlungs-Beschlüsse vom 4. Oktober/10 November 1922 wurde der Geschäftsanteil auf 1000 M., die Haftsumme auf 2000 M. erhöht. Diese Beschlüsse wurden ins Genossenschaftsregister eingetragen. Am 26. Februar 1924 fand eine Generalversammlung statt, auf deren Tagesordnung unter Punkt 7 stand:

Änderung der Statuten . . .

§ 9 Abs. 1. Pflichtanteile der Mitglieder:

Der Geschäftsanteil wird auf 500 Rentenmark festgesetzt; eine Rentenmark entspricht $^{10}/_{42}$ des nordamerikanischen Dollars.

§ 11. Höhe der Haftsumme: Die Haftsumme beträgt für jeden Geschäftsanteil 1000 Rentenmark.

Weiter stand unter Punkt 8 auf der Tagesordnung: Beschlußfassung über „die Aufwertung der früher eingezahlten Anteile." Es kam jedoch über diese Punkte zu keiner Beschlußfassung, weil die Versammlung nicht von der zur Beschlußfassung über Statutenänderungen satzungsgemäß erforderlichen Anzahl von Genossen besucht war. Mit den am 26. Februar 1924 unerledigt gebliebenen Verhandlungsgegenständen befaßte sich dann eine Generalversammlung vom 28. März 1924. Die Verwaltungsanträge waren bezüglich der Festsetzung des Geschäftsanteils und der Haftsumme dieselben wie bei der Generalversammlung vom 26. Februar 1924. Über das Ergebnis der Beschlußfassung lauten die Einträge im Protokollbuch dahin, daß der Antrag, den Pflichtanteil auf 500 RtM. festzusetzen und durch wöchentliche Zahlungen von 20 RtM. auf jeden Anteil abzutragen, mit 36 gegen 11 Stimmen, der Antrag des Vorstands und Aufsichtsrats, die Haftsumme für jeden Geschäftsanteil auf 1000 RtM. festzusetzen, mit 37 gegen 10 Stimmen angenommen worden sei. Die Beschlußfassung über die Aufwertung der Geschäftsguthaben wurde zurückgestellt, dagegen wurde das Eintrittsgeld entsprechend einem Antrag der Verwaltung auf 50 RtM. festgesetzt (§ 2 der Satzung). Am 2. Mai 1924 meldete der Vorstand der Genossenschaft die von der Generalversammlung vom 28. März 1924 gefaßten Beschlüsse „auf Abänderung des Statuts § 2 Abs. 2 (Eintrittsgeld), § 9 Abs. 1 (Pflichtanteil), § 11 (Haftsumme)" zur Eintragung ins Genossenschaftsregister an. Der Anmeldung war ein Auszug aus dem Generalversammlungs-Protokoll vom 28. März 1924 beigefügt, der, soweit hier erheblich, dahin lautete:

> § 9 Abs. 1. Pflichtanteile der Mitglieder. Der Geschäftsanteil wird auf 500 Goldmark festgesetzt. Eine Goldmark entspricht $^{10}/_{42}$ des nordamerikanischen Dollars. . . .
>
> § 11. Höhe der Haftsumme. . . . Die Haftsumme beträgt für jeden Geschäftsanteil 1000 Goldmark. . . . Durch die Inflation ist die bisherige Haftsumme wertlos geworden. . . .

Noch ehe der Registerrichter über diese Eintragungsanträge Verfügung getroffen hatte, lief ein weiteres Schreiben des Vorstands ein, worin es heißt, die Anmeldung in bezug auf „Änderung der Statuten §§ 9 und 11" erfordere eine Berichtigung dahin, daß jedes Mitglied nun noch einen Geschäftsanteil erwerben müsse; sämtliche bisher gezeichneten Geschäftsanteile „heben sich auf". Der Registerrichter ließ darauf dem Vorstand eröffnen, daß diese „Berichtigung" der Anmeldung vom 2. Mai 1924 nur dann berücksichtigt werden könne, wenn ein ordnungsmäßiger Beschluß der Generalversammlung vorliege über die Anzahl der Geschäftsanteile, die ein Genosse erwerben könne (§ 10 der Satzung); bis dahin bleibe die Eintragung ausgesetzt. Nunmehr meldete der Vorstand am 30. Mai 1924 den Beschluß einer Generalversammlung vom 26. März 1924 (an welchem Tag überhaupt keine Generalversammlung stattgefunden hatte) „auf Abänderung des Statuts § 9" an unter Beifügung einer Beschlußabschrift des Inhalts:

Auszug aus dem Protokoll der außerordentlichen Generalversammlung vom 26. März 1924.

Betriebsmittel der Genossenschaft.

Änderung des § 9.

Die bisher gezeichneten Anteile werden auf 1 Anteil zusammengelegt. Der Pflichtanteil beträgt 500 Goldmark. Jedes Mitglied hat nunmehr einen Anteil von 500 Goldmark zu erwerben.

Daraufhin wurde am 2. Juni 1924 in das Genossenschaftsregister eingetragen, und zwar

in Spalte 4: Die Haftsumme ist durch Beschluß der Generalversammlung vom 28. März 1924 auf 1000 GM. festgesetzt.

in Spalte 6: Durch Beschluß der Generalversammlung vom 26./28. März 1924 ist das Statut in § 2 (Eintrittsgeld), § 9 (Höhe des Geschäftsanteils), § 11 (Haftsumme) geändert.

Die Klägerin nimmt nun auf Grund der Behauptung, daß ihr der Anspruch der Genossenschaft gegen die einzelnen Genossen auf Leistung der Einzahlungen auf den Geschäftsanteil von 500 GM. abgetreten worden sei, die Beklagten als Genossen in Anspruch. Sie macht hierzu weiter geltend, daß bis zur Konkurseröffnung 16 Raten zu je 20 RM., insgesamt also für jeden Genossen 320 RM. fällig geworden seien; sie setzt dabei gewisse Teilzahlungen einzelner Genossen ab und verlangt insgesamt Zahlung von 8266 RM. nebst Zinsen. Die Beklagten bestreiten insbesondere die Rechtsgültigkeit der Generalversammlungs-Beschlüsse vom 28. März 1924, die so, wie eingetragen, gar nicht gefaßt worden seien.

Das Landgericht wies die Klage ab. Die unmittelbar eingelegte Revision der Klägerin war erfolglos.

Aus den Gründen:

... Dem Vorderrichter ist unbedenklich darin beizutreten, daß die Beschlüsse der Generalversammlung vom 28. März 1924 über die Umstellung der Geschäftsanteile und der Haftsumme ebenso wie sonstige satzungsändernde Beschlüsse nach § 16 GenG. der Eintragung in das Genossenschaftsregister bedurften, um Wirksamkeit zu erlangen. Daran ist durch die Vorschriften der Zweiten DurchfVo. zur Verordnung über die Goldbilanzen, die mit dem 28. März 1924 in Kraft getreten ist (und nach der etwaige Umstellungsbeschlüsse vom 28. März

1924 zu beurteilen sind) nichts geändert worden (RGZ. Bd. 121 S. 246 [S. 250]). Das Landgericht will die Unwirksamkeit des ganzen Registereintrags, wie er tatsächlich bewirkt wurde, daraus herleiten, daß hiernach miteingetragen sei der von einer — in Wahrheit gar nicht abgehaltenen — Generalversammlung vom 26. März 1924 angeblich gefaßte, in Wirklichkeit also nicht gefaßte Beschluß des Inhalts, wie ihn der Vorstand unter dem 30. Mai 1924 angemeldet habe. Ob es sich bei der Angabe des Datums 26. März 1924 um Absicht oder um ein Versehen handelte, hat der Vorderrichter nicht aufgeklärt. Es gehe nicht an — so führt das Urteil aus —, daß man die Eintragung in Ansehung der angeblichen Beschlüsse vom 26. März und vom 28. März 1924 zu § 9 der Satzung getrennt beurteile; es handle sich vielmehr um den einheitlich und gleichzeitig vollzogenen Eintrag einer Satzungsänderung, hinsichtlich deren auch das Vorliegen eines der Eintragung entsprechenden Beschlusses einheitlich geprüft werden müsse. Andernfalls könnte ein Beschluß Rechtswirksamkeit erlangen, dessen Eintragung erwirkt worden sei durch Vorlegung fälschlich angefertigter Protokollauszüge einer Generalversammlung, die gar nicht stattgefunden habe. Da der Eintragung über die Zusammenlegung der bisherigen Papiermark-Geschäftsanteile im Verhältnis 5 : 1, wie auch der Eintragung, daß der Pflichtanteil nunmehr 500 RM. betrage, kein Generalversammlungs-Beschluß zugrunde liege, so fehle es auch an einer wirksamen Eintragung der Beschlüsse vom 28. März 1924. Die Genossen müßten sich darauf verlassen können, daß nicht durch bloße Machenschaften des Vorstands ihre „finanzielle Beteiligung" an der Genossenschaft grundlegend geändert werden könne. Dem letzteren Satz kann allerdings nur zugestimmt werden. Fehlt es an einem Beschluß der Generalversammlung oder ist ein anderer Beschluß als der in Wirklichkeit gefaßte vom Vorstand zum Genossenschaftsregister angemeldet und eingetragen worden, so wird hierdurch weder der Mangel eines Beschlusses geheilt, noch können sich Genossenschaft oder Dritte schlechthin auf den Eintrag als solchen zur Stütze von Ansprüchen gegen die Genossen berufen. Der erkennende Senat hat im Urteil RGZ. Bd. 125 S. 143 (148) gerade für Umstellungsbeschlüsse einer Genossenschaft diese Möglichkeit abgelehnt. Davon völlig verschieden ist aber der Fall, wenn Richtiges und Unrichtiges, wirklich gefaßte und nicht oder nicht so gefaßte Beschlüsse gleichzeitig eingetragen worden sind. Dann handelt es sich nur darum, ob der richtige Eintrag Bestand haben kann, soweit er sich mit den gefaßten Beschlüssen deckt und den Gesamtinhalt des wirklich Beschlossenen zutreffend wiedergibt. Unerheblich ist hierbei, wie der Eintrag zustandegekommen ist, sofern es sich überhaupt nur um eine registergerichtliche Einschreibung handelt. An dem letzteren Erfordernis ist aber hier nicht zu zweifeln für den Teil des Eintrags, der sich auf die Beschlüsse vom 28. März 1924 bezieht. § 139 BGB. findet auf den obrigkeitlichen Akt der Eintragung keine Anwendung, auch keine entsprechende. Hat der Vorstand durch Täuschung des Registerrichters einen Eintrag erreicht, der im übrigen mit einem tatsächlich gefaßten Beschluß der Generalversammlung übereinstimmt, so ändert dies nichts an der Rechtswirksamkeit des Eintrags als solchen. Die gegenteilige Ansicht des Landgerichts verkennt die Rechtsnatur des Registereintrags. (Das landgerichtliche Urteil wurde aus einem anderen, hier nicht interessierenden Grunde aufrecht erhalten.) . . .

---

6. Liegt unter allen Umständen ein zum Schadensersatz verpflichtendes Verschulden darin, daß jemand gemeinsam mit anderen Personen, mit denen er sich zur Gründung einer Aktiengesellschaft zusammengetan hat, einen Notar beauftragt, die erforderlichen Verträge zu entwerfen, dann aber sich weigert, die Verträge zu unterschreiben, und so bewirkt, daß die Notargebühren nutzlos aufgewendet werden?

BGB. § 276.

III. Zivilsenat. Urt. v. 24. Februar 1931 i. S. H. (Kl.) w. A. GmbH. u. Gen. (Bekl.). III 131/30.

I. Landgericht I Berlin.
II. Kammergericht daselbst.

Ausgangs 1923 beabsichtigten die drei Beklagten, das der Erstbeklagten gehörige Werk in eine Aktiengesellschaft umzuwandeln. Sie verhandelten hierüber mit dem Kläger, einem Bankier, und einer diesem nahestehenden Firma, die später in Vermögensverfall geraten ist. Auf Anregung der Beteiligten fertigte der Notar Dr. B. die Entwürfe mehrerer auf die Umwandlung bezüglicher Urkunden an und übersandte sie den Beteiligten. Auf Grund einer Besprechung vom 19. Dezember 1923 waren sämtliche Beteiligte, einschließlich des Klägers, über alle Einzelpunkte einig geworden; gleichwohl verweigerte der Kläger bei diesem Anlaß seine Unterschrift zu dem Gründungsvertrag. Der Kläger suchte vergeblich andere Banken zu der Gründung heranzuziehen; die Umwandlung kam nicht zustande. Der Notar hat seine Gebühr auf insgesamt 28560,80 RM. berechnet; davon hat der Kläger auf Grund eines mit ihm geschlossenen Vergleichs 18000 RM. nebst 2000 RM. Zinsen gezahlt.

Der Kläger macht geltend, daß die drei Beklagten gesamtschuldnerisch mit ihm dem Notar für dessen Gebühren hafteten. Auf Grund des § 426 BGB. verlangt er von ihnen Ausgleichung in Höhe von drei Vierteilen der von ihm geleisteten Zahlungen. Das Landgericht gab der Klage zum Teil statt, wies sie aber zum Mehrbetrag ab. Beide Teile legten Berufung ein. Das Kammergericht versagte der Berufung des Klägers den Erfolg und wies auf die Berufung der Beklagten die Klage in vollem Umfang ab. Die Revision des Klägers führte zur Aufhebung und Zurückverweisung.

Gründe:

Wie außer Streit, waren der Kläger und die Beklagten dem Notar für dessen Gebührenforderung als Gesamtschuldner (§§ 421 flg. BGB.) haftbar geworden. Demzufolge waren die Beklagten im Innenverhältnis der Parteien untereinander dem Kläger anteilmäßig zur Ausgleichung verpflichtet, soweit nicht ein anderes bestimmt war (§ 426 a. a. O.). Die gegenseitigen Rechtsbeziehungen der Parteien bestanden darin, daß sie miteinander über die Gründung einer Aktiengesellschaft verhandelten. Ersichtlich nimmt der Berufungsrichter nicht an, daß die Verhandlungen schon zu einem Gesellschaftsvertrag (§ 705 BGB.) gediehen waren, kraft dessen der Kläger und die Beklagten sich gegenseitig verpflichtet hätten, die Aktiengesellschaft zu gründen. Denn der Berufungsrichter geht nicht etwa davon aus, daß der Kläger, indem er es ablehnte, die Vertragsentwürfe zu unterzeichnen, gegen eine ihm obliegende Vertragspflicht verstoßen habe. Das Urteil stellt vielmehr lediglich darauf ab, daß schon in dem Eintritt in die gemeinsamen Verhandlungen ein stillschweigendes Übereinkommen zu erblicken sei, wonach jeder Beteiligte die Interessen der übrigen Beteiligten tunlichst zu wahren habe; hiergegen habe der Kläger — so nimmt der Berufungsrichter an — schuldhaft verstoßen.

Gegen diesen Ausgangspunkt lassen sich keine rechtlichen Bedenken erheben. Er entspricht dem Rechtsgedanken, den man kurz als die Haftung für Verschulden beim Vertragsschluß zu bezeichnen pflegt und auf den auch die Beklagten ihre Rechtsverteidigung gegen den Klaganspruch vornehmlich gestützt hatten. Aber von diesem Ausgangspunkt aus kommt es darauf an, ob dem Kläger ein Verschulden nachgewiesen werden kann.

Die Beklagten hatten Arglist des Klägers behauptet. Nach ihrer Darstellung wäre der Kläger bewußt darauf ausgegangen, die fertigen Notar-Entwürfe in die Hand zu bekommen, um sie weiteren Interessenten vorzulegen. Diesen Vorwurf hält der Berufungsrichter nicht für begründet. Er nimmt nur ein Fahrlässigkeits-Verschulden des Klägers an; das will er daraus ableiten, daß der Kläger es zur Anfertigung der Entwürfe durch den Notar überhaupt habe kommen lassen. Denn solange eine Partei nicht gewillt sei, den zur Beratung stehenden Vertrag abzuschließen, dürfe sie der Beauftragung eines Notars nicht zustimmen; sie dürfe es nicht dahin kommen lassen, daß eine Notargebühr nutzlos entstehe. Auf Grund dieser Erwägung stehe den Beklagten nach Treu und Glauben die Befugnis zu, die Zahlung der auf sie entfallenden Gebührenanteile dem Kläger zu verweigern.

Mit diesen Ausführungen wird der Berufungsrichter dem Begriff des Verschuldens nicht gerecht. Gewiß kann es ein Verschulden bedeuten, wenn der Kläger seine Weigerung erst zu einer Zeit erklärt hat, als bereits Kosten entstanden waren; aber dazu bedarf es der einwandfreien Feststellung, daß er die Weigerung zu einer früheren Zeit hätte aussprechen können und von seinem eigenen Standpunkt aus früher hätte aussprechen sollen. Nach dieser Richtung gebricht es an jeder Feststellung. Die Gründung einer Aktiengesellschaft ist ein Rechtsgeschäft von weittragender Bedeutung; sie bedarf eingehender Vorbereitung, insbesondere auch nach der rechtlichen Seite hin. In gesteigertem Maß galt dies von Gründungen der Inflationszeit. Es ist nicht von vornherein auszuschließen, daß es ohne durchgearbeitete notarielle Vertragsentwürfe überhaupt nicht gegangen wäre. Für Geschäfte solcher Art ist der Satz des Berufungsrichters, eine Partei dürfe es gar nicht dazu kommen lassen, daß nutzlos Notargebühren entstehen, in dieser Allgemeinheit unhaltbar. Zudem kann der Kläger, selbst wenn er früher fest entschlossen gewesen sein sollte, die Gründung mitzumachen, hinterher durch gewichtige Gründe bestimmt worden sein, seine Absicht wieder aufzugeben. Derlei Gründe hat der Kläger in den vorderen Rechtszügen nachdrücklich behauptet. Er hat darauf hingewiesen, daß man im Dezember 1923 im Übergang von der schlimmsten Inflation zur Festwährung stand, daß eine Papiermarkgründung, wie sie in den notariellen Entwürfen vorgesehen war, sich gar nicht mehr habe durchführen lassen, daß bei dem Währungsumschwung das wirtschaftliche Risiko vollkommen unübersehbar geworden sei; ja, der Kläger hat sogar behauptet, daß er mit seiner Weigerung, die Verträge zu vollziehen, die Gegenpartei keineswegs geschädigt, sondern vor erheblichem Schaden bewahrt habe. Mit alledem hat sich der Berufungsrichter nicht auseinandergesetzt. Die Revision rügt das als Verletzung des § 286 ZPO. Die Rüge wäre auch als Verfahrensrüge begründet; aber die völlige Übergehung der klägerischen Ausführungen beweist schon, daß der Berufungsrichter sachlichrechtlich den Begriff des Verschuldens verkannt hat.

Das angefochtene Urteil, das einzig auf der bisher gewürdigten und als nicht ausreichend befundenen Erwägung beruht, war mithin aufzuheben. . . .

---

7. Über den Befreiungsanspruch des ausscheidenden Gesellschafters, insbesondere dann, wenn dieser für Geschäftsverbindlichkeiten ihm gehörige Gegenstände einem Gläubiger sicherungshalber übereignet hat.

BGB. § 738.

II. Zivilsenat. Urt. v. 24. Februar 1931 i. S. R. (Kl.) w. Firma Chr. K. (Bekl.). II 234/30.

I. Landgericht II Berlin.
II. Kammergericht daselbst.

Die Ehefrau des Klägers, Inhaberin der verklagten Firma, betrieb bis 1928 das Geschäft gemeinsam mit dem Kläger als offene Handelsgesellschaft. Als dieser 1928 ausschied, erhielt er von der

Beklagten eine vom 23. Juni 1928 datierte Bescheinigung folgenden Wortlauts:

Bezüglich Deines Ausscheidens aus der Firma Chr. K. bestätige ich Dir hiermit ausdrücklich, daß die Firma an Dich an den mit Bilanz vom 31. März 1928 buchmäßig feststehenden Schulden keinerlei wie immer auch geartete Forderungen oder Ansprüche hat.

Zu diesen Verbindlichkeiten gehörten namentlich solche gegenüber einem Direktor M. und dem Ostelbischen Braunkohlensyndikat GmbH. M. hatte durch Vertrag vom 6. Juli 1926 als Sicherheit für seine Forderung von den Eheleuten K. eine Reihe von Sachen übereignet erhalten, die er vereinbarungsgemäß zunächst in ihrem Besitze beließ, aber jederzeit herauszuverlangen berechtigt war. Ende 1928 klagte M. gegen den jetzigen Kläger auf Herausgabe der Sachen und erstritt in zwei Instanzen obsiegende Urteile. Der Kläger behauptet, M. habe die Urteile auch vollstreckt, die Sachen befänden sich bei seiner Ehefrau. Mit der gegenwärtigen Klage forderte er von der Beklagten Befreiung von den Verbindlichkeiten gegenüber dem M. und dem Ostelbischen Braunkohlensyndikat, insbesondere aus dem von M. erwirkten, rechtskräftig gewordenen Herausgabeurteil vom 14. März 1929, ferner Herausgabe der dort aufgeführten Gegenstände und Schadensersatz wegen Vollziehung jenes Urteils. Die Beklagte bestritt ihre Verpflichtung zur Schuldbefreiung auf Grund der Urkunde vom 23. Juni 1928.

Beide Vorinstanzen wiesen die Klage ab. In der Revisionsinstanz schränkte der Kläger seinen Antrag insofern ein, als er in Ansehung des Gläubigers M., der den Kläger aus der persönlichen Schuldverbindlichkeit entlassen hat, nur noch Befreiung von der Verpflichtung zur Herausgabe der im Urteil vom 14. März 1929 bezeichneten Gegenstände begehrte. Hilfsweise verlangte er Wiederverschaffung seines Eigentums an diesen Gegenständen. Die Revision führte zur Aufhebung und Zurückverweisung.

Gründe:

Die Vorinstanz geht davon aus, daß nach dem Inhalt der der Klage zugrunde liegenden Urkunde die Beklagte die Verbindlichkeiten der früheren Gesellschaft allein zu begleichen und die Inanspruchnahme des Klägers wegen dieser Verbindlichkeiten zu verhindern habe, und daß ihr, soweit sie selbst in Anspruch genommen werde, kein

Rückgriff gegen den Kläger zustehe. Diese Auslegung der Urkunde kann auf sich beruhen. Das Gesetz selbst gibt in § 738 BGB. dem aus der Gesellschaft ausscheidenden Gesellschafter wegen der Gesellschaftsverbindlichkeiten ohnehin einen Befreiungsanspruch gegen seine Mitgesellschafter, und dieser Anspruch besteht auch dann, wenn nur ein Gesellschafter das Geschäft weiter führt (RGZ. Bd. 60 S. 156). Dafür, daß die Urkunde vom 23. Juni 1928 diesen Anspruch irgendwie habe beschränken wollen, besteht kein Anhalt. Wenn das angefochtene Urteil bemerkt, die Urkunde sage nicht, daß die Beklagte eine Erklärung ihrer Gläubiger auf Entlassung des Klägers aus der Schuldverbindlichkeit herbeiführen oder die Gläubiger zur Freigabe von Sicherheiten veranlassen müsse, so wird damit ein etwaiger gesetzlicher Anspruch dieses Inhalts nicht ohne weiteres ausgeschlossen. In welcher Weise die Befreiung zu erfolgen habe, sagt übrigens das Gesetz nicht. Sie kann in der Beschaffung einer Schuldentlassungserklärung des Gläubigers bestehen, sie kann aber auch auf andere Weise vor sich gehen, insbesondere durch eigene Zahlung oder Leistung des zurückbleibenden Gesellschafters. Im vorliegenden Falle richtet der Kläger, nachdem ihn der Gläubiger M. aus der persönlichen Schuldverbindlichkeit entlassen hat, seinen Hauptanspruch auf Befreiung von der auf dem Urteil vom 14. März 1929 beruhenden Pflicht, die darin aufgeführten, dem M. sicherungsweise übereigneten Sachen diesem herauszugeben, und, nachdem zufolge der eigenen Darstellung des Klägers jenes Urteil vollstreckt ist und M. die Sachen der Inhaberin der Beklagten zu unmittelbarem Besitz überlassen hat, auf Herausgabe der Sachen selbst. Der Kläger hat damit der veränderten Sachlage Rechnung getragen (§ 268 Nr. 3 ZPO.). Ob die Fassung seines Antrags einwandfrei ist, darf zwar bezweifelt werden, da dem Kläger kein unmittelbarer Anspruch gegen seine Ehefrau zusteht auf Herausgabe der Sachen, über welche diese ja angesichts der Rechte des M. keinerlei Verfügungsbefugnis hätte. Immerhin ist klar, worauf der Kläger mit seinen Anträgen abzielt. Das ist die Rückverschaffung seines von ihm behaupteten ursprünglichen, durch den Sicherungsvertrag auf M. übergegangenen Eigentums und seines Besitzes kraft der der Beklagten obliegenden Befreiungspflicht. Dementsprechend ist auch der in der Revisionsinstanz gestellte Hilfsantrag gefaßt. Daß aber dem Kläger, wenn er sein

Eigentum an den sicherungsweise übereigneten Gegenständen darzutun vermag, nach § 738 BGB. ein Befreiungsanspruch in dem erwähnten Sinne gegen die Beklagte zustehen würde, ist unbedenklich anzunehmen. Zu Unrecht lehnt das angefochtene Urteil eine Verpflichtung der Beklagten ab, die Sachen von der Belastung mit der Sicherheit zu befreien. Es verkennt, daß die in § 738 a. a. O. vorgesehene Befreiung so lange nicht als vollständig angesehen werden kann, als für Gesellschaftsschulden Sicherheiten des ausgeschiedenen Gesellschafters in Anspruch genommen werden, deren Verlust dieser sonach zu besorgen hat. In solchem Falle erstreckt sich der Befreiungsanspruch des Ausscheidenden, der ja zweifellos die Aufhebung der von ihm für Gesellschaftsschulden bestellten Pfandrechte von den zurückbleibenden Gesellschaftern fordern kann, folgerichtig auch auf die schleunige Beseitigung der Rechtsnachteile, die ihm durch eine im Interesse der Gesellschaft vorgenommene Sicherungsübereignung erwachsen sind. Auf die Fälligkeit der Ansprüche des gesicherten Gesellschaftsgläubigers kommt es dabei ebensowenig an wie darauf, ob Maßnahmen des Gläubigers zur Verwirklichung seiner Sicherheiten unmittelbar drohen und ob er den ausgeschiedenen Gesellschafter auf Zahlung oder Befriedigung aus der Sicherheit in Anspruch genommen hat.

Voraussetzung des hiernach auf § 738 BGB. zu gründenden Anspruchs des Klägers auf Befreiung von seiner Haftung aus der Sicherheitsübereignung und auf Rückverschaffung seines Eigentums ist allerdings, wie schon erwähnt, der Nachweis, daß ihm dieses Recht vor der Übereignung zugestanden hat. Der Kläger hat zwar sein Eigentumsrecht behauptet, doch ist dieses streitig und bisher nicht zum Gegenstand weiterer Verhandlung gemacht worden. Es ist daher dem Kläger anheimzugeben, zunächst sein Eigentum zu beweisen.

Das Berufungsurteil weist nun aber die Klage in Übereinstimmung mit dem Landgericht auch insoweit ab, als sie auf Befreiung des Klägers von den Verbindlichkeiten der Beklagten gegenüber dem Ostelbischen Braunkohlensyndikat gerichtet ist. Eine besondere Begründung gibt es dafür nicht. Anscheinend meint das Berufungsgericht, die Beklagte sei nach der Urkunde nicht verpflichtet, die Entlassung des Klägers aus der Verbindlichkeit beim Gläubiger zu erwirken, und es bedürfe zur Schlüssigkeit der Klage erst einer Inanspruchnahme des Klägers durch den Gläubiger, wovon bisher keine Rede sei. Diese Erwägungen sind rechtlich nicht haltbar. Der Klagantrag wurde in zweiter Instanz nur auf Befreiung von den fälligen Schulden der Beklagten gegenüber dem Braunkohlensyndikat gerichtet, und gegen diesen Anspruch besteht kein rechtliches Bedenken. Seine Geltendmachung ist nicht davon abhängig, daß das Syndikat wegen seiner Forderungen an den Kläger herantritt oder gegen ihn vorgeht, sondern der Kläger ist bei Fälligkeit der Schuld ohne weiteres berechtigt, von der Beklagten Befreiung zu fordern; nur dann, wenn die Fälligkeit noch nicht eingetreten ist, beschränkt § 738 Abs. 1 Satz 3 die Verpflichtung des im Geschäft zurückbleibenden Gesellschafters auf Sicherheitsleistung. Wie die Befreiung verwirklicht werden soll, ist Sache der Vollstreckung. Auf die Behauptung der Beklagten, das Syndikat habe die Entlassung des Klägers aus der Haftung ausdrücklich abgelehnt, kommt demnach nichts an. Die in Frage stehenden Schulden der Beklagten beim Ostelbischen Braunkohlensyndikat sind bisher weder im Klagantrag genannt noch sonst erörtert worden.

---

8. 1. Zur Auslegung des § 317 HGB.
2. Über die Voraussetzungen der Anwendbarkeit des § 817 Satz 2 BGB.

II. Zivilsenat. Urt. v. 24. Februar 1931 i. S. W. u. Gen. (Bekl.) w. F. (Kl.). II 436/30.

I. Landgericht Breslau.
II. Oberlandesgericht daselbst.

Der Kläger gründete im April 1922 im Verein mit dem Hotelbesitzer K. in B. die E. F.-Aktiengesellschaft daselbst mit einem Grundkapital von 2400000 M., das in der Folge wiederholt erhöht und bei der Goldmarkumstellung auf 720000 GM. umgestellt wurde. Er veräußerte an die Aktiengesellschaft, deren alleiniger Vorstand er wurde, seine Gaststättenbetriebe. Von dem Grundkapital der Gesellschaft hatte er rund $^{11}/_{20}$, K. rund $^{9}/_{20}$ im Besitz; Aktien im Nennbetrag von zusammen 8000 RM. sind im Besitze Dritter. Im Jahre 1925 wurde der Kläger, der damals als Vorstand ein Monatsgehalt von 1400 RM. hatte, der Gesellschaft größere Beträge schuldig, nach seiner Angabe 27000 RM., nach Behauptung der Gesellschaft 65000 RM. Der Aufsichtsrat wußte nur um 16000 RM. Nachdem eine Generalversammlung vom 15. Oktober 1925 dem Kläger die Entlastung versagt hatte, berief ihn der Aufsichtsrat unter dem 17. Oktober 1925 fristlos aus der Vorstandsstelle ab, verlangte die sofortige Abdeckung der Schuld und drohte mit Strafanzeige. Anfang November 1925 klagte die Aktiengesellschaft 65000 RM. gegen ihn ein; er erkannte 27000 RM. an, konnte aber nicht zahlen. Die E. F.-Aktien, sein angeblich so gut wie einziger Besitz, wurden nicht an der Börse gehandelt. Schließlich trat der Kläger nach verschiedenen Versuchen, sich anderwärts auf seine E. F.-Aktien Geld zu verschaffen, in Verbindung mit den Beklagten, den Inhabern eines Konkurrenzunternehmens der E. F.-Aktiengesellschaft. Es kam in der Folge zum Abschluß mehrerer notarieller Verträge zwischen den Parteien und zur Erteilung einer ebensolchen Vollmacht des Klägers an die Beklagten. Um die Gültigkeit dieser Abmachungen dreht sich der Rechtsstreit. Im ersten Vertrag vom 26. Oktober 1925 verkaufte der Kläger Aktien der E. F.-Aktiengesellschaft im Nennwert von 70000 RM. für 35000 RM. an die beiden Beklagten. Er räumte diesen bis zum 31. Dezember 1928 ein Vorkaufsrecht in Ansehung seines gesamten gegenwärtigen und künftigen Besitzes an E. F.-Aktien zum Kurs von höchstens 75% ein; auch sollte er seinen verfügbaren Aktienbesitz nur im ganzen veräußern dürfen; das Vorkaufsrecht sollte erlöschen, wenn die Beklagten von ihrem Recht Gebrauch machten, vom Kläger den Rückerwerb der 70000 RM. E. F.-Aktien zu verlangen. Die Beklagten ihrerseits verpflichteten sich, dem Kläger durch ihre Bürgschaft einen am 1. November 1926 rückzahlbaren Kredit von 10000 RM. zu verschaffen; zu ihrer Sicherung verpfändete ihnen der Kläger seinen Anspruch an K. auf Herausgabe von E. F.-Aktien im Nennwert von 120000 RM., die er diesem für eine Forderung von 20000 RM. in Pfand gegeben hatte. Weiter übernahm der Kläger die Verpflichtung, dafür einzutreten, daß die Beklagten zwei Sitze im Aufsichtsrat der Aktiengesellschaft erhielten, während sie sich verbindlich machten, mit ihren Stimmen im Aufsichtsrat dafür einzutreten, daß der Kläger wieder deren Vorstand würde.

In der nächsten Generalversammlung konnte jedoch der Kläger seine Pläne nicht durchsetzen, weil ihm K. das Stimmrecht aus den verpfändeten 120000 RM. Aktien streitig machte und er — Kläger — deshalb in der Minderheit war. Um die Mittel zur Auslösung der an K. verpfändeten Aktien in die Hand zu bekommen, schloß der Kläger nun mit den beiden Beklagten einen weiteren notariellen Vertrag vom 30. November 1925. Danach versprachen die Beklagten dem Kläger ein Darlehen von 20000 RM., wofür er ihnen die damit auszulösenden, an K. verpfändeten 120000 RM. Aktien zu Pfand gab. Weiter bot der Kläger den Beklagten, jetzt befristet bis zum 30. September 1930, seinen ganzen gegenwärtigen und künftigen Besitz an E. F.-Aktien zum Kurs von 75% zum Kauf an. Da K. ein Vorkaufsrecht auf nennwertlich 79000 RM. E. F.-Aktien hatte, verpflichtete sich der Kläger ferner, im Falle der Ausübung dieses Vorkaufsrechts, um den Beklagten unter allen Umständen die Aktienmehrheit zu verschaffen, vor Annahme des Verkaufsangebots bei der Aktiengesellschaft mit seiner Stimmenmacht eine Kapitalerhöhung durchzusetzen und den Beklagten sein Aktienbezugsrecht zu überlassen, dafür einzutreten, daß bei der Aktiengesellschaft alles unterbleibe, was dem Erwerb der Aktienmehrheit durch die Beklagten entgegenstehe, und endlich sich dafür einzusetzen, daß die Beklagten je einen Sitz im Aufsichtsrat erhielten. In einem ferneren notariellen Vertrag vom 6. Dezember 1925 sagten die Beklagten dem Kläger ein weiteres Darlehen von 10000 RM. zu, wofür er ihnen sicherheitshalber nennwertlich 120000 RM. E. F.-Aktien übereignete, die sich in Bankverwahrung befanden und für den Magistrat in B. gesperrt waren. In einer zweiten notariellen Urkunde vom selben Tag gab der Kläger sodann jedem der Beklagten Vollmacht, ihn in seiner Eigenschaft als Aktionär der E. F.-Aktiengesellschaft zu vertreten, insbesondere das Stimmrecht für ihn auszuüben, ohne daß er jedoch behindert sein sollte, dies selbst zu tun. Die Vollmacht sollte nur im Fall des Erlöschens des den Beklagten im Vertrag vom 30. November 1925 eingeräumten Optionsrechts widerruflich sein. Die Beklagten, die dem Kläger den Kaufpreis von 35000 RM. alsbald auszahlten, ihm die Kredite verschafften und die Darlehen gewährten, haben das ihnen im Vertrag vom 30. November 1925 eingeräumte Optionsrecht geltend gemacht.

Der Kläger behauptet, alle diese Verträge seien u. a. wegen Verstoßes gegen § 317 HGB. nichtig. Sein Antrag geht dahin: 1. festzustellen, daß die Verträge vom 26. Oktober, 30. November, 6. Dezember 1925 und die an letzterem Tag erteilte Vollmacht nichtig seien; 2. die Beklagten als Gesamtschuldner zu verurteilen, ihm Zug um Zug gegen Zahlung von 35000 RM. Aktien der E. F.-Aktiengesellschaft im Nennwert von 70000 RM. herauszugeben.

Das Landgericht erklärte den Vertrag vom 30. November 1925 und die Vollmacht vom 6. Dezember 1925 für nichtig, wies aber im übrigen die Klage ab. Beide Teile legten Berufung ein, der Kläger insoweit, als seine Feststellungsklage in Ansehung des Vertrags vom 26. Oktober 1925 und sein Leistungsanspruch abgewiesen worden sind. Das Oberlandesgericht wies die Berufung der Beklagten zurück; auf die Berufung des Klägers erklärte es auch den Vertrag vom 26. Oktober 1925 für nichtig und gab dem Leistungsantrag statt. Die Revision der Beklagten hatte keinen Erfolg.

Aus den Gründen:

1. Der Berufungsrichter hält die beiden Verträge vom 26. Oktober und vom 30. November 1925 sowie die Vollmacht vom 6. Dezember 1925 wegen Verstoßes gegen § 317 HGB. für nichtig. Er führt hierzu im einzelnen aus: Nach dem Vertrag vom 26. Oktober 1925 bestehe die Leistung des Klägers im Verkauf eines Teils seiner E. F.-Aktien, in der Einräumung eines Vorkaufsrechts hinsichtlich seines übrigen Besitzes an solchen Aktien und in dem Versprechen, jedem der Beklagten einen Sitz im Aufsichtsrat zu verschaffen. Die Gegenleistung der Beklagten aber bestehe in der Zahlung des Kaufpreises, in dem Versprechen, im Aufsichtsrat für die Wahl des Klägers zum Vorstand der Gesellschaft einzutreten, und in der Zusage der Verschaffung eines Kredits von 10000 RM. durch Übernahme der selbstschuldnerischen Bürgschaft. Das Versprechen des Klägers, für die Wahl der Beklagten in den Aufsichtsrat zu stimmen, und die Kreditzusage der Beklagten stünden im Verhältnis von Leistung und Gegenleistung; die Kreditbeschaffung sei für den Kläger ebenso wesentlich gewesen wie der Aktienverkauf. Anderseits habe das Hauptinteresse der Beklagten darin gelegen, sich durch Sitze im Aufsichtsrat einen Einblick in die Geschäftsführung der Aktiengesellschaft und Einfluß auf diese selbst zu ver-

schaffen. Sie würden den Kredit nie gewährt haben, wenn ihnen der Kläger nicht je einen Sitz im Aufsichtsrat versprochen hätte. Die Verpflichtung, die Beklagten in den Aufsichtsrat zu wählen, sei auch keine Folge ihres Vorkaufsrechts, sondern eine selbständige Verpflichtung des Klägers, für deren Übernahme die Kreditzusage der Beklagten, wenn auch nicht ausschließlich, bestimmend gewesen sei. Damit habe sich der Kläger für diese seine Abstimmung besondere Vorteile gewähren lassen, nämlich eben den Kredit von 10000 RM.

In Ansehung des Vertrags vom 30. November 1925 gelangt das Berufungsgericht zu dem Ergebnis, daß die Verpflichtung des Klägers, mit seinen Aktien für die Wahl der Beklagten in den Aufsichtsrat und gegebenenfalls für eine Kapitalerhöhung einzutreten, „in erster Linie" seine Gegenleistung für die Gewährung des weiteren Darlehens von 20000 RM. gewesen sei. Die Beklagten hätten ihm das Darlehen für diese seine Abstimmungs-Verpflichtungen gewährt; es handle sich also um die Gewährung und Annahme besonderer, mit dem Ergebnis der Abstimmung in keinem ursächlichen Zusammenhang stehender Vorteile, was dem § 317 HGB. zuwiderlaufe und den Vertrag in vollem Umfang nichtig mache.

Die Revision rügt insoweit Verletzung des § 317 HGB., der §§ 133, 157 BGB. und des § 286 ZPO. Sie meint zunächst, rechtsirrig sei, daß das Berufungsgericht einen „besonderen Vorteil" schon dann annehmen wolle, wenn sich dieser aus der Abstimmung selbst ergebe. Gewiß trifft das letztere Erfordernis des § 317 a. a. O. auch dann nicht zu, wenn der ausbedungene Vorteil allen Aktionären zugute kommen soll und kommt. Das hat der erkennende Senat in dem von der Revision angeführten Urteil vom 30. November 1928 (JW. 1929 S. 642 Nr. 7) unter Aufgabe einer hiervon etwa abweichenden Rechtsauffassung des Urteils vom 22. Februar 1916 (JW. 1916 S. 575 Nr. 2) ausgesprochen. Von einem besonderen Vorteil im Sinne des § 317 könnte übrigens z. B. auch dann keine Rede sein, wenn der Vorteil der Gesellschaft als solcher und damit mittelbar der Gesamtheit der Aktionäre zugute kommen soll. Allein das angefochtene Urteil beruht nicht auf der von ihm gegebenen Begriffsbestimmung. Denn es hat den Tatbestand des § 317 nicht deshalb als vorhanden angenommen, weil Kredit- und Darlehenszusage sich schon aus der Abstimmung ergeben habe, sondern deshalb, weil beide die Gegenleistung oder mit die Gegenleistung für die übernommene Abstimmungsverpflichtung des Klägers gebildet und ausschließlich dem Kläger hätten zugute kommen sollen. Wäre dem so, dann würde die Vereinbarung wegen der Abstimmung allerdings gegen § 317 verstoßen. Dies muß auch die Revision zugeben. Ihr weiterer Angriff, mit dem sie Verletzung der §§ 133, 157 BGB. und des § 286 ZPO. rügt, richtet sich deshalb gerade gegen die Annahme des Berufungsgerichts, daß die Abstimmungsverpflichtung gegen einen „besonderen Vorteil" übernommen worden sei. Sie macht geltend, die Verträge seien als Ganzes zu würdigen; ihre Zerlegung in Einzel-Abreden werde dem Parteiwillen nicht gerecht; es habe sich um den Erwerb der Aktienmehrheit durch die Beklagten gehandelt. Dahin hätten neben den anderen Abreden auch die Abstimmungs-Abreden gezielt, die mit den übrigen Leistungen des Klägers dessen „einheitliche" Verpflichtung gebildet hätten. Es sei nicht angängig, die Abstimmungs-Verpflichtungen herauszugreifen und die Darlehens- und Kreditzusage als besondere Gegenleistung für sie hinzustellen. Die Auffassung des Berufungsgerichts lasse jede nähere Begründung vermissen, sie sei willkürlich und stehe im Widerspruch mit den sonstigen Ausführungen des Urteils über den Inhalt der beiderseitigen Leistungspflichten. Diese Angriffe schlagen nicht durch. Ob die Abstimmungs-Verpflichtung des Klägers gerade in der Kredit- und Darlehenszusage ihre „besondere" Gegenleistung finden sollte, ist rechtlich unerheblich. Entscheidend kommt es nur darauf an, ob diese Verpflichtung für die Bemessung der Gegenleistungen der Beklagten nach Art und Umfang mit ursächlich gewesen ist, ob sich die Beklagten zu ihren Leistungen sonst überhaupt nicht oder nicht in dieser Höhe oder Art verstanden hätten. Denn dann hat der Kläger eben mit für seine Stimmrechtsbindung einen besonderen Vorteil erhalten. Daß dem nach dem Inhalt der beiden Verträge so ist, kann aber füglich nicht in Zweifel gezogen werden. Unerheblich ist vorab, welche Endzwecke die Parteien mit den Verträgen und der Stimmabrede im besonderen verfolgten. § 317 HGB. stellt nur darauf ab, ob für die Stimmrechtsverpflichtung ein besonderer Vorteil bedungen wurde, nicht aber auf den Inhalt der Abstimmungs-Vereinbarung im übrigen. Dieser kann zur Nichtigkeit einer solchen Abrede aus anderem Grunde führen, z. B. wegen

Sittenwidrigkeit. Mit der Frage der Anwendbarkeit des § 317 hat dies aber nichts zu tun.

Das Tatbestandsmerkmal des „besonderen Vorteils" im Sinne des § 317 liegt ferner nicht nur dann vor, wenn für die Übernahme der Stimmrechts-Verpflichtung im Vertrag ausdrücklich und im besonderen ein bestimmter Vorteil festgelegt ist. Es ist vielmehr ausreichend, wenn sich die Abstimmungs-Verpflichtung im Rahmen eines weiter gespannten Vertrags befindet, wenn sie für die Bemessung der Leistungen des anderen Teils mitbestimmend war und wenn ohne sie der ganze Vertrag entweder überhaupt nicht oder jedenfalls nicht mit Gegenleistungen solcher Art und solchen Umfangs abgeschlossen worden wäre, wie sie tatsächlich gewährt wurden. Es kommt also nicht darauf an, ob gerade die Kredit- und Darlehenszusage als solche ihre Gegenleistung in der Abstimmungs-Verpflichtung des Klägers finden sollte, sondern entscheidend ist nur, ob die den Beklagten nach den Verträgen obliegenden Gegenleistungen in ihrer Gesamtheit wesentlich durch die Mitübernahme der Abstimmungs-Verpflichtung bestimmt worden sind. Daß aber die Abstimmungs-Verpflichtung des Klägers, wenn nicht für die Vertragsschlüsse überhaupt, so doch jedenfalls für die Höhe und den Umfang gerade auch der geldlichen Gegenleistung der Beklagten sehr wesentlich mitbestimmend war, ist nach den Feststellungen des Berufungsgerichts nicht zu bezweifeln. Mit Recht weist das Berufungsgericht darauf hin, daß die Stimmrechtsbindung des Klägers in Ansehung seines nicht an die Beklagten veräußerten Besitzes keineswegs eine selbstverständliche Folge des Aktienverkaufs und der Einräumung des Vorkaufs- oder des Optionsrechts der Beklagten war, sondern eine weitere selbständige Verpflichtung bedeutete, die aber wegen der Höhe des dem Kläger verbliebenen Besitzes von erheblicher Bedeutung war. Zutreffend hebt das Urteil auch hervor, daß weder die Größe des von den Beklagten im Vertrag vom 26. Oktober 1925 erworbenen Aktienbesitzes noch das ihnen weiter eingeräumte Vorkaufsrecht einen „Anspruch" auf ihre Zuwahl in den Aufsichtsrat begründete. Denn die von den Beklagten damals erworbenen Aktien stellten nur einen kleinen Bruchteil, nämlich kaum $^1/_{10}$ des Aktienkapitals dar. In der Tat gewährten also die beiden Verträge vom 26. Oktober 1925 und 30. November 1925 den Beklagten eine durch die Stimmrechts-

Verpflichtung und die Stimmenmacht des Klägers gesicherte Aussicht auf zwei Sitze im Aufsichtsrat und damit gegen verhältnismäßig kleinen Kapitalaufwand einen außerordentlichen Einfluß auf die Aktiengesellschaft selbst, der für sie als Konkurrenten naturgemäß um so höher zu bewerten war. Dies lag auch für die geschäftskundigen Parteien offen zutage. Daraus darf aber unbedenklich gefolgert werden, daß für die Ansprüche des Klägers und für die Zugeständnisse der Beklagten über Höhe und Umfang ihrer Vertragsleistungen gerade die Stimmrechtsverpflichtung wegen ihrer Zuwahl zum Aufsichtsrat wesentlich mitbestimmend war. Denn sie sicherte ihnen auch ohne Besitz der Mehrheit einen weitgehenden Einfluß auf die Aktiengesellschaft. Damit hatte sich der Kläger auf alle Fälle für die Ausübung seines Stimmrechts besondere Vorteile versprechen lassen, anderseits sind ihm solche von den Beklagten gewährt worden. Dies gilt sowohl für den Vertrag vom 26. Oktober 1925 als auch für den vom 30. November 1925. Wie es sich mit der Verpflichtung des Klägers wegen Ausübung seines Stimmrechts in Absicht auf eine Kapitalerhöhung der Aktiengesellschaft verhält, mit anderen Worten: ob gerade auch die Übernahme dieser Verpflichtung für die Bemessung der Gegenleistung der Beklagten von Bedeutung war, kann unerörtert bleiben, da dies für die Stimmrechts-Verpflichtung in Ansehung der Aufsichtsratsposten unbedenklich zu bejahen ist.

Unbegründet sind die verfahrensrechtlichen Rügen aus §§ 139, 286 ZPO., welche die Revision gegen die Annahme des Berufungsgerichts richtet, daß die Nichtigkeit der Stimmrechtsabrede über die Wahlen zum Aufsichtsrat die Nichtigkeit der Verträge nach sich ziehe. Ob dies gerade die wichtigste Verpflichtung des Klägers war, ist unerheblich. Daß sie von ausschlaggebender Bedeutung für die Vertragsabschlüsse war, ergibt sich aus dem eigenen Vortrag der Beklagten. Das Berufungsgericht hatte bei dieser Sachlage keinen Anlaß zur Ausübung des Fragerechts. Ebensowenig ist § 286 ZPO. verletzt; vielmehr hat der Berufungsrichter in Würdigung des Gesamtinhalts der Verhandlungen ohne Rechtsirrtum festgestellt, daß beide Verträge ohne die Verpflichtung des Klägers, „seine immer ausschlaggebende Stimmenmacht für die Zuwahl der Beklagten zum Aufsichtsrat einzusetzen", überhaupt nicht abgeschlossen worden wären, daß es also bei der Regel des § 139

BGB. (Nichtigkeit der ganzen Verträge) sein Bewenden haben müsse. . . .

2. Endlich rügt die Revision Verletzung des § 817 BGB. und des § 286 ZPO., soweit das Berufungsgericht dem Herausgabeanspruch des Klägers stattgegeben hat.

Der Vorderrichter hat diesen Anspruch als solchen aus ungerechtfertigter Bereicherung für begründet erklärt. Er lehnt die Anwendbarkeit des § 817 BGB. ab, weil nicht festgestellt werden könne, daß auch der den Aktienverkauf betreffende Teil des Vertrags vom 26. Oktober 1925 gegen § 317 HGB. verstoße. Dies würde nach Ansicht des Berufungsgerichts nur der Fall sein, wenn der gezahlte Kaufpreis außergewöhnlich hoch wäre, wenn also in dem Mehrpreis schon die Zusicherung eines besonderen Vorteils für die Art der Abstimmung läge. Dafür fehle es — so führt das Urteil weiter aus — an jeder Grundlage; die Beklagten hätten an K. den gleichen Preis bezahlt; der Kläger habe sich verpflichtet, beim Rückkauf nach Ablauf von 3 Jahren das Doppelte zu entrichten, und halte den von den Beklagten gezahlten Preis für sehr niedrig. Demnach sei ein „Überpreis" nicht festzustellen; die Nichtigkeit dieses Teils des Vertrags ergebe sich vielmehr allein aus dem § 139 BGB., weil nicht anzunehmen sei, daß die Beklagten den Vertrag ohne die nichtige Stimmrechtsabrede abgeschlossen hätten. An sich hätten die Beklagten durch die Kaufabrede weder gegen ein gesetzliches Verbot noch gegen die guten Sitten verstoßen; ebensowenig sei dies beim Kläger durch Annahme des Kaufpreises geschehen.

Die Revision hält die Auffassung des Berufungsgerichts zur Frage der Anwendbarkeit des § 817 BGB. für rechtsirrig unter Hinweisung darauf, daß der Vorderrichter an anderem Orte die beiderseitigen Leistungen in ihrer Gesamtheit einander gegenüber gestellt habe. Es kann auf sich beruhen, ob dem Berufungsgericht insoweit durchweg beigetreten werden könnte (RGZ. Bd. 67 S. 321). Denn die Anwendbarkeit des § 817 Satz 2 BGB. scheitert an einem anderen Bedenken. Nach nunmehr feststehender Rechtsprechung greift diese Vorschrift nur im Falle bewußter Zuwiderhandlung gegen das Verbotgesetz durch (RGZ. Bd. 104 S. 54, Bd. 105 S. 272; WarnRspr. 1922 Nr. 82). Hier handelt es sich um eine gesetzliche Anordnung, die schon vermöge ihres Gegenstands und ihrer inneren Bedeutung abseits liegt und deren Voraussetzungen im Schrift-

tragsschlusses nicht restlos geklärt waren, wie das Urteil des erkennenden Senats vom 30. November 1928 (JW. 1929 S. 672 Nr. 7) beweist. Hierzu kommt, daß sich die Parteien bei Abschluß des Vertrags vom 26. Oktober 1925 insofern des Beistands eines Rechtskundigen bedienten, als sie von einem solchen ihre Abreden, so wie sie getroffen waren, notariell beurkunden ließen und demgemäß nicht ohne Grund annehmen konnten, daß ihre Abmachungen keinem Verbotsgesetz zuwiderlaufen würden, wie es § 317 HGB. darstellt. Damit entfällt die Anwendung des § 817 Satz 2 BGB. ohne weiteres.

---

9. Verstößt ein Vergleich, den der Grundstücksveräußerer über die Aufwertung des Kaufpreises unter Verzicht auf sämtliche Ansprüche mit seinem Käufer schließt, dann gegen die guten Sitten, wenn dabei die Ausgleichspflicht des Käufers nicht berücksichtigt wurde zum Nachteil des früheren Hypothekengläubigers, der seine persönliche Forderung gegen den Verkäufer angemeldet hatte?

BGB. § 138.

VI. Zivilsenat. Urt. v. 26. Februar 1931 i. S. H. (Kl.) w. Eheleute Sch. (Bekl.). VI 426/30.

I. Landgericht I Berlin.
II. Kammergericht daselbst.

Die Klägerin war Gläubigerin einer Vorkriegshypothek von 33500 M. an einem Grundstück der Erstbeklagten (im folgenden als „Beklagte" bezeichnet; von deren Ehemann, dem Zweitbeklagten, verlangt die Klägerin nur Duldung der Zwangsvollstreckung). Diese Hypothek wurde am 1. April 1923 von der Beklagten zum Nennbetrag im Werte von 6,75 GM. zurückgezahlt und am 18. Mai 1923 gelöscht. Am 7. Juni 1923 verkaufte die Beklagte das Grundstück an W. für 31 Millionen Mark, von denen ein Teilbetrag von 5 Millionen Mark bei Vertragsschluß und der Rest am 2. Juli 1923 bei der Auflassung gezahlt wurde. In einem Rechtsstreit, in dem die Beklagte gegen W. auf Aufwertung des Kaufgeldes klagte, schlossen die beiden am 20. Dezember 1928 einen gerichtlichen Vergleich, worin die Beklagte gegen Empfang von 2000 RM. ihre sämtlichen Ansprüche gegen W. für ausgeglichen erklärte. Inzwischen hatte die Klägerin die Aufwertung der ihrer Hypothek zugrunde liegenden persönlichen Forderung gegen die Beklagte bei der zuständigen Aufwertungsstelle betrieben, welche die Forderung auf 8368,25 GM. aufwertete. Auf die Beschwerde der Beklagten setzte das Landgericht das Aufwertungsverfahren aus. Auf Grund der §§ 134, 138 BGB. hat die Klägerin auf Feststellung der Nichtigkeit des Vergleichs geklagt und zur Begründung dieses Anspruchs geltend gemacht: Der Vergleich verstoße gegen die guten Sitten und sei daher nichtig, weil die Beteiligten durch ihn den Aufwertungsanspruch der Klägerin gegen die Beklagte, die im übrigen vermögenslos sei, hätten vereiteln wollen. Die Beklagte habe in ihrem Rechtsstreit gegen W. nur auf Aufwertung des von diesem geschuldeten Kaufpreises geklagt, ohne ihre als Ausgleichsforderung geltend zu machende Aufwertungsverpflichtung gegenüber der Klägerin auf Grund der gelöschten Hypothek zu berücksichtigen. Die Beklagte und W. hätten damals gewußt, daß nach dem Stande der Rechtsprechung mit der Möglichkeit eines Ausgleichsanspruchs der Beklagten gegen W. auf Grund der Aufwertungspflicht der Beklagten gegenüber der Klägerin habe gerechnet werden müssen.

Beide Vorinstanzen wiesen die Klage ab. Die Revision der Klägerin führte zur Aufhebung und Zurückverweisung.

Gründe:

Das Berufungsgericht begründet seine Entscheidung im wesentlichen wie folgt: Im Abschluß des Vergleichs vom 20. Dezember 1928 liege höchstens eine Verletzung der Vertragspflicht, die sich für die Beklagte aus dem mit der Klägerin geschlossenen Darlehensvertrag ergebe. Diese Verletzung würde aber nur dazu führen, im Verhältnis der Klägerin zur Beklagten deren Berufung auf die Härteklausel als verwirkt anzusehen. Die Nichtigkeit des Vergleichs könne nur dann in Frage kommen, wenn die eine kolludierende Partei zu dem geschädigten Dritten in einem Vertrauensverhältnis gestanden habe. An einer solchen besonderen Treupflicht der Beklagten gegenüber der Klägerin fehle es aber im vorliegenden Falle.

Mit Recht wendet sich die Revision gegen diese Ausführungen unter Hinweis darauf, daß, wenn das Berufungsgericht zutreffend eine Verpflichtung der Klägerin unterstelle, bei der Verfolgung ihres Aufwertungsanspruchs gegen W. zugleich die Interessen der Klägerin wahrzunehmen, es zu Unrecht in dieser Hinsicht eine Treupflicht der Beklagten gegenüber der Klägerin nicht gelten lassen wolle. Bei Beurteilung der Rechtslage ist davon auszugehen, daß die Klägerin Ansprüche auf Aufwertung ihrer Darlehensforderung nur gegen die Beklagte hatte und auch nur gegen diese geltend machen konnte, da deren Aufwertungsansprüche gegen W. der Klägerin nicht abgetreten waren. Bestand nun an sich, wie nach dem Berufungsurteil zu unterstellen, ein Aufwertungsanspruch der Klägerin gegenüber der Beklagten, konnte sich aber die Beklagte auf Grund ihrer Mittellosigkeit diesem Anspruch gegenüber insoweit auf die Härteklausel (§ 15 AufwG.) berufen, als ihr nicht ein Ausgleichsanspruch gegenüber W., dem bemittelten Eigentümer des Grundstücks, zustand, so war die Klägerin zur Verwirklichung ihres Aufwertungsanspruchs allein darauf angewiesen, daß die Beklagte dem W. gegenüber auch ihre (der Klägerin) Interessen wahrnahm. Insofern bestand allerdings zwischen der Beklagten und der Klägerin ein Vertrauensverhältnis, das die erstere verpflichtete, bei Verfolgung ihrer Aufwertungsansprüche gegen W. und bei einem mit diesem abzuschließenden Vergleich nicht außer acht zu lassen, daß von diesem Ergebnis allein die Möglichkeit für sie abhänge, ihrer Aufwertungspflicht gegenüber der Klägerin gerecht zu werden. Gleichwie ein zwischen einem Bevollmächtigten und einem Dritten geschlossener Vertrag, der absichtlich zum Nachteil des Vollmachtgebers geschlossen wurde, wegen Verstoßes gegen die guten Sitten nichtig ist (RGRKomm. Erl. zu § 138 BGB. unter 1 A b), so wäre bei der Unterstellung des Berufungsurteils, daß die Beklagte bei Abschluß des Vergleichs vom 20. Dezember 1928 die Rechtsprechung in bezug auf ihren Ausgleichsanspruch gegen W. kannte und den Vergleich in der eigennützigen Absicht einer Benachteiligung der Klägerin schloß, auch die Nichtigkeit dieses Vergleichs nach § 138 Abs. 1 BGB. begründet. Denn das planmäßige Verhalten der Beklagten, das bezweckte, die Klägerin durch den Vergleich um die ihr an sich zustehenden Aufwertungsansprüche zu bringen, verstieße gegen die guten Sitten. Nicht zu billigen ist demnach die Ansicht des Berufungsgerichts, die Arglist der Beklagten bei

Abschluß des Vergleichs könne höchstens dazu führen, daß dieser der Klägerin gegenüber die Berufung auf die Härteklausel zu versagen sei — eine Rechtsfolge, die bei der angenommenen Mittellosigkeit der Beklagten keinerlei praktische Bedeutung für die Klägerin hätte.

---

10. 1. Kann der Gläubiger auch nach Annahme einer anderen als der geschuldeten Leistung an Erfüllungsstatt noch einen Aufwertungs- oder Ausgleichsanspruch geltend machen?

2. Unter welchen Voraussetzungen steht dem Schuldner gegen seinen Grundstücksabkäufer ein Ausgleichsanspruch zu?

BGB. § 242. AufwG. §§ 2, 4, 10, 11, 17. Durchführungsverordnung hierzu vom 29. November 1925 Art. 18.

VI. Zivilsenat. Urt. v. 26. Februar 1931 i. S. G. (Kl.) w. Eheleute Ge. (Bekl.). VI 419/30.

I. Landgericht Gießen.
II. Oberlandesgericht Darmstadt.

Der Ehemann und Erblasser der Klägerin verkaufte im Jahre 1902 an die Beklagten in einem ortsgerichtlich beurkundeten Vertrag sein Grundstück und in einem privatschriftlichen Vertrag sein Apothekerrecht sowie die zur Apotheke gehörigen beweglichen Sachen. Aus dem letzteren Vertrag hatte er am 2. April 1921 noch eine ungesicherte Restkaufpreisforderung von 62000 M. gegen die Beklagten. Diesen stand anderseits eine Kaufgeldhypothek von 62000 M. (abgesehen von einem hier nicht in Betracht kommenden Betrag) an einem anderen Grundstück zu, auf das die Apotheke verlegt worden und das durch Verkauf im Jahre 1912 an die Eheleute D. und durch einen zweiten Verkauf im Jahre 1919 an die Eheleute P. übergegangen war. Die letzteren waren am 2. April 1921 und sind noch jetzt Eigentümer des Grundstücks. Sie hatten beim Erwerb die Kaufgeldschuld der Eheleute D. an die Beklagten übernommen. Am 2. April 1921 kam zwischen dem Ehemann der Klägerin, den Beklagten und den Eheleuten P. eine Vereinbarung zustande, wonach die Beklagten ihre Kaufgeldhypothek an den Ehemann der Klägerin abtraten und zugleich der Zinssatz der Hypothek erhöht sowie die

Kündbarkeit für den Gläubiger bis zum 1. Mai 1932 ausgeschlossen wurde. Nach dem Tode des Ehemanns der Klägerin zahlten die Eheleute P. am 1. Mai 1922 2000 M. an die Klägerin ab. Die noch übrigen 60000 M. wurden im Aufwertungsverfahren auf 1086 GM. aufgewertet und nach Zahlung dieses Betrags am 21. Februar 1928 gelöscht.

Die Klägerin verlangt nun von den Beklagten Aufwertung der ungesicherten Restkaufgeldforderung von 62000 M. unter Anrechnung der von den Eheleuten P. gezahlten Beträge mit der Begründung, daß in dem Abkommen vom 2. April 1921 die Kaufgeldhypothek nur erfüllungshalber, nicht an Erfüllungsstatt abgetreten worden sei. Sie beansprucht Aufwertung auf 75% und klagt einen Teilbetrag von 20000 RM. nebst Zinsen ein. Die Beklagten behaupten, die Hypothek sei an Erfüllungsstatt abgetreten worden, und halten sich zu keiner Aufwertung für verpflichtet, zumal da die Klage zu spät erhoben worden sei.

Das Landgericht erklärte den Anspruch dem Grunde nach für gerechtfertigt. Die Beklagten legten Berufung ein und machten noch geltend, mit der Abtretung sei eine befreiende Schuldübernahme durch die Eheleute P. verbunden, die ungesicherte Forderung sei nunmehr zu einer durch Hypothek gesicherten geworden, die Klägerin habe die Wahrnehmung ihrer Rechte versäumt und durch Zurücknahme ihres Antrags auf höhere Aufwertung sowie durch Erteilung der Löschungsbewilligung sich selbst, aber auch die Beklagten geschädigt. Das Berufungsgericht wies die Klage ab. Die Revision der Klägerin führte zur Aufhebung und Zurückverweisung.

Gründe:

Das Berufungsgericht legt im Gegensatz zum Landgericht das Abkommen vom 2. April 1921 dahin aus, daß die Kaufgeldhypothek der Beklagten nicht nur erfüllungshalber, sondern an Erfüllungsstatt zur Tilgung ihrer gleich hohen Kaufpreisschuld an den Ehemann der Klägerin abgetreten worden sei. Diese Auslegung beruht auf folgenden Erwägungen. Die Forderung des Ehemanns der Klägerin an die Beklagten und die der Beklagten an die Eheleute P. seien beide zum 1. Mai 1922 für die Gläubiger kündbar gewesen. Der Einfachheit halber hätten die Eheleute P. schon vor dem 2. April 1921 die Zinsen unmittelbar an den Ehemann der Klägerin gezahlt. Es habe nahegelegen, das Verhältnis noch mehr zu vereinfachen, indem unter Tilgung der Schuld der Beklagten der Ehemann der Klägerin zum Gläubiger ihrer Kaufgeldhypothek gemacht worden sei. Daran hätten die Beklagten ein naheliegendes und erkennbares Interesse gehabt, wohingegen sie mit einer erfüllungshalber vorgenommenen Abtretung der Hypothek dem Ehemann der Klägerin unentgeltlich einen einseitigen Vorteil zugewendet haben würden. Wäre nur eine Abtretung erfüllungshalber in Frage gekommen, so hätten die Beklagten es vorgezogen, den Ehemann der Klägerin durch Barzahlung abzufinden, wozu sie bereit und imstande gewesen seien. Alles das habe der Ehemann der Klägerin gewußt, und er habe nicht widersprochen. Außerdem sei nur bei der abgetretenen Hypothek der Zinsfuß erhöht und der Ausschluß der Kündbarkeit erstreckt worden, nicht aber bei der Forderung des Ehemanns der Klägerin, was ebenfalls für die Absicht spreche, diese Forderung zum Erlöschen zu bringen. Endlich habe die Klägerin selbst das Abkommen ebenso ausgelegt; denn sie habe zunächst versucht, es durch Anfechtung zu beseitigen, was bei einer nur erfüllungshalber vorgenommenen Abtretung keinen Sinn gehabt hätte, und sie habe durch ihren Sachwalter den Beklagten einen Vergleichsvorschlag gemacht, der deutlich auf der Auffassung beruht habe, daß die Abtretung zur sofortigen Tilgung der Schuld geschehen sei. Erst später habe sie ihren Standpunkt gewechselt.

Gegen diese Auslegung, die im wesentlichen auf tatsächlichen Erwägungen beruht, sind keine rechtlichen Bedenken zu erheben. Sie wird auch von der Revision nicht angegriffen. Die Revision vermißt bei der Auslegung nur, daß nicht geprüft worden sei, ob nicht die Forderung ungeachtet der Hingabe an Erfüllungsstatt nur soweit habe getilgt werden sollen, als sich das mit Rücksicht auf den Geldwert der abgetretenen Hypothekenforderung als möglich erweisen werde. So hatte in einem Falle, welcher der Entscheidung des erkennenden Senats vom 27. Juni 1929 VI 745/28 (Zeiler Nr. 1793) zugrunde lag, das damalige Berufungsgericht eine an Erfüllungsstatt vorgenommene Abtretung ausgelegt, und diese Auslegung ermöglichte eine Aufwertung der scheinbar getilgten Forderung. Indessen hat das Berufungsgericht im vorliegenden Falle das Abkommen vom 2. April 1921 nicht so ausgelegt; es nimmt vielmehr an, daß die Forderung des Ehemanns der Klägerin vollständig habe getilgt werden sollen. In jenem anderen Falle hatten auch die zu tilgende und die zur

Tilgung abgetretene Forderung trotz gleichen Nennbetrags von vornherein verschiedenen Wert; erstere war bei Beginn, letztere nach erheblichem Fortschreiten des Währungsverfalls begründet worden. Im vorliegenden Falle rührte sowohl die Forderung des Ehemanns der Klägerin als auch die abgetretene Hypothekenforderung der Beklagten aus der Vorkriegszeit her. Der Gedanke, daß diese weniger wert sein könne als jene, konnte den Beteiligten am 2. April 1921 nicht wohl kommen; das Berufungsgericht stellt vielmehr fest, daß sie ihr nach der Auffassung des Verkehrs mindestens gleichwertig war.

Trotzdem ist die Ansicht des Berufungsgerichts nicht zu billigen, daß durch die an Erfüllungsstatt vorgenommene Abtretung jede Aufwertung oder Ausgleichung ausgeschlossen sei. Die Eigentümlichkeit des Falles liegt darin, daß nach dem Aufwertungsgesetz die Hypothek in der Hand der Beklagten einen erheblichen Wert behalten hätte, für die persönliche Forderung nach § 10 Abs. 1 Nr. 5 und Abs. 3 AufwG. bis zu 100%, für das dingliche Recht nach § 4 das. immerhin zu 25% des ursprünglichen Goldmarkbetrags, daß sie aber durch die Abtretung in hohem Maße entwertet wurde. Denn nunmehr bestimmte sich nach § 2 das. der Goldmarkbetrag der Hypothek nach dem Tage der Abtretung, und eine Aufwertung der persönlichen Forderung über den Normalsatz hinaus war nach § 11 unzulässig. Es ist daher nicht ersichtlich, inwiefern die Beklagten der Klägerin vorwerfen können, daß sie im Aufwertungsverfahren gegen die Eheleute P. nicht mehr als geschehen erreicht habe. Die Eheleute P. waren nicht etwa in die Schuld der Beklagten gegen den Ehemann der Klägerin eingetreten, und ebensowenig war seine Forderung nunmehr durch die Hypothek gesichert, wie die Beklagten in der Vorinstanz auszuführen versucht haben. Es war kein Forderungsaustausch nach § 1180 BGB. vorgenommen worden, vielmehr eine Abtretung der hypothekarisch gesicherten Forderung der Beklagten mit dem Ziele, die Forderung des Ehemanns der Klägerin zum Erlöschen zu bringen. Die Abtretung hatte aber, unabhängig vom Willen der Parteien, infolge der Aufwertungsgesetzgebung die genannte Entwertung zur Folge. Wie die Revision mit Grund rügt, wird das Berufungsgericht dieser Sachlage nicht gerecht, indem es die Abtretung in Gegensatz zu einer Barzahlung stellt und meint, eine Barzahlung in entwerteter Papiermark wäre nur eine ungenügende Teilleistung gewesen, die Abtretung der Hypothek habe aber einen Anspruch auf Zahlung des vollen ihr innewohnenden Wertes gegeben. Das schien zwar so, der wahre Wert der Abtretung hat sich aber erst durch die Aufwertungsgesetzgebung herausgestellt. Er ist gegenüber dem Werte der Forderung, die damit hat getilgt werden sollen, verschwindend gering.

Der erkennende Senat hat in der oben genannten Entscheidung vom 27. Juni 1929 die Frage dahingestellt gelassen, ob nicht auch in einer an Erfüllungsstatt vorgenommenen Abtretung unter Umständen nur eine Teilleistung zu erblicken sei. Es bestand damals nach der Auslegung, die dem dort in Rede stehenden Abkommen gegeben worden war, kein Anlaß, zu dieser Frage Stellung zu nehmen. Für das Gebiet der nach dem Aufwertungsgesetz vorzunehmenden Aufwertung ist die Frage durch Art. 18 Abs. 3 der Durchführungsverordnung vom 29. November 1925 (RGBl. I S. 392) geregelt. Danach hat, wenn zur Erfüllung statt barer Zahlung Sachleistungen anderer als der in den beiden ersten Absätzen genannten Art hingegeben worden sind, die Aufwertungsstelle nach freiem Ermessen unter Berücksichtigung der beiderseitigen Interessen über die Höhe der Anrechnung zu entscheiden. Das gleiche muß auch für das Gebiet der freien Aufwertung nach § 242 BGB. gelten, nur daß hier die ordentlichen Gerichte zu entscheiden haben, soweit nicht die Zuständigkeit der Aufwertungsstelle nach § 71 AufwG. vereinbart ist. Dieselben Gründe, die bei einer Barzahlung dazu geführt haben, die Aufwertung zuzulassen, wenn sich herausstellt, daß die Leistung zu dem, was sie hat tilgen sollen, in unbilligem Mißverhältnis gestanden hat, können auch bei der Hingabe an Erfüllungsstatt zutreffen. Es wäre unerträglich, wenn sich der Gläubiger mit einer Leistung zufrieden geben müßte, die ihm, wie hier, wenig mehr als den sechzigsten Teil des Wertes seiner Forderung gewährt. Auf die Redlichkeit des Leistenden, die hier vom Berufungsgericht betont wird, kann es dabei nicht entscheidend ankommen. Wenn auch beide Teile angenommen haben und annehmen konnten, daß die Leistung der Schuld gleichwertig sei, wenn sich das aber im Ergebnis in solchem Maße wie hier als unrichtig herausgestellt hat, so muß dem nach § 242 BGB. Rechnung getragen werden. Das entspricht der Aufwertungsrechtsprechung; es entspricht aber auch dem Gedanken, auf Grund dessen das Reichsgericht den sog. Ausgleichsanspruch entwickelt hat (RGZ. Bd. 112 S. 329, Bd. 119 S. 133, Bd. 120 S. 292, Bd. 121 S. 130, 141, 330, Bd. 122 S. 378, Bd. 123 S. 166, Bd. 124 S. 164,

Bd. 125 S. 37, 48, Bd. 126 S. 13, Bd. 128 S. 365, Bd. 129 S. 276, Bd. 130 S. 115, 292). Die beim Abkommen vom 2. April 1921 beiderseits vorausgesetzte Gleichwertigkeit zwischen der zu tilgenden Forderung und der abgetretenen Hypothek hat sich infolge der Aufwertungsgesetzgebung in ein unbilliges Mißverhältnis verwandelt; die Geschäftsgrundlage ist dadurch erschüttert worden. Hier muß nach § 242 BGB. ein billiger Ausgleich gesucht werden.

Nun glaubt zwar das Berufungsgericht, auch bei grundsätzlicher Bejahung einer Aufwertungs- und Ausgleichspflicht sie doch mit Rücksicht auf die besonderen Umstände des Falles ablehnen zu müssen. Die Erwägungen, die das rechtfertigen sollen, enthalten aber keine „besonderen" Umstände, sondern nur eine Wiederholung des rechtlichen Tatbestands, daß nämlich der Leistende ein Vermögensstück hingegeben hat, das in seiner Hand vollwertig geblieben wäre, und daß er redlich erfüllt hat. Das ist keine Besonderheit dieses Falles, sondern das Gemeinsame aller gleichartigen Fälle; es kann also, wenn man bei solcher Sachlage die Aufwertungs- und Ausgleichspflicht grundsätzlich bejaht, keine abweichende Beurteilung rechtfertigen. Zuzugeben ist dem Berufungsgericht, daß auch bei grundsätzlicher Bejahung die besonderen Umstände des einzelnen Falles sorgfältig zu prüfen sind. Dies ist hier bisher nicht geschehen und wird nunmehr geschehen müssen.

Das Berufungsgericht wird dabei auch zu erwägen haben, ob nicht die Beklagten für den von ihnen an die Klägerin etwa zu zahlenden Betrag ihrerseits Ausgleichung beanspruchen können, nämlich von den Käufern ihres Grundstücks, den Eheleuten D., und diese wiederum von ihren Abkäufern, den Eheleuten P. Ein unmittelbarer Anspruch gegen die Eheleute P. aus § 17 AufwG. kommt für die Beklagten allerdings nicht in Frage, weil sie die Gegenleistung für die Abtretung der Hypothek schon am 2. April 1921 ohne Vorbehalt empfangen haben. Aber das Aufwertungsgesetz hat durch die Entwertung der Hypothek nicht nur das Abkommen vom 2. April 1921, sondern auch jene beiden Kaufverträge erschüttert. Der Kaufvertrag der Beklagten mit den Eheleuten D. ist erschüttert, weil deren in der Bestellung der Hypothek von 62000 M. bestehende Leistung entwertet ist, insofern die Hypothek durch die Aufwertungsgesetzgebung ungeeignet wurde, mittels Abtretung an Erfüllungsstatt eine entsprechende Forderung zu tilgen. Der Kaufvertrag der Eheleute D.

mit den Eheleuten P. ist erschüttert, wenn die Eheleute D. trotz der Schuldübernahme der Eheleute P. wegen dieser Entwertung der Hypothek von den Beklagten noch in Anspruch genommen werden können. Ob sich aus alledem die angedeuteten Ausgleichsansprüche ergeben, läßt sich freilich ohne Prüfung der Verhältnisse im einzelnen nicht übersehen. Sollte es der Fall sein, so würde der den Eheleuten D. gegen die Eheleute P. zustehende Ausgleichsanspruch an die Beklagten abgetreten werden können (RGZ. Bd. 130 S. 117). Aber auch wenn es nicht zur Abtretung kommen, sondern der Ausgleichsanspruch von den Beklagten gegen die Eheleute D. und von diesen gegen die Eheleute P. geltend gemacht werden sollte, so würde die aus § 242 BGB. sich ergebende Ausgleichungspflicht im Endergebnis die Eheleute P. treffen, die das Eigentum am belasteten Grundstück behalten und den Vorteil aus der durch das Aufwertungsgesetz herbeigeführten Entwertung der Hypothek gezogen haben. Damit wäre die Unbilligkeit ausgeglichen, die das Berufungsgericht in der nachträglichen Heranziehung der Beklagten findet. Auch für die Höhe des Anspruchs der Klägerin wäre das alles von Bedeutung.

Zur Prüfung unter diesen Gesichtspunkten mußte die Sache unter Aufhebung des Berufungsurteils zurückverwiesen werden. Es sei schließlich noch bemerkt, daß die Klagerhebung bei der bisherigen Ungeklärtheit der zu entscheidenden Rechtsfrage keinesfalls als verspätet gelten kann. Das Berufungsgericht hat auf diesen Einwand seine Entscheidung auch nicht gestützt.

---

11. 1. Kann § 278 BGB. auf die Verpflichtung aus § 909 das. angewandt werden?

2. Inwieweit kann der Bauherr die ihm nach § 909 obliegenden Pflichten durch Übertragung der Bauarbeiten an den Bauunternehmer erfüllen?

VI. Zivilsenat. Urt. v. 19. Februar 1931 i. S. Gewerkschaftsbund d. A. (Bekl.) w. A. Haus GmbH. (Kl.). VI 386/30.

I. Landgericht II Berlin.
II. Kammergericht daselbst.

Die Klägerin ist Eigentümerin des in Berlin Am Karlsbad 9/10 gelegenen Grundstücks. Auf diesem ist in den Jahren 1910 bis 1912 ein mehrstöckiges Bürohaus errichtet worden. Der Beklagte ist Eigentümer des Nachbargrundstücks Am Karlsbad 8. Er hat darauf in den Jahren 1928 und 1929 ein massives Gebäude zu Bürozwecken aufführen lassen. Dabei wurden Ausschachtungen vorgenommen und der Grundwasserspiegel gesenkt. Als diese Arbeiten begonnen hatten, zeigten sich im Hause der Klägerin Risse in den Mauern. Die Klägerin wies die vom Beklagten mit Bauarbeiten beauftragte Firma J. hierauf hin. Eine Abschrift ihres an diese Firma gerichteten Briefes vom 11. Mai 1928 sandte sie am 12. dess. Mon. an den Beklagten. Die Klägerin behauptet: Der Beklagte habe unterlassen, für eine genügende Absteifung des Hauses der Klägerin zu sorgen. Dieses habe sich daher gesenkt und zeige seit dem Beginn des Neubaues nicht mehr zu beseitigende Mauerrisse. Dadurch werde der Wert des Bürohauses erheblich gemindert. Der Schaden der Klägerin betrage 40000 RM. Für den Schaden habe der Beklagte einzustehen; er habe die Bauarbeiten nicht genügend überwacht. Außerdem habe die Klägerin bereits bei Beginn der Ausschachtungsarbeiten den Beklagten auf das Entstehen der Risse hingewiesen.

Die Klägerin verlangt im vorliegenden Rechtsstreit unter Vorbehalt weiterer Ansprüche Zahlung von 40000 RM. nebst Zinsen. Das Landgericht verurteilte den Beklagten zur Zahlung von 20000 RM. und wies im übrigen die Klage ab. Gegen dieses Urteil legte der Beklagte Berufung ein. Das Berufungsgericht erklärte den Klaganspruch dem Grunde nach für gerechtfertigt. Die Revision des Beklagten führte zur Aufhebung und Zurückverweisung.

Gründe:

Nach § 909 BGB. darf ein Grundstück nicht so vertieft werden, daß der Boden des Nachbargrundstücks die erforderliche Stütze verliert, es sei denn, daß für eine genügende anderweitige Befestigung gesorgt ist. Das Berufungsgericht stellt fest, daß der Beklagte sein Grundstück hat ausschachten lassen, um die Kellersohle des Neubaues tiefer zu legen, und daß er den Grundwasserspiegel hat senken lassen. Nach der Rechtsprechung des Reichsgerichts (RGZ. Bd. 62 S. 372) wird zwar dadurch allein, daß infolge der Vertiefung der Grundwasserstand des Nachbargrundstücks sinkt, noch nicht die Voraussetzung des Verbots der Vertiefung erfüllt, sondern es muß durch die Einwirkung der Vertiefung dem Boden des Nachbargrundstücks gerade seine in dem Grundwasser bestehende oder mitbestehende Stütze entzogen werden. Das Berufungsgericht stellt aber weiter fest, „diese Vertiefungen" hätten so auf das Grundstück der Klägerin gewirkt, daß es sich gesenkt habe und daß sich im Gebäude der Klägerin Risse gezeigt hätten. Es ist danach anzunehmen, daß im vorliegenden Falle mit der Senkung des Grundwassers auch auf eine der Stützen des Bodens der Klägerin in dem angegebenen Sinne eingewirkt worden ist.

Aus der Verletzung der durch § 909 BGB. begründeten Pflicht leitet die Klägerin einen Schadensersatzanspruch her, nicht einen Abwehranspruch nach § 1004 BGB. (vgl. RGZ. Bd. 103 S. 175). Der Schadensersatz ist auf Zahlung in Geld gerichtet. Das Berufungsgericht bejaht die Zulässigkeit eines solchen Anspruchs auf Grund des § 251 BGB., weil die völlige Beseitigung der Schäden sehr erhebliche Kosten verursachen und voraussichtlich unzureichend ausgeführt werden würde. Das Urteil nimmt an, daß der Beklagte die Arbeiten zur Errichtung des Neubaues bewährten Berliner Baufirmen übertragen und mit der Bauleitung einen Architekten von hohem Ruf beauftragt hat. Eine der in Betracht kommenden Firmen hat in dem Angebot, das vom Beklagten angenommen worden ist, erklärt, sie habe den Nachbargiebel so zu unterfahren, wie dies zur Sicherheit des Gebäudes erforderlich sei und von der Baupolizei werde verlangt werden; für Schäden an den Nachbargebäuden habe sie sich auf ihre Kosten gegen Haftpflicht zu versichern, da sie hierfür allein aufzukommen habe. In § 12 der beigefügten Allgemeinen Bedingungen heißt es, der Unternehmer übernehme die ausdrückliche Gewähr dafür, daß bei Durchführung seiner Bauaufgabe den Nachbarn keinerlei Schaden entstehe; er hafte gegenüber etwaigen Schäden oder Regreßansprüchen der Nachbarn, die sich aus der Bauarbeit des Unternehmers ergäben. Das Berufungsgericht trifft im Anschluß an ein Gutachten, das die in Betracht kommenden Unterlassungen im einzelnen anführt, die Feststellung, daß die Bauarbeiten nicht sachgemäß ausgeführt worden sind und die bauausführende Firma ein Verschulden trifft, das die Bildung von Rissen im Gebäude der Klägerin verursacht hat. Die Firma hat nicht einmal den Versuch gemacht, sich darüber zu vergewissern, ob die Fundamente des Nachbarhauses einer so starken Störung des Gleichgewichtszustands gewachsen sein würden, wie sie die Vertiefung des Neubaugrundstücks bedingte.

Das Berufungsgericht nimmt, wie aus dem Zusammenhang hervorgeht, auch ein Verschulden des bauleitenden Architekten durch Unterlassung sachgemäßer Anordnungen an. Es hält den Anspruch auf Ersatz des ganzen der Klägerin entstandenen Schadens für begründet, weil der Beklagte für das Verschulden sowohl der Baufirma wie des Architekten nach § 278 BGB. einzustehen habe. Zur Begründung dieser Auffassung führt das angefochtene Urteil im wesentlichen folgendes aus:

§ 278 setze voraus, daß das Schuldverhältnis, bei dessen Erfüllung die Hilfsperson tätig werde, bereits bei der Zuwiderhandlung bestehe und nicht erst durch die Zuwiderhandlung gegen Gebots- oder Verbotsgesetze entstehe. Deshalb seien auch die der Allgemeinheit gegenüber bestehenden Rechtspflichten, wie die eines Verkehrsunternehmens, den Verkehr so einzurichten, daß Dritte nicht geschädigt würden, oder die Pflicht des Hauseigentümers, den Zugang zu seinem Hause verkehrssicher zu halten, noch nicht als Verbindlichkeiten anzusehen, die im Sinne des § 278 dem einzelnen Geschädigten gegenüber vor der Zuwiderhandlung beständen. Ihre Verletzung werde nicht nach § 278 behandelt, sondern nach dem Recht der unerlaubten Handlung beurteilt, wenn nicht gerade dem Verletzten gegenüber die Pflicht auf einem besonderen Rechtsgrund beruhe, also etwa auf dem Vertrag der Beförderungsanstalt mit dem Fahrgast oder des Hauseigentümers mit dem Mieter. Diese vom Reichsgericht in ständiger Rechtsprechung festgestellten Grundsätze seien allgemein anerkannt. Sie seien auch einleuchtend, weil sonst die Grenzen zwischen dem das Vertragsrecht beherrschenden § 278 und dem das Deliktsrecht regelnden § 831 BGB. nicht angemessen zu finden seien. Diese Erwägungen lägen wohl auch der wiederholt ausgesprochenen Auffassung des Reichsgerichts zugrunde, daß auf die Verrichtungen, die sich aus den Schutzgesetzen des § 909 BGB. und des § 367 Nr. 14 StGB. ergeben, nicht § 278 BGB., sondern nur die §§ 823 flg. das. Anwendung fänden. Zweifellos treffe dies zu, wenn die Vertiefung des Grundstücks nicht von dessen Eigentümer oder von einem anderen dinglichen Nutzungsberechtigten vorgenommen werde. Zwischen einem solchen beliebigen Dritten und dem Eigentümer des Nachbargrundstücks fehle es in der Tat an einer konkreten bestehenden Verbindlichkeit. Es frage sich aber, ob dies auch für das Verhältnis des Eigentümers, dessen Grundstück vertieft werde, zum Eigentümer des Nachbargrundstücks gelte, das durch die Vertiefung die erforderliche Stütze für den Boden verliere. Das verneint der Berufungsrichter mit folgender Erwägung: § 909 BGB. begründe ein dauerndes nachbarrechtliches Verhältnis zwischen den Eigentümern der benachbarten Grundstücke (wobei die Nachbarschaft nicht im Sinne unmittelbar aneinander grenzender Flächen zu verstehen sei). Das Verbot des § 909 beschränke sich nämlich gegenüber dem Eigentümer nicht, wie gegenüber irgendeinem anderen Dritten, auf die Vornahme der einmaligen Handlung der Vertiefung. Darüber hinaus sei vielmehr auf Grund dieser Vorschrift jeder Eigentümer gegenüber dem „Nachbar" (das sei der Eigentümer des Nachbargrundstücks und der dinglich Nutzungsberechtigte) verpflichtet, einen dem § 909 widersprechenden Zustand auf seinem Grundstück zu beseitigen, auch wenn er ihn nicht selbst hergestellt habe. Diese Verpflichtung gründe sich nicht nur auf die Tatsache der Zuwiderhandlung gegen das Verbot, sondern darauf, daß der Eigentümer die rechtliche Herrschaft auf seinem Grundstück habe. Sie beruhe auf der Beschränkung des Eigentums und sei eine mit dem Eigentum dauernd verbundene Last. Sie werde zwar durch die Zuwiderhandlung ausgelöst, aber kraft eines nicht erst durch das Zuwiderhandeln begründeten, sondern bereits vorher bestehenden dinglichen Verhältnisses zwischen den jeweiligen Eigentümern. Bei einer vom Eigentümer veranlaßten unzulässigen Vertiefung handle es sich also nicht nur um die Verletzung eines an alle gerichteten Verbots, sondern auch um eine solche des konkreten sachenrechtlichen Verhältnisses zwischen ihm und seinen Nachbarn. Lasse er daher in Ausübung des Eigentums auf seinem Grundstück eine Vertiefung durch eine Baufirma vornehmen, so bediene er sich auch dieser Firma zur Erfüllung der aus dem Nachbarrecht erwachsenden Verbindlichkeit und habe entsprechend dem § 278 für das Verschulden dieser Firma ohne Rücksicht auf eigene Schuld einzustehen.

Diesen Ausführungen kann nicht beigetreten werden. Sie gipfeln darin, daß bei Beurteilung der Vorschrift des § 909

BGB. unterschieden werden müsse zwischen einem beliebigen Dritten und dem Eigentümer des Grundstücks, von dem aus die unzulässige Einwirkung auf das Nachbargrundstück ausgeübt wird. Zwischen den Eigentümern der Grundstücke soll nach Annahme des Berufungsgerichts bereits vor der Zuwiderhandlung gegen § 909 ein Schuldverhältnis bestehen, und zwar ein dingliches Verhältnis, das auf der Beschränkung des Eigentums beruhe und eine mit dem Eigentum dauernd verbundene Last sei. Eine solche Rechtsauffassung findet jedoch im Gesetz keine Stütze. Das Bürgerliche Gesetzbuch regelt im dritten Abschnitt des Sachenrechts im ersten Titel den Inhalt des Eigentums und stellt in § 903 den Satz voran, daß der Eigentümer einer Sache, soweit nicht das Gesetz oder Rechte Dritter entgegenstehen, mit der Sache nach Belieben verfahren und andere von jeder Einwirkung ausschließen kann. Daraus, daß jeder Eigentümer grundsätzlich die unbeschränkte Herrschaft über die in seinem Eigentum stehende Sache hat und Einwirkungen des anderen verbieten kann, ergibt sich für Grundstücke, die in räumlichen Beziehungen stehen, die Notwendigkeit, zur Ermöglichung eines angemessenen Zusammenlebens ihrer Eigentümer einen Ausgleich ihrer Belange herbeizuführen. Diesen Zwecken dienen die Vorschriften der §§ 904 flg. BGB., die unmittelbar auf dem Gesetz beruhende Einschränkungen des allgemeinen Satzes in § 903 das. bedeuten. Daß in einer dieser Vorschriften etwas anderes bestimmt wäre als die Beschränkung des Eigentumsrechts als solchen, ist aus ihnen nicht zu entnehmen. Insbesondere bietet auch § 909 keinerlei Anhalt für die Annahme, daß mit dieser Vorschrift irgendein „dingliches Verhältnis" oder „dingliches Rechtsverhältnis", wie das Berufungsgericht meint, zwischen den einzelnen Eigentümern hat begründet werden sollen. Die Eigentumsrechte der einzelnen Grundstückseigentümer stehen vielmehr selbständig nebeneinander. § 909 läßt aber auch nicht erkennen, daß die Rechtslage im Falle der Vertiefung eines Grundstücks eine andere sein sollte, je nachdem die Vertiefung vom Eigentümer des Grundstücks oder von einer anderen Person ausgeht. Regelmäßig, wenn auch nicht ausschließlich, ist der Eigentümer der richtige Beklagte (RGZ. Bd. 103 S. 176, 177; Meisner-Stern Preuß. Nachbarrecht § 20 S. 244; Planck BGB. Bem. 3b zu § 909; Staudinger BGB. Bem. 1b zu § 909). Es braucht hier nicht darauf eingegangen zu werden, ob der

Eigentümer für die Beseitigung eines dem § 909 widersprechenden Zustands sorgen muß, wenn die Vertiefung gegen seinen Willen vorgenommen wurde (Meisner-Stern a. a. O.). Jedenfalls würde die Unterscheidung des Berufungsgerichts dazu führen, daß im Regelfalle § 278 auf eine Verletzung des § 909 anzuwenden wäre. Die Annahme, daß in der angegebenen Richtung ein dingliches Rechtsverhältnis zwischen den Grundstückseigentümern bestehe, ist aber auch nicht mit dem System des Bürgerlichen Gesetzbuchs zu vereinigen, das nur einen beschränkten Kreis dinglicher Rechte kennt, und sie würde darauf hinauslaufen, daß eine Grunddienstbarkeit im Sinne des § 1018 im § 909 unmittelbar durch das Gesetz begründet worden sei. Auch für ein einer Grunddienstbarkeit ähnliches Recht, wie es zugunsten von Straßenanliegern in bezug auf die Straße angenommen wurde (RGZ. Bd. 62 S. 89 u. a.), ist in § 909 kein Anhalt gegeben. Es mag in diesem Zusammenhang darauf hingewiesen werden, daß Meisner-Stern a. a. O. S. 243 Anm. 6 die Bestellung einer auf Duldung der Beeinträchtigung gerichteten Grunddienstbarkeit, also eine rechtsgeschäftliche Regelung, für den Fall empfehlen, daß der Eigentümer des durch Vertiefung beeinträchtigten Grundstücks gegen eine Abfindung auf den negatorischen Anspruch verzichtet, da bei einer Weiterveräußerung des Grundstücks der Erwerber diesen Anspruch wieder geltend machen könnte.

Anscheinend ist das Berufungsgericht zu seiner Rechtsauffassung wesentlich durch die am Schlusse des Urteils angestellte Erwägung veranlaßt worden, daß die Billigkeit ein solches Ergebnis fordere. Es wird sich aber fragen, ob diesem Erfordernis nicht auch auf anderem Wege Rechnung getragen werden kann. Der auf den Verstoß gegen § 909, eine Schutzvorschrift im Sinne des § 823 Abs. 2 BGB., gestützte Schadensersatzanspruch setzt ein Verschulden des Zuwiderhandelnden voraus. Darüber besteht in Rechtsprechung und Schrifttum fast Einmütigkeit (RGRKomm. Bem. 1 zu § 909 und dortige Nachweisungen, insbesondere JW. 1910 S. 11 Nr. 14; Meisner-Stern a. a. O. S. 245; Planck Bem. 3c zu § 909; Staudinger Bem. 1f zu § 909; Biermann zu § 909). Auch die Motive zum Bürgerlichen Gesetzbuch Bd. 3 S. 296 sprechen von einer dolosen oder kulposen Übertretung der Vorschrift. Vereinzelt hat sich das Oberlandesgericht Kassel in der Entscheidung ROLG. Bd. 5 S. 151 auf den Standpunkt gestellt, daß der Nachweis eines Verschuldens nicht erforderlich sei; es nimmt eine gesetzliche, an das Vertiefen sich knüpfende Verbindlichkeit zur genügenden anderweitigen Sicherung an, die, wie andere gesetzliche Verbindlichkeiten zu einem Tun, im Falle der Unterlassung den dadurch Geschädigten ein Recht auf Entschädigung gewähre, das von keinem Nachweis eines Verschuldens abhängig sei. Soweit ersichtlich hat nur **Dernburg** Lehrbuch Bd. 3 § 81 Anm. III dieser Auffassung zugestimmt, jedoch ohne Begründung. Es kann dahinstehen, ob der Satz in dieser Allgemeinheit zutrifft. Die Rechtsauffassung des Oberlandesgerichts Kassel scheitert schon daran, daß eine positive gesetzliche Verpflichtung zur anderweitigen Sicherung dem § 909 nicht entnommen werden kann. Das Verbot der unzulässigen Einwirkung auf das Grundstück fällt vielmehr insoweit weg, als für jene Sicherung gesorgt ist; eine den Schadensersatzanspruch erzeugende Rechtsbeziehung zwischen dem Eigentümer des geschädigten Grundstücks und dem Störer tritt erst mit dem Zuwiderhandeln ein.

Die Frage, ob der die Vertiefung Vornehmende die im Verkehr erforderliche Sorgfalt beobachtet hat, läßt sich nur nach den Umständen des einzelnen Falles beurteilen. In der Entscheidung des Reichsgerichts JW. 1910 S. 150 Nr. 15 ist angenommen worden, der Bauherr habe nicht nur den ausführenden Bauunternehmer auf die aus § 909 sich ergebende Pflicht hinzuweisen, sondern er habe auch nach der Übertragung der Arbeit darauf zu achten, daß bei deren Ausführung die nach § 909 gebotene Rücksicht auf das Nachbargrundstück nicht außer acht gelassen werde. Sodann führt das Reichsgericht (V. Zivilsenat im Urt. WarnRspr. 1910 Nr. 18 = Recht 1909 Nr. 3368) aus, die Beklagte sei nicht dadurch von der Fürsorgepflicht aus § 909 befreit, daß die Unternehmerin, der die Ausführung der Arbeit übertragen ist, eine „erstklassige Firma“ sei, die schon Dutzende solcher Arbeiten erledigt gehabt habe, und zwar um so weniger, als die Beobachtung des § 909 in erster Reihe die Kenntnis der örtlichen Verhältnisse voraussetze; die Beklagte habe von dieser Kenntnis und von der Möglichkeit, sich namentlich über die Fundierung der anstoßenden Häuser zu unterrichten, nicht den gebotenen Gebrauch gemacht, und darauf sei der Verstoß gegen § 909 zurückzuführen. Das Urteil des V. Zivilsenats des Reichsgerichts vom 13. April 1918

V 276/17 spricht zunächst aus, es könne nicht als Regel anerkannt werden, daß der Bauherr verpflichtet sei, noch eine eigene Kontrolle über die Ausführung der Arbeiten durch den Unternehmer auszuüben oder zu diesem Zwecke noch eine besondere Überwachungsperson zu bestellen, wenn er die Ausführung der Arbeiten einer als leistungsfähig und bewährt bekannten Unternehmerin übertragen und dieser die sachgemäße Ausführung und ständige sorgfältige Überwachung zur Pflicht gemacht habe; wenn der Senat in einzelnen Fällen eine solche Anforderung an die Sorgfalt des Bauherrn gestellt habe, so beruhe das auf den dort hervorgehobenen besonderen Umständen. Bedenklich ist in jenem Urteil der dann hinzugefügte Satz, in der Regel genüge der Bauherr seiner Verpflichtung, wenn er für die Ausführung und Leitung tüchtige Vertreter bestelle, ein Satz, der in dieser Allgemeinheit mit der sonstigen Rechtsprechung nicht völlig übereinstimmt (RGRKomm. Bem. 1 zu § 909). Gewiß dürfen die Anforderungen an nicht sachkundige Laien auch auf diesem Gebiet nicht überspannt werden; es ist aber in jedem Falle sorgfältig zu prüfen, ob der Bauherr die auch an ihn zu stellenden Anforderungen erfüllt hat (vgl. auch die den allgemeinen Satz einschränkenden Ausführungen bei Meisner-Stern a. a. O. Anm. 5 S. 245 und Recht 1908 Nr. 2826). Jedenfalls wird eine Darlegung des Bauherrn zu verlangen sein, inwiefern er im Einzelfalle durch Verhandlung mit den Bauunternehmern oder dem Architekten sich vergewissert hat, daß die ihm obliegende Pflicht aus § 909 durch jene auch wirklich werde erfüllt werden. Diese Darlegung wird zu prüfen und insbesondere auch nach der Richtung zu würdigen sein, ob denn die Untersuchung der Fundamente des Nachbargrundstücks auch irgendwie sichergestellt ist. Eine allgemeine, vielleicht nur formularmäßige Erklärung einer der in Betracht kommenden Firmen in ihrem Angebot über das Unterfahren des Nachbargiebels kann nicht ohne weiteres als ausreichend erachtet werden, und auch gerade dann nicht, wenn, wie im vorliegenden Falle, die Firma jener Erklärung die weitere hinzufügt, daß sie sich für Schäden am Nachbargebäude auf ihre Kosten gegen Haftpflicht zu versichern habe, da sie hierfür allein aufkommen müsse. Dadurch kann allerdings der Anschein erweckt werden, als ob die Erfüllung der dem Bauherrn selbst obliegenden Pflicht aus § 909 lediglich als Formsache behandelt werde und als wesentlichste Aufgabe der Beteiligten die Abschiebung der Verantwortung durch Heranziehung einer Versicherungsgesellschaft betrachtet werden soll. Überdies sind die erwähnten Erklärungen nur in dem Angebot der einen Firma — J. — enthalten. Der Beklagte hat vorgetragen, daß die erörterte Verpflichtung „zum Beispiel" in dem mit der Firma J. geschlossenen Vertrage hervorgehoben worden sei. Der Beklagte hat drei Firmen den Streit verkündet und dabei hervorgehoben, daß eine dieser Firmen die Grundwassersenkung in näher bezeichneter Weise vorgenommen habe. Eine Klarstellung des Sachverhalts im einzelnen ist nach dieser Richtung bisher nicht erfolgt. Im vorliegenden Falle kommt hinzu, daß das Schreiben der Klägerin vom 11. Mai 1928 mit der Bemerkung beginnt, es werde noch einmal auf diesem Wege darauf hingewiesen, daß unterlassen worden sei, bei der Unterfangung der Fundamente ihres Hauses die Giebelwände zu stützen, und daß sich deshalb die Giebelwand des Quergebäudes in näher angegebener Weise gesenkt habe. Die Klägerin hat ferner unter Beweisantritt vorgetragen, die Bauunternehmerin habe sich seinerzeit darüber beschwert, daß Teile der Fundamente des Hauses der Klägerin in das Grundstück des Beklagten hineinragten; bei der daraufhin vorgenommenen Besichtigung der Örtlichkeit sei zwar tatsächlich festgestellt worden, daß einige Bruchsteine der Fundamente einige Zentimeter gegen die Flucht hervorträten, es sei aber bereits bei dieser Besichtigung der Mangel genügender Absteifung energisch gerügt worden. Es wird zu prüfen sein, ob dieser Vorgang, falls er durch die Beweisaufnahme bestätigt wird, dem Beklagten bekannt geworden oder ob er ihm nur deshalb unbekannt geblieben ist, weil er sich um die Ausführung der Arbeiten schuldhaft nicht gekümmert hat.

Ohne Rechtsirrtum hat das Berufungsgericht angenommen, daß sich der Beklagte bei Beobachtung der im Verkehr erforderlichen Sorgfalt nach Empfang des Briefes der Klägerin vom 11. Mai 1928 nicht darauf beschränken durfte, den Brief seinem Architekten weiterzugeben und ihm alles weitere anheimzustellen. Unter diesen Umständen nahm, zum mindesten von diesem Zeitpunkt ab, das Unterlassen der Fürsorge seitens des Beklagten durch anderweitige Prüfung der Sachlage den Charakter der unerlaubten Handlung an. Daß auch eine solche erst während des Baues eintretende Unterlassung rechtlich in dieser Art gewürdigt werden kann, heben auch die Motive zum Bürgerlichen Gesetzbuch Bd. 3 S. 296 besonders hervor. Ob eine

Haftung des Beklagten auch für die vorausgegangene Zeit gegeben ist, wird von der erneuten Prüfung des Sachverhalts durch das Berufungsgericht abhängen; auch diese Prüfung ist geboten, bevor ein Zwischenurteil über den Grund des ganzen Anspruchs erlassen werden kann.

---

12. 1. Inwieweit erleidet der Grundsatz, daß behördliche Angestellte durch Übertragung hoheitsrechtlicher Befugnisse mit Rechtsnotwendigkeit Beamte werden, dann eine Einschränkung, wenn diese Befugnisse nur von geringem Umfang sind und hinter der sonstigen Tätigkeit des Angestellten an Bedeutung erheblich zurückstehen?

2. Zur beamtenrechtlichen Stellung der preußischen Chausseeaufseher.

Preuß. Kommunalbeamtengesetz § 1 Satz 2.

III. Zivilsenat. Urt. v. 3. März 1931 i. S. S. (Kl.) w. Kreis O. (Bekl.). III 223/30.

I. Landgericht Lyck.
II. Oberlandesgericht Königsberg.

Seit dem 1. Mai 1890 stand der Kläger im Dienste des verklagten Kreises, zunächst als Chausseewärter, dann als Chausseeaufseher. Am 1. April 1898 wurde ihm ein Chausseeaufsichtsbezirk übertragen. Durch Beschluß des Kreistages vom 8. September 1909 wurden die Anstellungs- und Einkommensverhältnisse der Chausseeaufseher neu geregelt. Sie sollten nach Ablauf einer Probezeit und nach Ablegung der für die Provinzialchausseeaufseher vorgeschriebenen Prüfung als Betriebsbeamte des Kreises endgültig angestellt werden, und zwar auf dreimonatige Kündigung. Diese Neuregelung wurde jedoch, obgleich sie auch für die im Amte befindlichen Chausseeaufseher gelten sollte, auf den Kläger nicht angewandt. Er erhielt keine Anstellungsurkunde als Beamter, sondern wurde nur durch Beschluß des Kreistages vom 31. Januar 1922 als Dauerangestellter anerkannt. Am 4. April 1922 bestätigte ihn der Regierungspräsident als Wegepolizeibeamten für alle im Kreise belegenen Stein- und Kiesstraßen. Der Kreis legte dem Kläger am 19. Dezember 1923 die dienstliche

Bezeichnung „Straßenoberaufseher" bei und gewährte ihm die Besoldung der Gruppe VI der Besoldungsordnung. Auf Grund der Personal-Abbau-Verordnung wurde er jedoch durch Verfügung vom 27. Februar 1924 zum 1. April aus dem Dienste der Kreisverwaltung entlassen. Als Abfindung wurde ihm sein Gehalt für vier Monate gezahlt.

Der Kläger hält seine Entlassung für unwirksam, da er seit dem 1. April 1898 als Chausseeaufseher planmäßiger Beamter des Beklagten gewesen sei. Seitdem sei er Aufsichtsbeamter gewesen, habe auch hoheitsrechtliche Befugnisse besessen, insbesondere die im Regulativ vom 7. Juni 1844 bezeichneten polizeilichen Zuständigkeiten. Schon im Jahre 1910 oder 1911 sei er vom Regierungspräsidenten zum Wegepolizeibeamten bestellt worden. Die Bestätigung vom 4. April 1922 sei nur eine Wiederholung der früheren, die durch deren Abhandenkommen erforderlich geworden sei. Der Kläger verlangt deshalb Fortzahlung seines vollen Stellengehalts vom 1. August 1924 ab.

Der Beklagte bestreitet, daß der Kläger Beamter geworden sei. Dieser sei stets kündbarer Angestellter geblieben. Auch nach Erlaß des Kreistagsbeschlusses vom 8. September 1909 sei er nicht als Beamter angestellt worden, da er den Erfordernissen des Beschlusses nicht genügt, insbesondere keine Prüfung abgelegt gehabt habe. Als Chausseeaufseher habe er nur einfache technische Arbeiten zu erledigen gehabt. Seine geringfügige wegepolizeiliche Tätigkeit habe er als staatlicher Hilfspolizeibeamter ausgeübt; sie könne ihn nicht zum Kreisbeamten gemacht haben. Auf alle Fälle sei er aber nur Kündigungsbeamter geworden. Seine Entlassung enthalte gleichzeitig seine Kündigung.

Das Landgericht hat den Klaganspruch dem Grunde nach für gerechtfertigt erklärt. Dagegen hat das Oberlandesgericht die Klage abgewiesen. Die Revision des Klägers führte zur Aufhebung und Zurückverweisung.

Gründe:

Eine ausdrückliche Anstellung des Klägers als Beamter hat der Beklagte nicht ausgesprochen. Es kommt deshalb nur in Frage, ob sie stillschweigend durch schlüssige Handlungen erfolgt ist, oder — was davon zu unterscheiden — ob der Kläger Beamteneigenschaft durch Übertragung obrigkeitlicher Befugnisse erworben hat. In ersterer Hinsicht geht das Oberlandesgericht zutreffend davon aus, daß eine solche stillschweigende Ernennung eines Kommunalbeamten seit Inkrafttreten des Kommunalbeamtengesetzes vom 30. Juli 1899 (GS. S. 141) nicht mehr statthaft ist. Denn nach § 1 Satz 2 das. erfolgt die Anstellung als Kommunalbeamter durch Aushändigung einer Anstellungsurkunde. Diese Vorschrift hat zwar nach der ständigen Rechtsprechung des Senats (zuletzt noch RGZ. Bd. 125 S. 420) den allgemeinen Rechtssatz unberührt gelassen, daß die Übertragung der Befugnis zur Ausübung von Hoheitsrechten den Erwerb der Beamteneigenschaft mit Notwendigkeit im Gefolge hat. Im übrigen ist aber seitdem die Aushändigung einer Anstellungsurkunde die einzige Form, in der jemand Kommunalbeamter werden kann. Eine vor dem 1. April 1900, dem Tage des Inkrafttretens des Kommunalbeamtengesetzes, stillschweigend erfolgte Anstellung des Klägers durch den Beklagten hat das Berufungsgericht aus wesentlich tatsächlichen Erwägungen verneint. Wie es feststellt, liegen für die Zeit bis dahin keine Umstände vor, aus denen der Wille des Beklagten gefolgert werden könnte, den Kläger als Beamten anzustellen.

Der Kläger nimmt aber weiter auch deshalb Beamteneigenschaft für sich in Anspruch, weil er als Chausseeaufseher polizeiliche Aufgaben zu erfüllen gehabt habe. Hat er dadurch überhaupt die Stellung eines Beamten erlangt, so ist er, wie vorauszuschicken, nach der zutreffenden Ansicht des Berufungsgerichts nicht Beamter des Staates, sondern kommunaler Beamter des Beklagten geworden. Denn dieser hat den Kläger angestellt, und das allein entscheidet, während es nicht darauf ankommt, ob die polizeiliche Tätigkeit des Klägers der Erfüllung staatlicher oder kommunaler Aufgaben diente (vgl. RGZ. Bd. 37 S. 243, Bd. 84 S. 34 und Bd. 85 S. 25, ferner Urteil des erk. Senats vom 14. November 1919 III 304/19). Unerheblich ist ferner für das Beamtenverhältnis des Klägers, wen die — in den Vorinstanzen eingehend erörterte — Verpflichtung zur Tragung der Polizeikosten trifft. Da der Kläger am 4. April 1922 vom Regierungspräsidenten als Wegepolizeibeamter bestätigt worden ist, bedarf es gleichfalls keiner Prüfung, ob § 4 Abs. 2 des Gesetzes über die Polizeiverwaltung vom 11. März 1850 (GS. S. 265), der für die Ernennung aller Polizeibeamten, deren Anstellung den Gemeindebehörden zusteht, die Bestätigung der Staatsregierung fordert, auch für Beamte der Kreiskommunalverbände gilt. Ebensowenig kommt es für den Erwerb der Beamteneigenschaft durch den Kläger darauf an, ob er eine planmäßige Stelle bekleidet hat, sodaß die Auffassung der Revision, in der Kreisverwaltung gebe es überhaupt keinen Unterschied zwischen planmäßigen und außerplanmäßigen Beamten, auf sich beruhen bleiben kann. Der rechtliche Bestand der vom Berufungsgericht ausgesprochenen Klagabweisung hängt nach alledem ausschließlich davon ab, ob die Gründe zutreffen, aus denen der Vorderrichter den auch von ihm in Übereinstimmung mit der ständigen Rechtsprechung des Senats gebilligten Grundsatz, daß die Übertragung der Ausübung von Hoheitsrechten Beamteneigenschaft begründet, im vorliegenden Falle für unanwendbar erklärt hat.

Das Oberlandesgericht führt hierzu aus: Das Dienstverhältnis zwischen den Parteien sei kein öffentlichrechtliches Beamtenverhältnis gewesen, da die Tätigkeit des Klägers als Wegepolizeibeamter lediglich als Nebenamt anzusehen sei. Zwar liege in der Regel ein Beamtenverhältnis schon dann vor, wenn nur ein Teil der Tätigkeit des Stelleninhabers hoheitsrechtlicher Natur sei. Eine Ausnahme von dieser Regel müsse aber anerkannt werden, wenn die Beamtentätigkeit gegenüber der im Dienstvertrag wurzelnden Hauptbeschäftigung nur geringfügig und von untergeordneter Bedeutung sei. Das treffe hier zu, da die Haupttätigkeit des Klägers in der Erfüllung der ihm als Chausseeaufseher obliegenden Pflichten rein technischer Natur bestanden habe, neben welcher Haupttätigkeit die ihm als Hilfspolizeibeamten obliegende Aufgabe, auf die Einhaltung wegepolizeilicher Vorschriften zu achten, eine völlig untergeordnete Rolle gespielt habe. Die Tätigkeit als Wegepolizeibeamter habe dem Kläger nur für verhältnismäßig seltene Fälle die Möglichkeit sofortigen Eingreifens sichern sollen und stelle daher nur ein Nebenamt von geringem Umfang dar. Die gelegentliche Ausübung hoheitsrechtlicher Funktionen habe nicht vermocht, die gesamte Dienststellung des Klägers in ein öffentlichrechtliches Beamtenverhältnis umzuwandeln.

Mit Recht bemängelt die Revision an diesen Darlegungen die Heranziehung des Gesichtspunkts des Nebenamtes. Zutreffend verweist sie auf RGZ. Bd. 80 S. 308 (310). Wie dort gesagt worden ist, bildet das Nebenamt eine Stellung neben dem Hauptamt, eine Stellung, die nicht schon nach der Gliederung und Verfassung der betreffenden Behörde mit dem Hauptamt verbunden ist oder verbunden werden kann. Die Verwaltung eines Nebenamtes steht gerade im Gegensatz zur Wahrnehmung besonderer, aber in den allgemeinen

Rahmen des betreffenden Dienstzweigs fallender Obliegenheiten. Das Nebenamt liegt außerhalb des Dienstzweigs, dem der es versehende Beamte im Hauptamt angehört. Nach diesen Grundsätzen, an denen festzuhalten ist, bekleidet ein Chausseeaufseher lediglich ein Hauptamt, nicht außerdem noch ein Nebenamt als Chausseepolizeibeamter. Seine polizeilichen Aufgaben gehören zu den Obliegenheiten, die er kraft seines Amtes als Chausseeaufseher zu erfüllen hat. Sie sind nach den einschlägigen Vorschriften mit diesem Amte selbst verbunden. Die gesamte Amtstätigkeit der Chausseeaufseher bildet eine Einheit innerhalb eines und desselben Dienstzweigs. Sie zerfällt nicht etwa in zwei Ämter, von denen das eine als Hauptamt, das andere als Nebenamt gekennzeichnet werden könnte. Übrigens würde, wenn die Stelle als Chausseepolizeibeamter ein gesondertes Nebenamt wäre, nicht schon daraus, daß der Kläger als Chausseeaufseher vom verklagten Kreis angestellt worden ist, gefolgert werden können, daß er auch kraft seiner polizeilichen Funktionen Kommunalbeamter, nicht Staatsbeamter geworden sei. Der öffentliche Dienstherr, zu dem ein Beamter durch Übernahme eines Nebenamtes in Beziehung tritt, kann ein anderer sein als der, welcher dem Beamten das Hauptamt übertragen hat. Mit der Zerlegung der Dienststellung des Klägers in ein Haupt- und ein Nebenamt tritt das Berufungsgericht sonach in Widerspruch zu der Begründung, die es seiner Annahme gegeben hat, der Kläger sei vermöge seiner Anstellung durch den Beklagten auch dann dessen Beamter geworden, wenn er nur durch Ausübung polizeilicher Gewalt Beamteneigenschaft erlangt habe. Dieses Ergebnis ist zwar, wie schon bemerkt, richtig, aber nur deshalb, weil der Kläger immer eine einheitlich zu beurteilende Dienststellung inne hatte, in die ihn der Beklagte berufen hat.

Aber auch wenn die polizeiliche Tätigkeit des Klägers kein Nebenamt war, sondern einen Teil seines Hauptamtes bildete, bleibt noch zu prüfen, ob die weitere Annahme des Berufungsgerichts zutrifft, wegen ihres geringen Umfangs habe sie keine Einwirkung auf die Gestaltung der Rechtsstellung des Klägers gehabt. Hier kann man zunächst schon zweifeln, ob diese Tätigkeit wirklich so geringfügig gewesen ist, wie das Oberlandesgericht angenommen hat. Auch das ist eine Rechtsfrage, da sich die mit der Stellung eines Chausseeaufsehers verbundenen polizeilichen Aufgaben nach den einschlägigen Rechtsnormen bestimmen, ohne daß es darauf ankommt, ob der einzelne Chausseeaufseher häufiger oder seltener zum polizeilichen Einschreiten Veranlassung gefunden hat.

In Betracht kommt für die polizeilichen Befugnisse der Chausseeaufseher das Regulativ, das Verfahren bei Chausseepolizei- und Chausseegeld-Übertretungen betreffend, vom 7. Juni 1844 (GS. S. 167), dessen Bestimmungen zwar zum größten Teil durch die neuere Gesetzgebung überholt worden sind, das aber nicht als Ganzes aufgehoben worden ist. Es bestimmt in § 1, daß über die Aufrechterhaltung der in der Verordnung über den Verkehr auf den Kunststraßen vom 17. März 1839 (GS. S. 80) enthaltenen, sowie der dem Chausseegeld-Tarif vom 29. Februar 1840 (GS. S. 98) unter 7 bis 19 beigefügten polizeilichen Vorschriften zunächst die Chausseeaufseher, Chausseewärter und Gendarmen zu wachen haben. Die einschlägigen Bestimmungen der erstgenannten Verordnung vom 17. März 1839 sind zum Teil (§§ 1 bis 8) ersetzt worden durch die Vorschriften des Gesetzes, betr. die Abänderung dieser Verordnung, vom 20. Juni 1887 (GS. S. 301). Dessen neuer § 7 (Art. I) legt aber den Führern der die Kunststraßen befahrenden Last- und Frachtfuhrwerke die Pflicht auf, den Chausseeaufsichtsbeamten sowie den Polizeibeamten und Gendarmen auf Erfordern das Gewicht der Ladung anzugeben und glaubhaft nachzuweisen. Können oder wollen sie diesen Nachweis nicht führen, so sind sie verpflichtet, in Begleitung des Beamten ihr Fuhrwerk bis zum nächsten in der Richtung ihrer Reise liegenden Ort zu fahren, um dort die Ermittlung vornehmen zu lassen. Auch diese Vorschrift (vgl. zu ihrer Tragweite OVG. Bd. 42 S. 436) überträgt den Chausseeaufsehern eine polizeiliche Aufgabe, wie sie ihnen bis dahin schon nach § 2 Abs. 2 und 3 des Regulativs vom 7. Juni 1844 in ähnlicher Weise oblag. Daneben ist § 1 des Regulativs aber noch von Bedeutung geblieben, soweit er nämlich den dort genannten Beamten zur Pflicht macht, die Befolgung der — durch das Gesetz vom 20. Juni 1887 nicht aufgehobenen — §§ 9 bis 12 der Verordnung vom 17. März 1839 und der Nr. 7 und 9 bis 19 der dem Chausseegeld-Tarif vom 29. Februar 1840 beigefügten polizeilichen Vorschriften (Nr. 8 ist aufgehoben durch das Gesetz vom 29. Mai 1901, GS. S. 135) zu überwachen.

Es kann nun nicht anerkannt werden, daß die polizeiliche Tätigkeit der Chausseeaufseher, wie sie sich aus den angeführten Vorschriften ergibt, nur geringfügig ist. Es kommt, wie schon hervorgehoben, nicht darauf an, in welchem Umfang gerade der Kläger in der Lage war, tatsächlich die ihm zukommenden polizeilichen Befugnisse auszuüben. Ihre Bedeutung an sich ist in Erwägung zu ziehen. Sie darf nicht unterschätzt werden. Die erwähnten polizeilichen Vorschriften sollen sowohl den Chausseekörper vor zu starker Abnutzung und vor Beschädigung schützen als auch den Bedürfnissen des öffentlichen Verkehrs auf den Chausseen dienen. Das allgemeine Interesse ist also an ihrer Befolgung stark beteiligt. Diese kann aber nur gesichert werden durch die Beamten, deren Dienst sie auf die Landstraßen führt. Das sind neben den Polizeiexekutivbeamten gerade ganz besonders die Chausseeaufseher. Mögen sie im Außendienst auch in erster Reihe technische Aufgaben zu erfüllen haben, so müssen sie doch daneben ununterbrochen — nicht bloß, wie anscheinend der Berufungsrichter annimmt, gelegentlich — der Einhaltung der Polizeivorschriften ihre Aufmerksamkeit widmen. Es ist zu eng, wenn der Vorderrichter meint, die Betrauung mit polizeilicher Gewalt solle den Chausseeaufsehern nur für verhältnismäßig seltene Fälle die Möglichkeit sofortigen Eingreifens sichern. Schon durch ihre Anwesenheit wirken diese mit polizeilicher Gewalt bekleideten Personen auf ein polizeimäßiges Verhalten der auf der Chaussee verkehrenden Personen hin. Auch ihre Beobachtung der Chaussee selbst dient zugleich technischen und polizeilichen Zwecken. Von ihren auf dem Büro zu erledigenden Arbeiten abgesehen, kann also die technische und die polizeiliche Betätigung der Chausseeaufseher nicht verschieden bewertet werden. Letztere genügt deshalb, um die Anwendung des allgemeinen Grundsatzes zu rechtfertigen, daß nur Beamten polizeiliche Funktionen übertragen werden können, sodaß die damit Beliehenen kraft Rechtsnotwendigkeit Beamte werden.

Nur dieses Ergebnis steht im Einklang mit der Rechtsprechung des Senats. Es mag zunächst vergleichsweise auf das schon oben in anderem Zusammenhang erwähnte Urteil vom 14. November 1919 III 304/19 hingewiesen werden, das einem Spritzenmann der Berliner Feuerwehr Beamteneigenschaft zugesprochen hat, weil er bei der Absperrung der Brandstelle bis zum Eintreffen der Polizeimannschaften und als Brandwache bei den Aufräumungsarbeiten obrigkeitliche Befugnisse wahrgenommen habe, Befugnisse, die ersichtlich hinter seinen eigentlichen Dienstaufgaben anderer Art an Bedeutung zurückstanden. Im Urteil vom 12. Februar 1907 III 315/06, abgedr. PrVerwBl. Bd. 28 S. 911, ist sogar positiv ausgesprochen, die Stadtgemeinden seien insoweit verpflichtet, die in ihren Dienst zu nehmenden Personen als Beamte anzustellen, als diese obrigkeitliche Obliegenheiten, wenn auch untergeordneter Natur, wahrzunehmen hätten. Und endlich ist dem angefochtenen Urteil entgegenzuhalten, daß es seiner Auffassung, die den Chausseeaufsehern übertragenen polizeilichen Befugnisse genügten nicht, um ihnen Beamteneigenschaft zu verleihen, an einer besonderen gesetzlichen Grundlage fehlt. Der Senat hat aber Ausnahmen von dem allgemeinen Grundsatz der notwendigen Verknüpfung obrigkeitlicher Tätigkeit mit Beamteneigenschaft nur dann anerkannt, wenn ein Gesetz klar ersehen ließ, daß diese Tätigkeit wegen ihrer Nebensächlichkeit keine Einwirkung auf die Rechtsstellung der betreffenden Personen haben solle. Den als Bahnpolizeibeamten verpflichteten Eisenbahnangestellten ist die Beamteneigenschaft nur mit Rücksicht auf § 19 des preuß. Pensionsgesetzes vom 27. März 1872 (GS. S. 268) in der Fassung von Art. V des Abänderungsgesetzes vom 27. Mai 1907 (GS. S. 95) versagt worden (RGZ. Bd. 106 S. 17 und Bd. 112 S. 126). Aus ähnlichen, der Verordnung, betr. die bei dem Bau von Eisenbahnen beschäftigten Handarbeiter, vom 21. Dezember 1846 (GS. 1847 S. 21) entnommenen Erwägungen ist das Urteil vom 23. November 1926 III 158/26 dazu gelangt, die mit polizeilichen Aufgaben betrauten Bau-Aufsichtsbeamten nicht als Beamte anzusehen. Es fehlen entsprechende Vorschriften, die ersehen ließen, daß die Chausseeaufseher nach dem Willen des Gesetzgebers trotz der ihnen zustehenden polizeilichen Befugnisse keine Beamten sein sollten. Deshalb würden, selbst wenn diese Befugnisse wirklich so geringfügig wären, wie das Berufungsgericht angenommen hat, die Kreise nicht befugt sein, Chausseeaufseher ohne Beamteneigenschaft anzustellen. Der im angefochtenen Urteil aus RGZ. Bd. 125 S. 422 angeführte Satz, möglich bleibe es allerdings, die Rechtsstellung von Beamten Personen zu versagen, denen nur nebenher obrigkeitliche Befugnisse zugeteilt seien, deren Haupttätigkeit aber nicht mit einer Ausübung öffentlicher Gewalt verbunden sei, besagt nicht etwa, daß in solchen Fällen die Anstellungsbehörde ohne weiteres den Erwerb einer

Beamtenstellung ausschließen dürfe. Die Durchbrechung des mehrgenannten allgemeinen Grundsatzes, die Versagung des Erwerbs der Beamteneigenschaft, steht unter den angegebenen Voraussetzungen nur dem Gesetzgeber zu. Wie die Verweisung auf die schon angeführte Entscheidung über die Stellung der Lokomotivhilfsheizer (RGZ. Bd. 106 S. 17) zeigt, hat auch das Urteil im Bd. 125 nicht weitergehen wollen, ganz in Übereinstimmung mit dem Urteil vom 14. Juni 1929 III 447/28, abgedr. JW. 1929 S. 3381 Nr. 10 und ZBR. Bd. 2 S. 291 Nr. 37, das den Entscheidungen RGZ. Bd. 106 S. 17 und Bd. 112 S. 126 nur den Ausspruch entnimmt, in den von diesen beiden Urteilen erörterten Fällen habe eine besondere gesetzliche Regelung der Anwendung des allgemeinen Grundsatzes entgegengestanden. Zu Unrecht beruft sich der Beklagte auf das Urteil des Senats vom 23. April 1926 III 211/25, abgedr. JurRdsch. 1926 Nr. 1296 und PrVerwBl. Bd. 48 S. 467. Damals war zu entscheiden, ob von den verschiedenen selbständigen Dienstaufgaben, die dem klagenden städtischen Angestellten übertragen worden waren, die mit obrigkeitlichen Befugnissen verknüpfte eine bloße Nebentätigkeit im Sinne von § 2 Abs. 2 KBG. darstelle. Im vorliegenden Fall kommt aber eine Nebentätigkeit des Klägers ebensowenig in Frage wie nach dem oben Gesagten ein Nebenamt.

---

13. 1. Sind die §§ 29 und 30 der mecklenburg-schwerinschen Verordnung über die Enteignung von Grundeigentum in den Landstädten und deren Gebiet vom 21. Juli 1886 mit der Reichsverfassung vereinbar?

2. Liegt eine Enteignung vor, wenn die Festsetzung einer Baufluchtlinie den Charakter einer ortsgesetzlichen Regelung hat?

RVerf. Art. 153.

III. Zivilsenat. Urt. v. 3. März 1931 i. S. H. (Kl.) w. Hauptstadt Schwerin (Bekl.). III 165/30.

I. Landgericht Schwerin.
II. Oberlandesgericht Rostock.

Der Kläger ist Eigentümer eines in Schwerin belegenen Geschäfts- und Wohnhausgrundstücks. Er beabsichtigte, das Grundstück durch Einbau von Läden gewinnbringender auszunutzen, und reichte am 21. Juni 1927 bei der Baupolizeibehörde der verklagten Stadtgemeinde ein Baugesuch ein. Die Beklagte hatte einige Zeit vorher auf Grund der §§ 25 flg. der mecklenburg-schwerinschen Verordnung, betr. die Enteignung von Grundeigentum in den Landstädten und deren Gebiet, vom 21. Juli 1886 (abgedr. bei Raspe Gesetzsammlung für die mecklenburg-schwerinschen Lande 3. Folge Bd. II S. 173) eine Baufluchtlinie aufgestellt, die durch das Grundstück des Klägers verläuft und gemäß § 29 der Verordnung den geplanten Umbau unzulässig machte. Auf das Baugesuch des Klägers wurde ihm von der Baupolizeibehörde erwidert, daß sie bereit sei, eine Ausnahme von dem Bauverbot zu befürworten, wenn sich der Kläger bindend verpflichte, daß der durch den Umbau entstandene Mehrwert seines Grundstücks bei einer späteren, auf Grund der Baufluchtlinie vorzunehmenden Enteignung nicht in Anrechnung komme. Der Kläger lehnte die Übernahme dieser Verpflichtung ab. Sein Antrag auf Baugenehmigung wurde nunmehr von der Beklagten zurückgewiesen.

Der Kläger verlangt Ersatz des Schadens, der ihm durch die Verweigerung der Genehmigung entstanden sei. Er macht u. a. geltend, die durch die Fluchtlinienziehung eingetretene Baubeschränkung stelle eine Enteignung dar, die gemäß Art. 153 RVerf. nur gegen angemessene Entschädigung erfolgen könne. Das Landgericht hat die Klage abgewiesen, das Oberlandesgericht die Berufung des Klägers zurückgewiesen. Dessen Revision führte zur Aufhebung und Zurückverweisung.

Gründe:

Der Berufungsrichter hat die auf Art. 153 RVerf. gestützte Klage aus folgenden Erwägungen für unbegründet erklärt. Er hat zwar die Ansicht des Landgerichts, daß eine Enteignung nur dann vorliege, wenn ein Recht dem Berechtigten völlig entzogen und gleichzeitig auf einen andern übertragen werde, zurückgewiesen und ausgeführt, eine Enteignung könne auch gefunden werden in einer Beschränkung des Eigentümers in seinem Recht, mit dem Grundstück nach Belieben zu verfahren. Gleichwohl hat er angenommen, daß hier keine Enteignung gegeben sei. Gemäß

Art. 153 Abs. 1 RVerf. und Art. 111 EG. z. BGB. sei nicht nur die Reichsgesetzgebung, sondern auch die Landesgesetzgebung berechtigt, den Inhalt und die Grenzen des Eigentums allgemein zu regeln. Es könne deshalb nicht in jeder Beschränkung des Eigentümers in der tatsächlichen Verfügung über sein Eigentum eine Enteignung erblickt werden. Der Eingriff müsse vielmehr ein derartiger sein, daß die Verfügungsgewalt des Eigentümers, wenn auch nicht ganz ausgeschlossen, so doch in hohem Grade herabgemindert werde. Ferner müsse sich der Eingriff gegen einen oder vereinzelte Eigentümer richten. Im vorliegenden Falle handle es sich um eine entschädigungslose Baubeschränkung, die sich auf die Allgemeinheit beziehe und sich in derartigen Grenzen halte, daß ein besonderer Schutz des Eigentümers nicht erforderlich sei. Das Baufluchtliniengesetz und die auf Grund dieses Gesetzes festgesetzte Baufluchtlinie beträfen alle Eigentümer, deren Grundstücke in die Baufluchtlinie fielen, in ihrer Gesamtheit und nicht nur einzelne von ihnen. Sie beschränkten auch nicht das Eigentum derart wesentlich, daß dies mit seinem Begriff nicht mehr vereinbar sei.

Die Revision rügt, daß der Berufungsrichter von einer rechtsirrigen und zu engen Auffassung des Eigentumsbegriffs im Sinne des Art. 153 RVerf. ausgehe und daß seine Entscheidung zur Frage des Einflusses von Art. 153 auf die bestehende Baufluchtlinien-Gesetzgebung auf der rechtsirrigen Meinung beruhe, diese sei trotz Art. 153 weiter bestehen geblieben. Die Festsetzung der Baufluchtlinie und die dadurch herbeigeführte Baubeschränkung stelle eine Belastung des Grundstücks mit einer Dienstbarkeit der Unbebaubarkeit zugunsten der Gemeinde dar und sei somit rechtlich eine Enteignung im Sinne des Art. 153. Diese Vorschrift finde auch gegenüber älteren Landesgesetzgebungen Anwendung; soweit durch sie kein angemessenes Entgelt gewährt werde, sei die Landesgesetzgebung verfassungswidrig.

Es ist der Revision zuzugeben, daß die Ausführungen des Berufungsrichters nicht frei von Rechtsirrtum sind und den reichsrechtlichen Begriff der Enteignung im Hinblick auf die mecklenburgische Baufluchtlinien-Gesetzgebung verkennen. Das Reichsgericht hat wiederholt ausgesprochen, daß eine Enteignung im Sinne des Art. 153 RVerf. schon dann anerkannt werden kann, wenn das Recht des Eigentümers, mit seiner Sache gemäß § 903 BGB. nach Belieben zu verfahren, zugunsten eines Dritten beeinträchtigt wird (RGZ. Bd. 105 S. 253, Bd. 107 S. 269, Bd. 108 S. 253, Bd. 111 S. 226, Bd. 112 S. 192, Bd. 116 S. 272, RGUrt. vom 23. November 1930 IX 68/30). Eine derartige Beschränkung liegt aber vor, wenn ein Eigentümer infolge der Ziehung einer Baufluchtlinie gehindert wird, sein Grundstück in bestimmter Weise zu bebauen. Es kann dabei begrifflich keinen Unterschied machen, ob es sich um ein unbebautes Grundstück handelt, dessen Bebauung durch die Fluchtlinienziehung überhaupt ausgeschlossen ist, oder um ein bebautes Grundstück, dessen Umbau gehindert wird. Wie der erkennende Senat in RGZ. Bd. 128 S. 18 (28) ausgesprochen hat, liegt eine Enteignung allerdings in den Fällen nicht vor, wo der Eigentumsinhalt allgemein für eine unbeschränkte Zahl nach Lage und Umfang völlig unbestimmter Grundflächen durch Gesetz oder ein diesem gleichzusetzendes Ortsgesetz eingeschränkt wird (vgl. auch RGBeschl. vom 3. Dezember 1929 RGZ. Bd. 128 S. 165). Denn die Regelung der Baubeschränkungen, die den Eigentümern im öffentlichen Interesse aufzuerlegen sind, ist Sache der Landesgesetzgebung (Art. 111 EG. z. BGB.).

Der Berufungsrichter nimmt nun freilich in Auslegung nicht revisibler landesrechtlicher Normen an, daß die Beschränkung durch die mecklenburgische Baufluchtlinien-Gesetzgebung und durch die nach ihr festgesetzte Baufluchtlinie die betreffenden Eigentümer in ihrer Gesamtheit treffe und daß somit eine allgemeine Baubeschränkung vorliege, die keine Enteignung darstelle. Er prüft aber nicht, ob die von ihm angewandten landesrechtlichen Bestimmungen, auf Grund deren die Zulässigkeit der entschädigungslosen Beschränkung des Eigentums bejaht wird, mit den Vorschriften des Art. 153 RVerf. im Einklang stehen. Dies muß für die vom Berufungsrichter angewandten §§ 29, 30 der mecklenb. Vo. vom 21. Juli 1886 verneint werden. Sie lauten:

§ 29: Von dem Zeitpunkt der öffentlichen Bekanntmachung der Auslegung des Planes an sind Neubauten, Umbauten und Ausbauten über die Bau-Fluchtlinie hinaus unzulässig. Auch ist bei Neubauten der Eigentümer verpflichtet, in die Bau-Fluchtlinie einzurücken. Gleichzeitig erlangt die Stadt das Recht, die durch die festgesetzten Straßen-Fluchtlinien für Straßen und Plätze bestimmte Grundfläche — sofern dieselbe mit Gebäuden besetzt ist, jedoch erst nach Entfernung derselben — dem Eigentümer zu entziehen.

§ 30 Abs. 1: Eine Entschädigung kann wegen Entziehung oder Beschränkung des von der Festsetzung neuer Fluchtlinien betroffenen Grundeigentums nur gefordert werden, wenn

1. die zu Straßen und Plätzen bestimmten Grundflächen auf Verlangen des Magistrats für den öffentlichen Verkehr abgetreten werden;

2. wenn die Fluchtlinie vorhandene Gebäude trifft und bei einem Neubau die Freilassung der zwischen der Straßen- und der Bau-Fluchtlinie liegenden Fläche gefordert wird.

§ 29 ordnet hiernach die Unzulässigkeit von Neubauten, Umbauten und Ausbauten nur insoweit an, als das bebaute Grundstück von der Baufluchtlinie betroffen wird und somit die Bauten über diese hinaus errichtet werden sollen. Damit wird keine generelle Einschränkung des Eigentums ausgesprochen und keine allgemeine, alle Eigentümer beim Vorliegen gewisser Voraussetzungen treffende Pflicht auferlegt; nur die von einer jeweilig festgesetzten Baufluchtlinie betroffenen Eigentümer werden in ihren Rechten beeinträchtigt, und außerdem nur für die Teile ihrer Grundstücke, die in die Fluchtlinie fallen. Es kann nun dahingestellt bleiben, ob die Festsetzung der Baufluchtlinie gemäß § 25 der Verordnung vom 21. Juli 1886 einen Verwaltungsakt darstellt oder ob sie im Hinblick auf die Festsetzung auf Grund von Rats- und Bürgerbeschluß den Charakter einer ortsgesetzlichen Rechtsnorm hat. Denn es handelt sich nach der für diese Instanz als richtig zu unterstellenden Behauptung des Klägers um eine besondere Festsetzung der Fluchtlinie für die Grundstücke an der Schl.-straße. Es wurde sonach durch die Fluchtlinienziehung nur ein eng begrenzter Kreis von Eigentümern betroffen. Eine Enteignung liegt aber in einem solchen Fall auch dann vor, wenn der Eingriff durch Gesetz erfolgt und dieses sich nur gegen einen einzelnen Eigentümer oder einen eng begrenzten Kreis von Eigentümern richtet (vgl. den angeführten RGBeschl. vom 3. Dezember 1929).

Maßgebend ist ferner, daß erst durch die Festsetzung und Offenlegung der Fluchtlinie, also durch den Einzeleingriff, die Beschränkung des Eigentums eintritt. Die Auferlegung dieser Beschränkung stellt sich somit rechtlich als eine Enteignung dar, wie der erkennende Senat in RGZ. Bd. 128 S. 29 ausgesprochen hat. An diesem

Standpunkt ist nach nochmaliger Prüfung auch gegenüber den im Schrifttum geäußerten Bedenken festzuhalten. Die Enteignung wird zur Vollenteignung, wenn die Gemeinde die in die festgesetzte Fluchtlinie fallende Grundfläche für ihre Zwecke in Anspruch nimmt. Es besteht aber schon vorher mit der Offenlegung des Planes eine Teilenteignung, indem das Grundstück bereits von diesem Augenblick an zugunsten der Gemeinde mit einer Dienstbarkeit der Unbebaubarkeit belastet erscheint (RGZ. Bd. 63 S. 300, Bd. 128 S. 29). Eine Überführung des enteigneten Rechts in das Vermögen des Enteignenden hält der Senat in Übereinstimmung mit der Rechtsprechung des Reichsgerichts auf dem Gebiete der Wohnungszwangswirtschaft unter Ablehnung der Bedenken des Schrifttums nicht für erforderlich, zumal da es sich hier um Maßregeln handelt, die einen späteren Übergang der betroffenen Flächen in das Eigentum der Gemeinde vorbereiten und erleichtern sollen.

Der Berufungsrichter verkennt in zu enger Auslegung des Enteignungsbegriffs im Sinne des Art. 153 RVerf. diese Bedeutung der Fluchtlinienziehung in Verbindung mit den §§ 29, 30 der Verordnung vom 21. Juli 1886; insbesondere verkennt er, daß die Festsetzung der Fluchtlinie eine Teilenteignung, d. h. eine Enteignung eines Teils der mit dem Eigentum verbundenen Rechte, gegenüber jedem einzelnen Eigentümer darstellt.

Zu Unrecht weist die Revisionsbeklagte darauf hin, daß zwischen § 29 der mecklenb. Verordnung vom 21. Juli 1886 und der preußischen Fluchtliniengesetzgebung, über welche die Entscheidung des Senats RGZ. Bd. 128 S. 18 ergangen ist, insoweit ein Unterschied bestehe, als nach der letzteren es Sache der Gemeinde sei, ob sie Ausnahmen zulassen wolle, während nach § 29 der Verordnung vom 21. Juli 1886 jeder Neu- oder Umbau überhaupt unzulässig ist. Dieser Umstand ist für die Bedeutung der infolge Beschlusses der Stadt erfolgten Fluchtlinienziehung als eines Eingriffs in die Rechte der betroffenen Eigentümer völlig unerheblich. Es kommt lediglich auf den Eingriff als solchen an; außerdem muß der Eingriff als eine um so schwerere Belastung erscheinen, je schärfer das Recht des Eigentümers betroffen wird.

Daß die Beschränkung die Eigentümer sämtlicher von der jeweiligen Festsetzung einer bestimmten Baufluchtlinie berührten Grundstücke trifft, steht der Annahme einer solchen Teilenteignung nicht entgegen. Denn hierdurch wird, wie schon angeführt, die Beschränkung nicht ihres Charakters als eines Einzeleingriffs in die Rechte des jeweils betroffenen Eigentümers entkleidet. Meistens werden nämlich mehrere Eigentümer gleichzeitig betroffen werden, sofern es sich nicht um die Einbeziehung einer einzelnen Parzelle handelt. Dies liegt in der Natur der Fluchtlinienziehung überhaupt begründet und kann keinen begrifflichen Unterschied für den Charakter der behördlichen Maßregel machen. Die Revisionsbeklagte übersieht, daß die Teilenteignung erst durch die Setzung der Fluchtlinie eintritt und die betroffenen Eigentümer, wie schon hervorgehoben, nur zu dem Teil ihres Eigentums in ihren Rechten beschränkt, der in die Fluchtlinie fällt. Von einer allgemeinen Einschränkung des Eigentums im Sinne einer schrankensetzenden Regelung nach Art. 153 Abs. 1 RVerf. kann daher keine Rede sein. Ob die Eingriffe bei den einzelnen Eigentümern noch als Beschränkung des Eigentums erscheinen, kann allerdings unter Umständen Tatfrage sein. Denkbar ist, daß ein Grundstück in so unbedeutendem Umfang von der Fluchtlinienfestsetzung berührt wird, daß eine nennenswerte derzeitige Schmälerung der Eigentumsrechte überhaupt nicht eintritt. Ferner ist zu beachten, daß ein Grundstück zwar in erheblichem Maße betroffen werden kann, daß aber der Eigentümer eine derzeitige Störung in seinem Besitz nicht zu erleiden braucht. Im ersteren Fall kann eine Teilenteignung wegen völliger Bedeutungslosigkeit des Eingriffs überhaupt entfallen; im letzteren Fall — der bei bebauten Grundstücken die Regel bilden wird — liegt zwar eine Teilenteignung vor, es kommt aber mangels eines nachweisbaren Schadens keine Entschädigungspflicht in Frage.

Im vorliegenden Fall muß von der Behauptung des Klägers ausgegangen werden, deren Richtigkeit für diese Instanz zu unterstellen ist, daß er in der Lage war, durch den Einbau von Läden das Grundstück in erheblichem Umfang gewinnbringender zu gestalten. Eine Enteignung im Sinne des Art. 153 RVerf. ist somit gegeben. Diese kann nach der geltendes Recht darstellenden Vorschrift des Art. 153 Abs. 2 RVerf. nur gegen angemessene Entschädigung erfolgen. Die §§ 29, 30 der Verordnung vom 21. Juli 1886 sehen jedoch nicht die Gewährung einer angemessenen Entschädigung vor. § 30 schließt eine derzeitige Entschädigung überhaupt aus und macht eine künftige Entschädigung von gewissen Bedingungen abhängig, deren Erfüllung nicht in der Macht des Klägers selbst liegt. Die Hinausschiebung der Entschädigung für den Fall der Übernahme der Grundfläche durch die Gemeinde stellt aber keine angemessene Entschädigung im Sinne des Art. 153 Abs. 2 RVerf. dar. Denn es bleibt für den betroffenen Eigentümer völlig ungewiß, ob und wann dieser Fall eintreten wird. Die vom Berufungsrichter angewandten §§ 29 und 30 der Verordnung stehen somit im Widerspruch zu der Regelung in Art. 153 Abs. 2, da eine entschädigungslose Enteignung nur durch ein Reichsgesetz angeordnet werden darf. Wie der Senat in der mehrerwähnten Entscheidung RGZ. Bd. 128 S. 31 mit eingehender Begründung ausgesprochen hat, greift Art. 153 RVerf. als unmittelbar geltendes Recht auch gegenüber älteren Landesgesetzen Platz; nur vor Inkrafttreten der Verfassung bereits durchgeführte Enteignungen bleiben unberührt. An dieser Rechtsprechung, die auch mit RGZ. Bd. 104 S. 138 im Einklang steht, ist nach Prüfung der im Schrifttum erhobenen Einwände ebenfalls festzuhalten.

Es mag noch hervorgehoben werden, daß, wenn auch Art. 153 Abs. 3 RVerf. hervorhebt, daß Eigentum verpflichtet und sein Gebrauch zugleich Dienst für das gemeine Beste sein soll, auf der anderen Seite die Reichsverfassung durch die positive, reichsrechtliche Regelung in Art. 153 Abs. 2 den Standpunkt des Eigentümers in Ansehung der Unverletzlichkeit seines Eigentums in erheblichem Maße gestärkt und unter Ausschaltung der Landesgesetzgebung die Frage der entschädigungslosen Enteignung der Reichsgesetzgebung vorbehalten hat. Deshalb müssen alle erst nach Inkrafttreten der Reichsverfassung auf Grund einer älteren Landesgesetzgebung eintretenden Enteignungen diesem positivrechtlichen Schutz der Reichsverfassung unterliegen. Daß die ältere landesgesetzliche Fluchtlinien-Gesetzgebung im Sinne des § 29 der Verordnung vom 21. Juli 1886 bereits eine damals vorhandene, wenn auch erst in der Zukunft wirksam werdende polizeiliche Schranke darstellte, kann angesichts des dargelegten Umstands, daß sie keine allgemeine Einschränkung des Eigentums anordnete, nicht anerkannt werden.

---

14. Welche Ansprüche stehen dem Käufer zu, der von einem Mündel, vertreten durch seinen gesetzlichen Vertreter, ein Grundstück gekauft hat, wenn der Vertreter nicht vorhandene Eigenschaften zugesichert oder vorhandene verschwiegen hat?

BGB. §§ 164, 249, 276, 278, 459, 463, 823, 826, 831, 1821.

VI. Zivilsenat. Urt. v. 5. März 1931 i. S. L. (Kl.) w. R. u. Gen. (Bekl.). VI 526/30.

I. Landgericht I Berlin.
II. Kammergericht daselbst.

Die minderjährigen Erstbeklagten, vertreten durch ihre mitverklagte Mutter, die auch die Verkaufsverhandlungen geführt hatte, boten dem Kläger ein ihnen gehöriges Hausgrundstück in notarieller Urkunde vom 16. Dezember 1927 für 125000 RM. zum Kauf an. Am 12. Dezember 1928 nahm der Kläger das Angebot an. Nach welchen Gesichtspunkten der Kaufpreis errechnet worden ist, ergibt sich aus den Urkunden nicht. Nachdem die vormundschaftsgerichtliche Genehmigung zu dem Kaufvertrag erteilt worden war, wurde der Kläger am 24. April 1929 grundbuchlich als Eigentümer eingetragen.

Der Kläger behauptet, das Grundstück sei zum $6^1/_4$fachen Betrag der Friedensmiete verkauft worden. Die mitverklagte Mutter der Erstbeklagten habe ihm zugesichert, daß die Friedensmiete etwa 1660 RM. monatlich ausmache, während sie in Wirklichkeit nur 1340 RM. betrage. Die Zweitbeklagte habe das gewußt und ihn somit über eine wesentliche Eigenschaft des Grundstücks arglistig getäuscht. Demgemäß ständen ihm Minderungs- und hilfsweise Schadensersatzansprüche gegen sämtliche Beklagte zu. Diese Ansprüche macht der Kläger zum Teilbetrag von 10000 RM. im gegenwärtigen Rechtsstreit geltend. Er beantragt 1. gegen die Erstbeklagten festzustellen, daß ihnen keine Restkaufgeldforderung von 3800 RM. nebst Zinsen aus dem Kaufvertrag zustehe; 2. die Erstbeklagten zur Einwilligung in die Löschung der Restkaufgeldhypothek von 4600 GM. (die unstreitig in Höhe von 800 GM. getilgt ist) und 3. sämtliche Beklagte zur Zahlung von 6200 RM. nebst Zinsen zu verurteilen. Die Beklagten bestreiten, daß über die Höhe der Friedensmieten etwas zugesichert und daß der Kläger arglistig getäuscht worden sei. Es sei nur von den Grundmieten gesprochen worden, und für die Wertberechnung sei eine Taxe maßgebend gewesen.

Beide Vorinstanzen wiesen die Klagansprüche ab. Die Revision des Klägers blieb erfolglos.

Gründe:

1. Soweit sich die Klaganspruche gegen die Erstbeklagten richten, sind sie aus folgenden rechtlichen Gesichtspunkten zu prüfen.

a) Zwar würde eine etwaige Zusicherung über die Höhe der Friedensmieten eine Zusicherung über eine Eigenschaft des Kaufgrundstücks im Sinne des § 459 Abs. 2 BGB. enthalten (WarnRspr. 1929 Nr. 134; JRsch. 1929 Nr. 591) und der Mangel der Form des § 313 Satz 1 BGB. würde gemäß Satz 2 das. geheilt sein. Aber ein Gewährleistungsanspruch nach § 463 Satz 1 das. würde dem Kläger gleichwohl nicht zustehen. Denn der schriftliche Kaufvertrag enthält über die angebliche Zusicherung nichts, und die etwaige mündliche Nebenabrede über die Höhe der Friedensmieten wäre unverbindlich, da sich die nach § 1821 Nr. 3, § 1643 Abs. 1, § 1686 BGB. erforderliche und erteilte vormundschaftsgerichtliche Genehmigung nicht auf diese Abrede erstreckt hätte (RGZ. Bd. 61 S. 209, Bd. 99 S. 72, Bd. 114 S. 38; RGRKomm. Erl. 1 zu § 1821). Daher kann es auf sich beruhen, ob die behauptete Zusicherung erfolgt ist (RGRKomm. Erl. 4 II b zu § 459).

b) Auch der § 463 Satz 2 BGB. steht dem Kläger weder in unmittelbarer Anwendung (arglistiges Verschweigen eines Fehlers), noch in entsprechender Anwendung (arglistige Vorspiegelung einer nicht vorhandenen Eigenschaft) zur Seite, vgl. RGRKomm. Erl. 5 zu § 463. Denn für ein arglistiges Verhalten seines gesetzlichen Vertreters haftet der Mündel zum mindesten dann nicht, wenn, wie im vorliegenden Fall, der gesetzliche Vertreter allein, d. h. ohne das Vormundschaftsgericht, den Mündel nicht vertreten kann (vgl. RGZ. Bd. 61 S. 209; RGRKomm. Erl. 3b γ zu § 166). Demnach nützt es dem Kläger nichts, daß er auf Grund des § 463 Satz 2 nicht nur Minderungsansprüche, sondern auch Schadensersatzansprüche, gerichtet auf das Erfüllungsinteresse (RGRKomm. Erl. 5b zu § 123 nebst Nachweisen), bei Zugrundelegung seiner Behauptungen gegen die Erstbeklagten, wenn sie volljährig wären und die angebliche Täuschung verübt hätten, würde verfolgen können. Es erübrigt sich daher jede Stellungnahme zu der Auffassung des Vorderrichters, daß der Mitbeklagten als der gesetzlichen Vertreterin der Erstbeklagten ein arglistiges Verhalten nicht nachgewiesen sei, und zu den hiergegen von der Revision erhobenen sachlichrechtlichen und verfahrensrechtlichen (§ 286 ZPO.) Angriffen.

c) Ihre Hauptbeschwerde stützt die Revision darauf, daß der Berufungsrichter die Klagansprüche gegen die Beklagten nicht deshalb zuerkannt habe, weil der Mitbeklagten Verschulden, zum mindesten Fahrlässigkeit, beim Vertragsschluß zur Last falle und für dieses Verschulden die Beklagten nach § 278 BGB. einzustehen hätten. Es ist anerkannten Rechtens, daß schuldhaftes Verhalten bei Vertragsverhandlungen zum Schadensersatz verpflichtet (vgl. u. a. RGZ. Bd. 120 S. 251, 252 nebst Nachweisen), daß nach § 278 Satz 1 BGB. der Schuldner im allgemeinen für das Verschulden seines gesetzlichen Vertreters und seiner Erfüllungsgehilfen haftet und daß auch die Handlungen, die den Vertragsschluß vorbereiten, als Erfüllungshandlungen im Sinne des § 278 BGB. anzusehen sind (RGRKomm. Erl. 3 zu § 278 S. 462 Abs. 3). Allein es mag dahingestellt bleiben, ob die folgerichtige Durchführung des oben unter b erörterten Grundsatzes zum mindesten in den Fällen, wo der gesetzliche Vertreter den Mündel nur unter Hinzutritt vormundschaftsgerichtlicher Genehmigung durch seine Rechtsgeschäfte wirksam verpflichten kann, dazu führen muß, daß der Mündel auch aus einer dem gesetzlichen Vertreter beim Vertragsschluß zur Last fallenden Fahrlässigkeit dem Geschäftsgegner nicht haftbar wird. Denn auch wenn man mit der Revision die Haftbarkeit des Mündels in diesen Fällen bejahen wollte, so würde dadurch für den Kläger nichts gewonnen sein. Der Schaden, dessen Erstattung er verlangt, geht offensichtlich auf das Erfüllungsinteresse, das heißt, der Kläger will so gestellt sein, wie er stehen würde, wenn die behauptete Angabe der Mitbeklagten über die monatliche Friedensmiete von 1660 RM. zuträfe. Ein Verschulden beim Vertragsschluß verpflichtet jedoch in aller Regel nur zum Ersatz des negativen Interesses (RGZ. Bd. 83 S. 246, Bd. 103 S. 51, Bd. 120 S. 251; RGRKomm. Erl. 5a zu § 123 und Erl. 3 a. E. zu § 276 nebst weiteren Nachweisen). Aus dem Urteil WarnRspr. 1927 Nr. 139, das die Revision für ihre Auffassung heranzieht, daß Verschulden beim Vertragsschluß regelmäßig zum Ersatz des Erfüllungsinteresses verpflichte, ergibt sich nichts anderes. Nach dem allgemeinen Grundsatz des § 249 Satz 1 BGB. ist der Schädiger nur verpflichtet, den Zustand herzustellen, der bestehen würde, wenn der zum Ersatz verpflichtende Umstand nicht eingetreten wäre. Allerdings kann es Ausnahmefälle geben, in denen der Herstellungsgrundsatz zur Zubilligung des Erfüllungsinteresses führt, nämlich dann, wenn der Berechtigte ohne das schuldhafte Verhalten des Vertragsgegners einen entsprechenden Erfüllungsanspruch gehabt hätte (vgl. u. a. RGZ. Bd. 95 S. 58, Bd. 97 S. 336; JW. 1912 S. 743 Nr. 5; WarnRspr. 1910 Nr. 383, 1915 Nr. 230, 1918 Nr. 181, 1920 Nr. 149 = SeuffArch. Bd. 75 Nr. 124; RGUrt. in LZ. 1921 Sp. 373 Nr. 1). Ein solcher Ausnahmefall liegt hier nicht vor. Das träfe nur dann zu, wenn der Kläger dargetan hätte, daß ihm die Erstbeklagten mit Genehmigung des Vormundschaftsgerichts das Grundstück zu einem um mindestens 10000 RM. niedrigeren Kaufpreis oder wenigstens überhaupt zu einem geringeren Preise als 125000 RM. verkauft haben würden, falls die behauptete Angabe über die Höhe der monatlichen Friedensmiete von 1660 RM. nicht gemacht worden wäre. Einen solchen Beweis aber kann der Kläger nicht erbringen. Denn nach der Feststellung des angefochtenen Urteils fehlt jeder Anhalt dafür, daß der Vormundschaftsrichter einen Kaufvertrag mit einem Kaufpreis von weniger als 125000 RM. genehmigt hätte.

d) Aus dem Gesichtspunkt der unerlaubten Handlung endlich (§ 823 Abs. 2 BGB. in Verb. mit § 263 StGB. — vgl. dazu übrigens RGZ. Bd. 83 S. 246 und RGSt. Bd. 16 S. 1 — und § 826 BGB.) können die Beklagten deshalb nicht in Anspruch genommen werden, weil der Mündel grundsätzlich für die unerlaubten Handlungen seines gesetzlichen Vertreters (§ 831 BGB.) nicht haftbar gemacht werden kann (RGZ. Bd. 67 S. 154, Bd. 121 S. 118 u. a.).

2. Zur Frage der Haftung der Mitbeklagten ist folgendes zu bemerken:

a) Eine vertragliche Haftung dieser Beklagten (§ 463 BGB.) entfällt, weil sie den Kaufvertrag nicht in eigenem Namen, sondern als gesetzliche Vertreterin ihrer Kinder geschlossen hat und es also an vertraglichen Beziehungen zwischen ihr und dem Kläger fehlt. Eine entsprechende Anwendung des § 463 Satz 2 ist deshalb unzulässig; auch der Anspruch aus diesem Satz 2 ist ein Gewährleistungsanspruch vertraglicher Art (RGRKomm. Erl. 5 zu § 463).

b) Ein Verschulden des Vertreters beim Vertragsschluß macht gemäß § 164 BGB. im allgemeinen nur den Vertretenen, nicht aber den Vertreter auf vertragsähnlicher Grundlage schadensersatzpflichtig (WarnRspr. 1915 Nr. 74; RGRKomm. Erl. 6 zu

§ 463). Nur ausnahmsweise, nämlich dann, wenn der Vertreter am Zustandekommen des Vertrags ein eigenes Interesse hatte, kann eine solche Schadensersatzpflicht des Vertreters in Frage kommen (RGZ. Bd. 120 S. 252, 253, vgl. auch Bd. 103 S. 160, 161). Ob hier ein Fall dieser Art deshalb angenommen werden könnte, weil die Mitbeklagte mangels gegenteiliger Feststellung die Nießbraucherin am Vermögen ihrer Kinder ist, kann unerörtert bleiben. Denn auch dann würde die etwaige Schadensersatzpflicht der Mitbeklagten nicht dazu führen können, dem Kläger das Erfüllungsinteresse zuzubilligen. Dies ergibt sich aus den Ausführungen oben unter 1c.

c) Auch auf Grund der § 823 Abs. 2, § 826 BGB. könnte der Kläger die Mitbeklagte nur auf Herstellung des vor der angeblichen Täuschung vorhanden gewesenen Zustands, nicht aber auf Herstellung des Zustands in Anspruch nehmen, der bestehen würde, wenn die etwaigen Angaben der Mitbeklagten über die Höhe der Friedensmieten zuträfen. Der Anspruch geht also nur auf Ersatz des negativen und nicht des positiven Interesses (§ 249 Satz 1 BGB.). Denn der Kläger hat nicht nachgewiesen, daß die vormundschaftsgerichtliche Genehmigung auch bei einem geringeren Kaufpreis als 125000 RM. erteilt worden wäre (vgl. oben unter 1c).

---

15. Kann der Nachlaßschuldner dem Grundbuchberichtigungs-Anspruch sämtlicher Miterben ein Zurückbehaltungsrecht entgegensetzen wegen schuldrechtlicher Ansprüche gegen alle oder einzelne Miterben?

BGB. §§ 273, 894, 2039, 2040.

V. Zivilsenat. Urt. v. 7. März 1931 i. S. Sparkasse S. (Bekl.) w. R. u. Gen. (Kl.). V 268/30.

I. Landgericht Bonn.
II. Oberlandesgericht Köln.

Die ursprüngliche Klägerin, Witwe H., war seit 1917 Eigentümerin eines Grundstücks. In notariell beglaubigter Urkunde vom 17. Dezember 1923 bewilligte und beantragte sie die Eintragung einer Vormerkung für die Beklagte zur Erhaltung des Anspruchs auf Eintragung einer Sicherungshypothek zum Höchstbetrag des Preises von 11160 g Feingold für alle jetzigen und zukünftigen Forderungen der Beklagten gegen die Firma Ww. H. Die Vormerkung wurde am 19. Dezember 1923 eingetragen. In einer weiteren notariell beglaubigten Urkunde vom 7. November 1924 bestellte die Eigentümerin an dem Grundstück für die Beklagte eine Sicherungshypothek zum Höchstbetrag von 8000 GM. für alle aus Diskontierung von Wechseln entstehenden jetzigen und zukünftigen Ansprüche der Beklagten gegen die Firma H., Gesellschaft mbH. Die Hypothek wurde am 10. November 1924 eingetragen.

Am 11. August 1925 wurde vom Vormundschaftsgericht für die „geistesschwache" Eigentümerin ein Pfleger bestellt, um sie in allen ihren Vermögensangelegenheiten zu vertreten. Dieser erhob in ihrem Namen mit der Begründung, sie sei bei Bewilligung der beiden Eintragungen geisteskrank gewesen, Klage auf Einwilligung in die Löschung. Während der Rechtsstreit beim Landgericht schwebte, starb die Witwe H. Ihre vier Kinder als ihre Erben traten für sie als Kläger in den Rechtsstreit ein und drangen mit der Klage in beiden Vorinstanzen durch. Die Revision der Beklagten führte zur Aufhebung und Zurückverweisung.

Gründe:

Das Berufungsgericht stellt fest, daß die Witwe H. bei Erklärung der Eintragungsbewilligungen im Dezember 1923 und November 1924 nach den § 104 Nr. 2, § 105 Abs. 1 BGB. geschäftsunfähig war. Diese Feststellung ist rechtlich einwandfrei getroffen und wird nicht angegriffen. Die Revision wendet sich aber gegen die Rechtsansicht des Berufungsgerichts, daß aus der Nichtigkeit der den Eintragungen zugrunde liegenden Willenserklärungen ohne weiteres die Berechtigung des Klaganspruchs auf Löschung der Eintragungen folge. Sie führt hierzu zunächst aus: Die jetzige Erstklägerin, Frau R., hafte zusammen mit ihrem Ehemann für die Geschäftsschulden, welche die Firma Ww. H. und die Firma H. Gesellschaft mbH. bei der Beklagten hätten. Diese Ansprüche der Beklagten gegen die Erstklägerin stünden dem Grundbuchberichtigungsanspruch aller Kläger entgegen, ohne daß es im Rechtsstreit der ausdrücklichen Erhebung eines Einwands nach dieser Richtung bedurft hätte. Nötigenfalls hätte der Berufungsrichter durch Ausübung des Fragerechts auf nähere Angaben und genauere Antragstellung der Beklagten hinwirken müssen.

Dieser Angriff dringt nicht durch. Die Richtigkeit der Willenserklärungen der Witwe H., auf denen die beiden Eintragungen beruhen, hat nach den §§ 873, 885 BGB. die Unwirksamkeit der Eintragungen zur Folge und rechtfertigt somit an sich nach § 894 das. den Berichtigungsanspruch der Kläger auf Löschung, gleichviel ob die persönlichen Ansprüche der Beklagten, deren dingliche Sicherung erstrebt war, aber nicht gelungen ist, zu Recht bestehen und gegen wen sie sich richten. Wenn die Revision aber rügen will, daß das Berufungsgericht der Beklagten wegen ihrer persönlichen Ansprüche aus der Geschäftsverbindung mit den beiden Firmen kein Zurückbehaltungsrecht gegenüber dem Berichtigungsanspruch der Klage zugebilligt und nötigenfalls nicht auf einen entsprechenden Sachvortrag und Antrag der Beklagten hingewirkt habe, so übersieht sie, daß sich für die Beklagte ein solches Zurückbehaltungsrecht aus § 273 BGB. nicht herleiten läßt. Die ursprüngliche Klägerin war nach dem eigenen Vortrag der Beklagten nicht persönliche Schuldnerin der Kredite, welche die beiden Firmen erhielten. Bei ihren Lebzeiten stand also dem Berichtigungsanspruch der Klage schon deshalb kein Zurückbehaltungsrecht der Beklagten wegen der Forderungen aus dem Kreditverhältnis mit den Firmen entgegen, weil Gläubiger und Schuldner bei den beiderseitigen Ansprüchen nicht übereinstimmten. Mit dem Tode der Witwe H. hat sich aber die Lage der Beklagten in Ansehung des Zurückbehaltungsrechts nicht verbessert. Der Berichtigungsanspruch steht nunmehr nach § 2039 BGB. allen Klägern als Miterben gemeinschaftlich zu (RGRKomm. Anm. 1 zu § 2039; RGUrt. vom 16. April 1930 IV 252/29). Die Ansprüche der Beklagten aus der Geschäftsverbindung mit den Firmen richten sich aber nur gegen eine Miterbin, die Erstklägerin. Bei dieser Rechtslage kann der Beklagten kein Zurückbehaltungsrecht wegen der genannten Ansprüche zugebilligt werden. Das Reichsgericht hat in der Regel dem Nachlaßschuldner ein Zurückbehaltungsrecht gegenüber einem nach § 2039 BGB. verfolgten Miterbenanspruch selbst dann versagt, wenn sich die Forderung, mit welcher der Nachlaßschuldner zurückhalten wollte, gegen alle Miterben richtete (WarnRspr. 1910 Nr. 141, 1913 Nr. 233; RGUrt. vom 26. März

1923 IV 309/22). So ist insbesondere auch schon in einem Falle entschieden worden, wo der Miterbenanspruch auf § 894 BGB. gestützt war und der Nachlaßschuldner wegen einer Forderung gegen den Nachlaß ein Zurückbehaltungsrecht für sich in Anspruch nahm (Gruch. Bd. 68 S. 66). Wenn aber schon in solchen Fällen aus der Natur des Rechtsverhältnisses als Regel die Verneinung eines Leistungsverweigerungsrechts des Nachlaßschuldners abgeleitet worden ist, so muß dies um so mehr dann gelten, wenn der Nachlaßschuldner nicht einmal einen Anspruch gegen alle Miterben, sondern nur gegen einen einzelnen von ihnen hat. Auf einem ähnlichen Rechtsgedanken beruht die Vorschrift im § 2040 Abs. 2 BGB., die nicht auf das Gebiet der Aufrechnung beschränkt, sondern auch für das Gebiet des Zurückbehaltungsrechts verwertet wird (RGRKomm. Anm. 2 zu § 2040; RGUrt. vom 18. Dezember 1930 VI 176/30). Die Beklagte kann somit wegen ihrer Ansprüche gegen die Erstklägerin aus der Geschäftsverbindung mit den beiden Firmen kein Zurückbehaltungsrecht gegenüber dem Klaganspruch ausüben.

Die Beklagte hat aber weiterhin dem Berichtigungsanspruch den Einwand der Arglist entgegengehalten und diesen Einwand unter Beweisantritt dahin begründet: Alle vier Kläger hätten in Kenntnis der geistigen Unzurechnungsfähigkeit ihrer Mutter und der Kreditunwürdigkeit der bei der Beklagten Kredit suchenden Firmen die Eintragungsbewilligungen vom 17. Dezember 1923 und 7. November 1924 beglaubigen und dem Grundbuchamt einreichen lassen in der vorgefaßten Absicht, zunächst die Beklagte den Kredit an die Firmen geben zu lassen und hinterher sich auf die Nichtigkeit der bestellten Sicherheiten zu berufen. Ihrem geschickten Vorgehen sei es gelungen, die Bedenken des beglaubigenden Notars gegen die Geschäftsfähigkeit ihrer Mutter und damit gegen die Vornahme der Beglaubigungsakte und gegen die Einreichung der beglaubigten Urkunden an das Grundbuchamt zu zerstreuen, indem sie ihm wider besseres Wissen teils vor, teils nach Vornahme der Beglaubigungen die völlige geistige Gesundheit der Witwe H. versichert hätten. Nur im Vertrauen auf die Wahrheit dieser Versicherungen habe der Notar die Eintragungen im Grundbuch veranlaßt, und nur im Vertrauen auf die Gültigkeit der bestellten Sicherheiten habe die Beklagte den Firmen, die zahlungsunfähig seien, die gewünschten Kredite gegeben und von Vollstreckungsmaßnahmen abgesehen. Deshalb müßten die Kläger wegen ihres sittenwidrigen Verhaltens bei Bestellung der Sicherheiten die Beklagte dafür schadlos halten, daß sie ohne die Sicherheiten Ausfälle an den Krediten erleide. Im Hinblick auf diese Schadensersatzpflicht handelten die Kläger arglistig, wenn sie die bestellten Sicherheiten nicht gegen sich gelten lassen wollten.

Die Kläger haben diese Darlegung in vollem Umfang bestritten und ihr insbesondere entgegengehalten: sie hätten bis 1925 nichts von einer Geisteskrankheit ihrer Mutter gewußt; die Beklagte habe die Sicherheiten im wesentlichen für bereits vorher gewährte, nicht für erst künftig zu gewährende Kredite erhalten, sodaß die Unwirksamkeit der Grundbucheintragungen nicht ursächlich für den Ausfall an den Krediten und den daraus erwachsenden Schaden sei.

Das Berufungsgericht hat den Einwand der Beklagten mit folgender Begründung zurückgewiesen: Ein auf arglistiges Verhalten der Kläger gegründeter Schadensersatzanspruch der Beklagten könne nur auf den Geldausfall an den gewährten Krediten gehen, nicht aber zur Aufrechterhaltung der nichtigen Grundbucheintragungen führen. Deshalb könne auch die Einrede der Arglist den Klaganspruch auf Grundbuchberichtigung nicht beseitigen. Im übrigen sei aber diese Einrede auch nicht schlüssig erhoben. Denn nach der Darstellung der Beklagten falle den Klägern zu 2 bis 4 kein arglistiges Verhalten zur Last.

Soweit die Revision diesen Ausführungen entgegenhält, daß der auf eine unerlaubte Handlung der Kläger gestützte Schadensersatzanspruch und demzufolge auch die Arglisteinrede nicht nur auf den Geldausfall an den gewährten Krediten abziele, sondern auch auf die Herstellung des Zustands, der bestehen würde, wenn die Kläger nicht arglistig gehandelt hätten, kann sie nicht den Erfolg haben, daß daran der Klaganspruch als solcher scheitert. Der im § 249 BGB. anerkannte Rechtsgrundsatz der Naturalrestitution könnte nur dann zur Abweisung der Klage führen, wenn die Beklagte dargetan hätte, daß sie ohne das den Klägern zur Last gelegte arglistige Verhalten rechtsgültige Grundbuchsicherungen erlangt haben würde. Dahingehende Behauptungen hat sie aber bisher nicht aufgestellt. Ihrem Vortrag in den Vorinstanzen ist vielmehr nur zu entnehmen, daß bei sittengemäßem Handeln der Kläger die Eintragungen im Grundbuch unterblieben, die Kredite infolgedessen an die Firmen nicht gewährt und deshalb Ausfälle ausgeblieben wären. Diese Sachdarstellung rechtfertigt aber noch nicht die Schlußfolgerung, daß die Kläger wegen ihres arglistigen Verhaltens das Bestehenbleiben der nichtigen Eintragungen dulden müßten. Auch darauf läßt sich dieser Schluß nicht stützen, daß das Grundstück der Kläger, wie die Beklagte in der Revisionsverhandlung vorgetragen hat, das einzige Vermögensstück sein mag, aus dem sie sich wegen ihres Schadens decken könnte. Solange Anhaltspunkte dafür fehlen, daß ohne arglistiges Verhalten der Kläger gültige Grundbuchsicherungen für die Beklagte bestellt worden wären, hat das Berufungsgericht rechtlich nicht geirrt, wenn es dem in das Gewand der Arglisteinrede gekleideten Schadensersatzanspruch die Wirkung versagt hat, die Klage auf Löschung der nichtigen Eintragungen zur Abweisung zu bringen.

Begründet ist dagegen die weitere Rüge, daß der Beklagten, wenn sie einen Schadensersatzanspruch gegen alle vier Kläger auf Geldzahlung für den Ausfall aus der Kreditgewährung an die beiden Firmen haben sollte, wegen dieser Forderung ein Zurückbehaltungsrecht nach § 273 BGB. gegenüber dem Klaganspruch zuzubilligen sei. Der Berichtigungsanspruch der Kläger und der Schadensersatzanspruch der Beklagten sind, wenn man die Richtigkeit des Sachvortrags der Beklagten unterstellt, aus einem innerlich zusammengehörigen, einheitlichen Lebensverhältnis entsprungen und haben wechselseitig dieselben Gläubiger und Schuldner. Die Gründe, die sonst in der Regel dazu geführt haben, dem Nachlaßschuldner auch wegen eines Anspruchs gegen alle Miterben kein Zurückbehaltungsrecht gegenüber dem nach § 2039 BGB. verfolgten Nachlaßanspruch zuzugestehen, müssen hier zurücktreten hinter andere Erwägungen, die bei der besonderen Sachlage eine von der Regel abweichende Beurteilung des Rechtsverhältnisses zwischen den Klägern als Miterben und der Beklagten als Nachlaßschuldnerin verlangen. Haben alle vier Kläger die Beklagte durch sittenwidriges Verhalten bei Bestellung der Grundbuchsicherheiten geschädigt, so darf der auf dieses Verhalten gestützte Schadensersatzanspruch der Beklagten aus § 826 BGB. nicht losgelöst werden von dem Berichtigungsanspruch der Kläger, der seine Entstehung denselben Vorgängen verdankt, auf welche der Schadensersatzanspruch der Beklagten zurückgeführt wird. Es würde Recht und Billigkeit widerstreben, wollte man in einem solchen Falle das natürliche Band zwischen den beiden demselben Lebensverhältnis entsprungenen Ansprüchen rechtlich zerschneiden. Der Beklagten als Nachlaßschuldnerin ist somit wegen eines gegen alle Kläger gerichteten Schadensersatzanspruchs ein Leistungsverweigerungsrecht gegenüber dem Berichtigungsanspruch der Klage zuzugestehen. Sie hat, wie ihrem Vorbringen in den Vorinstanzen zu entnehmen ist, ein solches Leistungsverweigerungsrecht nach § 273 Abs. 1, § 274 BGB. geltend gemacht. Sie könnte also bei Zubilligung ihres Schadensersatzanspruchs auf die Klage hin nur zur Leistung Zug um Zug verurteilt werden. Das Berufungsgericht sieht allerdings den Schadensersatzanspruch der Beklagten als nicht schlüssig erhoben an. Insoweit ist seine Begründung aber nicht frei von Rechtsirrtum. Zwar ist ihm — entgegen der Ansicht der Revision — noch darin beizutreten, daß ein auf arglistigem Verhalten allein der Erstklägerin beruhender Anspruch der Beklagten nicht genügen würde, um dieser ein Zurückbehaltungsrecht gegenüber dem gemeinschaftlichen Berichtigungsanspruch aller Kläger zuzubilligen. Denn eine Schicksalsgemeinschaft der Kläger auf Gedeih und Verderb dergestalt, daß sie als Miterben für jede vor dem Eintritt des Erbfalls begangene unerlaubte Handlung eines von ihnen einstehen müßten, läßt sich rechtlich nicht begründen. Es wäre vielmehr nach den erörterten Rechtsgrundsätzen mit dem Wesen des Miterbenverhältnisses nicht zu vereinigen, wenn der Nachlaßschuldner die Befriedigung des nach § 2039 BGB. geltend gemachten Nachlaßanspruchs verweigern dürfte wegen eines Schadensersatzanspruchs, der ihm nur gegen einen einzelnen Miterben aus dessen unerlaubter Handlung zusteht. Die Beklagte kann also nur dann mit einem Zurückbehaltungsrecht durchdringen, wenn sich alle vier Kläger ihr gegenüber einer zu Schadensersatz verpflichtenden unerlaubten Handlung schuldig gemacht haben. Ein derartiges Verhalten aller Kläger hat die Beklagte schlüssig behauptet. Das Berufungsgericht hat ihren Sachvortrag in diesem Punkte rechtlich nicht einwandfrei behandelt, indem es — anscheinend — zwar eine sittenwidrige Schadenszufügung durch die Erstklägerin als hinreichend dargelegt ansieht, ein entsprechendes Verhalten der Kläger zu 2 bis 4 aber auch bei Unterstellung des Vorbringens der Beklagten glaubt ablehnen zu müssen. Darin liegt eine Überspannung der in den §§ 826, 840

BGB. gestellten Anforderungen an die Mithaftung der soeben genannten drei Kläger. Haben auch sie, wie die Beklagte behauptet, zur Zeit der Bestellung der Sicherheiten gewußt, daß ihre Mutter geisteskrank und geschäftsunfähig war, und haben sie sich dennoch in der von der Beklagten geschilderten Weise an der Herbeiführung der Grundbucheintragungen durch Irreführung des Notars beteiligt, um den beiden Firmen Kredit bei der Beklagten zu verschaffen, so sind auch sie nach § 826 schadensersatzpflichtig, wenn die Beklagte im Vertrauen auf die Sicherheiten Kredit gewährt hat und nunmehr wegen Hinfälligkeit der Grundbucheintragungen Ausfälle erleidet. Das Berufungsgericht wird daher den Streitstoff unter diesem Gesichtspunkt erneut prüfen und die zu einer abschließenden rechtlichen Beurteilung zur Zeit noch fehlenden tatsächlichen Feststellungen treffen müssen.

---

16. Gehören zu den Geistlichen, die nach § 7 Abs. 2 des preußischen Besoldungsgesetzes vom 17. Dezember 1927 den vollen Wohnungsgeldzuschuß auch dann erhalten, wenn sie ledig sind, die Universitätsprofessoren der katholischen Theologie?

III. Zivilsenat. Urt. v. 10. März 1931 i. S. Preuß. Staat (Bekl.) w. T. (Kl.). III 187/30.

I. Landgericht Breslau.
II. Oberlandesgericht daselbst.

Nach § 7 Abs. 1 Satz 1 des preußischen Besoldungsgesetzes vom 17. Dezember 1927 (GS. S. 223) erhalten ledige Beamte an Stelle des regelmäßigen Wohnungsgeldzuschusses den der nächstniedrigeren Tarifklasse. Bei Geistlichen findet jedoch nach Abs. 2 das. diese Kürzung des Wohnungsgeldzuschusses nicht statt.

Der unverheiratete Kläger hat als ordentlicher Professor der katholischen Theologie an der Schlesischen Friedrich-Wilhelms-Universität in Breslau vom 1. Oktober 1927 bis zum 30. September 1928 den Wohnungsgeldzuschuß der Tarifklasse II in Höhe von monatlich 144 RM. bezogen. Seit dem 1. Oktober 1928 wird ihm auf Grund eines Erlasses des Preußischen Ministers für Wissenschaft, Kunst und Volksbildung vom 6. Juli 1928 nur der um

30 RM. monatlich niedrigere Wohnungsgeldzuschuß der nächsten Tarifklasse III gezahlt. In dem Erlaß wird ausgeführt, daß es sich bei der Ausnahmeregelung des § 7 Abs. 2 PrBesG. nur um solche Geistliche handle, die Seelsorge ausübten, welche Voraussetzung bei allen planmäßigen Universitätsprofessoren, selbst bei denjenigen, die im Nebenamt Universitätsprediger seien, nicht vorliege.

Der Kläger ist dieser Rechtsauffassung entgegengetreten. Er meint, die fragliche Vorschrift finde schon deshalb ohne weiteres auf ihn Anwendung, weil er nach katholischem Kirchenrecht Geistlicher sei. Er übe außerdem Seelsorgetätigkeit aus, indem er akademische Gottesdienste abhalte und die Theologiestudenten religiös leite. Der Kläger verlangt deshalb Weiterzahlung des höheren Wohnungsgeldzuschusses. Die Vorinstanzen haben seinem Zahlungsbegehren entsprochen. Die Revision des Beklagten führte zur Klagabweisung.

Gründe:

Für die Auslegung des § 7 Abs. 2 PrBesG. kommt es nicht auf die kirchliche Rechtsordnung derjenigen Religionsgesellschaft an, welcher der Beamte angehört, für den die Anwendbarkeit der genannten Vorschrift in Frage steht. Denn das Besoldungsgesetz ist ein Staatsgesetz, dessen Sinn nur unter Berücksichtigung des mit ihm verfolgten staatlichen Zweckes erschlossen werden kann. Das Besoldungsgesetz will in Verbindung mit der Besoldungsordnung das Entgelt festsetzen, das der Staat seinen Beamten für die ihm geleisteten Dienste gewährt. Die Tätigkeit, die dem Beamten kraft seines Staatsamtes obliegt, wird durch seine Dienstbezüge abgegolten. Nur diese Tätigkeit wird deshalb bei Bemessung des Diensteinkommens in Betracht gezogen. Daraus folgt, daß Geistliche im Sinne des Besoldungsgesetzes diejenigen Beamten sind, welche der Staat als Geistliche angestellt hat und welche in dieser Eigenschaft für ihn tätig sind. Ihre Zahl ist gering, zumal nachdem die Reichsverfassung (Art. 137 Abs. 3 Satz 2) den Religionsgesellschaften das Recht gegeben hat, ihre Ämter ohne Mitwirkung des Staates zu verleihen. Sie finden sich nur noch in staatlichen Anstalten. Das preußische Besoldungsgesetz von 1927 führt als solche lediglich Strafanstaltspfarrer und -oberpfarrer sowie Pfarrer beim Charité-Krankenhaus in Berlin an (Besoldungsgruppe A 2b). Sie haben nach § 7 Abs. 2 PrBesG. Anspruch auf den vollen Wohnungsgeldzuschuß, selbst wenn sie ledig sind.

Daß die erörterte Vorschrift nur diese eng begrenzte Bedeutung hat, läßt sich auch der Entstehungsgeschichte zwar nicht des § 7 Abs. 2 PrBesG., wohl aber des inhaltlich gleichen § 10 Abs. 2 des Reichsbesoldungsgesetzes vom 16. Dezember 1927 (RGBl. I S. 349) entnehmen. Ihm ist die preußische Vorschrift nachgebildet mit dem Ziel, in diesem Punkt für Preußen denselben Rechtszustand wie im Reich eintreten zu lassen. Der Entwurf zum Reichsbesoldungsgesetz (Reichstag III. Wahlperiode 1924/27 Drucks. Nr. 3656) sah noch nicht vor, daß Geistliche von der für die ledigen Beamten vorgesehenen Kürzung des Wohnungsgeldzuschusses nicht betroffen würden. Erst bei der Beratung des Entwurfs im Ausschuß für den Reichshaushalt wurde in der 268. Sitzung vom 10. November 1927 (Bericht S. 3) beantragt, die einschränkende Bestimmung nicht für Geistliche gelten zu lassen. Der Regierungsvertreter Ministerialdirektor Dr. Lothholz (Reichsfinanzministerium) erklärte darauf (S. 6), die Reichsregierung glaube, den Vorschlag annehmen zu können; hinsichtlich der Geistlichen sei schon darauf hingewiesen worden, daß hier eine besondere „Situation" die Ausnahme rechtfertige und daß keine erhebliche finanzielle Auswirkung in Betracht komme; es würden im Reich nur etwa vier Geistliche beim Heer hiervon betroffen. Im Laufe der Beratung hat er dann nochmals betont (S. 7), die Frage der besonderen Behandlung der Geistlichen wirke sich so gering aus, daß sie nicht erörtert zu werden brauche; es kämen im ganzen drei bis vier Geistliche beim Reich in Frage, während die Länder, und vor allem Preußen, einen Gesamtzuschuß an die Kirche gäben; die Regelung erfolge dann von der Kirche, hier schaffe das Reich also kein Präjudiz. Diese Ausführungen des Regierungsvertreters stellen ganz klar, daß er die Gewährung des vollen Wohnungsgeldzuschusses nur auf die wenigen als Geistliche angestellten Beamten bezogen hat. Dem wurde in der Beratung nicht entgegengetreten. Vielmehr hat der Abgeordnete Dietrich (Baden) den Abänderungsantrag gerade damit bekämpft (S. 7), daß bei den Militärgeistlichen keine besonderen, ihre Heraushebung rechtfertigenden Verhältnisse gegeben seien; solche lägen vielleicht bei der Pfarrgeistlichkeit vor, die von den Ländern teilweise unterhalten werde. Daß durch die Einführung der Vorschrift zugunsten der Geistlichen für Preußen gleichfalls keine erheblichen Mehrkosten entständen, hat der Ministerialdirektor Weyhe vom Preußischen Finanzministerium bestätigt (284. Sitzung des Ausschusses vom 6. Dezember 1927, Bericht S. 13), allerdings mit der Begründung, daß die meisten Geistlichen Dienstwohnung hätten. Zuzugeben ist, daß die Antragsteller und die mit ihnen für die Gewährung des vollen Wohnungsgeldzuschusses eintretenden Abgeordneten Gesichtspunkte vorgebracht haben, die für fast alle Geistlichen ohne Berücksichtigung ihrer etwaigen Beamteneigenschaft zutreffen mögen. Die besondere Stellung („Situation") der Geistlichen, ihre seelsorgerische Tätigkeit, die Notwendigkeit des Verkehrs mit ihren Pfarrkindern, ihre charitativen Verpflichtungen sind hervorgehoben worden. Indessen haben diese Erwägungen nur Gründe für den Erlaß der gesetzlichen Vorschrift gebildet, in das Gesetz selbst sind sie nicht aufgenommen worden. Ihrer Allgemeinheit wegen sind sie überhaupt ungeeignet, den besoldungsrechtlichen Begriff „Geistliche" abzugrenzen. Sein Inhalt muß aus dem Gesetz entnommen werden, dessen Bedeutung und Zweck, wie oben dargelegt, nur eine beschränkte Auslegung zulassen.

Dem Kläger steht bei dieser Bedeutung des § 7 Abs. 2 PrBesG. der von ihm begehrte Wohnungsgeldzuschuß nicht zu. Daß er nach katholischem Kirchenrecht Geistlicher ist, gibt ihm noch keinen Anspruch darauf. Das Reglement für die katholisch-theologische Fakultät der Schlesischen Friedrich-Wilhelms-Universität in Breslau schreibt nach der Auslegung, die ihr das Berufungsgericht gegeben hat und die für diese Instanz bindend ist, nicht zwingend vor, daß nur Geistliche zu Professoren in dieser Fakultät ernannt werden können. Und selbst wenn die gegenteilige Auffassung richtig wäre, so würde doch diese Voraussetzung für die Verleihung eines Lehramts in der genannten Fakultät noch nichts für den Amtsinhalt besagen, auf den es für die Anwendung der streitigen Vorschrift ankommt. Besoldungsrechtlich ohne Belang ist die seelsorgerische Tätigkeit des Klägers, da sie nicht im Rahmen des ihm übertragenen Staatsamts als ordentlicher Professor liegt. Dieses erschöpft sich in der Lehrtätigkeit, zu der man noch die wissenschaftliche Forschungstätigkeit hinzurechnen mag. Die geistliche Versorgung, die der Kläger den Studenten der katholischen Theologie erweist, ist kein Teil der ihm vom Staat übertragenen Amtsaufgaben. Im Berufungsurteil heißt es zutreffend, daß er für die

Überwachung, Leitung und Förderung der Theologiestudenten (als Seelsorger, nicht als Lehrer) dem Bischofsstuhl in Breslau verantwortlich sei. Für diese rein kirchliche Tätigkeit bezieht er kein staatliches Gehalt. Für dessen Bemessung hat sie deshalb außer Betracht zu bleiben. Nicht anders steht es mit der Abhaltung der akademischen Gottesdienste, die er während des Semesters abwechselnd mit den anderen Mitgliedern der Fakultät wahrnimmt. Auch das ist eine kirchliche, nicht aus seinen staatlichen Amtspflichten herzuleitende Funktion.

---

17. Kann der bayerische Anwalt die von ihm beim Bayerischen Obersten Landesgericht eingelegte Revision noch wirksam zurücknehmen, nachdem sich das genannte Gericht gemäß § 7 EG. z. ZPO. für unzuständig erklärt hat?

ZPO. §§ 78, 81, 515, 566; EG. z. ZPO. §§ 7, 8.

Vereinigte Zivilsenate. Beschl. v. 12. März 1931 i. S. A. (Kl.) w. L. u. T. (Bekl.). VI 456/30.

I. Landgericht München I.
II. Oberlandesgericht daselbst.

Die Frage ist bejaht worden aus folgenden

Gründen:

Der II. Zivilsenat hat die gestellte Frage (vgl. § 8 EG. z. ZPO.) in einer Entscheidung vom 20. November 1884 (JW. 1885 S. 6 Nr. 2) verneint, diese Ansicht aber auf Anfrage des I. Zivilsenats in I 61/26 unterm 13. März 1926 ausdrücklich aufgegeben. Seitdem haben mehrere Zivilsenate des Reichsgerichts in jahrelanger Übung ohne förmlichen Beschluß den Rechtsstreit für erledigt gehalten, wenn ein bayerischer Anwalt die Zurücknahme der Revision dem Reichsgericht gegenüber erklärt hatte (vgl. Stein-Jonas 14. Aufl. Note 4 zu § 8 EG. z. ZPO.). In der Sache VII 356/30 hat der VII. Zivilsenat eine Umfrage veranlaßt, da er es für erwünscht halte, daß auf diese Weise vielleicht ohne Einholung einer Entscheidung der Vereinigten Zivilsenate Einigkeit erzielt werde. Die Äußerungen der einzelnen Zivilsenate sind jedoch verschieden ausgefallen, und der VII. Zivilsenat hat alsdann in der ihm zur Entscheidung vorliegenden Sache VII 356/30 durch Beschluß vom 3. Oktober 1930 die Revision als unzulässig verworfen, weil der Nachweis über die Zahlung der

Prozeßgebühr nicht erbracht sei. Dabei wurde ausgesprochen, die durch den Rechtsanwalt Dr. W. erklärte Zurücknahme der Revision könne keine Berücksichtigung finden, da nach Abgabe der Sache an das Reichsgericht die Revisionszurücknahme nur durch einen beim Reichsgericht zugelassenen Anwalt hätte erklärt werden können. Der VI. Zivilsenat möchte an der gegenteiligen Ansicht festhalten und hat zur Herbeiführung eines gleichförmigen Verfahrens die Entscheidung der Vereinigten Zivilsenate angerufen. In der jetzt bei ihm anhängigen oben bezeichneten Sache hat der Rechtsanwalt Sp. in München Revision eingelegt; der Abgabebeschluß des Obersten Landesgerichts vom 30. Juli 1930 ist am folgenden Tage den Vertretern der Parteien zugestellt worden. Noch ehe wegen Nichteinreichung der Revisionsbegründung die Revision als unzulässig verworfen worden war, hat Rechtsanwalt Sp. dem Reichsgericht mit Schriftsatz vom 15. Oktober 1930 die Zurücknahme der Revision angezeigt und die Zustellung des Zurücknahmeschriftsatzes an den Gegenanwalt nachgewiesen.

Von der im § 8 des Einführungsgesetzes zum Gerichtsverfassungsgesetz den Ländern eingeräumten Befugnis, die Verhandlung und Entscheidung über gewisse Revisionen in bürgerlichen Rechtsstreitigkeiten einem Obersten Landesgerichte zuzuweisen, hat nur Bayern Gebrauch gemacht. Die maßgebende Entscheidung darüber, ob für die einzelne Revision das Reichsgericht oder das Oberste Landesgericht zuständig sei, ist dem letzteren Gericht durch § 7 des Einführungsgesetzes zur Zivilprozeßordnung übertragen. Wie es in der amtlichen Begründung dazu heißt, sind diese Vorschriften den §§ 17, 18 des Gesetzes über die Errichtung eines obersten Gerichtshofes für Handelssachen vom 12. Juni 1869 (BundesgesBl. des Nordd. Bundes S. 201) nachgebildet. Durch die Beschränkung der Zulassung der Rechtsanwälte beim Reichsgericht (§ 78 ZPO., §§ 98 bis 102 RAO.), die man beim Reichsoberhandelsgericht nicht kannte (§ 10 des Gesetzes von 1869), ergab sich eine Schwierigkeit für die aus Bayern kommenden Revisionen. Um der Partei die Kosten der doppelten Anwaltsbestellung beim höchsten Landesgericht und beim Reichsgericht zu ersparen, wurde der § 8 Abs. 1 EG. z. ZPO. auf Antrag des Abgeordneten Dr. Bähr in der ersten Lesung der Kommission für das Einführungsgesetz aufgenommen, und zwar von vornherein in der Gesetz gewordenen Gestalt (Hahn Materialien zur ZPO. Bd. 2 S. 1080). Die Vorschrift lautet:

Der Bestellung eines bei dem Obersten Landesgericht oder bei dem Reichsgericht zugelassenen Rechtsanwalts bedarf es erst, nachdem das Oberste Landesgericht über die Zuständigkeit Entscheidung getroffen hat. Für die dieser Entscheidung vorgängigen Handlungen können die Parteien sich auch durch jeden bei einem Land- oder Oberlandesgerichte zugelassenen Rechtsanwalt vertreten lassen.

Die Befreiung von der Bestellung eines besonderen Revisionsanwalts ist danach unmittelbar nur angeordnet worden für das Vorverfahren beim Obersten Landesgericht zur Bestimmung des Revisionsgerichts. Erst nachdem dieses Verfahren durch Zustellung der Entscheidung über die Zuständigkeit abgeschlossen ist, „bedarf es" der Bestellung eines beim Revisionsgericht zugelassenen Rechtsanwalts. Wann es dessen bedarf, ist nicht näher gesagt. Das konnte auch nicht geschehen, weil es vom freien Willen der Partei abhängt, ob sie die Revision durchführen und dazu einen Anwalt beauftragen will. Das Bayerische Oberste Landesgericht hat sich in Bd. 9 S. 125, Bd. 11 S. 144 und S. 529 der Sammlung seiner Entscheidungen in Zivilsachen dahin ausgesprochen, daß auch für die Rücknahme der Revision, wenn sie nach der Beendigung des Vorverfahrens erfolgt, § 78 ZPO. gelten müsse. Dem entspricht nach eingeholter Auskunft die derzeitige Übung dieses Gerichtshofs. Dieser Ansicht ist nicht beizutreten.

Es ist zunächst zu prüfen, inwieweit nach dem Zusammenhang der Reichsjustizgesetze § 78 ZPO. auf bayerische Revisionen überhaupt anwendbar ist. Für die Entscheidung dieser Frage kann nicht unberücksichtigt bleiben, wie sich damals der Gesetzgeber das Verfahren vorgestellt hat. Die Begründung der Revision bestand damals nur als Sollvorschrift, und man setzte voraus, daß sie in die Revisionsschrift aufgenommen werde (§ 516 ZPO. in der Fassung vom 30. Januar 1877). Der Begründungszwang und die Möglichkeit, die Revision durch Beschluß als unzulässig zu verwerfen (§§ 554, 554a ZPO.), beruhen auf der Novelle von 1905, und der § 7 Abs. 5 EG. z. ZPO. hat seine heutige Gestalt 1911 erhalten. Daraus erklärt sich, daß im § 7 Abs. 2, 3, vgl. auch § 8 Abs. 2 EG. z. ZPO., die Terminsansetzung als sofort nach der Bestimmung des Revisionsgerichts erfolgend gedacht ist. Regelmäßig kam nur für die mündliche Verhandlung vor dem Revisionsgericht ein bei diesem zugelassener Rechtsanwalt in Frage.

Nach der natürlichen Auffassung ist der Anwalt, der die Revision eingelegt hat, auch zu ihrer Rücknahme befugt. Im gewöhnlichen

Verfahren kann nur ein beim Reichsgericht zugelassener Rechtsanwalt die Revision einlegen und sie selbstverständlich auch zurücknehmen. Aber gerade hierin besteht die wesentliche Besonderheit für Bayern, daß jeder bei einem Landgericht oder Oberlandesgericht zugelassene Rechtsanwalt mit endgültiger Wirkung für das Reichsgericht die Revision einlegen und, wenn es rechtzeitig geschieht, auch begründen kann. Insoweit ist die Zweiteilung des Verfahrens in das Vorverfahren über die Zuständigkeit und das eigentliche Revisionsverfahren ohne Bedeutung; die Wirkung der Einlegung des Rechtsmittels kann den Einschnitt im Verfahren überdauern. Der bisherige Berufungsanwalt des Revisionsklägers, der zumeist die Partei weiter vertritt, ist schon nach § 81 ZPO. befugt, einen Prozeßbevollmächtigten für das Revisionsverfahren zu bestellen. Hier ist aber darüber hinaus seine Rechtsstellung dadurch erheblich verstärkt, daß er selbst wirksam die Revision einlegen kann. Unzweifelhaft kann er sie auch zurücknehmen, solange die Unzuständigkeitserklärung des Bayerischen Obersten Landesgerichts noch nicht zugestellt ist. Dem Rechtsanwalt, der die Revision eingelegt hat, ist aber nach dem Zusammenhang jener Vorschriften weiter das Recht nicht abzusprechen, über das von ihm selbst eingelegte Rechtsmittel — auch durch Zurücknahme — so lange zu verfügen, bis ein beim Reichsgericht zugelassener Rechtsanwalt bestellt ist und sich gemeldet hat. Mit diesem Zeitpunkt geht die Vertretung der Partei in vollem Umfang auf den Rechtsanwalt beim Reichsgericht über, und damit erlischt das Recht des Anwalts, der die Revision eingelegt hat, irgendwelche im Rahmen des Anwaltszwangs liegende Prozeßhandlungen im Revisionsverfahren vorzunehmen. Zu Handlungen, die der Fortführung der Revision dienen, wie namentlich zur Revisionsbegründung, ist jener Anwalt nach Zuleitung der Sache an das Reichsgericht ohnehin nicht mehr berechtigt (RGZ. Bd. 65 S. 81 und S. 130).

Auszuscheiden ist hier die Zurücknahme durch Erklärung in der mündlichen Verhandlung, weil die Vertretung der Partei in der mündlichen Verhandlung einem beim Reichsgericht zugelassenen Rechtsanwalt vorbehalten ist. Abgesehen von diesem Fall erfolgt die Zurücknahme der Revision durch Zustellung eines Schriftsatzes und wird damit wirksam; die weiter vorgeschriebene Niederlegung des Schriftsatzes sofort nach der Zustellung hat wesentlich die Bedeutung, das Revisionsgericht von der geschehenen Zurücknahme zu benachrichtigen (§ 515 Abs. 2, § 566 ZPO.). Die Zurücknahme ist daher nicht vor dem Revisionsgericht vorzunehmen. Die Beauftragung eines beim Reichsgericht zugelassenen Rechtsanwalts lediglich zu dem Zwecke, den Zurücknahmeschriftsatz zu unterschreiben, würde eine leere Form ohne Inhalt sein. Denn wenn die Revision nur zurückgenommen werden soll, hat sich der Rechtsanwalt beim Reichsgericht mit der Sache selbst nicht zu befassen. Durch die Beauftragung des Rechtsanwalts beim Reichsgericht würde die Partei aber namentlich mit erheblichen Kosten belastet werden (§ 46 RAGebO.). Daß der Gesetzgeber etwas Derartiges gewollt haben könnte, ist nicht anzunehmen; und zwar um so weniger, als er im § 8 Abs. 1 EG. z. ZPO. gerade auf die Ersparung von Kosten für die Partei Bedacht nahm. Es ist auch kein Grund ersichtlich, weshalb die Zurücknahme der Revision erschwert werden sollte. Der Wortlaut des Gesetzes im Eingang des § 8 Abs. 1 Satz 2: „Für die dieser Entscheidung vorgängigen Handlungen" zwingt nicht zu der Auslegung, daß jede nachfolgende Prozeßhandlung — auch eine solche, die nicht auf die Durchführung der Revision, sondern auf ihre Erledigung durch Zurücknahme gerichtet ist — nur durch einen beim Reichsgericht zugelassenen Rechtsanwalt erfolgen dürfe.

Bei der Beratung der mit dem Verfahren vor den Obersten Landesgerichten zusammenhängenden Vorschriften ist niemals von der Zurücknahme der Revision die Rede gewesen. Sie scheint nicht besonders bedacht worden zu sein. Im Laufe der zweiten Lesung hat der Abgeordnete Dr. Bähr zu § 8 Abs. 1 EG. z. ZPO. geäußert, es handle sich um Fälle, in denen die Partei nicht voraussehen könne, bei welchem der beiden Gerichte sie eines Anwalts zur Durchführung der Revision bedürfe (Hahn a. a. O. Bd. 2 S. 1184). Daß der Gesetzgeber, wenn er den Fall der Zurücknahme ins Auge gefaßt hätte, ein Bedürfnis zur Bestellung eines besonderen Anwaltes hierzu empfunden haben würde, erscheint ausgeschlossen. Als dem wahren Willen des Gesetzes entsprechend und auch mit dem Wortlaut vereinbar ist nach alledem anzunehmen, daß der Anwalt, der die Revision beim Bayerischen Obersten Landesgericht eingelegt hat, zu ihrer Zurücknahme durch Zustellung eines Schriftsatzes auch nach der Abgabe der Sache an das Reichsgericht zuständig bleibt, sofern nicht vorher ein beim Revisionsgericht zugelassener Rechtsanwalt bestellt worden ist.

---

18. 1. Ist das Kleingarten-Schiedsgericht als untere Verwaltungsbehörde berechtigt, dem Verpächter, dem es Kündigung gestattet, eine Entschädigungspflicht aufzuerlegen?

2. Wer kann einen solchen Entschädigungsanspruch erheben?

Kleingarten- und Kleinpachtlandordnung vom 31. Juli 1919 (RGBl. S. 1371) §§ 4 und 5. GVG. § 13. RVerf. Art. 153.

VIII. Zivilsenat. Urt. v. 12. März 1931 i. S. Beamten-Wohnungsnachweis eingetr. Gen. mbH. (Bekl.) w. Bezirksverband B.-W. (Kl.). VIII 657/30.

I. Landgericht II Berlin.

Der Kläger, ein Verband von Kleingartenvereinen, hat von den Rechtsvorgängern des Beklagten ein Grundstück zur kleingärtnerischen Nutzung gepachtet. Der Beklagte hat, um das Grundstück bebauen zu können, das Pachtverhältnis gekündigt. Der Kläger hat Einspruch eingelegt. Das Kleingarten-Schiedsgericht hat die Kündigung in einem gewissen Umfang mit der Maßgabe für wirksam erklärt, daß eine vom Kleingarten-Amt festzusetzende Entschädigung gezahlt werde. Das genannte Amt hat dann eine Abschätzung vorgenommen und ihr Ergebnis den Parteien mitgeteilt. Der Kläger forderte, der Beklagte verweigerte die dem entsprechende Zahlung. Das deshalb erneut angerufene Kleingarten-Schiedsgericht setzte nunmehr nach Verhandlung die vom Beklagten an den Kläger zu zahlende Entschädigung auf 12146,75 RM. fest. Auf Zahlung dieses Betrags nebst Zinsen ist Klage erhoben und der Beklagte ist hierzu verurteilt worden. Seine unmittelbar eingelegte Revision war erfolglos.

Gründe:

Streitig ist, ob das Kleingarten-Schiedsgericht befugt war, dem Beklagten eine Entschädigungspflicht aufzuerlegen. Seine Berechtigung hierzu wird aus § 4 der Kleingarten- und Kleinpachtlandordnung vom 31. Juli 1919 (RGBl. S. 1371) hergeleitet, der bestimmt, daß Streitigkeiten, die sich aus der Anwendung der §§ 1 bis 3 ergeben, unter Ausschluß des Rechtswegs durch die untere Verwaltungsbehörde entschieden werden. Als eine solche Behörde ist das Kleingarten-Schiedsgericht, das hier entschieden hat, gemäß § 6 der genannten Ordnung und den preußischen Ausführungsbestimmungen anzusehen (Landw. MBl. 1919 S. 288, Volkswohlfahrt 1920 S. 299, 380). Auch eine von den zu seiner Zuständigkeit gehörigen Streitigkeiten hat vorgelegen, nämlich eine solche über Kündigung eines der genannten Ordnung unterstehenden Pachtvertrags, da es sich unstreitig um ein Grundstück handelt, das zum Zwecke nicht gewerbsmäßiger gärtnerischer Nutzung verpachtet worden ist (§§ 3 und 1 der genannten Ordnung).

Nun hat sich aber das Schiedsgericht nicht mit einem Ausspruch über die Kündigungsbefugnis des Beklagten begnügt, sondern hat ihm auch eine Entschädigungspflicht auferlegt. Die Befugnis hierzu bestreitet der Beklagte. Die im angefochtenen Urteil herangezogene Rechtsprechung des Kammergerichts (JW. 1930 S. 2450 und 2451 Nr. 11 und 12) erachtet aber das Kleingarten-Schiedsgericht in dem Falle, daß es eine Kündigung für wirksam erklärt, auch für befugt, zu entscheiden, daß der Verpächter dem Kleinpächter eine in ihrer Höhe durch das Kleingarten-Amt zu bestimmende Entschädigung zu gewähren habe; das entspreche dem Sinn und Zweck des Gesetzes sowie den preußischen Ausführungsbestimmungen und den einschlägigen Reichsrichtlinien, in denen es heiße: in vielen Fällen werde es Aufgabe der Behörde sein, einen billigen Ausgleich zu schaffen und durch entsprechende Entschädigungen besondere Härten abzuschwächen. Diese im Schrifttum überwiegend als rechtlich unbedenklich angesehene Auffassung wird von der Revision mit dem Hinweis darauf beanstandet, der in § 13 GVG. ausgesprochene Grundsatz, daß alle bürgerlichen Rechtsstreitigkeiten, für welche gesetzlich nichts anderes vorgesehen sei, vor die ordentlichen Gerichte gehören, gestatte es nicht, über die in § 4 der Kleingarten- und Kleinpachtlandordnung scharf umrissene Zuständigkeit der Verwaltungsbehörde hinauszugehen und ihr eine Befugnis zuzusprechen, die ihr vielleicht in Ausführungsbestimmungen, nicht aber im Gesetz gewährt worden sei. Das widerspreche auch dem Art. 153 RVerf. Vollends gehe es nicht an, Entschädigung für einen Schaden zuzubilligen, den nicht ein Vertragsteil erlitten habe, sondern dritte Personen.

Gewiß darf eine Ausführungsbestimmung, sofern nicht das betreffende Gesetz oder eine andere maßgebende Rechtsnorm Abweichendes enthält, das Anwendungsgebiet des Gesetzes nicht erweitern, und ebenso ist anzuerkennen, daß dem ordentlichen Gericht nur in dem gesetzlich festgestellten Umfang bürgerliche Rechtsstreitigkeiten entzogen werden können. Gegen diese Grundsätze verstößt aber die von der Revision bekämpfte Rechtsauffassung keineswegs. Da Pachtverträge über Kleingartenland nur mit Genehmigung der Verwaltungsstelle gekündigt werden können und insoweit der Rechtsweg ausgeschlossen worden ist, kann es nicht der Absicht der Gesetzgebung entsprochen haben, den Pächter zwar gegebenenfalls zur Räumung zu verpflichten, ihn aber auch in solchen Fällen unentschädigt zu lassen, wenn das, mochte auch das Räumungsverlangen als berechtigt anzuerkennen sein, dennoch der Billigkeit widersprechen würde. Das vorliegende, vorab dem sozialen Ausgleich dienende Gesetz kann nicht in diesem Sinne, sondern nur so verstanden werden, daß dem Verpächter in geeigneten Fällen zwar die Kündigung gestattet, aber auch eine gewisse Entschädigungspflicht auferlegt werden darf. Es ist nicht abzusehen, wie sonst endgültig ein billiger Ausgleich hergestellt werden könnte. Einen solchen abschließend herbeizuführen, bezweckt aber dieses Gesetz. Nicht eine Erweiterung, sondern eine Erläuterung des Gesetzes ist daher in dem oben wiedergegebenen Ausspruch der Reichsrichtlinien zu erblicken.

Somit liegt kein Verstoß gegen § 13 GVG. und keine gesetzwidrige Anwendung der Kleingarten- und Kleinpachtlandordnung vor. Ebensowenig ersichtlich ist eine Verletzung des Art. 153 RVerf. Auch das Vorbringen, es sei unzulässig gewesen, dem Kläger, nicht aber den betreffenden Pächtern Entschädigung zuzubilligen, greift nicht durch. Wie sich aus § 5 des Gesetzes ergibt, geht dieses davon aus, daß auf der Pächterseite zunächst nicht der einzelne Kleinpächter steht. Dementsprechend ist ja auch im vorliegenden Rechtsstreit der Kläger vorgegangen, berechtigterweise die Belange seiner Mitglieder vertretend. Zum Ausgleich ihrer Schädigung ist die beanstandete Entscheidung bestimmt. Daß sie den hierfür in Aussicht genommenen Betrag nicht ihnen selbst, sondern schlechthin dem Kläger zugesprochen hat, mag vielleicht nicht ohne Bedenken sein. Da sie sich aber, wie ausgeführt, innerhalb der Zuständigkeitsgrenze hält, steht dem ordentlichen Richter keine sachliche Nachprüfung zu.

---

19. 1. Zur Frage des Vorfahrtsrechts und des Hauptverkehrswegs.

2. Kann die Polizeibehörde in einer für den Kraftfahrzeugverkehr und für die Gerichte bindenden Weise anordnen, welche Wege als Hauptverkehrswege anzusehen sind, und kann sie den Begriff des Hauptverkehrswegs nach gewissen Merkmalen bestimmen?

KFVo. vom 28. Juli 1926 (RGBl. I S. 425) §§ 21c, 21f. Preuß. Straßenverkehrsordnungen § 13 Abs. 2 Satz 2.

VI. Zivilsenat. Urt. v. 12. März 1931 i. S. F. (Kl.) w. T. (Bekl.). VI 453/30.

I. Landgericht Rostock.
II. Oberlandesgericht daselbst.

Zu den beiden vorstehenden Fragen sagen die

Gründe:

Zur Frage des Vorfahrtsrechts ist auf folgendes hinzuweisen. Der § 21c KFVo. vom 28. Juli 1926, RGBl. I S. 425 (wörtlich übereinstimmend § 24 KFVo. vom 15. Juli 1930, RGBl. I S. 276, nur sind hier in § 44 gewisse, im vorliegenden Fall nicht in Betracht kommende Ausnahmen zugelassen) schreibt vor, daß an Kreuzungen und Einmündungen von Wegen, unbeschadet der von Polizeibeamten im Einzelfalle zu treffenden Anordnungen, das auf einem Hauptverkehrsweg sich bewegende Kraftfahrzeug die Vorfahrt gegenüber dem aus einem Seitenweg kommenden Fahrzeug hat; im übrigen hat das von rechts kommende Fahrzeug die Vorfahrt. Demnach ist das Vorfahrtsrecht, ebenso wie für den übrigen Fuhrwerksverkehr in § 13 des vom Reich mit den Ländern vereinbarten Musters der Straßenverkehrsordnung (u. a. abgedruckt bei Müller Automobilgesetz 6. Aufl. S. 1022flg.), reichsrechtlich für Kraftfahrzeuge dahin geregelt: In erster Linie entscheidet die vom Polizeibeamten im Einzelfall getroffene Anordnung, in zweiter Linie das Verhältnis vom Hauptverkehrsweg zum Seitenweg, in dritter Linie die Fahrtrichtung. Unter dem Polizeibeamten im Sinne des § 21c KFVo. ist der Verkehrsschutzmann (§ 21f, jetzt § 27 KFVo.) zu verstehen, und nur im Einzelfall ist seine Anordnung bindend. Nicht aber ist die Polizeiverwaltung auf Grund des § 21c KFVo. befugt, allgemeine

Anweisungen zu erlassen oder gar von sich aus anzuordnen, welche Wege als Hauptverkehrswege anzusehen sind, und diesen Rechtsbegriff nach dem Vorhandensein gewisser Merkmale, z. B. danach, ob die Straße von der Straßenbahn durchfahren wird, zu bestimmen (Urteil des Strafsenats des Oberlandesgerichts Rostock vom 15. Juni 1928 in der Mecklenburgischen Zeitschrift für Rechtspflege 1928 Sp. 623; Müller Anm. 3 zu § 24 KFVo.). Die hiermit im Widerspruch stehende Verordnung des Polizeiamts in Rostock ist sonach für die Führer von Kraftfahrzeugen ebensowenig verbindlich wie der auf ministerielle Anweisung vom 27. Juli 1928 in die preußischen Straßenverkehrsordnungen aufgenommene § 13 Abs. 2 Satz 2, wonach — übrigens zur Aufrechterhaltung des den Straßenbahnen zustehenden Vorfahrtsrechts an den Kreuzungsstellen, in denen nur die eine Straße von der Straßenbahn durchfahren wird (vgl. dazu Müller Anm. 5 zu § 24 KFVo. S. 670, 671) — Hauptverkehrswege sämtliche Straßen sind, in denen Schienengleise für Straßenbahnen verlegt sind (Ministerialblatt für die preußische innere Verwaltung 1928 S. 876). Solche allgemeinen Anweisungen haben für das Gebiet des Kraftfahrzeugverkehrs nur die Bedeutung gutachtlicher Äußerungen, die als solche durchaus beachtlich sind; es wird auch vielfach zutreffen, daß die von der Straßenbahn befahrenen Straßen sich als Hauptverkehrswege darstellen. Aber dies muß nicht der Fall sein, und keinesfalls befreit eine Polizeiverordnung, welche allgemein die mit Straßenbahnschienen belegten Straßen zu Hauptverkehrswegen erklärt, die Gerichte von der eigenen Prüfungspflicht, ob eine Straße mit Rücksicht auf ihre Verkehrsbedeutung (vgl. RGZ. Bd. 125 S. 206) als Hauptverkehrsweg anzusehen ist. Diese Rechtslage hat das angefochtene Urteil verkannt, indem es sich an die im Widerspruch mit dem Reichsrecht stehende Anordnung des Polizeiamts in Rostock für gebunden erachtet hat, daß der Mühlendamm im Verhältnis zur Neubrandenburger Landstraße deshalb den Hauptverkehrsweg bilde, weil auf ihm Straßenbahnschienen liegen. Eine andere Frage ist, ob der etwa dem Beklagten — falls bei rechtlich zutreffender Beurteilung der Mühlendamm der Seitenweg sein sollte — zur Last fallende Rechtsirrtum über sein Vorfahrtsrecht ihn deshalb ganz oder zum Teil von dem Vorwurfe der Fahrlässigkeit befreien würde, weil der Beklagte die Verordnung des Polizeiamts für verbindlich gehalten hat (vgl. RGZ. Bd. 119 S. 268 nebst Nachweisen, Bd. 67 S. 145, Bd. 76 S. 63, Bd. 86 S. 289, Bd. 92 S. 380, Bd. 96 S. 316, Bd. 105 S. 359, Bd. 124 S. 109; auch RGSt. Bd. 63 S. 413 und das Urteil des 2. Straffenats des Reichsgerichts vom 19. Juni 1930 2 D 243/30). Aber es kommt hierauf ebensowenig an wie darauf, ob der Mühlendamm oder die Neubrandenburger Landstraße als Hauptverkehrsweg anzusehen ist und ob bei Gleichwertigkeit beider Straßen in ihrer Verkehrsbedeutung das Kraftrad des Klägers als das von rechts kommende Fahrzeug das Vorfahrtsrecht hatte. Denn in keinem Falle stand dem Beklagten ein Vorfahrtsrecht zu, und zwar deshalb nicht, weil er die linke Seite des Mühlendamms befahren wollte. Die in § 21c KFVo. getroffene Regelung des Vorfahrtsrechts bezweckt einmal die beschleunigte Abwicklung des Verkehrs auf den Hauptverkehrswegen und damit des Verkehrs überhaupt, und ferner die tunlichste Verhinderung von Zusammenstößen an Straßenkreuzungen und damit an den Stellen, wo sich solche besonders häufig ereignen (RGZ. Bd. 125 S. 207). Es ist hier nicht zu untersuchen, ob der letztere Zweck voll erreicht wird durch die Regelung, daß das auf dem Hauptverkehrswege befindliche Kraftfahrzeug die Vorfahrt hat; die Frage, welcher Weg als der Hauptverkehrsweg anzusehen ist, gibt oftmals zu berechtigten Zweifeln Anlaß. Denn jedenfalls müssen die beiden vom Gesetzgeber verfolgten Zwecke zu der Auffassung führen, daß das Vorfahrtsrecht nicht zu regelwidrigem Fahren in Anspruch genommen werden darf. Insbesondere kann der Kraftfahrzeugführer, der eine Kreuzungsstelle auf der linken Seite durchfahren will, nicht verlangen, daß sich der ganze Straßenverkehr nach ihm richtet, sondern er hat zu warten, bis die Straße für sein regelwidriges Fahren frei ist und er sich in den Verkehr eingliedern kann. Dann erst darf er unter Anwendung gespanntester Aufmerksamkeit und aller nur irgendwie möglichen Vorsichtsmaßnahmen sein verkehrsgefährdendes Unternehmen ausführen. Zur zeitweisen Lahmlegung des Verkehrs und zur Vermehrung der Möglichkeiten von Verkehrsunfällen ist das Vorfahrtsrecht nicht geschaffen.

20. Unter welchen Voraussetzungen ist nach Vorabentscheidung des Landgerichts über den Grund des Anspruchs und nach Einlegung der Berufung gegen dieses Urteil der Streit über den Betrag des Anspruchs für das Berufungsgericht zur Entscheidung reif?

ZPO. § 538 Abs. 1 Nr. 3.

IX. Zivilsenat. Urt. v. 14. März 1921 i. S. S. (Kl.) w. Stadtgemeinde K. (Bekl.). IX 521/30.

I. Landgericht Koblenz.
II. Oberlandesgericht Köln.

Am 4. Mai 1929 kam die Klägerin, die damals 14½ Jahre alt war, vor dem Schuhgeschäft von S. in der Braugasse zu K. nachmittags gegen 4 Uhr dadurch zu Fall, daß sie mit einem Fuß in eine durch Fehlen eines Pflastersteins verursachte Vertiefung geriet. Dabei verletzte sie sich an einer Glasscheibe, die sie verpackt unter dem Arm trug, und zog sich auf der rechten Halsseite eine erhebliche Wunde zu. Hiervon blieb eine 11 cm lange, mehrere Millimeter breite Narbe zurück. Für die Folgen des Unfalls nimmt die Klägerin die verklagte Stadtgemeinde in Anspruch, die ungenügend für den verkehrssicheren Zustand der Straße gesorgt habe. Sie verlangt ein angemessenes Schmerzensgeld, mindestens aber 15000 RM., und Feststellung, daß die Beklagte ihr jeden weiteren als Unfallsfolge anzusehenden Schaden zu ersetzen habe. Die Beklagte bestreitet jede Versäumung ihrer Pflichten, bemängelt auch die Höhe des verlangten Schmerzensgelds.

Das Landgericht hat die beantragte Feststellung getroffen und den Anspruch auf Schmerzensgeld dem Grunde nach für gerechtfertigt erklärt. In der Berufungsinstanz hat die Beklagte Abweisung der Klage, die Klägerin Zurückweisung der Berufung beantragt. Das Oberlandesgericht hat durch Teilurteil die Klage insoweit abgewiesen, als die Klägerin an Schmerzensgeld mehr als 3000 RM. verlangt; im übrigen hat es die Entscheidung vorbehalten. Die Revision der Klägerin blieb erfolglos.

Gründe:

Mit Unrecht rügt die Revision Verletzung des § 538 ZPO., da die Abweisung der Klage durch das Oberlandesgericht in Höhe des

3000 RM. übersteigenden Betrags nicht unzulässig war, vielmehr der Vorschrift des § 538 Abs. 1 Nr. 3 ZPO. entspricht. Danach hat das Berufungsgericht allerdings regelmäßig die Sache zurückzuverweisen, wenn das Landgericht, wie hier, über den Grund des Anspruchs gemäß § 304 ZPO. vorab entschieden hat. Daß letzteres zulässig war, ergibt der Tatbestand des landgerichtlichen Urteils, wonach der Klagantrag wegen des Schmerzensgelds auf Zahlung des gerichtlich festzusetzenden Betrags, mindestens aber von 15000 RM. gerichtet war und die Beklagte nicht nur den Grund, sondern auch die Höhe des Betrags bestritten hatte. In Fällen dieser Art lag nach der früheren Fassung des Gesetzes überhaupt keine Ausnahme von der Regel des § 538 Abs. 1 vor, sofern eine weitere Verhandlung der Sache erforderlich war. Letzteres wurde bei Streit der Parteien über den Betrag stets angenommen, weil sich dieser Streit auf einen anderen Prozeßstoff bezieht als denjenigen, über den das erstinstanzliche Urteil entschieden hat und mit dem nach dem Grundsatz des § 537 ZPO. das Berufungsgericht allein befaßt ist. Die durch die Novelle vom 13. Februar 1924 herbeigeführte Gesetzesänderung besteht darin, daß in solchen Fällen eine Zurückverweisung nicht erforderlich ist, wenn der Streit der Parteien über den Betrag des Anspruchs zur Entscheidung reif ist. Nach der von Stein-Jonas (Bem. V 4a zu § 538) vertretenen Auffassung kommt eine eigene Sachentscheidung des Berufungsgerichts über den Betrag des Anspruchs nur in Frage, wenn und soweit der Rechtsstreit auch bezüglich des Betrags an das Berufungsgericht gelangt ist. Danach soll im Fall einer Vorabentscheidung über den Grund des Anspruchs das Berufungsgericht zu eigener Entscheidung über den Betrag nur dann berechtigt sein, wenn das im Wege der Anschlußberufung beantragt ist. Diese Auffassung kann nicht gebilligt werden. Mit Recht erklärt Baumbach (Anm. 5 zu § 538 ZPO.) die neue Vorschrift für eine Anomalie, für systemwidrig, aber zweckmäßig, weil im Interesse der Prozeßbeschleunigung liegend. Man muß berücksichtigen, daß die Vorschrift neben manchen anderen Bestimmungen der Novelle aus der Not der Zeit und aus dem Streben nach Vermeidung unproduktiver richterlicher Arbeit entstanden ist. Auch an anderen Stellen hat die Novelle Grundsätze durchbrochen, die bisher als unantastbare Grundlagen des Prozeßrechts galten. Die Vorschrift des § 538 Abs. 1 Nr. 3 muß deshalb überall eine Entscheidung des Berufungsgerichts ermöglichen, wo dieses zu der Überzeugung gelangt, daß der Klaganspruch ohne weiteres ganz oder zum Teil gerechtfertigt oder zum Teil nicht gerechtfertigt ist. Eine andere Auslegung wäre nur berechtigt, wenn der Wortlaut des Gesetzes dazu zwingen würde. Das ist nicht der Fall. Ergeht eine Vorabentscheidung über den Grund des Anspruchs, so kommt eine Anschlußberufung des nicht beschwerten Klägers überhaupt nicht in Frage, abgesehen von dem Fall einer Klagerweiterung. Der „Streit über den Betrag des Anspruchs" ist daher nicht in dem Sinne zu verstehen, daß dieser durch Anträge dem Berufungsgericht zugeführt ist; es genügt, daß im Rechtsstreit überhaupt der Betrag des Anspruchs streitig geworden ist. Demgemäß ist das Berufungsgericht nach § 538 Abs. 1 Nr. 3 ZPO. berechtigt, einen Teil des verlangten Schmerzensgeldes unter allen Umständen abzuweisen, auch wenn alle Voraussetzungen für die Bejahung des Anspruchs dem Grunde nach gegeben sind oder unterstellt werden.

Die gegenteilige Ansicht von Stein-Jonas beruft sich zu Unrecht auf RGZ. Bd. 113 S. 261 (264). Dort wird die Frage geprüft, wann Entscheidungsreife für den Betrag vorliegt, und das Reichsgericht hält unter Betonung des freien richterlichen Ermessens für ausreichend, daß dem Berufungsgericht im Wege des Urkundenbeweises eine den Betrag betreffende Beweisaufnahme des ersten Rechtszugs vorgetragen wird. Von einer Notwendigkeit, daß der Rechtsstreit durch Anschlußberufung auch in Ansehung des Betrags in die Berufungsinstanz gediehen sei, ist nirgends die Rede. Allerdings war in jenem Falle, offenbar im Hinblick auf die Festigung der deutschen Währung, Anschlußberufung zum Zwecke der Klagerweiterung eingelegt; daß das aber notwendige Voraussetzung einer Entscheidung des Oberlandesgerichts über den Betrag sei, ist nirgends gesagt. Die Berufung auf RGZ. Bd. 113 S. 261 für die vorstehend abgelehnte Rechtsansicht ist deshalb nicht berechtigt. Diese Ansicht entspricht weder den praktischen Bedürfnissen, noch wird sie hier durch ein berechtigtes Interesse der klagenden Partei gerechtfertigt. Was die Klägerin im vorliegenden Falle zur Begründung der außergewöhnlichen Höhe des Schmerzensgelds vorzubringen hat, war von ihr in den beiden früheren Rechtszügen ausgiebig vorgetragen und nach Ansicht des Berufungsgerichts insoweit hinreichend geklärt worden, daß es zum Ausdruck bringen zu können glaubte: mehr als 3000 RM. Schmerzensgeld kann die Klägerin keinesfalls verlangen.

Damit wurde die Klägerin auch nicht etwa unerwartet überfallen; sie konnte nach Lage der Sache nicht damit rechnen, daß sie noch Gelegenheit haben würde, weiteres Material zur Begründung der Höhe ihrer Schmerzensgeldforderung beizubringen. Die vom Oberlandesgericht entschiedene Frage war also entscheidungsreif (vgl. auch RG. in SeuffArch. Bd. 80 Nr. 110). . . .

---

21. 1. Teilt die in der Spalte „Veränderungen" des hamburgischen (und des preußischen) Grundbuchformulars eingetragene, mit Zustimmung der nachstehenden Berechtigten erfolgte Erhöhung des Zinssatzes einer in der Hauptspalte eingetragenen Hypothek über 5% hinaus ohne weiteres den Rang des Hauptrechts oder ist der Vorrang vor den dem Hauptrecht nachfolgenden Rechten durch besonderen Vermerk kenntlich zu machen?

2. Über die Zulässigkeit „unnötiger" Grundbucheintragungen.

BGB. §§ 879 flg., 1119.

V. Zivilsenat. Beschl. v. 14. März 1931 in einer hamburgischen Grundbuchsache. V B 2/31.

I. Amtsgericht Hamburg.
II. Landgericht daselbst.

Der Sachverhalt und die Entscheidung ergeben sich aus den nachstehenden

Gründen:

Am 14. Mai 1928 wurde in Abteilung III unter Nr. 4 des Grundbuchs über ein hamburgisches Grundstück eine jährlich mit $8^1/_4$% verzinsliche Darlehenshypothek in Höhe von 117000 GM. für das Aerar der Stadt Hamburg auf Grund der Bewilligung der Eigentümer vom 28. März 1928 eingetragen, und zwar mit Vorrang vor der für dieselbe Gläubigerin unter Nr. 3 eingetragenen unverzinslichen Hypothek von 110000 GM. Am 8. Oktober 1928 bekannte die Finanzdeputation der Stadt Hamburg, daß die Grundeigentümer den Betrag der unter Nr. 4 eingetragenen Hypothek nebst den Zinsen gezahlt und dadurch die Hypothek als Grundschuld erworben hätten.

In der notariellen Urkunde vom 8. Oktober 1928 traten die Eigentümer von dieser Eigentümergrundschuld den Betrag von 113000 GM. unter Umwandlung in eine Briefhypothek und unter Vorrang vor dem Rest an die hamburgische Baukasse AG. ab mit der Maßgabe, daß der Zinssatz auf $8^1/_2\%$, gegebenenfalls auf $8^3/_4\%$ erhöht und daß weiter ein Verwaltungskostenbeitrag und eine Entschädigung für die Gläubigerin vereinbart wurden. Durch Urkunden vom 8. Oktober 1928 räumte die Finanzdeputation der an die Baukasse abgetretenen Hypothek von 113000 GM. nebst den erhöhten Zinsen und den vereinbarten Nebenleistungen den Vorrang ein vor der für die Stadt Hamburg unter Nr. 3 eingetragenen Hypothek und vor den unter Nr. 8 und 9 in Abteilung II des Grundbuchs für dieselbe Stadt eingetragenen Rechten. Das Grundbuchamt trug die Abtretung in der Spalte „Veränderungen" der Abteilung III unter Nr. 4a ein und vermerkte auch den Vorrang vor den in Abteilung II unter Nr. 8 und 9 eingetragenen Rechten. Dagegen trug es nicht ein den Vorrang vor der für die Stadt Hamburg unter Nr. 3 in Abteilung III eingetragenen Hypothek. Nachdem die Eigentümer die Baukasse wegen der der abgetretenen Hypothek von 113000 GM. zugrunde liegenden Forderung befriedigt hatten, traten sie die Eigentümergrundschuld unter Umwandlung in eine Hypothek in notarieller Urkunde vom 5. Dezember 1928 an die Allgemeine Versicherungsaktiengesellschaft V. in B. ab, und zwar unter Erhöhung des Zinsfußes auf höchstens $10^1/_2\%$ jährlich und unter Wegfall der für die Baukasse vereinbart gewesenen anderen Nebenleistungen. Laut Urkunde vom 19. Dezember 1928 räumte die Finanzdeputation dieser Hypothek auch in Ansehung der erhöhten Zinsen den Vorrang ein vor ihrer in Abteilung III Nr. 3 eingetragenen Hypothek und vor den zu ihren Gunsten in Abteilung II unter Nr. 8 und 9 eingetragenen Rechten. Die Eigentümer beantragten die Eintragung der Abtretung der Hypothek an die V. AG. unter Vermerkung der Vorrangseinräumungen. Das Grundbuchamt trug die Abtretung in der Spalte „Veränderungen" der Abteilung III unter Nr. 4a ein, ohne jedoch die Vorrangseinräumungen zu vermerken. Einen Antrag der neuen Gläubigerin vom 14. März 1929, den Vorrang der erhöhten Zinsen sowohl bei der vortretenden Post in Abteilung III Nr. 4a als auch bei den zurücktretenden Posten in Abteilung III Nr. 3 und in Abteilung II Nr. 8 und 9 einzutragen, lehnte das Grundbuchamt ab. Die Beschwerde der Gläubigerin hiergegen wurde vom Landgericht zurückgewiesen. Ihre weitere Beschwerde hat das Oberlandesgericht Hamburg dem Reichsgericht zur Entscheidung vorgelegt.

Das Oberlandesgericht hält die weitere Beschwerde für begründet und möchte ihr abhelfen, sieht sich aber hieran gehindert durch die Rechtsprechung des Kammergerichts (KGJ. Bd. 43 S. 234), die dahin geht, daß die in der Spalte „Veränderungen" eingetragenen Vermerke denselben Rang hätten wie das in der Hauptspalte eingetragene Recht, sodaß bei Eintragung der Erweiterung eines Nebenrechts in der Nebenspalte nicht vermerkt zu werden brauche, diese Erweiterung gehe den in der Hauptspalte dem Hauptrecht nachfolgend eingetragenen Rechten im Range vor.

In der Begründung des Vorlegungsbeschlusses führt das Oberlandesgericht aus: Die Ansicht des Kammergerichts stütze sich auf den Satz, unter Recht im Sinne des § 879 BGB. sei das Recht im ganzen, also die Zusammenfassung aller das Recht betreffenden Vermerke zu verstehen, gleichviel ob diese Vermerke sämtlich als einheitliche Eintragung in der Hauptspalte oder zum Teil in einer Nebenspalte ständen. Das sei aber gerade die Frage. Man könne auch umgekehrt sagen: Wenn unter den Rechten im Sinne des § 879 Abs. 1 BGB. nur die Rechte desjenigen Inhalts und Umfangs zu verstehen seien, wie sie zur Zeit der darauffolgenden Eintragung eines neuen Rechts beständen, so erhalte bei nachträglicher Erweiterung der Rechte der erweiterte Teil durch die bloße Eintragung in der Nebenspalte noch nicht den Rang des Hauptrechts. Die Vorschrift spreche nur von mehreren Rechten, mit denen ein Grundstück belastet *sei*. Sie befasse sich nicht mit der nach Eintragung der nachstehenden Rechte etwa stattfindenden *Erweiterung* der vorangehenden Rechte. Solche Erweiterungen seien aber notwendig mit einer Rangänderung für die nachstehenden Rechte verbunden; denn der Nachberechtigte müsse in demselben Umfang mit seinem Recht zurücktreten, wie das vorangehende Recht erweitert werde. Deshalb müßten die Erweiterungen eingetragen werden, um nach § 880 Abs. 2 BGB. wirksam zu sein. Die ohne Rangvermerk stattfindende Eintragung des erweiterten Nebenrechts in einer Nebenspalte zu dem im Range vorangehenden Hauptrecht könne schwerlich als eine ausreichende Eintragung der Rangänderung der nachstehenden Rechte angesehen werden. Gegen die Art, wie das Kammergericht den § 879 Abs. 1 BGB. auslege, spreche auch dessen Unanwendbarkeit in den Ländern, wo, wie in Sachsen, Bayern, in der Pfalz, in Hessen und in Mecklenburg, das Grundbuchblatt nicht in Haupt- und Nebenspalten geteilt sei, sondern eine rein chronologische Buchführung stattfinde. Bei solcher Buchführung müsse, wie das Oberlandesgericht Dresden für das sächsische Grundbuch in SeuffArch. Bd. 67 Nr. 205 = Sächs. Annalen Bd. 33 S. 422 ausgesprochen habe, im Falle nachträglicher Erweiterung eines eingetragenen Rechts der Vorrang vor den Zwischenrechten besonders im Grundbuch vermerkt werden. Es sei nicht gerechtfertigt, unter den Rechten im Sinne des § 879 Abs. 1 die Rechte schlechthin in ihrer Gesamtheit, also ohne Rücksicht auf etwaige Inhaltsveränderungen zu verstehen; vielmehr dürfte die Einschränkung geboten sein, daß Rechte in ihrer Gesamtheit gemeint seien, soweit sie vor Eintragung neuer Rechte nach dem eingetragenen Inhalt beständen.

Die Zuständigkeit des Reichsgerichts ist nach § 79 Abs. 2 GBO. gegeben.

Sachlich ist der beschließende Senat bereits in dem nach Erlaß des Vorlegungsbeschlusses verkündeten Urteil vom 21. Februar 1931 V 72/30 dem Standpunkt des Kammergerichts beigetreten. Er hält an dieser Ansicht auch bei nochmaliger Prüfung fest.

Die Zinsen einer durch Hypothek gesicherten Forderung haben keinen selbständigen Charakter; sie sind vom Bestande der Hauptforderung abhängig und sind neben der Leistung zur Tilgung der Hauptforderung als Vergütung für die Hingabe des Kapitals zu entrichten. Sie werden daher nach § 1115 Abs. 1 BGB. bei Eintragung der Hypothek als Nebenleistung mit dieser an derselben Stelle im Grundbuch eingetragen. Die Erhöhung der Zinsen ist nichts anderes als die Erweiterung der Hypothek in Ansehung dieses Nebenrechts, nicht aber die Begründung einer neuen Hypothek. Hieraus folgt, daß die Erhöhung der Zinsen nicht als eine neue selbständige Belastung des Grundstücks einzutragen ist, sondern lediglich als Änderung einer Nebenleistung der bereits eingetragenen Hypothek (RGRKomm. Anm. 4 zu § 1119 BGB.). An welcher Stelle diese Änderung im Grundbuch zu vermerken ist, darüber gibt das Reichsrecht keine Vorschriften, da es die Einrichtung der Grundbücher, abgesehen von einigen grundlegenden Vorschriften, dem Landesrecht überlassen hat. In Hamburg hat, ebenso wie in Preußen, sowohl die Abteilung II wie die Abteilung III des Grundbuchs eine sog. Veränderungsspalte, in der die Veränderungen des in der Hauptspalte vermerkten Rechts eingetragen werden, wie Änderung des Rangverhältnisses, Übertragung, Pfändung und Verpfändung des Rechts, Änderung in Ansehung der Verzinsung, der Zahlungszeit oder des Zahlungsorts (Hamburgische Geschäftsanweisung für Grundbuchämter Nr. 27, sowie das dort als Anlage befindliche Muster; Preuß. Allg. Verf. zur Ausführung der GBO. § 12).

Wie diese Aufzählung ergibt, sind nicht alle diese Vermerke, die in der Veränderungsspalte Aufnahme finden, eines Ranges fähig. Wohl aber stehen die Nebenleistungen aus einer Hypothek und demnach auch ihre in der Veränderungsspalte zum Ausdruck kommenden Erweiterungen in einem bestimmten Range zu anderen im Grundbuch eingetragenen Rechten. Wenngleich alle Teile einer Hypothek einschließlich der Nebenrechte regelmäßig denselben Rang gegenüber anderen Rechten haben (RGUrt. bei Gruch. Bd. 55 S. 1016), so kann doch das Rangverhältnis auch nur für ein Nebenrecht ein anderes sein als das des Hauptrechts. Namentlich kann durch nachträgliche Erweiterung eines Nebenrechts der Rang eines inzwischen eingetragenen anderen Rechts nur mit Zustimmung des Inhabers dieses Rechts verschlechtert werden. Zu einer Erhöhung des Zinsfußes ist daher, falls diese Erhöhung über 5% hinausgeht (§ 1119 Abs. 1 BGB.) und an dem Range der Hypothek teilnehmen soll, sachlichrechtlich die Zustimmung der im Range gleich- und nachstehenden Berechtigten erforderlich. Denn im Verhältnis zu den im Range gleich- und nachstehenden Berechtigten handelt es sich insoweit um eine Rangänderung im Sinne des § 880 BGB., die zu ihrem Zustandekommen auch der Eintragung im Grundbuch bedarf. Wie diese Eintragung zu bewirken sei, ist ebenfalls nicht reichsgesetzlich geregelt, sondern hängt von der dem Landesrecht überlassenen Einrichtung des Grundbuchs ab. Diese Einrichtung muß allerdings dem in § 879 BGB. aufgestellten Grundsatz entsprechen, wonach sich das Rangverhältnis unter mehreren Rechten, wenn sie in derselben Grundbuchabteilung eingetragen sind, nach der Reihenfolge der Eintragungen, und wenn sie in verschiedenen Abteilungen eingetragen sind, nach dem Datum der Eintragung richtet. Da die Nebenspalten einer Grundbuchabteilung, wie sie sich im hamburgischen ebenso wie im preußischen Grundbuch finden, nicht als besondere Abteilung im Verhältnis zur Hauptspalte anzusehen sind, so kann auch nicht für das Rangverhältnis zwischen den in der Hauptspalte und den in der Nebenspalte vermerkten Rechten das Datum der Eintragung maßgebend sein, wie dies eine Anzahl von Schriftstellern lehrt und wie es für das preußische Gesetz über den Eigentumserwerb und die dingliche Belastung der Grundstücke usw. vom 5. Mai 1872 in RGZ. Bd. 43 S. 215 = JW. 1899 S. 120 Nr. 93 angenommen worden ist. Es muß vielmehr, da es sich um Eintragungen in derselben Abteilung handelt, nach § 879 BGB. der Grundsatz der räumlichen Aufeinanderfolge Anwendung finden. Daß dieser Grundsatz für das Rangverhältnis von Eintragungen in Haupt- und Nebenspalten überhaupt nicht gelten könne, ist nicht richtig. Diese Ansicht müßte zu der Folgerung führen, daß die Einrichtung des hamburgischen und des preußischen Grundbuchs als dem § 879 BGB. und dem § 46 GBO. widersprechend anzusehen wäre.

Zwar ist den Ausführungen des Vorlegungsbeschlusses darin zuzustimmen, daß die hier streitige Frage noch nicht durch den Satz entschieden wird, auf den das Kammergericht seine Meinung hauptsächlich gründet (KGJ. Bd. 43 S. 234, vgl. auch Bd. 48 S. 217 und Recht 1912 Nr. 3253) und den auch Güthe in JW. 1912 S. 609 flg. (619) zum Ausgangspunkt seiner Erörterungen macht: unter Recht im Sinne des § 879 BGB. sei nämlich das Recht im ganzen, also die Zusammenfassung aller das Recht betreffenden Vermerke zu verstehen. Denn da, wie schon erörtert, die zu einem Hauptrecht gehörenden Nebenrechte im Verhältnis zu anderen Rechten einen anderen Rang als das Hauptrecht haben können, so ist der vom Kammergericht ausgesprochene Satz dahin richtig zu stellen, daß als Recht im Sinne des § 879 alle an derselben Grundbuchstelle stehenden, das Recht betreffenden Vermerke zu verstehen sind. Ist ein das Recht betreffender Vermerk an einer späteren Stelle derselben Abteilung eingetragen, so kann er nach dem in § 879 Abs. 1 anerkannten Grundsatz der räumlichen Folge gegenüber den zwischen ihm und dem Hauptrecht eingetragenen Rechten nicht denselben Rang haben wie das Hauptrecht, falls nicht ein besonderer Rangvermerk eingetragen ist (OLG. Dresden in Seuff. Arch. Bd. 67 Nr. 205 = Sächs. Annalen Bd. 33 S. 422). Die Frage spitzt sich daher darauf zu, in welchem räumlichen Verhältnis die Eintragungen in der Veränderungsspalte des hamburgischen und des preußischen Grundbuchs zu den Eintragungen in der Hauptspalte stehen. Hier ergibt nun aber Sinn und Zweck dieser Einrichtung, daß die in der Nebenspalte eingetragenen Vermerke mit der Eintragung in der Hauptspalte, auf die sie sich beziehen, als eine einheitliche Eintragung anzusehen sind, also mit ihr die räumliche Stellung in der betreffenden Grundbuchabteilung teilen. Das ist auch äußerlich schon daraus zu ersehen, daß die Eintragungen in der Nebenspalte nicht unter besonderen, fortlaufenden Nummern erfolgen, sondern daß sie lediglich unter der Nummer vermerkt werden, unter der das Hauptrecht in der Hauptspalte eingetragen ist. Infolgedessen haben die in der Nebenspalte eingetragenen Vermerke über ein Nebenrecht kraft ihrer räumlichen Stellung im Grundbuch im Verhältnis zu anderen Rechten denselben Rang wie das in der Hauptspalte eingetragene Hauptrecht, falls nicht gemäß § 879 Abs. 3 ein abweichender Rang eingetragen ist. Die in der Nebenspalte eingetragene Erhöhung des Zinsfußes, auch soweit er 5% übersteigt, geht somit den dem Hauptrecht nachfolgenden Rechten im Range vor, ohne daß dieser Vorrang besonders kenntlich gemacht werden muß; vielmehr gilt die Eintragung der Erweiterung in der Nebenspalte zugleich als Eintragung der Rangänderung gegenüber den dem Hauptrecht nachstehenden Rechten. Umgekehrt bedarf es eines besonderen Vermerks, wenn die in der Nebenspalte eingetragene Zinserhöhung nicht den Rang des Hauptrechts teilen, also den dem Hauptrecht nachfolgenden Rechten im Range nachstehen soll, wie dies nach materiellem Recht der Fall ist, wenn die nachstehenden Berechtigten der Erhöhung des Zinsfußes über 5% nicht zugestimmt haben.

Es kann daher auch keine Rede davon sein, daß eine Frage des materiellen oder formellen Reichs-Liegenschaftsrechts je nach der Anwendung des einen oder anderen landesrechtlich eingeführten Grundbuchformulars verschieden beurteilt werde. Verschieden ist nur die Art, wie die reichsrechtlich vorgeschriebenen Eintragungen im Grundbuch zu bewirken sind. Diese Verschiedenheit ergibt sich aber daraus, daß das Reichsrecht für die Einrichtung der Grundbücher dem Landesrecht in weitem Umfang freien Spielraum gelassen hat.

Sind somit die von der Beschwerdeführerin beantragten Grundbuchvermerke unnötig, so hätte doch für die Vorinstanzen Anlaß zur Prüfung vorgelegen, ob nicht trotzdem die Eintragung hätte vorgenommen werden können. Denn der Grundsatz, daß das Grundbuch von überflüssigen Vermerken freizuhalten ist (RGZ. Bd. 119 S. 213), darf nicht überspannt werden. Er findet insbesondere da keine Anwendung, wo es sich nur um einen kurzen Zusatz handelt, der, wenn auch nicht nötig, so doch geeignet ist, Zweifel zu verhüten. Solange das Reichsgericht zu der im Schrifttum umstrittenen Frage noch keine Stellung genommen hatte, war daher das Interesse der Beschwerdeführerin an der Eintragung der von ihr beantragten Vermerke und deren Zulässigkeit nicht ohne weiteres zu verneinen.

---

22. 1. Welche Wirkung hat im Vergleichsverfahren die Aufnahme einer als anerkannt vermerkten Forderung in das berichtigte Gläubigerverzeichnis?

2. Welche Folge hat der Verzug für die Erfüllung des Vergleichs?

3. Kann dann trotz der Aufnahme einer Forderung in das genannte Verzeichnis Zwangsvollstreckung aus einem über diese Forderung erwirkten älteren Titel betrieben werden?

4. Wie ist der Widerspruch des Schuldners gegen eine derartige Zwangsvollstreckung zu beurteilen?

VerglO. vom 5. Juli 1927 (RGBl. I S. 139) §§ 7, 75. ZPO. §§ 766, 767, 775.

VIII. Zivilsenat. Urt. v. 16. März 1931 i. S. Firma S. (Kl.) w. O. (Bekl.). VIII 545/30.

I. Landgericht Oppeln.
II. Oberlandesgericht Breslau.

Der Beklagte hat aus vollstreckbaren Titeln, die er gegen die Klägerin erwirkt hatte, Zwangsvollstreckung betrieben und Pfändungen vorgenommen. Als bald darauf das Vergleichsverfahren zur Abwendung des Konkurses der Klägerin eröffnet wurde, willigte der Beklagte in die Aufhebung seiner Vollstreckungsmaßnahmen. Das Vergleichsverfahren wurde durch gerichtlich bestätigten Vergleich geschlossen, der, soweit hier von Belang, bestimmt:

Die Gläubiger erlassen von ihren Forderungen gegen den Schuldner 30%. Die zu zahlenden 70% werden dahin gestundet, daß 20% 6 Wochen, 20% 3 Monate und 30% 6 Monate nach Bestätigung des Vergleichs fällig sind. Der Erlaß der Forderungen wird hinfällig, wenn der Schuldner mit Erfüllung des Vergleichs in Verzug kommt.

Die Klägerin hat überhaupt nichts gezahlt. Der Beklagte hat deshalb aus den erwähnten Schuldtiteln erneut Zwangsvollstreckung betrieben. Mit dem Begehren, letztere für unzulässig zu erklären, wurde die Klägerin in beiden Rechtszügen abgewiesen. Ihre Revision war erfolglos.

Gründe:

Die Klägerin bestreitet dem Beklagten die Berechtigung, gegenüber dem gerichtlichen Vergleich auf die früher erwirkten Vollstreckungstitel zurückzugreifen und aus ihnen Zwangsvollstreckung zu betreiben; nach § 75 der Vergleichsordnung könne nämlich nur noch nach dieser Gesetzesstelle, also aus dem Vergleich in Verbindung mit einem Auszug aus dem berichtigten Gläubigerverzeichnis, nicht aber aus früher erworbenen Titeln vollstreckt werden. Dieses Klagevorbringen ist im ersten Rechtszug als eine Einwendung des Vollstreckungsschuldners im Sinne des § 767 ZPO. angesehen und behandelt worden. Das Berufungsgericht hält diese rechtliche Würdigung nicht für zutreffend; es liege vielmehr eine Einwendung gemäß § 766 ZPO. vor. Die Revision will das Vorbringen der Klägerin als ein solches aus § 767 ZPO. betrachtet wissen. Dieses Verlangen ist berechtigt. Denn die Klägerin bekämpft nicht die Art und Weise der von ihr beanstandeten Zwangsvollstreckung, sondern sie behauptet, die vom Beklagten zur Zwangsvollstreckung benutzten Schuldtitel seien durch Vergleich beseitigt. Sie erhebt also einen Einwand, der nur nach § 767 ZPO. beurteilt werden kann (RGZ. Bd. 112 S. 301; JW. 1907 S. 310 Nr. 10). Dem ist aber der Berufungsrichter gerecht geworden. Denn wenn er auch zunächst den § 766 ZPO. als einschlägig bezeichnet hat, so ist er doch „im übrigen" auf das gemäß § 767 ZPO. zu würdigende Vorbringen der Klägerin sachlich und rechtlich eingegangen. Diese ist also insoweit durch das angefochtene Urteil nicht beschwert.

Unter Bezugnahme darauf, daß nach der oben wiedergegebenen Vergleichsbestimmung der Erlaß der in den Vergleich einbezogenen Forderungen hinfällig wird, wenn der Schuldner mit der Erfüllung in Verzug kommt, hat das Berufungsgericht angenommen, daß, sobald dieser Verzug eingetreten, es dem Gläubiger nicht verwehrt sei, Zwangsvollstreckung aus den früher erwirkten Schuldtiteln zu betreiben, weil diese durch den Vergleich nicht weggefallen seien. Da jedoch insoweit der Vergleich nur den § 7 VerglO. wiedergibt, sonst einschlägige Abmachungen aber nicht enthält, kommt es nicht so sehr auf dessen Fassung als darauf an, wie nach der Gesetzeslage die Frage zu entscheiden ist, ob im Vergleichsverfahren die Aufnahme einer Forderung ins berichtigte Gläubigerverzeichnis den sich über sie verhaltenden früheren Schuldtitel in dem Sinne „aufzehrt", wie das die Feststellung einer im Konkursverfahren angemeldeten Forderung bewirkt (RGZ. Bd. 112 S. 300) und wie hier von der Klägerin behauptet wird. Soweit sie hierbei auf Vorschriften der Konkursordnung und der Geschäftsaufsichtsverordnungen Bezug nimmt, geht sie fehl. Es kann hier nicht auf diese Regelungen ankommen, die nach § 1 Vergl.O gerade „abgewendet" werden sollen oder nach § 101 das. außer Kraft getreten sind. Denn die Vergleichsordnung schafft ein eigenes, verschieden von diesen Regelungen gestaltetes und dementsprechend selbständig zu beurteilendes Verfahren. Einzig aus ihr heraus ist daher die vorliegende Frage zu beantworten. Auch die im Schrifttum erfolgte Heranziehung des § 775 ZPO. (Kiesow Vergleichsordnung 3. Aufl. S. 575) ist abzulehnen; denn auch gegenüber dieser Gesetzesstelle erscheint die Vergleichsordnung als ein besondere Geltung besitzendes und neben ihr Platz greifendes Gesetz.

Die hier maßgebende Vorschrift ist § 75 VerglO., der bestimmt, daß aus dem bestätigten Vergleich in Verbindung mit einem Auszug aus dem berichtigten Gläubigerverzeichnis wegen der darin „als anerkannt vermerkten" Forderungen Zwangsvollstreckung stattfindet. Dieser Anerkennungsvermerk schafft aber — und das ist entscheidend — keine Rechtskraft; denn eine dahingehende Vorschrift, wie sie die Konkursordnung im § 145 Abs. 2 enthält, ist in die Vergleichsordnung nicht aufgenommen worden, und Vorschriften der letzteren selbst oder allgemeine Rechtssätze, aus denen das etwa entnommen werden könnte, liegen nicht vor. Hat aber der Anerkennungsvermerk der ins Gläubigerverzeichnis aufgenommenen Forderung keine Rechtskraftwirkung, so entfällt die rechtliche Möglichkeit, den sich über die anerkannte Forderung verhaltenden bisherigen Schuldtitel als beseitigt anzusehen. Denn auch eine Umschaffung liegt nicht vor, wie schon das Berufungsgericht zutreffend angenommen hat. Der Schuldtitel besteht also fort, und zwar neben demjenigen aus dem Vergleich.

Rechtlich steht somit nichts entgegen, daß der Gläubiger bei Hinfälligkeit des Vergleichs auf den fortbestehenden ursprünglichen Schuldtitel zurückgreift und aus ihm Zwangsvollstreckung betreibt.

Hier ist nun der Vergleich als hinfällig und somit das Betreiben der von der Klägerin beanstandeten Zwangsvollstreckung als zulässig angesehen worden, weil die Klägerin trotz des Vergleichs überhaupt nicht gezahlt hat. Diese Annahme ist rechtlich nicht zu beanstanden im Hinblick auf § 7 VerglO., der zudem auch, soweit hier von Belang, im vorliegenden Vergleich inhaltlich wiederholt worden ist. Denn das Berufungsgericht hat die Behauptung der Klägerin, daß sie mit der ersten Vergleichsrate nicht in Verzug gekommen sei, ohne Rechtsirrtum für widerlegt erachtet und deshalb das weitere Vorbringen, sie sei infolge des dann einsetzenden Vorgehens des Beklagten zu weiteren Zahlungen nicht mehr in der Lage gewesen, als unbeachtlich angesehen. Daran festhaltend, daß die Klägerin in Verzug geraten sei, hat das Gericht angenommen, daß hierdurch die im Vergleich enthaltene Verwirkungsklausel in Kraft und mit ihr die Forderung des Beklagten in voller Höhe und mit sofortiger Fälligkeit in Wirksamkeit getreten sei. Die Klägerin will aus allgemeinen Rechtsgründen sowie aus § 7 VerglO. herleiten, daß im Falle des Verzugs nur der Erlaß, nicht aber die Stundung der Forderung in Wegfall komme. Zutreffend hat das Berufungsgericht ausgeführt, daß eine solche Ansicht weder im Gesetz noch in der Rechtsprechung oder in der Rechtslehre eine Stütze finde.

---

23. Unterliegen die auf einem Pachtgrundstück erzeugten Sachen, z. B. die Ziegel einer gepachteten Ziegelei, dem gesetzlichen Pfandrecht des Verpächters?

BGB. §§ 559, 581, 585.

VIII. Zivilsenat. Urt. v. 16. März 1931 i. S. R. als Konkursverwalter der O.er Ton- und Torfwerke AG. u. Gen. (Bekl.) w. Stadtgemeinde O. (Kl.). VIII 632/30.

I. Landgericht Oldenburg.
II. Oberlandesgericht daselbst.

Die klagende Stadtgemeinde ist Eigentümerin eines in Sch. gelegenen Grundstücks mit Ziegelei. Zum Betrieb der Ziegelei hat sie von verschiedenen Besitzern in Sch. Abziegelungsrechte an deren dem Ziegeleigrundstück nicht unmittelbar benachbarten Grundstücken erworben. Nach ursprünglichem Eigenbetrieb der Ziegelei hat die Klägerin das Ziegeleigrundstück samt Gebäuden und Inventar, wie Maschinen, Gleisen, Transportmitteln u. dgl., unter Einbeziehung auch der bezeichneten Abziegelungsrechte, durch Vertrag vom 14. Oktober 1927 an die O.er Ton- und Torfwerke AG. verpachtet. Die Pächterin ist in Konkurs geraten und wird vom Erstbeklagten als Konkursverwalter vertreten. Vor dem Konkurs hat der Zweitbeklagte wegen Steuerforderungen Dachziegel und andere Ziegelsteine gepfändet, die aus dem gemäß den Abziegelungsrechten gewonnenen Ton in der Ziegelei hergestellt worden waren. Diese Vorräte hat der Erstbeklagte nach § 127 KO. verkauft; den Erlös von 6451,70 RM. hat er bei der Spar- und Darlehenskasse Sch. hinterlegt.

Die Klägerin, der unstreitig Pachtzinsansprüche in einem die sichergestellte Summe weit übersteigenden Betrag aus dem letzten Pachtjahr vor Eröffnung des Konkursverfahrens und vor der Pfändung zustehen, hat sich auf das Verpächterpfandrecht berufen und von beiden Beklagten verlangt, daß sie in die Auszahlung des hinterlegten Erlöses an sie willigen. Das Landgericht hat die Klage abgewiesen. Auf die Berufung der Klägerin hat das Oberlandesgericht nach ihrem Antrag erkannt. Die Revision der Beklagten blieb ohne Erfolg.

Gründe:

Das Landgericht hatte das Verpächterpfandrecht der Klägerin nach den §§ 581, 559 BGB. verneint, weil es sich nicht um eingebrachte Sachen handle. Stamme das Rohmaterial der Ziegel auch nicht aus dem Ziegeleigrundstück selbst, sondern von den anderswo gelegenen mitverpachteten Tongruben, so sei doch nicht mehr als eine Umlagerung innerhalb des einheitlichen, in seiner Gesamtheit von der Klägerin gepachteten Betriebs, aber keine Einbringung vorgenommen worden. Die Steine seien Früchte des Ziegeleibetriebs; als solche unterlägen sie nicht dem Pfandrecht des Verpächters, da sie nicht Früchte landwirtschaftlich genutzter Flächen seien. Im Gegensatz dazu hält der Berufungsrichter eine räumliche Bewegung der Sache oder des Rohstoffs der Sache zum Pachtland hin nicht für notwendig, wenn nur neben dem tatsächlichen Vorhandensein der Sachen auf dem Grundstück eine entsprechende Willenshandlung des Mieters oder Pächters gegeben sei. Unter diesen Voraussetzungen könnten auch auf dem Grundstück angefertigte Sachen Gegenstand des gesetzlichen Pfandrechts sein. Es komme nichts darauf an, ob die Steine und Dachpfannen die Eigenschaft von Früchten des Ziegeleibetriebs hätten; eine Sache möge gleichzeitig Frucht gemäß § 99 und eingebrachte Sache im Sinne von § 559 BGB. sein können. Wenn auch Früchte als solche nur im Fall des § 585 Abs. 1 BGB. einem Verpächterpfandrecht unterständen, so bestehe doch kein Verbotsgesetz des Inhalts, daß eine solche Verstrickung infolge anderer gesetzlicher Voraussetzungen nicht Platz greifen dürfe.

Die Revision ficht diese Erwägungen im Ergebnis erfolglos an. Der Begriff der eingebrachten Sachen ist in das bürgerliche Recht allerdings als althergebrachter Rechtsbegriff aufgenommen worden (Motive Bd. 2 S. 404; Prot. Bd. 2 S. 203), der im römischen Recht, aber auch in deutschrechtlichen Sätzen wurzelnd (vgl. die rechtsgeschichtliche Darstellung in dem Erkenntnis des Preuß. Obertribunals vom 12. März 1838 Bd. 4 S. 1; Rehbein Erläuterung von Entsch. des Preuß. Obertribunals Bd. 3 S. 867), seine nicht überall gleichmäßige Entwicklung gefunden hat. Die Aufnahme dieses alten Rechtsguts in das Bürgerliche Gesetzbuch ist aber nicht ohne besondere Ausprägung geschehen. Andere Gesetzgebungen der neueren Zeit haben den Begriff im Sinne eines bestimmungsmäßigen Raum- (Wohnungs-) Inventars gefaßt, so das schweizerische Obligationenrecht in Art. 272 mit der Annahme eines Zurückbehaltungsrechts „an den beweglichen Sachen, die sich in den vermieteten Räumen befinden und zu deren Einrichtung und Benutzung gehören". Sachlich wesentlich weiter war für Preußen die Rechtsprechung in der Auslegung des § 395 ALR. I 21 (vgl. dazu § 382a AGO. T. 50) gegangen, der dem Vermieter oder Verpächter die Rechte eines Pfandgläubigers auf die vom Mieter oder Pächter eingebrachten (und zur Zeit der Endigung des Kontrakts im Haus oder auf dem Gute noch vorhandenen) Sachen und Effekten des Mieters oder Pächters gab. Abgesehen davon, daß das Preußische Obertribunal (Entsch. Bd. 6 S. 92, Bd. 67 S. 73; Strieth.Arch. Bd. 15 S. 313) aus dieser Bestimmung auch das Pfandrecht des Verpächters an den auf dem Pachtgrundstück erzeugten Früchten entwickelt hatte, war für das preußische Recht durch die Rechtsprechung des Obertribunals (Strieth.Arch. Bd. 95 S. 186) und des Reichsoberhandelsgerichts (ROHG. Bd. 6 S. 281) anerkannt, daß auch dem Vermieter eines Kaufladens das Pfandrecht an den Verkaufswaren zustehe. In dieser Hinsicht jedenfalls ist das Bürgerliche Gesetzbuch dem Stande der preußischen Rechtsübung gefolgt. Denn § 560 Satz 2 BGB., der dem Vermieter einen Widerspruch gegen die Entfernung von Sachen des Mieters versagt, wenn sie im regelmäßigen Betrieb des Geschäfts des Mieters erfolgt, setzt voraus, daß diese zur Veräußerung bestimmten Sachen (Waren) dem Vermieter- (Verpächter-) Pfandrecht zunächst unterstehen. Der Begriff der eingebrachten Sachen bei gewerblichen Betrieben beschränkt sich also im bürgerlichen Recht nicht auf den Stand des zur Einrichtung und Benutzung der Räume dienenden Inventars, sondern umfaßt, zum mindesten bei Kaufläden, auch die zum Ausgang zwecks Verwertung bestimmten, einen Teil des Betriebswertes bildenden beweglichen Sachen (Waren). Damit knüpft das bürgerliche Recht an den dem Verkehr naheliegenden Gedanken an, daß der Warenbestand eines Geschäfts bei der Ladenmiete genau so die natürliche Sicherung des Vermieters für die Überlassung seines Eigentums darstelle wie bei der Vergebung von Wohnraum der Hausrat des Mieters. Was bei der Vermietung von Kaufläden gilt, kann dem wirtschaftlichen Sinne nach nicht wohl anders gehalten werden, wenn die gewerbliche Vermietung zu dem Zweck erfolgt, daß der Mieter die vom Mietraum aus zu verwertenden Waren dort selbst herstellt. Im Gegenteil, bei einer Fabrikverpachtung, die dem Pächter oft — und auch im vorliegenden Fall — Raum und Fabrikinventar gleichzeitig überläßt, würde jede natürliche Sicherstellung des Verpächters fehlen, und der Verkehr würde sich, wenn er nicht Pfandrecht oder Sicherungseigentum durch Vereinbarung schaffte, durch Barkautionsforderungen zu helfen suchen, die den Pächter schwerer belasteten.

Freilich besteht für diese gewerbliche Vermietung (Verpachtung) der Unterschied, den die Revision als entscheidend ansieht, daß der Pächter hier im Gegensatz zu dem, der fertige Waren nur umsetzt, sie entweder ohne jedes Einbringen im räumlichen Sinn auf dem Grundstück aus dort gewonnenen Rohstoffen erzeugt oder daß er eingeführte, mehr oder minder wertvolle Rohstoffe im Pachtraum zur Ware umschafft. Entscheidend kann dieser Unterschied nicht sein; er steht der erörterten wirtschaftlichen Bedeutung der Rechtseinrichtung des § 559 BGB. fern. An einem Einbringen in diesem Sinne würde es auch bei dem Jungvieh vom eingebrachten lebenden Inventar fehlen, ebenso bei der dem Fabrikpächter gehörigen Maschine, die er an Ort und Stelle umbauen oder aus dort vorhandenem Material neu herstellen läßt. Im einen wie im anderen Fall wird aber eine Ausscheidung solcher Sachen aus dem sonst eingebrachten Bestand verkehrsmäßig nicht in Frage kommen können. Auch in dem vom Reichsgericht entschiedenen Fall (WarnRspr. 1920 Nr. 184), der das Verpächterpfandrecht an einem vom Pächter auf dem Pachtgrundstück errichteten Gewächshaus betraf, wurde kein Wert auf die Feststellung gelegt, ob etwa die Bestandteile des Gewächshauses vom Pächter auf das Pachtgrundstück hingebracht worden waren. Der Revision ist nicht zuzugeben, daß bei dieser Auffassung das vom Gesetz aufgestellte Merkmal der Einbringung jeden Inhalt verliere, und daß nicht mehr erkennbar sei, weshalb dann § 585 Satz 2 BGB. ein Pfandrecht des Verpächters an den Früchten des Grundstücks noch habe anordnen müssen. Der Berufungsrichter sucht das die Einbringung kennzeichnende und bei den Früchten im gesetzlichen Begriff fehlende Merkmal darin, daß die eingebrachte Sache (im Gegensatz zur Frucht des § 585 Satz 2 BGB.) durch eine Willenshandlung des Mieters hervorgebracht sei. Gegen diese Auffassung erhebt die Revision berechtigte Einwände. Abgesehen davon, daß die Wendung des Berufungsrichters nur für Sachen paßt, die auf dem Grundstück hergestellt werden, erscheint es überhaupt bedenklich, beim Vermieterpfandrecht, das seine Grundlage allein im Gesetz, nicht — wie nach der Auffassung des römischen Rechts — in einem stillschweigenden Vertrag der Mietparteien findet, über die Zugehörigkeit zu den eingebrachten Sachen einen Willensakt des Mieters (Pächters) entscheiden zu lassen, der zudem außer Beziehung zum Mietverhältnis steht (vgl. RGSt. Bd. 35 S. 204). Im Schrifttum wird die Auffassung, daß die Einbringung einen Willensakt erfordere, wie der Berufungsrichter mit Recht anführt, vielfach vertreten, so im Hinblick auf das Einbringen durch einen Geschäftsunfähigen und auf die zu vorübergehendem Verbleib in den Mietraum geschafften Sachen.

Wenn anzuerkennen sein mag, daß aus der Rechts-Gesamtheit der nach § 559 BGB. pfandunterworfenen Habe des Mieters — Gegenstand des Pfandrechts ist natürlich die einzelne Sache — solche Sachen herausfallen, die bestimmungswidrig in den Mieträumen sind, so ist doch für ein solches Bestimmtsein nicht ein Willensakt des Mieters (als solcher) rechtserheblich, sondern es entscheidet der Maßstab der Verkehrsanschauung, der im Einzelfall auch auf die vom Mieter getroffene tatsächliche Anordnung zurückgehen wird.

Über den Weg der Entstehung des Pfandrechts in dem (hier vorliegenden) Regelfall, den Rechtsvorgang des Einbringens, ist damit nichts gesagt. Der insoweit entscheidende Gesichtspunkt ist darin zu finden, daß eine zum Vermögen des Mieters (Pächters) gehörende Sache in den durch das Mietverhältnis vermittelten Machtbereich des Verpächters tritt und daß damit jenes Sicherstellungsverhältnis in bezug auf diese Sache zustande kommt, das die Rechtseinrichtung will. Im wesentlichen trifft auch für das Bürgerliche Gesetzbuch zu, was Rehbein a. a. O. S. 875 Anm. 4 für das preußische Recht dahin ausdrückt: „Durch die Illation wird zum Berechtigten das räumliche Verhältnis hergestellt, in welchem das dem Besitz beim Faustpfand gleichstehende Moment der Erkennbarkeit enthalten ist." Für die auf dem Grundstück aus dem Vermögen des Pächters neu erzeugten Sachen besteht nur die unwesentliche Besonderheit, daß die Einbringung in dieses Besitz- und Sicherungsverhältnis mit dem Entstehen der Sache im Rechtssinne zusammenfällt. Für die in § 585 Satz 2 BGB. genannten Früchte eines landwirtschaftlichen Grundstücks ist die Rechtslage nach dem geltenden Recht anders, weil diese Früchte nicht aus dem Vermögenskreise des Pächters kommen. Das Recht an ihnen folgt nach § 99 BGB. der erzeugenden Sache, die dem Verpächter gehört; sie sind nach § 585 Satz 2 das. schon mit dem Verpächterpfandrecht belastet, ehe sie nach den Regeln der §§ 954, 956 in das Vermögen des Pächters eintreten (RGRKomm. Anm. 1 zu § 585). Für den vorliegenden Fall kommt eine entsprechende Rechtsstellung der Klägerin an den Steinen nicht in Frage, nicht einmal an den Rohstoffen, die aus den auch von ihr nur gepachteten Tongruben gewonnen sind. Es bedarf deshalb keiner Erörterung, ob die seitens des Pächters vom Eigenland des Verpächters gewonnene rohe oder verarbeitete Ausbeute gleichzeitig eingebrachte Sache im Sinne von § 559 BGB. sein kann.

Jedenfalls hat der Berufungsrichter zutreffend und in grundsätzlicher Übereinstimmung mit einem bedeutenden Teil des Schrifttums (vgl. Mittelstein Miete S. 482; Fuld Mietrecht S. 180; Niendorff Mietrecht S. 391; Staudinger BGB. § 559 IV 1c; Oertmann BGB. § 559 3a; Jäger KO. § 49 Anm. 17) die Eigenschaft der streitigen Steine als eingebrachter Sachen und damit ihre Verstrickung in das Vermieterpfandrecht des § 559 BGB. bejaht. ...

---

24. Wirkt die Herabsetzung von Dienstbezügen gemeindlicher Beamten, die auf Verlangen der Aufsichtsbehörde gemäß § 43 Abs. 4 des preußischen Besoldungsgesetzes vom 17. Dezember 1927 erfolgt, auch zuungunsten solcher Beamten, denen die ursprüngliche günstigere Regelung, z. B. die Bewilligung einer demnächst weggefallenen Zulage, vorbehaltlos bekanntgegeben worden ist?[1])

III. Zivilsenat. Urt. v. 17. März 1931 i. S. H. (Kl.) w. Gemeinde T. (Bekl.). III 191/30.

I. Landgericht Kiel.
II. Oberlandesgericht daselbst.

Der Kläger steht als Beamter (Rendant und Verwaltungsinspektor) im Dienste der verklagten preußischen Gemeinde. Nach Erlaß des preuß. Besoldungsgesetzes vom 17. Dezember 1927 (GS. S. 223) hat die Beklagte den Kläger in eine der Gruppe 4c der staatlichen Besoldungsordnung entsprechende Gehaltsstufe eingestuft und ihm außerdem eine ruhegehaltsfähige Zulage von 500 RM. zugebilligt, ihm auch hiervon durch Schreiben vom 15. März 1928 Mitteilung gemacht. In der Folge hat der Landrat die Zulage beanstandet. Daraufhin hat die Gemeinde dem Kläger vom 1. Dezember 1928 ab die Zulage nicht mehr gezahlt. Der Kläger hält das für unrechtmäßig und fordert mit der Klage weitere Zahlung. Das Landgericht hat die Klage abgewiesen, das Oberlandesgericht die Berufung des Klägers zurückgewiesen. Seine Revision war erfolglos.

---

[1]) Ebenso ist durch Urteil vom gleichen Tage III 192/30 in einem Fall entschieden worden, in dem nicht die Bewilligung einer Zulage, sondern eine zu hohe Gehaltseinstufung in Frage stand. D. E.

Gründe:

Das preuß. Besoldungsgesetz vom 17. Dezember 1927 hat in § 43 Abs. 1 die Gemeinden verpflichtet, die Dienstbezüge ihrer Beamten so zu regeln, daß die Bezüge den Grundsätzen entsprechen, die das Gesetz selbst für die preußischen Staatsbeamten ausgesprochen hat. Im Falle erheblicher Verletzung dieser Vorschrift können nach § 43 Abs. 4 die Aufsichtsbehörden „verlangen, daß eine entsprechende Regelung erfolgt". Im Verfolg einer Beanstandung der Aufsichtsbehörde hat die Beklagte vom 1. Dezember 1928 ab dem Kläger die früher bewilligte Zulage entzogen. Der Kläger vertritt die Meinung, daß die Beanstandung durch die Aufsichtsbehörde und die sich daran anschließende anderweitige Regelung, d. h. also die Entziehung der Zulage, allenfalls bei einer künftigen Neubesetzung seiner Stelle in Wirksamkeit zu treten hätten, daß sie aber ihm gegenüber unwirksam seien, nachdem die Beklagte ihm durch Schreiben vom 15. März 1928 vorbehaltlos die Bewilligung der Zulage bekanntgegeben habe.

Dies ist demgemäß die einzige zur Entscheidung stehende Frage. Der Berufungsrichter stellt sie dahin: hat die Neuregelung Rückwirkung gehabt oder nicht? Diese Ausdrucksweise ist ungenau. Rückwirkung käme in Frage, wenn die Beklagte die Zahlungen, die sie vor dem 1. Dezember 1928 an den Kläger geleistet hat, von diesem zurückerstattet verlangte. Das tut sie aber nicht. Sie will die Neuregelung erst vom 1. Dezember 1928 ab in Kraft treten lassen. Um Rückwirkung handelt es sich dabei nicht. Die Meinungsverschiedenheit besteht vielmehr darüber, ob der abändernde Gemeindebeschluß sofort oder erst später (bei künftiger Neubesetzung der Stelle) wirksam wird, oder anders ausgedrückt, ob der sofortigen Wirksamkeit des Beschlusses ein Hindernis aus der Person des Klägers entgegensteht.

Der Berufungsrichter hat die Frage verneint und damit zuungunsten des Klägers entschieden. Weder Art. 129 RVerf. noch § 43 pr. BesG. rechtfertige, so führt er aus, den Standpunkt des Klägers. Diesem Ergebnis ist beizutreten.

Dahin führt schon die Betrachtung des unmittelbaren Gesetzesinhalts. Das preuß. Besoldungsgesetz vom 17. Dezember 1927 hat den Staatsbeamten eine wesentliche Verbesserung ihrer wirtschaftlichen Lage gebracht. Kraft des § 43 Abs. 1 sollte diese Verbesserung auch den Beamten der Gemeinden zugute kommen. Dabei sollten die Beamten der Gemeinden den Staatsbeamten innerhalb eines gewissen, mäßigen Spielraums gleichgestellt werden. Auf dem letzteren Gedanken beruht Abs. 4. Er begründet das Recht der Aufsichtsbehörde, in Fällen „erheblicher Verletzung" der Vorschrift des Abs. 1 von der Gemeinde eine dem Gesetz entsprechende (anderweitige) Regelung zu verlangen. Daraus ergibt sich die Befugnis und Verpflichtung der Gemeinde, die gebotene anderweitige Regelung zu treffen, d. h. gegebenenfalls die dem Beamten etwa gewährten, zu hoch bemessenen Bezüge herabzusetzen. Ob die Aufsichtsbehörde eine „erhebliche Verletzung" annimmt, ist Frage ihres Ermessens und daher, wie die Instanzen zutreffend annehmen und wie auch die Revision nicht beanstandet, der richterlichen Nachprüfung entzogen. Alle diese Vorschriften sind, als Bestandteile des Besoldungsgesetzes, einheitlich mit diesem Gesetz in Kraft getreten; das Gesetz enthält weder eine ausdrückliche Vorschrift, noch bietet es einen Anhalt dafür, daß das Beanstandungsrecht der Aufsichtsbehörde oder die ihm entfließende Befugnis und Verpflichtung der Gemeinde, die der Beanstandung entsprechende Neuregelung zu treffen (Abs. 3), erst zu einem späteren Zeitpunkt in Kraft treten oder wirksam werden sollte. An dieses einheitliche Gesetz waren, ganz wie bei anderen Gesetzen, alle diejenigen gebunden, in deren Rechts- und Pflichtenkreis das Gesetz nach seinem Inhalt eingegriffen hat. Sicherlich konnte jeder Gemeindebeamte, der sich durch die Neueinstufung im Verhältnis zu den Staatsbeamten benachteiligt fühlte, alsbald seine vermeintliche Beeinträchtigung bei der Aufsichtsbehörde anmelden und seine daraus für ihn abzuleitenden Rechte weiter verfolgen. Das Gesetz hat also nicht bloß zwischen Staats- und Gemeindebehörden öffentlichrechtliche Befugnisse und Pflichten geschaffen, sondern auch den einzelnen Beamten Rechte gewährt, die der Beamte auf dem geordneten Weg durchsetzen konnte, sei dies der Rechts- oder der Verwaltungsweg. Folgerichtig muß dies auch für den umgekehrten Fall gelten, daß einer Gemeinde gegen den Beamten Rechtsansprüche aus zu hoher Einstufung erwachsen. Für jeden einzelnen Beamten ist, wie die Anwartschaft auf die vom Gesetz gebrachte Besserstellung, so auch die weniger erfreuliche Aussicht auf eine Überprüfung zu seinem Nachteil mit dem Gesetze selbst geboren. Nach alledem ist mindestens zunächst davon auszugehen, daß der einzelne betroffene Beamte eine nachträgliche anderweitige Regelung hinzunehmen hat, wenn sie auf Grund des § 43 Abs. 4 rechtmäßig erfolgte. Will der Beamte, wie hier der Kläger, eine abweichende Beurteilung geltend machen, so muß er dafür ausreichende Gründe beibringen. Der Kläger führt an, daß ihm die Gemeinde anfänglich die neuen Bezüge vorbehaltlos und uneingeschränkt bewilligt und ihm das amtlich mitgeteilt hat. Dieser Beweisgrund nimmt vorweg, was erst zu beweisen ist. Wie gezeigt, stand die anfängliche Bewilligung von Hause aus und von Gesetzes wegen unter der Voraussetzung, daß nicht nachträglich die Aufsichtsbehörde sie beanstandete. Damit bestand ein Zustand schwebender Unwirksamkeit, wie er in den vorderen Rechtszügen zutreffend gekennzeichnet worden ist. Der Berufungsrichter spricht geradezu von einer auflösenden Bedingung. Hiergegen wendet sich die Revision. In der Tat handelt es sich nicht um eine auflösende Bedingung im Sinne des bürgerlichen Rechts (§ 158 Abs. 2 BGB.), sondern um eine gesetzliche Voraussetzung. Aber in der Sache ist die Rechtslage doch ganz ähnlich wie bei der auflösenden Bedingung. Wenn die Revision im übrigen auszuführen sucht, daß derlei unsichere Verhältnisse im Beamtenrecht etwas Ungewöhnliches seien, so genügt es, darauf hinzuweisen, daß es Beamte auf Widerruf, auf Kündigung und zur Probe sowie zu vorübergehenden Dienstleistungen gibt.

Die Rechtsprechung des Reichsgerichts steht dem Kläger nicht zur Seite. Allerdings darf ein Beamter nach fester Rechtsprechung Erklärungen, welche die Anstellungskörperschaft oder -behörde ihm gegenüber vorbehaltlos und unbedingt abgegeben hat, so hinnehmen, wie sie lauten, und sich auf ihre Richtigkeit und Vollständigkeit verlassen. So braucht der Beamte einen Kündigungsvorbehalt oder den Vorbehalt des Widerrufs einer Zulage nicht gegen sich gelten zu lassen, wenn sie ihm nicht erklärt sind (vgl. RGZ. Bd. 121 S. 352 und Bd. 127 S. 335, sowie neuestens RGUrt. vom 16. Dezember 1930 III 76/30). Aber das gilt nicht für Vorbehalte oder Einschränkungen, die dem Beamten von vornherein erklärt worden oder sonst amtlich bekannt geworden sind. Daß ein Beamter auch eine ihm kundgegebene Beschränkung, eine Kündigung, einen Widerruf nicht zu beachten brauchte, ist noch niemals angenommen worden und wäre eine durch nichts gerechtfertigte und unerträgliche Annahme. Was aber von ausdrücklichen, im Einzelfalle kundgegebenen Vorbehalten gilt, muß ebenso gelten, wenn das Gesetz, das dem Beamten eine Vergünstigung oder Bewilligung bringt, zugleich schon in sich selbst eine Beschränkungsmöglichkeit, einen gesetzlichen Vorbehalt birgt. So hat der erkennende Senat in den angeführten Urteilen RGZ. Bd. 121 S. 352 und Bd. 127 S. 335 für die Kündbarkeit von Beamten ausgesprochen, es genüge, daß die Kündbarkeit durch allgemeine (nur gehörig bekanntgegebene) Vorschrift für die betreffende Beamtenklasse angeordnet sei. Dem entspricht der hier zur Entscheidung stehende Fall. Daß auch in solchen Fällen die Anstellungskörperschaft oder -behörde bei Bekanntmachung der Bewilligung (Zulage oder Einstufung) den Beamten auf die gesetzliche Möglichkeit späterer Beeinträchtigung hinweist, mag ein Gebot der Vorsicht sein; die Unterlassung dieser Maßnahme kann aber nicht dazu führen, daß deswegen der gesetzliche Vorbehalt unwirksam wird. Das würde den Rechtsgedanken der §§ 133, 157 BGB. zuwiderlaufen, die auch im Gebiete des öffentlichen Beamtenrechts anwendbar sind; es würde nur den besonderen Belangen des zufällig betroffenen Beamten dienen, die öffentlichen Belange aber schädigen. Denn daß Zweck und Inhalt des § 43 pr. BesG. die von der Beklagten vertretene Auffassung fordern, hat der Berufungsrichter zutreffend dargelegt. Es ist die Absicht des Gesetzes, daß die Gemeindebeamten nicht wesentlich anders behandelt werden sollen als die Staatsbeamten. Diese Absicht wäre aufs schwerste beeinträchtigt, wenn der Gemeindebeamte, der in erheblichem Maße vor einem gleichzuachtenden Staatsbeamten bevorzugt worden ist, trotz einer erfolgten Beanstandung und Neuregelung seine ganze Anstellungszeit hindurch im Besitz und Genuß der gesetzlich mißbilligten Bevorzugung bleiben und wenn sich die Beanstandung erst für den Fall einer anderweitigen Besetzung der Stelle zur Geltung bringen könnte. Ein so weit gehender Schutz des Beamten, wie ihn die Auffassung des Klägers verlangt, wäre auch innerlich nicht zu rechtfertigen. Er würde über den Schutz des gutgläubigen Erwerbs, wie ihn das bürgerliche Recht ausgebildet hat, noch hinausgehen; denn der Kläger beansprucht die Maßgeblichkeit der vorbehaltlos ausgesprochenen Bewilligung ohne Rücksicht darauf, ob der Beamte die entgegenstehende gesetzliche Einschränkung gekannt hat oder, was bei dem Beamten doch sehr nahe liegt, wenigstens kennen mußte.

Aus der Entstehungsgeschichte des § 43 pr. BesG. geht, wie der Berufungsrichter zutreffend bemerkt, nur so viel hervor, daß auch damals über Sinn und Tragweite des Abs. 4 keine volle Klarheit herrschte. Einzelne Regierungsvertreter mögen den jetzt vom Kläger vertretenen Standpunkt eingenommen haben. Einen Niederschlag im Gesetze selbst hat diese Auffassung aber nicht gefunden.

Ohne Belang ist auch, daß das preuß. Besoldungsgesetz — abweichend von dem preuß. Gesetz, betr. vorläufige Regelung verschiedener Punkte des Gemeindebeamtenrechts, vom 8. Juli 1920 (GS. S. 383) und von dem Besoldungssperrgesetz vom 21. Dezember 1920 (RGBl. S. 2117) — keine Frist für die Beanstandung durch die Aufsichtsbehörde eingeführt hat. Eine solche möchte in gewisser Hinsicht zweckmäßig gewesen sein; aber auch ohne eine Fristbestimmung war so lange keine empfindliche Rechtsunsicherheit für die Beamten zu besorgen, als sich die Gemeinden im Rahmen des Gesetzes (§ 43 Abs. 1) hielten, was der Gesetzgeber doch wohl erwarten durfte, zumal da dies ja dem bis dahin bestehenden Rechtszustand entsprach. Eine etwaige Rechtsunsicherheit konnte demnach nur solche Beamte treffen, die sich einer vom Gesetz mißbilligten Bevorzugung vor den Staatsbeamten erfreuten. Auch diese Beamten konnten sich mit dem Inhalt des § 43 Abs. 4 vertraut machen, und sie werden sich, dank der Aufklärungsarbeit der Organisationen und der Presse, in den meisten Fällen damit vertraut gemacht haben. So werden verhältnismäßig seltene Fälle übrig bleiben, in denen ein Beamter wirklich unliebsam durch die nachträgliche Entziehung von Bezügen überrascht worden wäre. Sollte das im einzelnen Fall erst nach einer unangemessen langen Zeit geschehen, so könnte dieser Umstand vielleicht Veranlassung zu einer anderen Beurteilung gemäß § 242 BGB. geben.

Den hier vertretenen Standpunkt scheint übrigens bereits das Reichsarbeitsgericht (Urt. vom 4. Mai 1929 RAG. 583/28) und ebenso das Preußische Oberverwaltungsgericht (RuPrVBl. 1931 S. 191 Nr. 3) eingenommen zu haben.

Hiernach ist dem Berufungsrichter schon aus dem von ihm zutreffend dargelegten Grunde beizutreten, weil nämlich der Kläger den Anspruch auf die neuen Bezüge von Hause aus nur mit der Maßgabe bewilligt erhalten hat, daß sie auf Beanstandung gemäß § 43 Abs. 4 pr. BesG. wieder in Wegfall gestellt werden konnten. Daraus erhellt zugleich, daß dem Kläger auch Art. 129 RVerf. nicht zur Seite steht. Diese Vorschrift schützt „wohlerworbene Rechte" nur in dem

Umfang, in dem sie „wohlerworben" sind. Die Bewilligung gewährte dem Kläger ein wohlerworbenes Recht auf die neuen Bezüge insoweit, als die Gemeinde ihm diese nicht mehr willkürlich, nach ihrem Ermessen wieder entziehen konnte. Aber die Möglichkeit einer Entziehung gemäß § 43 Abs. 4 wohnte der Bewilligung von vornherein inne. Hiergegen vermochte den Kläger auch Art. 129 RVerf. nicht zu schützen. Eine zeitliche Begrenzung wohlerworbener Rechte ist dem Beamtenrecht nicht fremd.

---

25. Kann sich der deutsche Gläubiger einer neutralen Bank, dessen Guthaben bei einer im Bereich einer feindlichen Macht befindlichen Zweigniederlassung der Bank von dieser feindlichen Macht beschlagnahmt und liquidiert worden ist, seinem Schuldner — der neutralen Bank — gegenüber darauf berufen, daß die feindlichen Maßregeln gegen den Versailler Vertrag verstoßen hätten?

Versailler Vertrag Art. 297 zu b.

I. Zivilsenat. Urt. v. 18. März 1931 i. S. H. B. & Co. (Kl.) w. Sch.schen Bankverein (Bekl.). I 254/30.

I. Landgericht Hamburg.
II. Oberlandesgericht daselbst.

Die Klägerin ist eine offene Handelsgesellschaft mit dem Sitz in Hamburg. Ihre Gesellschafter sind Deutsche. Der verklagte Bankverein hat seine Hauptniederlassung in der Schweiz. Vor dem Kriege unterhielt die Klägerin bei der Londoner Zweigniederlassung des Beklagten ein Girokonto, das ein erhebliches Guthaben für sie auswies. Im Oktober 1925 forderte der englische administrator of German Property auf Grund der treaty of peace orders aus 1919 bis 1924 von der Londoner Zweigniederlassung die Ablieferung des Guthabens. Diese übersandte am 21. Oktober 1925 einen Scheck über den Betrag. Die Klägerin widersprach der Auszahlung und bat, wenigstens vorläufig zu verhindern, daß der Betrag auf Reparationskonto gutgeschrieben würde. Das Ersuchen wurde dem Administrator weitergegeben, und dieser erklärte sich auch bereit, den Betrag bis zur Erledigung eines zwischen den Parteien in der

Schweiz schwebenden Rechtsstreits zurückzuhalten. Im Oktober 1926 lehnte er dann die weitere Zurückhaltung ab und erteilte die Gutschrift an das Deutsche Reich für Rechnung der Klägerin.

Die Klägerin fordert die Auszahlung eines Teilbetrags ihres Guthabens. Sie macht geltend, die Schuld der Londoner Zweigniederlassung habe ihren Sitz am Orte der Hauptniederlassung des Beklagten in der Schweiz gehabt, habe sich also nicht innerhalb des britischen Gebiets befunden und habe daher auch nicht auf Grund von Art. 297 lit. b Vers. Vertr. von der englischen Regierung liquidiert werden können. Daher sei die verklagte Hauptniederlassung des Beklagten nach wie vor zur Auszahlung des Guthabens verpflichtet. Der Beklagte steht auf dem Standpunkt, die Beschlagnahme und Liquidation in England sei rechtmäßig erfolgt, zum mindesten habe seine Londoner Zweigniederlassung den Anordnungen des englischen Administrators gehorchen müssen; deshalb sei die Schuld erloschen.

Das Landgericht gab der Klage statt, das Oberlandesgericht wies sie ab. Die Revision der Klägerin hatte keinen Erfolg.

Aus den Gründen:

Es bedarf keiner Erörterung, ob die von dem englischen Verwalter vorgenommene Beschlagnahme und Liquidierung des Guthabens der Klägerin nach Art 297 lit. b Vers. Vertr. berechtigt gewesen ist und deshalb von den deutschen Gerichten anerkannt werden müßte. Es kann unterstellt werden, daß dies nicht der Fall ist. Dann bleibt für die Entscheidung die Frage zu beantworten, ob die Maßregel trotz ihrer Ungesetzlichkeit die Wirkung ausgeübt hat, den Beklagten von seiner Schuld zu befreien. Diese Rechtsfrage ist im Schrifttum wiederholt behandelt worden, am ausführlichsten von Fuchs in Leske und Löwenfeld Die Beschlagnahme, Liquidation und Freigabe deutschen Vermögens im Auslande, Teil II. Er kommt zu dem Ergebnis, daß sich der Schuldner auf die im Verhältnis zum deutschen Gläubiger unwirksame Beschlagnahme nicht berufen könne und daß er gegebenenfalls doppelt zahlen müsse. Es sei nicht ersichtlich, warum der Gläubiger die Nachteile der ungerechtfertigten Maßregel tragen solle; Sache des Schuldners sei es, namentlich wenn es sich um ein neutrales Unternehmen handle, sich gegen unberechtigte Einziehungsversuche zu wehren, indem er den Liquidator auf den Rechtsweg verweise oder schließlich Schritte seiner Regierung gegen den liquidierenden Staat veranlasse (a. a. O. S. 120). Dieser Ansicht kann sich der erkennende Senat nicht anschließen. Sie beachtet nicht genügend, daß die Liquidation nicht einen Eingriff in das Vermögen des Beklagten, sondern die Inanspruchnahme des Vermögens der deutschen Gläubigerin bezweckte. Richtete sich der Angriff des englischen Verwalters gegen das Vermögen der Klägerin, nicht aber gegen den Beklagten, so liegt es in der Natur der Sache, daß sich **die Klägerin** gegen diesen Angriff zur Wehr zu setzen hatte. Der Beklagte, der nach der ursprünglichen Regelung zur Begleichung der Schuld in London verpflichtet war, genügte seinen Verpflichtungen der Klägerin gegenüber damit, daß er ihr von den Maßnahmen des englischen Administrators Mitteilung machte. Daß er in dieser Beziehung etwas versäumt hätte, wie die Revision behauptet, ist nicht zuzugeben. Schon zu Anfang des Rechtsstreits in der Schweiz war die Klägerin davon unterrichtet, daß die englische Behörde die Einziehung des Guthabens beabsichtige und nur bis zur Beendigung des Schweizer Prozesses Aufschub gewähren wolle. Die Klägerin mußte daher damit rechnen, daß, nachdem in der Schweiz keine sachliche Entscheidung erzielt worden war, der feindliche Verwalter alsbald weitere Schritte ergreifen würde. Ihnen entgegenzutreten, lag — wie dargetan — der Klägerin ob. Eine Pflicht des Beklagten, von sich aus entsprechende Schritte zu unternehmen, läßt sich nirgends herleiten. Mit Recht hat der Berufungsrichter auf die ähnliche Rechtslage bei der Pfändung und Überweisung einer Forderung an einen bürgerlichrechtlichen Gläubiger hingewiesen. Der Beklagte kann sich darauf berufen, daß seine Zweigniederlassung durch einen Hoheitsakt englischer Behörden, in deren Machtbereich sie sich befand, gezwungen worden ist, die Forderung der Klägerin an den englischen Staat zu begleichen. Es bedarf nicht, wie die Revision meint, einer Untersuchung darüber, auf welcher Grundlage dieser Hoheitsakt beruhte. Denn daß die englische Behörde mit Zwangsmaßnahmen vorgegangen wäre, wenn die Niederlassung des Beklagten nicht freiwillig gezahlt hätte, kann ohne weiteres angenommen werden. Die Revision zieht auch mit Unrecht in Zweifel, ob eine endgültige Maßnahme des feindlichen Verwalters vorliege. Nach dem Tatbestand ist unbestritten, daß die Gutschrift an das Deutsche Reich für Rechnung der Klägerin erfolgt ist.

26. 1. Bedarf der Beurkundung nach § 313 BGB. eine Nebenabrede, die bei einem mit mehreren Miteigentümern als Verkäufern geschlossenen Grundstückskaufvertrag eine Sondervergütung für einen Teil der Verkäufer hinter dem Rücken eines Mitverkäufers bestimmt?

2. Welche Folgen ergeben sich für die Wirksamkeit des Gesamtgeschäfts, wenn zwar Auflassung und Eintragung des Käufers im Grundbuch erfolgt sind, aber die nach dem preußischen Gesetz über den Verkehr mit Grundstücken vom 10. Februar 1923 notwendige Genehmigung des Veräußerungsgeschäfts samt der Nebenabrede fehlt?

V. Zivilsenat. Urt. v. 18. März 1931 i. S. W. (Bekl.) w. K. u. Gen. (Kl.). V 167/30.

I. Landgericht Elberfeld.
II. Oberlandesgericht Düsseldorf.

Die drei Kläger waren zu je $^1/_6$ Miteigentümer eines Grundstücks, dessen andere Hälfte ihrem Vater gehörte. Alle vier Miteigentümer verkauften das Grundstück durch notariellen Vertrag vom 3. Februar 1923 an den Beklagten. Dieser wurde am 19. Mai 1923 als Eigentümer eingetragen, nachdem der Kaufvertrag mit einem darin angegebenen Kaufpreis von einer Million Mark behördlich genehmigt worden war. Die Verkäufer machten geltend, es liege ein behördlich nicht genehmigter Schwarzkauf vor, und verlangten im Wege der Klage Grundbuchberichtigung durch ihre Wiedereintragung als Eigentümer des Grundstücks. Nachdem im Laufe des Rechtsstreits der Vater K. verstorben war, traten die drei anderen Kläger als seine Erben für ihn ein. Sie begehrten danach ihre Eintragung als Eigentümer zu je einem Drittel. Unstreitig hat der Beklagte beim Kauf den drei Söhnen K. eine Sonderzahlung von 800000 M. geleistet, die als Vergütung „für Vermittlung des Kaufs" bezeichnet wurde. Die Kläger sahen hierin eine Kaufpreiserhöhung und folgerten daraus, der wahre Kaufvertrag sei nicht formgerecht beurkundet und nicht behördlich genehmigt. Der Beklagte machte geltend, er habe nicht gewußt, daß die jetzigen Kläger Miteigentümer gewesen seien, er habe die Sonderzahlung als wirkliche Verkaufsprovision angesehen, übrigens sei die Abmachung einer Sonderleistung an einen Teil der Verkäufer nicht formbedürftig. Weiter machte er geltend, der Verkauf sei auch mit einem Kaufpreis von 1800000 M. durch Stillschweigen der Behörde auf seinen einseitigen Antrag genehmigt. Sodann erhob er die Einrede der Arglist und eine Zurückbehaltungseinrede wegen seines Anspruchs auf Rückgewähr des Kaufpreises und auf Ersatz seiner Verwendungen.

Nachdem das Landgericht dem Klagebegehren gegen eine Zug um Zug-Leistung der Kläger entsprochen hatte, erkannte das Berufungsgericht auf einen den Klägern zugeschobenen Eid dahin, sie hätten weder vor noch bei Abschluß des notariellen Vertrags erklärt, daß die auf Mehrzahlung von 800000 M. lautende Sonderabmachung mit der Gültigkeit des Vertrags nichts zu tun habe. Im Falle der Eidesleistung soll dem Begehren der Kläger mit der vom Landgericht angeordneten Zug um Zug-Leistung entsprochen, im Falle der Eidesweigerung die Klage abgewiesen werden. Die Revision des Beklagten blieb ohne Erfolg.

Gründe:

I. Das Berufungsgericht nimmt in nicht anzugreifender tatsächlicher Würdigung an, die den Söhnen K. gezahlten 800000 M. seien keine Vermittlungsprovision, sondern ein Teil des wahren Kaufpreises, eine vor der notariellen Beurkundung des Vertrags mit einem Teil der Verkäufer vereinbarte Sondervergütung für diese gewesen; so habe das auch der Beklagte aufgefaßt, da er gewußt habe, daß die Empfänger dieser Vergütung Miteigentümer und Mitverkäufer waren. Mangels notarieller Beurkundung der Sonderabmachung erachtet das Berufungsgericht den Kaufvertrag für nicht formgültig abgeschlossen, wobei es von dem Urteil des erkennenden Senats vom 14. Mai 1924 V 480/23 (SeuffArch. Bd. 78 Nr. 176) abweichen, sich dagegen dem Urteil des IV. Zivilsenats des Reichsgerichts vom 14. Mai 1925 IV 33/25 (JW. 1925 S. 1751 Nr. 7) anschließen will.

Dieser Auffassung ist beizutreten. Bei dem Urteil des V. Zivilsenats lag ein Vertrag über Auseinandersetzung einer fortgesetzten Gütergemeinschaft vor, wo für Übertragung eines der Gemeinschaft gehörigen Grundstücks an einen der Miteigentümer von diesem einem der überlassenden Miteigentümer hinter dem Rücken der übrigen eine Sondervergütung vertraglich zugesagt worden war.

Diese Abrede wurde als nicht dem Formzwang des § 313 BGB. unterliegend angesehen mit der Begründung: Nur das könne als Bestandteil des formbedürftigen, auf Eigentumsübertragung gerichteten Vertrags angesehen werden, was allen Beteiligten gegenüber als Vertragsinhalt erkennbar hervorgetreten und als solcher gebilligt worden sei. Es sei aber nicht festgestellt, daß die Nebenabrede der Parteien auch den übrigen Beteiligten bekannt gewesen sei. Noch viel weniger stehe fest, daß die übrigen Beteiligten diese Abrede als einen Teil des mit ihnen abgeschlossenen Vertrags betrachtet hätten. Das erwähnte Urteil des IV. Zivilsenats betraf einen Erbauseinandersetzungsvertrag. Hier wurde — ohne Erwähnung der eben behandelten Entscheidung — die Vereinbarung einer Sondervergütung für Überlassung von Grundstücken, die zugunsten von zweien der Überlassenden hinter dem Rücken der übrigen Erben getroffen war, als dem Formzwang des § 313 BGB. unterliegend erachtet, weil die Sonderzahlung einen Teil der Gegenleistungen für die Übereignung der Grundstücke gebildet habe.

Die oben wiedergegebene Auffassung des erkennenden Senats, gegen die auch der VI. Zivilsenat in RGZ. Bd. 118 S. 244 (249) Bedenken geäußert hat (ebenso Asch Grundstückskauf 3. Aufl. S. 112 und RGRKomm. 6. Aufl. § 313 Anm. 2), wird nicht aufrechterhalten. Vielmehr ist mit dem IV. Zivilsenat anzunehmen, daß die Formbedürftigkeit solcher, eine Sondervergütung für einen der Verkäufer bedingenden Nebenabreden dann besteht, wenn die Sonderleistung nach dem zum Ausdruck gelangten Willen der Vereinbarenden als Teil der vom Erwerber für das Grundstück zu machenden Gegenleistung anzusehen ist, und daß daran eine Verheimlichung der Abrede vor einem Teil der Vertragschließenden nichts ändert. Die Rechtfertigung dieser Auffassung liegt darin, daß die Sondervergütung in solchem Falle einen Teil der Käuferleistung für die Überlassung des Grundstücks oder eines Anteils daran bildet, gleichgültig ob die Überlassenden in Miteigentumsgemeinschaft zur gesamten Hand oder in Gemeinschaft nach Bruchteilen standen, und daß nach ständiger Rechtsprechung des Reichsgerichts die Vereinbarung der ganzen Gegenleistung des Käufers für die Grundstücksübereignung samt allen mit ihr in innerem rechtlichem Zusammenhang stehenden Nebenabreden formbedürftig ist (RGZ. Bd. 103 S. 295).

II. Für die Wirksamkeit der hier zwischen den Verkäufern und dem Käufer getroffenen Gesamtabmachungen gilt dann folgendes: Jeder der Miteigentümer ist als Verkäufer aufgetreten, wobei dahingestellt bleiben kann, ob der einzelne nur seinen Anteil am Grundbesitz verkauft oder ob sich jeder in Ansehung des ganzen Grundstücks verpflichtet hat. Diese vier, an sich als selbständig denkbaren Verkäufe sind zu einem Rechtsgeschäft verbunden worden. In dem notariell beurkundeten, aus mehreren Verkaufsverpflichtungen zusammengesetzten Rechtsgeschäft war der Verkauf zwischen dem Vater K. und dem Beklagten, so wie zwischen diesen beiden vereinbart, formgültig abgeschlossen. Dagegen waren die Vertragsabmachungen zwischen den Söhnen K. und dem Beklagten so, wie beurkundet, nicht vollständig, daher als simuliert nichtig, die wahren Vertragsabreden aber — Verkäufe zu 1000000 M. mit Zuzahlung von 800000 M. an die Söhne — wegen Formmangels nichtig mit der Möglichkeit der Heilung des Mangels (§ 313 Satz 2 BGB.). Solange diese Nichtigkeit besteht, wird von ihr auch die — für sich allein angesehen, gültige — Abrede zwischen dem Vater K. und dem Beklagten ergriffen, weil nicht ersichtlich ist, daß dieser Teil des zusammengesetzten Geschäfts auch ohne die nichtigen Teile vorgenommen worden wäre (§ 139 BGB.). Die Abmachungen würden jedoch mit ihrem ganzen Inhalt gültig werden durch wirksame Auflassung an den Beklagten und dessen Eintragung als Eigentümer.

Allerdings wäre eine solche Heilung dann ausgeschlossen, wenn die Abmachungen oder ein Teil von ihnen als gegen die guten Sitten verstoßend nichtig sein sollten (§ 138 BGB.). So ist in der Rechtsprechung des Reichsgerichts eine die Gesamtvereinbarungen zu Fall bringende Sittenwidrigkeit da angenommen worden, wo ein auf Verkäuferseite stehender Berater oder Vertreter die Belange seiner Schutzbefohlenen in eigennütziger Absicht gröblich verletzt und der Käufer, dies erkennend, an solcher Handlung teilgenommen hatte (vgl. WarnRspr. 1929 S. 228 = SeuffArch. Bd. 83 Nr. 120 und die dort angef. Entsch.). Ein solcher Tatbestand besonderen Vertrauensmißbrauchs liegt aber hier nicht vor. Auf Nichtigkeit des Vertrags aus diesem Grunde haben sich auch die Kläger nicht berufen. Deswegen ist der heilbare Formmangel der einzige hier in Betracht zu ziehende Fehler des Kaufgeschäfts.

III. Zwar haben Auflassung und Eintragung stattgefunden, aber das Berufungsgericht hat doch mit Recht angenommen, daß Heilung des Formmangels trotzdem nicht eingetreten sei, weil die Auflassung mangels der nach dem preußischen Grundstücksverkehrsgesetz erforderlichen behördlichen Genehmigung des wirklichen Veräußerungsgeschäfts der vollen Wirksamkeit entbehrte. Auch von Genehmigung durch Stillschweigen kann nicht die Rede sein (wird näher ausgeführt). Dem Berufungsgericht ist demnach darin zuzustimmen, daß weder das wahre Veräußerungsgeschäft noch die Auflassung behördlich genehmigt wurde. Daraus folgt an sich die Berechtigung der Grundbuchberichtigungsklage (§ 894 BGB.). Denn Eigentum ist nicht übergegangen, und aus dem behördlich nicht genehmigten Schwarzverkauf besteht keine Treupflicht der Kläger.

IV. Zu der Einrede, das Klagebegehren sei angesichts des früheren Verhaltens der Kläger arglistig, stellt das Berufungsgericht rechtlich bedenkenfrei fest, daß der Beklagte bei Vertragsschluß den Vertrag, so wie beurkundet, für rechtswirksam gehalten habe. Eine die Berechtigung des Klaganspruchs beseitigende Arglist der Kläger will das Berufungsgericht dann, aber auch nur dann annehmen, wenn sie dem Beklagten vor oder bei Vertragsschluß erklärt haben sollten, die Mehrzahlung von 800000 M. habe mit der Gültigkeit des Vertrags nichts zu tun. Dann würde der Berufungsrichter eine die Einrede der Arglist rechtfertigende schuldhafte Irrtumserregung beim Beklagten über die Gültigkeit des Vertrags feststellen. Er hat deshalb auf den den Klägern hierüber zugeschobenen Eid erkannt, da zur Auferlegung eines richterlichen Eides an den Beklagten, worum dieser in erster Linie gebeten hatte, kein Anlaß vorliege. § 475 ZPO. ist nicht verletzt; denn die Auferlegung eines richterlichen Eides hängt vom freien Ermessen des Tatrichters ab, dessen Ausübung in diesem Rechtszuge nicht nachzuprüfen ist.

Auch irgendein sachlichrechtlicher Fehler zum Nachteil des Beklagten ist hierin nicht ersichtlich. Abgesehen von dem vom Berufungsgericht in Betracht gezogenen Fall der gegenwärtigen Arglist des Verkäufers bei früherer schuldhafter Irreführung des Vertragsgegners über die Formnotwendigkeit, hatte der Beklagte sich noch darauf berufen, ein Verstoß der jetzigen Kläger gegen Treu und Glauben liege darin, daß sie aus ihrer eigenen, dem Vater gegenüber begangenen Unredlichkeit nunmehr Nutzen ziehen wollten. Dem Berufungsgericht fällt jedoch kein Rechtsirrtum zur Last, wenn es den Umstand allein, daß sich die jetzigen Kläger die Sondervergütung hinter dem Rücken ihres Vaters bedungen haben mögen, nicht für ausreichend hält, um dem Beklagten die Einrede der Arglist gegenüber der jetzigen Berufung der Kläger auf den Formmangel zu geben. Denn die damalige Verheimlichung richtete sich nicht gegen den Beklagten; vielmehr hatte dieser gerade daran teilgenommen und sie durch seine Mitwirkung erst ermöglicht. Kommt nicht noch die unter Eidesbeweis gestellte Irreführung des Beklagten durch die Kläger hinzu, so kann man aus der früheren Heimlichkeit der Sondervereinbarung allein nicht den Schluß ziehen, daß die Kläger jetzt dem Beklagten gegenüber arglistig handeln, wenn sie sich auf den aus ihr folgenden Formmangel berufen. Die Einrede der Arglist steht daher dem Klagbegehren nur für den Fall der Eidesweigerung entgegen.

---

27. Kann eine Höchstbetragshypothek für einen Forderungskreis eingetragen werden, der schon durch eine für den Gläubiger bestellte Grundschuld gesichert ist?

BGB. §§ 1113, 1132, 1190.

V. Zivilsenat. Urt. v. 18. März 1931 i. S. von W. Nachlaß (Kl.) w. Kreis (Kreissparkasse) Z. (Bekl.). V 198/30.

I. Landgericht Guben.
II. Kammergericht Berlin.

Die Sparkasse des verklagten Kreises hatte der Firma O. einen Kredit von 350000 RM. bewilligt und zur Sicherung eine Grundschuld in diesem Betrag auf dem Grundbesitz der Schuldnerin bestellt erhalten. In einem Vergleich vom 6. Dezember 1927 verpflichtete sich der Rittergutsbesitzer von W. dem Beklagten gegenüber, diesem eine Sicherungshypothek auf seinem Rittergut K. in Höhe von 100000 RM. zu bestellen zur Sicherung für alle Forderungen, die der Beklagte gegen die Firma O. auf Grund des Kredits von

350000 RM. habe und in Zukunft haben werde. Die Hypothek wurde demnächst im Grundbuch eingetragen. Der Kläger als Pfleger über den Nachlaß des von W. hält es für rechtlich unmöglich, daß zur Sicherung desselben Forderungskreises, nämlich der Forderungen der Kreissparkasse gegen die Firma O. aus der Einräumung des Kredits von 350000 RM., eine Grundschuld und daneben eine selbständige Hypothek bestehe; diese Doppelsicherung wäre seines Erachtens nur in der Form einer Gesamtbelastung zulässig gewesen. Er meint deshalb, die für den Beklagten auf dem Rittergut K. bestehende Hypothek sei inhaltlich unzulässig, und hat mit der Klage die Einwilligung in ihre Löschung verlangt. Das Kammergericht hat ihn abgewiesen. Seine Revision hatte keinen Erfolg.

Gründe:

Der Kläger will den vom Reichsgericht ständig, zuletzt in RGZ. Bd. 131 S. 16flg. festgehaltenen Rechtsgrundsatz, daß mehrere selbständige Hypotheken zur Sicherung einer und derselben Forderung nicht zulässig sind, auch auf den Fall anwenden, daß zur Sicherung einer und derselben Forderung sei es mehrere Grundschulden, sei es eine Hypothek und eine Grundschuld bestellt werden sollen. Mit Recht ist aber das Berufungsgericht dieser Meinung entgegengetreten. Zwar kommen die in dem soeben genannten Urteil ausgesprochenen Erwägungen hier nicht zur Anwendung. In jenem Fall sollte der Gesamtkredit demnächst auf die mehreren zu seiner Sicherung belasteten Grundstücke verteilt werden, während hier von keiner dinglichen Beschränkung der Haftung die Rede ist, zum mindesten nicht für den mit der Grundschuld belasteten Grundbesitz der Firma O. Der Beklagte soll in der dinglichen Geltendmachung der Grundschuld nur schuldrechtlich eingeschränkt sein insofern, als ihm die Grundschuld nicht in vollem Betrag endgültig gebühren, sondern bloß zu seiner Sicherung zur Verfügung stehen soll, soweit er Forderungen aus dem Kreditgeschäft gegen die Firma O. hat oder haben wird. Die Grundschuld ist ihm insofern nur zu treuen Händen bestellt. Aber die Tatsache, daß der Beklagte berechtigt ist, die Geldsumme, die er kraft seiner Grundschuld aus dem belasteten Grundstück zu verlangen hat, zur Tilgung seiner Forderung gegen die Firma O. zu verwenden, anderseits jedoch auch schuldrechtlich verpflichtet ist, die Grundschuld nicht über den Betrag seiner Forderung hinaus geltend zu machen, bildet kein Hindernis dafür, daß ihm zur Sicherung eben dieser seiner Forderung eine Hypothek in irgendeiner der gesetzlich zugelassenen Formen bestellt wird, sei es an demselben oder an einem anderen Grundstück.

Die Bedenken, die durchgreifend gegen die Zulässigkeit der Sicherung einer und derselben Forderung durch zwei selbständige Einzelhypotheken sprechen, gehen dahin, daß durch solche Doppelsicherung möglicherweise eine Vervielfältigung der Forderung eintritt, und ferner, daß infolge der rechtlichen Verknüpfung zwischen dem dinglichen Recht und der Forderung eine Verwirrung des Grundbuchs zu besorgen ist, wenn die selbständigen Sicherungsrechte verschiedene Wege gehen. Die Bedenken gründen sich also auf den notwendigen rechtlichen Zusammenhang des dinglichen Rechts mit der gesicherten Forderung. Ein solcher rechtlicher Zusammenhang mit einem Forderungsrecht besteht aber bei der Grundschuld nicht. Die Grundschuld als dingliches Recht ist durchaus unabhängig von der Forderung, zu der sie möglicherweise infolge schuldrechtlicher Vereinbarungen in Beziehung gesetzt ist. Die Grundschuld als das Recht, schlechthin eine bestimmte Geldsumme aus einem Grundstück zu verlangen, kann, wenn der Gläubiger in ihrer Geltendmachung durch das der Bestellung zugrunde liegende Sicherungsrechtsgeschäft schuldrechtlich eingeschränkt ist, neben einer demselben Gläubiger eingeräumten Hypothek ebenso wohl bestehen wie etwa das zur Sicherheit übertragene Eigentum an einer beweglichen oder unbeweglichen Sache. Insoweit ist dem Beschluß des Kammergerichts vom 12. Dezember 1929 (JRdsch. 1930 Nr. 707) beizutreten.

---

28. Kann die Anordnung der Testamentsvollstreckung für ein zum Nachlaß gehöriges Handelsgeschäft in das Handelsregister eingetragen werden?

HGB. §§ 17 flg. BGB. §§ 2197 flg.

II. Zivilsenat. Beschl. v. 26. März 1931 in einer Handelsregistersache. II B 5/31.

I. Amtsgericht Hamburg.
II. Landgericht daselbst.

Im Handelsregister des Amtsgerichts Hamburg, Abteilung für Einzelfirmen, ist als Alleininhaber der Firma Gebr. M. in Hamburg der Kaufmann Alfred Adolf M. eingetragen. Dieser ist am 5. Januar 1929 gestorben und je zu einem Sechstel von seinen fünf minderjährigen Kindern und seiner Witwe Margot M. beerbt worden. Letztere ist bezüglich ihres Erbteils befreite Vorerbin, ihre Nacherben sind die Kinder. Der Fall der Nacherbfolge soll mit der Wiederverheiratung oder mit dem Tod der Witwe eintreten. Es ist Testamentsvollstreckung angeordnet. Nach dem Vollstreckerzeugnis sind Testamentsvollstrecker der Rechtsanwalt S., die Witwe und der Kaufmann H., sämtlich in Hamburg. Ihnen sind die weitgehendsten Befugnisse eingeräumt, die ihnen als Testamentsvollstreckern nach dem Gesetz erteilt werden konnten, darunter die Befugnis, die Rechte der Nacherben wahrzunehmen und deren Pflichten zu erfüllen, sowie Verbindlichkeiten für den Nachlaß einzugehen.

Am 19. Juli 1929 haben die drei Testamentsvollstrecker beim Amtsgericht Hamburg als Registergericht zur Eintragung in das Handelsregister angemeldet, daß das Geschäft mit der Firma von Frau Margot M. und den fünf Kindern des Verstorbenen in Erbengemeinschaft fortgeführt werde und Testamentsvollstrecker ernannt seien. In der Anmeldung war besonders betont, daß gerade auch der letztere Vermerk eingetragen werden möge. Das Amtsgericht hat die Anmeldung beanstandet mit der Begründung, daß die Eintragung eines Hinweises auf die Bestellung von Testamentsvollstreckern im Gesetz nicht vorgesehen und deshalb unzulässig sei. Für ebenso bedenklich hält das Amtsgericht die namentliche Bezeichnung der Testamentsvollstrecker im Registereintrag. Es führt weiter aus: Inhaber des Geschäfts seien die Erben in Erbengemeinschaft zur gesamten Hand. Da die Firma fortgeführt werde und der Übergang der Verbindlichkeiten nicht ausgeschlossen worden sei, seien die Erben für die früheren Geschäftsverbindlichkeiten persönlich haftbar. Kein Erbe dürfe von der Vertretung ausgeschlossen werden, vorausgesetzt, daß er unbeschränkt geschäftsfähig sei. Demnach seien die Testamentsvollstrecker, soweit es sich um den Geschäftsbetrieb handle, von der Vertretung überhaupt ausgeschaltet; ihre Eintragung im Register würde — so folgert das Amtsgericht — im Verkehr nur verwirrend wirken.

Hiergegen haben die Testamentsvollstrecker Beschwerde eingelegt. Das Landgericht hat sie als unbegründet zurückgewiesen und sich vollständig den Gründen des Amtsgerichts angeschlossen. Die weitere Beschwerde macht geltend, daß auch eine Erbengemeinschaft als solche ein Geschäft fortführen und als Inhaberin im Handelsregister eingetragen werden könne und müsse. Die Testamentsvollstrecker seien aber die „allein vertretungsberechtigten Vertreter" der Erbengemeinschaft und daher auch allein zeichnungsberechtigt für das Geschäft. Deshalb müßten sie auch eingetragen werden; jede andere Eintragung würde der bestehenden Rechtslage widersprechen und das Handelsregister unrichtig machen. Die Anordnung der Testamentsvollstreckung bedeute für deren Dauer den Ausschluß der Auseinandersetzung; solange Testamentsvollstreckung bestehe, seien auch nicht die Erben, sondern nur die Testamentsvollstrecker in Ansehung der ihrer Verwaltung unterworfenen Gegenstände verfügungsberechtigt. Das Hanseatische Oberlandesgericht möchte der weiteren Beschwerde stattgeben, sieht sich aber daran durch den bei Ring KGJ. Bd. 5 S. 217 abgedruckten Beschluß des Oberlandesgerichts Dresden vom 15. November 1927 hieran behindert und hat deshalb die Akten dem Reichsgericht zur Entscheidung gemäß § 28 FGG. vorgelegt.

Das Reichsgericht erkannte an, daß die Voraussetzungen des § 28 FGG. gegeben seien, vermochte aber der Ansicht des Hanseatischen Oberlandesgerichts nicht beizutreten, sondern wies die weitere Beschwerde zurück.

Gründe:

Mit Recht geht das Oberlandesgericht Dresden in seinem Beschluß davon aus, daß das Handelsregister nur für die im Gesetz vorgesehenen Eintragungen offen steht und nicht dazu bestimmt ist, ein lückenloses Bild der Verhältnisse einer eingetragenen Firma und ihres Inhabers zu geben. Dieser Grundsatz ist in Schrifttum und Rechtsprechung durchaus anerkannt (KGJ. Bd. 29 A S. 213; Düringer-Hachenburg-Höniger Anm. 2 zu § 8 HGB.; Staub-Bondi Anm. 6 Anh. zu § 8 HGB. mit weiteren Nachweisen). Auf diesen Boden stellt sich übrigens auch das Hanseatische Oberlandesgericht.

Nun findet sich nirgends eine ausdrückliche gesetzliche Vorschrift des Inhalts, daß im Falle der Anordnung einer Testamentsvollstreckung in bezug auf ein zum Nachlaß gehöriges Handelsgeschäft deswegen ein Eintrag ins Handelsregister gemacht werden müsse oder könne. Wohl ist ein solcher Eintrag für das Grundbuch durch § 53 GBO. und für das Schiffsregister durch § 118 FGG. vorgesehen; für das Handelsregister fehlt eine entsprechende Vorschrift. Es mag sein, daß diesem Umstand weder allein noch im Zusammenhalt mit den soeben erwähnten Vorschriften ein durchschlagender Beweisgrund gegen die Zulässigkeit eines Handelsregister-Vermerks über das Bestehen einer Testamentsvollstreckung entnommen werden könnte. Indessen sprechen noch weitere Erwägungen gegen diese Möglichkeit. Zunächst einmal kann der Inhalt und Umfang des Testamentsvollstreckeramts im Einzelfall sehr mannigfaltig sein. Der Rahmen und der Spielraum, den das Gesetz hier in den §§ 2203flg. BGB. dem Willen des Erblassers läßt, ist außerordentlich weitgespannt. Die verschiedensten Möglichkeiten sind denkbar; der Aufgabenkreis des Testamentsvollstreckers und seine Rechte und Pflichten können eng, aber auch sehr umfassend sein. Die Anordnung einer selbständigen Verwaltung des Testamentsvollstreckers, wie sie § 2209 BGB. vorsieht, kann sich nach § 2210 das. auf eine Reihe von Jahrzehnten und auf den Nachlaß im ganzen oder auf einzelne Nachlaßstücke erstrecken. Die Befugnisse des Testamentsvollstreckers können sich aber auch in einer einzelnen Maßnahme erschöpfen, z. B. in der Durchführung der vom Erblasser für seine Bestattung getroffenen Anordnungen. Nach § 2207 kann der Erblasser anordnen, daß der Testamentsvollstrecker in der Eingehung von Verbindlichkeiten nicht beschränkt sein soll; ebenso kann er aber auch diese Befugnis gemäß § 2208 über den § 2206 hinaus beschränken oder sie überhaupt ausschließen. Aus dem Gesagten ergibt sich, daß es sich bei der Testamentsvollstreckung um eine Rechtseinrichtung handelt, die je nach dem Willen des Erblassers den allerverschiedensten Inhalt haben kann, und zwar gerade auch dann, wenn sie mit einer Verwaltungsbefugnis in Ansehung des Nachlasses oder einzelner Nachlaßstücke ausgestattet ist. Alles kommt insoweit auf die vom Willen des Erblassers abhängige Regelung des Einzelfalles an. Insofern ist der Rechtscharakter der Testamentsvollstreckung durchaus untypisch; diese ist deshalb nicht auf die Bedürfnisse des kaufmännischen und des Handelsverkehrs zugeschnitten und nicht zur Eintragung im Handelsregister geeignet. So gesehen legt das Schweigen des Gesetzes zur Frage der Zulässigkeit eines Handelsregistereintrags über die Anordnung einer Testamentsvollstreckung gerade im Zusammenhalt mit dem eingangs hervorgehobenen Grundsatz, wonach nur das, was im Gesetz vorgesehen ist, eingetragen werden kann, schon von vornherein den Schluß nahe, daß man Einträge über Testamentsvollstrecker-Anordnung vom Handelsregister geflissentlich fernhalten wollte.

Gewiß muß sich ein Testamentsvollstrecker, der ein seiner Verwaltung unterworfenes Handelsgeschäft im eigenen Namen, wenn auch in fremdem Interesse führt, im Handelsregister eintragen lassen, aber nicht deshalb, weil er Testamentsvollstrecker ist, sondern deshalb, weil er nach außen als Inhaber des Geschäfts auftritt. Das hat jedoch mit der hier zu entscheidenden Frage nichts zu tun. Im übrigen sind Inhaber der Firma in aller Regel die Erben des eingetragenen Kaufmanns, dessen Rechte kraft Erbrechts im Wege der Gesamtrechtsnachfolge auf sie übergegangen sind. Auf diesem Boden steht offenbar auch das Hanseatische Oberlandesgericht. Die Anordnung einer Testamentsvollstreckung mit dem Recht und der Pflicht der Verwaltung eines zum Nachlaß gehörigen, unter einer Einzelfirma betriebenen Geschäfts begründet als solche für den Testamentsvollstrecker auch noch kein Verhältnis, das einem Nießbrauch oder einem Pachtvertrag in Ansehung des Handelsgeschäfts ähnlich wäre (§ 22 Abs. 2 HGB.). Wenn sodann das Hanseatische Oberlandesgericht die Zulässigkeit seiner Rechtsauffassung aus § 31 HGB. herleiten will, sofern die Einsetzung einer Testamentsvollstreckung als Änderung des Inhabers der Firma anzusehen sei, so kann dem nicht gefolgt werden. Richtig ist freilich, daß die Anordnung der Testamentsvollstreckung mit Verwaltungsbefugnis hinsichtlich des Nachlasses nicht einer von den Erben einem Miterben oder einem Dritten erteilten Vollmacht gleichzustellen ist. Die Testamentsvollstrecker haben ihre Befugnisse unabhängig vom Willen der Erben kraft der letztwilligen Verfügung des Erblassers; sie führen die Verwaltung des Nachlasses weder als gesetzliche noch als gewillkürte Vertreter der Erben, sondern kraft eigenen Rechts, das auf der vom Erblasser getroffenen Verfügung von Todes wegen beruht, wenn sie auch ihre Befugnisse in Wahrnehmung fremder Interessen ausüben. Sie sind Inhaber eines Amtes zu eigenem Recht. Daraus ergibt sich aber noch keineswegs die Zulässigkeit der Eintragung der Testamentsvollstrecker-Anordnung selbst in das Handelsregister, wenn sich die Verwaltungsbefugnisse auf ein zum Nachlaß gehöriges Handelsgeschäft erstrecken. Gewiß könnten dann an sich die Rechte der Erben je nach der Gestaltung dieser Verwaltungsbefugnis im Hinblick auf §§ 2205, 2206, 2211, 2212 flg. BGB. weit zurückgedrängt, ja so gut wie ausgeschaltet sein. Allein auch hier gilt wieder, daß die Rechtsstellung der verwaltungsberechtigten Testamentsvollstrecker vom Erblasser in der allerverschiedensten Weise geregelt sein kann und daß sich die Anordnung der Testamentsvollstreckung eben deshalb schon von vornherein nicht zur Eintragung in das Handelsregister eignet. Mit der Begründung des Oberlandesgerichts Hamburg ließe sich auch die Eintragung einer Nachlaßpflegschaft, einer Nachlaßverwaltung, einer Vormundschaft oder einer Entmündigung rechtfertigen, um so mehr, als es sich insoweit wenigstens um Tatbestände typischen Charakters handeln würde. Sollten aber auch Eintragungen solchen Inhalts zulässig sein, so hätte das Gesetz sicherlich eine entsprechende Bestimmung getroffen, zumal angesichts der für den Konkursfall geltenden Sondervorschrift des § 32 HGB. (vgl. jetzt auch § 37 der Vergleichsordnung vom 5. Juli 1927) und des allgemeinen Grundsatzes über den Kreis der eintragungsfähigen Tatbestände.

Das Oberlandesgericht Hamburg bezeichnet sodann als offenbar rechtsirrtümlich die Auffassung des Amtsgerichts, daß die Fortführung der Firma durch die Testamentsvollstrecker eine persönliche Verpflichtung der Erben für die früheren Geschäftsschulden mit sich bringe. Weiter führt das Oberlandesgericht aus, es sei nicht einzusehen, weshalb die Fortführung eines Geschäfts durch den vom Erblasser eingesetzten, die Verwaltung des Nachlasses selbständig und ohne rechtliche Bindung durch den Willen der Erben wahrnehmenden Testamentsvollstrecker dem Erben die ihm nach allgemeiner Norm zustehende Möglichkeit nehmen könnte, seine Haftung für die auf dem Nachlaß ruhenden Schulden auf diesen zu beschränken. Dabei ist aber nicht beachtet, daß die hier beantragte Eintragung dahin gehen soll, daß das Geschäft mit der Firma von den Erben in Erbengemeinschaft fortgeführt werde. Würden sie das Geschäft fortführen, so wäre nicht abzusehen, weshalb die Folgen nicht eintreten sollten, welche § 27 HGB. an eine solche Fortführung über die dort festgesetzte Dreimonatsfrist hinaus knüpft. So wie die Anmeldung lautet, würde das Geschäft ja gerade nicht von den Testamentsvollstreckern fortgeführt, sondern von den Erben. Soll der Vermerk über das Vorhandensein von Testamentsvollstreckern auf das Gegenteil, d. h. darauf hinweisen, daß die Testamentsvollstrecker und nicht die Erben das Geschäft fortführen, so wäre die Anmeldung an sich widerspruchsvoll und auch deshalb zu beanstanden. Richtig ist nur, daß eine Fortführung des Geschäfts durch die Testamentsvollstrecker kraft ihres Amtes auch für die Frage der Schuldenhaftung nicht einer Fortführung durch die Erben gleichgestellt werden kann. Gewiß ist es für die Anwendbarkeit des § 27 HGB. gleichgültig, ob die Erben das Geschäft persönlich betreiben oder ob dies in ihrem Namen durch einen Bevollmächtigten oder ihren gesetzlichen Vertreter geschieht. Dem kann aber, wie auch das Oberlandesgericht Hamburg annimmt, die Fortführung durch einen von ihrem Willen unabhängigen Testamentsvollstrecker, der seine Machtbefugnisse vom Erblasser erhielt, ebensowenig gleichgestellt werden wie z. B. die Geschäftsfortführung durch einen Nachlaßverwalter (Düringer-Hachenburg-Höniger Anm. 2 zu § 27 HGB.; Staub-Bondi Anm. 33 zu § 27 daselbst; Riesenfeld Erbenhaftung Bd. 1 S. 20; Staudinger-Herzfelder Anm. 5 zu § 2205 BGB.). Die Testamentsvollstrecker können ferner, soweit ihnen diese Befugnis vom Erblasser eingeräumt ist, Verbindlichkeiten immer nur mit Wirkung für den Nachlaß eingehen, nicht aber darüber hinaus die Erben schlechthin persönlich verpflichten.

Faßt man diese Rechtsgestaltung ins Auge, so würde die Fortführung des Handelsgeschäfts durch die Testamentsvollstrecker, die sich im Hinblick auf die §§ 2209, 2210 BGB. je nach dem Willen des Erblassers unter Umständen auf viele Jahrzehnte erstrecken könnte, auf die Führung eines Handelsgeschäfts mit beschränkter Haftung hinauslaufen. Ein solcher Rechtszustand wäre aber völlig unvereinbar mit den Bedürfnissen eines geordneten und sicheren Handelsverkehrs wie auch mit den Vorschriften des Gesetzes, insbesondere mit den §§ 22, 27 HGB. Bei dem Widerstreit der bürgerlichrechtlichen Vorschriften (§§ 2197 flg. BGB.) mit den handelsrechtlichen über Firmenführung und Haftung für die Geschäftsschulden müssen aber in aller Regel die ersteren zurücktreten, wie es auch Art. 2 EG. z. HGB. vorsieht. Dem Erblasser ist nicht die Macht gegeben (auch nicht auf dem Umweg über die Anordnung einer Testamentsvollstreckung mit selbständiger Verwaltung), das bisher von ihm betriebene Handelsgeschäft in der Person seines Erben oder seiner mehreren Erben zu einem Unternehmen mit beschränkter Haftung zu gestalten. Soll dies der Fall sein, so müssen die hierfür vom Gesetz zur Verfügung gestellten besonderen Rechtsformen benutzt werden (z. B. Kommanditgesellschaft, Gesellschaft mbH.).

Auch daran scheitert die Möglichkeit einer Fortführung des Handelsgeschäfts durch die Testamentsvollstrecker, wie sie das Oberlandesgericht und die Beschwerdeführer im Auge haben.

---

29. 1. Wie gestaltet sich die Rechtslage zwischen Verkäufer und Käufer eines Grundstücks, wenn der Eigentumsübertragung an den Käufer ein diesem beim Kaufe bekannt gewordenes relatives Veräußerungsverbot mit dinglicher Kraft entgegensteht?

2. Hat der durch ein solches Verbot Geschützte im Fall einer dem Verbot zuwider geschehenen Eigentumsübertragung einen Anspruch auf Rückauflassung oder auf Berichtigung des Grundbuchs?

BGB. §§ 306, 323, 325, 433, 439, 894. EG. z. BGB. Art. 168, 179, 184. Preuß. Allg. Landrecht Teil I Tit. 4 §§ 17, 19, Tit. 5 §§ 75flg.

VI. Zivilsenat. Urt. v. 30. März 1931 i. S. M. H. eingetr. Gen. mbH. (Kl.) w. J. (Bekl.). VI 518/30.

I. Landgericht Magdeburg.
II. Oberlandesgericht Naumburg a. S.

Die im Laufe des Rechtsstreits mit der Klägerin verschmolzene gemeinnützige Siedlungsgenossenschaft des Reichsbundes der Kriegsbeschädigten, Kriegsteilnehmer und Kriegshinterbliebenen Ortsgruppe M., eingetr. Gen. mbH., kaufte durch notariell beurkundeten Vertrag vom 3. November 1925 vom Beklagten vier Grundstücke für 16000 GM., wovon 1000 GM. durch Übernahme einer Hypothek zu decken, 4500 GM. schon vorher gezahlt und 10500 GM. noch zu zahlen waren. Der Beklagte war nicht Eigentümer der Grundstücke, er hatte sie aber von den Eheleuten H. durch notariell beurkundeten Vertrag vom 6. März 1925 gekauft. Auch die Eheleute H. standen nicht als Eigentümer eingetragen, sie hatten aber von sämtlichen Erben der zuletzt eingetragenen Eigentümerin deren Erbanteile erworben. Nach dem Kaufvertrag vom 3. November 1925 waren von dem Restkaufpreise 5500 GM. an die Eheleute H. zu zahlen. Bei drei von den Grundstücken findet sich in Abteilung II des Grundbuchs folgender Vermerk:

Besitzer Sch. hat sich für sich und seine Besitznachfolger verpflichtet, dieses Grundstück nur an ein Mitglied der Herrnhuter Brüdergemeine zu veräußern, laut Kauf-Contracts vom 17. Oktober 1857 eingetragen zuf. Verfügung vom 31. Oktober ej. an.

Sch. hatte die Grundstücke von der Ehefrau R. gekauft; der notarielle Kaufvertrag enthält die Eingehung jener Verpflichtung und den Antrag beider Teile, „diese Beschränkung des Eigentums" im Hypothekenbuch zu vermerken. Als Sch. das Grundstück im Jahre 1867 weiterverkaufte, bescheinigte der Vorstand der Brüdergemeine, daß der Käufer ein Mitglied der Gemeinde sei und daß der Berichtigung des Besitztitels von seiten der Gemeinde nichts entgegenstehe. Dagegen richtete aus Anlaß des Verkaufs der Eheleute H. an den Beklagten der Ältestenrat der Brüdergemeine am 25. März 1925 die Mitteilung an das Grundbuchamt, daß er beabsichtige, das ihm eingeräumte Recht, die Verkaufsbeschränkung betreffend, auszuüben, und bitte, die Auflassung nicht vorzunehmen. Die Siedlungsgenossenschaft erhielt am 2. Januar 1926 den Besitz der Grundstücke, leistete auch bis auf 300 RM. die vereinbarten Zahlungen, trat dann aber, nachdem sie den Beklagten mehrmals aufgefordert hatte, ihr lastenfreies Eigentum zu verschaffen, mit Schreiben vom 17. Juli 1928 vom Kaufvertrag zurück.

Mit der Klage verlangt sie und nunmehr die an ihre Stelle getretene Klägerin Erstattung der geleisteten Kaufpreiszahlungen nebst Zinsen. Die Klage war ursprünglich auf den Rücktritt gestützt worden, wurde aber später damit begründet, daß die Eigentumsverschaffung von vornherein unmöglich gewesen sei, weil die Käuferin als juristische Person nicht Mitglied der Brüdergemeine werden, anderseits die Verfügungsbeschränkung wegen Unauffindbarkeit der R.schen Erben nicht gelöscht werden könne. Die Klage wurde daher als Bereicherungsanspruch weiter verfolgt und ging zuletzt unter Anrechnung von Nutzungen auf einen sofort fälligen Betrag von 9261,42 RM. und auf einen am 1. April 1930 fälligen Betrag von 5200 RM., beide Beträge nebst Zinsen. Der Beklagte wandte ein, daß die Vorstandsmitglieder der Käuferin sein mangelndes Eigentum sowie die Eintragung in Abteilung II gekannt und sich anheischig gemacht hätten, das Hindernis zu beseitigen. Er verwies die Klägerin auf ein Aufgebotsverfahren, erklärte sich zur Auflassung bereit und erhob gegen den Klaganspruch noch die Einrede der Verjährung. Im übrigen bestritt er den Anspruch auch der Höhe nach, da die Nutzungen größer gewesen seien und die vorzeitige Auszahlung an die Eheleute H. ihn nicht bereichert habe. Nach dem Zugeständnis der Klägerin war der Käuferin beim Vertragsschlusse bekannt, daß der Beklagte nicht Eigentümer war. Die ursprüngliche Klägerin hatte im ersten Rechtszuge auch zugestanden, daß sie die Eintragung in Abteilung II gekannt und es übernommen habe, den Versuch zur Beseitigung des Hindernisses zu machen; im zweiten Rechtszuge hat die Klägerin bestritten, daß die damaligen Vorstandsmitglieder diese Kenntnis gehabt hätten.

Das Landgericht verurteilte den Beklagten, an die Klägerin alsbald 8100 RM. nebst Zinsen gegen Herausgabe der Grundstücke und weiterhin am 1. April 1930 5200 RM. nebst Zinsen zu zahlen, und wies die Klägerin mit dem weitergehenden Anspruch ab. Auf die Berufung des Beklagten wies das Oberlandesgericht die Klage völlig „als zur Zeit unbegründet" ab. Die Revision der Klägerin führte zur Aufhebung und Zurückverweisung.

Gründe:

Das Berufungsgericht sieht in dem Vermerk in Abteilung II des Grundbuchs die Eintragung einer auf Vertrag beruhenden, gemäß §§ 17, 19 Teil I Titel 4 des Allgemeinen Landrechts mit dinglicher Wirkung ausgestatteten Verfügungsbeschränkung des jeweiligen Grundstückseigentümers, die ihn hindere, das Grundstück an andere Personen als an Mitglieder der Herrnhuter Brüdergemeine zu veräußern, und die durch die Grundbuchgesetzgebung vom 5. Mai 1872 sowie nach Art. 168, 179, 184 EG. z. BGB. auch durch das geltende Recht unberührt geblieben sei. Die Verfügungsbeschränkung ist nach der Auffassung des Berufungsgerichts ein relatives Veräußerungsverbot, das zum Schutze der Brüdergemeine selbst, einer juristischen Person, diene, nicht zum Schutze der R.schen Erben, die möglicherweise der Gemeinde nicht angehörten, ihr vielleicht sogar feindlich gegenüberständen. Das Berufungsgericht entnimmt den Erklärungen der Brüdergemeine in den Grundakten „mit aller Wahrscheinlichkeit", daß ihr die zu ihren Gunsten getroffene Verfügungsbeschränkung bekannt gegeben, daß sie ihr beigetreten und daß damit den §§ 75flg. Teil I Titel 5 des Allgemeinen Landrechts genügt sei. Weiter nimmt das Berufungsgericht an, daß der Käuferin diese Verfügungsbeschränkung beim Vertragsschlusse bekannt war; es weist den Versuch der Klägerin, das in dieser Hinsicht im ersten

Rechtszug erklärte Geständnis zu widerrufen, als verspätet gemäß § 529 Abs. 2 ZPO. und zudem als unzulässig gemäß § 290 das. zurück. Daraus schließt das Gericht nach § 439 BGB., daß der Beklagte diesen Rechtsmangel nicht zu vertreten und daß er, wenn er der Klägerin das Eigentum nicht verschaffen könne, ihr nach § 323 das. die empfangene Gegenleistung gemäß den Vorschriften über ungerechtfertigte Bereicherung herauszugeben habe. Dagegen nimmt es nicht an, daß der Vertrag von vornherein auf eine unmögliche Leistung gerichtet gewesen sei (§ 306 das.).

Insoweit sind die Erwägungen des Berufungsgerichts rechtlich nicht zu beanstanden und werden auch von der Revision nicht angegriffen. Das Berufungsgericht meint nun aber weiter, die Frage, ob der Beklagte der Klägerin das Eigentum verschaffen könne, lasse sich endgültig nur im Grundbuchverfahren nach Erschöpfung des dort vorgesehenen Instanzenzuges entscheiden. Nach der Ansicht des Berufungsgerichts hindert das relative Veräußerungsverbot die Eintragung der Klägerin im Grundbuch nicht. Das Berufungsgericht meint, daß es dem Berechtigten überlassen bleiben müsse, die Rückauflassung herbeizuführen. Da nun die Klägerin nach eigener Angabe bisher nur auf eine Anfrage beim Grundbuchamt die Auskunft erhalten habe, daß der Grundbuchrichter die Eintragung für unzulässig halte, da sie aber die Auflassung bisher nicht entgegengenommen und keinen Eintragungsantrag gestellt, geschweige den Instanzenzug erschöpft habe, so sei der Klaganspruch zur Zeit nicht gerechtfertigt. Mit Recht wird diese Ansicht von der Revision beanstandet.

Das Berufungsgericht nimmt zutreffend an, daß die Kenntnis der Käuferin von dem Veräußerungsverbot und ihr Erbieten, das Hindernis zu beseitigen, die Pflicht des Beklagten zur Verschaffung des Eigentums nicht aufhob, sondern ihn in dieser Hinsicht nur von den Folgen befreite, die eintreten würden, wenn er sein Unvermögen zur Verschaffung zu vertreten hätte (§§ 325 flg. BGB.). Der Verkäufer hat aber nicht nur Bucheigentum, sondern nach § 433 BGB. wirkliches Eigentum zu verschaffen. Der Beklagte hätte daher seine Verkäuferpflicht nicht schon dann erfüllt, wenn die Klägerin im Grundbuch eingetragen, der Eigentumserwerb aber gegenüber der Brüdergemeine unwirksam wäre (vgl. RGZ. Bd. 113 S. 405). Denn das ist die Wirkung des relativen Veräußerungsverbots. Der dadurch

Geschützte hat, wenn ein Grundstück dem Verbote zuwider veräußert wird, nach dem System des Bürgerlichen Gesetzbuchs nicht einen Anspruch auf Rückauflassung, wie das Berufungsgericht meint, sondern in entsprechender Anwendung des § 894 BGB. einen Anspruch auf Berichtigung des Grundbuchs (Wolff Sachenrecht § 46 I; Planck-Strecker § 894 Erl. II 2c). Mit einem Bucheigentum, das jederzeit auf Verlangen des Geschützten wieder entfernt und durch die Eintragung des bisherigen Eigentümers ersetzt werden müßte, wäre der Klägerin aber offenbar nicht genützt. Wenn der Beklagte nur solches, nicht aber vollwirksames Eigentum verschaffen kann, so ist er zur Erfüllung seiner Verkäuferpflicht unvermögend. Demnach kann es nicht auf den Versuch ankommen, ob sich der Grundbuchrichter durch das relative Veräußerungsverbot entgegen der Meinung des Berufungsgerichts (vgl. auch RGZ. Bd. 71 S. 40, Bd. 105 S. 76) gehindert sieht oder nicht, die Klägerin als Eigentümerin einzutragen, und die darüber bestehende, dem formellen Grundbuchrecht angehörende Streitfrage (vgl. Güthe-Triebel Vorbem. 70 vor § 13 GBO.) bedarf für den vorliegenden Fall keiner Entscheidung. Es kommt allein darauf an, ob der Beklagte der Klägerin vollwirksames Eigentum verschaffen kann. Kann er das, was ihm nach den bisherigen Feststellungen des Berufungsgerichts nur mit Zustimmung der Brüdergemeine möglich sein würde, so müßte sich die Klägerin nach § 439 Abs. 1 BGB. allerdings damit zufrieden geben, daß das Veräußerungsverbot bestehen bliebe, daß es also sie selbst in der Weiterveräußerung beschränken würde. Demnach hat das Berufungsgericht die sich aus § 433 das. ergebende Pflicht zur Eigentumsverschaffung verkannt.

---

30. 1. Über satzungsmäßig gebundene Namensaktien im amtlichen Börsenhandel.

2. Sind Stimmvollmachten gültig, die sich der von der Gesellschaft abgelehnte Aktienaufkäufer für die fraglichen Aktien von seinen Vormännern hat erteilen lassen?

3. Zur Frage der Sittenwidrigkeit von Generalversammlungs-Beschlüssen auf Schaffung von Schutzaktien in Form von Stammaktien.

HGB. §§ 222, 252, 264flg., 271, 275. BGB. §§ 134, 138.

II. Zivilsenat. Urt. v. 31. März 1931 i. S. Ind. u. Priv. Bank AG. (Kl.) w. V. Versicherungsaktiengesellschaft (Bekl.). II 222/30.

I. Landgericht I Berlin, Kammer für Handelssachen.
II. Kammergericht daselbst.

Das — voll eingezahlte — Grundkapital der verklagten Aktiengesellschaft belief sich vor der hier mit den Streitgegenstand bildenden Kapitalerhöhung auf 3000000 RM., eingeteilt in 6000 Stück Namensaktien zu je 500 RM. „Erwerb und Übergang" der Aktien bedürfen der Genehmigung durch den Aufsichtsrat, der zur Begründung seiner Entscheidung nicht verpflichtet ist (§ 6 der Satzung). Nach § 20 Abs. 2 das. ist stimmberechtigt in der Generalversammlung jeder „in das Aktienbuch eingetragene Aktionär entweder persönlich oder durch seinen gesetzlichen Vertreter oder durch einen anderen schriftlich bevollmächtigten Aktionär . . ." Die Aktien der verklagten Gesellschaft sind an der Berliner Börse zugelassen. Die dem M.-Konzern angehörige Klägerin ist im Aktienbuch der Beklagten mit zwei Aktien als Aktionärin eingetragen.

Am 12. Juni 1928 fand eine ordentliche Generalversammlung der Beklagten mit folgender Tagesordnung statt:

1. Vorlage des Jahresberichts und der Gewinn- und Verlustrechnung, sowie Genehmigung der Bilanz für 1927.
2. Verwendung des Überschusses von 1927.
3. Entlastung des Vorstands und Aufsichtsrats.
4. Wahl eines Aufsichtsratsmitglieds.
5. Wiederholung der in der außerordentlichen Generalversammlung vom 5. April 1928 gefaßten Beschlüsse hinsichtlich der Kapitalerhöhung unter formaler Aufhebung derselben.

   Demgemäß:

6. Erhöhung des Aktienkapitals um 2000000 RM. auf 5000000 RM. durch Ausgabe von 4000 Namensaktien im Nennwert von je 500 RM. unter Leistung einer Bareinlage von 25% des Nennbetrages und unter Ausschluß des gesetzlichen Bezugsrechts der Aktionäre. Festsetzung der Einzelheiten der Begebung.

7. Änderung des Gesellschaftsvertrags:
§§ 5, 9, 14, 16, 20 Ziff. 3, § 21 Ziff. 2, § 25 Abs. 3 III und VII b (je unter Anführung der einzelnen Abänderungsvorschläge).
8. Ermächtigung des Aufsichtsrats zur Vornahme von Änderungen des Gesellschaftsvertrags nach § 274 HGB. und der Abänderungsbeschlüsse nach § 123 und § 39 Abs. 3 des Reichsgesetzes über die privaten Versicherungsunternehmen vom 12. Mai 1901.

Zu Punkt 6 der Tagesordnung stellten Vorstand und Aufsichtsrat der Beklagten den Antrag, zu beschließen:

a) Das Grundkapital wird von 3000000 RM. um 2000000 RM. auf 5000000 RM. erhöht durch Ausgabe von 4000 Stück Namensaktien über je 500 RM. Erwerb und Übergang der Aktien unterliegen den Bestimmungen des § 6 der Satzung.
b) Die neuen Aktien werden zum Nennbetrag ausgegeben. Vor der Einreichung der durchgeführten Kapitalerhöhung zum Handelsregister sind 25% des Nennbetrags einzuzahlen. Die restlichen Einzahlungen sind nach den Bestimmungen des Aufsichtsrats zu leisten.
c) Das gesetzliche Bezugsrecht der Aktionäre wird ausgeschlossen.
d) Der Vorstand wird ermächtigt, mit Zustimmung des Aufsichtsrats die neuen Aktien zu begeben, wenn:
   1. der Übernehmer der neuen Aktien die durch die Kapitalerhöhung entstehenden Kosten einschließlich der Gesellschaftsteuer trägt,
   2. der Übernehmer der neuen Aktien der Gesellschaft gegenüber die Verpflichtung eingeht, die Aktien nur im Einvernehmen mit ihr und zu einem von ihr zu bestimmenden Zeitpunkt zu verwerten. Dabei sind die Aktien zunächst den Aktionären zu einem von der Gesellschaft festzusetzenden Kurse zum Bezug anzubieten. Den Übernehmern der jungen Aktien steht kein Bezugsrecht zu. Das Bezugsangebot hat im Verhältnis des Anteils der bezugsberechtigten Aktionäre an dem bezugsberechtigten Grundkapital zu erfolgen. Ein Mehrerlös über den Einstandspreis fließt der Gesellschaft zu.

e) Die neuen Aktien nehmen an dem den Aktionären zustehenden Reingewinn der Gesellschaft nach Zeit und Höhe der eingezahlten Beträge teil; im übrigen sind sie mit den alten Aktien gleichberechtigt.

f) Die Festsetzung der weiteren Modalitäten für die Ausgabe der jungen Aktien wird dem Aufsichtsrat im Benehmen mit dem Vorstand übertragen. Hierbei müssen die Übernehmer verpflichtet werden, solange sie Aktionäre sind, von der auf die neuen Aktien bezogenen Dividende an die Gesellschaft den Betrag zurückzuvergüten, der die Verzinsung des für die neuen Aktien aufgewendeten Kapitals einschließlich der übernommenen Kosten übersteigt. Die Höhe dieser Verzinsung soll dem durchschnittlichen Zinssatz entsprechen, der in dem in Betracht kommenden Geschäftsjahr für erststellig hypothekarisch gesicherte Darlehen von der Gesellschaft erzielt wird.

In der Anwesenheitsliste sind unter Teil I 4064 Aktien mit ebensovielen Stimmen aufgeführt, deren Stimmberechtigung nicht beanstandet worden ist. Bezüglich der im Teil II vermerkten 221 Aktien hat die Verwaltung erklärt, daß die Abtretungen an diese Aktionäre zwar satzungsmäßig genehmigt, aber rechtlich unwirksam seien; die Stimmberechtigung solle aber für die diesmalige Generalversammlung nicht bestritten werden. In Ansehung der unter Teil III verzeichneten Aktionäre mit 130 Stimmen gab die Verwaltung die Erklärung ab, daß die zu diesen Aktien vorgelegten Vollmachten den § 6 der Satzung umgehen sollten, daher rechtsunwirksam seien; diese Aktien könnten deshalb nicht zur Abstimmung zugelassen werden. Im Teil IV endlich sind 48 Aktien aufgeführt, deren Inhaber verschiedenen Personen Vollmachten erteilt hatten oder für einen Teil ihrer Aktien selbst erschienen, für einen anderen Teil Vollmacht erteilt hatten. Insoweit erklärte die Verwaltung, daß die Abstimmung eines Aktionärs nur einheitlich für den ganzen Aktienbesitz erfolgen könne und, wenn die verschiedenen Bevollmächtigten oder der Aktionär und sein Bevollmächtigter nicht einheitlich stimmten, die sämtlichen von ihnen abgegebenen Stimmen als ungültig behandelt würden.

Bei der Abstimmung wurden sämtliche Anträge der Verwaltung angenommen. Vertagungsanträge der Klägerin und eines weiteren Aktionärs zu Punkt 1, sowie der ersteren zu Punkt 5 und 6 wurden abgelehnt. Das gleiche Schicksal hatten Abänderungsanträge der Klägerin zu Punkt 5 bis 8. Gegen die Ablehnung der Vertagungsanträge und gegen die Beschlüsse zu Punkt 1, 2, 3, 6, 7, 8 gab die Klägerin sofort Widerspruch zu Protokoll.

Mit der am 6. Juli 1928 zugestellten Klage ficht die Klägerin die Generalversammlungs-Beschlüsse zu Punkt 1, 2, 3, 6, 7, 8 der Tagesordnung als gesetz-, satzungs- und teilweise auch sittenwidrig an mit dem Antrag, sie für nichtig zu erklären. Hilfsweise begehrt sie Feststellung dahin, daß die Aktien über nennwertlich 2000000 RM., die durch den Kapitalserhöhungsbeschluß vom 12. Juni 1928 geschaffen sind, kein Stimmrecht haben und daß die neuen Aktien bei der Berechnung des Grundkapitals in den Fällen, in denen das Gesetz Minderheitsrechte gewährt, nicht zu berücksichtigen sind. Ein weiterer Hilfsantrag verlangt Feststellung dahin, daß diese Aktien bei Beschlüssen über Satzungsänderungen kein Stimmrecht haben. Die Beklagte hat um Abweisung der Klage gebeten.

Der erste Richter erklärte die Beschlüsse zu Punkt 1, 2, 3 der Tagesordnung für nichtig, im übrigen wies er die Klage ab. Beide Parteien legten Berufung ein. Diejenige der Klägerin wurde zurückgewiesen; die Berufung der Beklagten dagegen führte zur Abweisung der Klage im vollen Umfang. Die Revision der Klägerin hatte teilweise Erfolg.

Aus den Gründen:

I.

Bei dem Anfechtungsgrund der gesetz- und satzungswidrigen Nichtzulassung von Aktionären zur Generalversammlung und zur Abstimmung handelt es sich um verschiedenartige Tatbestände:

1. Nichtzulassung der Klägerin selbst mit angeblich 665 Stück Aktien, die sie an der Börse gekauft hatte.

Insoweit ist unstreitig, daß der Aufsichtsrat der Beklagten seine Genehmigung zum Erwerb dieser Aktien durch die Klägerin versagt hat und daß letztere mit diesen Aktien nicht im Aktienbuch der Beklagten eingetragen ist. Der zweite Richter hat die Auffassung der Klägerin abgelehnt, daß § 6 der Satzung nur für nicht voll eingezahlte Aktien gelte und daß in der mit Wissen und Zustimmung des Aufsichtsrats beantragten und erfolgten Zulassung der Aktien der Beklagten zum Börsenverkehr die allgemeine und im voraus erteilte Einwilligung zum börsenmäßigen Erwerb der volleingezahlten Aktien liege. Er hält weiter eine solche allgemeine Einwilligung für rechtsunwirksam, weil es sich sonst in Wahrheit um eine Satzungsänderung handeln würde, die nur von der Generalversammlung mit erhöhter Mehrheit habe beschlossen werden können. Die Revision rügt insoweit Verletzung des § 222 HGB., des § 133 BGB. und des § 286 ZPO. Ihre Angriffe sind jedoch nicht begründet.

Das Gesetz läßt in § 222 Abs. 2 HGB. bei Namensaktien dem Gesellschaftsvertrag völlig freie Hand, darüber zu bestimmen, ob die Übertragung an die Zustimmung der Gesellschaft geknüpft sein soll, sei es überhaupt oder nur für eine gewisse Art von Fällen. Die Satzung lautet aber hier dahin, daß zum Erwerb und zum Übergang der Aktien die Genehmigung des Aufsichtsrats erforderlich sei (wegen der Zulässigkeit einer solchen Bestimmung vgl. RGZ. Bd. 72 S. 290), und fügt bei, der Aufsichtsrat sei nicht zur Angabe von Gründen für seine Entscheidung verpflichtet. Mit keinem Wort ist angedeutet, daß diese Genehmigung nur für solche Aktien erforderlich sein soll, die noch nicht voll eingezahlt sind. Gewiß ist richtig, daß das Erfordernis der Genehmigung für die Beklagte besondere Bedeutung haben mußte, solange die Aktien noch nicht voll eingezahlt waren und es sich auch darum handelte, zahlungsunfähige Aktionäre fernzuhalten. Indessen ist weder die gesetzliche Zulässigkeit einer solchen Satzungsbestimmung auf den Fall nicht voll eingezahlter Aktien beschränkt, noch ist durch die Satzung selbst eine solche Schranke gesetzt. Das Erfordernis der Genehmigung des Aufsichtsrats ist vielmehr nach Wortlaut und Sinn des § 6 als ein ganz allgemeines aufgestellt, und diese Auslegung wird noch wesentlich durch die weitere Bestimmung unterstützt, daß der Aufsichtsrat nicht zur Angabe von Gründen für seine Entscheidung verpflichtet ist und daß nach § 20 Abs. 2 der Satzung als Bevollmächtigte für andere Aktionäre nur wieder Aktionäre bestellt werden können. Irgendwelche Anhaltspunkte für eine anderweitige Auslegung ergeben sich aus der Satzung selbst nicht; nur sie könnte aber insoweit herangezogen werden. Ganz abgesehen davon, daß die Vorschrift dem Aufsichtsrat völlig freie Hand in der Versagung oder Erteilung der Genehmigung läßt, ist ferner im Ernst nicht zu bestreiten, daß die Beklagte gewichtige und schutzwürdige Interessen daran haben kann, auch nach und trotz der Volleinzahlung ihrer Aktien gewisse Personen — seien es natürliche oder juristische — aus dem Kreis ihrer

Gesellschafter fernzuhalten oder wenigstens ihren Aktienbesitz nicht über ein gewisses Maß hinaus anwachsen zu lassen. Es ist also keineswegs an dem, daß die Klausel nur für nicht voll eingezahlte Aktien einen vernünftigen Sinn und Zweck hätte. Ob die wirtschafts-, finanz- und gesellschaftspolitischen Gesichtspunkte, welche die Verwaltung der Beklagten bei Versagung oder Erteilung der Genehmigung verfolgt, richtig und zweckmäßig sind oder nicht, unterliegt nicht der Nachprüfung durch die Gerichte.

Der Zweck des § 6 der Satzung, der mithin dahin ging, die Entscheidung über die Zusammensetzung der Aktionäre auf alle Fälle in die Hand der Gesellschaft zu geben, war sonach trotz Volleinzahlung der Aktien keineswegs erreicht, geschweige denn, daß diese Satzungsklausel gegenstandslos geworden wäre. Die gegenteilige Ansicht der Revision beruht auf einer Verkennung der Bedeutung dieser Satzungsbestimmung, die der freien Auslegung durch das Revisionsgericht zugänglich ist. Damit erledigt sich gleichzeitig die Rüge aus § 286 ZPO. Gewiß ist sodann unter Genehmigung im Sinne des § 6 der Satzung nicht nur die nachträgliche, sondern auch die im voraus erteilte Zustimmung zu verstehen. Das Gesetz selbst spricht von Zustimmung, worunter nach §§ 182 bis 184 BGB. sowohl die vorherige wie die nachträgliche Zustimmung fällt; im ersten Fall spricht das Gesetz von Einwilligung, im zweiten von Genehmigung. Daraus allein, daß die Satzung hier das Wort „Genehmigung" verwendet, ist indessen noch nicht zu schließen, daß dies nur im rechtstechnischen Sinn, d. h. nur im Sinne der nachträglichen Zustimmung gemeint ist. Das behauptet die Beklagte selbst nicht. Gegen die Möglichkeit einer im voraus erteilten Zustimmung sind daher allerdings an sich keine Bedenken zu erheben. Wohl aber ist eine allgemeine Zustimmung, wie sie die Klägerin behauptet und auch die Revision vertritt, rechtsgrundsätzlich ausgeschlossen. Die Genehmigung kann freilich auch stillschweigend erteilt werden, aber auch im voraus nur für einzelne bestimmte Geschäfte. Die Klägerin behauptet aber eine allgemeine Zustimmung für sämtliche über die Aktien der Beklagten börsenmäßig abgeschlossenen Erwerbsgeschäfte, gleichgültig, wieviel, wann und zwischen welchen Parteien solche abgeschlossen sein sollten. Zustimmung im Sinne des § 222 Abs. 2 HGB. ist aber eine einseitige empfangsbedürftige Willenserklärung, die schon vermöge dieser ihrer Rechtsnatur nur bestimmten Personen, d. h. nur den Parteien des einzelnen Erwerbsgeschäfts oder ihren Vertretern gegenüber abgegeben werden kann (Brodmann Aktienrecht Anm. 4b zu § 222 HGB.). Dazu kommt, daß jede Aktie der verklagten Gesellschaft einen Vermerk trägt, wonach zur Übertragung die Genehmigung des Aufsichtsrats erforderlich ist (vgl. § 180 Abs. 4 HGB.), und daß sich auf der Rückseite ein Vordruck für die Genehmigungserteilung befindet. In den Aktienurkunden selbst war und ist demnach mit aller nur wünschenswerten Deutlichkeit betont und klargestellt, daß zur Übertragung der Aktionärrechte die Genehmigung des Aufsichtsrats notwendig und unerläßlich sei. Es kann deshalb füglich nicht behauptet werden, daß die Beklagte nicht auf die Notwendigkeit ihrer Zustimmung zum rechtsgeschäftlichen Erwerb ihrer Aktien hingewiesen habe. Gerade das Gegenteil ist angesichts des Vermerks auf den Aktienurkunden der Fall. Dieser Vermerk konnte auch den Zulassungsstellen nicht entgehen. Es ist aber nicht ersichtlich, wie aus dem Antrag auf Zulassung so ausgestatteter Aktien zum Börsenhandel und aus dem — wenn auch jahrzehntelangen — Dulden eines solchen Handels durch die Beklagte eine allgemeine Zustimmungserklärung ihrerseits zu sämtlichen börsenmäßig abgeschlossenen Umsatzgeschäften in ihren Aktien sollte abgeleitet werden können. Und vollends willkürlich wäre es, wegen der Bedeutung des Zulassungsantrags und der Duldung des Börsenhandels für die Frage der Genehmigung einen Unterschied zu machen, je nachdem die Aktien voll eingezahlt sind oder nicht. Ebensowenig kann von einem Verzicht auf die Anwendung des § 6 der Satzung oder von der Übernahme einer Verpflichtung zur Erteilung der Genehmigung die Rede sein. Daß deren Versagung gerade im Hinblick auf die Sonderfälle des Erwerbs der Klägerin gegen die guten Sitten verstieße oder sich als ein bloßer Akt der Schikane darstellte, ist nicht dargetan. Die Beklagte glaubt — ob mit Recht oder mit Unrecht, ist unerheblich — daß die Klägerin und deren Hintermänner als Großaktionäre der ruhigen, gedeihlichen Weiterentwicklung des Unternehmens Hindernisse bereiten könnten. Wenn deshalb die Organe der verklagten Gesellschaft von der Bestimmung des § 6 a. a. O. in der Weise Gebrauch machen, daß sie die zum Erwerb der Aktien durch die Klägerin erforderliche Genehmigung versagen, so verstößt dies weder gegen die guten Sitten noch gegen § 226 BGB., zumal da die Klägerin selbst nicht behaupten kann, daß ihr von der Beklagten irgendwelche Zusagen über die

Erteilung der Genehmigung gemacht worden seien. Im übrigen war das Erfordernis der Genehmigung der Klägerin von vornherein bekannt; sie hat überdies einen Teil der Erwerbsgeschäfte in Kenntnis davon abgeschlossen, daß ihr die Genehmigung nicht erteilt werde. Genehmigungsbedürftig ist unzweifelhaft nur das Verfügungs-, nicht auch das schuldrechtliche Veräußerungsgeschäft (LZ. 1913 Sp. 766, 1919 Sp. 534 und JW. 1928 S. 1552 Nr. 1).

Infolge der Versagung der Genehmigung sind die dinglichen Erwerbsgeschäfte unwirksam; weder die Mitgliedschaftsrechte noch das Eigentum an den Aktienurkunden sind auf die Klägerin übergegangen; ein solcher Rechtsübergang ist vielmehr unmöglich geworden. Die Aktionärrechte blieben nach wie vor bei ihren bisherigen Trägern. Die Klägerin ist daher mit den fraglichen Aktien nicht Aktionärin der Beklagten geworden. Mit Recht wurde ihr deshalb die Eintragung in das Aktienbuch und die Ausübung der Mitgliedschaftsrechte aus diesen Aktien verweigert. Demgegenüber schlägt auch der Hinweis der Revision auf die schweren Nachteile nicht durch, die der Klägerin von dem hier vertretenen Standpunkt aus erwachsen. Welche Rechtsfolgen sich aus der Versagung der Genehmigung für das schuldrechtliche Verhältnis zwischen ihr und ihrem Veräußerer ergaben, das richtete sich in aller Regel nach dem Inhalt und dem Rechtstyp dieses Verhältnisses. Soweit es sich um entgeltlichen Erwerb handelt, ist zunächst an Kauf zu denken. War beiden Teilen das Erfordernis der Genehmigung bekannt, so kann der Fall so liegen, daß der Kaufvertrag durch die Erteilung der Genehmigung aufschiebend bedingt ist (Lehmann in Zeitschr. f. Handelsr. Bd. 51 S. 376; Düringer-Hachenburg HGB. Bd. 3 S. 147). Möglich ist aber auch, daß der Verkäufer nach Gewährleistungsgrundsätzen für die Erteilung der Genehmigung einzustehen hat, so wohl regelmäßig dann, wenn dem Käufer das Erfordernis der Genehmigung unbekannt war oder je nachdem die §§ 275, 323 BGB. zur Anwendung kommen. Wußten die Vertragschließenden, daß die Genehmigung nicht erteilt werde, so kann der Käufer in der Regel aus ihrer Versagung keine Rechte gegen den Veräußerer herleiten. Ob dem Standpunkt beigetreten werden könnte, den der schiedsrichterliche Ausschuß des Berliner Börsenvorstands in dem zwischen der Klägerin und einem ihrer Veräußerer ergangenen Schiedsspruch vom 22. Januar 1930 eingenommen hat, daß nämlich, abgesehen von Sonderabmachungen, Börsenhandelsgeschäfte über gebundene Namensaktien überhaupt nicht als Kaufverträge anzusehen seien, mag auf sich beruhen (vgl. hierzu Wirtschaft und Recht 5. Jahrgang Nummer 2/3 Entsch. S. 1flg., Nummer 4 das. S. 79flg.; Rospatt im Bankarchiv 30. Jahrg. S. 198flg.; Koch ebenda S. 274flg.; ferner Blum in JW. 1930 S. 2648). Zweifelsfrei ist dieser Standpunkt jedenfalls nicht. Rechtsirrig ist aber auf alle Fälle die Auffassung, daß bei Nichtgenehmigung des Erwerbsgeschäfts durch die Gesellschaft der abgelehnte Erwerber aus dem schuldrechtlichen Geschäft gegen den Veräußerer einen Rechtsanspruch auf Erteilung einer Stimmvollmacht herleiten könne, sei es einer widerruflichen oder gar einer unwiderruflichen. Im übrigen beweisen die Schwierigkeiten, die für die Abwicklung von Börsenhandelsgeschäften in gebundenen Namensaktien bei Versagung der Genehmigung auftauchen, doch nur so viel, daß sich solche Aktien für den Börsenhandel nicht eignen, nicht aber, daß deshalb über das gesetzlich zugelassene, satzungsmäßig festgelegte, auf den Aktien selbst deutlich kundbar gemachte Genehmigungserfordernis weggesehen werden könnte. Damit erledigen sich die zu diesem Punkt erhobenen Revisionsangriffe.

2. Die Revision rügt weiter Verletzung des sachlichen Rechts, insbesondere der § 252 Abs. 2, § 222 HGB., soweit der Vorderrichter die Nichtzulassung der Klägerin zur Teilnahme an der Generalversammlung und an der Stimmrechtsausübung mit denjenigen Aktien gebilligt hat, die sie aufgekauft und für die sie sich nach Versagung der Genehmigung von ihren legitimierten Vormännern Stimmvollmachten hatte geben lassen. Daß ein insofern etwa untergelaufener Rechtsverstoß gegen Gesetz oder Satzung für das Beschlußergebnis offenbar belanglos gewesen wäre, stellt das Kammergericht nicht fest. Es muß deshalb auf diesen Anfechtungsgrund sachlich eingegangen werden. Unzweifelhaft liegen die formellen Voraussetzungen einer gültigen Bevollmächtigung vor. Die Klägerin ist insbesondere im Aktienbuch der Beklagten als Aktionärin eingetragen und damit ist dem Erfordernis des § 20 Abs. 3 der Satzung genügt, daß eine Vollmachterteilung nur an Aktionäre zulässig ist. Im übrigen hat die Beklagte selbst keine formellen Anstände gegen die Gültigkeit der Vollmachten erhoben. In der Sache selbst kann es auf sich beruhen, ob den Ausführungen des Berufungsgerichts allenthalben zugestimmt werden könnte. Getragen wird die an-

gefochtene Entscheidung jedenfalls durch die Erwägung, daß die beanstandeten Vollmachten nach dem offen zutage liegenden Sachverhalt nur die äußere Form für die in Wahrheit bezweckte Übertragung des Stimmrechts als solchen unter dessen Abspaltung vom Mitgliedschaftsrecht darstellen sollten. Mit Recht folgert dies der Vorderrichter eben daraus, daß es sich nur um solche Aktien handelte, welche die Klägerin aufgekauft hatte, für die ihr aber dann die Erwerbsgenehmigung verweigert worden war. Diese Annahme ist um so unbedenklicher, als die Klägerin die Vollmachten unter Berufung auf die Kaufgeschäfte als ihr Recht verlangt hatte. Eine Trennung des Stimmrechts vom Aktienrecht selbst verstößt gegen zwingende aktienrechtliche Vorschriften, und damit verstößt auch eine Vollmachterteilung, die solchen Zwecken dienen soll, gegen § 134 BGB. mit der Folge der Nichtigkeit. Mit Recht hat dabei das Berufungsgericht der Frage keine Bedeutung beigemessen, ob die Vollmachten widerruflich oder unwiderruflich gegeben worden sind. Da die Klägerin nicht bestreiten kann, daß sie die Vollmachten unter Berufung auf einen ihr angeblich zustehenden Rechtsanspruch gefordert hat, ergibt sich ohne weiteres, daß sie als unwiderrufliche gemeint waren. Demgemäß scheitert die Revision auch zu diesem Anfechtungsgrund.

3. Ob sonst bei der Stimmrechtsverweigerung Verstöße untergelaufen sind, kann auf sich beruhen. Denn nach den rechtlich einwandfreien Feststellungen des Berufungsgerichts wären solche Mängel durchweg für das Beschlußergebnis offensichtlich belanglos gewesen. Insoweit sind übrigens keine besonderen Revisionsangriffe erhoben . . .

II.

Die weiteren Rügen richten sich gegen die Abweisung der Anfechtungsklage in Ansehung der Kapitalerhöhungs- und Anhangsbeschlüsse.

1. Unstreitig ist die Kapitalerhöhung nicht zur Befriedigung eines vorhandenen oder demnächst in Aussicht stehenden Kapitalbedürfnisses der verklagten Gesellschaft erfolgt, sondern zu dem Zweck, die Möglichkeit einer Einflußnahme der Klägerin oder des hinter ihr stehenden M.-Konzerns auf die Beklagte hintanzuhalten. Es handelte sich also um die Schaffung von sog. Schutzaktien, und zwar in der Form von Stammaktien. In ihrer rechtlichen Gestaltung

unterscheiden sich die so geschaffenen Stammaktien aktienrechtlich insofern von den übrigen Stammaktien der Beklagten, als sie zunächst nur mit 25% einzuzahlen waren, während auf die übrigen (ursprünglich ebenfalls nicht voll eingezahlten) Stammaktien die Einzahlungen ganz geleistet worden sind. Die Schutzaktien bilden demnach aktienrechtlich keine besondere Gattung von Aktien im Sinne von § 185 HGB. Es wurde im Gegenteil bei den Kapitalerhöhungs- und Anhangsbeschlüssen offenbar geflissentlich alles vermieden, was ihnen den Stempel einer besonderen Aktiengattung hätte aufdrücken können, eben weil sich dann ihr Stimmengewicht im Hinblick auf die besonderen gesetzlichen Abstimmungsvorschriften im Falle des Vorhandenseins mehrerer Aktiengattungen (§ 207 Abs. 3, § 275 Abs. 2, § 288 Abs. 1, § 303 Abs. 1 HGB.) nicht vollständig in der beabsichtigten Richtung hätte auswirken können. Der Umstand, daß die Aktien auch nach ihrer Ausgabe infolge der mit dem Übernehmer zu treffenden und getroffenen rein schuldrechtlichen Vereinbarungen für die Zwecke der Gesellschaft gebunden bleiben sollten und blieben, macht sie aktienrechtlich nicht zu einer besonderen Aktiengattung.

2. Das Berufungsgericht hat entgegen der Auffassung der Klägerin im Anschluß an die Rechtsprechung des erkennenden Senats grundsätzlich die Zulässigkeit solcher Schutzaktien auch in der Form von Stammaktien bejaht. Daran ist in Übereinstimmung insbesondere mit RGZ. Bd. 108 S. 322, Bd. 113 S. 188, Bd. 119 S. 248 festzuhalten, entgegen der Ansicht der Revision, die insoweit Verletzung der §§ 178, 213, 226, 252 HGB. rügt und behauptet, der Kapitalerhöhungs-Beschluß mit Anhang sei ein Scheingeschäft und verstoße gegen den Grundsatz der Gleichbehandlung der Aktionäre.

3. Es kommt mithin darauf an, ob die Beschlüsse über die Schaffung der nennwertlich 2 Millionen RM. neuer Stammaktien gegen die guten Sitten verstoßen und deshalb nichtig sind. Diese Frage hat das Berufungsgericht geprüft, jedoch verneint. Die Revision rügt insoweit unter Bezugnahme auf die Rechtsausführungen der Berufungsbegründung im besonderen Verletzung des § 138 BGB. Sie macht geltend, die Mehrheit nütze hier ihre Macht gegenüber der Minderheit in rücksichtslosester Weise zur Verfolgung nicht von Gesellschaftsinteressen, sondern von rein eigennützigen Interessen aus, es liege eine Knebelung der Minderheit vor. Wenn der Vorderrichter betone, man dürfe von der Beklagten nicht den Nachweis verlangen,

daß es keinen anderen Weg gegeben hätte, um die von der Verwaltung und von der Mehrheit befürchtete Gefahr zu beseitigen, so werde dieser Standpunkt den auf dem Spiel stehenden Interessen nicht gerecht. Eine so einschneidende Maßnahme wie die Entrechtung der alten Aktionäre könne nur zulässig sein, wenn sie unbedingt notwendig sei. Die beiläufige Bemerkung in RGZ. Bd. 119 S. 257flg. sei schwerlich dahin zu verstehen, daß Schutzaktien „ohne Not" geschaffen werden dürften; dies würde auch mit RGZ. Bd. 107 S. 75, Bd. 108 S. 327, Bd. 112 S. 18 im Widerspruch stehen. Auch sonst würden, so meint die Revision, die Ausführungen des Berufungsgerichts der Bedeutung der Sache nicht gerecht. Die Abänderungsanträge der Klägerin könne man nicht mit der Erwägung abtun, die Generalversammlung habe, da ihre Beschlüsse erlaubt gewesen seien, freie Hand gehabt, ob sie sich für die Anträge der Verwaltung oder für die der Klägerin habe entscheiden wollen. Denn „statthaft" seien die Beschlüsse doch nur dann gewesen, wenn sie nicht ohne Not Interessen der Minderheit verletzt hätten; ob es einer Vertagung bedurft hätte oder ob die Verhandlungen über das „Friedensangebot" der Klägerin nicht innerhalb der Generalversammlung hätten geführt werden können, lasse sich nicht nachprüfen, da die Verwaltung der Beklagten das Angebot von vornherein abgelehnt habe. Die Beklagte hätte einen Versuch machen müssen, dies um so mehr, als die Klägerin schon längere Zeit vorher dem stellvertretenden Vorsitzenden des Aufsichtsrats der Beklagten ein gleichartiges Angebot gemacht, die Ernstlichkeit des Angebots also außer Zweifel gestanden habe. Inwiefern es auf die wirtschaftliche Identität der Empfänger der Angebote ankommen solle, sei nicht ersichtlich; wesentlich sei nur, daß die Beklagte unter den vorliegenden Umständen an der Ernstlichkeit des Angebots nicht habe zweifeln können.

Diese Angriffe mußten Erfolg haben.

Die Kapitalerhöhung und die Schaffung weiterer Stammaktien dienten hier nur dem Zweck, die Stellung der Mehrheit gegenüber der von der Klägerin geführten Minderheit zu stärken und so eine der Beklagten angeblich schädliche Einflußnahme der Klägerin auf die Gesellschaft auszuschalten und unmöglich zu machen. Es handelte sich nicht — nicht einmal zugleich — darum, einen vorhandenen oder demnächst in Aussicht zu nehmenden Kapitalbedarf der Beklagten zu befriedigen oder sicherzustellen. Vielmehr sind die Stammaktien als reine Schutzaktien gegen sog. innere Überfremdung geschaffen worden. Die Rechtsform der Stamm- und Kapitalaktie ist demnach rein machtpolitischen Zwecken dienstbar gemacht worden, nämlich dem Zweck, die Klägerin und ihre Machtgruppe niederzuhalten. Daß dies im wirklichen oder vermeintlichen Gesellschaftsinteresse geschah, ändert daran nichts. Entscheidend ist zunächst, daß die Frage des Kapitalbedarfs der Beklagten bei der Kapitalerhöhung keine Rolle spielte.

Nun ist nicht zu verkennen, daß zur Befestigung der Machtstellung der Verwaltung und der hinter ihr stehenden Mehrheit Schutzaktien in Form von Stammaktien das schärfste und wirksamste Mittel bildeten, aber auch das Mittel, das in die finanziellen Rechte sowie in die Herrschafts- und Mitverwaltungsrechte der Aktionäre überhaupt und der Minderheit im besonderen am tiefsten eingriff. Die Verwaltungsgruppe erhielt nicht nur eine sehr große Verstärkung ihrer Stimmenmacht, sondern gleichzeitig erfuhren auch die gesetzlichen Minderheitsrechte, soweit sie im Gesetz auf einer bestimmten Kapitalquote beruhen, eine außerordentliche Verwässerung. Hinzuweisen ist hier auf § 275 Abs. 1 und 2 HGB. vergl. mit § 21 Abs. 2 der Satzung, auf die § 288 Abs. 1, § 303 Abs. 1 HGB., insbesondere aber auch auf §§ 264, 266 Abs. 2, § 268 das. Von diesen Vorschriften ist die des § 275 Abs. 1 allerdings abänderlich; die Satzung der Beklagten hat aber von der Abänderungsmöglichkeit nur insofern Gebrauch gemacht, als sie die Dreiviertel-Kapitalmehrheit durch eine solche von zwei Dritteln ersetzte (wegen der Bedeutung des § 275 Abs. 2 vgl. RGZ. Bd. 125 S. 356). Im übrigen handelt es sich jedoch hierbei um Vorschriften zwingender Natur, durch welche ersichtlich im Interesse nicht bloß gewisser Kapitalminderheiten, sondern auch der Gesellschaft selbst besondere Sicherungen gegen Mißbräuche der Mehrheitsherrschaft und gegen solche in den Verwaltungen der Gesellschaften geschaffen werden sollen. Auf der Hand liegt, daß Vorschriften wie z. B. die §§ 264, 266, 268 HGB. gerade dann, wenn grundsätzlich eine Stärkung der Mehrheits- und Verwaltungsgruppe durch Schutzaktien für zulässig erachtet wird, als unerläßliches Gegengewicht gegen mögliche Mißbräuche im wohlverstandenen Interesse jeder Gesellschaft von besonderer Bedeutung sind. Dabei soll nicht verkannt werden, daß auch diese Minderheitsrechte im Einzelfall mißbraucht werden können. Diese Möglichkeit hat aber der

Gesetzgeber unzweifelhaft nicht übersehen. Um so bedeutsamer ist, daß ungeachtet dessen das Gesetz diese Minderheitsrechte eingeführt hat, und zwar als Rechte, die durch die Satzung nicht verkürzt werden können. Prüft man nun die Wirkung des Kapitalerhöhungs-Beschlusses auf die Rechte der Aktionäre und die der Minderheit im besonderen, so zeigt sich klar, daß gerade auch die kapitalistisch verankerten Minderheitsrechte weitgehend abgeschwächt und verwässert worden sind. Genügten bisher nennwertlich 300000 RM. als Grundlage für die Rechte aus §§ 264, 266, 268 HGB., so sind dazu in Zukunft nennwertlich 500000 RM. oder, nach dem Kurswert gerechnet, statt etwa 1200000 RM. rund 2000000 RM. nötig. Dabei ist noch zu beachten, daß § 6 der Satzung der Verwaltung der Beklagten ein sehr wirksames Mittel an die Hand gibt, die Gruppierungen innerhalb der Aktionärkreise zu überwachen, ja maßgebend zu beeinflussen.

Schon aus dem Gesagten ergibt sich, daß Maßnahmen wie die Schaffung von Schutzaktien in Form von Stammaktien wegen der damit in der Regel verbundenen Beeinträchtigung der besonderen kapitalistischen Minderheitsrechte für Verwaltung und Mehrheit eine sorgfältige und gewissenhafte Prüfung in der Richtung nötig machen, ob sich der verfolgte Zweck nicht auch in sehr viel schonenderer Form erreichen läßt. Aus der Befugnis, im Wege des Mehrheitsbeschlusses zugleich auch für die Minderheit zu beschließen und damit mittelbar über deren in der Gesellschaft gebundene Vermögensrechte zu verfügen, ergibt sich ohne weiteres die gesellschaftliche Pflicht der Mehrheit, im Rahmen des Gesamtinteresses auch den berechtigten Belangen der Minderheit Berücksichtigung angedeihen zu lassen und deren Rechte nicht über Gebühr zu verkürzen. Die neuen Stammaktien sind hier als Schutzaktien gegen die Gefahr der sog. inneren Überfremdung geschaffen. Diese Gefahr wird regelmäßig erst dann ernstlich werden, wenn sie auch in Richtung auf die Besetzung der Verwaltungsstellen (Vorstand und Aufsichtsrat) Wirkung äußern kann. Zur Beseitigung dieser Gefahr stand aber der Mehrheits- und Verwaltungsgruppe die mehr oder minder kapitallose Stimmrechtsaktie zur Verfügung. Nimmt man z. B. an, daß man hier in besonderer Aktiengattung etwa 400 Schutzaktien zu je 100 RM. mit zehnfachem Stimmrecht geschaffen hätte, so wären der Mehrheit ebenfalls 4000 Stimmen zugewachsen, die kapitalistisch aufgebauten

Minderheitsrechte wären dann aber kaum nennenswert berührt worden. Der Eingriff in die Aktionärrechte wäre vielmehr im wesentlichen auf eine Stimmrechtsverwässerung beschränkt geblieben; die besonderen Sicherungen der kapitalmäßigen Minderheiten (§§ 264, 266, 268 HGB.) wären dagegen so gut wie gar nicht berührt worden. Dieser Sachverhalt und diese Möglichkeiten lagen zweifellos auch für die Verwaltung und die maßgeblichen Mehrheitsgruppen offen zutage. Die Kapitalerhöhung ist nicht zur Deckung eines Kapitalbedarfs erfolgt. Stichhaltige Gründe, weshalb gerade für die Schutzaktien die Rechtsform der Stammrechtsaktien gewählt wurde, sind nicht festgestellt worden und auch sonst nicht ersichtlich. Dazu kommt, daß die Gesellschaft ohnehin der Überfremdungsgefahr keineswegs schutzlos gegenüberstand. Sie hatte einmal den § 6 der Satzung. Er gab ihr sowohl die Möglichkeit, die Bewegungen und Gruppierungen innerhalb der Aktionärkreise zu überwachen und durch Erteilung oder Versagung der Genehmigung maßgeblichen Einfluß hierauf auszuüben. Daß sich § 6 bei der Art und Weise, wie sich die Beklagte seiner bediente, auch im Kampf gegen die Klägerin als ein sehr taugliches Abwehrmittel erwiesen hat, kann füglich nicht bezweifelt werden. Gewiß mochte er, namentlich gegenüber einem so kapitalkräftigen und erfahrenen Gegner, wie es die Klägerin und die hinter ihr stehende Gruppe ist, nicht ausreichen, um allen von dieser Seite befürchteten Gefahren mit Erfolg begegnen zu können. Das schafft aber die Tatsache nicht aus der Welt, daß die Beklagte in ihrem § 6 der Satzung ohnehin schon ein scharfes Kampfmittel gegen das Eindringen von Fremdkapital hatte, das für sich allein solche Versuche zu sehr verlustreichen Geschäften machen konnte. Eine weitere Sicherung gegen Überfremdung bot § 20 Abs. 2 der Satzung, sofern er nur eine Bevollmächtigung von Aktionären gestattet. Auch dieses Schutzmittel war nicht untauglich, wie seine Anwendung gegen die Klägerin zeigt. Gerade im Zusammenhalt mit diesen schon vorhandenen Sicherungen betrachtet, sind die angegriffenen Beschlüsse über Schaffung von Schutzaktien nach deren Art und Umfang vollends zu beanstanden. Gewiß bedeuteten die 4000 Stimmen der Schutzaktien, nach der Gesamtstimmenzahl von 10000 Stimmen gerechnet, noch nicht die absolute Mehrheit. Aber die alten Aktien der Beklagten sind, wie ein Blick in die Anwesenheitsliste der Generalversammlung vom 12. Juni 1928 zeigt, zu erheblichen Teilen in kleinen und kleinsten Posten zerstreut. In aller Regel wird deshalb bestenfalls damit zu rechnen sein, daß 70 bis 80% des Gesamtkapitals in den Generalversammlungen vertreten sein werden. Die Schutzaktien gewährleisten damit tatsächlich der Verwaltungs- und Mehrheitsgruppe in allen Fällen so gut wie sicher schon allein die Mehrheit. Dazu kommt hinsichtlich der freien Aktien und der Zusammensetzung der Aktionärkreise insoweit immer wieder das Schutzmittel des § 6 der Satzung in Verb. mit dem § 20 Abs. 2 das. Es ist nicht erfindlich, wie bei dieser Sachlage „vertretbare Gründe" auch noch eine so starke Verwässerung der kapitalistischen Minderheitsrechte rechtfertigen sollten. Das angefochtene Urteil läßt insoweit jede ausreichende tatsächliche Feststellung vermissen.

Gerade in diesem Zusammenhang ist endlich das sog. Friedensangebot der Klägerin und ihrer Gruppe nicht so belanglos, wie das Berufungsgericht meint. Die Generalversammlung hatte gezeigt, daß die weitaus überwiegende Mehrheit der vertretenen Aktionäre auf der Seite der Verwaltung und der bisherigen Mehrheitsgruppe stand. Die Klägerin und ihre Gruppe hatten sehr erhebliche Mittel in den Aufkauf von Aktien der verklagten Gesellschaft gesteckt. Die Genehmigung zum Erwerb war ihr versagt worden; ob sie von ihren Verkäufern deshalb den Kaufpreis zurückholen konnte, war jedenfalls zweifelhaft. So wie die Dinge lagen, hatten mithin die Klägerin und ihre Hintermänner ersichtlich ein erhebliches Interesse daran, mit der Mehrheitsgruppe, deren Stellung sehr viel günstiger war, auch unter erheblichen Opfern zu einer Einigung zu kommen, um größere Verluste zu vermeiden. Dies verkennt das Berufungsgericht. Gewiß sahen sich die Verwaltung und die Mehrheit der Beklagten in der Klägerin und der hinter ihr stehenden Gruppe einem finanziell sehr starken, erfahrenen und auf die Wahrnehmung der eigenen Interessen wohl bedachten Gegner gegenüber. Verwaltung und Mehrheit mochten auch, wie das Urteil ausführt, aus „vertretbaren Gründen" von einer Einflußnahme der Klägerin und ihrer Gruppe auf die Gesellschaft ernste Gefahren für deren gedeihliche Entwicklung befürchtet haben. Das schließt aber nicht aus, daß bei der Wahl der hiergegen ergriffenen Schutzmaßnahmen und ihrer Ausgestaltung weit über das erforderliche Maß hinausgegangen wurde und daß zugleich in Verfolgung gesellschaftsfremder Interessen die Minderheitsrechte in macht-mißbräuchlicher Weise verkümmert und verkürzt wurden. So aber liegt nach dem Ausgeführten der Fall in der Tat hier. Deshalb kann der angegriffene Kapitalerhöhungs-Beschluß nebst seinen Anhangs- und Ausführungsbeschlüssen vor dem Recht keinen Bestand haben. In diesem Umfang mußte daher der Anfechtungsklage Raum gegeben werden. Im übrigen ist die Revision unbegründet. ...

---

31. 1. Kann der Gläubiger die in einem unwirksamen Grundstücks-Veräußerungsvertrag vom September 1922 vereinbarte Schuld-übernahme noch genehmigen, nachdem sich die Vertragsparteien im Juli 1925 über die Erfüllung des Kaufvertrags verglichen haben?

2. Zur Auslegung dieses Vergleichs.

BGB. §§ 133, 157, 415.

VI. Zivilsenat. Urt. v. 20. November 1930 i. S. R. u. Gen. (Bekl.) w. Frau W. u. Gen. (Kl.). VI 102/30.

I. Landgericht I Berlin.
II. Kammergericht daselbst.

Die Erben des Rentners S., zu denen die Erstklägerin und der Erblasser des Zweitklägers gehörten, verkauften durch notariell beurkundeten Vertrag vom 18. September 1922 ein Grundstück in B. an den Bergwerksbesitzer Br. Ein Betrag von 1,075 Millionen PM. des Kaufpreises wurde bis zum 15. Januar 1923 gestundet und sollte auf dem verkauften Grundstück durch Eintragung einer Buchhypothek sichergestellt werden. Br. verkaufte vor seiner Eintragung als Eigentümer das Grundstück durch notariell beurkundeten Vertrag vom 30. September 1922 weiter an die Beklagten zu gleichen Rechten und Anteilen. Diese übernahmen in Anrechnung auf den Kaufpreis die auf dem Grundstück lastenden Hypotheken, darunter die Hypothek der genannten Erben, die in Wirklichkeit damals noch nicht eingetragen war, sondern erst am 22. März 1923 eingetragen wurde, gleichzeitig mit der an diesem Tage bewirkten Eintragung des Br. als Eigentümers. Den Nennbetrag dieser Hypothek hatten die Beklagten inzwischen bereits am 19. Januar 1923 an die Erben gezahlt. Diese erteilten Löschungsbewilligung, und auf einen am 5. Juni 1923 gestellten Antrag der Beklagten, die am 17. Mai 1923 als Miteigentümer je zur Hälfte eingetragen worden waren, wurde die Hypothek am 15. Dezember 1923 im Grundbuch gelöscht. Ende 1925 beantragten die Erben bei der Aufwertungsstelle Aufwertung kraft Rückwirkung, und zwar dinglich gegen die Beklagten, wegen der persönlichen Forderung zunächst gegen Br. mit der Erklärung, sie hätten die Schuldübernahme nicht genehmigt, schließlich aber gegen die Beklagten mit der Behauptung, im Januar 1928 sei die Schuldübernahme von ihnen nach § 415 BGB. genehmigt worden. Inzwischen hatten die beiden Kläger im Juni 1928 die jetzige Feststellungsklage dahin erhoben, daß die Beklagten den Erben zur Aufwertung der persönlichen Forderung verpflichtet seien. Sie stützten sich dabei ebenfalls auf die Genehmigung vom Januar 1928. Die Beklagten bestreiten, persönliche Schuldner geworden zu sein. Sie behaupten in erster Linie, den Erben sei die Schuldübernahme bereits im November 1922 von Br. mitgeteilt worden, sie hätten daraufhin die Genehmigung ausdrücklich versagt. In zweiter Linie machen sie geltend, die Vereinbarung mit Br. über die Schuldübernahme sei am 9. Juli 1925 aufgehoben worden. Br. hatte nämlich am 13. Juni 1925 mit der Behauptung, der Kaufvertrag und die Auflassung seien wegen nicht genehmigten Schwarzkaufs nichtig, eine einstweilige Verfügung erwirkt auf Eintragung eines Widerspruchs zu seinen Gunsten gegen die Eintragung der Beklagten als Eigentümer. Diese Angelegenheit wurde durch eine Abmachung vom 9. Juli 1925 geregelt. In Nr. 3 dieser Abmachung wurde bestimmt, daß das Eigentum der Beklagten an dem Grundstück von Br. ausdrücklich anerkannt werde und daß Br. auf alle etwaigen Widerspruchs- oder Anfechtungsrechte verzichte, die ihm etwa gegen Kaufvertrag, Auflassung oder Eintragung aus irgendeinem Grunde derzeit wirklich oder vermeintlich zustehen oder infolge veränderter Gesetzgebung oder Rechtsprechung oder aus welchem Grunde sonst immer jemals entstehen könnten. Er bewilligte demgemäß die Löschung des Widerspruchs unter Verzicht auf seine Rechte aus der einstweiligen Verfügung. Br. und die Beklagten erklärten nochmals die Auflassung an die Beklagten, und Br. verpflichtete sich, alles zu tun, um die Genehmigung des Bezirksamts zum Eigentumsübergang herbeizuführen. Demnächst erteilte auch das zuständige Bezirksamt am 28. Oktober 1925 gemäß

§§ 2, 7 des Gesetzes vom 10. Februar 1923 zur Veräußerung des Grundstücks eine Genehmigung, deren Rechtswirksamkeit noch nicht feststeht. Unter Überreichung dieser Genehmigung und des Vergleichs vom 9. Juli 1925 erwirkten die Beklagten am 6. November 1925 die Löschung des für Br. eingetragenen Widerspruchs. Die Parteien streiten darüber, ob durch die Abmachungen vom 9. Juli 1925 die Schuldübernahme wirksam aufgehoben oder bestätigt sei. Die Kläger haben hilfsweise Zahlung eines Teilbetrags von 50000 RM. nebst 5% Zinsen ab 18. Januar 1923 begehrt, für den Fall nämlich, daß es sich bei der aufzuwertenden Forderung nicht um eine durch Hypothek gesicherte Forderung im Sinne des Aufwertungsgesetzes handeln und die Zuständigkeit der Aufwertungsstelle demgemäß nicht gegeben sein sollte.

Das Landgericht wies die Klage ab. Es nahm an, daß die am 30. September 1922 mit Br. vereinbarte Schuldübernahme infolge nicht genehmigten Schwarzkaufs nichtig, im übrigen aber durch die Abmachungen vom 9. Juli 1925 nicht wiederholt, sondern ausgeschlossen worden sei und daß die Erben eine Genehmigung der Schuldübernahme nicht wirksam erklärt hätten. Das Kammergericht stellte auf die Berufung der Kläger die Aufwertungsverpflichtung der Beklagten gemäß dem Hauptantrag fest. Die Revision der Beklagten führte zur Aufhebung und Zurückverweisung.

Aus den Gründen:

... Rechtlich bedenkenfrei ist die Feststellung des Berufungsgerichts, daß bis zur Erteilung der behördlichen Genehmigung des ursprünglichen Schwarzkaufvertrags keine rechtswirksame Vereinbarung der Schuldübernahme durch Br. und die Beklagten vorgelegen habe, daß ferner bis zu diesem Zeitpunkt von den Erben eine Verweigerung der Genehmigung der Schuldübernahme nicht erklärt worden sei. Nicht begründet ist auch das Bedenken der Revision gegen die Formgültigkeit des Vergleichs vom 9. Juli 1925. Ebensowenig ist die weitere, auf rechtsgeschäftlicher Auslegung beruhende Annahme des Kammergerichts zu beanstanden, daß durch diesen Vergleich die am 30. September 1922 — rechtsunwirksam — vereinbarte Schuldübernahme nicht aufgehoben, sondern an sich bestätigt worden sei. Nicht frei von Rechtsirrtum sind aber die weiteren Ausführungen des angefochtenen Urteils über den Umfang der danach von den Beklagten übernommenen Schuld in Verbindung mit dem Verzicht des Br. auf weitere Ansprüche.

Voraussetzung dafür, daß die Erben durch ihre im Jahre 1927 auf die Mitteilung des Br. erklärte Genehmigung die Beklagten zu Schuldnern ihrer Forderung machen konnten, ist nach § 415 BGB., daß Br. und die Beklagten eine Abmachung über den Wechsel der Schuldner getroffen hatten. Lag eine solche vor, so hatte Br. gegen die Beklagten nach der Vermutung des § 415 Abs. 3 einen Anspruch auf Befreiung von seiner Schuld. Nur in dem nach § 415 zwischen ihm und den Beklagten begründeten Schuldverhältnis lag für Br. das vom Berufungsrichter angenommene Recht, den Erben die Schuldübernahme zu dem Zwecke mitzuteilen, daß durch diese Mitteilung die Genehmigung der Erben herbeigeführt werde, die seinen nach § 415 Abs. 3 bestehenden Befreiungsanspruch in ein Ausscheiden aus seiner Schuldverbindlichkeit umwandelte infolge des Eintritts der Beklagten an seiner Stelle. Auch der Umfang der von den Beklagten dem Br. gegenüber übernommenen Schuld und der danach für die Erben gegebenen Genehmigungsmöglichkeit ist somit von dem Inhalt der Abmachungen abhängig, die am 9. Juli 1925 zwischen Br. und den Beklagten getroffen wurden. Das Berufungsgericht hätte sich mithin angesichts des Vorbringens der Beklagten nicht der Prüfung entziehen dürfen, ob nach dem Willen der Vertragschließenden von 1925 die 1922 vereinbarte Schuldübernahme zwar an sich nicht beseitigt werden, für die Beklagten aber ihrem Inhalt nach sich darauf beschränken sollte, daß sie der Vereinbarung von 1922 entsprechend bereits den Papiermarkbetrag an die Erben gezahlt hatten, dem Br. gegenüber aber nicht verpflichtet sein sollten, auf diesen Teil des Kaufpreises noch irgendeine, wie immer rechtlich zu bezeichnende Nachzahlung zu leisten, daß vielmehr Br. auch im Verhältnis zu den Beklagten zu ihrer Bewirkung allein verpflichtet sein sollte. Wäre dies der Sinn der Abmachung von 1925, so wäre die Mitteilung des Br. im Jahre 1927 gegenstandslos und eine Möglichkeit für die Erben, eine Schuldübernahme zu genehmigen, nicht vorhanden gewesen. Die Ausführungen des angefochtenen Urteils über den Sinn des Vergleichs stellen mithin eine gegen §§ 133, 157 BGB. verstoßende, nicht erschöpfende Auslegung dar, die sich mit der Bedeutung von Nachforderungsansprüchen des Br. im Sinne der Abmachungen der Vergleichsparteien infolge Verkennung der rechtlichen Bedeutung solcher Ansprüche in rechtsirriger und zugleich unvollständiger Weise befaßt. Hatte das Kammergericht Bedenken, den Willen der Vergleichsparteien lediglich aus ihren beurkundeten Erklärungen durch Auslegung zu ermitteln, so durfte es an dem Beweisantrag der Beklagten über den Inhalt dieses Willens nicht vorbeigehen. ...

---

32. Ist ein Ausgleichsanspruch auf Grund der Aufwertungsnovelle vom 9. Juli 1927 zulässig, wenn die in der Inflationszeit begründete Verpflichtung des Verkäufers eines Grundstücks, für Hypothekenfreiheit einzustehen, nach Inkrafttreten des Aufwertungsgesetzes vom 16. Juli 1925 vergleichsweise geregelt wurde?

BGB. § 242.

VI. Zivilsenat. Urt. v. 8. Dezember 1930 i. S. Wwe. G. u. Gen. (Bekl.) w. L. (Kl.). VI 116/30.

I. Landgericht Kassel.
II. Oberlandesgericht daselbst.

Der Kläger kaufte durch Vertrag vom 7. Juli 1921 von den Erben des Viehhändlers Heinrich C. zwei Hausgrundstücke in K. gegen teilweise Barzahlung sowie gegen Übernahme einer auf beiden Grundstücken eingetragenen Vorkriegs-Darlehenshypothek und unter Stundung des Restbetrags des Kaufpreises, für den vereinbarungsgemäß am 18. März 1922 zwei Hypotheken auf beiden Grundstücken eingetragen wurden. Sodann verkaufte er das eine Grundstück, und zwar lastenfrei, an den Gastwirt Karl G. und dessen Ehefrau, die Erstbeklagte, durch Angebot vom 22. November 1921 und Annahme vom 13. Januar 1922. Der Kaufpreis sollte bei der Auflassung bar gezahlt werden. Die Eheleute G. zahlten einen Teil, verweigerten dann aber trotz Auflassung vom 9. Februar 1922 und Eintragung vom 3. Mai 1922 die Zahlung des Restbetrags von 73000 M., weil das Grundstück noch nicht lastenfrei gestellt war. In der Folgezeit verlangte der Kläger

Zahlung dieses Betrags mit 1868 GM. Zug um Zug gegen Löschung der noch eingetragenen Hypotheken. Die Erstbeklagte, die mit den beiden anderen Beklagten Erbin ihres inzwischen verstorbenen Ehemanns geworden war, erklärte sich hierzu bereit, wenn sie die Sicherheit habe, daß damit die Angelegenheit endgültig aus der Welt geschafft sei und von keiner Seite Nachforderungen erhoben würden. Am 19. März 1926 erklärte ihr der Kläger, daß er die löschungsfähige Quittung in den nächsten Tagen übersenden werde. Er lehnte dann aber mit Schreiben vom 28. Mai 1926 die Herbeiführung der Löschung gegen Zahlung der 1868 RM. ab und erhob Klage gegen die Erstbeklagte auf Zahlung einer Aufwertungssumme von 10000 RM., indem er seine Erklärung vom 19. März 1926 mit der Begründung anfocht, er habe sich über den Tag des Vertragsschlusses und über die Frage der dinglichen Sicherung seiner Forderung im Irrtum befunden. Er wurde in allen drei Instanzen mit seiner über 1868 RM. hinausgehenden Forderung abgewiesen, und die Erstbeklagte wurde entsprechend ihrem Sachantrag nur zur Zahlung dieser 1868 RM. Zug um Zug gegen Erteilung der Löschungsbewilligungen über die drei Hypotheken verurteilt, und zwar auf Grund der Feststellung, daß der Kläger vergleichsweise auf alle weitergehenden Ansprüche verzichtet habe, seine Anfechtung des Vergleichs aber unbegründet sei. Die Aufwertung der Vorkriegshypothek war inzwischen auf 4604 GM. festgesetzt worden. Mit den Erben E. hatte der Kläger eine Aufwertung ihrer beiden Hypothekenforderungen auf 6000 GM. vereinbart. Infolge der (nach Verkündung des Berufungsurteils in dem genannten Rechtsstreit erlassenen) Aufwertungsnovelle vom 9. Juli 1927 verlangten die Erben E. erhöhte Aufwertung der persönlichen Kaufpreisforderung, und am 13. Oktober 1927 schloß der Kläger mit ihnen vor der Aufwertungsstelle einen Vergleich, wonach die gesamte Aufwertung, einschließlich der ursprünglich vereinbarten 6000 GM., auf 15000 GM. festgesetzt wurde. Auf Grund dieser Gesamtaufwertung verlangt der Kläger nunmehr von den drei ersten Beklagten als Gesamtschuldnern die Zahlung eines Betrags von 12000 RM. nebst 5% Zinsen seit 1. Januar 1928 als Ausgleich und vom Viertbeklagten Duldung der Zwangsvollstreckung in das eingebrachte Gut der Drittbeklagten, seiner Ehefrau.

Das Landgericht wies die Klage ab. Das Oberlandesgericht dagegen erklärte den Klaganspruch dem Grunde nach für gerechtfertigt. Die Revision der Beklagten führte zur Aufhebung des Berufungsurteils und teils zur Zurückweisung der Berufung des Klägers, teils zur Zurückverweisung.

Aus den Gründen:

Nach der Rechtsprechung des Reichsgerichts ist für den Verkäufer bei nachträglicher Belastung mit Aufwertungsverpflichtungen ein Ausgleichsanspruch gegeben, wenn die Vereinbarungen über Haftung des Verkäufers für Freiheit des Grundstücks von Hypotheken in einer Zeit getroffen wurden, als der Verkäufer noch auf die Nichtaufwertung vorbehaltlos gelöschter Hypotheken vertrauen durfte (RGZ. Bd. 121 S. 56/58). Diese Voraussetzung trifft zwar auf den ursprünglichen Kaufvertrag vom 22. November 1921/13. Januar 1922 zu, aber jedenfalls nicht mehr in vollem Umfang auf die Vereinbarungen in dem Vergleich, der nach der Feststellung des Berufungsgerichts im März 1926 geschlossen worden ist. In diesem Zeitpunkt war die rückwirkende Aufwertung vorbehaltlos gelöschter Hypotheken schon seit längerer Zeit infolge des Aufwertungsgesetzes vom 16. Juli 1925 in Kraft. Objektiv waren mithin die Voraussetzungen eines Ausgleichsanspruchs des Klägers bereits soweit gegeben, als seine Aufwertungsbelastung aus der Vorkriegshypothek und aus den Restkaufgeldhypotheken der Erben E., bei letzteren in den Grenzen des § 10 Abs. 1 Nr. 5 und des § 10 Abs. 3 AufwG. mit der Höchstgrenze von 100% für die persönliche Forderung in Betracht kam. Wenn der Kläger dennoch in dem Vergleich gemäß dem Verlangen der Erstbeklagten gegen Zahlung von 1868 RM. auf eine endgültige Regelung in Ansehung dieser drei Hypotheken dahin einging, daß er deren Löschung und den Ausschluß jeder weiteren Nachforderung versprach, so ging er damit seines Ausgleichsanspruchs verlustig, jedenfalls soweit dieser schon damals hätte geltend gemacht werden können. Das gilt auch dann, wenn er sich dieses Anspruchs — wie das Berufungsgericht annimmt — nicht bewußt war. Denn es widerspräche dem Grundsatz von Treu und Glauben, wenn ihm gestattet würde, die Folgen seiner eigenen Unachtsamkeit auf die Beklagten abzuwälzen (RGZ. Bd. 121 S. 56/57). Damit scheiden die Beträge von 4604 RM. aus der Vorkriegshypothek und von 6000 RM. aus den beiden Hypotheken der Erben E. als Grundlage des geltend gemachten Ausgleichsanspruchs ohne weiteres völlig aus, und es kann sich nur noch fragen, ob die weitere Aufwertungsbelastung des Klägers mit 9000 RM. aus den Hypothekenforderungen der Erben E. einen Ausgleichsanspruch für ihn zu begründen vermag.

Diese Aufwertungsbelastung des Klägers beruht auf der Aufwertungsnovelle vom 9. Juli 1927, die erst längere Zeit nach Abschluß des Vergleichs ergangen ist und in § 15 die Höchstgrenze für die Aufwertung der persönlichen Forderung aus dem am 7. Juli 1921 abgeschlossenen Kaufvertrag mit 400% vorsieht statt der bis dahin geltenden Höchstgrenze von 100%. Die rechtliche Möglichkeit, daß durch diese nachträgliche höhere Aufwertungsbelastung des Klägers ein Ausgleichsanspruch gegen die Beklagten begründet wird, kann grundsätzlich nicht verneint werden (RGZ. Bd. 119 S. 133/136), da immerhin die besonderen Umstände des Falles die Zubilligung eines solchen Anspruchs nach Treu und Glauben (§ 242 BGB.) mit Rücksicht auf eine etwa durch die Aufwertungsnovelle bedingte erhebliche Erschütterung der Geschäftsgrundlage (RGZ. Bd. 129 S. 276/279) als geboten erscheinen lassen können. Diese Geschäftsgrundlage ist hier der Vergleich vom März 1926, der unter der Herrschaft des Aufwertungsgesetzes abgeschlossen worden ist und jedenfalls, wie bereits dargelegt, die nach diesem Gesetz sich ergebende Aufwertungsbelastung des Klägers als Grundlage des Ausgleichsanspruchs- ausschloß. Das Berufungsgericht wird jedoch in erster Linie auch weiter zu prüfen haben, ob etwa die Vergleichsparteien mit dem Abschluß des Vergleichs die Angelegenheit unter allen Umständen endgültig erledigen wollten, auch für den Fall, daß durch die Gesetzgebung neue Ansprüche geschaffen werden sollten. In diesem Falle könnte der Kläger, da er dann die Gefahr übernommen hätte, nach Treu und Glauben keinen Ausgleichsanspruch geltend machen (RGZ. Bd. 112 S. 329). Soweit jedoch die erneute Verhandlung zu der Annahme führen sollte, daß beide Vergleichsparteien erkennbar damit rechneten, das im Aufwertungsgesetz vom 16. Juli 1925 festgelegte Maß der Aufwertung stelle eine endgültige Regelung dar, wäre unter besonders sorgfältiger Berücksichtigung aller Umstände des Falles (RGZ. Bd. 112 S. 329/334, Bd. 122 S. 378/383) zu prüfen, ob die Belastung des Klägers mit dem aus der Aufwertungsnovelle sich ergebenden Aufwertungsbetrag eine derartige Erschütterung der Vergleichsgrundlage bedeutet, daß grundsätzlich ein Aufwertungsanspruch des Klägers anzuerkennen ist.

Hieraus ergibt sich die Aufhebung des Berufungsurteils. In Höhe von 3000 RM., dem Betrage, der die nachträgliche Aufwertungslast des Klägers übersteigt, ist nach dem Ausgeführten die Klage unter allen Umständen unbegründet, sodaß insoweit nach § 565 Abs. 3 Nr. 1 ZPO. die Zurückweisung der Berufung des Klägers auszusprechen ist. Im übrigen ist die Sache an das Berufungsgericht zurückzuverweisen.

---

33. 1. Kann eine Behörde Hoheitsakte, die in ihr Ermessen gestellt sind, ohne besondere gesetzliche Ermächtigung von Geldzahlungen oder anderen Gegenleistungen abhängig machen?

2. Gibt insbesondere § 2 des Wohnungsmangelgesetzes vom 26. Juli 1923 der Gemeindebehörde das Recht, ihre Zustimmung zum Abbruch eines Gebäudes an eine private Gegenleistung zu knüpfen?

BGB. § 812.

III. Zivilsenat. Urt. v. 23. Januar 1931 i. S. S. (Kl.) w. Stadtgemeinde B. (Bekl.). III 117/30.

I. Landgericht I Berlin.
II. Kammergericht daselbst.

Der Kläger hatte im Jahre 1928 ein Grundstück in Berlin-Charlottenburg erworben. Er beabsichtigte, das darauf stehende Haus abreißen zu lassen und durch ein neuzeitliches Wohnhaus zu ersetzen. Die Baupolizei genehmigte den Neubau. Jedoch verlangte das zuständige Bezirksamt der verklagten Stadtgemeinde, bevor es die Abbruchsgenehmigung auf Grund des Wohnungsmangelgesetzes erteilte, als Ersatz „für den Abriß des Hauses und die dadurch der Zwangsbewirtschaftung verloren gehenden Räume" den Betrag von 25000 RM. Nach Empfang dieses Betrags erteilte es die Genehmigung. Das alte Haus wurde abgerissen, der Neubau errichtet.

Der Kläger verlangt Rückzahlung eines Teilbetrags von 15000 RM. Er stützt seinen Anspruch auf ungerechtfertigte Bereicherung und Amtspflichtverletzung, ficht auch den Vertrag mit der Beklagten wegen Irrtums und Zwanges an. Er behauptet, er habe geglaubt, auf Grund gesetzlicher Vorschrift zur Zahlung verpflichtet zu sein, und meint, daß der Vertrag wegen Sittenwidrigkeit nichtig sei; jedenfalls habe die vom Bezirksamt geforderte Summe den Wert der Zwangsrechte mindestens um 15000 RM. überstiegen. Die Beklagte wendet Unzulässigkeit des Rechtswegs ein. Sie macht ferner geltend, sie sei nicht mehr bereichert, da der vom Kläger gezahlte Betrag dem Wohnungsbaufonds zugeflossen sei. Im übrigen bestreitet sie die Klagegründe. Sie weist darauf hin, daß der Neubauwert eines normalen Wohnraums rund 3500 RM. betrage.

Landgericht und Kammergericht wiesen die Klage ab. Die Revision des Klägers führte zur Verurteilung nach dem Klagantrag.

Gründe:

Das Berufungsgericht hat die Zulässigkeit des Rechtswegs sowohl wegen des Klagegrundes der Amtspflichtverletzung als auch wegen desjenigen der ungerechtfertigten Bereicherung bejaht. Diese Auffassung unterliegt keinem Bedenken und entspricht der ständigen Rechtsprechung des erkennenden Senats (zuletzt RGZ. Bd. 127 S. 277).

Sachlich gelangt das Berufungsgericht zur Abweisung der Klage, weil es der Auffassung ist, daß die verklagte Stadtgemeinde weder willkürlich noch pflichtwidrig noch sittenwidrig gehandelt habe, indem sie dem Kläger gegenüber die Genehmigung zum Abbruch vorhandenen Wohnraums von der Bereitstellung von Mitteln zur Beschaffung anderen Wohnraums abhängig machte. Das Berufungsgericht geht davon aus, daß nach § 1 Abs. 1 des Berliner Wohnungsnotrechts vom 21. Mai 1927 (Gemeindeblatt der Stadt Berlin S. 204) in Verb. mit §§ 1 und 2 des Wohnungsmangelgesetzes vom 26. Juli 1923 (RGBl. I S. 754) Gebäude nur mit Zustimmung des Wohnungsamtes abgebrochen werden dürfen. Darüber, ob diese Zustimmung an die Erstellung von Ersatzraum oder an die Zahlung einer Geldsumme geknüpft werden könne, enthalte das Gesetz, so führt das Berufungsurteil weiter aus, keine ausdrückliche Bestimmung. Es könne auch nichts daraus entnommen werden, daß nach § 1 Abs. 2 des Berliner Wohnungsnotrechts und § 2 Abs. 2 WMG. die Umwandlung von Wohnraum in Geschäftsraum von der Erstellung von Ersatzraum oder Zahlung einer Geldsumme abhängig gemacht werden könne. Diese Vorschrift könne nicht auf den in Abs. 1 geregelten Fall des Abbruchs von Gebäuden ausgedehnt werden. Aber ebensowenig könne im Wege des Umkehrschlusses gefolgert werden, daß hier derartige Bedingungen unzulässig sein sollten. Die Umwandlung von Wohnraum in Geschäftsraum sei nach den angezogenen Vorschriften grundsätzlich unzulässig, sodaß die Zulassung von Ausnahmen eines besonderen Ausspruchs bedurft habe. Das Abreißen von Gebäuden sei dagegen nicht schlechthin untersagt, sondern nur an die vorherige Zustimmung des Wohnungsamts gebunden; hier habe es also keiner besondern Bestimmung darüber bedurft, unter welchen Voraussetzungen die Zustimmung erteilt werden könne.

Die Frage, ob die Zustimmung zum Abreißen eines Gebäudes von der Zahlung einer Geldsumme abhängig gemacht werden könne, sei zu bejahen. Das Gesetz (§ 1 Abs. 1 des Berliner Wohnungsnotrechts und § 2 Abs. 1 WMG.) stelle es in das Ermessen des Wohnungsamts, ob dieses dem Eigentümer eines Gebäudes die Zustimmung zum Abbruch erteilen oder versagen wolle. Das Wohnungsamt könne also in Fällen, in denen es auf Grund pflichtmäßigen Ermessens zur Überzeugung komme, daß der Abbruch den vorhandenen Wohnraum schmälere, wegen Gefährdung des Wohnungsmarkts die Zustimmung versagen. Erteile es die Erlaubnis unter der Bedingung, daß die Gefährdung durch Ersatzraumstellung oder durch Geldzahlung beseitigt werde, so stehe der Eigentümer besser, als wenn ihm die Erlaubnis schlechthin versagt werde. Er habe dann die Wahl, ob er sich bei der Versagung beruhigen wolle, wenn ihm nämlich die Bedingung zu hart erscheine, oder ob er, wenn ihm viel am Abbruch liege, durch Erfüllung der Bedingung die Zustimmung herbeiführen wolle. Zur Erteilung der Genehmigung, die einen Hoheitsakt darstelle, bestehe kein Zwang; in der Stellung der Bedingung einer Zahlung liege nicht etwa ein Verkauf eines Hoheitsrechts.

Nach alledem sei das Wohnungsamt nicht gehindert gewesen, die Erteilung der Genehmigung von einer Geldzahlung abhängig zu machen. Da es sich um eine in sein Ermessen gestellte Entscheidung handle, würde eine Amtspflichtverletzung nur vorliegen, wenn die

Beamten bei Ausübung ihres Ermessens willkürlich gehandelt oder den an eine ordnungsmäßige Verwaltung zu stellenden Anforderungen nicht genügt hätten. Von Willkür könne hier aber nicht die Rede sein. Denn die Wohnungszwangswirtschaft habe durch den Abbruch tatsächlich an Wohnraum verloren. Für die im alten Hause befindlichen zwei Wohnungen von sechs und acht Zimmern hätten auch nach § 1 der ersten preuß. Lockerungsverordnung vom 11. November 1926 (GS. S. 300) noch die §§ 2 und 8 WMG. gegolten. Dem Eigentümer sei daher verwehrt gewesen, ohne Zustimmung des Wohnungsamts diese Wohnungen abzureißen oder in Geschäftsräume umzuwandeln. Die Pförtnerwohnung des alten Hauses (zwei Zimmer) sei der Verfügungsgewalt des Wohnungsamts nur so lange nicht unterworfen gewesen, als sie tatsächlich als Pförtnerwohnung benutzt worden sei (§ 15 WMG., § 8 Abs. 4 des Berliner Wohnungsnotrechts); im übrigen habe sie sämtlichen Vorschriften des Wohnungsmangelgesetzes unterstanden. Das neue Haus dagegen unterstehe der Wohnungszwangswirtschaft überhaupt nicht, da es nach dem 1. Juli 1918 bezugsfertig geworden und ohne Inanspruchnahme öffentlicher Mittel erbaut worden sei (§ 12 WMG.). Es bestehe daher z. B. die Möglichkeit, daß der Kläger eine Wohnung in Geschäftsräume umwandle oder die Pförtnerwohnung unbenutzt stehen lasse oder sie mit einer der beiden großen Wohnungen vereinige. Der Zwangswirtschaft sei also tatsächlich Wohnraum verloren gegangen.

Hiernach habe das Bezirksamt weder willkürlich noch pflichtwidrig gehandelt, wenn es die Genehmigung zum Abbruch vorhandenen Wohnraums von der Bereitstellung von Mitteln zur Beschaffung anderen Wohnraums abhängig gemacht habe. Ob der geforderte Betrag angemessen gewesen, sei eine Ermessensfrage, welche die Gerichte nicht nachzuprüfen hätten; willkürlich sei die Forderung in Rücksicht auf die Leistungsfähigkeit des Klägers und auf die Größe des vernichteten Wohnraums nicht gewesen. Es sei auch nicht etwa sittenwidrig, wenn eine Behörde im Interesse des Gemeinwohls eine in ihrem Ermessen stehende Maßnahme treffe. Irrtum oder Zwang lägen ebenfalls nicht vor. Insbesondere habe der Kläger nicht geirrt, als er annahm, daß das Bezirksamt berechtigt sei, die Bewilligung unter einer Bedingung zu erteilen.

Mit Recht greift die Revision diese Ausführungen als rechtsirrig an. Der erkennende Senat hat sich bereits wiederholt mit der Frage beschäftigt, ob es zulässig ist, behördliche Maßnahmen auf dem Gebiete des Wohnungsrechts von einer privaten Gegenleistung der Beteiligten abhängig zu machen. In der Entscheidung vom 29. März 1927 (RGZ. Bd. 116 S. 336) ist eine Vereinbarung für wirkungslos erklärt worden, in der das Wohnungsamt gegen ein auf Zahlung von 5000 RM. gerichtetes Schuldanerkenntnis die Beschlagnahme eines Hauses aufgehoben und auch für die Zukunft die Freistellung des Hauses von einer gleichen Maßnahme zugesichert hatte. In der Entscheidung vom 27. September 1927 (RGZ. Bd. 118 S. 109) ist ebenso eine Vereinbarung für nichtig erklärt worden, in der sich das Wohnungsamt für die Zuweisung einer Wohnung eine besondere Vergütung in Form eines Baukostenzuschusses ausbedungen hatte. Dort ist ausgeführt worden, da das Gesetz keine Bestimmung darüber enthalte, daß die Gemeinde die Ausübung ihrer auf Zuweisung einer Wohnung gerichteten Tätigkeit von der Zahlung von Gebühren oder sonstigen Leistungen abhängig machen dürfe, sei das Wohnungsamt nicht für befugt zu erachten, für solche Zuweisung unter irgendeinem Titel eine Abgabe zu fordern. In der Entscheidung vom 8. November 1927 (RGZ. Bd. 118 S. 379) ist allerdings ausgesprochen worden, daß eine Vereinbarung zulässig sei, durch welche das Wohnungsamt für die Dauer der Überlassung einer Neubauwohnung auf das Recht zur Beschlagnahme einer Wohnung verzichte. Die Begründung hierfür liegt darin, daß dem wirtschaftlichen Zwecke der Beschlagnahme, durch die Inanspruchnahme unbenutzter oder nicht genügend ausgenutzter Räume zur Behebung oder Milderung der Wohnungsnot beizutragen, durch die Erstellung und Überlassung neuen Wohnraums ebenso gedient wird wie durch die Beschlagnahme selbst. Aber schon in der Entscheidung vom 10. Januar 1930 (RGZ. Bd. 127 S. 276) hat der Senat den Versuch zurückgewiesen, diesen Gedanken etwa dahin zu erweitern, daß der Abgeltung des Beschlagnahmerechts durch Zurverfügungstellung anderweitigen Wohnraums auch die Entrichtung einer Geldsumme an die Gemeinde gleichstehe. Vielmehr müsse es insofern bei dem allgemeinen Grundsatz sein Bewenden behalten, daß eine Behörde für die Erfüllung einer amtlichen Aufgabe eine besondere geldliche Vergütung nur dann beanspruchen dürfe, wenn das gesetzlich ausdrücklich zugelassen sei oder sich wenigstens mit Gewißheit aus Sinn und Zweck des Gesetzes ergebe.

Unter Berücksichtigung dieser Gesichtspunkte ist bei der Auslegung des § 2 WMG. zwischen den Fällen des Abs. 1 und des Abs. 2 zu unterscheiden. Abs. 2 ordnet an, daß Räume, die bis zum 1. Oktober 1918 zu Wohnzwecken bestimmt oder benutzt waren, zu anderen Zwecken, insbesondere als Fabrik-, Lager-, Werkstätten-, Dienst- oder Geschäftsräume nicht verwendet werden dürfen, fügt aber die Bestimmung an, daß die Gemeindebehörde in besonderen Fällen Ausnahmen zulassen kann, wenn für den beanspruchten Raum neuer Wohnraum erstellt wird. Der Standpunkt des Gesetzes deckt sich also hier mit derjenigen Auslegung, die der erkennende Senat in seiner einen Vorgang aus dem Jahre 1921 behandelnden Entscheidung vom 8. November 1927 (RGZ. Bd. 118 S. 379) bereits dem alten Wohnungsmangelgesetz vom 11. Mai 1920 (RGBl. S. 949) dahin gegeben hat, daß die Erstellung neuen Wohnraums wirtschaftlich einer Beschlagnahme gleichzusetzen sei und daher dazu berechtige, von letzterer abzusehen.

Hier handelt es sich nicht um die Anwendung des Abs. 2, sondern um die des Abs. 1 des § 2 WMG. Dort ist schlechthin bestimmt, daß Gebäude oder Teile von Gebäuden nicht ohne vorherige Zustimmung der Gemeindebehörde abgebrochen werden dürfen. Dafür, daß diese Zustimmung von einer Gegenleistung, insbesondere von einer Gebühr oder einer sonstigen geldlichen Vergütung abhängig gemacht werden dürfe, ist kein Anhalt aus dem Gesetz zu entnehmen. Die vom Berufungsgericht eingehend erörterte Frage, ob der Verfügung des Wohnungsamtes durch den Abbruch Wohnraum entzogen wird, der unter gewissen Voraussetzungen noch der Zwangswirtschaft unterlag, hat dabei ganz auszuscheiden. Eine Erwägung dieser Art hätte dem Wohnungsamt vielleicht Anlaß geben können, die Zustimmung zum Abbruch zu verweigern, was ihm freigestanden hätte, nicht aber, seine Zustimmung von einer gesetzlich nicht zugelassenen Gegenleistung abhängig zu machen. Vielmehr muß es gerade auch für diesen Fall (des § 2 Abs. 2 WMG.) sein Bewenden dabei behalten, daß die Ausübung der behördlichen Befugnis zur Erteilung der Abbrucherlaubnis mangels gesetzlicher Ermächtigung nicht an die Erfüllung einer privaten Gegenleistung geknüpft werden kann, wie überhaupt Hoheitsakte, die in das Ermessen einer Behörde gestellt sind, ohne ausdrückliche gesetzliche Ermächtigung in der Regel nicht von Geldzahlungen oder anderen Gegenleistungen des Gesuchstellers abhängig gemacht werden dürfen. Wenn der Preußische Minister für Volkswohlfahrt in seinem Erlaß vom 29. Juni 1929 — II B 2282 — für das Wohnungsrecht eine abweichende Rechtsauffassung vertreten hat, so findet diese im Gesetz keine hinreichende Stütze.

Die Beamten der Beklagten haben sonach die vom Kläger an das Wohnungsamt geleistete Geldsumme rechtswidrig eingefordert; der Kläger hat sie ohne Rechtsgrund gezahlt und kann sie daher nach den Grundsätzen der rechtlosen Bereicherung zurückverlangen.

---

34. Ist eine besondere Klage auf Aufhebung einer einstweiligen Verfügung wegen veränderter Umstände zulässig?

ZPO. §§ 927, 936.

VI. Zivilsenat. Urt. v. 9. Februar 1931 i. S. F. L. Prinz v. Pr. (Kl.) w. H. (Bekl.). VI 387/30.

I. Landgericht I Berlin.
II. Kammergericht daselbst.

Der Beklagte erwirkte am 7. März 1927 eine einstweilige Verfügung des Landgerichts, wonach der Kläger gehalten war, von denjenigen Beträgen, die ihm aus dem Verkauf des Ritterguts D. an die Stadt Berlin zufließen würden, die Summe von 2,035 Millionen RM. bei der Gerichtskasse des Amtsgerichts Berlin-Mitte zu hinterlegen. Auf diese Summe einschließlich eines Kosten-Pauschbetrags von 100000 RM. erhob der Beklagte auf Grund eines Darlehens- und Vollmachtsvertrags vom 22. Mai 1925 Anspruch. Die einstweilige Verfügung wurde schließlich wegen veränderter Umstände nur in Höhe von 308170,15 RM., worunter ein Kosten-Pauschbetrag von 50000 RM., aufrechterhalten. Die Parteien vereinbarten sodann zunächst, daß die Hinterlegung des Geldes bei der Stadthauptkasse der Stadt Berlin stattfinden solle, weiterhin, daß bestimmte Goldpfandbriefe von dem Geld angeschafft und bei der Berliner Stadtbank hinterlegt würden. Der

Beklagte hatte inzwischen in der Hauptsache die noch streitigen Beträge seiner Forderung mit 1081170,15 RM. nebst Zinsen und Kosten auf Grund des vorläufig vollstreckbaren Urteils des Kammergerichts vom 3. März 1928 gezahlt erhalten. Auf Grund weiterer Vereinbarungen der Parteien wurden infolgedessen die hinterlegten Goldpfandbriefe bis auf einen Nennbetrag von 80500 RM. an den Kläger herausgegeben. Die Revision des Klägers gegen das Urteil des Kammergerichts führte in Höhe von 873170,15 RM. nebst Zinsen und im Kostenpunkt zur Zurückverweisung der Sache an das Kammergericht. Mit der Behauptung, daß infolge der Beitreibung der Forderung auf Grund des aufgehobenen kammergerichtlichen Urteils alle von der einstweiligen Verfügung betroffenen Forderungen des Beklagten einschließlich 42000 RM. Kosten gedeckt seien, für den Beklagten aber höchstens noch eine weitere Kostenforderung von 8200 RM. entstehen könne, verlangte der Kläger vom Beklagten die Einwilligung in die Herausgabe weiterer Goldpfandbriefe im Nennbetrag von 70500 RM., indem er die verbleibenden 10000 RM. Pfandbriefe als ausreichende Sicherheit für den Beklagten erklärte. Dieser verweigerte in erster Linie seine Einwilligung mit der Behauptung, seine etwaige Kostenerstattungsforderung könne einen wesentlich höheren Betrag erreichen; in zweiter Linie machte er ein Zurückbehaltungsrecht geltend.

Das Landgericht verurteilte den Beklagten nach dem Klagantrag. Das Kammergericht wies die Klage ab. Die Revision des Klägers blieb erfolglos.

Gründe:

Das Berufungsgericht hat die Klage als unzulässig abgewiesen, weil mit ihr die teilweise Aufhebung einer einstweiligen Verfügung erstrebt werde, dieses Ziel aber nur nach §§ 927, 936 ZPO. im Wege der Aufhebung wegen veränderter Umstände durch das Gericht der Hauptsache erreicht werden könne, eine besondere Klage darauf jedoch nicht statthaft sei. Dieser Auffassung ist entgegen der Meinung der Revision beizutreten.

Daß mit dem Klagantrag die Beseitigung der noch bestehenden einstweiligen Verfügung in Höhe des Nennbetrags von 70500 RM. in Goldpfandbriefen begehrt wird, und zwar auf Grund einer entsprechenden Änderung der für Erlaß und Aufrechterhaltung der einstweiligen Verfügung maßgebend gewesenen Umstände, kann nicht zweifelhaft sein, wird auch von der Revision nicht geleugnet. Für eine solche Aufhebung ist aber in dem nach § 936 ZPO. auch für einstweilige Verfügungen anwendbaren § 927 das. ein besonderes Verfahren angeordnet, für das auch besondere Vorschriften über die Zuständigkeit des Gerichts gelten. Es kann der Revision nicht zugegeben werden, daß es im Belieben des Verfügungsschuldners stehe, die Veränderung der Umstände nach diesem Verfahren oder mittels besonderer Klage geltend zu machen. Ist einmal in dem besonderen Verfahren nach §§ 916 flg. (Arrest), §§ 935 flg. ZPO. (einstweilige Verfügung) eine Anordnung ergangen, so kann ihre Beseitigung oder Änderung nur mit den innerhalb dieses Verfahrens — abgesehen vom Widerspruch und Antrag nach § 926 — möglichen allgemeinen Rechtsmitteln oder nach deren Erschöpfung mit dem weiteren Rechtsbehelf des § 927 erreicht werden. Eine unmittelbare verfahrensrechtliche Einwirkung auf die durch dieses Verfahren geregelten Beziehungen der Beteiligten, wie sie der Kläger mit besonderer Klage im ordentlichen Verfahren erstrebt, ist nicht zulässig. Auf diesem Standpunkt steht neben der Rechtsprechung der Oberlandesgerichte (Bd. 31 S. 156, Bd. 35 S. 80, Bd. 40 S. 377), wo insbesondere die Anwendbarkeit des § 323 ZPO. verneint wird (ebenso Stein-Jonas 14. Aufl. Erl. II 2 letzter Absatz zu § 323 ZPO.), auch das Reichsgericht im Beschluß vom 31. August 1901, abgedr. JW. 1901 S. 724 Nr. 17, wie auch in RGZ. Bd. 81 S. 288. Im letzteren Urteil ist die Klage auf Löschung einer auf Grund einstweiliger Verfügung eingetragenen Vormerkung nur deswegen für zulässig erklärt worden, weil es sich um eine wegen nicht rechtzeitiger Zustellung (§ 929 Abs. 3 ZPO.) von vornherein nichtige Vollziehungsmaßnahme handelte. Eine derartige Voraussetzung ist hier nicht gegeben, sodaß es bei dem in den §§ 927, 936 geregelten Verfahren zu verbleiben hat. Die Klage ist mithin unzulässig.

Irrig ist ferner die Meinung der Revision, die einstweilige Verfügung sei gegenstandslos geworden. Denn Gegenstand der einstweiligen Regelung war auch der voraussichtliche Kostenerstattungsanspruch des Beklagten, der selbst nach der Darstellung des Klägers noch nicht erledigt ist, jedenfalls nicht in voller Höhe. Nicht begründet ist endlich der Angriff, das Berufungsgericht habe die Vereinbarungen der Parteien über die Durchführung der Hinterlegung übersehen, insbesondere aber nicht geprüft, ob in ihnen eine Grundlage für die Zulässigkeit der Klage zu erblicken wäre. Zu einer solchen Nachprüfung hatte der Berufungsrichter keine Veranlassung. Daß in den Abmachungen nach dem Willen der Parteien die vollständige Aufhebung der einstweiligen Verfügung und deren Ersetzung durch eine besondere Vereinbarung der Parteien zu erblicken sei, war weder vom Kläger behauptet, noch sonst erkennbar. Vielmehr ging auch der Kläger in seinen Darlegungen ausdrücklich von dem Fortbestand der einstweiligen Verfügung aus, sodaß nur eine besondere, von der Anordnung des Gerichts abweichende Art der Sicherung des Beklagten im Rahmen dieses Fortbestands in Betracht kam. Der Vorderrichter konnte es daher ohne rechtlichen Verstoß dem Kläger überlassen, entweder im Verfahren nach §§ 927, 936 ZPO. durch Stellung geeigneter Sachanträge auch die Herausgabe der Pfandbriefe zu erwirken oder, falls sich diesem Ziel unerwartete Schwierigkeiten in den Weg stellen sollten, deren Beseitigung mit besonderer Klage zu verfolgen.

---

35. Zur Frage der Gültigkeit der Sicherungsübereignung eines Warenlagers.

BGB. §§ 138, 868, 930.

VII. Zivilsenat. Urt. v. 27. Februar 1931 i. S. W. (Bekl.) w. St. als Verwalter im Konkurs über das Vermögen der Firma R., Sch. & B. in Liqu. (Kl.). VII 205/30.

I. Landgericht Hannover.
II. Oberlandesgericht Celle.

In der Zeit vom 26. Februar bis 5. März 1927 gewährte der Beklagte dem Dr. B., der damals Mitinhaber der Firma R. & L. war, Darlehen im Gesamtbetrag von 75000 RM., die mit 3% über den Reichsbankdiskont verzinst und spätestens am 31. Dezember 1928 zurückgezahlt werden sollten. Am 23. Dezember 1927 übernahm die Firma R. & L. für die Darlehensschuld von 75000 RM. selbstschuldnerische Bürgschaft; zugleich schloß sie mit dem Beklagten einen Sicherungsübereignungsvertrag, durch den sie ihm einen erheblichen Teil ihres Drogerie-Warenlagers übertrug. Der Beklagte versprach dabei die Hingabe eines weiteren Darlehens von 70000 RM.; diese Summe zahlte er kurze Zeit nachher an Dr. B. aus. Im November 1928 veräußerte die Firma R., Sch. & B., die inzwischen Rechtsnachfolgerin der Firma R. & L. geworden war, ihr bisheriges Handelsgeschäft mit dem Recht der Firmenfortführung an die Handelsgesellschaft D. A. AG. („Hageda") in Berlin. Dabei wurden sämtliche Warenbestände mitverkauft, u. a. Drogen im Werte von rund 22000 RM. und „Spezialitäten" im Werte von rund 56000 RM. Der Beklagte hatte hierzu seine Zustimmung gegeben, sich aber seine Rechte aus dem Vertrag vom 23. Dezember 1927 vorbehalten. Demgemäß wurden vor der Ende November 1928 erfolgten Übergabe der Warenbestände an die Hageda die dem Beklagten sicherungshalber übereigneten Waren in den Inventurheften der ehemaligen Firma R. & L. mit „W" bezeichnet.

Am 28. Dezember 1928 wurde über das Vermögen der Firma R., Sch. & B. in Liqu. das Konkursverfahren eröffnet und der Kläger zum Konkursverwalter bestellt. In dem Konkurse meldete der Beklagte eine Darlehensforderung von 145000 RM. und eine Zinsforderung von 17115,63 RM. an und begehrte abgesonderte Befriedigung aus dem Betrag, den die Hageda für die ihr von der Gemeinschuldnerin veräußerten Drogen und Spezialitäten zu zahlen hatte. Da der Kläger die angemeldeten Forderungen und das Absonderungsrecht bestritt, wurde der Abrede der Parteien gemäß der von der Hageda für die Warenbestände zu entrichtende Kaufpreis in Höhe von 50000 RM. auf ein besonderes Bankkonto eingezahlt.

Der Kläger beantragte, festzustellen, daß der Beklagte kein Recht auf abgesonderte Befriedigung aus dem Erlöse der aus Drogen und Spezialitäten bestehenden, von der Gemeinschuldnerin an die Hageda verkauften Warenbestände habe, und weiter: den Beklagten zu verurteilen, einzuwilligen, daß der hinterlegte Betrag an den Kläger als Konkursverwalter ausgezahlt werde.

Das Landgericht wies die Klage ab, das Oberlandesgericht gab ihr statt. Auf die Revision des Beklagten wurde das angefochtene Urteil aufgehoben und die Sache in die Vorinstanz zurückverwiesen.

Aus den Gründen:

Der Berufungsrichter hält den Sicherungsübereignungsvertrag vom 23. Dezember 1927 aus verschiedenen Gründen für nichtig.

1. Einmal vermißt er die Vereinbarung eines Rechtsverhältnisses, vermöge dessen der Beklagte den mittelbaren Besitz an den zu übereignenden Sachen erlangt hätte. Ein Verwahrungsvertrag, wie die Vertragsteile das Rechtsverhältnis bezeichneten, liege nicht vor, weil die Sachen nicht im Interesse des Beklagten, sondern in dem der Schuldnerin bei dieser belassen worden seien. Auch die Annahme eines Kommissionsverhältnisses oder eines kommissionsähnlichen Verhältnisses sei abzulehnen, weil es an den Voraussetzungen eines solchen fehle. Ebensowenig sei ein „ähnliches Verhältnis" im Sinne des § 868 BGB. anzunehmen; denn wenn auch gewisse Bestimmungen des Vertrags dafür sprächen, daß der Schuldnerin ein Besitzrecht auf Zeit gegenüber dem Beklagten habe eingeräumt werden sollen, so werde das durch § 4 des Vertrags wieder in Frage gestellt, wonach der Beklagte jederzeit die Herausgabe der Waren verlangen dürfe. Dieses Recht des Beklagten bedeute, daß die Schuldnerin nur auf jederzeitigen Widerruf die Möglichkeit erhalten habe, im Rahmen einer ordnungsmäßigen Geschäftsführung über das Warenlager zu verfügen. Es fehle daher an der Vereinbarung eines Rechtsverhältnisses, wonach die Schuldnerin dem Beklagten gegenüber auf Zeit zum Besitz berechtigt oder verpflichtet gewesen wäre.

2. Sodann erachtet der Berufungsrichter den Sicherungsübereignungsvertrag auch deshalb für ungültig, weil dem Geschäft die nötige Bestimmtheit fehle. Er hält für erwiesen, daß sich mindestens unter den Spezialitäten, die dem Beklagten nach der Anlage zum Vertrag „in jeder Art, Packung und Form" übereignet werden sollten, ein Teil befunden habe, der unter Eigentumsvorbehalt oder als Kommissionsware geliefert worden sei. Diese nicht der Firma R. & L. gehörigen Waren seien ohne räumliche Trennung und ohne besondere Kennzeichnung unter den anderen der Firma gehörigen Waren gelagert worden. Die Übereignung eines solchen Warenlagers, in dem eigene und fremde Waren ohne äußere Unterscheidung lagerten, durch Besitzkonstitut sei nicht möglich. Es sei keine genügende Kennzeichnung, wenn an Hand der Lagerbücher der Firma R. & L. jederzeit habe festgestellt werden können, welche Waren als freies Eigentum und welche als Kommissionsgut geliefert worden seien. Auch komme es nicht darauf an, ob die Firma R. & L. die betreffenden Waren jederzeit habe ausscheiden können, sondern darauf, ob jedem Dritten, namentlich dem Beklagten, erkennbar gewesen sei, welche

Waren ihm gehörten. Das sei bei der Art der Lagerung der Waren nicht der Fall gewesen, wenigstens nicht beim Spezialitätenlager. Die sich hieraus ergebende Nichtigkeit der Übereignung des Spezialitätenlagers habe die Nichtigkeit des ganzen Vertrags zur Folge. Denn bei dem überwiegenden Wert dieses Lagers sei es ausgeschlossen, daß der Beklagte ohne dessen Übereignung das Geschäft abgeschlossen hätte.

3. Endlich hält das Berufungsgericht den Sicherungsübereignungsvertrag für sittenwidrig und deshalb für nichtig. Es sei erwiesen, daß durch den Vertrag rund zwei Drittel des gesamten Warenlagers auf den Beklagten übertragen worden seien, und zwar gerade der Teil des Warenlagers, ohne den die Firma R. & L. nicht lebensfähig gewesen sei. Nach außen sei der Zustand nicht in die Erscheinung getreten, niemand habe ersehen können, daß die Waren nicht der Firma R. & L. gehörten. Dritten Personen sei dadurch eine nicht vorhandene Kreditwürdigkeit dieser Firma vorgetäuscht worden. Dem Beklagten sei bekannt gewesen, daß dieser Erfolg durch die Geheimhaltung der Sicherungsübereignung eintreten werde. Diese das Publikum täuschende Wirkung mache das Geschäft sittenwidrig. Belanglos sei, ob die Vertragsteile beim Abschluß des Vertrags fest damit gerechnet hätten, daß die Schuldnerin durch die neu dargeliehenen 70000 RM. die Möglichkeit erhalten werde, die geschäftlichen Schwierigkeiten zu überwinden. Sie hätten sich gesagt, daß, falls die Firma R. & L. der Schwierigkeiten nicht Herr werde, durch die Kredittäuschung alle übrigen Kreditgeber Schaden erleiden würden, insbesondere die erst nach Abschluß des Vertrags liefernden.

Der Revision war stattzugeben.

1. Zu Unrecht verneint der Berufungsrichter, daß die Vertragsteile ein gültiges Besitzkonstitut geschlossen haben. Das zwischen ihnen im Sinne von §§ 868, 930 BGB. zu begründende Rechtsverhältnis braucht in seiner Ausgestaltung nicht den gesetzlichen Begriffsmerkmalen eines unter § 868 fallenden benannten Vertrags zu entsprechen. Es braucht überhaupt nicht einer der im Bürgerlichen Gesetzbuch besonders geregelten Vertragsarten anzugehören; es muß nur ein bestimmtes Verhältnis beabsichtigt sein, vermöge dessen der Erwerber den mittelbaren Besitz erlangt, vorausgesetzt, daß der Anspruch des Erwerbers auf Herausgabe nicht für alle Zeit ausgeschlossen ist. Der Umstand, daß das von den Vertragschließenden als Verwahrungs-

vertrag bezeichnete Rechtsverhältnis etwa nicht den gesetzlichen Begriffsmerkmalen eines solchen Vertrags entsprechen würde, wäre kein Grund zur Annahme, daß nicht ein ähnliches Verhältnis im Sinne des § 868 gewollt war (WarnRspr. 1913 Nr. 200). Wenn dem Beklagten im § 4 des Vertrags das Recht eingeräumt worden ist, jederzeit die Herausgabe der übereigneten Waren zu verlangen, so spricht dies gerade für Verwahrung (WarnRspr. 1913 Nr. 201; vgl. auch RGZ. Bd. 98 S. 133, Bd. 118 S. 361).

2. Fehlsam sind auch die Ausführungen, mit denen der Berufungsrichter die Sittenwidrigkeit des Vertrags vom 23. Dezember 1927 darzutun versucht. Der Umstand allein, daß die Sicherungsübereignung nach außen nicht in die Erscheinung tritt, und daß die Vertragsteile mit der Möglichkeit rechnen, Gläubiger könnten hierdurch über die Kreditwürdigkeit der Schuldnerin getäuscht werden und Schaden erleiden, genügt noch nicht, um einen Verstoß gegen die guten Sitten anzunehmen. Das hat der erkennende Senat gerade für einen Fall, wo — wie hier — die Sicherungsübereignung zur Sanierung des Schuldners erfolgte, in dem in WarnRspr. 1929 Nr. 165 abgedruckten Urteil ausgesprochen. Für die Annahme eines Knebelungsvertrags fehlt es bislang an der Feststellung, was der Firma R. & L. noch an Aktiven zur freien Verfügung verblieb. Das Urteil nimmt auch einen solchen nicht an.

3. Was endlich die Frage anlangt, ob die veräußerten Waren genügend bestimmt waren, um eine wirksame Sicherungsübereignung annehmen zu können, so kann dem Berufungsrichter auch in dieser Hinsicht nicht beigetreten werden. Festzuhalten ist allerdings an dem wiederholt (vgl. RGZ. Bd. 113 S. 57) ausgesprochenen Grundsatz, daß bei einer Sicherungsübereignung die übereigneten Sachen im Vertrag bestimmt bezeichnet werden müssen. Bloße Bestimmbarkeit genügt nicht. An der erforderlichen Bestimmtheit fehlt es dann, wenn erst außerhalb des Vertrags liegende Umstände herangezogen werden müssen, z. B. Fakturen, Lagerbücher u. ä. Hier aber stellt der Vorderrichter fest, daß nach dem Willen der Vertragsteile sämtliche Spezialitäten übereignet werden sollten, die sich in den im Vertrag bezeichneten Räumen befanden. Wenn er aber aus seiner weiteren Feststellung, es habe sich darunter unausgeschiedenes und nicht gekennzeichnetes fremdes Eigentum befunden, den Schluß zieht, daß es dem „Geschäft"

an der nötigen Bestimmtheit gefehlt habe, so ist das nicht zutreffend. Unter dem „Geschäft" kann der Berufungsrichter nur den Vertrag meinen. Dieser ist aber nach seiner Ansicht völlig klar: es sollten eben sämtliche Spezialitäten übereignet werden, die sich in den betreffenden Lagerräumen befanden. Dann dürfen aber nicht — wie es das Urteil tut — außerhalb des Vertrags liegende Umstände, nämlich das Vorhandensein fremden Eigentums, verwendet werden, um den Vertrag selbst als unklar, d. h. die übereigneten Sachen nur unbestimmt bezeichnend, hinzustellen. Durch Umstände, die außerhalb des Vertrags liegen, wird der Vertrag als solcher nicht unklar. Wenn, wie der Vorderrichter annimmt, sämtliche Spezialitäten übereignet werden sollten, war der Gegenstand des Vertrags einwandfrei bestimmt. Auf die künftig in die Lagerräume kommenden Waren ist der Berufungsrichter nicht besonders eingegangen. Wenn er, wie zunächst anzunehmen ist, auch hier der Meinung ist, daß sie sämtlich übereignet werden sollten, so bezeichnet der Vertrag den Gegenstand der Übereignung auch insoweit völlig bestimmt. Für die Frage der Bestimmtheit des Gegenstands der Sicherungsübereignung ist der Zeitpunkt des Vertragsschlusses maßgebend. Nachträgliche Ereignisse, die außerhalb des Vertrags liegen, können diesem nicht nachträglich seine Bestimmtheit rauben. Ist später fremdes Eigentum auf das Lager gekommen, so ist zwar das Eigentum daran auf Grund des Konstituts nicht übergegangen, aber das vom Beklagten schon erworbene Eigentum blieb sein Eigentum, und er erwarb auf Grund des Vertrags mit seinem genügend bestimmten Inhalt Eigentum an den Waren, an denen sich die Verkäufer nicht das Eigentum vorbehalten hatten.

Soweit die vorstehenden Ausführungen von der in RGZ. Bd. 113 S. 57 abgedruckten Entscheidung des erkennenden Senats abweichen, wird an dieser nicht mehr festgehalten; namentlich insofern nicht, als dort auch auf den Zeitpunkt der Konkurseröffnung abgestellt wird. Ob ein Vertrag genügend bestimmt ist, läßt sich nur nach seinem Inhalt entscheiden. Umstände, die außerhalb des Vertrags liegen, bleiben außer Betracht, mögen sie zur Zeit der Konkurseröffnung oder auch schon zur Zeit des Vertragsschlusses vorhanden sein.

Hiernach war das angefochtene Urteil aufzuheben und die Sache zurückzuverweisen. Das Berufungsgericht wird nochmals zu prüfen haben, ob die Firma R. & L. wirklich auch das vorhandene und künftige fremde Eigentum übereignen wollte und ob der etwaige gegenteilige Wille im Vertrag nicht etwa dadurch zum Ausdruck kommt, daß es bezüglich der übereigneten Warenbestände in Nr. 1 heißt: „sämtliche Drogen", während unter Nr. 2 gesagt wird: „Spezialitäten in jeder Art, Packung und Form, wie z. B. . . .". Dabei wird auch zu erwägen sein, ob von den Vertragsteilen angenommen werden kann, daß sie Rechtswidriges gewollt haben, indem sie etwa bewußt über fremdes Eigentum verfügten, während anderseits ihre etwaige Annahme, daß alle in den betreffenden Räumen befindlichen Spezialitäten der Firma R. & L. gehörten, vielleicht auf den Willen, alles zu übereignen, schließen ließe.

---

36. Stellt der in der Tarifstelle 7 Abs. 9 Nr. 4 des preußischen Stempelsteuergesetzes vorgeschriebene Stempel nur einen Protokollstempel dar, der weder mit § 84 des Kapitalverkehrsteuergesetzes noch mit § 2 des Finanzausgleichsgesetzes im Widerspruch steht?

Preuß. Stempelsteuergesetz vom 27. Oktober 1924 Tarifst. 7. Kapitalverkehrsteuergesetz vom 8. April 1922 § 84. Finanzausgleichsgesetz vom 27. April 1926 § 2.

VII. Zivilsenat. Urt. v. 3. März 1931 i. S. Preuß. Staat (Bekl.) w. O. (Kl.). VII 224/30.

I. Landgericht I Berlin.
II. Kammergericht daselbst.

Der Kläger hat in seiner Eigenschaft als Notar am 15. April 1929 eine Urkunde aufgenommen, in der die Abtretung von Geschäftsanteilen der Kartoffelbau-Gesellschaft mbH. und ein Beschluß ihrer Gesellschafterversammlung beurkundet wurde, der eine Änderung des Gesellschaftsvertrags betraf. Der Beklagte hat vom Kläger neben einem Stempel von 20 RM. gemäß Tarifstelle 12 I c des preußischen Stempelsteuergesetzes noch auf Grund der Tarifstelle 7 Abs. 9 Nr. 4 das. für die Abtretung der Geschäftsanteile einen Stempel in Höhe von 3 RM. erfordert. Den letzterwähnten Stempel hält der Kläger mit Rücksicht auf § 84 Abs. 2 des Kapitalverkehrsteuergesetzes nicht für berechtigt. Er hat deshalb auf die Feststellung geklagt, der Beklagte könne nicht verlangen, daß die Urkunde vom 15. April 1929 für die in ihr enthaltene Abtretung von Geschäftsanteilen nach Tarifstelle 7 Abs. 9 Nr. 4 StStG. mit 3 RM. versteuert werde.

Das Landgericht hat die Klage abgewiesen, das Kammergericht hat ihr stattgegeben. Die Revision des Beklagten führte zur Wiederherstellung des landgerichtlichen Urteils.

Gründe:

Das Berufungsgericht hält die in Tarifstelle 7 Abs. 9 Nr. 4 StStG. vorgeschriebene Verstempelung für eine der Börsenumsatzsteuer aus § 35 des Kapitalverkehrsteuergesetzes gleichartige Steuer. Diese Auffassung hätte Berechtigung, wenn der genannte Landesstempel als ein Geschäftsstempel anzusehen wäre, der für das beurkundete Rechtsgeschäft als solches erhoben wird. Dies hat aber der Vorderrichter rechtsirrtümlich angenommen.

Zwar bildet Abs. 9 Nr. 4 der Tarifstelle 7 StStG. einen Teil dieser Tarifstelle, die grundsätzlich die Besteuerung von Kauf- und Anschaffungsgeschäften behandelt und damit die Verstempelung eines Rechtsvorgangs betrifft. Trotzdem ist der in jenem Absatz bezeichnete Stempel nur ein in der Form begründeter Urkundenstempel, wie auch der Kläger zunächst selbst nicht in Zweifel gezogen hat. Schon der geringe Stempelbetrag von 3 RM. weist darauf hin, daß dieser Stempel kein Geschäftsstempel ist. Denn wäre er das, so wäre nicht einzusehen, warum die notarielle Beurkundung der in Tarifstelle 7 Abs. 9 Nr. 4 bezeichneten Geschäfte mit einem geringeren Stempel belegt ist als andere Kaufgeschäfte aus Tarifstelle 7, und warum er gerade für den Fall der gerichtlichen oder notariellen Beurkundung der nach den Vorschriften des Kapitalverkehrsteuergesetzes über die Börsenumsatzsteuer reichssteuerpflichtigen oder von der Reichssteuer befreiten Kauf- und Anschaffungsgeschäfte erhoben wird, obwohl Abs. 1 der Tarifstelle 7 ausdrücklich vorschreibt, daß die Rechtsvorgänge, die nach dem Kapitalverkehrsteuergesetz einer Reichssteuer unterliegen oder von ihr befreit sind, von der dortigen Stempelvorschrift des preußischen Stempelsteuergesetzes nicht betroffen werden. Der letzteren Vorschrift entspricht diejenige des § 84 Abs. 2 des Kapitalverkehrsteuergesetzes und des § 2 des Finanzausgleichsgesetzes, sodaß die Tarifstelle 7 Abs. 9 Nr. 4 mit diesen Vorschriften ebenfalls in offenbarem Widerspruch stände, wenn sie sich wirklich als eine Besteuerung des Rechtsvorgangs und demgemäß des Inhalts der Urkunde darstellte. Richtigerweise handelt es sich bei ihr nur um einen Protokollstempel, dessen Regelung unter Ausdehnung auf die gerichtliche Beurkundung vielleicht besser in der Tarifstelle 12 II StStG. Platz gefunden hätte, soweit sie angesichts der dortigen Bestimmungen über den Notariatsurkundenstempel überhaupt notwendig war. Der Umstand aber, daß die betreffende Stempelvorschrift zusammen mit dem in Tarifstelle 7 vorgesehenen Geschäftsstempel für Kauf- und Tauschverträge geregelt ist, darf ihren Charakter als Protokollstempel nicht verwischen.

Ein solcher landesgesetzlicher Stempel ist weder durch § 84 Abs. 2 des Kapitalverkehrsteuergesetzes noch durch § 2 des Finanzausgleichsgesetzes verboten. Allerdings bestimmt der angeführte § 84 im Abs. 2, daß, soweit das Kapitalverkehrsteuergesetz Rechtsvorgänge der Versteuerung unterwirft, auch die Versteuerung der über die Rechtsvorgänge errichteten Urkunden durch die Länder ausgeschlossen ist. Aber auch dies bezieht sich nur auf Stempel, die den beurkundeten Rechtsvorgang betreffen. Denn die Vorschrift bezweckt nur, die Verkehrssteuern für die Vorgänge, die unter das Kapitalverkehrsteuergesetz fallen, erschöpfend zu regeln, und darunter fällt die Beurkundung als solche nicht. Darum hebt auch die Begründung zu § 91 Abs. 2 des Entwurfs, der dem § 84 Abs. 2 des Gesetzes entspricht, ausdrücklich hervor, daß die landesgesetzliche Erhebung von Stempelabgaben, die durch die Form bedingt, d. h. für die Beurkundung an sich ohne Rücksicht auf den Inhalt zu entrichten sind, wie besonders die Erhebung des Notariatsurkundenstempels, zulässig ist (Reichstagsdrucks. 1921 Nr. 2865 S. 35). Dieser Satz hat zwar im Gesetz selbst keine Aufnahme gefunden. Aber dies hindert nicht, ihn für die Auslegung des § 84 Abs. 2 zu berücksichtigen. Einer solchen Auffassung stehen die in RGZ. Bd. 106 S. 412 entwickelten Rechtsgrundsätze über die Berücksichtigung der Gesetzesmaterialien nicht entgegen. Denn dort ist nur ausgesprochen, daß Vorschriften, die vom Gesetzentwurf zwar beabsichtigt, im Gesetz aber nicht zum Ausdruck gelangt sind, keine Berücksichtigung finden dürfen. Hier aber hat die Begründung des Entwurfs nur einen Anhalt für die Auslegung der von ihm vorgeschlagenen und dann Gesetz gewordenen Bestimmung geben wollen; wenn dies der Zweck war, so ist auch ihre Berücksichtigung gestattet oder vielleicht sogar geboten. Wahrscheinlich ist auch der preußische Gesetzgeber gerade durch diesen in der Begründung zum Kapitalverkehrsteuergesetz enthaltenen Hinweis auf den Notariatsurkundenstempel veranlaßt worden, die Stempelbestimmung in der Tarifstelle 7 Abs. 9 Nr. 4 des Landesstempelgesetzes zu treffen. Sie war übrigens schon vor Inkrafttreten des Kapitalverkehrsteuergesetzes in der Tarifstelle 32 Abs. 10 Nr. 4 des preuß. Stempelsteuergesetzes früherer Fassung für die gerichtliche oder notarielle Aufnahme der nach Tarifstelle 4 des Reichsstempelgesetzes reichsstempelpflichtigen oder von der Reichsstempelsteuer befreiten Kauf- und Anschaffungsgeschäfte entsprechend getroffen und ist dann später nur dem Kapitalverkehrsteuergesetz angepaßt worden. Damit sollte offenbar auch Mißverständnissen über den Inhalt des § 84 Abs. 2 das. vorgebeugt werden.

Als landesgesetzlicher Protokollstempel widerspricht der fragliche Stempel auch nicht dem § 2 des Finanzausgleichsgesetzes. Denn er ist dem im § 35 des Kapitalverkehrsteuergesetzes vorgeschriebenen Stempel nicht gleichartig, wenn er nicht, wie dieser, ein Geschäftsstempel ist. Die Zulässigkeit seiner Erhebung wird auch im Schrifttum anerkannt (Keßler Kapitalverkehrsteuergesetz Note 5 zu § 84; Veiel Note 4 dazu; Weinbach zu § 84; Loeck-Eiffler Preußisches Stempelsteuergesetz Note 8 zu Tarifst. 7 S. 183).

Der Umstand, daß die notarielle Beurkundung der Abtretung im gegebenen Falle gesetzlich vorgeschrieben war (§ 15 Abs. 3 GmbHG.), steht der Anwendung der Tarifstelle 7 Abs. 9 Nr. 4 a. a. O. nicht entgegen. Denn jene Vorschrift unterscheidet nicht zwischen dem Fall, wo die notarielle oder gerichtliche Form zwingend vorgeschrieben ist, und dem, wo sie freiwillig gewählt wird. Sie kann deshalb nicht auf den letzteren Fall beschränkt werden. Für eine solche Beschränkung wäre auch kein Grund zu sehen. Denn wenn die Verstempelung wegen der Form, d. h. für die Tätigkeit des Notars oder des Gerichts als solche vorgesehen ist, so kann es keinen Unterschied machen, ob diese Stellen in Anspruch genommen werden mußten oder aus freiem Willen angegangen wurden. Ein Teil des Rechtsvorgangs ist die notarielle oder gerichtliche Beurkundung auch beim Zwang hierzu nicht, weil sie nicht zum Inhalt des Rechtsgeschäfts gehört, sondern nur die Form betrifft. Auf diesem Standpunkt steht für das frühere Recht auch die Entscheidung RGZ. Bd. 87 S. 342.

37. Verstößt gegen den Zweck eines deutschen Gesetzes die Anerkennung des von einem Gericht der Freien Stadt Danzig erlassenen Urteils, das in Anwendung des danziger Rechts einer vor dem Kriege in deutscher Währung begründeten persönlichen Forderung die rückwirkende Aufwertung versagt?

ZPO. § 328 Abs. 1 Nr. 4. BGB. § 242. AufwG. §§ 9, 15.

IV. Zivilsenat. Urt. v. 5. März 1931 i. S. L. (Bekl.) w. Leipziger Lebensvers.-Ges. a. G. (Kl.). IV 368/30.

I. Landgericht Stettin.
II. Oberlandesgericht daselbst.

Auf den im Grundbuch von Danzig-Langgarten Blatt 28 verzeichneten Grundstücken war in Abt. III eine Hypothek von 70000 M. und unter Nr. 22 eine solche von 36000 M. eingetragen, und zwar seit 1900 und 1908 für die Klägerin. Am 15. März 1922 wurden der Beklagte und der Kaufmann Th., beide in Danzig, als Miteigentümer der Grundstücke je zur Hälfte eingetragen. Sie zahlten die Nennbeträge der Hypothekenforderungen am 9. Oktober 1922 an die Klägerin zurück. Auf Grund ihrer vorbehaltlosen Bewilligung wurden die Hypotheken am 29. September 1923 gelöscht. Die Klägerin meldete die persönlichen Forderungen beim Amtsgericht Leipzig zur Aufwertung an. Nach Einspruch der beiden Eigentümer wurde das Verfahren bis zur Entscheidung des Prozeßgerichts ausgesetzt. Auf die vom Beklagten und Th. erhobene Klage stellte das Landgericht Danzig in Anwendung des dortigen Aufwertungsrechts fest, daß der jetzigen Klägerin kein Anspruch auf Aufwertung zustehe. Ihre Berufung wurde durch Urteil des Danziger Obergerichts als unbegründet zurückgewiesen.

Nunmehr erhob die Klägerin gegen den Beklagten allein beim Landgericht Stettin Klage auf Feststellung der Aufwertungsforderungen. Nachdem die Einrede der örtlichen Unzuständigkeit durch Zwischenurteil zurückgewiesen worden war, wies das Landgericht die Klage mit der Begründung ab, daß durch die danziger Urteile das Nichtbestehen der Forderungen rechtskräftig und auch für die deutschen Gerichte bindend festgestellt sei. Das von der Klägerin angerufene Berufungsgericht verneinte dagegen die Rechtskraftwirkung auf Grund des § 328 Abs. 1 Nr. 4 ZPO. und stellte antragsgemäß fest, daß der

Beklagte als persönlicher Schuldner zur Aufwertung der bezeichneten Forderungen nach dem deutschen Aufwertungsgesetz verpflichtet und die Entscheidung über die Höhe der Aufwertung der Aufwertungsstelle vorzubehalten sei.

Die Revision des Beklagten führte zur Wiederherstellung des landgerichtlichen Urteils.

Gründe:

Der Berufungsrichter hat dem danziger Urteil nach § 328 Abs. 1 Nr. 4 ZPO. die Anerkennung versagt, weil sie gegen den Zweck eines deutschen Gesetzes verstoßen würde, das der Aufrechterhaltung der Grundlagen des deutschen staatlichen oder wirtschaftlichen Lebens diene. Er ist zu dieser Auffassung nicht schon auf Grund der Tatsache gelangt, daß dem danziger Recht nach dem Gesetz über den Ausgleich der Geldentwertung vom 7. April 1925 (Gesetzblatt für die Freie Stadt Danzig S. 111) in der Fassung vom 28. September 1926 (das. S. 285) die rückwirkende Aufwertung des deutschen Aufwertungsgesetzes fremd ist und daß von ihm vorausgesetzt wird, eine Zahlung sei entweder überhaupt nicht erfolgt oder nur unter Vorbehalt angenommen worden. Die Meinung des Berufungsgerichts gründet sich vielmehr darauf, daß das danziger Gesetz im § 2 Abs. 2 seine Anwendung auf eine durch Hypothek gesicherte persönliche Forderung vorschreibt, wenn das belastete Grundstück im Gebiete der Freien Stadt Danzig gelegen ist. Diese Vorschrift (so führt das Berufungsgericht aus) bedeute einen in bewußt einseitiger Bevorzugung der danziger Belange vorgenommenen Eingriff in den anerkannten Satz des internationalen Privatrechts, wonach Rechtsverhältnisse nach dem Recht des Erfüllungsortes zu beurteilen seien, und enthalte so einen Verstoß gegen eine grundlegende deutsche Rechtsnorm. Der Schwerpunkt des Rechtsverhältnisses liege an seinem im Deutschen Reich begründeten Erfüllungsort. Die Vertragsparteien müßten sich darauf verlassen können, daß seine Abwicklung nach deutschem Recht erfolge. Nicht nur die damit verbundene wirtschaftliche Notwendigkeit, ihnen den deutschen Rechtsschutz zukommen zu lassen, sondern auch das staatliche Interesse, das deutsche Recht auf solche Rechtsverhältnisse anzuwenden, die mangels anderer Vereinbarung der Obhut des deutschen Rechts anvertraut seien, ergebe den grundlegenden Charakter der durch das danziger Gesetz verletzten Norm des internationalen Privatrechts.

Die Auslegung des § 328 Abs. 1 Nr. 4 ZPO., von der das Berufungsgericht ausgeht, steht im Einklang mit der Rechtsprechung des Reichsgerichts. Gegen den Zweck eines deutschen Gesetzes verstößt im Sinne jener Vorschrift die Anerkennung des ausländischen Urteils nicht schon dann, wenn das ihm zugrunde liegende ausländische Recht von dem deutschen abweicht. Die Abweichung muß vielmehr (ebenso wie in den Fällen des Art. 30 EG. z. BGB.) auf einem so erheblichen Unterschied der staatspolitischen oder sozialen Anschauungen beruhen, daß durch die Anerkennung die Grundlagen des deutschen staatlichen und wirtschaftlichen Lebens angegriffen würden (RGZ. Bd. 114 S. 171, Bd. 119 S. 263).

Den Ausführungen des Berufungsurteils ist auch insoweit beizutreten, als sie die abweichende Regelung des Umfangs der von beiden Rechten grundsätzlich anerkannten Aufwertung betreffen. Allerdings hat das deutsche Recht in näherer Ausgestaltung des für die Aufwertung grundlegenden § 242 BGB. die dem danziger Recht fremde Aufwertung kraft Rückwirkung anerkannt (§§ 9, 15 AufwG.), und zwar in einem Umfang, daß im vorliegenden Fall bei Anwendung des deutschen Rechts eine Aufwertung stattfinden müßte, da die Gläubigerin die Leistung am 9. Oktober 1922 angenommen hat, also innerhalb der vom 15. Juni 1922 bis zum 14. Februar 1924 laufenden Rückwirkungszeit. Das Berufungsgericht hat aber bereits darauf hingewiesen, daß die Wahl des Stichtages vom 15. Juni 1922 mehr oder weniger willkürlich war. Es kommt wesentlich hinzu, daß das deutsche Aufwertungsgesetz nicht etwa auf einer einheitlichen Volksanschauung beruht, sondern in wesentlichen Punkten Kompromißcharakter trägt. Die Aufwertung schließt sich auch nicht überall der Markentwertung ohne weiteres an und wird in einer Reihe von Fällen überhaupt ausgeschlossen. Der Umstand allein, daß bei der nach deutschem Recht begründeten Anwendung deutschen Aufwertungsrechts der Klägerin ein Aufwertungsanspruch zustehen würde, kann daher nicht dazu führen, die Anwendung ausländischen Rechts als dem Zweck eines deutschen Gesetzes zuwiderlaufend anzusehen.

Dagegen kann dem Berufungsgericht nicht gefolgt werden, wenn es einen Verstoß gegen den Zweck eines deutschen Gesetzes in der Anwendung des § 2 Abs. 2 des danziger Gesetzes über den Ausgleich der Geldentwertung findet. Allerdings weicht diese Vorschrift von der deutschen Rechtsauffassung ab, wonach in Ermanglung einer Parteiabrede der (im vorliegenden Falle innerhalb des Deutschen Reichs, nämlich in Leipzig begründete) Erfüllungsort für die persönliche Forderung das anzuwendende Recht auch dann bestimmt, wenn das ihrer Sicherung dienende Grundstück im Ausland liegt und für die dingliche Forderung das ausländische Recht maßgebend ist. Nach der im Urteil des Danziger Obergerichts gegebenen Begründung muß ferner angenommen werden, daß jene Rechtsauffassung auch von den dortigen Gerichten geteilt wird. § 2 Abs. 2 a. a. O. enthält also eine Abweichung von einem Satze sowohl des deutschen als auch des danziger zwischenstaatlichen Rechts. Ob sie aber die Grundlagen des deutschen staatlichen und wirtschaftlichen Lebens berührt und sie zu erschüttern geeignet ist, kann nur von Fall zu Fall durch Vergleichung der nach den zwischenstaatlichen Rechtsnormen anzuwendenden Rechtssätze ermittelt werden. Daß die so zu stellende Frage hier verneint werden muß, ist bereits dargelegt.

Die auf § 328 Abs. 1 Nr. 4 ZPO. gestützte Einwendung gegen die Rechtskraft des danziger Urteils erweist sich daher als unbegründet. . . .

---

38. Ist der Verkaufskommissionär befugt, das Eigentum an der Kommissionsware auf einen Dritten auch mittels Sicherungsübereignung zu übertragen?

BGB. §§ 164, 185, 930.

VII. Zivilsenat. Urt. v. 6. März 1931 i. S. J. H. Co. GmbH. (Kl.) w. B. K. GmbH. (Bekl.). VII 270/30.

I. Landgericht München I.
II. Oberlandesgericht daselbst.

Die Klägerin hatte im Sommer 1929 der Firma F. & Co. in M. verschiedene Lastkraftwagen eigener Herstellung zum kommissionsweisen Verkauf übergeben. Der Kaufmann B. verhandelte mit F. & Co. und auch mit der Klägerin über den Ankauf eines $2^1/_2$ Tonnen-Lastkraftwagens. Wegen Finanzierung des Geschäfts trat man an die Beklagte heran. B., die Firma F. & Co. und die Beklagte schlossen am 18. Juli 1929 einen „Darlehensvertrag". Danach gewährte die Beklagte dem B. zum Ankauf eines Lastkraftwagens bei F. & Co.

ein Darlehen; für den — unstreitig vorliegenden — Fall, daß das Fahrzeug beim Vertragsschluß dem Darlehensnehmer vom Verkäufer noch nicht übergeben war, wurde vereinbart:

„Die sämtlichen Vertragschließenden sind sich darüber einig, daß das Eigentum an dem Fahrzeug an die B. K. GmbH. (die Beklagte) übergegangen ist. Der Verkäufer verwahrt das Fahrzeug bis zur Übergabe an den Darlehensnehmer unentgeltlich für die B. K. und händigt das Fahrzeug dem Darlehensnehmer in dessen Eigenschaft als Stellvertreter der B. K. aus. Der Darlehensnehmer anerkennt, daß er das Fahrzeug nur als Stellvertreter der B. K. erworben und als Entleiher der B. K. unter den vorausgeführten Bedingungen besitzen wird."

In der Vertragsurkunde wurde beim Vertragsschluß der in Frage kommende Lastkraftwagen nur als „Marke J. H. Co., Modell 1929, Baujahr 1929, offen, $2^1/_2$ t" bezeichnet, während die Spalten über „Fahrgestell-Nr." und „Motor-Nr." noch nicht ausgefüllt wurden. Diese Nummern wurden erst einige Tage später von der Beklagten eingesetzt, nachdem F. & Co. sie — wie beim Abschluß des Darlehensvertrags besprochen — ihr fernmündlich mitgeteilt hatten. Die Nummern bezogen sich aber nicht auf einen Lastkraftwagen von $2^1/_2$ Tonnen, sondern auf einen anderen Typ von 2 Tonnen. Die Beklagte händigte die Darlehenssumme im Einverständnis mit B. der Firma F. & Co. aus. Einige Zeit später ließ ein Angestellter der Beklagten den nachträglich in der Vertragsurkunde bezeichneten Lastkraftwagen von der Firma F. & Co. mit deren Zustimmung wegfahren und nahm ihn für die Beklagte in Besitz.

Die Klägerin verlangt Herausgabe dieses Lastkraftwagens. Die Parteien streiten darüber, ob die Klägerin Eigentümerin des Wagens geblieben ist oder ob die Beklagte das Eigentum daran erworben hat.

Das Landgericht hat nach dem Klagantrag erkannt; das Oberlandesgericht hat dagegen die Klage abgewiesen. Die Revision der Klägerin hatte keinen Erfolg.

Aus den Gründen:

(Zunächst werden die Ausführungen des Berufungsgerichts gebilligt, daß die Einigung über die Sicherungsübereignung des 2 Tonnen-Wagens zwischen F. & Co. und der Beklagten durch die vorhin besprochene fernmündliche Mitteilung der Fahrgestell- und der Motornummer gemäß § 930 BGB. rechtswirksam getroffen worden sei, und zwar obgleich der auf diese Weise übereignete Wagen kein $2^1/_2$ Tonnen-Wagen gewesen sei, wie ihn B. habe kaufen wollen, sondern ein 2 Tonnen-Wagen. Dann wird fortgefahren:)

Mit Recht nimmt das Berufungsgericht an, für die Rechtswirksamkeit der zwischen der Firma F. & Co. und der Beklagten zustande gekommenen Übereignung des Lastkraftwagens sei es ohne Bedeutung, daß sie sich unstreitig auf einen der Klägerin gehörigen Wagen bezogen habe, den diese der Firma F. & Co. nur zum kommissionsweisen Verkauf überlassen hatte. Der Berufungsrichter folgert die Rechtswirksamkeit der Übereignung nicht aus gutgläubigem Erwerb durch die Beklagte, sondern er führt aus, daß die Firma F. & Co. als Kommissionärin nach allgemeinen Regeln des Handelsverkehrs über das Kommissionsgut habe verfügen dürfen und deshalb der Beklagten auch Eigentum an dem der Kommittentin (Klägerin) gehörigen Wagen habe verschaffen können. Das ist rechtlich einwandfrei. Ein Verkaufskommissionär muß ganz im allgemeinen als vom Kommittenten ermächtigt und damit als befugt angesehen werden, im Rahmen der Verkaufskommission das Eigentum an der Ware mit Wirkung gegen den Eigentümer, den Kommittenten, auf einen anderen zu übertragen. Das gilt unzweifelhaft bei einer Übertragung auf den Käufer; es muß aber auch bei einer Übereignung gelten, die als Sicherungsübereignung im Rahmen der Verkaufskommission an einen Dritten geschieht, der zur Finanzierung des Kaufgeschäfts ein Darlehen gewährt. So liegt der Fall aber hier, wo die Beklagte die Darlehenssumme für Rechnung des Käufers B. der Firma F. & Co. als Verkäuferin zahlen sollte und dann auch tatsächlich gezahlt hat, und es ist hierfür auch unerheblich, ob schließlich der zur Sicherung der Darlehensforderung übereignete Wagen ein solcher mit anderer Tonnenzahl war, als ihn B. erwerben wollte. Auf den guten Glauben der Beklagten über das Eigentum der Firma F. & Co. an dem der Beklagten übereigneten Wagen oder auch über ihre Verfügungsbefugnis (§ 366 HGB.) kommt es hiernach nicht mehr an. . . .

39. 1. Zur Frage der Umwertung von Genußscheinrechten.
2. Vertragliche Einigung der Gesellschaft mit den Genußscheinberechtigten über die Höhe ihres Abfindungsanspruchs in Reichsmark.

Zweite DurchfVo. zur GoldbilVo. § 33. HGB. §§ 227, 277.

II. Zivilsenat. Urt. v. 13. März 1931 i. S. K. (Kl.) w. Fabrik photographischer Papiere vorm. A. K. AG. (Bekl.). II 315/30.

I. Landgericht Halberstadt.
II. Oberlandesgericht Naumburg a. S.

Die verklagte Aktiengesellschaft ist im Jahre 1895 mit einem Kapital von 1525000 M., eingeteilt in 1525 Inhaber-Stammaktien zu je 1000 M., errichtet worden. Zwei von den Gründern erhielten für Sacheinbringen u. a. 15000 Stück Genußscheine (Gründergenußscheine). Mit den Rechten und Rechtsverhältnissen der Genußscheinberechtigten befassen sich die §§ 3, 6, 7, 21 der Satzung. In § 3 Abs. 4 das. heißt es, daß die fraglichen Gründer für ihre Einlagen neben 10000 M. in bar und 990000 M. in 990 Aktien der Gesellschaft einen Anteil am Jahresgewinn gemäß § 6 der Satzung und im Fall der Liquidation einen Anteil an dem nach Bezahlung der Schulden und nach „Gewährung des Nominalwertes an die Aktien verbleibenden Aktivvermögens nach § 21 der Satzung" erhalten sollen. Das Gewinnanteilsrecht der Genußscheininhaber ist des näheren dahin festgelegt, daß diese nach Abzug der Zuweisungen an die Reservefonds, Ausschüttung von 10% Dividende an die Aktionäre und Auskehrung der Tantiemen des Aufsichtsrats, des Vorstands und der Angestellten vom Reingewinn insgesamt bis zu 120000 M. erhalten sollen, während ein etwa verbleibender Gewinnrest zur Auslosung von Genußscheinen zu verwenden ist (§ 6). Bezüglich des Liquidationsanrechts bestimmt § 21 der Satzung, daß vom Reinvermögen zunächst die Aktionäre den Nennbetrag ihrer Aktien bekommen sollen, während der Rest zwischen ihnen und den Genußscheinberechtigten je zur Hälfte aufzuteilen ist. § 7 lautet:

> Zur Beurkundung der in §§ 6 und 21 festgestellten Zahlungsverpflichtungen werden den in § 3 genannten Verkäufern 15000 Stück auf deren Namen lautende Genußscheine aus-

gehändigt. Die Verkäufer sind berechtigt, die ihnen hiernach zustehenden Rechte durch Abtretung der Genußscheine an andere Personen zu übertragen.

Die ... Auslosung erfolgt stets am Schluß der ordentlichen Generalversammlung.

Jeder Inhaber eines ausgelosten Genußscheines erhält 200 M. ...

Die Generalversammlung der Aktionäre ist berechtigt, die Auslosung einer größeren Anzahl von Genußscheinen, als sie sich nach der in § 6 festgesetzten Gewinnverteilung ergibt, ... zu beschließen.

Die durch Zession legitimierten Inhaber der Genußscheine bilden eine Personengemeinschaft. Beschlüsse der Personengemeinschaft werden in Generalversammlungen gefaßt, welche auf Antrag der Inhaber von 100 Stück Genußscheinen ... oder des Vorstands oder des Aufsichtsrats der Aktiengesellschaft durch den Vorstand derselben berufen werden. ...

Jeder Genußschein gibt dem Inhaber eine Stimme. Die Beschlüsse werden mit einfacher Stimmenmehrheit gefaßt. Über die Abänderung oder Ablösung der Rechte der Inhaber der Genußscheine kann nur eine Generalversammlung derselben beschließen, in welcher mindestens 5000 Genußscheine vertreten sind, und ist ein solcher Beschluß nur gültig, wenn mindestens $^{2}/_{3}$ der vertretenen Stücke dafür gestimmt haben. ...

Die ausgegebenen Genußscheine lauten im Text:

Die Herren ... oder deren Rechtsnachfolger erhalten in Gemäßheit der Gesellschaftsstatuten gegen den betreffenden Gewinnanteilschein den auf diesen letzteren entfallenden Betrag und haben außerdem alle diejenigen Rechte, welche den Inhabern von Genußscheinen laut den Statuten der Gesellschaft eingeräumt sind.

Die Genußscheine werden börsenmäßig gehandelt.

Die Beklagte hat bei der Goldmark-Umstellung ihr Aktienkapital von 1525000 M. in gleicher Höhe und ihre Aktien 1:1 umgestellt unter Einsetzung eines Kapitalentwertungskontos von 1339575,30 RM. in die Goldmark-Eröffnungsbilanz. Die Umstellungsbeschlüsse vom 22. November 1924 sind im Handelsregister eingetragen.

In einer vom Vorstand der Beklagten auf den 9. März 1925 einberufenen Generalversammlung der Inhaber von Genußscheinen mit der Tagesordnung „Beschlußfassung über die Genehmigung eines Abkommens mit der Aktiengesellschaft über die Höhe der Auslosungssummen und die damit zusammenhängenden Satzungsänderungen (§ 7 Abs. 2)" waren 8 Inhaber von Genußscheinen mit 7594 Stimmen vertreten. Der Antrag der Aktiengesellschaft ging dahin, den Auslosungsbetrag für jeden Genußschein auf 30 RM. festzusetzen. Angenommen wurde, und zwar mit 6354 Stimmen gegen 1240 Stimmen, folgender Antrag:

Die Genußscheininhaber bieten der Aktiengesellschaft einen Vertrag dahin an, daß in Zukunft jeder Inhaber eines ausgelosten Genußscheins 30 RM. bar . . . erhalten soll.

Falls inzwischen ein neues Gesetz eine höhere als eine 15%ige Aufwertung anordnen sollte, soll die höhere Aufwertungsquote gelten.

Die widersprechenden 6 Genußscheininhaber erklärten sofort Widerspruch zu Protokoll. Eine am selben Tage abgehaltene Generalversammlung der Aktionäre der Beklagten beschloß die Annahme dieses Angebots.

Der Kläger hat in Kenntnis dieser Beschlüsse 42 Genußscheine erworben. Er ist der Ansicht, daß es sich um sog. aktienabhängige Genußscheine handle und daß demgemäß auch der Abfindungsanspruch im Falle der Auslosung ebenso wie die Aktien im Verhältnis 1 : 1 umgestellt sei, jetzt also 200 RM. betrage. Den Beschluß vom 9. März 1925 hält der Kläger aus einer Reihe von Gründen für nichtig, unwirksam und jedenfalls nicht bindend für ihn; auch im Fall der Anwendung von Aufwertungsgrundsätzen sei das Ergebnis kein anderes. Er hat daher im Mai 1929 Klage erhoben mit dem Antrag, u. a. festzustellen, daß die Genußscheine der verklagten Aktiengesellschaft, die sich in seinen Händen befänden, für die Auslosung mit je 200 RM. zu bewerten seien. . . .

Das Landgericht wies die Klage ab. Die Berufung des Klägers wurde zurückgewiesen. Auch seine Revision blieb erfolglos.

Aus den Gründen:

. . . Der Vorderrichter hat sich zunächst mit der Frage beschäftigt, ob für die Umwertung des Abfindungsanspruchs im Falle der Auslosung Umstellungs- oder Aufwertungsrecht gilt. Dies hängt davon ab, ob der Zahlungsanspruch der Genußscheininhaber für ausgeloste Genußscheine aktienabhängig ist oder nicht. Wäre ersteres der Fall, dann würde allerdings nach § 33 der Zweiten DurchfVo. zur GoldbilVo. die unabweisliche Folge die sein, daß mit der Umstellung der Aktien im Verhältnis von 1 : 1 gleichzeitig auch dieser Anspruch in demselben Verhältnis umgestellt worden wäre, d. h. von 200 PM. auf 200 RM. Die Umstellungsbeschlüsse sind unstreitig ins Handelsregister eingetragen, nicht angefochten und es ist auch ihre Gültigkeit im jetzigen Rechtsstreit von keiner Seite in Zweifel gezogen worden.

Der Berufungsrichter verneint die Aktienabhängigkeit. Er führt hierzu unter Bezugnahme auf das Urteil des erkennenden Senats RGZ. Bd. 115 S. 227 (230) aus: § 33 der Zweiten DurchfVo. zur GoldbilVo. gelte nur für Genußscheine, bei denen sich der Inhalt des einzelnen Genußscheinrechts nach dem Inhalt eines der Aktionärrechte richte. Nun sei — so fährt das Urteil fort — das Recht des einzelnen Genußscheininhabers im vorliegenden Fall ein dreifaches, nämlich: ein Anteilsrecht am Jahresgewinn, ein Recht auf Zahlung eines Geldbetrags im Falle der Auslosung und ein Anrecht an der Liquidationsmasse. Der Anteil der Aktionäre am Reingewinn sei auf 10% des Aktiennennbetrags bemessen, während für die Gesamtheit der Genußscheininhaber ein Höchstbetrag von 120000 M. ausgeworfen sei. Aber auch der Anteil des einzelnen Aktionärs und des einzelnen Genußscheininhabers am Liquidationserlös sei schon dadurch verschieden gestaltet, daß jener diesem unbedingt vorangehe. Nach alledem sei § 33 der zweiten DurchfVo. zur GoldbilVo. nicht anwendbar. Letzteres ist richtig, wenn auch die Begründung des Berufungsgerichts nicht ausreicht. In RGZ. Bd. 115 S. 227 (vgl. auch Bd. 112 S. 379 und Urteil des erkennenden Senats vom 6. Mai 1927 II 508/26) ist im einzelnen dargelegt, daß, wenn den Genußscheininhabern verschiedene Rechte zustehen, das eine oder das andere Recht aktienabhängig gestaltet sein könne. Daraus folge aber keineswegs, daß damit ein gleiches auch für die übrigen Rechte gelte, vielmehr komme es immer auf die Rechtsnatur des einzelnen Genußrechts an, sodaß sich je nachdem die Umwertung des einen nach Umstellungs-, die des anderen nach Aufwertungsgrundsätzen vollziehen könne, soweit es sich nicht überhaupt um reine Wertanteilsrechte handle. Daran ist festzuhalten. Hier handelt es sich um den Abfindungsanspruch im Falle der Auslosung. Die Genußscheine sind nennwertlos; der Abfindungsanspruch im Falle der Auslosung ist auf die feste Summe von 200 M. bemessen, ohne irgendwelches Beziehungsverhältnis zum jeweiligen Nennbetrag der Aktien. Insbesondere fehlt es an einer Bestimmung dahin, daß sich dieser Anspruch im Falle der Kapitalherabsetzung, der Zusammenlegung oder der „Abwertung" des Nennbetrags der Aktien ändere. Der Abfindungsanspruch im Auslosungsfall ist vielmehr nach unten und nach oben ein für allemal auf einen bestimmten Papiermarkbetrag festgesetzt. Er ist kein Wertanteilsrecht, sondern eine — wenn auch durch den Auslosungsfall bedingte — reine Papiermarkforderung. Der Fall liegt insofern nicht anders als der in RGZ. Bd. 117 S. 329 entschiedene. Von dem in RGZ. Bd. 115 S. 227 behandelten unterscheidet er sich noch sehr wesentlich dadurch, daß dort in der Satzung bestimmt war, es finde, wenn das Stammkapital der Aktiengesellschaft durch Zusammenlegung der Stammaktien herabgesetzt werde, eine der Herabsetzung prozentweise entsprechende Herabminderung des „Nennwerts" der Genußscheine statt. Ganz abgesehen davon, daß die Genußscheine hier nennwertlos sind, fehlt es eben an jeder Klausel in der Richtung, daß die Höhe des Abfindungsanspruchs im Falle der Auslosung durch eine Änderung der Zahl der Aktien oder ihres Nennwerts berührt werden solle.

Nach alledem ist dieser Anspruch nicht aktienabhängig gestaltet. Er ist deshalb nicht nach Umstellungs-, sondern nach Aufwertungsgrundsätzen umzuwerten. Die Umstellung der Aktien ließ ihn mithin rechtlich unberührt; er ist hierdurch insbesondere nicht von selbst kraft Gesetzes auf 200 RM. umgestellt. Demnach ist dem Berufungsgericht im Ergebnis beizutreten.

Richtet sich somit die Umwertung des Ablösungsanspruchs nach Aufwertungsgrundsätzen, so sind und waren (und zwar schon unter der Herrschaft der Dritten Steuernotverordnung, wie im Urteil des erkennenden Senats RGZ. Bd. 115 S. 227 [234] dargelegt ist) die Grundsätze der sog. freien Aufwertung anzuwenden. Der Normalaufwertungssatz der Dritten Steuernotverordnung von 15% galt hier kraft Gesetzes so wenig wie der Normalsatz des Aufwertungsgesetzes von 25%. Das schließt aber nicht aus, daß sich die Genußscheininhaber als bedingt Forderungsberechtigte mit der verklagten Aktiengesellschaft als Schuldnerin im Wege der Vereinbarung über die Höhe des Aufwertungssatzes einigten. Dazu boten sich verschiedene Wege. Der eine war der des Abschlusses von Einzelverträgen mit den einzelnen Genußscheininhabern. Diese Möglichkeit will anscheinend auch der Kläger nicht in Abrede stellen. Der zweite Weg, den die Aktiengesellschaft eingeschlagen hat, um mit den Genußscheininhabern zu einer Verständigung über die Aufwertung des Ablösungsanspruchs zu kommen, war der durch § 7 Abs. 5 bis 8 der Satzung eröffnete. Die Rechtsverhältnisse der Genußscheininhaber sind im Gesetze—von §33 der Zweiten DurchfVo. zur GoldbilVo. abgesehen — nicht geregelt; sie sind außerordentlich verschieden gestaltet und haben den mannigfaltigsten Inhalt. Hier war nun mit den ersten Nehmern der Genußscheine vereinbart und in der Satzung festgelegt worden, daß die Genußscheininhaber zu einer Personengemeinschaft zusammengeschlossen seien, die über die gemeinsamen Angelegenheiten durch Mehrheitsbeschluß oder mit erhöhter Mehrheit entscheiden könne. Unter den Gegenständen der Beschlußfassung ist ausdrücklich auch die Abänderung und die Ablösung der Rechte der Genußscheininhaber genannt; für die Gültigkeit eines Beschlusses über diesen Gegenstand sind zwei besondere Erfordernisse aufgestellt, daß nämlich mindestens 5000 Genußscheine vertreten sein müssen und mindestens zwei Drittel der vertretenen Stücke zugestimmt haben.

Gegen die Möglichkeit und Zulässigkeit einer solchen Regelung sind keine rechtlichen Bedenken zu erheben. Der Zweck dieser Bestimmungen ist der, die Rechte und die Rechtsausübung der Genußscheininhaber als Dritter gegenüber der verklagten Gesellschaft klar- und sicherzustellen, insbesondere die Möglichkeit einer einheitlichen Willensbildung und gleichmäßigen Rechtswahrnehmung zu schaffen. Gerade dies lag im wohlverstandenen Interesse beider Teile, der Aktiengesellschaft sowohl wie der Genußscheininhaber in ihrer Gesamtheit. Daß so in der Generalversammlung der Genußscheininhaber ein Organ geschaffen wurde, dessen Beschlüsse auch für die nicht erschienenen oder widersprechenden Berechtigten im allgemeinen Rahmen der Gesetze verbindlich sein sollten, kann rechtlich nicht bemängelt werden. Die verklagte Aktiengesellschaft hatte es in der Hand, die Gläubigerrechte der Genußscheininhaber im

Benehmen mit den ersten Nehmern verbindlich auch für deren Nachmänner innerhalb der allgemeinen Schranken beliebig zu gestalten; sie konnte daher die Aufrechterhaltung und die inhaltliche Änderung dieser Rechte gleichfalls der Beschlußfassung des in der Generalversammlung der Genußscheininhaber geschaffenen Organs der letzteren unterwerfen. Auch diese Klausel, die sachlich auf eine inhaltliche Beschränkung der Rechte des einzelnen Genußscheininhabers hinauslief, unterliegt keinem Bedenken. Gewiß ist richtig, daß die verklagte Aktiengesellschaft ohne sie die Rechte der Genußscheininhaber nicht einmal im Wege der Satzungsänderung hätte verkürzen können; ebensowenig hätten Mehrheitsbeschlüsse der Genußscheininhaber die nicht erschienenen oder widersprechenden Berechtigten gebunden. Allein hier ist es anders, weil in den Ausgabebedingungen von vornherein schon derartige Beschlüsse vorgesehen und festgelegt waren. Insofern liegt der Fall ganz anders als in den von der Revision angeführten genossenschaftsrechtlichen Urteilen des Senats RGZ. Bd. 124 S. 182, Bd. 128 S. 34. Wäre dort im „Urstatut" die Möglichkeit einer Einführung der Pflichtbeteiligung nach Staffeltarif und deren Änderung durch Mehrheitsbeschluß vorgesehen gewesen, dann hätten sich die Genossen solchen Beschlüssen fügen müssen, sofern diese nur sonst an keinem rechtlichen Mangel litten. Ganz so verhält es sich hier, wo die Genußscheinrechte von vornherein mit der Maßgabe geschaffen wurden, daß über ihre Änderung eine erhöhte Mehrheit der Genußscheininhaber beschließen kann.

Die Revision irrt deshalb, wenn sie meint, zu Beschlüssen über die Änderung der Rechte der Genußscheininhaber hätte es der Einstimmigkeit nicht nur der erschienenen, sondern aller Genußscheininhaber bedurft. Dabei kann dahingestellt bleiben, ob überhaupt die Angleichung des Abfindungsanspruchs an die neue Währung ohne weiteres als Rechtsänderung im Sinne des § 7 Abs. 7 der Satzung anzusehen wäre. Die Revision übersieht hierbei ferner, daß sich die verklagte Aktiengesellschaft bei der Ausgabe der Genußscheine sogar das Recht hätte ausbedingen können, ihrerseits einseitig die Rechte der Genußscheininhaber zu ändern, so z. B. im Hinblick auf künftige Satzungsänderungen. Die Gesellschaft konnte sich insoweit rechtsgeschäftlich die Hand durchaus freihalten (vgl. Brodmann Aktienrecht Anm. 9i zu § 179 HGB. [S. 17]). Gegenüber der Möglichkeit, einseitig in die Rechte der Genußscheininhaber einzugreifen, bedeutet es sachlich ein Weniger, wenn dies, wie hier, nur mit Zustimmung des in der Generalversammlung der Genußscheininhaber geschaffenen Willensorgans der letzteren geschehen kann, und eine weitere Sicherung der Genußscheininhaber ist es, daß hier das Zustandekommen eines solchen Beschlusses an besondere Voraussetzungen geknüpft ist (erhöhte Mehrheit).

Nicht richtig ist sodann der unter Hinweis auf § 227 HGB. vertretene Standpunkt des Klägers, daß die Klausel über die Änderung der Rechte der Genußscheininhaber durch die Generalversammlung der letzteren nur dann gültig sein könnte, wenn nicht nur die Zulässigkeit einer solchen Änderung überhaupt, sondern auch Inhalt und Umfang der Änderungsmöglichkeiten in der Satzung festgelegt wären. Hier stehen nicht Aktien und Aktionärrechte in Frage, die einer Änderung durch die Satzung nur insoweit unterliegen, als es sich um nachgiebiges Recht handelt, sondern von der Beklagten im Einverständnis mit den ersten Nehmern geschaffene Drittgläubigerrechte, die von ihr — im Rahmen des allgemeinen Rechts — beliebig gestaltet werden konnten, insbesondere in Richtung ihrer Abänderbarkeit. Die Möglichkeiten und Bedürfnisse solcher Abänderungen sind auch so zahlreich und in ihrer Gesamtheit so wenig absehbar, daß sich die Festlegung weiterer Einzelheiten von selbst verbot, wenn der Zweck dieser Ausgabebedingungen nicht von vornherein in Frage gestellt sein sollte. Daß bei dieser Sachlage die Aufwertung des Abfindungsbetrags im Falle der Auslosung Gegenstand bindender Beschlußfassung durch die Mehrheit der Generalversammlung der Genußscheininhaber sein kann, ist füglich nicht zu bezweifeln.

Einer der Hauptangriffe der Revision stützt sich denn auch ersichtlich gerade darauf, daß die Aufwertungsbeschlüsse zu ihrer Wirksamkeit der Eintragung ins Handelsregister gemäß § 277 Abs. 1 HGB. bedurft hätten und mangels solcher nicht — jedenfalls noch nicht — rechtswirksam geworden seien. Unstreitig ist eine solche Eintragung nicht erfolgt. Wäre der Ausgangspunkt der Revision richtig, dann würde es allerdings an einer rechtswirksamen Festsetzung des Aufwertungsbetrags von vornherein fehlen. Der Berufungsrichter hat die Eintragungsbedürftigkeit verneint. Er ist der Meinung, es handle sich hier um eine vertragliche Einigung zwischen den Genußscheininhabern als Gläubigern und der Aktiengesellschaft als Schuldnerin. Der Umstand, daß nachher an Stelle des in der Satzung vorgesehenen Papiermarkbetrags von 200 M. im Wege der vertraglichen Einigung über die Höhe der Aufwertung ein Betrag von 30 oder 50 RM. getreten sei, bedeute nicht eine Änderung des Ablösungsanspruchs, sondern nur die „Ermittlung" des Umfangs der Aufwertung. Dem hält die Revision entgegen, daß durch die Beschlüsse über die Aufwertung des Abfindungsanspruchs wesentliche Punkte der bisherigen Satzung, nämlich die Gewinnverteilung, und zwar nicht nur für die Genußscheininhaber, sondern auch zugleich für die Aktionäre, geändert worden seien und daß als Satzungsänderung auch jede Ergänzung und Lückenausfüllung, mithin jede bindende Bemessung des Aufwertungssatzes anzusehen sei; ferner weise der Inhalt der ausgegebenen Genußscheine mehrfach ausdrücklich auf die Satzung hin; die Beschlüsse hätten daher der Eintragung in das Handelsregister bedurft. Dem kann nicht beigetreten werden. Zunächst bestand kein rechtliches Hindernis dagegen, daß sich die verklagte Gesellschaft als bedingte Schuldnerin mit den Genußscheininhabern als den bedingt Berechtigten — vertreten durch ihre Generalversammlung — über die Höhe der Aufwertung des Ablösungsanspruchs gütlich einigte. Mit dieser vertraglichen Einigung war die Höhe des Aufwertungsbetrags für beide Teile bindend festgesetzt, sofern ihrer Gültigkeit nicht sonstige Hindernisse im Wege standen. Der Beobachtung der für Satzungsänderungen erforderlichen Vorschriften bedurfte es dazu nicht, insbesondere nicht in dem Sinne, daß die Eintragung ins Handelsregister als Wirksamkeitserfordernis nötig gewesen wäre. Das wird besonders klar, wenn man unterstellt, daß die Genußscheine schon auf Grund der Auslosung zur Ablösung aufgerufen waren. Die Genußscheininhaber standen dann der verklagten Gesellschaft als Drittgläubiger gegenüber, mit denen jene, wie mit jedem anderen Gläubiger, Vereinbarungen, Vergleiche und sonstige Rechtsgeschäfte über die Ablösungsansprüche abschließen konnte. Grundsätzlich nicht anders verhält es sich insoweit bei Abmachungen über die Höhe und den Umfang der durch das Erfordernis der Auslosung erst bedingt Anspruchsberechtigten. Es handelt sich dabei eben nicht um eine

Änderung der Satzung, sondern um eine in deren Ausführung und in Benutzung des satzungsmäßig vorgesehenen Wegs getroffene vertragsmäßige Regelung.

---

40. Ist bei der Auto-Kaskoversicherung der Versicherer nur dann von der Verpflichtung zur Leistung frei, wenn der Versicherungsnehmer den Versicherungsfall vorsätzlich oder durch grobe Fahrlässigkeit herbeigeführt hat?

Versicherungsvertragsgesetz §§ 61, 130.

VII. Zivilsenat. Urt. v. 13. März 1931 i. S. B. (Kl.) w. Z. Versicherungsbank AG. (Bekl.). VII 281/30.

I. Landgericht II Berlin.
II. Kammergericht daselbst.

Am 3. Juni 1928 geriet der Kläger auf einem im Umbau befindlichen Feldwege mit seinem Kraftwagen, der bei der Beklagten für Schäden am Fahrzeug versichert war, in zwei Kieshaufen. Der Wagen blieb darin stecken. Bei den Versuchen, mit eigener Kraft freizukommen, geriet er in Brand. Der Kläger behauptet, daß nur wertlose Trümmer übrig geblieben seien, und verlangt von der Beklagten Zahlung von 7000 RM. nebst Zinsen; hilfsweise bittet er um Feststellung, daß die Beklagte ihm den entstandenen Schaden nach den Versicherungsbedingungen zu erstatten habe. Das Landgericht hat die Klage abgewiesen, weil der Kläger den Versicherungsfall durch grobe Fahrlässigkeit herbeigeführt habe. Das Kammergericht hat die Berufung des Klägers zurückgewiesen. Es sieht einfache Fahrlässigkeit des Klägers als erwiesen an und meint, daß die Beklagte nach § 130 Satz 1 VVG. schon deshalb von ihrer Haftung frei geworden sei. Die Revision des Klägers führte zur Aufhebung und Zurückverweisung.

Gründe:

1. Nach § 1 der Allgemeinen Versicherungsbedingungen der Beklagten umfaßt die Versicherung mit gewissen Ausnahmen alle Schäden, die an dem versicherten Kraftwagen durch Unfall, Beschädigung von seiten betriebsfremder Personen, Diebstahl, Raub

oder Unterschlagung entstehen. Es handelt sich also um eine sog. Auto-Kaskoversicherung. Über die Frage, welcher Grad von Fahrlässigkeit des Versicherungsnehmers bei der Verursachung des Schadens die Haftung der Beklagten ausschließen solle, ist weder in den allgemeinen noch in den besonderen Bedingungen etwas vereinbart. Es gelten daher insoweit die gesetzlichen Vorschriften (vgl. § 13 AVB.). Welche Vorschrift maßgebend ist, darüber herrscht Streit. Der Kläger und das Landgericht halten den § 61 VVG. für anwendbar, wo es unter den Vorschriften für die gesamte Schadensversicherung heißt:

> Der Versicherer ist von der Verpflichtung zur Leistung frei, wenn der Versicherungsnehmer den Versicherungsfall vorsätzlich oder durch grobe Fahrlässigkeit herbeiführt.

Die Beklagte und das Kammergericht dagegen berufen sich auf § 130 Satz 1 das., wo unter den Vorschriften für die Transportversicherung gesagt ist:

> Der Versicherer haftet nicht für einen Schaden, der von dem Versicherungsnehmer vorsätzlich oder fahrlässig verursacht wird.

2. Die sog. Auto-Kaskoversicherung als die Versicherung eines Transportmittels fällt unter den Gesamtbegriff der Transportversicherung. Das hat das Reichsgericht bereits in RGZ. Bd. 72 S. 418 ausgesprochen, als es dort die für Verträge über Transportversicherungen in Tarifstelle 70 Abs. 2 des preußischen Stempelsteuergesetzes vom 31. Juli 1895 gegebene Befreiungsvorschrift auf die Polizen über die Auto-Kaskoversicherung anwandte. Daran wurde in RGZ. Bd. 86 S. 215 festgehalten, nur wurde dort abgelehnt, den § 187 VVG., der lediglich die Transportversicherung von Gütern behandle, auf die Auto-Kaskoversicherung als die Versicherung eines Transportmittels anzuwenden. Wenn in RGZ. Bd. 88 S. 94 dargelegt wird, daß das Reichsstempelgesetz vom 3. Juli 1913 in seiner Tarifnummer 12 C 1 unter Kaskoversicherung nur die Schiffsversicherung verstehe, wie Kasko wörtlich auch nur „Schiffskörper" bedeute, so ist man damit von der früheren Rechtsprechung nicht abgewichen.

3. Der 5. Titel im 2. Abschnitt des Versicherungsvertragsgesetzes trägt die Überschrift „Transportversicherung". Der grundlegende erste Paragraph dieses Titels (§ 129) beschäftigt sich in seinem ersten Absatz mit der „Versicherung von Gütern gegen die

Gefahren der Beförderung zu Lande und auf Binnengewässern" und in seinem zweiten Absatz mit der „Versicherung eines Schiffes gegen die Gefahren der Binnenschiffahrt". Der schon mitgeteilte § 130 Satz 1 VVG. lautet ganz allgemein, er bezieht sich also jedenfalls auf die „Versicherung von Gütern usw." und auf die „Versicherung eines Schiffes usw.". Darüber hinaus, auf jede Transportversicherung und auch auf die Auto-Kaskoversicherung, ist aber die Vorschrift nicht anwendbar. Bereits in RGZ. Bd. 72 S. 424 ist ausgeführt, daß das Versicherungsvertragsgesetz die Regelung der Versicherung anderer Transportmittel als der Schiffe den Parteien überlasse. Ebenso heißt es in RGZ. Bd. 86 S. 218:

> Es ist endlich nicht richtig, daß das Gesetz über den Versicherungsvertrag im 5. Titel ganz allgemein die Transportversicherung aller Transportmittel geregelt hätte. Geregelt ist vielmehr, wie bereits im Urteil Bd. 72 S. 424 dargelegt wurde, die Transportversicherung von Gütern und außerdem die Transportversicherung von Schiffen auf Binnengewässern, während die Versicherung der Landtransportmittel der Regelung durch die Parteien überlassen worden ist. Vgl. auch die Begründung zum Titel Transportversicherung bei Gerhard S. 502,

Die angezogene Stelle der Begründung lautet:

> Die Vorschriften über die Transportversicherung umfassen sowohl die Versicherung von Gütern gegen die Gefahren der Beförderung zu Lande und auf Binnengewässern als die Versicherung von Schiffen gegen die Gefahren der Binnenschiffahrt.

Dieser Rechtsprechung des Reichsgerichts, wonach § 130 Satz 1 VVG. auf die Auto-Kaskoversicherung nicht anwendbar ist, haben sich die Oberlandesgerichte nur zum geringen Teil angeschlossen. Namentlich das Kammergericht hat sich in einer Anzahl von Entscheidungen (JurRdsch. f. Privatversicherung 1926 S. 198, 1927 S. 260, 1928 S. 28, 278) auf den gegenteiligen Standpunkt gestellt. In Anmerkungen zu diesen Entscheidungen und in einem eigenen Aufsatz (ebenda 1926 S. 63) führt Pfeiffer aus, daß das Versicherungsvertragsgesetz die Transportversicherung allgemein geregelt habe, daß also alle Vorschriften, die sich nicht auf die Versicherung von Gütern besonders bezögen, auf die Auto-Kaskoversicherung anwendbar seien. Von seinem Standpunkt aus folgerichtig läßt er auch den § 130 Satz 2 VVG.:

Er (der Versicherer) hat jedoch den von dem Versicherungsnehmer durch eine fehlerhafte Führung des Schiffes verursachten Schaden zu ersetzen, es sei denn, daß dem Versicherungsnehmer eine bösliche Handlungsweise zur Last fällt

für die Auto-Kaskoversicherung gelten. Dem ist Gottschalk (ebenda 1926 S. 142) entgegengetreten. Auch er sieht in § 130 Satz 1 VVG. einen allgemein für die Transportversicherung aufgestellten Satz; seinen inneren Grund findet er darin, daß derjenige, der sich mit einem Transportmittel im Verkehr fortbewege, ganz besondere Vorsicht aufwenden müsse, um die Gefährdung anderer Menschen oder auch die von Sachen zu vermeiden, und kann deshalb nicht zugeben, daß § 130 Satz 2 Fehler gerade bei der Führung des Transportmittels noch in weiterem Maße für unerheblich erkläre, als § 61 VVG. es ohnehin tue. Bruck in seinem Kommentar zum Versicherungsvertragsgesetz (Bem. 11 vor §§ 129 bis 148) meint, daß die Auto-Kaskoversicherung Transportversicherung sei, daß sich aber „natürlich nicht alle gesetzlichen Bestimmungen zur Anwendung eigneten". Ähnlich lautet die Äußerung von Bruck in seinem Privatversicherungs-Recht S. 68 Anm. 15. Alle diese Auslegungsversuche führen zu keinem klaren Bild von der Rechtslage. Unfruchtbaren Streitigkeiten zwischen dem Versicherer und dem Versicherungsnehmer wäre Tür und Tor geöffnet. Alle Schwierigkeiten sind aber behoben, wenn man an den Sätzen festhält, die das Reichsgericht in Bd. 72 S. 418 und in Bd. 86 S. 215 an Hand des Gesetzes und seiner Begründung in überzeugender Weise entwickelt hat. Danach gilt für die Auto-Kaskoversicherung nicht § 130 Satz 1, sondern § 61 VVG. Nur grobe Fahrlässigkeit des Versicherungsnehmers befreit den Versicherer von der Haftung. Diese Vorschrift kann aber durch Parteiabrede geändert werden, auch zum Nachteil des Versicherungsnehmers. Es kann also eine Vereinbarung mit dem Inhalt des § 130 Satz 1 in den Versicherungsvertrag aufgenommen werden. Wenn der Versicherer das will, so mag er es sagen. Der Versicherungsnehmer weiß dann, woran er ist, und kann sich entscheiden, ob er den Vertrag mit dieser Klausel abschließen will oder nicht.

41. 1. Genügt die bloße, unabhängig vom Willen des Ruhegehaltsempfängers eingetretene Tatsache des Verlustes der preußischen Staatsangehörigkeit, um das Ruhen des Rechts auf den Bezug der Pension zu bewirken?

2. Läßt sich die Frage, wann ein Verlust des deutschen Indigenats eintritt, allein auf Grund der Vorschriften des preußischen Pensions-Gesetzes vom 27. März 1872 entscheiden, oder sind hierfür in erster Reihe die Reichs- und Staatsangehörigkeitsgesetze maßgebend?

Preuß. Gesetz, betr. die Pensionierung der unmittelbaren Staatsbeamten usw., v. 27. März 1872 § 27 Abs. 1 Nr. 1. RBG. § 57 Abs. 1 Nr. 1. Reichs- und Staatsangehörigkeitsgesetz v. 22. Juli 1913 §§ 17 und 25. Versailler Vertrag Art. 91. Art. 3 und 4 des zwischen den alliierten und assoziierten Hauptmächten und Polen geschlossenen Staatsvertrags v. 28. Juni 1919. Deutsch-Polnisches Abkommen über Staatsangehörigkeits- und Optionsfragen v. 30. August 1924 Art. 7 §§ 1, 2, 3 und Schlußprotokoll I Nr. 3.

III. Zivilsenat. Urt. v. 24. März 1931 i. S. von B. (Kl.) w. Preuß. Staat (Bekl.). III 196/30.

I. Landgericht Königsberg i. Pr.

Der Kläger war bis zum 1. April 1920 Landrat des preußischen Kreises Braunsberg und ist an diesem Tage auf seinen Antrag unter Bewilligung des gesetzlichen Ruhegehalts aus dem Staatsdienst entlassen worden. Der verklagte Preußische Staat hat jedoch die Zahlung der Ruhegehaltsbezüge verweigert, weil der Kläger inzwischen die polnische Staatsangehörigkeit erlangt hatte.

Der Kläger behauptet, er sei durch das „Wiener Abkommen" als Geburtspole anerkannt worden; er habe die Bewirtschaftung seines nunmehr in Polen gelegenen väterlichen Gutes übernommen, weil es im deutschen Staatsinteresse liege, daß der deutsche Grundbesitz in Polen in deutscher Hand verbleibe. Mit der vorliegenden Klage macht der Kläger einen Teilbetrag seines rückständigen Ruhegehalts in Höhe von 1000 RM. geltend.

Der Beklagte bestreitet, daß der Kläger durch das Wiener Abkommen Geburtspole geworden sei, und trägt vor: Der Kläger habe ihm seinerzeit selbst mitgeteilt, daß er die preußische Staatsangehörigkeit durch Option für Polen verloren habe. In keinem Falle sei der Beklagte zur Zahlung des Ruhegehalts verpflichtet, weil nach § 27 des preuß. Gesetzes, betr. die Pensionierung der unmittelbaren Staatsbeamten usw., vom 27. März 1872 (GS. S. 268) das Recht des Klägers auf den Bezug der Pension infolge Verlustes des deutschen Indigenats ruhe. Übrigens habe der Kläger seit 1. April 1928 aus einem für solche Zwecke eingerichteten Fürsorgefonds fortlaufend Beihilfen in Höhe von monatlich 450 RM. erhalten. Vorsorglich hat der Beklagte mit diesen Zahlungen gegen den Klaganspruch aufgerechnet; außerdem hat er eingewendet, der eingeklagte Anspruch sei verjährt.

Den Empfang der Unterstützungsbeiträge hat der Kläger nicht bestritten. Zur Sache selbst macht er geltend, die Bestimmungen über den Verlust der Staatsangehörigkeit könnten auf ihn keine Anwendung finden, weil durch den Versailler Vertrag in Verbindung mit den Abmachungen mit Polen ein Rechtszustand geschaffen worden sei, der den Verlust der Staatsangehörigkeit ohne Rücksicht auf den Willen des einzelnen Staatsbürgers herbeiführe. Der Sinn des § 27 PensG. über das Ruhen des Rechts auf die Pensionsbezüge infolge Verlustes des deutschen Indigenats ebenso wie der des Staatsangehörigkeitsgesetzes sei aber, daß nur demjenigen kein Anspruch auf Ruhegehalt zustehen solle, der sein Indigenat infolge eigener Willensentschließung, also freiwillig aufgegeben habe.

Das Landgericht wies die Klage ab. Die vom Kläger unter Übergehung der Berufungsinstanz unmittelbar eingelegte Revision führte zur Aufhebung und Zurückverweisung.

Gründe:

Der § 27 Abs. 1 Nr. 1 PensG. in seinen verschiedenen, hier nicht erheblichen Abänderungen bestimmt — ebenso wie § 57 Abs. 1 Nr. 1 RBG. —, das Recht auf den Bezug der Pension ruhe, wenn ein Pensionär das Indigenat verliere, bis zu dessen etwaiger Wiedererlangung. Das angefochtene Urteil glaubt nun, die Entscheidung des Rechtsstreits in erster Reihe aus dem Wortlaut und dem Sinn dieser Vorschrift schöpfen zu können, und lehnt den Standpunkt des Klägers ab, der sich darauf beruft, § 27 Abs. 1

Nr. 1 PensG. könne auf ihn keine Anwendung finden, weil er die preußische Staatsangehörigkeit nicht auf Grund eigener Willensentschließung verloren habe. Das Landgericht erklärt, eine derartige Auslegung des § 27 Abs. 1 Nr. 1, wonach ein Ruhen der Pension nur im Falle freiwilligen Aufgebens der preußischen Staatsangehörigkeit eintrete, finde im Gesetz keine Stütze. Schon dessen Wortfassung stehe dieser Auslegung entgegen; denn § 27 Abs. 1 Nr. 1 spreche ausdrücklich von einem „Verlieren", nicht aber von einem „Aufgeben" des Indigenats. Eine weitere Bestätigung seiner Rechtsansicht findet das Landgericht darin, daß in Art. 3 des Deutsch-Französischen Abkommens über die Zahlung der elsaß-lothringischen Pensionen vom 3. März 1920, ratifiziert durch Reichsgesetz vom 14. Februar 1921 (RGBl. 1921 S. 176), ausdrücklich angeordnet sei, diejenigen Elsaß-Lothringer, die auf Grund des Versailler Vertrags die französische Staatsangehörigkeit erworben hätten, sollten die Versorgungsbezüge so weiter gezahlt erhalten, als ob sie deutsche Reichsangehörige geblieben wären. Aus der Tatsache des Abschlusses dieser Vereinbarung und aus dem Fehlen eines gleichen oder ähnlichen Abkommens zwischen Deutschland und Polen schließt das Landgericht, daß die bloße Tatsache des Verlustes der preußischen Staatsangehörigkeit genüge, um ein Ruhen des Rechts des Klägers auf den Bezug der Pension zu bewirken.

Dieser Meinung des Vorderrichters kann nicht beigepflichtet werden. Die Frage, wann ein Verlust des deutschen Indigenats eintritt, läßt sich nicht, jedenfalls nicht allein, auf Grund der Vorschriften des Pensionsgesetzes entscheiden, das zur Regelung dieser Fragen überhaupt nicht bestimmt ist. Maßgebend hierfür sind vielmehr die Reichs- und Staatsangehörigkeitsgesetze, und zwar früher das Gesetz über die Erwerbung und den Verlust der Bundes- und Staatsangehörigkeit vom 1. Juni 1870 (BGBl. S. 355), namentlich § 13 Nr. 1 und 3, §§ 14 und 21, jetzt das Reichs- und Staatsangehörigkeitsgesetz vom 22. Juli 1913 (RGBl. S. 583). Dieses Gesetz bestimmt in § 17 Nr. 2, die Staatsangehörigkeit gehe durch den Erwerb einer ausländischen Staatsangehörigkeit verloren, und verweist dabei auf § 25, der vorschreibt, ein Deutscher, der im Inland weder seinen Wohnsitz noch dauernden Aufenthalt habe, verliere seine Staatsangehörigkeit mit dem Erwerb einer ausländischen Staatsangehörigkeit, „wenn dieser Erwerb auf seinen Antrag ... erfolgt". Dieser dem Gesetz von 1870 noch nicht bekannte Grundsatz ist das Ergebnis einer geläuterten Rechtsanschauung (vgl. Cahn Reichs- und Staatsangehörigkeitsgesetz vom 22. Juli 1913 4. Aufl. Anm. 2 und 3 zu § 17 und Anm. 1 und 5 zu § 25). Die amtliche Begründung zum Entwurf des Gesetzes (Reichstagsdrucks. 13. Legislatur-Periode I. Session 1912 Aktenstück Nr. 6 S. 16flg.) bemerkt hierzu: „Der neue Gesetzentwurf geht davon aus, daß der Verlust der Staatsangehörigkeit nicht durch Versäumung einer Formalität herbeigeführt werden kann, sondern durch Umstände bedingt ist, die den Willen des Beteiligten, seinem Vaterlande nicht weiter anzugehören, deutlich erkennen lassen. Dieser Wille kann selbstverständlich nicht nur ausdrücklich, also durch einen Antrag auf Entlassung aus der Staatsangehörigkeit erklärt werden; vielmehr genügt ein Verhalten des Beteiligten, das mit dem staatsrechtlichen Verhältnis zu seinem Vaterlande nicht zu vereinigen und daher als Verzicht auf seine Staatsangehörigkeit anzusehen ist. ... Was den Erwerb einer ausländischen Staatsangehörigkeit betrifft, so wird im allgemeinen angenommen werden können, daß ein im Ausland lebender Deutscher, der auf seinen ausdrücklichen Antrag eine fremde Staatsangehörigkeit erwirbt, auf seine frühere Staatsangehörigkeit keinen Wert mehr legt. Allerdings gibt es Ausnahmefälle, in denen der Antrag auf Erwerb der ausländischen Staatsangehörigkeit lediglich durch die Rücksicht auf Erwerbsverhältnisse und dergleichen veranlaßt wird. Auch trifft die Annahme eines freiwilligen Verzichts auf die Staatsangehörigkeit selbstverständlich dann nicht zu, wenn die fremde Staatsangehörigkeit nach Landesgesetzgebung durch Aufenthalt oder Niederlassung oder durch die Geburt innerhalb dieses Landes oder andere außerhalb der Willensbestimmung der Beteiligten liegende Gründe ohne weiteres erworben wird."

Wortlaut und Sinn des § 25 in Verbindung mit der Begründung lassen hiernach keinen Zweifel darüber, daß der Gesetzgeber von 1913 der Willensbestimmung des Staatsbürgers, die deutsche Staatsangehörigkeit beizubehalten oder aufzugeben, ausschlaggebende Bedeutung beigemessen hat, und es kann hiernach keine Rede davon sein, daß an die unabhängig vom Willen des Staatsbürgers eingetretene bloße Tatsache des Verlustes der deutschen Staatsangehörigkeit das Ruhen des Rechts auf den Bezug einer Pension geknüpft wäre, wie dies das Landgericht annimmt.

Nun ist allerdings nicht zu verkennen, daß seit dem Ausgang des Weltkriegs die Frage des Wechsels der Staatsangehörigkeit nicht mehr ausschließlich durch das Gesetz vom 22. Juli 1913 bestimmt werden kann. In die durch dieses Gesetz geschaffene Rechtslage haben der Versailler Vertrag vom 28. Juni 1919, namentlich der hier in Betracht kommende Art. 91, und die Art. 3 und 4 des zwischen den alliierten und assoziierten Hauptmächten und Polen geschlossenen Staatsvertrags vom gleichen Tage (abgedr. bei Kollenscher Die polnische Staatsangehörigkeit) in weittragender Weise eingegriffen. Dem hier dargelegten Rechtsstandpunkt des Gesetzes vom 22. Juli 1913 widerspricht es durchaus, wenn Art. 91 Abs. 1 Vers.Vertr. bestimmt: „Die deutschen Reichsangehörigen, die ihren Wohnsitz in den endgültig Polen zuerkannten Gebieten haben, erwerben ohne weiteres die polnische Staatsangehörigkeit und verlieren die deutsche Reichsangehörigkeit." Hiernach vollzieht sich der Wechsel der Staatsangehörigkeit von Rechts wegen — ipso jure — unabhängig von dem Willen des Beteiligten, und es ist lediglich in Abs. 3 des gen. Art. 91 während einer Frist von zwei Jahren die Möglichkeit einer Option für die deutsche Reichsangehörigkeit vorgesehen. „Die juristischen Kategorien, die für die Verknüpfung von Personen mit dem Raum, mit der Staatsgewalt und mit dem objektiven Rechte seit Jahrtausenden ausgebildet sind, und die daher auch in der völkerrechtlichen Praxis für den Staatsangehörigkeitswechsel bei Gebietsveränderungen grundlegend sind, domicilium und origo, haben hier eigenartige Verwendungen und Umbildungen erfahren" (Denkschrift der Deutschen Regierung über den Erwerb der polnischen Staatsangehörigkeit gemäß Art. 3 [Art. 91 Abs. 1 bis 3 Vers.Vertr.] und Art. 4 des zwischen den alliierten Hauptmächten und Polen geschlossenen Minderheitenschutzvertrags vom 28. Juni 1919, abgedr. in Niemeyers Zeitschrift für Internationales Recht Bd. 32 S. 225). Nach jahrelangen, wiederholt gescheiterten Verhandlungen ist es der Deutschen Regierung gelungen, am 30. August 1924 in Wien das Deutsch-Polnische Abkommen über Staatsangehörigkeits- und Optionsfragen zu treffen, ratifiziert durch Reichsgesetz vom 2. Februar 1925 (RGBl. 1925 Teil II S. 33), das sog. Wiener Abkommen, von dem wohl zusammenfassend bemerkt werden darf, daß es der freien Willensentschließung der Beteiligten wieder ein größeres Betätigungsfeld einräumt, als es der Versailler Vertrag und der Minderheitenschutzvertrag vom 28. Juni 1919 getan haben (vgl. namentlich Art. 7 §§ 1, 2, 3 und Schlußprotokoll I Nr. 3 des Wiener Abkommens).

Die Hauptfrage, ob der Kläger nach Art. 4 des Minderheitenschutzvertrags vom 28. Juni 1919 Pole durch Geburt geworden ist, ob und in welchem Umfang auf ihn das Wiener Abkommen, namentlich in seinen vorerwähnten Bestimmungen, anzuwenden ist, läßt sich zuverlässig nur nach einer Klärung der tatsächlichen Verhältnisse beurteilen. Dies ist bis jetzt nicht geschehen; das Landgericht hat sogar die Frage offen gelassen, ob der Kläger für Polen optiert hat oder nicht. Auch die Frage, ob er sich durch einen ausdrücklichen oder stillschweigenden Verzicht sein deutsches Indigenat hätte bewahren können, und ob die Nichtabgabe einer solchen Verzichtserklärung einem Antrag auf Erwerb einer ausländischen Staatsangehörigkeit im Sinne des § 25 des Gesetzes vom 22. Juli 1913 gleichzustellen ist (wie das Landgericht dies tut), hat eine Klärung des Tatbestands zur notwendigen Voraussetzung, wie sie bis jetzt nicht vorliegt. Besondere Beachtung wird außerdem der Feststellung zuzuwenden sein, ob nicht der Kläger, wenn er nach Art. 91 Vers. Vertr. in Verb. mit Art. 4 des Minderheitenschutzvertrags überhaupt die polnische Staatsangehörigkeit erworben hat, daneben wenigstens bis zum Inkrafttreten des Wiener Abkommens die deutsche Reichsangehörigkeit beibehalten hat (vgl. zu allem vorstehenden Haase Der Deutsch-Polnische Staatsvertrag über Staatsangehörigkeits- und Optionsfragen; derselbe in JW. 1925 S. 424; Liebrecht Der Erwerb der polnischen Staatsangehörigkeit auf Grund des Deutsch-Polnischen Abkommens über Staatsangehörigkeits- und Optionsfragen, im Preuß. VerwBl. Bd. 46 S. 299; Rukser Das Wiener Abkommen in der Zeitschrift Auslandsrecht 1924 Sp. 349flg.).

Zur Zeit fehlt es an jeder Unterlage für die Annahme des Landgerichts, daß ein Ruhen des Rechts auf den Bezug der Pension eingetreten wäre. Auch die Hilfserwägung des Vorderrichters, daß die im Deutsch-Französischen Abkommen vom 3. März 1920 vereinbarte Weiterzahlung der Pensionen zwischen Deutschland und Polen nicht ausdrücklich verabredet sei, vermag diese Annahme nicht zu rechtfertigen.

42. Wie gestaltet sich das Rechnungsverhältnis der Parteien eines Kontokorrents, wenn sich der Schuldner nach Saldoanerkenntnis auf die Unwirksamkeit der neben anderen Geschäften in der Abrechnung enthaltenen Börsentermin- und Spielgeschäfte beruft?

BGB. § 762. HGB. § 355. BörsG. § 55.

I. Zivilsenat. Urt. v. 25. März 1931 i. S. G. Bank K. (Bekl.) w. S. (Kl.). I 300/30.

I. Landgericht Kempten.

Die Streitteile standen miteinander in Kontokorrentverbindung. Über ihr Rechnungsverhältnis erteilte die Beklagte dem Kläger Abrechnungen, die im Endergebnis mit einer Belastung für diesen abschlossen. Die Rechnungsauszüge, deren Salden der Kläger bis auf den letzten anerkannt hat, beziehen sich, außer auf vollwirksame Geschäfte, auch auf erlaubte Börsentermingeschäfte und auf Spielgeschäfte. Der nicht börsentermingeschäftsfähige Kläger hat sich auf die Unwirksamkeit dieser Geschäfte berufen.

Der Streit der Parteien dreht sich darum, welchen Einfluß diese Stellungnahme des Klägers auf das Rechnungsverhältnis der Parteien ausübt. Der Kläger gelangt dabei zu einem den Klagantrag rechtfertigenden, die Beklagte zu einem ihr günstigen Ergebnis. Gegen das Urteil des Landgerichts, das der Klage entsprochen hat, legte die Beklagte unmittelbar Revision ein, die zur Aufhebung und Zurückverweisung führte.

Gründe:

In Übereinstimmung mit dem in seinen Posten an sich unbestrittenen Rechnungsauszug geht das Landgericht davon aus, daß in sämtlichen Abrechnungsspannen vom 1. Oktober 1926 bis zum 30. Juni 1928 der Abrechnungsbetrag, der eine Belastung des Klägers enthält und von ihm anerkannt ist, sich aus Rechnungsposten ergibt, die zum Teil auf wirksamen, zum Teil auf klaglosen, aber der Erfüllung fähigen Börsentermin- und Differenzgeschäften beruhen. Das Landgericht hat die vom Kläger nachträglich geltend gemachte Unwirksamkeit der letzteren Geschäfte berücksichtigt, im wesentlichen im Einklang mit den in der Rechtsprechung des Reichsgerichts zu dieser Streitfrage entwickelten Grundsätzen.

Grundlegend hierfür sind die Entscheidungen RGZ. Bd. 56

S. 19, Bd. 59 S. 192 und JW. 1905 S. 186 Nr. 39. Sie legen dar, daß die Anerkennung des Saldos, soweit in ihr das Ergebnis der klaglosen Geschäfte enthalten sei, keine klagbare Forderung erzeuge (§ 762 Abs. 2 BGB., §§ 52, 59 BörsG. in seiner jetzigen Fassung), daß jedoch in der Vornahme der Verrechnung und ihrer Genehmigung gleichzeitig als selbständiger Rechtsakt ein Aufrechnungsvertrag enthalten sei, der, soweit er sich auf die klaglosen Geschäfte erstrecke, bewirke, daß diese insoweit als erfüllt und damit der Rückforderung nicht unterliegend zu betrachten seien (§ 762 Abs. 1 Satz 2 BGB., § 55 BörsG. in seiner jetzigen Fassung). Die Verrechnung sämtlicher Aktivposten auf die Passivposten soll nach diesen Entscheidungen in solchem Falle verhältnismäßig erfolgen. Die erstgenannte Entscheidung zieht zur Begründung hierfür § 366 Abs. 2 BGB. heran, während die jüngeren dies aus dem Inhalt des Aufrechnungsvertrags ableiten. Ältere Urteile in JW. 1902 S. 189 Nr. 32, 33 und in JW. 1903 S. 434 Nr. 9, ferner zwei Urteile vom 29. Juni 1901 I 78/01 und vom 21. Februar 1903 I 360/02, die ebenfalls bereits diesen Standpunkt vertreten hatten, entscheiden sich für die verhältnismäßige Verrechnung ohne weitere Begründung. Das nach Vornahme dieser Verrechnung verbleibende Ergebnis der wirksamen Geschäfte soll dem Schuldner belastet bleiben und vom Gläubiger geltend gemacht werden können. Beginnt die letzte anerkannte Rechnung mit einem Schuldsaldo des im Endergebnis Belasteten, so soll für den vorgetragenen Saldo die gleiche Ermittlung angestellt und gegebenenfalls in dieser Weise bis zum Beginn der Geschäftsverbindung zurückgegangen werden (JW. 1905 S. 186 Nr. 39).

An dieser Rechtsauffassung hat das Reichsgericht trotz lebhafter Angriffe im Schrifttum festgehalten, so der I. Zivilsenat in den Entscheidungen im BankArch. Bd. 10 S. 334 und in LZ. 1911 Sp. 455 Nr. 4; der III. Zivilsenat in der Entscheidung WarnRspr. 1917 Nr. 93. Ihre Richtigkeit ist neuerdings dahingestellt gelassen im RGUrt. vom 17. Dezember 1930 I 207/30. Erwähnt wird diese Rechtsprechung außerdem noch in der Entscheidung des II. Zivilsenats RGZ. Bd. 82 S. 175 und des IV. Zivilsenats JW. 1912 S. 85 Nr. 35.

Daß die dargelegten Grundsätze im Ergebnis zu bedenklichen Folgen führen können, ist nicht zu verkennen und im Schrifttum häufig betont worden (vgl. Müller BankArch. Bd. 3 S. 88; Hagens DJZ. 1905 Sp. 109; Weißbart JW. 1905 S. 311; Redaktionsbemerkung im BankArch. Bd. 4 S. 77; Heilbrunn in Holdh. Monatsschr. Bd. 14 S. 228; Staub-Koenige HGB. § 376 Anh. Anm. 62; Düringer-Hachenburg HGB. § 355 Anm. 38; Neukamp BörsG. § 56 Anm. 5; Bernstein BörsG. S. 225; Nußbaum BörsG. § 55 VII b, ders. in Ehrenbergs Hdb. Bd. 4 Abt. 2 S. 672 flg.). Neben Bedenken mehr äußerlicher Art, die sich aus der Möglichkeit verwickelter Berechnung infolge der etwa notwendigen Auflösung von Zinsposten und früheren Salden und ferner aus der Möglichkeit verschiedener Ergebnisse je nach Art der Buchung der klaglosen Geschäfte ergeben, steht in erster Linie das dem Billigkeitsgefühl widersprechende Ergebnis. Diese Verrechnungsart kann dazu führen, dem Schuldner, der die Klaglosigkeit von Geschäften geltend macht, zu ermöglichen, die auf diesen beruhenden Forderungen zur teilweisen Tilgung von vollwirksamen Gegenforderungen zu verwenden (vgl. die Beispiele bei Staub-Koenige, Düringer-Hachenburg, Müller, Weißbart, Heilbrunn, Bernstein und Nußbaum, je a. a. O.). Das Urteil RGZ. Bd. 59 S. 192 (195) bemerkt demgegenüber, es handle sich insoweit um die in den gesetzlichen Vorschriften begründete Folge daraus, daß die eine Seite sich auf unverbindliche Termingeschäfte eingelassen und diese im Kontokorrent zur Verrechnung gestellt habe. Diese Erwägung müßte allerdings entscheidend sein, wenn ihre Voraussetzungen als berechtigt anzuerkennen wären. Für die eine Voraussetzung jedoch, daß es sich um eine zwangsläufige Folge des mit dem Anerkenntnisvertrag verbundenen Aufrechnungsvertrags handle, kann dies nicht aufrechterhalten werden. Vielmehr hat sich der Senat zu einer abweichenden Würdigung des Inhalts und der Bedeutung des Aufrechnungsvertrags entschlossen.

Die Erklärungen der Parteien in dem mit der Anerkennung des Kontokorrentsaldos geschlossenen Aufrechnungsvertrag sind gemäß §§ 133, 157 BGB. nach Treu und Glauben unter Berücksichtigung der Verkehrssitte und der Umstände des Einzelfalls zu würdigen. Dies kann allerdings nicht, wie Danz im BankArch. Bd. 4 S. 147 meint, dazu führen, den Willen des Antragenden als darauf gerichtet anzusehen, daß zunächst die Forderungen aus wirkungslosen Börsentermingeschäften zu verrechnen und dann das Ergebnis auf die wirksamen Forderungen zu verrechnen sei. Dafür fehlt es an hinreichenden Anhaltspunkten. Die genannten Auslegungsgrundsätze können aber ebensowenig zu der Annahme führen, der das Anerkenntnis Fordernde wolle eine Verrechnung, insbesondere eine verhältnismäßige, auch für den Fall, daß sich das Abrechnungsergebnis durch Geltendmachung der Klaglosigkeit im Kontokorrent enthaltener Geschäfte grundsätzlich ändert. Sein Wille zielte nach den Umständen des Falles vielmehr allein dahin, sich mit seinem Gegner unter Behandlung aller Rechnungsposten als wirksam zu verrechnen. Das ergibt sich aus der Tatsache der Verrechnung und der Feststellung des Ergebnisses als solcher und entspricht allein dem Wesen des Kontokorrentvertrags, dessen Ziel darauf gerichtet ist, durch Verrechnung der in ihm als rechtswirksam aufgenommenen Ansprüche und Leistungen im Wege der Umschaffung eine selbständige Saldoschuld zu begründen. Es würde ersichtlich dem vernünftigen Willen des Gläubigers widersprechen, einen Aufrechnungsantrag zu stellen, der die oben erörterten für ihn ungünstigen und (bei der nicht auszuschließenden Berufung auf die Klaglosigkeit gewisser Geschäfte) jederzeit zu gewärtigenden Folgen für ihn haben könnte (so auch Heilbrunn a. a. O. S. 131 flg.). Die in RGZ. Bd. 56 S. 23 angezogene Vorschrift des § 396 in Verb. mit § 366 Abs. 2 BGB. kann unmittelbar überhaupt nicht angewandt werden, da es sich nicht um einseitige, sondern um vertragsmäßige Aufrechnung handelt. Bei dieser Lage der Dinge kann das Aufrechnungsangebot nur als unter der stillschweigenden auflösenden Bedingung der Verrechnung aller Geschäfte als wirksam abgegeben und auch nur als in diesem Sinne angenommen gelten. Die Vorschrift des § 388 Satz 2 BGB. steht dem nicht entgegen, da es sich hier um vertragsmäßige Aufrechnung handelt. Die Folge dieser Auffassung ist, daß bei Berufung des Saldoschuldners auf die Klaglosigkeit gewisser im Kontokorrent mitverrechneter Geschäfte die Verrechnung als nicht erfolgt anzusehen ist. Das Rechnungsverhältnis der Parteien bedarf dann, und zwar gegebenenfalls zurück bis zum Beginn der Geschäftsverbindung, erneuter Würdigung auf Grund des Kontokorrentvertrags, wobei mangels eines wirksamen Aufrechnungsvertrags die Posten aus Geschäften, deren Klaglosigkeit geltend gemacht worden ist, auf beiden Seiten der Rechnung als fortgefallen zu behandeln sind

(Düringer-Hachenburg a. a. O. S. 490). Leistungen, die im besonderen auf die ungültigen Geschäfte bewirkt worden sind, können in solchem Fall nicht zurückgefordert werden. Daß im übrigen bei einem Verfahren nach diesen Grundsätzen die Voraussetzungen des § 56 BörsG. hier gegeben sein könnten, dafür sind bisher keine Anhaltspunkte ersichtlich.

Zu demselben Ergebnis, das übrigens an Gedankengänge anknüpft, die bereits in einem reichsgerichtlichen Urteil vom 11. April 1900 (JW. 1900 S. 445 Nr. 20) vertreten waren, gelangt man auch von einer anderen Seite her. Das Urteil RGZ. Bd. 56 S. 24 geht davon aus, daß Anerkenntnis und Verrechnung getrennte, selbständigen Schicksals fähige Rechtsakte seien. Diese Auffassung kann auf Grund von Erwägungen, die sich den oben angestellten nähern, nicht aufrechterhalten werden. Die Verrechnung auf Grund Kontokorrentvertrags bildet das Mittel zur Feststellung des Abrechnungsergebnisses, dessen Anerkenntnis gleichzeitig begehrt wird. Aufrechnung und Saldoanerkenntnis stehen daher in engstem und nicht trennbarem sachlichem Zusammenhang. Erst durch die Abgabe des Anerkenntnisses kommt eine vertragsmäßige Verrechnung zustande (Düringer-Hachenburg § 355 Anm. 32; Nußbaum BörsG. § 55 VII a). Die Aufrechnung kann danach nicht als gewollt angesehen werden für den Fall, daß das Anerkenntnis auf Grund der Klaglosigkeit von Forderungen, die ihm zur Grundlage dienen, völlig oder zu einem verhältnismäßigen Teil wegfällt. Das führt zu einer entsprechenden Anwendung von § 139 BGB. und damit zum gleichen Ergebnis (so früher Staub 6/7. Aufl. Exk. zu § 376 Anm. 15, ferner Düringer-Hachenburg HGB. § 355 Anm. 38; vgl. auch Nußbaum in Ehrenbergs Hdb. Bd. 4 Abt. 2 S. 675; Regelsberger in Jherings Jahrb. Bd. 49 S. 415; Kremer in Zeitschr. f. priv. u. öfftl. Recht Bd. 37 S. 200; Ritter im Arch. f. BürgR. Bd. 37 S. 168).

Auf dem vorgeschlagenen Wege wird es möglich, den Grundgedanken der Klaglosigkeit unwirksamer Geschäfte auch bei ihrer Aufnahme in ein Kontokorrent durchzuführen, ohne zugleich die berechtigten Ansprüche des Gläubigers wirksamer Forderungen zu schmälern, ein Ergebnis, das dem nach den bisher maßgebenden Grundsätzen erzielbaren vorzuziehen ist. Der Senat hat sich daher entschlossen, nunmehr dieser Rechtsauffassung zu folgen.

Die Einholung einer Entscheidung der Vereinigten Zivilsenate erwies sich nicht als notwendig. Das Urteil des IV. Zivilsenats JW. 1912 S. 85 Nr. 35 läßt eine Anwendung des § 136 GVG. nicht als geboten erscheinen, da es in seinem entscheidenden Teil lediglich die Behandlung verbotener Börsengeschäfte betrifft. Das gleiche gilt vom Urteil des II. Zivilsenats RGZ. Bd. 82 S. 175, das auf der Anwendung des § 57 BörsG. aufgebaut ist. Der III. Zivilsenat endlich hat auf Anfrage erklärt, daß er in der zur Erörterung stehenden Frage an der Auffassung in seinem Urteil vom 2. Januar 1917 (WarnRspr. 1917 Nr. 93) nicht festhalte.

---

43. Hat derjenige, der die Körperverletzung der Ehefrau eines Arztes schuldhaft verursacht, einen Anspruch darauf, daß diese von ihrem Ehemann unentgeltlich behandelt wird?

BGB. § 843 Abs. 4, § 845 Satz 2.

VI. Zivilsenat. Urt. v. 26. März 1931 i. S. von F. u. Gen. (Bekl.) w. F. (Kl.). VI 540/30.

I. Landgericht Stuttgart.
II. Oberlandesgericht daselbst.

Am 11. September 1926 stieß eine vom Zweitbeklagten geführte Kraftdroschke, in welcher der Kläger, ein Arzt, mit seiner Ehefrau saß, auf der Fahrt durch die S.-straße in St. an der Einmündung der A.-straße mit einem aus dieser Straße kommenden, dem Erstbeklagten gehörenden und von ihm selbst gesteuerten Kraftwagen zusammen. Die Ehefrau des Klägers erlitt durch den Zusammenstoß außer verschiedenen Quetschungen einen Nervenschock und nach der Behauptung des Klägers auch eine Prellung am rechten Schienbein, die eine angeblich noch jetzt bestehende Knochenhautentzündung ausgelöst haben soll. Beide Beklagte wurden in einem aus diesem Anlaß gegen sie eingeleiteten Strafverfahren wegen fahrlässiger Körperverletzung rechtskräftig zu Geldstrafen verurteilt. Mit der Klage verlangt der mit seiner Ehefrau im gesetzlichen Güterstand des Bürgerlichen Gesetzbuchs lebende Kläger kraft eigenen Rechts und im erklärten Einverständnis seiner Ehefrau auf Grund der §§ 823 flg. das. und der Vorschriften des Kraftfahrzeuggesetzes von den Beklagten als Gesamtschuldnern Ersatz des seiner Ehefrau und ihm selbst durch den Unfall bereits erwachsenen Schadens sowie ein Schmerzensgeld. Er begehrt ferner Feststellung, daß beide Beklagte als Gesamtschuldner seiner Ehefrau und ihm auch den aus dem Unfall künftig noch entstehenden Schaden zu ersetzen hätten.

Das Landgericht gab dem Klagantrag zu einem erheblichen Teil statt. Die Berufung der Beklagten wurde mit einer hier bedeutungslosen Einschränkung zurückgewiesen. Auch die Revision des Erstbeklagten hatte keinen Erfolg.

Aus den Gründen:

... Der Revisionsangriff aus § 845 BGB. geht fehl. Das angefochtene Urteil billigt, und zwar im wesentlichen dem ersten Richter folgend, dem Kläger einen Posten von 600 RM. für dessen ärztliche Bemühungen um seine Ehefrau zu, indem es ausführt: Die Ehefrau habe nach § 845 BGB. einen Anspruch auf Ersatz der Heilungskosten, die sie unabhängig von der tatsächlichen Verausgabung auch dann verlangen könne, wenn der Ehemann diese Kosten auf Grund seiner Unterhaltspflicht gezahlt habe. Hätte der Kläger einen anderen Arzt beigezogen und ihm eine Vergütung gewährt, so bestände kein Zweifel an der Ersatzpflicht der Beklagten. Sie müsse aber ebenso bejaht werden, wenn der Kläger, statt einen fremden Arzt beizuziehen, die ärztlichen Dienste selbst geleistet habe. Auch ein solcher Anspruch gehöre zum eingebrachten Gut der Ehefrau und könne vom Kläger als dem Ehemann im eigenen Namen geltend gemacht werden.

Diese Ausführungen sind entgegen der Meinung der Revision wenigstens im Ergebnis rechtlich nicht zu beanstanden. Allerdings kommt § 845 BGB. entscheidend nur in Verbindung mit dem in seinem Satz 2 als entsprechend anwendbar bezeichneten § 843 Abs. 4 das. in Betracht, wonach der Ersatzanspruch nicht dadurch ausgeschlossen wird, daß ein anderer dem Verletzten Unterhalt zu gewähren hat. Diese Vorschrift bezieht sich indessen, wie in der Rechtsprechung des Reichsgerichts anerkannt ist, mit Rücksicht auf den ihr zugrunde liegenden, den ganzen Inhalt der Schadensersatzpflicht wegen Verletzung des Körpers oder der Gesundheit umfassenden Grundsatz auch auf die Kosten der Heilung, gleichgültig ob das Familienrecht dem Verletzten Ansprüche auf solche Leistungen gegen andere Personen gewährt und ob er die Heilungskosten selbst trägt oder nicht (vgl. u. a.

RGZ. Bd. 65 S. 164; JW. 1911 S. 774 Nr. 42; WarnRspr. 1908 Nr. 635, 1915 Nr. 208; RGUrt. vom 5. Juni 1919 VI 50/19 und vom 31. Mai 1920 VI 141/20). Daran ist auch im vorliegenden Falle festzuhalten. Wer die Verletzung des Körpers oder der Gesundheit einer Ehefrau schuldhaft verursacht, kann sich selbst dann nicht mit Erfolg gegen die ihm deshalb an sich obliegende Erstattung der Heilungskosten wenden, wenn der Ehemann der Verletzten diese in seiner Eigenschaft als Arzt selbst behandelt. Denn auch diese Behandlung erfordert zum mindesten Opfer an Zeit, in der Regel aber des weiteren Benutzung oder Verbrauch ärztlicher Instrumente, Verbandmittel und dergl., also Aufwand auch an geldwerten Sachen. Der Schädiger hat keinen Anspruch darauf, daß ein Ehemann, der Arzt ist, seine verletzte Ehefrau unentgeltlich behandle. . . .

---

44. Wieweit steht § 9 des preußischen Kommunalabgabengesetzes vom 14. Juli 1893 der Rechtswirksamkeit eines Vertrags entgegen, in dem sich ein Kommunalverband beim Erwerb eines Grundstücks als Wegegelände verpflichtet, den bisherigen Eigentümer von Anliegerbeiträgen in bezug auf dieses Grundstück freizustellen?

VI. Zivilsenat. Urt. v. 26. März 1931 i. S. K. u. Gen. (Kl.) w. Stadtgemeinde Berlin (Bekl.). VI 508/30.

I. Landgericht III Berlin.
II. Kammergericht daselbst.

Bei einer durch Rezeß vom 25. August 1848 / 24. März 1853 abgeschlossenen Separation der Feldmark L., Kreis Niederbarnim, wurde eine Anzahl gemeinschaftlicher Anlagen, Wege, Triften, Gräben usw. von der Verteilung ausgeschlossen. Am 4. Dezember 1905 wurde zwischen der Gesamtheit der an diesen gemeinschaftlichen Anlagen beteiligten Grundbesitzer, zu denen auch die Kläger gehören, einerseits und der Landgemeinde L. anderseits ein sog. Übereignungsvertrag geschlossen, durch den ein bestimmt bezeichneter Teil der gemeinschaftlichen Anlagen (Wege, Triften, Gräben usw.) an die Landgemeinde L. veräußert wurde. Die anderen Anlagen waren der Gemeinde bereits früher übertragen worden. Der Vertrag wurde durch Beschluß der Generalkommission zu Frankfurt a. O. vom 2. Februar 1906 genehmigt.

Die §§ 3 und 7 dieses Vertrags haben folgenden Wortlaut:

§ 3.

Die Landgemeinde L. übernimmt die Unterhaltung der sämtlichen im § 2 aufgeführten Wege, Gräben und Brücken, die bisher nach dem im § 1 erwähnten Separationsrezeß den Separationsinteressenten obgelegen hat, sodaß die Gesamtheit der Separationsinteressenten von jeder Unterhaltspflicht bezüglich dieser Anlagen für immer befreit wird.

Alle öffentlichen Lasten und Verpflichtungen hinsichtlich der im § 2 genannten gemeinschaftlichen Anlagen treffen in Zukunft lediglich die Landgemeinde L. Die Übernahme dieser Lasten wird von beiden Parteien als gleichwertig mit den abzutretenden Grundstücken angesehen.

§ 7.

Die Landgemeinde L. hat im Falle einer durch sie oder ihre Rechtsnachfolger verursachten Änderung oder Aufhebung der Zweckbestimmung der sämtlichen im § 2 bezeichneten Anlagen — auch derjenigen, die bereits im Grundbuch auf ihren Namen eingetragen sind —, den davon betroffenen Separationsinteressenten entsprechenden Ersatz zu gewähren oder ihnen den daraus entstehenden Schaden zu vergüten.

Zu den Separationsinteressenten gehörten auch die Kläger oder ihre Rechtsvorgänger. Tatsächlich hatte die Gemeinde L. schon seit langem die Straßenreinigung auf ihre Kosten besorgt. Auf Grund eines preußischen Gesetzes wurde die Landgemeinde L. im Jahre 1920 in die Stadtgemeinde Berlin, die Beklagte, eingemeindet. Durch Ortsgesetz vom 26. März 1926, erlassen auf Grund des preußischen Gesetzes über die Reinigung öffentlicher Wege vom 1. Juli 1912, wurde auch für L. die öffentliche Straßenreinigung zur öffentlichen Veranstaltung erklärt, und daraufhin wurden auf Grund des § 9 des preuß. Kommunalabgabengesetzes die Anlieger einiger Straßen, darunter die Kläger, zu Anliegerbeiträgen für die Deckung der Straßenreinigungskosten herangezogen. Diese Straßen gehören zu den nach dem Vertrage vom 4. Dezember 1905 der Landgemeinde L. übereigneten Anlagen.

Die Kläger sind der Ansicht, daß die Straßenreinigung zu der von der Gemeinde L. übernommenen Unterhaltspflicht, zum mindesten aber zu den übernommenen öffentlichen Lasten gehöre, Kosten für die Straßenreinigung daher von ihnen nicht erhoben werden dürften oder doch ihnen zu erstatten seien. Ihren Anträgen gemäß stellte das Landgericht die Verpflichtung der Beklagten fest, die Kläger und ihre Rechtsnachfolger von allen mit der Reinigung der näher bezeichneten Straßen verknüpften Lasten freizuhalten, soweit sie oder ihre Rechtsnachfolger mit Grundbesitz an diesen Straßen liegen, ihnen auch alle bereits gezahlten Abgaben sowie solche, die etwa noch gezahlt werden, zu erstatten, soweit sie die Lasten der Reinigung der genannten Straßen betreffen. Das Berufungsgericht wies die Klage ab. Die Revision der Kläger führte zur Aufhebung und Zurückverweisung.

Gründe:

Die Zulässigkeit des Rechtswegs unterliegt keinem Bedenken. Die Kläger stützen den Klaganspruch auf den Vertrag vom 4. Dezember 1905, durch den sie der Gemeinde L. Eigentum an Grundstücken überließen, während die Gemeinde die Unterhaltung der mit diesen Grundstücken gebildeten Wege, Gräben und Brücken übernahm und alle öffentlichen Lasten und Verpflichtungen für diese Anlagen tragen sollte. Sie nehmen die Beklagte als Rechtsnachfolgerin der Gemeinde L. auf Erfüllung dieses Vertrages in Anspruch, indem sie Freistellung von der Verpflichtung zur Reinigung bestimmter Straßen und die Feststellung der Verpflichtung zur Erstattung von Beträgen verlangen, die von ihnen auf Grund eines Ortsgesetzes der Beklagten als Anliegerbeiträge zur Deckung von Straßenreinigungskosten eingezogen worden sind oder noch eingezogen werden. Die Kläger stellen ihre Verpflichtung zur Zahlung der Beiträge auf Grund des Ortsgesetzes nicht in Abrede, meinen aber, daß die Beklagte auf Grund eines privatrechtlichen Rechtsgeschäfts sie von jenen Beiträgen freihalten und von ihnen gezahlte Beträge ihnen erstatten müsse. Ein der Gemeinde übertragener Akt des staatlichen Hoheitswillens wird also nicht zum Gegenstand der Entscheidung gemacht. Der Anspruch ist vielmehr ein privatrechtlicher, der der ordentlichen Gerichtsbarkeit nicht entzogen ist. Die Sache liegt auch nicht so, daß etwa ein öffentlichrechtlicher, dem ordentlichen Rechtsweg entzogener Tatbestand in ein privatrechtliches Gewand gekleidet wird, um ihn so dem ordentlichen Rechtsweg eingliedern zu können, in welchem Fall allerdings der Rechtsweg nicht gegeben wäre (Urt. des erk. Senats RGZ. Bd. 121 S. 10 und dortige Nachweisungen).

Die Parteien legen den Vertrag vom 4. Dezember 1905 verschieden aus. Die Kläger vertreten die Auffassung, daß unter der Verpflichtung der Gemeinde, die Wege zu unterhalten und die öffentlichen Lasten für diese Anlagen zu tragen, auch die Last zu verstehen sei, die durch die Einführung von Anliegerbeiträgen zur Aufbringung der Kosten für die polizeimäßige Reinigung der in Rede stehenden Flächen entstanden ist. Die Beklagte dagegen meint, daß sich die vertragliche Regelung nur auf die Wegeunterhaltungspflicht beziehe und daß diese keinesfalls die polizeimäßige, erst durch das preußische Gesetz über die Reinigung öffentlicher Wege vom 1. Juli 1912 (GS. S. 187) den Gemeinden auferlegte Reinigung umfasse, möge auch die verkehrsmäßige, der Sicherung des Verkehrs und des Weges im allgemeinen dienende Reinigungspflicht unter jene Wegeunterhaltungspflicht fallen. Das Berufungsgericht legt in Übereinstimmung mit dem Landgericht den Vertrag im Sinne der Kläger dahin aus, daß die Separationsinteressenten für alle Zukunft von allen möglichen, durch die übereigneten Grundstücke veranlaßten oder mit ihnen zusammenhängenden Lasten befreit werden sollten, auch soweit sie noch nicht bestanden hätten. Zwar habe die Unterhaltung der Anlagen ursprünglich nach dem Separationsrezeß den Klägern obgelegen; aber observanzmäßig habe die Gemeinde diese Last schon seit langer Zeit zu tragen gehabt. Andere Lasten als die Unterhaltungspflicht seien damals nicht in Frage gekommen. Wenn die Gemeinde gleichwohl für immer alle öffentlichen Lasten einschließlich der Unterhaltungspflicht übernommen habe, so hätten mit diesen in der Hauptsache nur solche Lasten gemeint sein können, die erst in Zukunft entstehen würden. Anders sei auch die Bestimmung des Vertrags über die Gleichwertigkeit der beiderseitigen Leistungen nicht zu erklären. Möge auch die Gemeinde angenommen haben, daß sie mit Rücksicht auf den Separationsrezeß die Anlagen bisher ohne Verpflichtung unterhalten, diese Verpflichtung aber nunmehr rechtlich übernommen habe, so sei doch im Vertrag als übereinstimmender Wille der Parteien erklärt, daß auch außer der Unterhaltungspflicht alle öffentlichen Lasten und Verpflichtungen für die in Rede stehenden Anlagen in Zukunft lediglich die Gemeinde treffen sollten. Daß zur Zeit des Vertragsschlusses die polizeimäßige Reinigungspflicht noch nicht bestanden habe, sei nicht erheblich; die Reinigung, wie sie vorher lediglich zur Unterhaltung der Wege für Verkehrszwecke in derartigen Gemeinden vorgenommen worden, sei damals in der tatsächlichen Ausführung von der polizeimäßigen Reinigung nicht verschieden gewesen.

Der 31. Zivilsenat des Berufungsgerichts ist hiernach zu einer anderen Auslegung des Vertrages gelangt als der 13. Senat in seinem Urteil vom 19. Januar 1928 in Sachen G. wider die Stadt Berlin bei einem Vertrag, der mit dem Inhalt des hier die Grundlage des Streits bildenden § 3 des Vertrags im wesentlichen übereinstimmt. Gleichwohl ist bei Zusammenfassung der vom Berufungsgericht für die Auslegung des Vertrags angeführten Umstände eine Verletzung gesetzlicher Auslegungsregeln (§§ 133, 157 BGB.) nicht zu erkennen; eine Nachprüfung der Auslegung selbst ist für die Regel in der Revisionsinstanz nicht zulässig (§ 549 ZPO.). Für eine Ausnahme von dieser Regel, wie sie etwa die Entscheidungen RGZ. Bd. 112 S. 372, Bd. 81 S. 117 angenommen haben, ist aus dem hier vorliegenden Sachverhalt nichts zu entnehmen.

Dagegen kann die Begründung nicht gebilligt werden, mit der das Berufungsgericht trotz dieser Auslegung des Vertrags die Klage abweist. Allerdings ist davon auszugehen, daß das einer Gemeinde übertragene Finanzhoheitsrecht nicht durch privatrechtliche Vereinbarungen eingeschränkt werden darf. Das würde mit dem öffentlichen Recht nicht vereinbar sein. Deshalb ist auch ein allgemeiner Verzicht auf Erhebung von Beiträgen unzulässig, zu der eine Gemeinde auf Grund des § 9 des preuß. Kommunalabgabengesetzes vom 14. Juli 1893 unter den dort vorgesehenen Voraussetzungen berechtigt ist. Eine vertragsmäßige Regelung der Beitragspflicht ist von der Rechtsprechung aber mit Recht in dem Sinne stets zugelassen worden, daß sie die Entstehung der Beitragspflicht unberührt läßt, daß aber, sobald die Abgabepflicht entstanden und der Beitrag fällig geworden ist, dieser nicht erhoben, sondern als durch die vertragsmäßige Leistung im voraus abgegolten betrachtet werden soll. Eine solche Vereinbarung berührt den Bestand des öffentlichen Finanzhoheitsrechts nicht (Entsch. d. preuß. OVG. Bd. 82 S. 138, 140, Bd. 38 S. 141, 146 u. a.). Es steht auch nichts im Wege, daß eine solche Abrede im voraus, vor der Entstehung der Beitragspflicht getroffen wird (Entsch. d. preuß. OVG. Bd. 33 S. 106, 107). Im einzelnen Falle kann nun die Sachlage so gestaltet sein, daß ein Rechtsgeschäft eine Form annimmt, unter der sich ein solcher Verzicht verbirgt. Ob das der Fall ist, bedarf aber sorgfältiger Prüfung, da die Entscheidung im einzelnen Falle schwierig sein kann (vgl. auch von Strauß und Torney Straßen- und Baufluchtengesetz 6. Aufl. S. 332). Daß ein solcher Verzicht vorliege, ist in RGZ. Bd. 82 S. 326 für den dort beurteilten Sachverhalt angenommen worden. Damals hatte sich die Klägerin, eine Stadtgemeinde, einerseits verpflichtet, aus den ihr gehörenden Gasanstalten einer anderen Gemeinde und deren Einwohnern für die Dauer von 30 Jahren Gas zu liefern und die dazu erforderlichen Anlagen zu schaffen; anderseits wurde vereinbart, daß die der Klägerin aus diesem Vertrag zufließenden Einnahmen von der anderen Gemeinde nicht mit einer Gemeindeabgabe belegt werden dürften. Hier konnte ein allgemeiner Verzicht auf Erhebung der Steuern von diesen Einnahmen angenommen werden. Daraus folgt aber noch nicht die Anwendung der in jener Entscheidung entwickelten Grundsätze auf den jetzt zu beurteilenden Sachverhalt.

Im vorliegenden Falle wurden der Gemeinde bestimmte Grundflächen übereignet. Die Gegenleistung der Gemeinde wurde im Vertrag nach zwei Richtungen bestimmt: sie übernahm einmal die Unterhaltung der auf diesen Flächen errichteten Anlagen; diejenigen, denen bisher die Unterhaltungspflicht obgelegen hatte, sollten für die Zukunft von dieser Last befreit werden. Sodann wurde bestimmt, daß alle öffentlichen Lasten und Verpflichtungen in Ansehung dieser Anlagen in Zukunft die Gemeinde treffen sollten. Hinzugefügt wurde, daß beide Parteien die Übernahme dieser Lasten als gleichwertig mit den abzutretenden Grundstücken erachteten. Es kann zunächst keinem Bedenken unterliegen, daß die Übernahme der Unterhaltungspflicht als solcher mit dem Finanzhoheitsrecht der Gemeinde nichts zu tun hat, dieses also auch nicht verletzen konnte. Insoweit handelt es sich um eine Last, die von der Gemeinde als Gegenleistung für die Übertragung des Eigentums an den Grundstücken übernommen werden konnte. Nun hat freilich die Gemeinde auch alle öffentlichen Lasten und Verpflichtungen in bezug auf diese Anlagen den Klägern gegenüber für die Zukunft übernommen. Darunter fällt nach der Auslegung des Vertrags durch das Berufungsgericht auch die Unterhaltungs- und die Reinigungspflicht. Es fragt sich zunächst, ob in der

Übernahme dieser Last ein Abkommen liegt, durch das sich die Gemeinde in unzulässiger Weise den Klägern gegenüber eines künftigen Rechts auf Erhebung von Beiträgen begab, das aus der Tatsache der Unterhaltung und Reinigung anderen Gemeindemitgliedern gegenüber entstehen könnte. Das ist unter den vorliegenden Umständen zu verneinen. Die Gemeinde hatte bereits bisher die Reinigung, um die allein es sich hier nach den Anträgen der Kläger handelt, seit langer Zeit besorgt, und zwar nach der Feststellung des Berufungsgerichts tatsächlich in dem Umfang, welcher der polizeimäßigen, später im preußischen Gesetz über die Reinigung öffentlicher Wege vom 1. Juli 1912 geregelten Reinigung gleichkam. Daß zur Zeit der Vertragschließung rechtlich nur diejenige Reinigung ausgeübt wurde, die als Ausfluß der Unterhaltungspflicht die Erhaltung der Sicherheit und Leichtigkeit des Verkehrs auf den Wegestrecken zum Gegenstand hat (Germershausen-Seydel Wegerecht und Wegeverwaltung in Preußen 4. Aufl. 1929 S. 56), spielt deshalb hier keine Rolle. Es handelte sich um eine Leistung, die an einen einzelnen bestimmten Vorgang anknüpfte und ihrem Umfang nach auch für die Zukunft nach der Vorstellung der Vertragsparteien bestimmt, zum mindesten bestimmbar war. Selbst wenn sich die Gemeinde über den künftigen Umfang der Reinigung eine nicht zutreffende Vorstellung gemacht und die Lage der Gemeinde infolge der künftigen Entwicklung sich ungünstiger gestaltet hätte, als vorauszusehen war, so würde dadurch nicht die Erwägung ausgeschaltet werden, daß die den Anliegern etwa aufzuerlegenden Beiträge in bezug auf die Kläger im voraus durch Überlassung des Grundeigentums als abgegolten angesehen werden konnten. Auch in der erwähnten Entscheidung des preuß. OVG. Bd. 82 S. 138 ist der Umstand nicht als Ursache der Unwirksamkeit des Vertrags anerkannt worden, daß sich eine zum Teil durch Landabtretung bewirkte Abgeltung der zahlenmäßig von der Gemeinde errechneten Anliegerbeiträge später als für die Gemeinde ungünstig erwies. An sich kann ein solches Abkommen, auch wie es im jetzigen Rechtsstreit in Frage steht, im wohlverstandenen Interesse der Gemeinde liegen, die vom Erwerb der Grundflächen gegen Geldzahlung absehen und die Gegenleistung in eine Form kleiden konnte, die sie nach der damaligen Auffassung weniger fühlbar belastete.

In dem hier zur Beurteilung stehenden Vertrag hat sich die Gemeinde nach dem Wortlaut der Urkunde nicht nur zur Unterhaltung der Anlagen — nach der Feststellung des Berufungsgerichts im weitesten Umfang — verpflichtet, sondern alle öffentlichen Lasten hinsichtlich dieser Anlagen übernommen. In dieser Allgemeinheit würde allerdings nicht von einer wirksam im voraus vorgenommenen Abgeltung aller künftig etwa den Anliegern aufzuerlegenden öffentlichen Lasten durch Überlassung des Eigentums gesprochen werden können. Allein es bedarf der Prüfung, ob der Vertrag nicht auch dann geschlossen worden wäre, wenn er nur die Unterhaltung und Reinigung der Anlagen zum Gegenstand gehabt hätte (§ 139 BGB.). In dieser Beziehung wird insbesondere zu prüfen sein, ob denn die allgemeine Fassung des § 3 nicht eine mehr formularmäßige Umschreibung der Vertragspflicht der Gemeinde enthielt, ob denn neben der Unterhaltung und Reinigung andere wesentliche Lasten überhaupt in Betracht kamen oder von den Vertragsparteien in Erwägung gezogen wurden.

---

45. Ist die Anstellung eines Nichtversorgungsanwärters als preußischer Kommunalbeamter rechtsunwirksam, wenn bei ihr die Anstellungsgrundsätze dadurch verletzt worden sind, daß die vorgeschriebene Reihenfolge und der Wechsel zwischen Versorgungsanwärtern und anderen Stellenbewerbern nicht eingehalten wurden?

Anstellungsgrundsätze vom 26. Juli 1922 (RGBl. 1923 I S. 651) sowie ihre Neufassungen vom 31. Juli 1926 (RGBl. I S. 435) und vom 16. Juli 1930 (RGBl. I S. 234) § 45 Abs. 1, § 46. Preuß. Kommunalbeamtengesetz § 2, § 10 Abs. 2, § 12.

III. Zivilsenat. Urt. v. 27. März 1931 i. S. Z. (Kl.) w. Stadtgemeinde K. (Bekl.). III 215/30.

I. Landgericht Köslin.
II. Oberlandesgericht Stettin.

Der am 25. August 1857 geborene Kläger, von Beruf Musiker und Schuhmacher, wurde von der verklagten Stadtgemeinde am 27. Oktober 1915 als Hilfspolizeisergeant eingestellt und am 5. November 1915 beeidigt, da der in Diensten der Beklagten stehende Polizeisergeant zum Heeresdienst einberufen war. Bei seiner Einstellung wurde dem Kläger eröffnet, daß er nur vorübergehend angenommen werde, und zwar mit einer Kündigungsfrist von 14 Tagen. Vom März 1919 ab wurde er mit der Tätigkeit eines Vollziehungsbeamten betraut, ohne daß im übrigen an seinem Dienstverhältnis etwas geändert worden wäre. Im gleichen Jahre nahmen die Körperschaften der Beklagten eine Vollziehungsbeamtenstelle, die als solche bis dahin nicht vorhanden war, in den städtischen Haushalt für 1919/20 auf. Bei der Besoldungsregelung, die durch die Besoldungsordnung vom 20. Oktober 1922 / 30. Mai 1923 erfolgte, wurde die Stelle in Gruppe 4 der staatlichen Besoldungsvorschriften eingereiht und auf sie die für unmittelbare Staatsbeamte geltenden Grundsätze über die Ruhegehalts- und Hinterbliebenenbezüge für anwendbar erklärt. Die Besoldung des Klägers wurde jedoch zunächst in der Weise geregelt, daß seine Dienstvergütung durch Beschluß einer Kommission der städtischen Körperschaften vom 25. November 1920 nach der Besoldungsordnung für Angestellte festgelegt wurde. Diese sah für die Angestellten bestimmte Hundertsätze der staatlichen Gehälter vor. Da die Beklagte diese Regelung jedoch abändern wollte, kündigte sie ihren Angestellten und so auch dem damals schon 66 Jahre alten Kläger zum 1. Januar 1924. Zu Anfang dieses Jahres wurde dann der Beschluß gefaßt, die Besoldung der Angestellten vom 1. April 1924 ab nach den staatlichen Angestelltentarifen dergestalt zu regeln, daß die Angestellten um eine Besoldungsgruppe herabgestuft, aber durch Gewährung der vollen Bezüge entschädigt werden sollten. Diesem Beschluß unterwarf sich auch der Kläger durch Unterschrift; gleichwohl wurden ihm die vollen Bezüge der Besoldungsgruppe 4 gewährt.

Am 29. Januar 1926 richtete der nunmehr 68 Jahre alte Kläger ein Gesuch an die Beklagte, worin er bat, sein Angestelltenverhältnis in ein Beamtenverhältnis umzuwandeln und ihm einen Anstellungsschein zu erteilen. Das Gesuch wurde abschlägig beschieden mit der Begründung, daß sich eine Anstellung des Klägers als Beamter wegen seines hohen Alters und der Notwendigkeit verbiete, die Stelle mit einem Militäranwärter zu besetzen. Diesen Standpunkt der Beklagten hat auch der vom Kläger angerufene Regierungspräsident gebilligt.

Am 17. Februar 1927 kündigte die Beklagte dem Kläger mit Rücksicht auf sein hohes Alter von nahezu 70 Jahren zum 1. Juli 1927, nachdem sie vorher vergeblich versucht hatte, ihn zur Stellung des Antrags auf Entlassung zu bewegen. Der Kläger vertrat nun den Standpunkt, daß er infolge langjähriger Ausübung der ihm von der Beklagten übertragenen hoheitsrechtlichen Dienstverrichtungen Beamter geworden sei und Anspruch auf Ruhegehalt habe. Seinen Antrag auf Gewährung von Ruhegehalt hat der Bezirksausschuß anerkannt, der Provinzialrat dagegen abgelehnt. Mit der rechtzeitig erhobenen Klage verlangt der Kläger die Zahlung rückständigen Ruhegehalts sowie die Feststellung, daß die Beklagte auch künftig verpflichtet sei, ihm Ruhegehalt zu gewähren. Die Beklagte berief sich darauf, daß die Beschäftigung des Klägers stets nur eine vorübergehende gewesen sei und daß die Vollziehungsbeamtenstelle dem Kläger nicht habe übertragen werden können, weil sie einem Versorgungsanwärter vorbehalten gewesen sei.

Das Landgericht gab der Klage im wesentlichen statt. Beide Parteien legten Berufung ein. Diejenige des Klägers wurde zurückgewiesen, auf die Berufung der Beklagten aber das landgerichtliche Urteil, unter Zurückweisung auch dieses Rechtsmittels im übrigen, dahin abgeändert, daß die Beklagte nur zur Zahlung von 604 RM. ohne Zinsen verurteilt, im übrigen die Klage abgewiesen wurde. Die Revision des Klägers führte zur Aufhebung des Berufungsurteils, soweit darin zu seinen Ungunsten erkannt worden war, und zur Zurückverweisung.

Gründe:

Das Berufungsgericht geht in Übereinstimmung mit dem ersten Richter davon aus, daß dem Kläger sowohl in seiner Tätigkeit als Hilfspolizeisergeant wie auch in der als Vollziehungsbeamter die Ausübung obrigkeitlicher Dienstverrichtungen übertragen war, daß es sich jedoch bei ihm nach den besonderen Umständen des Falles nur um vorübergehende Dienstleistungen gehandelt habe und deshalb die Begründung eines dauernden Dienstverhältnisses nicht in Betracht kommen könne. Diese Annahme wäre an sich rechtlich nicht zu beanstanden. Wenn jedoch das angefochtene Urteil auf Grund dieser Feststellungen mehrfach ausspricht, infolge der nur vorübergehenden Übertragung hoheitsrechtlicher Amtsgeschäfte sei eine Beamtenstellung oder eine Beamteneigenschaft des Klägers nicht begründet worden, so setzt es sich damit in Widerspruch mit der ständigen Rechtsprechung des erkennenden Senats. Diese geht dahin, die Befugnis zur Ausübung von Hoheitsrechten könne der Natur der Sache nach nur im Rahmen eines öffentlichrechtlichen Beamtenverhältnisses eingeräumt werden und könne nicht Gegenstand eines bürgerlichrechtlichen Dienstvertrags sein; sie setze daher die Anstellung als Beamter notwendig voraus; wem sie übertragen werde, der werde aus dem inneren Wesen der Sache heraus Beamter (RGZ. Bd. 125 S. 421 und die dort angezogenen Senatsentscheidungen). Davon unabhängig ist die Frage zu entscheiden, ob es sich im Einzelfalle um vorübergehende Dienstleistungen oder um die Begründung eines Dauerverhältnisses handelt. Auch der nur vorübergehend mit obrigkeitlichen Verrichtungen betraute Kommunalbeamte ist Beamter im Sinne des § 2 des preuß. Gesetzes, betr. die Anstellung und Versorgung der Kommunalbeamten, vom 30. Juli 1899 (GS. S. 141). Die einmal erlangte Beamteneigenschaft geht nicht dadurch verloren, daß die Dienstleistungen ausdrücklich oder den Umständen nach in ihrer Zeitdauer beschränkt sind. Die Anstellung zu vorübergehenden Dienstleistungen hat jedoch nach § 2 KBG. die Rechtsfolge, daß die Rechtsverhältnisse eines derartigen Kommunalbeamten, also namentlich seine Anstellung auf Lebenszeit und sein Anspruch auf Ruhegehalt (§ 12 KBG.), den Vorschriften dieses Gesetzes nur insoweit unterliegen, als dies ausdrücklich vorgesehen ist. Eine solche Vorschrift findet sich in § 10 Abs. 2 KBG., wonach die Regelung der Annahmebedingungen der zu vorübergehenden Dienstleistungen angenommenen Beamten vor dem Antritt der Beschäftigung zu erfolgen hat. Dies ist aber nach den getroffenen Feststellungen dadurch geschehen, daß dem Kläger bei seiner Einstellung als Hilfspolizeisergeant eröffnet wurde, er werde nur vorübergehend und mit einer Kündigungsfrist von 14 Tagen eingestellt.

Das Schicksal der Klage hängt daher wesentlich von der Entscheidung ab, ob und in welchem Zeitpunkt das im ganzen nahezu zwölf Jahre lang fortgesetzte, zunächst beiderseits zweifellos als lediglich vorübergehend angesehene Dienstverhältnis des Klägers sich in ein ständiges, dauerndes umgewandelt hat. Die beiden vorderen Rechtszüge haben diese Frage abweichend beurteilt. Das Landgericht nimmt an, daß die Tätigkeit des Klägers als Vollziehungsbeamten im Jahre 1919 begonnen hat und daß seine Anstellung in diesem Amt mit dem 1. April 1921 zu einer dauernden geworden ist. Auch das Berufungsgericht hat, wie die Begründung der angefochtenen Entscheidung an verschiedenen Stellen erkennen läßt, erhebliche Bedenken, ob das Dienstverhältnis des Klägers während der langen Zeit seiner Beschäftigung bei der Beklagten stets ein vorübergehendes, jederzeit durch Kündigung zu beendigendes geblieben ist. Die Bejahung dieser Frage beruht, wenn nicht ausschließlich, so doch zu einem wesentlichen Teil auf der Erwägung, daß die Beleihung des Klägers mit der Stelle eines Vollziehungsbeamten unwirksam gewesen wäre, da diese Stelle nach den damaligen Anstellungsgrundsätzen den Versorgungsanwärtern vorbehalten gewesen sei, der Kläger aber unstreitig diese Eigenschaft nicht besessen habe.

Gegen diese Rechtsansicht erheben sich durchgreifende rechtliche Bedenken, wie die Revision zutreffend geltend macht. Mit Recht nimmt der Berufungsrichter an, daß die reichsrechtlichen Grundsätze für die Besetzung der mittleren, Kanzlei- und Unterbeamtenstellen bei den Kommunalbehörden usw. mit Militäranwärtern und Inhabern des Anstellungsscheines (Zentralblatt für das Deutsche Reich 1907 S. 345) und die im wesentlichen damit übereinstimmenden Vorschriften des preuß. Gesetzes, betr. die Besetzung der Subaltern- und Unterbeamtenstellen in der Verwaltung der Kommunalverbände mit Militäranwärtern, vom 21. Juli 1892 (GS. S. 214) nicht lediglich Regelungen des inneren Dienstes, sog. Verwaltungsanweisungen, sondern objektives Recht darstellen, und daß daher eine Anstellung, bei der diese Grundsätze verletzt worden sind, der Rechtswirksamkeit entbehrt. Dies hat der erkennende Senat für die §§ 14 und 15 des Gesetzes vom 21. Juli 1892 ausgesprochen (RGZ. Bd. 57 S. 120; vgl. auch Bd. 48 S. 84 und Bd. 49 S. 1). Da, wie das Berufungsgericht feststellt, während der Geltungszeit dieser Vorschriften nach dem Verzeichnis über die den Militäranwärtern vorbehaltenen Stellen des Reichs- und Staatsdienstes vom 14. Juli 1915 (Zentralblatt für das Deutsche Reich 1915 S. 191) im Staate Preußen bei sämtlichen Verwaltungen die Vollziehungsbeamtenstellen ausschließlich den Militäranwärtern vorbehalten waren, so müßten begründete Zweifel an der Rechtsgültigkeit der lebenslänglichen Anstellung des Klägers als Vollziehungsbeamten entstehen, wenn diese, wie der erste Richter annimmt, am 1. April 1921 erfolgt wäre. Der Berufungsrichter verkennt nun nicht, daß mit dem 1. September 1922, dem Inkrafttreten der Anstellungsgrundsätze vom 26. Juli 1922 und der allgemeinen Ausführungsanweisung zu diesen Anstellungsgrundsätzen vom 16. Juli 1923 (RGBl. I S. 662), Änderungen eingetreten sind und daß namentlich die einzige in der Verwaltung der Beklagten vorhandene Vollziehungsbeamtenstelle abwechselnd mit einem Versorgungsanwärter und einem sonstigen Bewerber, erstmals aber mit einem Versorgungsanwärter zu besetzen war. Wenn aber der Berufungsrichter der Ansicht ist, daß auch eine etwa nach dem 1. September 1922 bewirkte Beleihung des Klägers mit dieser Stelle aus den erwähnten Gründen unwirksam sei, so kann ihm darin nicht beigetreten werden. Die Revision nimmt zur Bekämpfung der Ansicht des Berufungsrichters Bezug auf § 45 Abs. 1 und § 46 der neuen Fassung der Anstellungsgrundsätze vom 31. Juli 1926. Es bedarf jedoch nicht der Heranziehung dieser Neufassung, die zudem erst gegen Ende der Diensttätigkeit des Klägers erfolgt ist. Denn wörtlich die gleichen Bestimmungen sind in §§ 45 und 46 der Anstellungsgrundsätze vom 26. Juli 1922 enthalten. Nach § 45 das. werden offene Stellen, die den Versorgungsanwärtern nur teilweise vorbehalten sind (§§ 7, 8, 9), in einer dem Anteilsverhältnis entsprechenden Reihenfolge mit Versorgungsanwärtern und anderen Anwärtern besetzt, und zwar ohne Rücksicht auf die Zahl der zur Zeit der Besetzung tatsächlich mit der einen oder anderen Gruppe von Anwärtern besetzten Stellen. Im Anschluß hieran schreibt § 46 Abs. 1 vor:

> Ist die in § 45 Abs. 1 vorgeschriebene Reihenfolge in unrichtiger Anwendung der Anstellungsgrundsätze zuungunsten der Versorgungsanwärter unterbrochen worden, so ist ein Ausgleich zu bewirken.

Diese Bestimmung regelt hiernach ausdrücklich den Fall einer Verletzung der Anstellungsgrundsätze durch Nichteinhaltung der vorgeschriebenen Reihenfolge und des Wechsels zwischen Versorgungsanwärtern und sonstigen Anwärtern, und sie ordnet lediglich an, daß ein „Ausgleich" zu bewirken ist. Daraus ergibt sich zwingend der Schluß, daß eine zuungunsten der Versorgungsanwärter erfolgte Anstellung eines sonstigen Bewerbers nicht rechtsunwirksam sein soll. Denn wäre dies der Fall, so bedürfte es keines Ausgleichs, sondern der zu Unrecht mit dem Amt beliehene Anwärter wäre alsbald wieder aus der Stelle zu entfernen, und die Versorgungsanwärter wären überhaupt nicht benachteiligt. Die Anordnung der Schaffung eines Ausgleichs, also der Herbeiführung eines erst in der Zukunft liegenden Ereignisses, setzt begrifflich voraus, daß es bei der, wenn auch unter Verletzung der Anstellungsgrundsätze erfolgten Ernennung eines Nichtversorgungsanwärters verbleiben soll. Dabei kann es rechtlich keinen Unterschied begründen, ob es sich um die erste Besetzung einer neu errichteten Stelle oder um die spätere Beleihung mit einem bestehenden Amt handelt. Der Gebrauch des Wortes „Reihenfolge" vermag eine gegenteilige Auffassung nicht zu rechtfertigen.

Die durch Bekanntmachung vom 16. Juli 1930 veröffentlichte abermalige Neufassung der Anstellungsgrundsätze kann keine Anwendung finden, da um diese Zeit der Kläger bereits aus den Diensten der Beklagten ausgeschieden war. Immerhin ist die Tatsache beachtlich, daß § 46 Abs. 1 bei im übrigen unverändertem Wortlaut in seinem zweiten Halbsatz die Fassung erhalten hat: „so ist bei nächster Gelegenheit ein Ausgleich zu bewirken". Dadurch kommt noch deutlicher zum Ausdruck, daß der Ausgleich erst später stattzufinden hat.

Da das Berufungsgericht den Zeitpunkt offen läßt, zu dem eine Anstellung des Klägers als Vollziehungsbeamten auf Lebenszeit — wenn überhaupt — erfolgt sein könnte, so besteht zum mindesten die Möglichkeit, daß die angefochtene Entscheidung durch die Außerachtlassung dieser rechtlichen Gesichtspunkte beeinflußt ist.

---

46. 1. Wann gilt bei gegenseitigen Verträgen der mit einer Leistung bezweckte Erfolg als vereinbart?

2. Wieweit ist der Rechtsweg zulässig, wenn sich ein Tatbestand über die Geltungszeit des Kriegsleistungsgesetzes hinaus und bis in die Zeit der Verordnung über das Belassen von Befestigungsanlagen vom 13. Februar 1924 erstreckt?

BGB. §§ 320, 812. Kriegsleistungsgesetz v. 13. Juni 1873 (RGBl. S. 129). Verordnung v. 13. Februar 1924 (RGBl. I S. 90).

VI. Zivilsenat. Urt. v. 30. März 1931 i. S. R.sche Familienstiftung (Kl.) w. Deutsches Reich (Bekl.). VI 552/30.

I. Landgericht Königsberg i. Pr.
II. Oberlandesgericht daselbst.

Durch Vertrag vom 4. April 1913 verkaufte die Klägerin von dem ihr gehörigen Gute Abl. N. ein etwa 15000 qm großes Landstück, dessen Größe später auf 13783 qm festgestellt wurde, gegen ein Entgelt von rund 25000 M. „zur Anlage eines fortifikatorischen Werkes" an den Reichsmilitärfiskus. Auflassung und Eintragung des Erwerbers als Eigentümer im Grundbuch sind erfolgt. Der Kaufpreis ist gezahlt worden. Ein Festungswerk wurde jedoch auf diesem Geländestück nicht errichtet; vielmehr trat man schon vor Ausbruch des Krieges mit der Klägerin in Verhandlungen ein, die den Austausch dieses Grundstücks mit anderen Flächen des Gutes zum Gegenstand hatten. Auf einer von diesen zum Austausch in Aussicht genommenen Flächen wurde dann während des Krieges ein Festungswerk errichtet. Die auch nach Kriegsende weitergeführten Tauschverhandlungen haben zu keinem Ergebnis geführt. Die Klägerin hat vielmehr nach Inkrafttreten der Verordnung über das Belassen von Befestigungsanlagen vom 13. Februar 1924 nur eine Entschädigung für die Inanspruchnahme des Geländes erhalten, auf dem das erwähnte Werk errichtet worden war. Das durch Vertrag vom 4. April 1913 an den Beklagten verkaufte Geländestück ist am 15. Oktober 1923 vorbehaltlich der endgültigen Übereignung durch grundbuchamtliche Auflassung und der hierzu erforderlichen Verhandlung der Klägerin zurückgegeben, später aber von dem Beklagten wieder in Besitz genommen worden.

Die Klägerin macht geltend, daß der Beklagte ihr das durch Vertrag vom 4. April 1913 verkaufte Stück Land zurückzugewähren habe, da der Zweck, zu dem es verkauft sei, nämlich die Anlage eines fortifikatorischen Werkes, nach der vom Beklagten nachträglich gewonnenen Erkenntnis und jetzt auch nach den Bestimmungen des Versailler Vertrags nicht mehr zu erreichen sei. Sie beansprucht ferner vom Beklagten eine Entschädigung dafür, daß ihr durch die Anlage eines Befestigungswerkes auf dem anderen Geländestück, auf dem sich ein Kieslager von etwa 48000 cbm Inhalt befunden habe, die Kiesnutzung dauernd entzogen worden sei. Ersatz hierfür ist nach ihrer Darstellung in der auf Grund der Verordnung vom 13. Februar 1924 geregelten Entschädigung nicht enthalten. Die Klägerin verlangt zunächst einen Teilbetrag von 1000 RM. Demgemäß hat sie im jetzigen Rechtsstreit vom Beklagten 1. Zurückübereignung der am 4. April 1913 verkauften Parzelle und 2. Zahlung von 1000 RM. beansprucht. Der Beklagte hat Abweisung der Klage verlangt und hilfsweise beantragt, ihn zur Herausgabe des ihm verkauften

Geländestücks nur Zug um Zug gegen Rückzahlung des Kaufpreises mit mindestens 18000 RM. zu verurteilen; im Wege der Widerklage hat er Feststellung verlangt, und zwar in erster Linie dahin, daß auch wegen der über den Zahlungsanspruch hinausgehenden Ansprüche der Rechtsweg unzulässig sei, hilfsweise dahin, daß der Klägerin auch über den Zahlungsanspruch hinaus keinerlei Ansprüche gegen ihn zuständen.

Das Landgericht verurteilte den Beklagten zur Herausgabe der Landfläche gegen Zahlung von 12000 RM. und zur Zahlung von 1000 RM. Die Widerklage wies es ab. Gegen dieses Urteil legten beide Parteien Berufung ein. Die Klägerin verlangte Herausgabe und Auflassung der Landfläche ohne Verknüpfung mit einem Zurückbehaltungsrecht; der Beklagte verblieb bei seinem früheren Antrag. Das Berufungsgericht beließ es bei der Abweisung der Widerklage und wies auch die Klage ab.

Die Revision der Klägerin führte zur Aufhebung des Urteils in bezug auf die Klage und zur Zurückverweisung.

Gründe:

I. Der Festungskommandant der Stadt Königsberg i. Pr. ist zur Vertretung des Reichsfiskus im vorliegenden Rechtsstreit berechtigt (Erl. d. Reichswehrministers vom 15. August 1929 im Reichsministerialbl. 1929 S. 607, 609).

II. Die Klägerin verlangt zunächst Rückgabe einer an den Beklagten übereigneten Fläche auf Grund der Behauptung, daß mit der Leistung nach dem Inhalt des Vertrags ein bestimmter Erfolg, nämlich die Verwendung zur Anlage eines fortifikatorischen Werkes bezweckt, dieser Erfolg aber nicht eingetreten sei. Das Berufungsgericht nimmt zwar an, der Beklagte habe diesen Zweck verfolgt; es sei aber nicht dargetan, daß auch die Klägerin diesen Erfolg als Zweck ihrer vertraglichen Leistung gewollt habe. Die Klägerin stütze sich in der Hauptsache auf den Wortlaut des Vertrags. Aber diese Fassung könne ebensogut nur deshalb gewählt sein, um lediglich den Beweggrund zum Abschluß des Vertrags erkennbar zu machen. Andernfalls wäre der Wille der Parteien in der Form der Bedingung deutlich zum Ausdruck gebracht worden. Die Anlage eines Festungswerkes hätte für die Klägerin nicht nur keinen Vorteil, sondern sogar erhebliche Nachteile mit sich gebracht, wie die Beschattung des Nachbargebäudes, Schneeverwehungen und die Anwendung der Rayonbestimmungen. Daß die Klägerin mit dem Verkauf nur den Belangen der Landesverteidigung habe dienen wollen, habe sie erst nach zweijähriger Prozeßdauer behauptet, nachdem das angefochtene Urteil auf diesen Gesichtspunkt hingewiesen habe. Wahrscheinlich habe bei der Klägerin der Gedanke mitgesprochen, daß die Enteignung zu befürchten sei, bei der sie leicht hätte schlechter gestellt werden können.

An diesen Ausführungen ist rechtlich zunächst zu beanstanden, daß das Berufungsgericht anscheinend die Verbindung eines Rechtsgeschäfts mit der Erreichung eines Zweckes nur in der Form der Bedingung zulassen will. Es handelt sich rechtlich um zwei verschiedene Geschäftsformen. Im vorliegenden Falle wollten die Parteien nach den beiderseitigen Erklärungen sich endgültig binden und nicht die Rechtswirksamkeit des Vertrags von einem künftigen ungewissen Ereignis abhängig machen. Damit ist sehr wohl vereinbar, daß beide Parteien die Erreichung eines bestimmten Zweckes beabsichtigt haben. Bei Prüfung dieser Frage hat das Berufungsgericht, wie die Revision mit Recht geltend macht, nicht den gesamten, für die Auslegung des Vertrags zur Verfügung stehenden Stoff berücksichtigt. Die Klägerin hatte sich für ihre Darstellung nicht nur auf den Wortlaut des Vertrags berufen. Sie hatte auch geltend gemacht, daß es sich um einen typischen Fall der condictio causa data causa non secuta handle; der Zweck sei Vertragsinhalt geworden; darüber hätten sich die Parteien nicht nur stillschweigend, sondern sogar schriftlich geeinigt; der Beklagte könne doch nicht ernstlich behaupten, daß sie ihm freiwillig ein Stück Land mitten in ihrem Gut neben der Hofstelle zu irgendeinem beliebigen Zweck habe verkaufen wollen. Dieser Gesichtspunkt ist so wesentlich und ergibt sich so unmittelbar aus der Sachlage, daß das Berufungsgericht an ihm nicht vorübergehen durfte. Das Berufungsgericht hat die Rechtslage nicht berücksichtigt, die sich ergibt, wenn die Hervorhebung im Vertrag, daß der Verkauf zur Anlage eines fortifikatorischen Werkes erfolge, nur den Beweggrund zum Abschluß des Vertrags bedeuten würde. Der Beklagte wäre dann in der Lage, über die erworbenen Flächen beliebig zu verfügen, sie insbesondere an jeden Dritten zu veräußern und sie nicht nur landwirtschaftlich zu nutzen, wie es jetzt der Fall ist. Daß die Klägerin bei der von ihr geschilderten und aus dem von ihr vorgelegten Plan ersichtlichen Örtlichkeit auf die Art der Verwendung des Geländes Gewicht legen mußte, liegt sehr nahe. Die Erwägung des Berufungsgerichts, daß mit der Herstellung des Befestigungswerkes für die Klägerin kein Vorteil, sondern Nachteile verbunden wären, trifft nicht den Kern der Sache. Es fragt sich, was für Nachteile der Klägerin entständen, wenn die beabsichtigte Verwendung nicht zum Inhalt des Vertrags erhoben worden und der Beklagte in der Lage wäre, nach Belieben über die inmitten des Grundbesitzes der Klägerin belegene Fläche zu verfügen; und die mit der Errichtung verbundenen Nachteile konnte die Klägerin nicht verhindern, wenn ihr, wie das Berufungsgericht feststellt, im Falle der Ablehnung des Verkaufs die Enteignung drohte. Auch aus den Persönlichkeiten der Beteiligten können Schlüsse für die Ermittlung des Vertragswillens gezogen werden. Die Klägerin ist eine Stiftung, deren Vertreter bestrebt sein müssen, das auf die Dauer für die Familie bestimmte Gut dieser so zu erhalten, daß eine Landfläche ihr nicht mit der Wirkung entzogen würde, daß unbekannte Personen über sie verfügen könnten; dagegen wäre sie mit Rücksicht auf den Zweck, den der Reichsfiskus mit dem Erwerb verfolgte, geschützt gewesen, wenn dieser Zweck Vertragsinhalt geworden wäre. Es wird daher erneuter Prüfung durch das Berufungsgericht bedürfen, ob der im Vertrag zum Ausdruck gekommene Verwendungszweck nicht auch Vertragsinhalt geworden und ob der bezweckte Erfolg im Sinne des Vertrags nicht eingetreten ist (§ 812 BGB.). Daß ein über den Anspruch auf die Gegenleistung hinausgehender Erfolg im Sinne des § 812 Abs. 1 auch bei gegenseitigen Verträgen zum Inhalt des Vertrags erhoben werden kann, ist rechtlich unbedenklich (RGZ. Bd. 66 S. 134; WarnRspr. 1917 Nr. 112). Eine solche Vereinbarung kann auch stillschweigend getroffen werden. Es wird auch zu erwägen sein, ob es etwa im Sinne des Vertrags gelegen haben kann, daß dessen Zweck in ferner Zukunft erreicht würde, und ob nicht für weiterhinausliegende Verwendungszwecke nicht dieser Vertrag, sondern vielmehr das auch darin erwähnte Enteignungsverfahren der gegebene Weg wäre. Von Einfluß für die Beurteilung dieser Frage kann auch der Umstand sein, daß der Beklagte die hier in Rede stehende Fläche gemäß der Verhandlung vom 15. Oktober 1923 der Klägerin bereits zurückgegeben hat, wenn er sie auch nachträglich wieder in Besitz nahm. Denn in jener Verhandlung wird zum Ausdruck gebracht, daß das Gelände für eine geplante, jedoch nicht ausgeführte Anlage eines Befestigungswerkes erworben worden sei. Nicht zuzustimmen ist allerdings der Revision in der Annahme, daß in der erwähnten Verhandlung der Rückfallsanspruch der Klägerin anerkannt worden und daß er infolge der Annahme der Klägerin begründet sei. Die Verhandlung selbst entbehrt der Form, die für eine Verpflichtung des Beklagten zur Rückübertragung erforderlich gewesen wäre, wie das Berufungsgericht zutreffend dargelegt hat. Für die Verhandlung vom 4. Mai 1922 gilt dasselbe. Hiernach war das angefochtene Urteil aufzuheben, soweit es den Anspruch auf Herausgabe betrifft.

III. Die Klägerin verlangt ferner Entschädigung in bezug auf eine andere Landfläche; es sei ihr — macht sie geltend — die Ausbeutung eines Kieslagers dadurch unmöglich gemacht worden, daß der Beklagte dort eine Befestigungsanlage errichtet habe. Die Klägerin hat vorgetragen, die Eisenbetonbauten seien so umfangreich und tief in das Lager hineingetrieben und mit diesem verbunden, daß eine Ausbeute des Kieslagers ein für allemal fortfalle. Das Berufungsgericht bezeichnet es als zweifelhaft, ob auf diesen Fall die Verordnung vom 13. Februar 1924 (RGBl. I S. 90) anzuwenden sei. Es rechnet mit der Möglichkeit, daß der Klägerin auch durch das Fortbestehen der Befestigungsanlage ein Schaden entstanden ist, und nimmt offenbar an, daß die Klägerin zum mindesten hilfsweise eine solche Behauptung auch hat aufstellen wollen; dabei mag mitberücksichtigt sein, daß die Klägerin ihre ursprüngliche Darstellung im Zusammenhang mit der Behauptung gegeben hat, die Anlage sei bereits vor dem Kriege in Angriff genommen worden. Jedenfalls läßt das Berufungsgericht dahingestellt, ob der Klägerin ein Schaden nach Kriegsbeginn und nach Beendigung des Krieges entstanden ist, weil der Rechtsweg im letzteren Falle nach § 5 Abs. 4 der Verordnung, im anderen Falle auf Grund des Gesetzes über die Kriegsleistungen vom 13. Juni 1873 (RGBl. S. 129) unzulässig sei. Die Revision vertritt die Zulässigkeit des Rechtswegs nach beiden Richtungen.

Auszugehen ist hierbei von dem Kriegsleistungsgesetz; denn das Berufungsgericht stellt fest, daß das in Betracht kommende Gelände nicht vor Kriegsbeginn, wie die Klägerin angenommen hat, sondern erst nach dem 1. August 1914 vom Beklagten in Anspruch genommen und der Gutsverwaltung entzogen worden ist. Die Revision stellt zur Nachprüfung, ob diese Feststellung zutrifft. Rechtliche Bedenken sind jedoch gegen sie nicht zu erheben; es ist rechtlich nicht zu beanstanden, wenn das Urteil ausführt, es hätten vor Kriegsbeginn lediglich Verhandlungen über den Bau des Festungswerkes geschwebt. Nach § 3 Nr. 4 KLG. sind die Gemeinden dem Reich gegenüber zur Überweisung der für den Kriegsbedarf erforderlichen Grundstücke verpflichtet. Diese Überweisung ist begrifflich sowohl im Sinne der Eigentumsübertragung wie auch im Sinne der Überlassung zum Gebrauch möglich (vgl. auch die Erläuterung von Heilberg-Schaeffer Kriegsleistungsgesetz Anm. 7a in Verb. mit Anm. 6a zu § 3). Das Eigentum an der Fläche ist vom Beklagten nicht in Anspruch genommen worden; die Klägerin ist vielmehr Eigentümerin des Grundstücks geblieben. Für die Dauer des Krieges konnte daher für die der Klägerin zu gewährende Entschädigung nur das Kriegsleistungsgesetz zugrunde gelegt werden (§§ 1 und 32 das.). § 14 dieses Gesetzes betrifft die Entschädigung, die für die Überlassung unbestellter Äcker einerseits und für die Überweisung sonstiger Grundstücke anderseits gezahlt wird; im ersteren Falle wird Vergütung nur für die durch Benutzung erweislich herbeigeführte Beschädigung, im anderen Falle auch für die entzogene Nutzung gewährt. Nach § 33 bestimmte der Bundesrat die Behörden, welche die vom Reiche zu gewährende Vergütung festzustellen hatten. Die Zulässigkeit des Rechtswegs sollte bis zu anderweitiger gesetzlicher Regelung gemäß § 34 nach den Vorschriften beurteilt werden, die für den Bundesstaat, in dessen Gebiet die Ansprüche zu erfüllen sind, maßgebend sein würden, wenn dieselben Ansprüche gegen ihn zu richten wären. Nach Inkrafttreten des Gerichtsverfassungsgesetzes entstand die Frage, ob die Vorschrift des § 34 a. a. O., die nicht durch ein Reichsgesetz ergänzt worden war, durch § 13 GVG. beseitigt sei, wonach vor die ordentlichen Gerichte alle bürgerlichen Rechtsstreitigkeiten gehören, für welche nicht die Zuständigkeit von Verwaltungsbehörden begründet ist. Diese Frage wurde vom Reichsgericht, VI. Zivilsenat, in der Entscheidung RGZ. Bd. 87 S. 357 bejaht. Es wurde angenommen, daß die Ansprüche des Reichs auf die Leistungen aus dem Kriegsleistungsgesetz im Hoheitsrecht des Staates begründet und deshalb nicht privatrechtlicher Natur seien, daß dies aber nicht ohne weiteres für die Ansprüche auf die Gegenleistung des Staates gelte; für diese Ansprüche sei zwar durch § 34 KLG. der Rechtsweg nicht überhaupt ausgeschlossen, wohl aber sei durch die Zuweisung der Festsetzung der Entschädigung an die Verwaltungsbehörden in § 33 das. der Rechtsweg vor den ordentlichen Gerichten ausgeschlossen. Es konnte nun freilich der Zweifel übrigbleiben, ob die Festsetzung durch die Verwaltungsbehörde etwa nur die Bedeutung einer vorläufigen Entscheidung habe und nach dem Erlaß dieser Entscheidung die Beschreitung des Rechtswegs noch zulässig sei. Der V. Zivilsenat hatte in der Tat in RGZ. Bd. 15 S. 37 die Vorläufigkeit der Entscheidung angenommen. In dem erwähnten Urteil RGZ. Bd. 87 S. 357, 363 ist jedoch § 33 dahin ausgelegt worden, daß damit den Verwaltungsbehörden die Entscheidung über die Höhe der Vergütung schlechthin zugewiesen sei. Davon abzugehen liegt im Gegensatz zur Annahme der Revision kein Anlaß vor. Bei Auslegung des § 33 im letzterwähnten Sinne wurde auch berücksichtigt, daß bei der gleichen Rechtslage in bezug auf die Naturalleistungen für die bewaffnete Macht im Frieden dem Gesetz vom 13. Februar 1875 im § 14 gerade mit Rücksicht auf die dargelegte Auffassung des V. Zivilsenats durch das Gesetz vom 21. Juni 1887 die Fassung gegeben worden ist, die Feststellung der durch die Benutzung von Grundstücken zu Truppenübungen entstehenden Schäden und der Vergütungen hierfür erfolge endgültig unter Ausschluß des Rechtswegs auf Grund sachverständiger Schätzung. Die in RGZ. Bd. 87 S. 363, 364 ausgedrückte Auffassung, daß mit Rücksicht auf den Zusammenhang der beiden Gesetze über die im Krieg und im Frieden zu bewirkenden Leistungen das Gesetz von 1887, das bewußt nur eine maßgebende Deklaration zu dem Gesetz von 1875 sein wollte, auch für die Auslegung des Kriegsleistungsgesetzes Bedeutung habe, ist zu billigen. Es würde mit dem Gedanken des § 33 KLG. nicht vereinbar sein, wenn man an die Feststellungen der Verwaltungsbehörde noch das ordentliche Gerichtsverfahren anschließen wollte. Die Bezugnahme der Revision auf Art. 153 RVerf. geht schon deshalb fehl, weil für das vorliegende Rechtsgebiet in einem Reichsgesetz etwas anderes als der ordentliche Rechtsweg bestimmt ist. Soweit also der Eingriff des Beklagten in das Eigentum der Klägerin auf Grund des Kriegsleistungsgesetzes erfolgte und die Entschädigung dieses Gesetzes festgesetzt wurde, ist für eine fernere Entschädigung kein Raum.

Wieweit aber im vorliegenden Falle das Kriegsleistungsgesetz Anwendung gefunden hat, bleibt nach dem Vortrag der Parteien unklar; das Berufungsgericht hat nach dieser Richtung überhaupt keine Feststellung getroffen. Das mußte zur Aufhebung auch dieses Teils der Entscheidung führen. Das Kriegsleistungsgesetz hat, wie bereits bemerkt, nach § 32 eine Verpflichtung zu Leistungen nur für die Dauer des Kriegs geschaffen. Als Zeitpunkt, mit dem im Sinne dieser Vorschrift der Friedenszustand wieder eintrat und die Verpflichtung zu Leistungen nach diesem Gesetz aufhörte, ist durch die Bekanntmachung vom 31. März 1920 (RGBl. S. 420) der 1. Mai 1920 festgesetzt worden. Das vom Berufungsgericht herangezogene Gesetz vom 19. März 1924 (RGBl. I S. 285), welches das Kriegsleistungsgesetz aufhob, hat mit der Bestimmung in § 1, daß für die Abwicklung die bisherigen Vorschriften gelten sollten, nicht etwa die sachlichrechtlichen Anordnungen des Kriegsleistungsgesetzes zeitlich erweitert; es hat insoweit nur zum Ausdruck gebracht, daß auf die unter der Herrschaft des alten Gesetzes entstandenen Rechtsverhältnisse noch die bisherigen Vorschriften anzuwenden sind.

Der Beklagte hat nun, anscheinend unbestritten, vorgetragen, daß während des Kriegs der Gutspächter, welcher der Klägerin bis zum Jahre 1923 den vereinbarten Pachtzins unverändert gezahlt habe, für die durch die Befestigungsanlagen am Kieslager hervorgerufenen wirtschaftlichen Beeinträchtigungen die vorschriftsmäßigen Entschädigungen auf Grund des Kriegsleistungsgesetzes, späterhin bis einschließlich 1923 eine zufolge der Entscheidung des Reichswehrministeriums vom 8. November 1923 bewilligte weitere Entschädigung erhalten habe. Der Beklagte hat also mit Recht selbst auf dem Standpunkt gestanden, daß die Beurteilung des hier in Rede stehenden Rechtsverhältnisses nicht über einen gewissen Zeitpunkt hinaus nach dem Kriegsleistungsgesetz erfolgen dürfe. Dieser Zeitpunkt ist, wie bemerkt, der 1. Mai 1920. Soweit der Klägerin die Nutzung über diesen Zeitpunkt hinaus entzogen wurde, ist der Rechtsweg nicht unzulässig.

Anders gestaltet sich die Rechtslage mit dem Zeitpunkt, in dem die Verordnung vom 13. Februar 1924 in Kraft trat. Ihr Erlaß war, wie die Begründung ergibt, darauf zurückzuführen, daß der Beklagte nicht die Kosten aufwenden wollte, die durch die Enteignung derjenigen Flächen entstanden wären, deren Überlassung auf Grund des Kriegsleistungsgesetzes nur zum Gebrauch verlangt worden war, wie im vorliegenden Falle. Da die Rechtsgrundlage für die Inanspruchnahme dieser Flächen mit dem Ende des Kriegs weggefallen war, anderseits die Grundstückseigentümer in einigen Fällen daran gingen, die Befestigungsanlagen unter Berufung auf ihr Grundeigentum zu beseitigen, wurde für Befestigungsanlagen, die während des Kriegs in näher bezeichneten Grenzgebieten erstellt worden waren, durch die Verordnung bestimmt, daß dem Grundstückseigentümer die dingliche, der Eintragung in das Grundbuch nicht bedürfende Verpflichtung obliege, die Anlage im vollen Umfang bestehen zu lassen und ihre bauliche Unterhaltung durch das Reich zu gestatten. Für diese dem Grundstückseigentümer auferlegte Last sollte ihm nach § 5 eine billige Entschädigung geleistet werden, soweit ein nachweisbarer Nachteil erwachsen sei. Die Entscheidung hierüber sollte nach § 5 endgültig durch den Reichswehrminister unter Ausschluß des Rechtswegs erfolgen. Die Revision stellt die Rechtsgültigkeit dieses Ausschlusses in Abrede. Sie führt aus: wenn unter Reichsgesetzen im Sinne des Art. 153 RVerf. auch rechtsgültige Verordnungen zu verstehen seien, so decke das Ermächtigungsgesetz vom 8. Dezember 1923, auf Grund dessen die erwähnte Verordnung erlassen worden sei, doch nicht den Ausschluß des Rechtswegs; denn es heiße im Ermächtigungsgesetz, daß eine Abweichung von den Vorschriften der Reichsverfassung nicht zulässig sei; darunter falle auch der allgemeine Grundsatz der Offenhaltung des Rechtswegs. Dem kann nicht beigetreten werden. Die Auffassung der Revision scheitert daran, daß die Reichsverfassung einen solchen allgemeinen Grundsatz der Offenhaltung des Rechtswegs nicht enthält. Wie die Vereinigten Zivilsenate des Reichsgerichts im Beschluß vom 22. Februar 1924 (RGZ. Bd. 107 S. 325) ausgeführt haben, ist durch die Vorschrift des Art. 105 RVerf., daß Ausnahmegerichte unstatthaft sind und niemand seinem gesetzlichen Richter entzogen werden darf, nicht verboten, die Entscheidung über die Zulässigkeit des Rechtswegs einer Verwaltungsbehörde zu übertragen. Wer gesetzlicher Richter im Sinne des Art. 105 ist, kann nur der ordentlichen Gesetzgebung entnommen werden; Art. 105 a. a. O., der dem § 16 GVG. entnommen ist, besagt nicht schon, daß die Gerichte über die Zulässigkeit des Rechtswegs zu befinden haben. Dieser Ausspruch ist vielmehr erst im § 17 Abs. 1 GVG. enthalten, und diese Vorschrift ist nicht dem Schutz der Verfassung unterstellt. Es war also rechtlich möglich, die Entscheidung über die Abfindung aus der Verordnung vom 13. Februar 1924 derart in die Hand einer Verwaltungsbehörde zu legen, daß die ordentlichen Gerichte darüber nicht zu befinden haben. Es stand rechtlich auch nichts im Wege, dieser Verwaltungsbehörde die Entscheidung darüber zu überlassen, ob eine Einrichtung als eine Befestigungsanlage im Sinne jener Verordnung anzusehen ist.

Die Verordnung vom 13. Februar 1924 ist, wie ihr § 7 bestimmt, an dem auf ihre Verkündung im Reichsgesetzblatt folgenden Tage, also am 15. Februar 1924, in Kraft getreten. Rückwirkende Kraft, sei es auch nur im Sinne des Ausschlusses des Rechtswegs für die Vergangenheit, ist aus ihr nicht zu entnehmen, sodaß es keiner Erörterung bedarf, ob eine solche Rückwirkung mit dem die Grundlage der Verordnung bildenden Ermächtigungsgesetz vereinbar wäre. Erst vom Zeitpunkt des Inkrafttretens der Verordnung an ist die Frage der Entschädigung der Klägerin auf Grund der Inanspruchnahme von Land durch den Beklagten der Beurteilung durch die ordentlichen Gerichte entzogen. Wieweit der Eingriff des Beklagten in das Eigentum der Klägerin in der Zwischenzeit, für welche das Kriegsleistungsgesetz nicht mehr und die Verordnung vom 13. Februar 1924 noch nicht galt, zu einem Entschädigungsanspruch führt, hat das Berufungsgericht zu prüfen. Dabei ist auch zu erwägen, ob der Eingriff in das Eigentum, der im August 1914 erfolgt ist, nicht auch auf den hier in Rede stehenden Zeitraum fortgewirkt hat, ob nicht die dauernde Nutzung der in Betracht kommenden Fläche durch periodische Entnahme von Bodenbestandteilen den wirtschaftlichen Verhältnissen entsprach. Soweit der Beklagte einen Betrag gezahlt hat, der auch diesen Zeitraum umfassen sollte, würde eine Anrechnung auf den Anspruch vorzunehmen sein, welcher der Klägerin auf Grund der Festsetzung einer Entschädigung durch das ordentliche Gericht zukommt. Es sei darauf verwiesen, daß die Parteien auch darüber verschiedene Angaben gemacht haben, welchen Betrag der Beklagte an die Klägerin auf Grund der Verordnung vom 13. Februar 1924 gezahlt hat.

---

47. Unter welchen Voraussetzungen ist ein Sympathiestreik als eine der tariflichen Friedenspflicht und der Rechtsordnung widerstreitende Kampfmaßnahme anzusehen?

BGB. § 54 Satz 2, § 276.

III. Zivilsenat. Urt. v. 31. März 1931 i. S. St. Spinnerei u. Gen. (Kl.) w. Deutschen Textilarbeiterverband u. Gen. (Bekl.). III 218/30.

I. Landgericht Hamburg.
II. Oberlandesgericht daselbst.

Der Arbeitgeberverband der Textilindustrie im Nieder-Elbe-Bezirk, Sitz Hamburg, dessen Mitglieder die Klägerinnen sind, hatte mit dem Erstbeklagten, dem Deutschen Textilarbeiterverband, den Rahmentarifvertrag vom 15. April 1924 und den Lohntarifvertrag vom 15. Februar 1927 geschlossen. Diese Verträge sind namens des Erstbeklagten vom Zweitbeklagten, dem Gewerkschaftssekretär F., unterzeichnet worden. In einem gleichfalls vom Zweitbeklagten unterschriebenen Briefe vom 21. April 1927 warf der Erstbeklagte den Klägerinnen vor, die genannten Tarifverträge dadurch verletzt zu haben, daß sie seit drei Jahren ohne Rücksprache mit dem Arbeiterrat eigenmächtig eine 54stündige Arbeitswoche sowie ein Leistungszuschlagslohnsystem eingeführt hätten. Zugleich forderte er sofortige Abstellung dieser angeblichen Tarifwidrigkeiten, Erhöhung sämtlicher Löhne um 15% und Neuregelung der Akkordquoten. An demselben Tage, also gleichfalls am 21. April 1927, erschien im „Volksblatt" ein an die Arbeiterschaft der drei Klägerinnen gerichteter, vom Erstbeklagten verfaßter Aufruf, der die obigen Vorwürfe und Forderungen wiederholte, zugleich aber auch, und zwar im Eingang, darauf hinwies, daß sich die Arbeiterschaft der Konzern-Betriebe in D., L. u. E. seit zwei Wochen in einem gerechten Kampf gegen das unwürdige Prämienlohnsystem befinde und daß sie, die Hamburger Belegschaften, Streikarbeit leisteten. In einem weiteren Flugblatt des Erstbeklagten mit ungefähr gleichem Inhalt wurden die Arbeiter der klägerischen Fabriken zur Teilnahme an einer für den 24. April einberufenen Versammlung eingeladen. In ihr wurde, nachdem der Hauptredner, ein Spinner aus D., über das dortige Lohnsystem berichtet hatte, beschlossen, eine 15%ige Lohnerhöhung und Rückkehr zum achtstündigen Arbeitstag zu fordern und sämtliche Werke der sog. NWuK.-Betriebe, insbesondere in der Tschechoslowakei, in K. und in L. sowie die der Klägerinnen zu bestreiken. In den Fabriken der letzteren legten die Arbeiter bereits am folgenden Tage die Arbeit nieder. Erst am 17. Juni 1927 kam eine Einigung dahin zustande, daß die Arbeit unter den alten Bedingungen wieder aufgenommen wurde.

Im vorliegenden Rechtsstreit fordern die Klägerinnen 50000 RM. Schadensersatz mit der Behauptung, die Beklagten hätten durch die Streikhetze, Auszahlung von Streikgeldern und Veranlassung von Gewalttätigkeiten gegen Arbeitswillige die ihnen obliegende Friedenspflicht schuldhaft verletzt und sich zugleich unerlaubter Handlungen schuldig gemacht. Die Beklagten suchten dagegen ihr Verhalten und den Streik der hamburger Arbeiter damit zu rechtfertigen, daß sie ihn als Abwehrmaßnahme gegen angebliche Tarifbrüche der Klägerinnen und zugleich als Sympathiestreik zur Unterstützung der berechtigten Forderungen der thüringer Arbeiterschaft bezeichneten. Die bereits am 21. April 1927 in den Flugblättern gegen die Klägerinnen erhobenen Vorwürfe erweiterten sie noch durch die Beschuldigung, ihre Werkleitungen hätten zum Teil Arbeitskräfte nicht durch die in den Tarifverträgen vorgesehenen, allein zuständigen Arbeitsnachweise bezogen. Sie erhoben Widerklage auf Erstattung von 177291 RM. gezahlter Streikgelder, auf Feststellung der Verpflichtung der Klägerinnen zum Ersatz des weiteren durch den Streik ihnen entstandenen Schadens und auf Feststellung der Nichtberechtigung der Klägerinnen, von ihnen einen den Klagebetrag übersteigenden Schadensersatz zu verlangen.

Das Landgericht hat dem zweiten Feststellungsantrag der Widerklage stattgegeben und im übrigen Klage und Widerklage abgewiesen. Die Berufung der Klägerinnen blieb erfolglos. Auf ihre Revision wurde das Urteil des Oberlandesgerichts aufgehoben und der Klaganspruch dem Grunde nach für gerechtfertigt erklärt.

Die Sache wurde zur Verhandlung über den Betrag sowie über den mit der Widerklage geltend gemachten zweiten Feststellungsanspruch an das Landgericht zurückverwiesen.

Gründe:

Das Berufungsgericht hält zur Klagforderung die Aktiv- und die Passivlegitimation der Parteien im Hinblick auf die §§ 54, 276 und 328 BGB. für gegeben. Dagegen sind keine Bedenken zu erheben. Weiter führt das Oberlandesgericht in Übereinstimmung mit der Rechtsprechung des Reichsgerichts und des Reichsarbeitsgerichts aus, daß die im Tatbestand genannten Tarifverträge mangels Vereinbarung einer absoluten Friedenspflicht den Vertragsparteien nur eine relative Friedenspflicht, d. h. die Pflicht auferlegten, während der Dauer der Tarifverträge jeden Versuch zur gewaltsamen Änderung der in ihnen ausdrücklich oder stillschweigend geregelten Punkte zu unterlassen und ihre Mitglieder mit allen ihnen zu Gebote stehenden Verbandsmitteln von hierauf gerichteten Kampfmaßnahmen abzuhalten. Dagegen erachtet es die Entfesselung von Arbeitskämpfen beim Auftauchen neuer, tariflich nicht geordneter Streitfragen und zur Abwendung gegnerischer Tarifwidrigkeiten ebenso wie zur Unterstützung anderer, in berechtigter Wirtschaftsfehde liegender Arbeitgeber oder Arbeitnehmer für zulässig. Von diesem an sich zutreffenden Ausgangspunkt aus untersucht der Berufungsrichter, ob die von den Beklagten zu ihrer Entlastung vorgebrachten Gründe die unstreitige Herbeiführung und Förderung des hamburger Streiks durch sie nach Lage des Falles zu rechtfertigen oder zu entschuldigen vermögen. Er kommt dabei ebenso wie das Landgericht zu dem den Klägerinnen günstigen Ergebnis, daß keine ausreichende Veranlassung für einen Abwehrstreik vorhanden war. Im einzelnen legt er dar, daß die Tarifverträge einerseits die Einführung der 54stündigen statt der 48stündigen Arbeitswoche sowie die Forderung von Überstundenarbeit vorgesehen und erlaubt, anderseits Leistungszuschläge und Prämien, durch welche die Lage der Arbeiter nicht verschlechtert, sondern verbessert worden sei, nicht untersagt hätten, daß keine tarifliche Verpflichtung der Klägerinnen zur Erhöhung der Löhne und Akkordsätze bestanden habe, daß keine Streikarbeit verlangt worden und daß in der Einstellung einzelner, nicht von den zuständigen Stellen zugewiesener Arbeiter kein zweifelloser, jedenfalls kein den Streikausbruch rechtfertigender Verstoß gegen § 14 des Rahmentarifvertrags zu finden sei. Insoweit geben die Ausführungen des Berufungsgerichts zu Beanstandungen keinen Anlaß. Dagegen zeige, so fährt das Urteil fort, die dem Lohntarifvertrag widersprechende Forderung einer Lohnerhöhung von 15%, daß die Beklagten den Streik nicht nur zur Verteidigung oder vermeintlichen Verteidigung ihrer tariflichen Rechte, sondern auch zu tarifwidrigen Angriffszwecken in Szene gesetzt hätten. Das Gericht erachtet aber trotzdem eine Schadensersatzpflicht der Beklagten aus noch zu erörternden Gründen dann für ausgeschlossen, wenn sich ihre Behauptung als richtig erweise, der Streik sei zugleich ein von der Rechtsordnung gestatteter, also kein widerrechtlicher Sympathiestreik gewesen. In dieser Beziehung hält der Berufungsrichter auf Grund der Beweisaufnahme für dargetan, daß nach Ausbruch des Wirtschaftskampfes in D., L., E., M. und S. die Vertrauensleute der verschiedenen Konzernbetriebe, darunter auch der Vertreter Hamburgs, Anfang 1927 in K. zusammengekommen seien und einstimmig beschlossen hätten, „dem Kampf eine breitere Basis zu geben und namentlich Leipzig und Hamburg in ihn hineinzuziehen". Die Äußerung des Zweitbeklagten, er wolle versuchen, die in Hamburg zwischen Arbeitgebern und Arbeitern bestehenden Streitigkeiten aus der Welt zu schaffen, habe der Vertreter des Zentralverbands mit der Entgegnung abgetan, „darauf komme es nach dem gefaßten Beschluß nicht an, es müsse gestreikt werden". Aus diesen Vorgängen folgert der Berufungsrichter, daß die Beklagten den hamburger Streik, abgesehen von seinen vorher erörterten tarifwidrigen Zielen, auch zur Unterstützung des thüringer Streiks angezettelt und geschürt hätten. Den thüringer Streik selbst erklärt er für einen erlaubten Streik. Er stellt fest, daß die in Thüringen bestreikten Betriebe von dem Arbeitgeberverband, dessen Mitglieder sie waren, aus der Tarifhoheit entlassen waren und sich infolgedessen von den bestehenden oder abgelaufenen Tarifverträgen losgesagt hatten. Bei Unzulässigkeit dieser Maßnahme hätte — so erwägt das Berufungsgericht weiter — Tarifbruch von seiten der Arbeitgeber vorgelegen, bei ihrer Zulässigkeit ein tarifloser Zustand geherrscht, sodaß in beiden Fällen die thüringer Arbeitnehmer berechtigt gewesen seien, zur Erreichung ihrer Ziele, zu denen unstreitig, wie in Hamburg, auch die Beseitigung des

Leistungslohnes gehört hätte, in den Streik zu treten. Deshalb müsse der hamburger Arbeiterschaft das Recht eingeräumt werden, den thüringer Arbeitsgenossen durch einen Streik zu Hilfe zu kommen.

Die Hauptfrage, ob ein Streik mit so gemischten, d. h. nach Ansicht des Berufungsgerichts teils erlaubten, teils unerlaubten Zielen wie der hamburger und ob die Aufreizung dazu als tarifwidrig oder als statthaft anzusehen sei, hat der Vorderrichter im ersteren, also im Sinne der Klägerinnen beantwortet. Er hat aber eine Ersatzpflicht der Beklagten mit der Erwägung abgelehnt, daß der hamburger Streik, auch wenn die Beklagten die unberechtigten örtlichen Forderungen nicht erhoben hätten, doch — und zwar dann lediglich als Sympathiestreik — ausgebrochen wäre und die Klägerinnen in gleicher Weise, wie tatsächlich geschehen, geschädigt haben würde.

Gegen diese Schlußfeststellung wendet sich der Hauptangriff der Revision. Sie bekämpft zwar auch die Annahme der Zulässigkeit eines Sympathiestreiks um deswillen, weil sie, wenn überhaupt, nur unter der Voraussetzung als richtig anerkannt werden könne. daß alle Beteiligten unter demselben Tarifverhältnis ständen. Dieser Auffassung kann nicht beigetreten werden. Bei der feinen Verflechtung der einzelnen Berufs- und Gewerbezweige im heutigen Wirtschaftsleben können die tariflichen Grenzen für die Frage der Zulässigkeit oder Unzulässigkeit eines Sympathiestreiks keine maßgebende Rolle spielen. Mit Recht hat der Berufungsrichter daher auf die wirtschaftlichen Zusammenhänge zwischen dem thüringer und dem hamburger Streik hingewiesen. Er legt dar, daß die Klägerinnen und die bestreikten thüringer Firmen dem Konzern der NWuK.-Betriebe angehörten, daß entsprechend diesem Zusammenschluß die in Betracht kommenden hamburger und thüringer Arbeitnehmerverbände sich dem Berliner Zentralverbande der Textilarbeiter angegliedert und daß alle diese Verbände übereinstimmend die Beseitigung des ihnen unbequemen und unsympathischen Leistungslohnsystems erstrebt hätten. Die Verschiedenheit der Tarifverträge in Thüringen und in Hamburg hätte daher einem hamburger Sympathiestreik nicht im Wege gestanden. Mangels eines allgemeinen Streikverbots in den hamburger Tarifverträgen könnten der Eintritt in einen Sympathiestreik und die Aufforderung dazu sowie seine Förderung durch eine der Tarifvertragsparteien im Hinblick darauf, daß er keine Aufhebung oder Abänderung tariflich festgelegter Arbeitsbedingungen bezweckte, nicht als unerlaubt und als Tarifbruch bezeichnet werden, es sei denn, daß der Streik mit Billigung einer der Tarifvertragsparteien zu Gewalttätigkeiten oder sonst die Rechtsordnung verletzenden Handlungen geführt oder nach den besonderen Umständen des Falles gegen das Anstands- und Billigkeitsgefühl aller gerecht denkenden Menschen verstoßen hätte (vgl. RGZ. Bd. 86 S. 152/154). Der hamburger Streik kann aber so, wie er aufgezogen und von der Gewerkschaft und den Arbeitern begründet worden ist, unmöglich ein Sympathiestreik genannt werden. Die Zulässigkeit eines solchen läßt sich vom rechtlichen, sittlichen und sozialpolitischen Standpunkt aus nur durch den Unterstützungszweck, d. h. aus dem Willen und der Absicht der Streikenden rechtfertigen, durch den Streik die Arbeitnehmerschaft fremder Betriebe in der Erreichung ihrer berechtigten wirtschaftlichen Ziele zu unterstützen. Daraus folgt einerseits, daß seine Berechtigung und Zulässigkeit zugleich mit dem Unterstützungszweck und der Unterstützungsmöglichkeit, d. h. mit der sei es erfolgreichen, sei es erfolglosen Beendigung des unterstützten Streiks wegfällt, anderseits aber auch, daß die Verquickung eines Unterstützungsstreiks mit eigenen tarifwidrigen Zielen, wie sie hier vorliegt, ihm schlechthin die Eigenschaft eines Sympathiestreiks nimmt. Ein solcher Streik kann im Hinblick auf seinen einheitlichen Charakter und seine einheitlichen Wirkungen auf den bestreikten Arbeitgeber unmöglich in zwei Teile, einen erlaubten und einen unerlaubten, zerlegt werden. Er ist vielmehr rechtlich so zu beurteilen, als wenn er nur zur Erreichung des erstrebten tarifwidrigen Zieles eingeleitet worden wäre. Um so weniger darf dann von einem Sympathiestreik im eigentlichen Sinne gesprochen werden, wenn die Gewerkschaften unter diesem Namen Streike an verschiedenen Orten entfesseln, um einem von vornherein oder im Laufe des Wirtschaftskampfes entworfenen einheitlichen Kampfplan gemäß in mehr und mehr Betrieben dieselben wirtschaftlichen Ziele durchzusetzen und so unter dem Mantel der Unterstützung eines bereits im Gange befindlichen Streiks in Wirklichkeit gegen eine Mehrheit von Betrieben angriffsweise vorgehen, um deren Inhaber zur Bewilligung ihrer einheitlichen offenen oder versteckten Forderungen zu zwingen (so auch Oertmann „Zur Lehre vom Sympathiestreik" im ZentrBl. für Handelsrecht 3. Jahrgang 1928 S. 49). Es kann aber dahingestellt bleiben, ob diese Voraussetzungen, welche die Annahme eines Sympathiestreiks im Rechtssinne überhaupt ausschließen würden, nach dem festgestellten Sachverhalt beim hamburger Streik zutreffen.

Zweifellos hat die hamburger Arbeiterschaft durch ihren lokalen Streik nicht nur den thüringer Woll- und Kammgarnarbeitern zum Siege verhelfen, sondern zugleich für sich Vorteile, so die auch von den thüringer Arbeitern erstrebte Beseitigung des Leistungslohnsystems und eine tarifwidrige Lohnerhöhung erzwingen wollen, und dieses Ziel drückt, wie gezeigt und wie auch das Berufungsgericht nicht verkennt, ihrem Vorgehen als ganzem den Stempel der Widerrechtlichkeit auf. Die Anreizung zu dem hamburger, d. h. zu einem den Tarifverträgen widerstreitenden Streik und seine Unterstützung enthalten also eine Verletzung der tariflichen Friedenspflicht und machen die Beklagten nach allgemeinen Rechtsgrundsätzen, d. h. nach § 276 BGB., den Zweitbeklagten in Verbindung mit § 54 Satz 2 das. schadensersatzpflichtig. Das Berufungsgericht will freilich ihre Haftung beseitigen, indem es, wie schon betont, erwägt, daß das Unerlaubte und Rechtswidrige im Verhalten der Beklagten deshalb unbeachtlich sei, weil die hamburger Arbeiter auch dann, wenn die Beklagten ihnen ihre unberechtigten Forderungen nicht als berechtigt hingestellt, sondern sie als tarifwidrig gekennzeichnet hätten, lediglich zur Unterstützung ihrer thüringer Arbeitsgenossen in den Streik getreten wären. Mit dieser Annahme setzt sich aber der Berufungsrichter kurzer Hand über die von ihm festgestellte Tatsache hinweg, daß die Beklagten in Wirklichkeit einen mit der unbegründeten Beschuldigung eines Arbeitgeber-Tarifbruchs und mit tarifwidrigen Ansprüchen belasteten widerrechtlichen Streik veranlaßt und eingeleitet haben. Er verkennt dabei übrigens auch die Wirklichkeiten des Lebens, das Wesen eines Sympathiestreiks und die durch § 287 ZPO. seinem Ermessen gezogenen Grenzen. Fest steht

1. das schädigende Ereignis, der Streik,
2. seine schuldhafte Herbeiführung durch die Beklagten und
3. sein nachteiliger Einfluß auf die Wirtschaftslage der Klägerinnen.

Streitig ist nur, ob die Beklagten für die schädlichen Folgen ihres rechtswidrigen Handelns den Klägerinnen verantwortlich sind. Das ist aber eine Frage, die nach materiellem Recht zu beurteilen ist und deren Entscheidung der Berufungsrichter nur den wirklichen und nicht einen den gegebenen Tatsachen und der natürlichen Entwicklung der Dinge widerstreitenden Sachverhalt zugrunde legen darf. Nach seinen Feststellungen richteten sich die thüringer Streike in der Hauptsache gegen die Leistungslöhne. Auch das bei den Klägerinnen übliche Leistungslohnsystem war, obschon es, wie das Oberlandesgericht darlegt, nicht gegen die hamburger Tarifverträge verstieß, bei den dortigen Gewerkschaften und Arbeitnehmern in hohem Grade unbeliebt. Infolge des Schürens der Abneigung gegen das Prämienlohnsystem und infolge Aufreizung der Begehrlichkeit der Arbeitnehmer durch die Beklagten kam es in Hamburg zum Streik. Die Annahme des Berufungsgerichts, daß die Arbeiter der Streikaufforderung auch Folge geleistet hätten, wenn ihnen gesagt worden wäre:

> Ihr sollt lediglich den thüringer Arbeitern helfen, in ihren Betrieben das Leistungslohnsystem abzuschaffen. Für Euch dürft Ihr mit dem Streik keine Lohn- oder sonstigen Vorteile erstreben

widerspricht jeder Lebenserfahrung und findet jedenfalls in dem festgestellten Sachverhalt keine Stütze. Sie ist im angefochtenen Urteil auch nur mit dem Hinweis auf den Anfang April 1927 in K. gefaßten Beschluß begründet worden. Dieser verlangte aber gar nicht, daß außerhalb Thüringens reine Sympathiestreike ohne eigene Kampfziele ins Leben gerufen würden. Er überließ vielmehr den einzelnen Gewerkschaften und Gewerkschaftssekretären die Wahl der Mittel und Ziele, mit denen sie die Arbeiter für den Streik gewinnen wollten. Es kommt hinzu, daß die Absicht der in K. versammelten Funktionäre, „den Kampf auf eine breitere Basis zu stellen", weniger auf die Erregung von Sympathiestreiken als darauf deutet, eine gemeinsame breite Angriffsfront gegen das von den Konzernfirmen teils schon eingeführte, teils geplante und, wie schon wiederholt betont, allen in Betracht kommenden Arbeitnehmerorganisationen verhaßte Prämienlohnsystem zu schaffen. Jedenfalls haben die Beklagten von der ihnen gewährten Handlungs- und Agitationsfreiheit in der geschilderten, objektiv und subjektiv rechtswidrigen Weise Gebrauch gemacht. Ihnen die Verantwortung dafür mit der Erwägung abzunehmen, sie hätten ebensogut einen erlaubten Sympathiestreik mit den gleichen Nachteilen für die Klägerinnen entfachen können, geht nicht an. Denn sie haben es eben nicht getan, sondern sich eines offen zutage liegenden Tarifvertragsbruchs schuldig gemacht, den der Berufungsrichter nicht damit aus der Welt schaffen kann, daß er an seine Stelle einen anderen in Wirklichkeit nicht vorliegenden und jeder inneren Wahrscheinlichkeit entbehrenden Tatbestand treten läßt. . . .

---

48. Haftet eine Stadtgemeinde für den Schaden, den ein von ihr ordnungsmäßig bestellter Berufsvormund durch pflichtwidriges, schuldhaftes Verhalten einem seiner Fürsorge anvertrauten Mündel zufügt?

EG. z. BGB. Art. 136. Preuß. AG. z. BGB. Art. 78 § 4. BGB. §§ 276, 839. RVerf. Art. 131.

III. Zivilsenat. Urt. v. 31. März 1931 i. S. Pe. (Kl.) w. Stadtgemeinde B. (Bekl.). III 233/30.

I. Landgericht Breslau.
II. Oberlandesgericht daselbst.

Der Berufsvormund der verklagten Stadtgemeinde, Pi., schloß am 11. Mai 1923 als gesetzlicher Vertreter der am 20. August 1922 unehelich geborenen Klägerin in deren Namen mit ihrem Erzeuger, dem Kaufmann Qu., einen Abfindungsvertrag, durch den sich der natürliche Vater verpflichtete, zur Abgeltung aller Unterhaltsansprüche die Summe von 1500000 M. zu zahlen. Der Vertrag wurde am 23. Mai 1923 vom Vormundschaftsgericht genehmigt. Wegen der inzwischen fortgeschrittenen Geldentwertung versuchte Pi. den Qu. zu veranlassen, von dem Vertrag Abstand zu nehmen. Da seine Bemühungen scheiterten, teilte er am 18. Juni 1923 dem Qu. die Genehmigung des Vormundschaftsgerichts mit und erhielt am 22. dess. Mon. die Abfindungssumme.

Die durch das Jugendamt der Stadt B. vertretene Klägerin klagte im Jahre 1926 gegen Qu. auf Feststellung der Unwirksamkeit des Vergleichs, hilfsweise auf Aufwertung der Vergleichssumme. Durch ein der Revision nicht zugängliches Urteil des Oberlandesgerichts wurde zwar der Abfindungsvertrag als durch die Geldentwertung nicht berührt für gültig erklärt, der Abfindungsbetrag aber unter Berücksichtigung seines Goldmarkwerts am Zahlungstage auf noch 381 RM. aufgewertet und die Klägerin mit 3/4 der Kosten des Rechtsstreits belastet. Gegen seine Urteilsschuld von 381 RM. rechnete Qu. mit den ihm zu erstattenden Anwaltsgebühren auf, sodaß die Klägerin tatsächlich nicht mehr als die 1500000 PM. erhalten hat. Im Verfahren vor dem Oberlandesgericht war der jetzigen Beklagten der Streit verkündet worden.

Im nunmehrigen Rechtsstreit verlangt die Klägerin Zahlung einer Rente für die Jahre 1925 bis zum 20. August 1935, weil sie ihre Unterhaltsansprüche gegen Qu. durch Schuld des Pi. verloren habe, der den Abfindungsvertrag in der Form, wie geschehen, nicht hätte abschließen und durch Mitteilung der vormundschaftsgerichtlichen Genehmigung nicht hätte in Wirksamkeit setzen dürfen; außerdem müsse die Beklagte nach den Grundsätzen über Beamtenverschulden für das Versehen des Berufsvormunds aufkommen. Die Beklagte bestritt lediglich, daß der Berufsvormund fahrlässig gehandelt habe.

Das Landgericht entsprach dem Klagantrag; das Oberlandesgericht wies die Klage ab. Die Revision der Klägerin führte zur Aufhebung und Zurückverweisung.

Gründe:

Das Berufungsgericht nimmt an, daß das Jugendamt der verklagten Stadt B. als Vormund der Klägerin die Ausübung der vormundschaftlichen Obliegenheiten gemäß §§ 32, 35 des Reichsgesetzes für Jugendwohlfahrt vom 9. Juli 1922 (RGBl. I S. 633) seinem Mitglied oder Beamten Pi. übertragen habe. Dieser Ausgangspunkt ist rechtsirrig, da das genannte Gesetz erst am 1. April 1924, also lange nach den die Grundlage der Klage bildenden Vorgängen in Kraft getreten ist (vgl. Art. 1 EG. z. RJWG. vom 9. Juli 1922, RGBl. I S. 647, und Art. 4 der Vo. über das Inkrafttreten des Reichsgesetzes für Jugendwohlfahrt vom 14. Februar 1924, RGBl. I S. 110). Die Vormundschaft des Pi. konnte nur eine der auf Art. 136 EG. z. BGB. und Art. 78 § 4 Pr. AG. z. BGB. beruhenden und mit dem Inkrafttreten des Reichsgesetzes für Jugendwohlfahrt aufgehobenen Berufsvormundschaften (vgl. Art. 4 EG. z. RJWG.) sein. Art. 136 EG. z. BGB. und Art. 78 § 4 pr. AG. z. BGB. ermächtigten nämlich die Gemeinden, durch ortsstatutarische Bestimmungen einzelnen ihrer Beamten die Führung der Vormundschaft über die im Wege der Armenpflege zu betreuenden unehelichen Kinder zu übertragen. Ob und inwieweit das in B. ordnungsmäßig geschehen war, darüber fehlt bisher jede Erörterung. Dieser Mangel muß zur Aufhebung des angefochtenen Urteils führen.

Zur Sache selbst sei folgendes bemerkt: Keinesfalls können die Rechtsgrundsätze, die das Berufungsgericht für die Haftung einer Gemeinde wegen schuldhafter Pflichtverletzungen eines Amtsvormunds im Sinne des Reichsgesetzes für Jugendwohlfahrt, sei es mit Recht oder Unrecht, gelten lassen will, insbesondere die von ihm in erster Reihe angezogenen §§ 89, 31, 278 (soll wohl heißen § 276) BGB., ohne weiteres auf schuldhafte Schädigungen von Mündeln durch einen Berufsvormund im Sinne des Art. 78 § 4 pr. AG. z. BGB. angewendet werden. Bei solchen Schädigungen ist die Rechtslage vielmehr folgende.

Die Berufsvormundschaft trat kraft Gesetzes ein. Sie legte dem Berufsvormund inhaltlich zwar dieselben Pflichten auf, die dem gerichtsseitig bestellten Vormund nach §§ 1789, 1833 BGB. dem Mündel gegenüber obliegen, trug aber öffentlichrechtlichen, amtlichen Charakter. Zwar spricht der Gesetzgeber auch im § 1885 BGB. schlechthin von dem Amt eines Vormunds, er hat aber dabei ein Amt auf privatrechtlicher Grundlage mit privatrechtlichen Pflichten und Aufgaben im Auge, während der Berufsvormund die vormundschaftlichen Befugnisse nur in seiner Eigenschaft als Gemeindebeamter als Ausfluß staatlicher, also hoheitsrechtlicher Fürsorgepflicht ausübte (RGZ. Bd. 91 S. 384). Seine vormundschaftliche Tätigkeit war von seiner Eigenschaft als Gemeindebeamter nicht zu trennen und hatte in dieser ihre alleinige rechtliche Grundlage. Der Berufsvormund handelte bei Wahrnehmung der privatrechtlichen Belange der seinem Schutze und seiner Fürsorge anvertrauten Jugendlichen ebenso im öffentlichen Interesse und kraft öffentlicher Gewalt wie bei Erfüllung seiner sonstigen gemeindeamtlichen Aufgaben. Vernachlässigte er also bei Führung der Vormundschaft die durch die Umstände gebotene Sorgfalt und schädigte er dadurch die Interessen eines Mündels, so verletzte er auch die ihm diesem gegenüber obliegenden Amtspflichten im Sinne der §§ 276, 839 BGB. Nur trat an Stelle seiner Haftung gemäß Art. 131 RVerf. die der Gemeinde, deren Beamter er war. Der Fall liegt ebenso wie der im Urteil vom 3. Januar 1922 III 457/21 entschiedene, wo eine sächsische Gemeinde wegen fahrlässiger Mißgriffe eines Berufsvormunds in

Anspruch genommen wurde und in der Revisionsinstanz, ebenso wie hier, nicht die Verantwortlichkeit der Gemeinde für schuldhafte Versehen des Vormunds, sondern nur die Schuldfrage selbst streitig war. Auch im jetzigen Rechtsstreit hat die Beklagte nie in Abrede gestellt, daß sie für den Schaden aufkommen müsse, den die Klägerin durch fahrlässiges Verhalten des Pi. erlitten haben sollte. Sie hat stets nur ein Verschulden des Berufsvormunds bestritten. Ein solches auf seiten des Pi. zu verneinen, dazu reichen jedoch die Gründe des Berufungsgerichts nach dem festgestellten Sachverhalt nicht aus.

Die Einholung und Erteilung der vormundschaftsgerichtlichen Genehmigung eines Rechtsgeschäfts nimmt für sich allein dem Vormund nicht die Verpflichtung ab, es selbst auf die Vorteile und Nachteile hin gewissenhaft zu prüfen, die es dem Mündel bringt oder nach den Erfahrungen des täglichen Lebens bringen kann. Sie befreit ihn nicht von den Folgen eines ihm in dieser Hinsicht zur Last fallenden Verschuldens. Freilich kann er unter Umständen dann entlastet erscheinen, wenn er nach der besonderen Lage des Falles die Genehmigung des Vormundschaftsgerichts für maßgebend halten und sie seiner Entschließung schlechthin zugrunde legen durfte (vgl. RGUrt. vom 6. Februar 1922 IV 365/21). Solche entlastenden Umstände stehen aber, soweit bisher erkennbar, dem Pi. für den Abfindungsvertrag nicht zur Seite. Es mag sein, daß der vorbehaltlose Abschluß des Vergleichs vom 11. Mai 1923 trotz der damals schon täglich fortschreitenden Teuerung und Geldentwertung dem Vormund an sich noch nicht als Verschulden anzurechnen ist, weil er die Klägerin nicht band, solange die vormundschaftsgerichtliche Genehmigung nicht erteilt und die erteilte dem Qu. nicht kundgetan war, und weil Qu., wie er eidlich bezeugt hat, einen Vergleich unter Vorbehalt von Nachforderungen des Mündels nicht abgeschlossen hätte. Bis zum 23. Mai 1923, d. h. bis zur Erteilung der vormundschaftsgerichtlichen Genehmigung, war aber der Wert der Papiermark reißend gefallen und der Lebenshaltungsindex ebenso reißend gestiegen. Diese Entwicklung der Geld- und Wirtschaftslage war dem Vormund auch nicht entgangen, ebensowenig der nachteilige Einfluß, den sie auf den Wert der Vergleichssumme ausübte. Gerade mit Rücksicht hierauf, d. h. „wegen der steigenden Geldentwertung suchte Pi.", wie nicht bestritten ist, „den Qu. zu veranlassen, von jenem Vertrage Abstand zu nehmen". Weiter ist unstreitig, daß er deshalb, „weil seine Bemühungen fruchtlos blieben, dem Qu. am 18. Juni 1923 die Vergleichsgenehmigung mitteilte." Daraus hat das Landgericht den Schluß gezogen, daß er es getan, weil er irrigerweise angenommen habe, er sei dem natürlichen Vater gegenüber dazu verpflichtet gewesen. Diese Feststellung hat die Beklagte im zweiten Rechtszuge nicht bekämpft; sie hat sich nur dagegen gewendet, „daß die rechtsirrige Auffassung des Berufsvormunds von seiner Mitteilungspflicht die Annahme eines Verschuldens rechtfertige". Eine andere Erklärung als der genannte Rechtsirrtum ist auch für das Verhalten des Pi. kaum denkbar. Denn nur so wird sein sonst sinnloser und überflüssiger Versuch verständlich, den Qu. nach der vormundschaftsgerichtlichen Genehmigung des Vergleichs zur Einwilligung in dessen Aufhebung zu bestimmen. In der Zeit vom Vergleichsschluß bis zum Tag der Mitteilung war der Wert einer Goldmark von 9636,09 M. auf 35000 M. und der Lebenshaltungsindex von 3816 auf 7650 gestiegen; mit einem Abflauen des Währungsniedergangs konnte damals kein verständiger Mensch rechnen, jedenfalls war sein Ende nicht abzusehen.

§ 1829 BGB. enthält aber eine Schutzvorschrift zugunsten der Mündel, die es lediglich dem pflichtgemäßen Ermessen des Vormunds anheimgibt, eine Nachricht der vormundschaftsgerichtlichen Genehmigung dem Vertragsgegner zu übermitteln oder dies zu unterlassen und so die Wirksamkeit des genehmigten Rechtsgeschäfts herbeizuführen oder zu vereiteln (vgl. RGZ. Bd. 130 S. 148, ebenso RGUrt. vom 6. April 1921 V 480/20). Daß die nachträgliche vormundschaftsgerichtliche Genehmigung eines ohne sie abgeschlossenen Rechtsgeschäfts den Vormund etwa verpflichtet, die Genehmigung dem anderen Teil mitzuteilen, ist — auch dem Laien erkennbar — dem § 1829 BGB. nicht zu entnehmen. Ist daher Pi., wie auch die Revision geltend macht, nach dem, was in den Vorinstanzen unstreitig war, durch seine Unkenntnis vom Inhalt des § 1829 BGB. oder von dessen rechtlicher Tragweite zur Kundgabe der vormundschaftsgerichtlichen Genehmigung an den Erzeuger der Klägerin veranlaßt worden und hat er, wie aus seinem Zögern und seinen erfolglosen Bemühungen, den Qu. zum Rücktritt zu bewegen, erhellt, die Nachteile erkannt, die der Vertrag für sein Mündel hatte und bei dem verheerenden Abgleiten der Währung voraussichtlich noch weiter haben mußte, so liegt sein Verschulden klar zutage. Denn jeder Berufsvormund hat die selbstverständliche Pflicht, sich die für eine ordnungsmäßige Geschäftsführung und eine ebensolche Wahrnehmung der Mündelinteressen erforderliche Rechtskenntnis anzueignen und in Zweifels- oder sonstigen schwierigen Fällen sich an einen Rechtskundigen oder an eine etwa vorhandene städtische Auskunftsstelle zu wenden.

Demgegenüber sind, wie schon gesagt, die Erwägungen, die das Berufungsgericht dem Pi. unterstellt oder zu seinen Gunsten anstellt, nicht geeignet, ihn zu entlasten. Denn einmal waren die wirtschaftlichen Verhältnisse des Qu. nach seinem eidlichen Zeugnis derart, daß er beim Scheitern des Vergleichs einem ihm die Zahlung einer Monatsrente von 48 RM. auferlegenden Urteil stets hätte nachkommen können. Für eine etwaige gegenteilige Annahme und für den vom Berufungsgericht hervorgehobenen Verdacht, Qu. hätte nach der Tschechoslowakei verziehen und dadurch die Rechtsverfolgung erschweren können, lag nicht der geringste Anhalt vor. Einen solchen konnten seine geschäftlichen Beziehungen zur Tschechoslowakei unmöglich bieten. Sonst würde bei jedem Kaufmann, der mit dem Ausland Handelsgeschäfte treibt, ein Auswanderungsverdacht begründet sein. Wenn das Berufungsgericht dem Pi. schließlich zugute hält, daß auch eine fortlaufende Einklagung und Vollstreckung von Papiermark-Unterhaltsrenten der Klägerin nur entwertete Papiermarkbeträge gebracht haben würde, so hätte dadurch die Rechtslage des Mündels auf keinen Fall verschlechtert werden können. Der Klägerin wäre vielmehr bei einer künftigen, wenn auch vielleicht noch fernen Festigung der Währung die Möglichkeit offen geblieben, ihren natürlichen Vater zur Gewährung ausreichenden Unterhalts zu veranlassen. Abgesehen davon sind aber diese Erwägungen, wenn Pi., wie geschehen, aus Rechtsirrtum gehandelt hat, für sein Verhalten überhaupt nicht maßgebend und nicht ursächlich gewesen.

---

49. Zum Begriff des Betriebs in § 7 des Kraftfahrzeuggesetzes.

VI. Zivilsenat. Urt. v. 1. April 1931 i. S. F. u. Gen. (Bekl.) w. Straßen- und Kleinbahn-Berufsgenossenschaft in B. (Kl.). VI 516/30.

I. Landgericht Altona.
II. Oberlandesgericht Kiel.

Am 25. Oktober 1927 verunglückte der Dachdecker H. tödlich. Er war auf Grund der Bestimmungen der Reichsversicherungsordnung bei der Klägerin versichert. Diese muß seiner Witwe und seinem minderjährigen Kinde die nach der Reichsversicherungsordnung vorgeschriebenen Leistungen gewähren. Sie nimmt die Beklagten auf Ersatz in Anspruch.

Der Erstbeklagte ist Eigentümer eines Lastkraftwagens, den sein Sohn, der Zweitbeklagte, fährt. An dem genannten Tage kamen beide Beklagte und der Mitfahrer T. mit dem Lastkraftwagen, der mit Kartoffeln beladen war, von Sandesneben nach Wandsbek. Der Lastkraftwagen hielt vor einem Hause in der L.-straße in Wandsbek am rechten Bordstein, um Kartoffeln abzuladen. Nahe diesem Hause, dicht an der Kreuzung der L.- und W.-straße, befindet sich eine Haltestelle der Straßenbahn. Beide Straßen werden von Straßenbahnen befahren. Die Straßenbahn fährt in der L.-straße mit zwei Anhängern. Der Lastkraftwagen hielt so dicht an der genannten Haltestelle, daß sich sein Kühler nur mehrere Meter davon entfernt befand. Die Ladefläche des Lastkraftwagens ist 2,28 m breit. Die Schienen der Straßenbahn liegen in der Straße so dicht am rechten Bordstein, daß zwischen ihnen und dem Lastkraftwagen nur ein geringer Zwischenraum war. Die beiden Beklagten waren, als der Lastkraftwagen anhielt, auf ihm sitzen geblieben, während der Mitfahrer T. in das Haus hineingegangen war, um die Lieferung der Kartoffeln mitzuteilen. Zu dieser Zeit kam ein Straßenbahnzug mit zwei Anhängern die L.-straße entlang in Richtung W.-straße. H. wollte auf die vordere Plattform des ersten Anhängers steigen; er kam indessen nicht hinauf, weil er an einem Haken der hinteren Klappe des Lastkraftwagens hängen geblieben war. Er wurde zwischen den Straßenbahnzug und den Lastkraftwagen eingeklemmt. Seine Verletzungen waren so schwer, daß er alsbald starb.

Das Landgericht wies die Klage ab. Das Berufungsgericht entsprach den Anträgen der Klägerin in Höhe der Hälfte des Schadens. Die Revision der Beklagten hatte keinen Erfolg.

Aus den Gründen:

Auf Grund des festgestellten Sachverhalts nimmt das Berufungsgericht an, daß der Unfall beim Betrieb des Lastkraftfahrzeugs im Sinne des § 7 KFG. erfolgt ist. Hiergegen wendet sich die Revision.

Sie wiederholt die auch sonst gegen die Rechtsprechung des erkennenden Senats in dieser Frage erhobenen Einwendungen (Isaac-Sieburg 2. Aufl. S. 130; Müller 7. Aufl. S. 224; Bezold in JW. 1929 S. 914 und 2055; Plum das. S. 916; Isaac das. S. 952; Stiefel in Autor. Rdsch. 1931 S. 1, 2) und vertritt die Auffassung, daß ein Betrieb des Kraftfahrzeugs nur vorliege, solange die motorischen Kräfte des Fahrzeugs unmittelbar oder mittelbar auf das Fahrzeug einwirkten. Der erkennende Senat lehnt auch nach erneuter Prüfung der Frage diese — mehr mechanische — Fassung des Betriebsbegriffs ab. In seiner Entscheidung vom 9. Dezember 1929 VI 217/29 (RGZ. Bd. 126 S. 333) wurde an den Begriff des Betriebs angeknüpft, der dem Reichshaftpflichtgesetz zugrunde liegt. Der Begriff des Betriebs wurde in der Tat aus diesem Gesetz übernommen, um Rechtsprechung und Schrifttum über das Reichshaftpflichtgesetz für das neue Gesetz zu verwerten (Begr. zum ersten Entwurf von 1906, Drucks. d. Reichstags, Nr. 264 S. 3247, 11. Legislaturperiode, II. Session, 1. Sessionsabschnitt 05/06). Es heißt dort:

> Soweit möglich, schließt sich der Entwurf auch in der Fassung den die Haftpflicht der Eisenbahnen regelnden Vorschriften dieses Gesetzes an. Dadurch wird zugleich erreicht, daß für die Auslegung des neuen Gesetzes die reiche Rechtsprechung und Literatur über das Haftpflichtgesetz verwertet werden kann.

Es geht nicht an, die hierauf beruhende Fassung des Gesetzes „bei dem Betrieb", die ausdrücklich dem § 1 des Reichshaftpflichtgesetzes nachgebildet wurde (S. 3248 a. a. O.), deshalb vom Reichshaftpflichtgesetz zu lösen (wie die Erläuterung von Müller 7. Aufl. S. 223 meint), weil der nicht Gesetz gewordene Entwurf von 1908 — „durch ein im Betrieb befindliches Kraftfahrzeug" — die enge Anlehnung an das Reichshaftpflichtgesetz aufgegeben hatte. Es ist eben insoweit bei der ursprünglichen Fassung geblieben. Deshalb ist es angezeigt, die vom Gesetzgeber bewußt gewollte und zum Ausdruck gebrachte Übereinstimmung zwischen Kraftfahrzeuggesetz und Reichshaftpflichtgesetz nicht aufzugeben. Daß der Gesetzgeber auch bei späterer Änderung des Kraftfahrzeuggesetzes keinen Anlaß genommen hat, die hier in Betracht kommende Fassung zu ändern, wiewohl die Rechtsprechung den Zusammenhang zwischen beiden Gesetzen betont hatte, kann gleichfalls hervorgehoben werden. Die Auffassung, daß die technische Seite des Betriebs den Anhaltspunkt für die Frage des

Betriebs zu geben habe, läuft im wesentlichen darauf hinaus, daß nur ein in Bewegung befindliches Kraftfahrzeug unter die Vorschriften des Gesetzes fallen solle. Es ist nicht ersichtlich, warum der Gesetzgeber das nicht im Gesetz hätte ausdrücken sollen, wenn er eine solche Absicht verfolgt hätte; im Entwurf von 1908 war ja die Fassung vorgeschlagen, daß der Schaden durch ein im Betrieb befindliches Kraftfahrzeug verursacht sein müsse. Vielmehr hat man in § 19 des Luftverkehrsgesetzes vom 1. August 1922 wieder die Fassung gewählt „beim Betrieb eines Luftfahrzeugs". Folgt man aber grundsätzlich der Beurteilung, die dem Begriff des Betriebs im Eisenbahnverkehr zuteil geworden ist, soweit sich nicht Unterschiede zwischen den beiden Betriebsarten aus dem einzelnen Fall ergeben, so wird man auch daran festhalten müssen, einmal, daß für einen beim Betrieb eingetretenen Schaden ein unmittelbarer (näherer) örtlicher und zeitlicher Zusammenhang mit einem bestimmten Betriebsvorgang oder mit bestimmten Betriebseinrichtungen bestehen muß, aber auch ausreicht, sodann, daß nicht allgemein gefordert werden darf, der Unfall müsse durch Gefahren verursacht sein, die dem Betrieb gerade eines Kraftfahrzeugs eigentümlich und mit anderen Betrieben nicht verbunden sind (für den Eisenbahnbetrieb aus der neueren Rechtsprechung RGZ. Bd. 126 S. 139). Nur wenn es an dem erwähnten äußeren Zusammenhang fehlt, ist der Nachweis erforderlich, daß der Unfall im inneren Zusammenhang mit einer dem Kraftfahrbetrieb eigentümlichen — nicht: ausschließlich eigentümlichen — Gefahr steht (vgl. RGZ. a. a. O.). Die von der maschinentechnischen Seite der Frage ausgehende Auffassung legt das entscheidende Gewicht darauf, daß nur bei der Fassung des Betriebsbegriffs in diesem Sinne eine klare Umgrenzung des Begriffs möglich sei. Der Umstand, daß die eine Auslegung zur Möglichkeit von Grenzfällen führt, in denen die Anwendbarkeit des Gesetzes zweifelhaft sein kann, während eine andere Auslegung solche Zweifel im Einzelfall ausschließt, kann nicht maßgebend sein für die Ermittlung des Inhalts eines Gesetzes; diese hat sich vielmehr auf den Wortlaut, den Sinn und den vom Gesetzgeber verfolgten Zweck zu richten. Es ist aber auch nicht richtig, daß die hier abgelehnte Meinung keine Zweifel in bezug auf das Vorliegen des Betriebs übrig läßt. Es sei etwa auf die Möglichkeit verschiedener Beurteilung des Sachverhalts hingewiesen, welche die Ankurbelung des Motors als solche hervorrufen kann (vgl. Isaac-Sieburg 2. Aufl.

S. 132). Auf der anderen Seite ist nicht zu verkennen, daß die Bestimmung des Betriebsbegriffs lediglich nach der technischen Seite zu einer Häufung von Unterbrechungen im Betrieb führen kann, die infolge der entsprechenden Unterbrechung in der Anwendbarkeit des Kraftfahrzeuggesetzes für die Bedürfnisse des Verkehrs unerträglich ist. Diese dürfen bei der Auslegung des Gesetzes gerade im Zusammenhang mit der gleichmäßigen Verwendung der auf einen weiten Spielraum für den Richter hinweisenden Ausdrucksweise in mehreren Gesetzen keinesfalls außer acht gelassen werden. Wird das Kraftfahrzeug während einer für eine längere Strecke beabsichtigten Fahrt aus besonderem Anlaß, der nicht im technischen Betrieb zu beruhen braucht, in ganz kurzen Zwischenräumen zum Stillstehen gebracht, so würde es mit der Auffassung des Verkehrs unvereinbar sein, die Anwendbarkeit des Kraftfahrzeuggesetzes mit jedem Stillstehen des Kraftwagens auszuschließen. Hier zeigt sich, daß bei der Auslegung des Gesetzes grundsätzlich vom Inbegriff der Verrichtungen des Kraftfahrzeugs ausgegangen werden muß, die diesem die ihm eigentümliche Gefährlichkeit verleihen (so auch Isaac-Sieburg S. 128), ohne daß freilich, wie bereits bemerkt, im einzelnen Falle die Entscheidung auf die Gefährlichkeit oder Ungefährlichkeit des Betriebsvorgangs abgestellt werden darf. Allerdings wird sich auch dann die Trennung des gegenständlichen Vorgangs von der Absicht, die den Führer des Wagens leitet, nicht immer durchführen lassen. So wird ein Vorgang, bei dem der Führer den Wagen in der Absicht zum Stehen bringt, ihn alsbald weiterzubewegen, nicht dem Fall gleichzustellen sein, wo ein Fahrzeug infolge des Fehlens von Betriebsstoff nicht weiterbewegt werden kann (RGZ. Bd. 122 S. 270). Die Meinung, daß sich die letztere Entscheidung zum Begriff des Betriebs im maschinentechnischen Sinne bekenne (JW. 1929 S. 914 Nr. 7, sowie Isaac-Sieburg S. 130), trifft nicht zu. Das Urteil stellte sich vielmehr auch auf den Standpunkt, daß eine vorübergehende Unterbrechung der Fahrt die Annahme nicht ausschließe, das Fahrzeug befinde sich noch im Betrieb; es erachtete aber ein Fahrzeug, dem der Betriebsstoff völlig fehlt, einem leblosen Gegenstand gleich, der auf der Fahrbahn ein Hindernis bereitet. Wenn aus dem zweiten Teil der Entscheidung, der nur eine Hilfserwägung enthält, gefolgert werden könnte, daß ein Umstand auf einen Betriebsvorgang als adäquate Ursache nur dann zurückgeführt werden kann, wenn sich dieser Vorgang als ein dem Kraftwagenbetrieb eigentümlicher darstellt, so wird diese Erwägung nicht aufrecht erhalten.

Die Beurteilung des im jetzigen Rechtsstreit zur Entscheidung stehenden Vorgangs als Unfall beim Betrieb des Lastkraftfahrzeugs erweist sich hiernach als zutreffend. Das Anhalten zum Zweck des Abladens von Kartoffeln steht schon im äußeren Zusammenhang mit dem Betrieb dieses Fahrzeugs und fällt um so weniger aus diesem Betrieb heraus, als der Mitfahrer zunächst in das Haus gegangen war, um die Ankunft der Kartoffeln anzuzeigen, und beide Beklagte auf dem Fahrzeug saßen und jederzeit eine Einwirkung auf das Fahrzeug ausüben konnten. (Es wird sodann dargelegt, daß der Entlastungsbeweis der Beklagten nicht erbracht sei.)

---

50. 1. Ist nach Wiederaufhebung der vorläufigen Dienstenthebung die während deren Dauer einbehaltene Gehaltshälfte dem Beamten alsbald oder erst nach rechtskräftiger Erledigung des Dienststrafverfahrens nachzuzahlen?

2. Wie ist die für das Ruhen des Anspruchs auf Gewährung einer Dienstalterszulage maßgebende Monatsfrist zwischen der Verurteilung eines Beamten im strafgerichtlichen Verfahren und der Einleitung eines förmlichen Disziplinarverfahrens zu berechnen?

Preuß. Gesetz, betr. die Dienstvergehen der nichtrichterlichen Beamten usw., v. 21. Juli 1852 §§ 51, 52, 53. Preuß. Beamten-Diensteinkommensgesetz v. 17. Dezember 1920/1. April 1924 § 2 Abs. 2. Preuß. Besoldungs-Vorschriften v. 15. Juli 1925 Ziff. 7 Abs. 2.

III. Zivilsenat. Urt. v. 14. April 1931 i. S. B. (Kl.) w. Preuß. Staat (Bekl.). III 195/30.

I. Landgericht I Berlin.
II. Kammergericht daselbst.

Durch Beschluß des Kammergerichts vom 23. Dezember 1924 wurde der Kläger, damals Justizobersekretär, vom Amt suspendiert, weil gegen ihn wegen eines Vergehens die Voruntersuchung eröffnet worden war. Das Amtsgericht Berlin-Mitte verurteilte ihn am 3. April 1925 wegen Begünstigung zu 300 RM. Geldstrafe. Daraufhin wurde durch Beschluß des Kammergerichts vom 5. Mai 1925 die Suspension vom Amt wieder aufgehoben. Während der Zeit der Amtsenthebung, vom 1. Januar 1925 bis 6. Mai 1925, war dem Kläger nur die Hälfte des Grundgehalts und des Ortszuschlags ausgezahlt worden. Erst vom 6. Mai 1925 an wurden ihm für die Zukunft wieder die vollen Dienstbezüge ausgezahlt, allerdings zunächst ohne Berücksichtigung einer ihm seit Februar 1925 zustehenden Aufrückung im Dienstgehalt. Ebenso wurden ihm die während der Suspension vom Amt einbehaltenen Gehaltsteile vorerst nicht ausgezahlt. Durch Urteil des Reichsgerichts vom 29. Oktober 1925 wurde die Revision des Klägers gegen seine strafgerichtliche Verurteilung verworfen. Auf Antrag des Generalstaatsanwalts beim Kammergericht wurde dann durch Beschluß vom 21. Dezember 1925 gegen den Kläger das förmliche Disziplinarverfahren eröffnet. Durch Urteil vom 12. April 1927 wurde er mit einem Verweis bestraft. Seine Berufung wurde vom Disziplinargerichtshof für die nichtrichterlichen Beamten am 19. Dezember 1927 zurückgewiesen. Durch Verfügung vom 16. Februar 1928 wurde die Nachzahlung der während der Amtsenthebung einbehaltenen Dienstbezüge angeordnet, und zwar einmal der einbehaltenen Gehaltsteile im Gesamtbetrag von 766,26 RM. und zum andern der aus der Dienstalterszulage vom 1. Februar ab sich ergebenden monatlichen Beträge in Gesamthöhe von 638,59 RM. Der Kläger gelangte Ende Februar 1928 in den Besitz dieser Gelder.

Er macht nunmehr einen Schaden in Höhe von insgesamt 319,38 RM. geltend, der ihm infolge verspäteter Auszahlung der zurückbehaltenen Gehaltsteile entstanden sein soll unter Zugrundelegung der Zinssätze, wie sie zu den in Betracht kommenden Zeiten im Geldverkehr üblich gewesen seien. Zur Begründung seines Anspruchs trägt er vor, daß die während der Suspension einbehaltenen Beträge von zusammen 766,26 RM. alsbald nach Aufhebung dieser Maßnahme, demnach am 6. Mai 1925, und die aus der Gehaltszulage vom 1. Februar 1925 bis 30. November 1925 aufgelaufenen Monatsbeträge von zusammen 173,25 RM. alsbald nach dem 29. Oktober 1925, dem Tag der rechtskräftigen Erledigung des Strafverfahrens, die weiteren Monatsbeträge aber mit dem jeweiligen Monatsgehalt hätten ausgezahlt werden müssen. In der nach dem 6. Mai 1925 erfolgten weiteren Einbehaltung der bis dahin nicht ausgezahlten Gehaltsteile erblickt der Kläger eine Verletzung seiner gesetzlichen Besoldungsansprüche und damit eine Verletzung der den Beamten des Beklagten ihm gegenüber obliegenden Amtspflichten. Die Auszahlung der ihm aus der Dienstalterszulage zustehenden Beträge hält er um deswillen für verspätet, weil das förmliche Disziplinarverfahren nicht binnen Monatsfrist nach Abschluß des gerichtlichen Verfahrens — 29. Oktober 1925 — gegen ihn beantragt worden sei, sondern erst durch Verfügung vom 5. Dezember 1925. Dadurch sei gegen die zugunsten der Beamten getroffenen Vorschriften des § 2 des Beamten-Diensteinkommensgesetzes vom 17. Dezember 1920/1. April 1924 (GS. 1924 S. 487) und gegen die Ausführungsbestimmungen hierzu verstoßen worden.

Der Beklagte hat unter Bezugnahme auf einen Erlaß des Preußischen Justizministers vom 28. Juli 1925 in einer gleichliegenden Sache geltend gemacht, die bis zum 6. Mai 1925 einbehaltene Gehaltshälfte habe nicht vor der rechtskräftigen Entscheidung und Erledigung des Disziplinarverfahrens ausgezahlt werden dürfen. Bei der Nachzahlung der Dienstalterszulage sei zwar die Monatsfrist für die Einleitung des förmlichen Dienststrafverfahrens nicht gewahrt worden, es hätte jedoch der Ausgang des Strafverfahrens abgewartet werden müssen, und die Einleitung des Disziplinarverfahrens sei unmittelbar nach erlangter Kenntnis von dem Urteil des Reichsgerichts, nämlich am 5. Dezember 1925, veranlaßt worden. Nach Ansicht des Beklagten steht dem Anspruch des Klägers auch die Vorschrift des Art. 7 der 12. Ergänzung des Reichsbesoldungsgesetzes vom 12. Dezember 1923 (RGBl. I S. 1181) entgegen.

Beide Vorinstanzen haben die Klage abgewiesen. Die Revision des Klägers hatte keinen Erfolg.

Gründe:

Durch die Annahme des Berufungsgerichts, daß der auf angebliche Amtspflichtverletzung durch Beamte gegründeten Staatshaftungsklage der Art. 7 der 12. Ergänzung des Reichsbesoldungsgesetzes vom 12. Dezember 1923 nicht entgegenstehe, ist der Kläger nicht beschwert. Der Ausspruch steht auch im Einklang mit der Rechtsprechung des erkennenden Senats (RGZ. Bd. 111 S. 369).

Der geltend gemachte Schadensersatzanspruch setzt sich aus zwei rechtlich verschiedenartigen Forderungen zusammen. Der Kläger verlangt Schadensersatz wegen verspäteter Auszahlung 1. der ihm während der vorläufigen Dienstenthebung einbehaltenen Gehaltshälfte und 2. der ihm vom 1. Februar 1925 an zustehenden Dienstalterszulage.

1. Die der Geltendmachung des ersten Schadensersatzpostens zugrunde liegende Auffassung des Klägers, daß die während der Dienstenthebung einbehaltene Hälfte seines Diensteinkommens alsbald nach Wiederaufhebung dieser Maßnahme nachzuzahlen sei, ist rechtsirrig. Das Gegenteil ergibt sich aus den §§ 51, 52 und 53 des preuß. Gesetzes, betr. die Dienstvergehen der nicht richterlichen Beamten usw., vom 21. Juli 1852 (GS. S. 465). Nach § 51 Abs. 1 behält der suspendierte Beamte während der Suspension die Hälfte seines Diensteinkommens. Abs. 3 Satz 1 das. bestimmt: „Der innebehaltene Teil des Diensteinkommens ist zu den Kosten, welche durch die Stellvertretung des Angeschuldigten verursacht werden, der etwaige Rest zu den Untersuchungskosten zu verwenden." Nach § 52 Abs. 1 wird der zu den Kosten (§ 51) nicht verwendete Teil des Einkommens dem Beamten nicht nachgezahlt, wenn das Verfahren die Entfernung aus dem Amte zur Folge gehabt hat. Endlich bestimmt § 53: „Wird der Beamte freigesprochen, so muß ihm der innebehaltene Teil des Diensteinkommens vollständig nachgezahlt werden" (Abs. 1). „Wird er nur mit einer Ordnungsstrafe belegt, so ist ihm der innebehaltene Teil, ohne Abzug der Stellvertretungskosten, nachzuzahlen, soweit derselbe nicht zur Deckung der Untersuchungskosten und der Ordnungsstrafe erforderlich ist" (Abs. 2). In Rechtsprechung und Schrifttum (vgl. von Rheinbaben Die preuß. Disziplinargesetze 2. Aufl. Anm. II zu § 53 DiszG.) besteht Einigkeit darüber, daß sich der Abs. 1 des § 53 nur auf die Freisprechung im Disziplinarverfahren bezieht, daß also die Nachzahlungspflicht durch eine etwaige Freisprechung im Strafverfahren nicht berührt wird. Es fehlt auch an einer gesetzlichen Vorschrift, daß etwa dann andere Rechtsgrundsätze anzuwenden wären, wenn, wie im vorliegenden Falle, die Suspension vor Beendigung des

strafgerichtlichen Verfahrens und vor der Einleitung des förmlichen Dienststrafverfahrens wieder aufgehoben wird. Es muß also auch in diesem Falle bei den Vorschriften der §§ 51 und 53 DiszG. verbleiben, und daraus ergibt sich als der Wille des Gesetzgebers, daß die einbehaltene Gehaltshälfte nur dann und erst dann vollständig nachzuzahlen ist, wenn das Dienststrafverfahren mit der Freisprechung des Beamten endigt oder aus anderen Gründen, wie etwa infolge Einstellung des Verfahrens, seine Erledigung ohne Verurteilung des Beamten findet. Eine gänzliche oder teilweise dauernde Einbehaltung der während der vorläufigen Dienstenthebung nicht ausgezahlten Gehaltsteile tritt dagegen dann ein, wenn der Beamte zur Entfernung aus dem Amte (Strafversetzung, Dienstentlassung) oder zu einer Ordnungsstrafe verurteilt wird (RGZ. Bd. 118 S. 53). Wäre die einbehaltene Hälfte des Diensteinkommens im Falle früherer Aufhebung der Suspension, wie der Kläger meint, alsbald mit diesem Zeitpunkt nachzuzahlen, so wäre schlechterdings nicht einzusehen, wie die oben wiedergegebenen Vorschriften der §§ 51 bis 53 DiszG. verwirklicht werden sollten. Denn es wäre dann unmöglich, die einbehaltene Gehaltshälfte auf die Stellvertretungskosten, die Untersuchungskosten und die etwa erkannte Ordnungsstrafe zu verrechnen. Wenn daher der Preußische Justizminister durch einen im Tatbestand des angefochtenen Urteils erwähnten, anscheinend nicht veröffentlichten Erlaß vom 28. Juli 1925 angeordnet hat, daß die einbehaltene Gehaltshälfte nicht vor der rechtskräftigen Entscheidung und Erledigung des Dienststrafverfahrens ausgezahlt werden dürfe, so steht dies im Einklang mit den gesetzlichen Vorschriften.

2. „Auf das Aufrücken im Grundgehalte haben die planmäßigen Beamten" nach § 2 Abs. 2 des Beamten-Diensteinkommensgesetzes vom 17. Dezember 1920/1. April 1924 „einen Rechtsanspruch. Der Anspruch ruht, so lange ein förmliches Disziplinarverfahren oder wegen eines Verbrechens oder Vergehens ein Hauptverfahren oder eine Voruntersuchung schwebt. Führt das Verfahren zum Verluste des Amtes, so findet eine Nachzahlung des zurückbehaltenen Mehrgehalts nicht statt." In den preuß. Besoldungsvorschriften in der Fassung des Runderlasses des Finanzministers vom 15. Juli 1925 (preuß. BesBl. S. 227) ist unter Ziff. 7 Abs. 2 folgendes angeordnet:

Führt ein strafgerichtliches Verfahren zur Verurteilung wegen eines Verbrechens oder Vergehens, und wird binnen eines Monats nach Abschluß des strafgerichtlichen Verfahrens wegen der nämlichen Tatsache ein förmliches Disziplinarverfahren eingeleitet, so ruht der Anspruch auf Gewährung von Dienstalterszulage auch während der Zwischenzeit.

Diese Monatsfrist ist, wie der Beklagte anerkennt, hier insofern nicht gewahrt, als das Urteil des Reichsgerichts, das die Revision des Klägers gegen seine strafgerichtliche Verurteilung zurückwies, am 29. Oktober 1925 ergangen, das förmliche Disziplinarverfahren aber erst durch Verfügung des Generalstaatsanwalts beim Kammergericht vom 5. Dezember 1925 veranlaßt und durch Beschluß des Kammergerichts vom 21. Dezember 1925 eröffnet worden ist. Das Berufungsgericht legt jedoch die vorstehend wiedergegebene Bestimmung der preuß. Besoldungsvorschriften dahin aus, daß die Monatsfrist nicht vom Tag der Verkündung des reichsgerichtlichen Straferkenntnisses, sondern erst vom Zeitpunkt der Kenntnis der Behörde vom Abschluß des Strafverfahrens zu laufen beginne, es sei denn, daß die Unkenntnis der Behörde auf Verschulden beruhe. Der Berufungsrichter nimmt weiter an, die Kenntnis der Behörde vom Abschluß des Strafverfahrens sei nicht auf die bloße Tatsache zu beschränken, ob der Beamte freigesprochen oder zu einer Strafe verurteilt worden sei, der Behörde müßten vielmehr auch die Urteilsgründe zugänglich gemacht worden sein. Denn erst nach deren Kenntnis könne sie sich schlüssig werden, ob sie das förmliche Disziplinarverfahren einleiten wolle oder nicht. Von der Begründung des Urteils des Reichsgerichts vom 29. Oktober 1925 habe aber der Beklagte nicht sofort Kenntnis erlangen können; denn es sei gerichtsbekannt, daß die Akten mit den Urteilsgründen erst nach längerer Zeit in die Hände der Behörde gelangten. Die Einleitung eines förmlichen Disziplinarverfahrens am 5. Dezember 1925 müsse daher als fristgemäß in dem eben erörterten Sinne angesehen werden.

Diese Auslegung kann rechtlich nicht beanstandet werden; sie wird dem Sinn und Zweck der Vorschrift gerecht. Wenn auch der in Betracht kommenden Vorschrift der berechtigte Gedanke zugrunde liegt, daß der Beamte möglichst bald Klarheit darüber erlangen soll, ob gegen ihn die Einleitung eines Dienststrafverfahrens beabsichtigt sei oder nicht, so darf sie auf der anderen Seite doch nicht dazu führen, einen begründeten Anspruch des Staates auf disziplinare Bestrafung eines Beamten zu vereiteln, nur weil der Behörde die Unterlagen fehlen, um sich binnen Monatsfrist nach Verkündung des strafrechtlichen Urteils über Einleitung oder Nichteinleitung eines Dienststrafverfahrens schlüssig machen zu können. Nicht selten wird es gerade im Interesse des Beamten liegen, daß die Behörde nicht lediglich zur Wahrung der Frist ein förmliches Disziplinarverfahren einleitet, wenn unter Umständen die Kenntnis der Urteilsbegründung Anlaß geben würde, von einer solchen Maßnahme Abstand zu nehmen. Dies wird namentlich dann der Fall sein, wenn das strafgerichtliche Urteil auf Freisprechung lautet und wenn sich erst aus der Begründung ersehen läßt, ob der Beamte als nicht schuldig oder als nicht überführt oder wegen Vorliegens eines Strafausschließungsgrundes freigesprochen worden ist. Die Wortfassung „binnen eines Monats nach Abschluß des strafgerichtlichen Verfahrens" ist nicht im gesetzestechnischen Sinne der Strafprozeßordnung zu verstehen. Hierdurch rechtfertigt sich die Auslegung des Kammergerichts.

Nicht berechtigt sind auch die Zweifel an der Rechtsgültigkeit dieser Bestimmung der preuß. Besoldungsvorschriften, die der Prozeßbevollmächtigte des Klägers in der mündlichen Verhandlung vor dem Revisionsgericht mit der Begründung geltend gemacht hat, sie stelle keine Ausführung, sondern eine Änderung des Gesetzes dar. Die Bestimmung hält sich im Rahmen der dem Finanzminister in § 30 BDEG. erteilten Ermächtigung.

---

51. 1. Inwieweit liegt in der von einem Elektrizitätswerk vorgenommenen Verhängung der Stromsperre über ein unter Zwangsverwaltung stehendes Unternehmen eine sittenwidrige Ausnutzung der Monopolstellung?

2. Unter welchen Voraussetzungen verstößt die Erwirkung von Vollstreckungsbefehlen für sittenwidrig erlangte Ansprüche gegen die guten Sitten?

BGB. § 826.

VII. Zivilsenat. Urt. v. 24. März 1931 i. S. M. Elektrizitätswerk AG. (Bekl.) w. Creditbank f. Ind. u. Landw. AG. (Kl.).
VII 322/30.

I. Landgericht I Berlin.
II. Kammergericht daselbst.

Für die Klägerin waren im Jahre 1925 auf dem Grundbesitz der Ziegeleifirma St.-Werk GmbH. in St. Hypotheken in Höhe von insgesamt 700000 GM. hinter einer erststelligen Hypothek der G.-Bank in G. von 500000 GM. eingetragen. Am 12. Oktober 1925 wurde auf Antrag der Klägerin die Zwangsverwaltung des Ziegelwerks angeordnet; zum Zwangsverwalter wurde der Betriebsleiter S. bestellt. Dieser und der Prokurist R. der Klägerin trafen alsbald mit mehreren Vertretern der Geschäftsstelle E. der Beklagten auf dem Werk zusammen. Die letzteren wollten die der Beklagten gehörigen Motoren und Transformatoren fortschaffen. Dem widersprach der Zwangsverwalter. Eine Inbetriebsetzung des Werkes war aber nicht möglich, da die Beklagte inzwischen sowohl die Licht- als auch die Kraftstromzufuhr unterbrochen hatte. Sie machte die Weiterlieferung von Strom von der Bezahlung ihrer alten Installationsforderung in Höhe von 37000 RM. sowie der rückständigen Stromlieferungsgebühren von etwa 2600 RM. abhängig. Darauf schloß die Klägerin, nachdem inzwischen über das St.-Werk auch das Konkursverfahren eröffnet worden war, am 22. Oktober 1925 mit der Beklagten einen Vertrag, wonach diese die Belieferung des St.-Werks wieder aufnahm, während sich die Klägerin zur Bezahlung der erwähnten Rückstände des Werkes verpflichtete. Da die Klägerin die vereinbarten Teilzahlungen auf die Installationsschuld nicht leistete, erwirkte die Beklagte gegen sie in der Zeit vom 16. Februar bis 29. Mai 1926 fünf Vollstreckungsbefehle über insgesamt 37000 RM. und ließ hieraus bei ihr pfänden. Die Klägerin zahlte insgesamt 15050 RM. Im Zwangsversteigerungstermin vom 9. November 1927 wurde das St.-Werk von der Ste.er Gemeinnützigen Baugesellschaft mbH. erstanden. Die Klägerin fiel dabei mit ihrer Hypothek von 700000 RM. aus. Nunmehr fordert sie Herausgabe der Vollstreckungsbefehle und Rückzahlung der beigetriebenen Summe. Sie macht geltend: Der Vertrag vom 22. Oktober 1925 sei nichtig. Denn die Beklage habe in sittenwidriger Weise unter Mißbrauch ihrer Monopolstellung die Zwangslage der Klägerin ausgenutzt, indem sie die Stromlieferung von der Übernahme von Schulden des St.-Werks abhängig gemacht habe. Um dessen Weiterbetrieb zu ermöglichen und ihre Hypothek zu retten, habe sich die Klägerin dem Verlangen der Beklagten fügen müssen. Die Beklagte unterlag in allen drei Rechtszügen.

Gründe:

Der Berufungsrichter hält die Geltendmachung der Sittenwidrigkeit des Vertrags vom 22. Oktober 1925 zur Begründung von Ansprüchen aus ungerechtfertigter Bereicherung und aus unerlaubter Handlung nicht für zulässig, weil diese Gründe schon vor dem nach § 796 Abs. 2 ZPO. maßgebenden Zeitpunkte der Zustellung der Vollstreckungsbefehle entstanden seien. Auch gegenüber einer etwaigen Drohung der Beklagten würde nach seiner Meinung § 796 Abs. 2 durchgreifen. Dagegen nimmt der Berufungsrichter an, die Beklagte habe die Vollstreckungsbefehle in sittenwidriger Weise unter Ausnutzung einer Zwangslage der Klägerin für Ansprüche erwirkt, die in Wirklichkeit nichtig oder anfechtbar gewesen seien. Denn die Beklagte habe ihre Monopolstellung zu ihrem Vorteil und zum Schaden der Klägerin in einer gegen die guten Sitten verstoßenden Weise ausgenutzt, indem sie die Weiterlieferung von elektrischem Strom an das St.-Werk nicht bloß von der Bezahlung der rückständigen Stromlieferungsschulden und der Motoren und Transformatoren, sondern auch von der Übernahme einer auf 37000 RM. festgesetzten Schuld des Werkes für Installationsarbeiten der Klägerin abhängig gemacht habe. Darüber hinaus habe die Beklagte die Vollstreckungsbefehle für tatsächlich nicht rechtswirksam bestehende, weil auf einem nichtigen Vertrag beruhende Ansprüche in einer gegen die guten Sitten verstoßenden Weise erwirkt. Sie habe erkannt, daß ihre Installationsforderung gegen das St.-Werk eine völlig wertlose Konkursforderung darstelle. Wenn sie trotzdem die Vollstreckungsbefehle gegen die Klägerin, deren Zwangslage fortbestanden, erwirkt habe, so habe sie sich hierdurch wie auch durch die daraus betriebene Zwangsvollstreckung eines Verstoßes gegen die guten Sitten im Sinne von § 826 BGB. schuldig gemacht. Der hiernach der Klägerin zustehende Schadensersatzanspruch gehe auf Herausgabe der Schuldtitel und auf Rückzahlung des durch die Vollstreckung Erlangten.

Die Revision konnte keinen Erfolg haben. Nach der in Rechtsprechung und Rechtslehre herrschenden Ansicht folgt aus der Monopolstellung von Unternehmen von der Art der Beklagten ein Kontrahierungszwang; die Monopolstellung darf insbesondere nicht dazu ausgenutzt werden, sich im Konkurs eine bevorzugte Stellung zu verschaffen (vgl. Jaeger Konkursordnung 6./7. Aufl. 1. Bd. § 17 Anm. 18b und die dort auf S. 315 angeführten Nachweise; Mentzel Konkursordnung 3. Aufl. S. 103). Danach stellt die Erzwingung einer konkursordnungswidrigen Vollzahlung auch bei rein tatsächlichen Monopolen eine rechts- und sittenwidrige Ausbeutung des Notstands dar. Gas- und Elektrizitätswerke haben die zur Fortsetzung des Betriebs erforderlichen Lieferungen von Gas und elektrischem Strom weiter zu bewirken; sie dürfen die Weiterlieferung nicht von der Bezahlung der Rückstände als Masseschulden abhängig machen. Eine Weigerung in dieser Hinsicht ist als eine zum Schadensersatz verpflichtende sittenwidrige Handlung im Sinne von § 826 BGB. anzusehen. Was aber für das Konkursverfahren allgemeinen Rechtens ist, das muß auch für die Zwangsverwaltung gelten. Die Zwangslage, in der sich ein unter Zwangsverwaltung stehendes, zur Zwangsversteigerung kommendes Unternehmen befindet, ist gleichzuachten der Notlage eines Unternehmens, über das der Konkurs verhängt ist. Wenn im vorliegenden Falle die Beklagte dem Zwangsverwalter gegenüber die Weiterlieferung von elektrischem Strom an das St.-Werk von der Bezahlung ihrer rückständigen Stromforderung und obendrein noch ihrer Installationsforderung in Höhe von 37000 RM. abhängig machte und von der die Zwangsverwaltung und -versteigerung betreibenden Klägerin die Übernahme dieser Schulden verlangte, so nutzte sie ihre Monopolstellung in sittenwidriger Weise gerade so aus, wie sie es getan haben würde, wenn sie dem Konkursverwalter gegenüber die Weiterlieferung von Strom von der Anerkennung ihrer rückständigen Forderungen als Masseschulden abhängig gemacht hätte.

Die Ausnutzung ihrer Machtstellung zum Schaden der in einer Zwangslage befindlichen Klägerin setzte die Beklagte durch die Erwirkung der Zahlungs- und Vollstreckungsbefehle fort. Daß die Zwangslage für die Klägerin fortbestand, ergeben die Umstände ohne weiteres; die dahingehende Feststellung des Berufungsgerichts läßt keinen Rechtsirrtum erkennen. Es kann aber auch der Revision nicht zugegeben werden, daß das Urteil eine Feststellung in subjektiver

Beziehung vermissen lasse. Das Berufungsgericht stellt fest, daß die Beklagte die Schuldtitel unter Ausnutzung der weiterhin bestehenden Zwangslage der Klägerin erwirkte; ihr Verhalten habe keinen Zweifel darüber aufkommen lassen, daß die Einlegung von Rechtsmitteln die erneute Stromsperre zur Folge gehabt hätte; unter diesen Umständen habe die Erwirkung der Vollstreckungsbefehle und die aus ihnen betriebene Zwangsvollstreckung einen Verstoß gegen die guten Sitten gebildet. Diese Ausführungen lassen im Zusammenhang mit den übrigen Darlegungen des Berufungsrichters erkennen, daß er annimmt, die Beklagte habe im Bewußtsein von der fortdauernden Zwangslage der Klägerin und unter wissentlicher Ausnutzung dieser Lage die Schuldtitel vorsätzlich erwirkt und vollstreckt. Damit sind auch in subjektiver Beziehung die Voraussetzungen des § 826 BGB. ausreichend festgestellt.

---

52. Was ist unter Lieferungsverträgen im Sinne der Tarifstelle 7 Abs. 9 Nr. 3 des preußischen Stempelsteuergesetzes vom 27. Oktober 1924 zu verstehen?

VII. Zivilsenat. Urt. v. 24. März 1931 i. S. Preuß. Staat (Bekl.) w. Grube A. AG. (Kl.). VII 301/30.

I. Landgericht Magdeburg.
II. Oberlandesgericht Naumburg a. S.

Unter dem 2., 5. und 15. November 1927 wurde zwischen der J. G. F.-Industrie Aktiengesellschaft in F. und der Klägerin einerseits und der Elektrizitätswerk S.-A. Aktiengesellschaft in H. (Esag) anderseits ein schriftlicher Vertrag geschlossen. Im gegenwärtigen Rechtsstreit handelt es sich um die Frage, welcher Stempel zu den Vereinbarungen zu entrichten ist, die in den ersten fünf Paragraphen enthalten sind. In § 1 vereinbaren die Klägerin und die Esag, daß ein zwischen ihnen bestehender Stromlieferungsvertrag zum 30. November 1927 vorzeitig aufgehoben wird, weil die Klägerin den Strom von der ihr nahestehenden J. G. F.-Industrie beziehen will. Nach § 3 sollen vier Transformatoren der Esag mit Ablauf des Stromlieferungsvertrags in das Eigentum der Klägerin übergehen. Als

Entschädigung der Esag für das Aufheben der Strombezugspflicht und für die Transformatoren hat nach § 4 des Vertrags die J. G. F.-Industrie der Esag 1,7 Millionen KWh Strom kostenlos zu liefern. Die Bestimmungen der §§ 1 bis 4 sollten aber nur in Kraft treten, wenn die E.-Werke die für § 4 erforderliche Mitbenutzung ihrer Anlagen gestatteten (§ 5 des Vertrags). Die E.-Werke haben diese Mitbenutzung nicht erlaubt. Deshalb ist der Vertrag vom November 1927 nur hinsichtlich der Transformatoren durchgeführt, im übrigen aber durch einen anderen ersetzt worden. In einem auf die Vertragsurkunde gesetzten Nachtrag vom 26. Februar/15. März 1930 haben die Vertragsparteien erklärt, daß der Wert der 1,7 Millionen KWh Strom 92820 RM. und der Wert der vier Transformatoren 3596,50 RM. betrage. Die Klägerin hat für die Abreden in den §§ 1 bis 5 des Vertrags einen Stempel von 619 RM. entrichtet; dieser ist auf Grund der Tarifst. 7 des preußischen Stempelsteuergesetzes vom Werte der gesamten Stromlieferung berechnet worden. Die Klägerin meint, daß er nur vom Wert der Transformatoren und deshalb auf nur 24 RM. zu berechnen sei. Sie hat Klage erhoben auf Zurückzahlung von 595 RM. nebst Zinsen.

Beide Vorinstanzen haben dem Klagantrag stattgegeben. Auf die Revision des Beklagten hat das Reichsgericht die Klage abgewiesen.

Gründe:

1. Das Urteil des Landgerichts beruht auf der Annahme, es liege ein Fall des § 16 Abs. 3 StStG. vor, der Vertrag vom November 1927 habe erst durch die „Genehmigung" der E.-Werke Rechtswirksamkeit erlangen sollen. Dieser Meinung ist das Oberlandesgericht mit zutreffenden Gründen entgegengetreten. Sie zu erschüttern, ist der Revisionsbeantwortung nicht gelungen. Nach § 5 des Vertrags sollten die E.-Werke nicht die rechtsgeschäftlichen Erklärungen der Vertragsparteien oder einer von ihnen genehmigen, sondern es ist dort die Wirksamkeit des vereinbarten Vertrags von der aufschiebenden Bedingung abhängig gemacht worden, daß sich die E.-Werke bereit erklärten, bei Erfüllung des Vertrags in der nach Lage der Verhältnisse notwendigen Weise mitzuwirken. Mit Recht hat also das Oberlandesgericht den § 3 Abs. 2 StStG. angewendet, wonach es für die Stempelpflichtigkeit einer Urkunde bedeutungslos ist, ob das beurkundete Geschäft unter Bedingungen abgeschlossen ist oder nicht.

2. Das Berufungsgericht kommt aber schließlich doch zum gleichen Ergebnis wie das Landgericht, weil es annimmt, der Vertrag der Parteien unterstehe zwar an sich der Tarifst. 7 StStG., werde aber von der Befreiungsvorschrift in Abs. 9 Nr. 3 das. erfaßt. Der erste Satz ist richtig, der zweite nicht.

Nach Tarifst. 7 Abs. 1b sind stempelpflichtig Kauf- und Tauschverträge und andere, lästige Veräußerungsgeschäfte enthaltende Verträge über Gegenstände aller Art mit Ausnahme der unter Buchst. a das. bezeichneten. Soweit über die Verstempelung des Vertrags noch gestritten wird, enthält er die Abrede, daß die Esag für das vorzeitige Außerkraftsetzen eines Stromlieferungsvertrags mit der Klägerin ihrerseits von der J. G. F.-Industrie Strom geliefert erhalten solle. Das ist kein Kaufvertrag; denn zum Wesen eines solchen gehört die Vereinbarung eines in Geld bestehenden Kaufpreises (§ 433 Abs. 2 BGB.). Es liegt auch kein Tauschvertrag vor; denn ein solcher ist nur gegeben, wenn sich jeder der Vertragschließenden verpflichtet, dem andern Sachen oder Rechte gegen Sachen oder Rechte zu verschaffen. Hier soll aber die J. G. F.-Industrie von der Esag gegen Lieferung des Stroms weder eine Sache noch ein Recht erhalten; die Gegenleistung der Esag bildet vielmehr ein von ihr der Klägerin gegenüber erklärter Verzicht auf ein Recht. Der Vertrag gehört aber zu den anderen lästigen Verträgen, die ein Veräußerungsgeschäft enthalten; denn der aus der Sprache des Preußischen Allgemeinen Landrechts entnommene Ausdruck „lästige Verträge" bedeutet, daß beide Teile gegenseitige Verbindlichkeiten übernehmen (§ 7 ALR. I 5). Zu den „Gegenständen aller Art" im Sinne der Tarifst. 7 Abs. 1b StStG. gehört auch der elektrische Strom; nicht die Arbeit, sondern ihr Erzeugnis bildet den eigentlichen Gegenstand des Vertrags (RGZ. Bd. 17 S. 273, Bd. 56 S. 403, Bd. 67 S. 232; JW. 1915 S. 150 Nr. 18).

3. Die Befreiungsvorschrift in Abs. 9 Nr. 3 der Tarifst. 7 StStG. betrifft:

Kauf- und Lieferungsverträge über Mengen von Sachen oder Waren, sofern dieselben entweder zum unmittelbaren Verbrauch in einem Gewerbe oder zur Wiederveräußerung in derselben Beschaffenheit oder nach vorgängiger Bearbeitung oder Verarbeitung dienen sollen oder im Deutschen Reiche in dem Betrieb eines der Vertragschließenden erzeugt oder hergestellt sind.

Das Berufungsgericht sieht in dem Vertrag einen „Lieferungsvertrag." Das Bürgerliche Gesetzbuch kennt keinen besonderen Lieferungsvertrag mehr. Einen solchen gab es aber im Gebiet des Allgemeinen Landrechts. Während das Kaufgeschäft nach § 1 ALR. I 11 ein Vertrag war, „wodurch der eine Kontrahent zur Abtretung des Eigentums einer Sache, und der andere zur Erlegung einer bestimmten Geldsumme dafür sich verpflichtet", hieß es im § 981 a. a. O.:

Wer sich verpflichtet, einem anderen eine bestimmte Sache für einen gewissen Preis zu verschaffen, wird ein Lieferant genannt.

Der Kaufvertrag und der Lieferungsvertrag stimmten also in der Art der Gegenleistung überein; es mußte immer eine „bestimmte Geldsumme" oder ein „gewisser Preis" sein. Der Unterschied lag aber darin, daß verkauft werden konnten nur Sachen, die der Verkäufer bereits in seinem Eigentum hatte, während es einen Lieferungsvertrag abgab, wenn sich jemand verpflichtete, dem andern eine ihm selbst noch nicht gehörige Sache zu verschaffen. Nach geleisteter Lieferung sollte aber unter den Kontrahenten alles das stattfinden, was zwischen Käufern und Verkäufern Rechtens war (§ 987 ALR. I 11).

Von Lieferung sprach auch das Allgemeine Deutsche Handelsgesetzbuch im Art. 338. Dieses Gesetz gab keine eigene Umschreibung der Begriffe Kauf und Lieferungsvertrag, sondern es verwies auch insoweit auf das allgemeine bürgerliche Recht (Art. 1 ADHGB.). Im Art. 338 das. hieß es aber:

Nach den Bestimmungen über den Kauf ist auch ein Handelsgeschäft zu beurteilen, dessen Gegenstand in der Lieferung einer Quantität vertretbarer Sachen gegen einen bestimmten Preis besteht.

Zum Wesen auch des von dieser Vorschrift betroffenen Lieferungsgeschäfts gehörte also der „bestimmte Preis"; das Lieferungsgeschäft selbst aber wurde, soweit es Handelsgeschäft war, von vornherein den Regeln des Kaufgeschäfts unterstellt. Auf diesem Wege ist das Bürgerliche Gesetzbuch weiter geschritten. Wenn es im § 433 Abs. 1 sagt:

Durch den Kaufvertrag wird der Verkäufer einer Sache verpflichtet, dem Käufer die Sache zu übergeben und das Eigentum an der Sache zu verschaffen, so ist damit der vom Allgemeinen Landrecht gemachte Unterschied zwischen Sachen, die bereits im Eigentum des Verkäufers stehen, und solchen, bei denen das nicht der Fall ist, aufgegeben worden. Der Lieferungsvertrag im Sinne des Allgemeinen Landrechts und des Allgemeinen Deutschen Handelsgesetzbuches ist jetzt ein einfacher Kaufvertrag. Wenn man ihn als eine Unterart des Gesamtbegriffs der Kaufverträge aus diesen herausheben will, wird man mit Heinitz (3. Aufl.) Anm. 3 zu Tarifst. 38 des preußischen Stempelsteuergesetzes vom 30. Juni 1909 sagen müssen, daß bei dem Lieferungsgeschäft die Übergabe der Sache nicht sofort bei Abschluß des Vertrags stattfindet, sondern dem Vertragsschluß nach einem kürzeren oder längeren Zeitraum nachfolgt. In diesem Sinne ist jetzt auch der „Lieferungsvertrag" des Stempelsteuergesetzes zu verstehen, wenn er in der Befreiungsvorschrift der Tarifst. 7 Abs. 9 Nr. 3 neben den „Kaufvertrag" gestellt ist. Ein Lieferungsvertrag in diesem Sinne ist der Vertrag vom November 1927 nicht; es fehlt hier an dem in Geld vereinbarten Kaufpreis.

4. Der Revisionsbeantwortung ist gewiß beizupflichten, wenn sie ausführt, daß die streitige Befreiungsvorschrift den Handel unterstützen und den gewöhnlichen Verteilungsverkehr vor steuerlichen Lasten bewahren wolle. Sie übersieht aber, daß es sich bei dem Vertrag vom November 1927 nicht um ein übliches Handelsgeschäft und nicht um den gewöhnlichen Verteilungsverkehr handelt. Es ist ein eigenartiger und einmaliger Vertrag abgeschlossen worden; auf ihn treffen auch jene inneren Gründe der Befreiungsvorschrift nicht zu.

---

53. Zum Begriff der Zahlungseinstellung.

KO. § 30.

VII. Zivilsenat. Urt. v. 31. März 1931 i. S. St. als Verwalter im Konkurs über das Vermögen der Firma Sch. & Co. (Kl.) w. R. (Bekl.). VII 518/30.

I. Landgericht Hagen i. W.
II. Oberlandesgericht Hamm.

Der Beklagte stand mit der jetzigen Gemeinschuldnerin in Geschäftsverbindung, indem er ihr Draht lieferte. Am 16. August 1928 wurde ein notarieller Vertrag geschlossen, worin die Gemeinschuldnerin dem Beklagten aus Warenlieferungen 9164,83 RM. zu schulden anerkannte und der Beklagte es übernahm, Wechsel mit dem Akzept der Beklagten in der Gesamthöhe von 6230,70 RM. und fällig in der Zeit vom 10. bis 31. August 1928 aus eigenen Mitteln zu bezahlen. Zur Deckung der 9164,83 + 6230,70 = 15395,53 RM. trat die Gemeinschuldnerin dem Beklagten 40 Forderungen über insgesamt 13554,77 RM. zahlungshalber ab und verpflichtete sich, ihm noch weitere Forderungen über 2000 RM. abzutreten. Am 31. Oktober 1928 wurde über das Vermögen der Gemeinschuldnerin das Konkursverfahren eröffnet.

Der klagende Konkursverwalter ficht den Vertrag vom 16. August 1928 auf Grund der §§ 29flg. KO. an und behauptet u. a., die Zahlungseinstellung habe bereits bei Vertragsschluß vorgelegen und sei dem Beklagten bekannt gewesen. Das Landgericht gab der Klage nach § 30 Nr. 2 KO. statt, erklärte den Vertrag vom 16. August 1928 den Konkursgläubigern gegenüber für unwirksam und verurteilte den Beklagten, an den Kläger 9164,83 RM. nebst Zinsen zu zahlen. Das Oberlandesgericht wies die Klage ab. Die Revision des Klägers führte zur Aufhebung und Zurückverweisung.

Gründe:

Der Berufungsrichter läßt die auf § 30 Nr. 2 KO. gestützte Anfechtungsklage in erster Linie daran scheitern, daß es vor dem 16. August 1928 bei der Gemeinschuldnerin nicht zu einer Zahlungseinstellung gekommen sei. Nach seinen Feststellungen war am 15. August 1928, als die Verhandlungen mit dem Beklagten bereits schwebten, aber noch nicht zum Abschluß kamen, die Lage der Gemeinschuldnerin die, daß ein am 10. August 1928 fällig gewesener Wechsel über 600 RM. nicht bezahlt worden war, daß drei weitere, am 15. August 1928 fällige Wechsel über 510, 612 und 1594,40 RM. nicht bezahlt werden konnten, daß der Beklagte den Wechsel über 1594,40 RM. protestieren ließ und Konkursantrag stellte. An bereiten Zahlungsmitteln besaß die Gemeinschuldnerin damals nur einen Scheck über 1250 RM. auf die Spar- und Darlehnskasse in H. Mit ihm hatte sie den am 10. August 1928 fällig gewesenen Wechsel über 600 RM. bezahlen wollen, die D. Bank in M., bei welcher der Wechsel zahlbar war, hatte aber den Scheck nicht angenommen. Hiernach bestand bei der Gemeinschuldnerin, was auch der Berufungsrichter anscheinend nicht verkennt, am 15. August 1928 ein nicht bloß vorübergehender, sondern voraussichtlich dauernder Mangel an Zahlungsmitteln, der sie im allgemeinen hinderte, ihre fälligen Geldschulden zu erfüllen. Der Berufungsrichter vermißt aber das nach außen erkennbare Hervortreten dieses Zustands, das allerdings zum Begriff der Zahlungseinstellung gehört. Er legt insoweit Wert darauf, daß nach Abschluß des Vertrags vom 16. August 1928 die fälligen Wechsel der Gemeinschuldnerin bezahlt oder wenigstens prolongiert worden sind, daß vor dem 16. August 1928 und auch in den nächsten zehn Tagen nachher außer vom Beklagten von anderen Gläubigern keinerlei Schritte wie Mahnungen oder Klagen gegen die Gemeinschuldnerin unternommen worden sind und daß ihre Zahlungsunfähigkeit gegenüber dem Beklagten lediglich dem Konkursgericht bekannt geworden ist. Indessen kommt es nicht darauf an, daß die Zahlungsunfähigkeit in weiteren Kreisen wirklich bekannt wird; es genügt vielmehr, daß sie überhaupt erkennbar hervortritt, und zur Annahme einer Zahlungseinstellung kann es bereits ausreichen, daß die Zahlungsunfähigkeit nur dem Anfechtungsgegner als Grund des Nichtzahlens erkennbar gewesen ist (JW. 1901 S. 753 Nr. 10). Im vorliegenden Falle haben von der Zahlungsunfähigkeit der Gemeinschuldnerin außer dem Anfechtungsgegner noch die zugezogenen Berater der Vertragsparteien, der Buchsachverständige F. und der Rechtsanwalt Sch., vielleicht auch der den Wechsel des Beklagten protestierende Beamte und jedenfalls das Konkursgericht erfahren. Bei dieser Sachlage beruht die Annahme, daß die Zahlungsunfähigkeit der Gemeinschuldnerin vor dem Vertragsschluß vom 16. August 1928 nicht erkennbar hervorgetreten sei, auf Rechtsirrtum. Die vom Berufungsgericht an erster Stelle gegebene Begründung versagt also.

In zweiter Linie stützt sich das angefochtene Urteil auf die Erwägung, daß die Zahlungseinstellung der Gemeinschuldnerin, wenn sie etwa doch als vor dem 16. August 1928 eingetreten anzuerkennen sein sollte, durch die dem Vertragsschluß nachfolgenden Maßnahmen wieder beseitigt worden und daß die am 31. Oktober 1928 erfolgte Konkurseröffnung auf eine neue, erst im Oktober 1928 eingetretene selbständige Zahlungseinstellung zurückzuführen sei. Auch hiergegen erheben sich rechtliche Bedenken. Wie der Berufungsrichter selbst hervorhebt, kam es auch nach dem Vertragsschluß vom 16. August 1928 nicht dazu, daß sämtliche Wechsel der Gemeinschuldnerin bei ihrer

Fälligkeit bezahlt wurden; es waren immer noch Prolongationen nötig, und nach kurzer Frist verfiel die Gemeinschuldnerin doch in Konkurs. Die bisherigen Feststellungen des angefochtenen Urteils berechtigen deshalb nicht zu dem Schluß, daß die Zahlungseinstellung vom 15. August 1928 wirklich beseitigt worden sei. Näher liegt vielmehr die Annahme, daß die Zahlungsunfähigkeit tatsächlich fortdauerte, daß sie durch das Eingreifen des Beklagten nur verschleiert wurde, daß sich bei der Gemeinschuldnerin zwar der Anschein einer Zahlungsfähigkeit ergab, der auch die Prolongation ermöglicht haben mag, daß es tatsächlich aber bei der Zahlungseinstellung vom 15. August 1928 verblieben ist und daß auf ihr auch das schließlich am 31. Oktober 1928 eröffnete Konkursverfahren beruht. Der Vertrag vom 16. August 1928 würde dann bestenfalls als ein Versuch zu betrachten sein, welcher der Gemeinschuldnerin über die bestehenden Schwierigkeiten hinweghelfen sollte, sein Ziel aber nicht erreicht hat. . . .

---

54. Wird die Anfechtungsfrist des § 41 Abs. 1 der Konkursordnung nur durch eine schlüssige Klage gewahrt?

V. Zivilsenat. Urt. v. 15. April 1931 i. S. B. als Verwalter im Konkurs über das Vermögen der Firma R. & Sch. GmbH. (Kl.) w. V. Kreditversicherungs-AG. (Bekl.). V 219/30.

I. Landgericht I Berlin.
II. Kammergericht daselbst.

Der klagende Konkursverwalter verlangt, hilfsweise sich stützend auf die Vorschriften der Konkursordnung über die Anfechtung, die Erstattung des Wertes einer vom Gemeinschuldner auf die Beklagte übertragenen und von ihr veräußerten Grundschuld. Die Vordergerichte haben die Klage abgewiesen. Die Revision des Klägers führte zur Aufhebung und Zurückverweisung.

Aus den Gründen:

. . . Zur Anfechtungsklage führt das Berufungsgericht aus: Die Klage müsse, um die vorgeschriebene Frist zu wahren, die für den gesetzlichen Anfechtungstatbestand erheblichen Umstände darlegen; das spätere Vorbringen komme dafür auch dann nicht in

Betracht, wenn es nach den Vorschriften über die Klagänderung (§§ 268, 264 ZPO.) zugelassen werden könnte. Hier trage die Klageschrift nur in großen Zügen vor, daß die Beklagte durch die Abtretung der Grundschuld eine Sicherung oder Befriedigung erlangt habe, die sie zu dieser Zeit (25. November 1927) nicht mehr zu beanspruchen gehabt hätte. Sie lasse dagegen ganz ungeklärt, welches Rechtsgeschäft der Hypothekenbestellung und der Abtretung der Grundschuld zugrunde gelegen habe, obwohl das für die Anfechtbarkeit wesentlich gewesen sei. Hinterher habe sich ergeben, daß die Abtretung in Verbindung mit einem andern Geschäft zu dessen Sicherung vorgenommen worden sei, und ohne die Kenntnis der Art des Geschäfts habe sich nicht beurteilen lassen, ob durch dieses die Gläubiger unmittelbar benachteiligt worden seien (§ 30 Nr. 1 erster Fall KO.). Die Revision meint demgegenüber: Die Klage habe angeführt, daß die Abtretung der Grundschuld an die Beklagte auf Grund der Erklärungen vom 19. September 1927 durch die erst nach dem Vergleichsantrag und zehn Tage vor Eröffnung des Vergleichsverfahrens erfolgte Umschreibung bewirkt worden sei. Das habe zur Begründung ausgereicht, das Gericht habe andernfalls auf ihre Ergänzung hinwirken müssen und habe die erforderlichen Urkunden später auch erhalten.

Die Schlüssigkeit der Klageschrift, welche die Revision hiernach bejaht, ist mit Recht verneint worden. Um die Anfechtbarkeit auf Grund der Vorschrift des § 30 Nr. 2 KO. beurteilen zu können, auf welche die Darstellung der Klage zunächst hinwies, mußte das Gericht die Tatsachen erfahren, die zur Übertragung der Grundschuld geführt hatten. Nur daraus konnte sich ergeben, daß die Beklagte die Grundschuld nicht zu beanspruchen hatte. Durch die Eröffnung des Vergleichsverfahrens war ein sonst begründeter Anspruch nicht für die vorangegangene Zeit von selbst hinfällig geworden. Die Klage berichtete aber jene Tatsachen nicht; sie waren aus der Urkunde über die Abtretung ohne die Kenntnis der Begleitumstände nicht zu entnehmen. Die Anfechtbarkeit auf Grund des § 30 Nr. 1 zweiter Fall, der gleichfalls in Betracht kam, setzt voraus, daß der Gegner bei der angefochtenen Rechtshandlung die Stellung des Antrags auf Konkurseröffnung — hier auf Eröffnung des Vergleichsverfahrens (§ 87 VerglO.) — gekannt hat und beim Empfang der Leistung Konkursgläubiger war (RGUrt. vom

19. September 1930 VII 22/30 in JRdsch. Nr. 2174). Auch das ging aus der Klage nicht hervor. Der erste Fall des § 30 Nr. 1 war nicht einmal angedeutet. Aber die anscheinend vom Berufungsgericht vertretene Rechtsauffassung, daß nur eine schlüssige Klage die Anfechtungsfrist des § 41 KO. wahre und ihre Begründung nach Fristablauf überhaupt nicht mehr ergänzt werden könne, trifft nicht zu. Die Rechtsprechung hat zunächst den Satz entwickelt, daß die Anfechtung gerichtlich durch Klage oder Einrede geltend gemacht werden muß, und hat dann für den ersten Fall die einzelnen Erfordernisse dargelegt. Die Klage muß sich als geeignet erweisen, zu einer sachlichen Entscheidung zu führen, sie muß also unter den gesetzlichen Prozeßvoraussetzungen erhoben sein (RGZ. Bd. 88 S. 296 [vgl. aber dazu § 276 ZPO.], Bd. 114 S. 126, Bd. 131 S. 201; JW. 1929 S. 870 Nr. 6). Sie muß erkennen lassen, welches Rechtsgeschäft oder welche sonstige Rechtshandlung angefochten wird; nur zur Erläuterung unbestimmter Ausdrücke des schon in der Klage gemeinten Anfechtungsgegenstands sind spätere Erklärungen zugelassen worden (JW. 1929 S. 367 Nr. 10). Sie muß endlich, wie das reichsgerichtliche Urteil vom 26. März 1912 VII 464/11 (LZ. 1912 Sp. 691) sagt, die die Anfechtung begründenden Tatsachen enthalten. Das bedeutet, daß die Klage den Sachverhalt angeben muß, aus dem die Anfechtung hergeleitet wird. Dieser Sachverhalt, der den Klagegrund bildet, kann nicht willkürlich gewechselt werden. Sonst liegt darin ebenso eine neue Anfechtung wie beim Wechsel des Anfechtungsgegenstands. Eine solche Anfechtung kann also ganz ohne Rücksicht darauf, ob sie nach der Zivilprozeßordnung im selben Prozeß verfolgt werden darf, die Wahrung der Frist nicht mit der anders begründeten Anfechtung der Klageschrift rechtfertigen. Dagegen ist es aus dem Wesen der Sache nicht herzuleiten und wird weder in der Rechtsprechung noch, soweit ersichtlich, im Schrifttum gefordert, daß die Klagebegründung in jeder Beziehung den gesetzlichen Tatbestand erfüllen müsse, um zur Wahrung der Frist geeignet zu sein, und daß eine Ergänzung oder Berichtigung der in der Klageschrift enthaltenen Anführungen nach dem Fristablauf ausgeschlossen wäre. Von diesem Rechtsstandpunkt aus geht der Schluß des Berufungsgerichts zu weit, der Schluß nämlich, daß ein derartiger Mangel der näheren Begründung des Anspruchs, wie er hier vorgelegen hat, der völligen Versäumung der Frist gleichstehe. Die in der Klageschrift enthaltenen Angaben

über den Sicherungszweck der Abtretung und die Zeit ihrer Vornahme waren tatsächlicher Art und mußten das Gericht veranlassen, die Anfechtung auf Grund des § 30 Nr. 1 zweiter Fall und Nr. 2 KO. zu prüfen, wenngleich die Klage ohne Ergänzung des Vortrags nicht durchdringen konnte. Das angefochtene Urteil ist hiernach mit der bisherigen Begründung nicht aufrechtzuerhalten. Zur Endentscheidung ist die Sache in dieser Instanz nicht reif. Das Berufungsgericht stellt fest, daß die Beklagte nach dem eigenen, im Laufe der ersten Instanz ergänzten Vortrage des Klägers und abgesehen von dem ganz neuen Sachverhalt der Berufung (über die Nichtigkeit der Grundgeschäfte) die durch die Abtretung erlangte Sicherung zu beanspruchen hatte. Daraus ergibt sich von selbst, daß § 30 Nr. 2 KO. nicht anwendbar ist. Es bleibt zu untersuchen, ob die Anfechtung bei Berücksichtigung der zulässigen Nachträge nach § 30 Nr. 1 Halbsatz 2 KO. ausreichend gerechtfertigt ist und durchdringen kann.

---

55. 1. Inwieweit kann auch die Formnichtigkeit der Verträge von Zwischenpersonen nach § 313 Satz 2 BGB. geheilt werden?

2. Zur Tragweite des § 1 der Bundesratsverordnung über den Verkehr mit landwirtschaftlichen Grundstücken vom 15. März 1918 (RGBl. S. 123).

VII. Zivilsenat. Urt. v. 17. April 1931 i. S. B. (Bekl.) w. M. (Kl.). VII 334/30.

I. Landgericht Breslau.
II. Oberlandesgericht daselbst.

Durch notariellen Vertrag vom 10. Juni 1926 hatte der Kläger von dem Gutsbesitzer A. in K. dessen landwirtschaftliches Anwesen in Größe von 120 Morgen mit allem Inventar und allen Vorräten für 84000 RM. gekauft. Nach § 8 des Vertrags erhielt der Kläger das Grundstück alsbald übergeben. Nach § 9 sollte das Gut bis zum 15. Juli 1926 aufgelassen werden, jedoch erst nach Leistung einer bedungenen Barzahlung von 15000 RM. Da der Kläger diese Summe nicht beschaffen konnte, unterblieb die Auflassung. Er trat dann mit dem Beklagten in Verbindung und schloß mit ihm am 7. August 1926 einen privatschriftlichen Vertrag ab, worin folgendes bestimmt war: Der Kläger verpflichtete sich, dem Beklagten eine notarielle Vollmacht zu erteilen, auf Grund deren dieser berechtigt sein sollte, das Gut im Auftrag und im Namen des Klägers im ganzen oder in einzelnen Teilen zu verkaufen. Der gesamte Erlös aus diesen Verkäufen sollte für den Kläger 90000 RM. betragen, während der etwa erzielte Mehrerlös dem Beklagten zur Deckung seiner Kosten und Spesen und zur Vergütung für seine Leistung verbleiben sollte. Von den dem Kläger zugewiesenen 90000 RM. sollten 57000 RM. auf die bestehenden Hypotheken verrechnet werden; der Überschuß von 33000 RM. sollte ihm spätestens bis zum 30. August 1926 in bar ausgezahlt werden.

Zur Ausstellung der bedungenen Verkaufsvollmacht für den Beklagten kam es nicht, sondern die Parteien hielten es demnächst für zweckmäßiger, wenn der Beklagte in Vollmacht des Gutsbesitzers A. handelte, der noch als Eigentümer des Gutes im Grundbuch eingetragen war. Sonach schlossen die Prozeßparteien und A. am 20. August 1926 einen notariellen Vertrag, in dem zunächst die Erteilung des Auftrags an den Beklagten, das Grundstück entweder im ganzen zu verkaufen oder zu parzellieren, wiederholt wurde mit dem Hinzufügen, daß er hierzu noch besondere Vollmacht erhalten werde. Diese Vollmacht erteilte ihm A. in einer weiteren notariellen Urkunde von demselben Tage; die Vollmacht sollte sich danach auf den Verkauf des Grundstücks mit allem Inventar und allen Vorräten im ganzen oder in einzelnen Parzellen sowie auf die Auflassung und den Antrag auf Löschung von aufhaftenden Hypotheken und sonstigen Lasten erstrecken und bis zum 20. Oktober 1926 unwiderruflich, aber bis zum 1. April 1927 befristet sein. Im Hauptvertrag vom 20. August 1926 waren ferner Bestimmungen getroffen über die Verpflichtung des Beklagten, eingenommene Geldbeträge sofort an den Kläger abzuführen, sowie über die demnächstige Ordnung der Rechtsbeziehungen zwischen A. und dem Kläger. Hier wurde in Aussicht genommen, daß der Kaufvertrag vom 10. Juni 1926 nach der — binnen zwei Monaten erwarteten — Regelung des Verkaufs oder der Parzellierung des Gutes mit gewissen Vorbehalten rückgängig gemacht werden sollte.

Auf Grund der ihm erteilten Vollmacht betrieb nunmehr der Beklagte die Zerschlagung des Gutes und veräußerte die Trennstücke durch Verträge vom 8. September, 21. September und 10. Oktober 1926 an eine Reihe von Käufern. Diesen wurde die Auflassung am 27. Mai 1927 durch A. erteilt, und der Eigentumswechsel wurde am 20. Oktober 1927 im Grundbuch eingetragen. Die Summe der erzielten Kaufpreise belief sich auf 97000 RM. Der Beklagte vergütete dem Kläger 20000 RM., verweigerte aber eine weitere Zahlung. Der Kläger ist der Meinung, nach den getroffenen Vereinbarungen gebühre ihm ein Betrag von 33000 RM., und fordert Zahlung der Restsumme von 13000 RM.

Das Landgericht verurteilte den Beklagten antragsgemäß. Das Oberlandesgericht brachte ihm gewisse Beträge gut und beschränkte danach seine Verurteilung auf die Summe von 11103,17 RM. Die Revision des Beklagten hatte Erfolg.

Gründe:

Der Klaganspruch ist auf das privatschriftliche Abkommen der Parteien vom 7. August 1926 gestützt. Die vom Beklagten gegen dessen Rechtswirksamkeit erhobenen Angriffe weist der Berufungsrichter zurück. Er erklärt zunächst in tatsächlicher Erörterung den Einwand, das Abkommen sei wieder aufgehoben und durch die Vereinbarung einer nur bestmöglichen Parzellierung des Gutes ersetzt worden, für unbewiesen und nimmt im Gegenteil an, daß die Parteien auch beim Abschluß des Vertrags vom 20. August 1926 den Fortbestand des Abkommens vom 7. August 1926 gewollt haben. Sodann läßt der Vorderrichter dahingestellt, ob dieses Abkommen, für sich allein betrachtet, wegen Nichtbeachtung der Form des § 313 Satz 1 BGB. nichtig war oder ob nicht nach Satz 2 das. der Mangel dadurch geheilt wurde, daß der Gutsbesitzer A. den Käufern der Trennstücke die Auflassung erteilte, daß diese im Grundbuch als Eigentümer eingetragen wurden und daß der Beklagte in Ausführung des Abkommens Zahlungen an den Kläger leistete. Das Berufungsgericht entnimmt die Rechtsverbindlichkeit der am 7. August 1926 getroffenen Abmachungen schon aus der Erwägung, mit Rücksicht auf die weiteren Abreden im notariellen Vertrag vom 20. August 1926 habe eine Vereinbarung der Parteien lediglich über die Höhe der vom Beklagten an den Kläger zu leistenden Zahlungen keiner Form bedurft, und sie sei getroffen worden, weil die Parteien bei den neuen Abreden den Fortbestand des Abkommens vom 7. August gewollt hätten.

Die Revision vertritt in erster Reihe die Meinung, daß dieses Abkommen nach § 313 BGB. nichtig sei. Ob ihre Angriffe gegen die zuletzt wiedergegebenen Ausführungen des Berufungsgerichts berechtigt sind, kann indes unerörtert bleiben. Die Annahme der Rechtsverbindlichkeit des Abkommens vom 7. August, dessen Formbedürftigkeit im Sinne des § 313 zugunsten der Revision unterstellt werden mag, findet nämlich unbedenklich im zweiten Satze dieser Vorschrift ihre Rechtfertigung. Nach der Feststellung des Berufungsgerichts hat A. als eingetragener Grundstückseigentümer den Käufern der Trennstücke am 27. Mai 1927 die Auflassung erteilt, und im Oktober 1927 sind diese als Eigentümer im Grundbuch eingetragen worden. Nach Lage der Dinge kann daran kein Zweifel obwalten, daß diese Rechtshandlungen im Einverständnis der an den Veräußerungen als Veräußerer und Erwerber beteiligten Personen, also auch des Klägers und des Beklagten, zur Erfüllung der sämtlichen Veräußerungsgeschäfte erfolgt sind, die den schließlich vorgenommenen Eigentumsübertragungen zugrunde lagen. Die Heilung des Formmangels nach § 313 Satz 2 erstreckt sich in derartigen Fällen auch auf die Verträge von Zwischenpersonen, die an der Eigentumsübertragung nicht unmittelbar beteiligt sind, wenn — wie hier — die Verträge auf die Verpflichtung zur Übereignung des nämlichen Grundstücks gerichtet waren, das zunächst noch ungeteilt Vertragsgegenstand war. Diese Auffassung entspricht der ständigen Rechtsprechung des Reichsgerichts (RGZ. Bd. 31 S. 230, Bd 71 S 402, Bd. 82 S. 344, Bd. 85 S. 272; WarnRspr. 1908 Nr. 448). Demnach ist im vorliegenden Falle auch der etwaige Formmangel des privatschriftlichen Vertrags vom 7. August 1926 als geheilt anzusehen. Dafür, daß etwa dieser Vertrag bis zum Zeitpunkt der Eintragung des Eigentumswechsels aufgehoben worden wäre, fehlt es nach dem vom Berufungsrichter festgestellten Tatbestand an jedem Anhalt.

Ist sonach die aus § 313 BGB. hergeleitete Rüge der Revision abzulehnen, so ist sie doch aus dem Gesichtspunkt des § 1 der Bundesratsverordnung über den Verkehr mit landwirtschaftlichen Grundstücken vom 15. März 1918 begründet. Das Berufungsgericht hat nicht erörtert, ob nicht der notarielle Vertrag zwischen dem Kläger, dem Beklagten und A. vom 20. August 1926, auf dem die vom Beklagten vorgenommene, die Grundlage des Klaganspruchs bildende Gutszerschlagung beruht, zu seiner Wirksamkeit der Genehmigung des zuständigen Landrats bedurfte. Die Frage ist aber in Übereinstimmung mit den Ausführungen der Revision zu bejahen. Das zur Veräußerung bestimmte Landgut des A. war über 5 ha groß, und auch die weitere Voraussetzung des § 1 a. a. O. muß als gegeben gelten, daß die am 20. August getroffene Vereinbarung „die Verpflichtung zur Übereignung eines Grundstücks zum Gegenstand" hatte. Durch diesen Vertrag, als dessen Bestandteil auch die Erteilung der Vollmacht des A. an den Beklagten anzusehen ist, wurde A. — und zwar für zwei Monate unwiderruflich — gebunden, zu dulden, daß der Beklagte sein Landgut oder Teile davon an Dritte veräußerte und ihnen aufließ (wenngleich tatsächlich A. selbst schließlich die Auflassungen erteilt hat). Derartige Tatbestände sind vom Reichsgericht in RGZ. Bd. 50 S. 163 und Bd. 81 S. 49 dem Formzwang des § 313 BGB. unterstellt worden, wobei betont wurde, daß die Berücksichtigung der Entstehungsgeschichte der Vorschrift und der dabei angestellten sozialen Erwägungen dazu führen müsse, den § 313 nicht einschränkend auszulegen (RGZ. Bd. 50 S. 165 bis 167). Dasselbe ist auch für den hier in Rede stehenden § 1 der Verordnung vom 15. März 1918 zu sagen, um so mehr, als in der amtlichen Begründung (mitgeteilt bei Schlegelberger Kriegsbuch Band 8 S. 128 flg.) zu § 1 bemerkt wurde:

> Die Vorschrift erklärt als genehmigungspflichtig Grundstücksgeschäfte sowohl dinglicher als auch schuldrechtlicher Art, z. B. Kauf, Tausch, Pacht, Nießbrauch. Der Kreis der genehmigungspflichtigen Rechtsgeschäfte darf schon deshalb nicht zu eng gezogen werden, weil den zu erwartenden zahlreichen Versuchen, die Vorschriften der Verordnung zu umgehen, vorgebeugt werden muß.

Eine solche Umgehung würde bei einer Gutszerschlagung, falls man den sie vorbereitenden Vertrag nicht als genehmigungspflichtig ansehen wollte, sehr leicht dann eintreten können, wenn die vom Güterhändler gebildeten und veräußerten Trennstücke je für sich die Größe von 5 ha nicht erreichen würden und wenn daher nach § 1 der Verordnung vom 15. März 1918 die über sie abgeschlossenen Veräußerungsverträge nicht genehmigungspflichtig wären. Nach den im Rechtsstreit vorgelegten Urkunden hat es sich auch im gegenwärtigen Falle bei der Veräußerung durch den Beklagten um Trennstücke gehandelt, die kleiner als 5 ha waren, mit alleiniger Ausnahme des an einen gewissen G. veräußerten Restgutes. In RGZ. Bd. 113

S. 164/165 hat sich auch der I. Zivilsenat grundsätzlich zu der Auffassung bekannt, daß § 1 der Verordnung vom 15. März 1918 nicht eng ausgelegt werden darf. Ferner hat der VI. Zivilsenat im Urteil vom 17. Juni 1929 VI 282/28, das einen ähnlichen Vertrag zur Vorbereitung einer Grundstücksveräußerung behandelt, die Genehmigungspflicht nach § 1 a. a. O. bejaht. Die hier vertretene Ansicht teilt auch Krause Die preußischen Siedlungsgesetze 2. Aufl. Anm. 3 zu § 1 der Verordnung vom 15. März 1918.

Zu diesen Erwägungen tritt noch, als in derselben Richtung liegend, der allgemeine Hinweis der amtlichen Begründung zur Verordnung vom 15. März 1918, daß zu den Mißständen, deren Bekämpfung beabsichtigt sei, gerade auch die Zerschlagungen landwirtschaftlicher Besitzungen durch gewerbsmäßige Güterhändler gehörten (Schlegelberger a. a. O. S. 128). Daher liegt es offenbar im Sinne der Verordnung, wenn sie dahin ausgelegt wird, daß die Genehmigungspflicht auch solche Verträge trifft, die einer derartigen Zerschlagung landwirtschaftlicher Anwesen Vorschub leisten sollen. Daß es sich hier um einen solchen Vertrag handelt, kann nicht zweifelhaft sein; der Beklagte wird auch vom Berufungsgericht als „gewerbsmäßiger Grundstücksvermittler und Güterparzellant" bezeichnet.

Aus alledem ergibt sich, daß der Kläger aus der Zerschlagung des Landguts des A. nur dann Rechtsansprüche geltend machen kann, wenn er dartut, daß der zuständige Landrat den Vertrag vom 20. August 1926 genehmigt hat, was auch noch nachträglich geschehen könnte. Bis dahin liegt kein vollwirksamer Vertrag vor, der einen Anspruch auf Bewirkung der gegenseitig versprochenen Leistungen rechtfertigen könnte (RGZ. Bd. 98 S. 244). Da das Berufungsgericht nicht geprüft hat, ob die Genehmigung erteilt worden ist, muß sein Urteil aufgehoben und die Sache zurückverwiesen werden.

---

56. Kann das Finanzamt den nach der Tarifstelle 14 I Abs. 2b (4) des preußischen Stempelsteuergesetzes vom 27. Oktober 1924 zu berechnenden Nachstempel von dem Bevollmächtigten, der die Aufnahme der ursprünglichen Urkunde veranlaßt hat, auch dann erfordern, wenn er an der Verlängerung der zunächst verabredeten Rückzahlungsfrist unbeteiligt ist?

VII. Zivilsenat. Urt. v. 17. April 1931 i. S. W. (Kl.) w. Preuß. Staat (Bekl.). VII 369/30.

I. Landgericht I Berlin.
II. Kammergericht daselbst.

Am 11. Oktober 1927 erklärte der Kläger in einer notariellen Urkunde im Namen von zwei Vollmachtgebern, daß er für jeden ein Darlehen von 50000 Feingoldmark erhalten habe, und verpflichtete seine Vollmachtgeber, die Darlehen am 30. September 1928 ohne Kündigung zurückzuzahlen. Dieser Termin wurde nicht eingehalten; ein schriftlicher Vertrag über die Verlängerung der Rückzahlungsfrist wurde jedoch nicht geschlossen. Für die Urkunde vom 11. Oktober 1927 hatte der Kläger bei der Ausstellung nach Tarifst. 14 I Abs. 2b (1) StStG. einen Schuldverschreibungsstempel von $^1/_{25}$% mit 40 RM. entrichtet. Nach Ablauf des 30. September 1928 erforderte das Finanzamt von ihm weitere 126,50 RM. Er zahlte den Betrag, verlangt aber mit der Klage Rückzahlung. Das Landgericht entsprach diesem Begehren. Das Kammergericht wies die Klage ab. Die Revision des Klägers blieb erfolglos.

Gründe:

1. Der Schuldverschreibungsstempel der Tarifst. 14 I StStG. beträgt nach Abs. 1 das. an sich $^1/_8$% vom Kapitalbetrag der Schuldverschreibung. Nach Abs. 2b (1) das. sind aber Schuldverschreibungen über Darlehen, die innerhalb Jahresfrist oder in einem kürzeren Zeitraum zurückzuzahlen sind, nur einem Stempel von $^1/_{25}$% der Darlehenssumme unterworfen. Deshalb ist der Stempel für die Urkunde vom 11. Oktober 1927 zunächst richtig auf $^1/_{25}$% von 100000 = 40 RM. berechnet worden. Mit Recht erforderte man ihn vom Kläger, weil er, wenn auch als Bevollmächtigter, die Aufnahme der Urkunde veranlaßt hatte (§ 12 Abs. 1a StStG. und RGZ. Bd. 76 S. 29, Bd. 111 S. 51).

Die weiteren Vorschriften in Tarifst. 14 I Abs. 2b a. a. O. treffen Vorsorge dagegen, daß die Ermäßigungsvorschrift mißbraucht wird. Die Vorschrift b (2) das. regelt den Fall, daß die Rückzahlungsfrist durch schriftliche Verabredungen oder durch Ausstellung neuer Schuldverschreibungen bis zu einem Zeitraum von einem Jahr seit Begründung des Schuldverhältnisses verlängert wird. Unter b (3) a. a. O. heißt es sodann:

Wird die Rückzahlungsfrist über einen Zeitraum von einem Jahr seit der Begründung des Schuldverhältnisses hinaus verlängert, so ist ein Stempel von $^1/_6$ v. H. der Darlehenssumme unter Anrechnung der zur ursprünglichen Beurkundung und zu früheren Verlängerungen bereits entrichteten Stempel fällig. Endlich wird unter b (4) a. a. O gesagt:

Die Vorschrift des vorhergehenden Absatzes findet entsprechende Anwendung auf nicht oder in nicht stempelpflichtiger Form beurkundete, tatsächlich eintretende Verlängerungen der Rückzahlungsfrist. Die Frist gilt in solchen Fällen als auf einen über ein Jahr seit der Begründung des Schuldverhältnisses hinausgehenden Zeitraum verlängert. Die in diesen Fällen erforderlichen Stempel sind zu der ursprünglichen Urkunde binnen zwei Wochen nach dem Eintritt der Verlängerung zu verwenden.

2. Gegen die Höhe des nachgeforderten Stempels sind keine Bedenken geltend gemacht worden; solche sind auch nicht von Amts wegen zu erheben. Da die Verlängerung der Rückzahlungsfrist nicht beurkundet ist, so gilt sie als auf einen über ein Jahr seit Begründung des Schuldverhältnisses hinausgehenden Zeitraum verlängert — oben b (4) Satz 2 a a. O. —, und der Stempel ist nach b (3) das. an sich auf $^1/_6$% von 100000 RM. = 166,50 RM. zu berechnen. Davon sind die bereits gezahlten 40 RM. abzuziehen.

3. Der Kläger will den Nachstempel von 126,50 RM. nicht bezahlen, weil er die Verlängerung der Rückzahlungsfrist nicht veranlaßt habe, sie vielmehr gegen seinen Willen von seinen Vollmachtgebern vereinbart worden sei. Das Landgericht hält dieses Vorbringen für schlüssig, das Kammergericht dagegen nicht, weil es die vom Kläger erklärte Schuldverschreibung sei, die dem erhöhten Stempel unterliege, und der Kläger die Aufnahme dieser Urkunde jedenfalls veranlaßt habe.

4. Die Revision meint, Tarifst. 14 I Abs. 2b (4) StStG. stelle die tatsächlich eintretende Verlängerung der Rückzahlungsfrist einer von dem Gläubiger bewilligten Verlängerung — vgl. b (3) a. a. O. — gleich. So wenig wie im Falle b (3) neben den die Verlängerung der Frist verabredenden Beteiligten auch der Bevollmächtigte des Schuldners nur deshalb als „Veranlasser" angesehen werden könne, weil er die Aufnahme der ursprünglichen Schuldurkunde veranlaßt habe, ebensowenig könne das im Falle b (4) zutreffen. „Veranlasser"

der die Nachverstempelung auslösenden Verlängerung der Rückzahlungsfrist könne, wenn der Bevollmächtigte dabei nicht in die Erscheinung trete, nur der Vollmachtgeber sein.

5. Bei diesen Darlegungen ist übersehen, daß der Landesstempel in Preußen grundsätzlich ein Urkundenstempel ist und daß auch die mehrerwähnten Vorschriften der Tarifst. 14 I Abs. 2b a. a. O. diesem Grundsatz Rechnung tragen. Die nur tatsächlich eintretende, nicht schriftlich beurkundete Verlängerung der Rückzahlungsfrist kann nach dem Aufbau des preußischen Stempelsteuerrechts einem Stempel nicht unterworfen werden und wird einem solchen auch nicht unterworfen. Es ist somit für das Erheben des Stempels bedeutungslos, wer die Verlängerung veranlaßt hat. Der nach b (4) a. a. O. zu berechnende Stempel ist nach der ausdrücklichen Vorschrift des Gesetzes „zu der ursprünglichen Urkunde" zu verwenden. Auch beim Nachstempel handelt es sich also um ein Verstempeln der ursprünglichen Urkunde. Daß der Kläger ihre Aufnahme veranlaßt hat, kann und will auch die Revision nicht leugnen. Damit ist aber die Streitfrage entschieden; das Finanzamt hat den Nachstempel mit Recht vom Kläger erfordert.

---

57. In welchem Umfang ist die Vertretung des Oberlandesgerichtspräsidenten als Vorsitzenden eines Zivilsenats durch das dienstälteste Senatsmitglied zulässig?

GVG. §§ 62, 66, 117. ZPO. § 551 Nr. 1.

III. Zivilsenat. Urt. v. 21. April 1931 i. S. W. (Kl.) w. Deutsches Reich (Bekl.). III 126/30.

I. Landgericht Magdeburg.
II. Oberlandesgericht Naumburg a. S.

Aus den Gründen:

Die von der Revision an zweiter Stelle erhobene Rüge, daß das erkennende Berufungsgericht nicht vorschriftsmäßig besetzt gewesen sei und daß darin eine Verletzung des § 551 Nr. 1 ZPO. in Verb. mit §§ 62, 117 GVG. erblickt werden müsse, ist vorab zu erledigen, da sie einen absoluten Revisionsgrund betrifft. Die Rüge, mit der geltend gemacht wird, der im Geschäftsverteilungsplan als Vorsitzender bezeichnete „Senatspräsident" führe schon seit langer Zeit niemals den Vorsitz im Senat, der dienstälteste Oberlandesgerichtsrat sei daher nicht nur aushilfsweise, sondern dauernd als Vorsitzender tätig, ist nicht begründet. Die eingeholte dienstliche Äußerung des Oberlandesgerichtspräsidenten, der sich dem hier in Betracht kommenden ersten Zivilsenat des Oberlandesgerichts angeschlossen hat, ergibt für die Geschäftsverteilung in diesem Senat einen Sachverhalt, welcher dem im Urteil des II. Zivilsenats des Reichsgerichts vom 29. Oktober 1930 (RGZ. Bd. 130 S. 154) behandelten Tatbestande durchaus ähnlich, jedenfalls ihm gleich zu bewerten ist. Auch in jenem Falle wurde es als nicht gegen das Gesetz verstoßend angesehen, daß durch die geübte Geschäftsbehandlung die eigentlichen Sachen der streitigen Gerichtsbarkeit in der mündlichen Verhandlung vom Stellvertreter des Oberlandesgerichtspräsidenten geleitet wurden und daß sich der Präsident für diese Sitzungen vor Beginn des Geschäftsjahres für behindert erklärt hatte, während er die übrigen Dienstgeschäfte des Senats in erheblichem Umfang persönlich leitete. Dieser Rechtsauffassung entgegenzutreten, besteht um so weniger Anlaß, als die Reichs- und Landesgesetze dem Oberlandesgerichtspräsidenten als solchem — im Gegensatz zu den Senatspräsidenten — richterliche und verwaltungsmäßige Dienstgeschäfte in erheblichem Umfange zuweisen, deren Wahrnehmung die Ausübung des Vorsitzes im übrigen und die Teilnahme an der Rechtsprechung in der streitigen Gerichtsbarkeit naturgemäß einschränken muß, und als sich im vorliegenden Falle der Oberlandesgerichtspräsident nur einem Senat angeschlossen hat. Danach kann die Verfahrensrüge keinen Erfolg haben.

---

58. Kann der Wettbewerb einer öffentlichen Versicherungsanstalt sittenwidrig sein, wenn er unter Bedingungen ausgeübt wird, die an sich nicht zu beanstanden, aber den Mitbewerbern, privaten Versicherungsgesellschaften, verschlossen sind?

UnlWG. § 1.

II. Zivilsenat. Urt. v. 21. April 1931 i. S. Feuersozietät der Provinz B. (Bekl.) w. O.er Versicherungsgesellschaft (Kl.). II 344/30.

I. Landgericht II Berlin.
II. Kammergericht daselbst.

Die Parteien sind Feuerversicherungsanstalten, die Klägerin eine private, die Beklagte eine öffentlichrechtliche. Die Klägerin hat — abgesehen von anderen, noch in der ersten Instanz schwebenden Klaganträgen — von der Beklagten gefordert, sie möge unterlassen, bei anderen Versicherungsanstalten Versicherte früher als ein Jahr vor Ablauf der Versicherungsverträge ihrerseits zum Abschluß neuer Versicherungen zu verpflichten oder mit ihnen vor der erwähnten Frist neue sog. Vorversicherungsverträge abzuschließen. Die Beklagte schließt unstreitig mindestens zwei bis drei Jahre, bevor die alten, bei anderen Gesellschaften genommenen Versicherungen ablaufen, mit fremden Versicherungsnehmern neue Versicherungsverträge für die Zeit nach Ablauf der alten (sog. Vorversicherungen) ab oder läßt sich von den fremden Versicherungsnehmern Verpflichtungsscheine über den späteren, nach Ablauf des alten Vertrags erfolgenden Abschluß eines neuen Versicherungsvertrags mit der Beklagten ausstellen. Die Klägerin erblickt in diesem den Gepflogenheiten und Vereinbarungen der Privatversicherungsanstalten widerstreitenden Verhalten der Beklagten, dessen Änderung diese ablehnt, unlauteren Wettbewerb und eine unerlaubte Handlung im Sinne des Bürgerlichen Gesetzbuchs.

Das Landgericht wies durch Teilurteil die Klage in dem erwähnten Punkt ab. Das Kammergericht verurteilte die Beklagte, sie habe zu unterlassen, Versicherungsnehmer, die noch auf länger als ein Jahr bei einem anderen Versicherungsunternehmen versichert sind, zum Abschluß von Versicherungsverträgen mit ihr zu veranlassen. Die Revision der Beklagten blieb ohne Erfolg.

Gründe:

Das Berufungsgericht sieht in der Gepflogenheit der Beklagten, Versicherungsnehmer privater Versicherungsgesellschaften schon früher als ein Jahr vor Ablauf ihrer Versicherungen zum Abschluß neuer, nach Ablauf der alten Versicherung in Kraft tretender Versicherungsverträge mit ihr selbst zu veranlassen, ein sittenwidriges Verhalten, sofern die Beklagte damit den in Frage kommenden Versicherungsanstalten unter Herabsetzung ihrer Leistungen und unter Ausnutzung ihrer Pflicht zur Unterlassung einer derartigen Kundenwerbung zur Förderung ihres eigenen Geschäfts eine nicht zu billigende Konkurrenz mache, und ist daher sowohl nach § 1 UnlWG. wie nach §§ 823, 826 BGB. zur Verurteilung der Beklagten gelangt. Die Angriffe der Revision rechtfertigen keine andere Entscheidung. Soweit die Ausführungen des Berufungsgerichts die Frage der Sittenwidrigkeit der sog. Vorversicherungsverträge und der Entgegennahme von Verpflichtungsscheinen über künftig einzugehende Versicherungen betreffen, können sie auf sich beruhen, da das angefochtene Urteil diesen für die Entscheidung nicht erheblichen Punkt auch seinerseits dahingestellt läßt. Der Vorderrichter stellt seine Entscheidung ausschließlich auf die Umstände ab, unter denen die Beklagte ihre Kundenwerbung betreibt, wobei er mit Recht davon ausgeht, daß die Beklagte als Unternehmerin eines geschäftlichen Betriebs nach den Grundsätzen des lauteren Wettbewerbs zu verfahren hat. Die Freiheit der Beklagten im Wettbewerb gegenüber ihren Mitbewerbern wird an sich durch das angefochtene Urteil nicht in Frage gestellt. Kundenwerbung unter den Versicherungsnehmern anderer Gesellschaften ist ihr nicht zu verwehren, und es wird dabei auch nicht zu beanstanden sein, wenn sie etwaige Vorzüge ihrer Versicherungsbedingungen wahrheitsgemäß hervorhebt. Unlauter kann ihr Wettbewerb nur durch die Mittel werden, deren sie sich dabei bedient. Wenn das angefochtene Urteil das Verhalten der Beklagten daraufhin prüft und es als selbstverständlich erachtet, daß diese bei ihrer Werbung die Leistungen der alten Versicherer gegenüber den Kunden herabsetze, so vermißt die Revision allerdings mit einem gewissen Recht eine genügende tatsächliche Grundlage für diese Annahme. Gewiß bietet die sog. persönliche, auf einer Vergleichung der eigenen Leistungen mit denen eines anderen beruhende Reklame leicht die Möglichkeit zu unlauterem Wettbewerb, namentlich dann, wenn sie sich mit der Absicht des Eindringens in die vertragliche Stellung des anderen verbindet (RGZ. Bd. 116 S. 277). Notwendig ist es aber nicht, daß die Empfehlung der eigenen Leistung gerade mit einer als Herabwürdigung zu empfindenden Herabsetzung der fremden Leistung Hand in Hand geht, und es fehlt im Streitfalle jeder tatsächliche Anhalt dafür, daß die Beklagte bei etwaigen Vergleichungen der verschiedenen Versicherungsleistungen unsachlich und darum anstößig verfahren sei und verfahre. Ohne Prüfung der näheren Umstände ihrer Werbearbeit kann diese sonach nicht auf ihre Unlauterkeit in der fraglichen Richtung beurteilt werden. Die Verurteilung der Beklagten ist daher nicht mit der Erwägung zu rechtfertigen, daß ihr ein sittenwidriges Hereinziehen ihrer Mitbewerber in den Wettbewerbskampf zur Last falle. Auch eine gegen die guten Sitten verstoßende Ausbeutung des Arbeitsergebnisses der Klägerin und der sonstigen Konkurrenten der Beklagten, die das angefochtene Urteil als gegeben ansieht, kann in dem Verhalten der letzteren nicht erblickt werden. Wenn, wie das Berufungsgericht annimmt, die Agenten der Beklagten sich bemühen, die bestehenden Versicherungsverhältnisse mit fremden Versicherungen zur Lösung zu bringen und diesen die Kunden auszuspannen — und zwar trotz des Widerwillens der Versicherungsnehmer —, so liegt darin ja gerade nicht die Ausnutzung eines fremden Arbeitsergebnisses, sondern im Gegenteil ein Angriff auf dieses Arbeitsergebnis. Im übrigen handelt es sich bei dem Vorgehen der Beklagten nicht um eine Verdrängung der privaten Versicherungsunternehmungen aus vertraglich gewährleisteten Verhältnissen, wie das angefochtene Urteil meint, sondern unstreitig um die vorzeitige Ersetzung bestehender Versicherungsverträge durch neue, nach Ablauf der Vertragszeit in Kraft tretende, um deren Abschluß sich zu bewerben innerhalb der für den lauteren Wettbewerb bestehenden Grenzen die Beklagte an sich nicht behindert ist.

Getragen wird jedoch das angefochtene Urteil durch die Erwägung, daß in der beanstandeten Art der Kundenwerbung der Beklagten insofern ein sittenwidriges Moment liege, als die Beklagte dabei die für die privaten Gesellschaften bestehenden Bindungen, welche diesen eine solche geschäftliche Betätigung verwehren, nicht einhält und als sie bewußt ihre formelle Freiheit dazu ausnutzt, den sonstigen Versicherungsunternehmungen bei der Kundschaft so den Rang abzulaufen. Wie das Berufungsgericht feststellt, haben sich die privaten Feuerversicherungsanstalten bereits im Jahre 1919 vertraglich gebunden, Vorversicherungsverträge mit Kunden eines anderen Versicherungsunternehmens nicht vor Beginn des letzten Jahres vor Ablauf der bestehenden Versicherungen zu schließen. Dieser Beschluß entsprang den durch den schrankenlosen Wettbewerb der privaten Gesellschaften im Versicherungswesen nach der Feststellung des Vorderrichters offenkundig zutage getretenen und aus den Kreisen der Versicherungsnehmer vielfach gerügten Mißständen, die das

Reichsaufsichtsamt für Privatversicherung zum Eingreifen veranlaßt hatten; der Beschluß entsprach auch der Stellungnahme der obersten Versicherungsbehörden. Damit war innerhalb der Kreise des Versicherungsgewerbes bestimmt, was Redlichkeit und Anstand im gewöhnlichen Versicherungsverkehr erheischen. Die darauf beruhenden sittlichen Anschauungen über das im Wettbewerb Zulässige und Anstößige können aber für öffentliche Versicherungsanstalten nicht andere sein als für private, weil sie die Methoden des Wettbewerbs an sich betreffen und von der Persönlichkeit des Bewerbers unabhängig sind. Deshalb hat sich das Reichsaufsichtsamt — wenngleich ohne Erfolg — bemüht, eine dem Beschluß entsprechende Regelung auch für die öffentlichrechtlichen Versicherungsanstalten herbeizuführen. Jedenfalls ist es sittenwidrig, wenn die Beklagte nur um ihres öffentlichrechtlichen Charakters willen eine Form der Kundenwerbung betreibt, die ihre privaten Konkurrenten, und zwar unter dem Druck des Reichsaufsichtsamts, in ihrem gegenseitigen Verhältnis als verwerflich mißbilligt haben, und wenn sie durch Nichtachtung der damit jedem anständigen Wettbewerber gezogenen Schranken auf Kosten ihrer Mitbewerber geschäftliche Erfolge für sich davonzutragen sucht. Ein solches Verfahren gäbe der Beklagten im Verhältnis zu den privaten Gesellschaften einen durch nichts gerechtfertigten Vorsprung und ist ihr daher aus dem Gesichtspunkt des unlauteren Wettbewerbs (§ 1 UnlWG.) zu untersagen. Damit wird nicht, wie die Revision meint, der Besitzstand der anderen Gesellschaften gewährleistet oder der Beklagten die Geltendmachung ihrer Geschäftsinteressen bei der Kundschaft unmöglich gemacht, sondern die Beklagte wird nur im Wettbewerb auf die Grenzen der in dem Geschäftszweig üblichen Sitte und Lauterkeit beschränkt, die ihre Mitbewerber einzuhalten haben, ohne daß eine Verletzung von Interessen der Versicherten in Frage kommt. An dieser Beurteilung wird auch dadurch nichts geändert, daß die privaten Versicherungsunternehmungen im Abschluß von Verlängerungsverträgen über noch laufende Versicherungen ihrer Kunden zeitlich unbeschränkt sind; denn dies gilt auch für die öffentlichen Versicherungsanstalten gleichmäßig und bedeutet somit keine Inanspruchnahme einer Vorzugsstellung, ganz abgesehen davon, daß hierbei keine gegen fremden Wettbewerb gerichtete Handlung vorliegt. Eine fernere Duldung des beanstandeten Verfahrens der Beklagten würde, wenn die privaten Versicherungen ihre Interessen nicht denjenigen der öffentlichen Hand opfern wollen (wozu kein Anlaß bestünde), schließlich die Aufhebung ihres 1919 gefaßten Beschlusses und damit die Wiederkehr des für die Versicherungsnehmer wie für die Versicherungsanstalten selbst gleich unerwünschten ungehemmten Wettbewerbs der früheren Zeit nach sich ziehen, dessen Beschränkung gerade aus Gründen guter kaufmännischer Sitte und aus Rücksicht auf die Interessen der Versicherungsnehmer in der fraglichen Richtung geboten erschien. Da sich die Verurteilung auf die Fälle beschränkt, wo der Anlaß zum Abschluß eines Vorversicherungsvertrags von der Beklagten ausgeht, ist dieser die Möglichkeit zum Abschluß derartiger Verträge da nicht genommen, wo etwa der Wunsch nach solchem Abschluß von der Kundschaft geäußert wird. . . .

---

59. Welche Voraussetzungen sind für eine dem Gesetz entsprechende Führung des Vorsitzes aufzustellen, wenn ein Senatspräsident gleichzeitig Vorsitzender mehrerer Senate ist?

GVG. §§ 62, 66, 117. ZPO. § 551 Nr. 1.

III. Zivilsenat. Urt. v. 21. April 1931 i. S. B. (Kl.) w. Überlandzentrale P. AG. (Bekl.). III 85/30.

I. Landgericht Stettin.
II. Oberlandesgericht daselbst.

Über obige Frage sagen die

Gründe:

Die Revision wird in erster Reihe auf Verletzung des § 551 Nr. 1 ZPO. und der §§ 62, 66, 117 GVG. gestützt. Sie macht geltend: Der Vorsitzende des erkennenden 4. Zivilsenats des Oberlandesgerichts sei nach dem Geschäftsverteilungsplan Senatspräsident R. gewesen, der gleichzeitig auch der Vorsitzende des 1. Zivilsenats gewesen sei. Sowohl am Schluß des Jahres 1929 als auch Anfang 1930 habe in Wahrheit das dienstälteste Mitglied des Senats, Oberlandesgerichtsrat K., den Vorsitz geführt. Senatspräsident R. habe in der genannten Zeit im allgemeinen einmal monatlich den Vorsitz in der Zivilsitzung gehabt, alle übrigen Dienstgeschäfte, insbesondere die Verteilung der Dezernate an die Beisitzer, habe Oberlandesgerichtsrat K. erledigt. Infolgedessen habe seine Stellvertretung nicht aushilfsweise stattgefunden, sondern sei zu einer dauernden Einrichtung für die völlig unbestimmte Zeit der anderweitigen Inanspruchnahme des Senatspräsidenten R. geworden.

Nach der eingeholten amtlichen Auskunft des Oberlandesgerichtspräsidenten und der ihr beigefügten Erklärung des Senatspräsidenten R. sind die Angaben der Revision über den Umfang, in welchem dieser den Vorsitz im 4. Zivilsenat geführt hat, zutreffend. Senatspräsident R. hat angegeben: die Ausübung des Vorsitzes habe sich darauf beschränkt, daß er in der Regel einmal monatlich in einer Spruchsitzung des 4. Zivilsenats den Vorsitz geführt habe; durch den Vorsitz im 1. Zivilsenat werde seine Arbeitskraft voll in Anspruch genommen, sodaß er sich in der entsprechenden Sitzung des 4. Zivilsenats vertreten lassen müsse; dieser Zustand bestehe seit dem 1. Januar 1929. Der Oberlandesgerichtspräsident hat noch weiter ausgeführt: Die Regelung des Vorsitzes im 1. und 4. Zivilsenat sei in gleicher Weise auch bei den Geschäftsverteilungen für 1930 und 1931 getroffen worden. Das Präsidium habe die Maßnahme im Hinblick auf die der Geschäftssteigerung nicht entsprechende Besetzung des Oberlandesgerichts mit einem Vizepräsidenten und zwei Senatspräsidenten nur als eine vorübergehende Maßnahme bis zum Eintritt eines normalen Verhältnisses zwischen der Zahl der Geschäfte und der zu ihrer Bewältigung verfügbaren Kräfte angesehen. Das Präsidium habe mit gesetzgeberischen Maßnahmen zur Verringerung der Geschäfte und mit der Zuteilung einer dritten Senatspräsidentenstelle gerechnet. Es habe sich dabei um eine berechtigte Erwartung gehandelt, da, nachdem im Jahre 1928 eine zweite Senatspräsidentenstelle geschaffen worden, im Juni 1929 für das nächste Etatsjahr die Errichtung einer dritten Senatspräsidentenstelle beantragt und der Antrag im Juni 1930 dringlich erneuert worden sei.

Diese Äußerungen ergeben, daß keine den gesetzlichen Vorschriften der §§ 62, 117 GVG. entsprechende Führung der Geschäfte des 4. Zivilsenats durch den bestellten ordentlichen Vorsitzenden, Senatspräsident R., stattgefunden hat. Sinn und Zweck des Gesetzes gehen dahin, daß die Führung der Senate Richtern anvertraut wird, die vermöge ihrer besonderen Auswahl die Güte und Einheitlichkeit der Rechtsprechung durch den Senat, dem sie vorsitzen, in besonderem Maße gewährleisten. Das Gesetz erfordert somit eine Führung des Senats zum mindesten in dem Umfang, daß der zum ordentlichen Vorsitzenden bestellte Senatspräsident seinen richtunggebenden Einfluß geltend machen kann. Hiermit steht nicht im Widerspruch, daß in der Rechtsprechung des Reichsgerichts anerkannt ist, es widerspreche dem Gesetze nicht, wenn ein Senatspräsident gleichzeitig zum Vorsitzenden mehrerer Senate bestellt werde und wenn er, falls es ihm nicht möglich sei, alle Dienstgeschäfte selbst zu erledigen, sich sowohl für besondere Dienstgeschäfte als auch für gewisse Sitzungstage nach seinem pflichtmäßigen Ermessen für verhindert erkläre und gemäß § 66 GVG. durch den dienstältesten Oberlandesgerichtsrat des Senats vertreten lasse. Denn die Teilnahme an der Tätigkeit zweier Senate schließt nicht aus, daß die Tätigkeit in beiden eine richtunggebende sein kann.

Dementsprechend ist es auch in der Rechtsprechung des Reichsgerichts (RGZ. Bd. 130 S. 154) für ausreichend erachtet worden, daß der ordentliche Vorsitzende, der zwar in Beschlußsachen mitwirkt, den Vorsitz in den Spruchsitzungen aber nicht führt, die Termine selbst ansetzt und die Verteilung der Sachen unter die Mitglieder des Senats vornimmt. Denn hierdurch behält er stets einen ausreichenden Überblick über die zu erledigenden Spruchsachen und ist in der Lage, den Vorsitz in der einen oder anderen Sache selbst wahrzunehmen, falls er dies nach seinem pflichtmäßigen Ermessen für zweckentsprechend hält.

Im vorliegenden Fall fehlt es aber an einer ausreichenden Mitwirkung des ordentlichen Vorsitzenden an der Erledigung der Geschäfte des 4. Zivilsenats. Die Wahrnehmung einer Sitzung im Monat war im Verhältnis zur Gesamtbelastung des Senats unbedeutend. Sie ermöglichte nicht den erforderlichen Überblick über den gesamten Geschäftsstand. Der ordentliche Vorsitzende war, da er nicht die Verteilung der Dezernate vornahm und keine Termine bestimmte, nicht in der Lage, wichtigere Prozeßsachen zur Erledigung unter seinen Vorsitz zu bringen; ferner hatte er keinen Einfluß auf die Zuteilung der einzelnen Sachen an bestimmte Dezernenten. Er war daher nicht in der Lage, einen richtunggebenden Einfluß auf die Erledigung der Geschäfte des 4. Senats auszuüben, zumal da seine Arbeitskraft durch den Vorsitz im 1. Zivilsenat voll in Anspruch genommen war.

Die Möglichkeit zur Ausübung eines richtunggebenden Einflusses muß aber als Mindestmaß erfordert werden, falls nicht die Führung des Vorsitzes zu einer leeren Form herabsinken soll. An diesem Grundgedanken des Gesetzes muß auch gegenüber dem allgemeinen Anwachsen der Geschäfte und der wirtschaftlichen Notlage des Staates festgehalten werden. Diese Umstände können niemals dazu führen, daß der Sinn des Gesetzes, solange dieses besteht, in sein Gegenteil verkehrt wird. Sie zu berücksichtigen ist nicht Aufgabe der Rechtsprechung. Vielmehr bedürfen gerade in Zeiten des wirtschaftlichen Niedergangs die vom Gesetz für die Gewährleistung der Güte der Rechtsprechung getroffenen Maßnahmen einer besonderen Beachtung.

Die Senatsgeschäfte wurden somit nicht nur aushilfsweise durch den dienstältesten Oberlandesgerichtsrat geführt; dieser nahm vielmehr in Wahrheit die Stelle des ordentlichen Vorsitzenden ein. Es handelte sich hierbei auch nicht um einen nur vorübergehenden Zustand, sondern die Sachlage bestand zur Zeit des Ergehens des angefochtenen Urteils schon seit fast einem Jahre. Das Ende der Regelung war nicht abzusehen. Zwar hoffte das Präsidium des Oberlandesgerichts auf die Bewilligung einer weiteren Senatspräsidentenstelle für das Etatsjahr 1930. Die Schaffung der neuen Stelle hing aber von ganz unsicheren Umständen ab; sie ist auch bis jetzt trotz aller Bemühungen nicht bewilligt worden. Ebensowenig konnte von dem damals noch ungewissen Erlaß gesetzgeberischer Maßnahmen mit genügender Sicherheit ein Nachlassen der Geschäfte in erheblichem Umfang erwartet werden.

Die Führung der Senatsgeschäfte durch den dienstältesten Oberlandesgerichtsrat, die nicht aushilfsweise und für nicht absehbare Zeit erfolgte, war sonach mit den Vorschriften der §§ 62, 117 GVG. unvereinbar (RGZ. Bd. 115 S. 157, Bd. 119 S. 280 und S. 284, Bd. 126 S. 97 und S. 245, Bd. 127 S. 100, Bd. 130 S. 154). Das erkennende Berufungsgericht war daher im gegenwärtigen Rechtsstreit nicht vorschriftsmäßig besetzt (§ 551 Nr. 1 ZPO.).

60. 1. Wie ist zu verfahren, wenn der Kläger in einem Falle, wo der Klaganspruch nach Grund und Betrag an sich unstreitig ist, gegenüber dem Aufrechnungseinwand des Beklagten in erster Linie Unzulässigkeit der Aufrechnung, in zweiter Linie Unbegründetheit der Gegenforderung geltend macht?

2. Rechtliche Bedeutung der Freizeichnungsklausel „Lieferungsmöglichkeit vorbehalten".

3. Über die Offenbarungspflicht beim Vertragsschluß.

ZPO. § 322 Abs. 2. HGB. § 346. BGB. § 276.

II. Zivilsenat. Urt. v. 21. April 1931 i. S. Fl. Schiffsbaugesellschaft AG. (Bekl.) w. Eisenhandel L. GmbH. (Kl.). II 241/30.

I. Landgericht Hamburg, Kammer für Handelssachen.
II. Oberlandesgericht daselbst.

Die Klägerin hat der Beklagten etwa 2700 Tonnen eisernes Schiffsbaumaterial geliefert, entsprechend der von der Käuferin vorgenommenen näheren Bestimmung. Die Vereinbarung der Parteien ist in dem Bestätigungsschreiben der Klägerin vom 30. März 1927 enthalten, dem die Beklagte — abgesehen von einigen für diesen Rechtsstreit unerheblichen Abänderungswünschen — nicht widersprochen hat. Danach handelte es sich um ausländisches Material; denn die Lieferung hatte ab Antwerpen frei Schiff Flensburg zu geschehen. Die einzelnen Lieferungen sollten etwa 4 bis 6 Wochen nach Eingang der jedesmaligen Spezifikation bewirkt werden; Lieferungs- und Versandmöglichkeit war vorbehalten. Der Vertrag war auf Grund der dem Bestätigungsschreiben beigefügten gedruckten Verkaufs- und Lieferungsbedingungen der Klägerin abgeschlossen. Die Beklagte hat das gelieferte Material zum Schiffsbau verwendet.

Die Klägerin verlangt Zahlung des restlichen Kaufpreises mit 61481,80 RM. Die Beklagte bestreitet diesen Anspruch an sich weder dem Grunde noch der Höhe nach. Sie rechnet aber ihm gegenüber in voller Höhe mit einer Schadensersatzforderung auf, die sie zum überschießenden Betrag von 9903,63 RM. widerklagend geltend macht. Sie stützt diese Gegenforderung auf den durch Nichteinhaltung der vertraglichen Liefertermine angeblich eingetretenen Verzug der Klägerin, durch den sie selbst an der rechtzeitigen Fertigstellung eines bei ihr bestellten Schiffes verhindert worden sei. Nunmehr werde sie von der Bestellerin des Schiffes auf Zahlung von Vertragsstrafe in Anspruch genommen. Die Klägerin bestreitet, in Lieferungsverzug geraten zu sein. Beide Vordergerichte gaben der Klage statt und wiesen die Widerklage ab. Die Revision der Beklagten führte zur Aufhebung und Zurückverweisung.

Gründe:

Den in § 12 Abs. 3 der Verkaufs- und Lieferungsbedingungen der Klägerin vereinbarten Ausschluß des Zurückbehaltungsrechts bezieht das Berufungsgericht mit Recht auch auf die Aufrechnung. „Zurückbehaltung" einer fälligen Geldforderung wegen einer gleichfalls fälligen Gegenforderung auf Geld ist in Wahrheit nichts anderes als Aufrechnung. Rechtlich einwandfrei ist auch die weitere Ansicht des Berufungsgerichts, daß die Vereinbarung des Ausschlusses der Aufrechnung mit Gegenforderungen gegenüber einem Kaufpreisanspruch an sich rechtswirksam sei und im Geschäftsleben durch Klauseln wie „Kasse gegen Faktura" oder „Kasse gegen Dokumente" weiteste Anerkennung gefunden habe.

Die Klägerin hatte der Aufrechnungseinrede gegenüber geltend gemacht, die Aufrechnung sei in erster Linie unzulässig nach § 12 Abs. 3 der erwähnten Bedingungen; aber auch für den Fall der Zulässigkeit sei dem nach Grund und Betrag an sich unstreitigen Klaganspruch stattzugeben, weil die Gegenforderung mit Rücksicht auf die Freizeichnungsklausel des § 4 a. a. O. („Lieferungsmöglichkeit vorbehalten") nicht bestehe, also unbegründet sei.

Das Berufungsgericht läßt dahingestellt, ob der Aufrechnungsverzicht (das Aufrechnungsverbot) des § 12 gültig oder nichtig ist. Dies ist rechtsirrig wegen der sich aus der Vorschrift des § 322 Abs. 2 ZPO. ergebenden ganz verschiedenen Tragweite des Urteils in bezug auf die Rechtskraft, je nachdem der Entscheidungsgrund und damit die Entscheidung selbst die Aufrechnung für unzulässig erklärt oder aber das Nichtbestehen der Gegenforderung feststellt. Das Berufungsgericht mußte die Frage der Gültigkeit des Aufrechnungsverzichts entscheiden. Ist er gültig, die Aufrechnung also unzulässig, so durfte die Gegenforderung der Beklagten nicht für unbegründet erklärt werden. Durch Hinzufügung dieser zweiten Entscheidung wird die Rechtskraftwirkung des Urteils verändert; es wird außer der ersten, die ausspricht, daß die Klagforderung besteht, weiter noch eine der Rechtskraft fähige Entscheidung über das Nichtbestehen der Gegenforderung gefällt. Beide stehen im Eventualverhältnis zueinander. Solche der Rechtskraft fähige Eventualentscheidungen sind aber unzulässig, wie auch die Revision im Anschluß an das von der Beklagten überreichte Pagenstechersche Privatgutachten ausführt. Denn die Rechtskraft eines solchen Urteils ist nach § 322 Abs. 2 ZPO. völlig in Zweifel gerückt, weil es keinen bestimmbaren Inhalt hat (JW. 1906 S. 394 Nr. 21). Es gibt keine klare Entscheidung darüber, ob die Beklagte befugt ist, ihre Schadensersatzforderung in einem neuen Rechtsstreit gegen die Klägerin geltend zu machen, ohne sich dem Einwand der rechtskräftig entschiedenen Sache auszusetzen. Die Beklagte läuft somit bei Aufrechterhaltung des Berufungsurteils Gefahr, ihre Gegenforderung einzubüßen. Insofern ist sie durch das angefochtene Urteil beschwert. Der Umstand, daß sie den Verfahrensmangel in der schriftlichen Revisionsbegründung nicht gerügt hat, steht seiner Geltendmachung nicht entgegen; denn er ist von Amts wegen zu berücksichtigen. Es handelt sich auch hier, ebenso wie in dem RGZ. Bd. 110 S. 169flg. entschiedenen Fall, um einen in der Revisionsinstanz fortwirkenden Verstoß gegen einen verfahrensrechtlichen Grundsatz, der im öffentlichen Interesse zu beachten und dessen Befolgung dem Belieben der Parteien entzogen ist.

Das angefochtene Urteil war daher schon wegen dieses verfahrensrechtlichen Mangels aufzuheben. Das gleiche hatte aber auch wegen der gerügten sachlichrechtlichen Verstöße zu geschehen.

Die Beklagte hatte bei Begründung ihrer Gegenforderung wegen verspäteter Lieferungen gegenüber dem Hinweis der Klägerin auf die Verkaufs- und Lieferungsbedingungen, insbesondere auf die Freizeichnungsklausel („Lieferungsmöglichkeit vorbehalten") und auf den Aufrechnungsverzicht geltend gemacht, daß der Klägerin kein Recht zustehe, sich auf diese Bestimmungen zu berufen. Denn ihre Festsetzung als Vertragsinhalt sei sittenwidrig und daher nach § 138 BGB. nichtig; zum mindesten stehe der Berufung der Klägerin auf diese Bestimmungen wegen der Art ihres Zustandekommens die Einrede der Arglist entgegen. In dieser Hinsicht hatte die Beklagte folgendes vorgetragen:

1. Die Klägerin habe als Mitglied des Eisen- und Stahlhandels-Verbandes oder eines Verbandes mit ähnlichem Namen, zu dem alle

größeren Firmen dieses Geschäftszweigs gehörten und dessen Mitglieder ihre Ware nur unter den vom Verband vorgeschriebenen Bedingungen verkauften, der Beklagten die Annahme der Bedingungen unter Ausnutzung dieser Monopolstellung als Vertragsinhalt aufgezwungen; ohne deren Annahme hätten die Werften kein eisernes Schiffsbaumaterial erhalten können.

2. Die Klägerin habe die fristgemäße Lieferung des Materials zugesagt in Kenntnis davon, daß die Beklagte bei Meidung hoher Vertragsstrafe zur rechtzeitigen Ablieferung des Schiffes an die Bestellerin verpflichtet gewesen sei und daß sie selbst sich mit Baumaterial noch nicht eingedeckt habe und vermutlich sich auch nicht mehr so rechtzeitig eindecken könne, um die bedungenen Lieferfristen einzuhalten.

Würde auch nur eine von diesen Behauptungen zutreffen, so wäre nicht nur die Freizeichnungsklausel des § 4 der Verkaufs- und Lieferungsbedingungen, sondern auch das Aufrechnungsverbot des § 12 das. nach § 138 BGB. nichtig. Denn im Falle der behaupteten Ausnutzung der angeblichen wirtschaftlichen Monopolstellung der Klägerin wäre der Beklagten die Annahme beider Bestimmungen sittenwidrig aufgezwungen worden. Diese Auffassung entspricht der ständigen Rechtsprechung des Reichsgerichts (vgl. RGZ. Bd. 62 S. 266; Bd. 99 S. 109, 110; Bd. 103 S. 84; Bd. 104 S. 308; Bd. 106 S. 388; JW. 1925 S. 1395 Nr. 26). Für den Fall aber, daß die zweite der oben wiedergegebenen Behauptungen zutreffen sollte, wären — auch ohne Ausnutzung einer etwaigen Monopolstellung der Klägerin — die unter Ausbeutung der Unkenntnis der Beklagten von der wahren Sachlage auf Verlangen der Klägerin zu ihren Gunsten und zum Nachteil der Beklagten bedungenen Bestimmungen in §§ 4 und 12 als Verletzung der Anforderungen anzusehen, die der Geschäftsverkehr an die Wahrung von Redlichkeit und Anstand stellt, und es läge daher ein Verstoß gegen die guten Sitten vor. Zum mindesten stände der Berufung der Klägerin auf die durch ihr unlauteres Verhalten zum Vertragsinhalt gemachten Bedingungen der Einwand der Arglist entgegen.

Die Ausführungen, mit denen das Berufungsgericht das Vorbringen der Beklagten zurückweist, sind unzureichend und rechtsirrig. Der Vorderrichter sieht den auf die mißbräuchliche Ausnutzung der Monopolstellung der Klägerin gegründeten Einwand ohne weiteres als unerheblich an, weil die Beklagte keinen Gebrauch gemacht habe von der ihr in § 4 Abs. 1 Satz 2 der Bedingungen eingeräumten Möglichkeit, sich entgegen der im vorhergehenden Satz enthaltenen Freizeichnungsklausel („Lieferungsmöglichkeit vorbehalten") durch schriftliche Vereinbarung das Recht auf Geltendmachung von Verzugsstrafen und auf sonstige Schadensersatzansprüche vorzubehalten. Damit verkennt das Berufungsgericht den Sinn und Zweck des ganzen Einwands. Denn dieser enthält naturgemäß auch die Behauptung, daß die in § 4 Abs. 1 Satz 2 vorgesehene Möglichkeit nur auf dem Papier stehe, weil die Klägerin die Beklagte unter mißbräuchlicher Ausnutzung ihrer Monopolstellung zum Abschluß des Lieferungsvertrags und zur Anerkennung der uneingeschränkten, d. h. nicht durch gegenteilige Abmachungen außer Kraft zu setzenden Freizeichnungsklausel und der übrigen die Interessen der Klägerin einseitig wahrenden Bedingungen, u. a. des § 12 Abs. 3, gezwungen habe.

Rechtsirrig ist aber auch die Begründung, mit der das Berufungsgericht das zweite Vorbringen der Beklagten für unerheblich erklärt. Der Vorderrichter glaubt auch hier, von einer Aufklärung des Sachverhalts absehen zu können, und zwar auf Grund der Erwägung: es sei nicht festzustellen, daß die Beklagte den Vertrag nicht oder nicht so, wie geschehen, geschlossen haben würde, wenn die Klägerin ihr mitgeteilt hätte, daß sie sich wegen des verkauften Materials noch nicht eingedeckt habe; ebensowenig lasse sich feststellen, die Klägerin sei sich bewußt gewesen, daß sie der Beklagten diesen Umstand als für ihren Entschluß maßgebend mitteilen müsse. Diese Ausführung ist verfehlt, wie die Revision mit Recht rügt. Wenn sich die Klägerin zur Zeit der Vertragsverhandlungen wegen des von ihr zu liefernden Materials noch nicht eingedeckt hatte oder wenn sie nicht wenigstens die Lieferung der erforderlichen bedeutenden Mengen fest an der Hand hatte, war sie nach der ihr obliegenden Offenbarungspflicht beim Vertragsschluß verpflichtet, der Beklagten hiervon Mitteilung zu machen. Denn für die Übertragung so umfangreicher Materiallieferungen zum Bau eines selbstverständlich bei Meidung hoher Vertragsstrafen zu bestimmtem Termin fertigzustellenden Schiffes ist die Frage ausreichender Eindeckung der Lieferantin von ausschlaggebender Bedeutung. Es ist deshalb wegen Fehlens jeder Sicherheit für pünktliche Lieferung nicht daran zu denken, daß die Beklagte mit der Klägerin abgeschlossen hätte, falls ihr bekannt gewesen wäre, daß diese damals noch ohne feste Eindeckung war und auch nicht über eine sichere Abschlußmöglichkeit zur pünktlichen, fristgerechten Erfüllung des Vertrags verfügte. Darüber war auch die Klägerin als bedeutende Handelsfirma, die mitten im Geschäftsleben steht, nicht einen Augenblick im Zweifel. Die gegenteilige Ansicht des Berufungsgerichts ist nicht verständlich; sie läßt die erforderliche Berücksichtigung nicht nur der besonderen Umstände des Falles, sondern auch allgemeiner Erfahrungssätze vermissen und beruht auf Verkennung der durch die Rechtsprechung des Reichsgerichts aus dem Gesichtspunkt von Treu und Glauben entwickelten Grundsätze über die Offenbarungspflicht beim Vertragsschluß (vgl. z. B. RGZ. Bd. 97 S. 327, Bd. 103 S. 47 [50], Bd. 107 S. 357 [362]; JW. 1912 S. 743 Nr. 5, 1919 S. 36 Nr. 2, 1921 S. 1235 Nr. 11, 1927 S. 1993 Nr. 3).

Offensichtlich ist die rechtsirrige Stellungnahme des Berufungsgerichts zum Vorbringen der Beklagten unter Nr. 2 durch Verkennung der rechtlichen Bedeutung der Freizeichnungsklausel beeinflußt. Das Urteil behandelt diese Klausel, ohne auch nur mit einem Wort auf ihre rechtliche Bedeutung einzugehen, trotz der eingehenden Rechtsausführungen der Beklagten und ihrer Hinweise auf die Rechtsprechung des Reichsgerichts zu der Klausel so, als ob sie der Klägerin ohne Rücksicht auf ihr eigenes Verhalten das Recht gäbe, sich ganz nach ihrem Belieben auf sie zu berufen, und als ob es Sache der Beklagten gewesen wäre, den Rechtswirkungen aus dieser für sie „unbequemen" Vereinbarung dadurch zu entgehen, daß sie von der in § 4 Abs. 1 Satz 2 der Bedingungen vorgesehenen Möglichkeit Gebrauch gemacht hätte. Da dies unstreitig nicht geschehen ist, nimmt der Vorderrichter ohne weiteres an, durch die Klausel seien alle Schadensersatzansprüche der Beklagten wegen Lieferungsverzugs abgeschnitten. Dem kann nicht beigetreten werden. Die Freizeichnungsklausel gibt der Verkäuferin nicht etwa, wie das Berufungsgericht anzunehmen scheint, einen Freibrief in die Hand, durch den sie ihre Pflichten aus dem Kaufvertrag einseitig nach ihrem Belieben gestalten könnte. Die Nichteinhaltung der vertraglichen Lieferzeit ohne zwingende sachliche Gründe wäre reine Willkür, welcher der andere Teil nach der Auffassung aller redlichen Kaufleute nicht ausgesetzt sein soll (so im Urteil des erkennenden Senats vom 17. November

1922 RGZ. Bd. 105 S. 371; ebenso RGZ. Bd. 104 S. 306). Und im Urteil des erkennenden Senats JW. 1921 S. 1235 Nr. 11 heißt es: „Die schon in ihrer sprachlichen Fassung so lässige, inhaltlich ganz vage Klausel (Lieferungsmöglichkeit vorbehalten) darf nicht die Handhabe bieten, leichtfertig tönende Versprechungen zu machen, die man einfach im Stich läßt, wenn die Sache mißglückt". Diese Rechtsprechung beruht auf dem rechtlichen Gedanken, daß die Lieferungs-Freizeichnungsklausel eine Gefahrklausel ist. Daraus ergibt sich, daß sie nur zukünftige und noch ganz ungewisse Gefahren decken soll, nicht auch solche Ereignisse, deren sicherer oder möglicher Eintritt dem durch die Klausel begünstigten Vertragsteil bei Vertragsschluß bekannt, dem anderen Teil aber unbekannt und verschwiegen worden war (RGZ. Bd. 97 S. 325). Bei der unter Beweis gestellten Behauptung der Beklagten, daß die Klägerin bei Vertragsabschluß weder über fertige Abschlüsse mit Lieferwerken verfügt, noch sichere Abschlußmöglichkeiten mit solchen fest an der Hand gehabt habe, handelte es sich aber nicht um ein künftig möglicherweise eintretendes Lieferungshindernis, also nicht um den Fall, daß für dieses Geschäft besondere, die Lieferung zu verhindern oder zu verzögern geeignete unvorhergesehene Umstände in Frage kommen konnten. Vielmehr bestand, wenn man jene Behauptung als wahr unterstellt, zum mindesten eine große Unsicherheit über die Möglichkeit pünktlicher Erfüllung. Es handelte sich dann also nicht um ganz allgemeine, unbestimmte, erst in Zukunft als möglich drohende Lieferungshindernisse, sondern — beim Fehlen jeder sicheren Eindeckung — um eine bereits vorhandene Gefahr für die Möglichkeit pünktlicher Lieferung, zumal bei Berücksichtigung der großen Abschlußmenge von 2700 Tonnen eisernen Schiffsbaumaterials in den verschiedensten Abmessungen.

Danach durfte sich das Berufungsgericht der sachlichen Nachprüfung des oben unter 1 und 2 wiedergegebenen Vorbringens der Beklagten nicht entziehen.

---

61. Hat der Wettbewerber als solcher im Verfahren des Registerrichters auf Löschung oder Untersagung des Gebrauchs einer unwahren Firma ein Beschwerderecht nach § 20 des Gesetzes über die Angelegenheiten der freiwilligen Gerichtsbarkeit?

II. Zivilsenat. Beschl. v. 21. April 1931 in einer Handelsregistersache. II B 7/31.

I. Amtsgericht Bremen.
II. Landgericht daselbst.

Der Sachverhalt und die Entscheidung ergeben sich aus den Gründen:

1. Im Handelsregister des Amtsgerichts Bremen ist seit dem 17. Januar 1919 die Firma „D.-Werke Adolph D. Gesellschaft mit beschränkter Haftung" mit jetzt 50000 RM. Stammkapital für ein Unternehmen zur Herstellung von Maschinen und Eisenwaren und zum Handel mit solchen eingetragen. Die Beschwerdeführerin, Firma „Vereinigte Baubeschlagfabriken Gr., GmbH." in Stuttgart-Feuerbach, die nach ihrem Vortrag mit der vorbezeichneten Firma in schärfstem Wettbewerb steht, hat am 6. Oktober 1930 beim Amtsgericht Bremen wegen des Wortes „D.-Werke" angeregt, jene Firma gemäß § 142 FGG. zu löschen, nötigenfalls gemäß § 37 Abs. 1 HGB. in Verb. mit §§ 132 bis 139, 140 FGG. gegen sie einzuschreiten. Bei diesem Einschreiten könnte es sich immer nur um ein Vorgehen gegen den Gebrauch der Firma im ganzen handeln, nicht um eine Unterdrückung des beanstandeten Firmenbestandteils allein (ROLG. Bd. 6 S. 340; JW. 1925 S. 2489 Nr. 1; Staub-Bondi § 37 Anm. 4a; Düringer-Hachenburg-Hoeniger § 37 Anm. 5). Die Beschwerdeführerin macht geltend, die Bezeichnung „D.-Werke" verstoße gegen den Grundsatz der Firmenwahrheit und sei nach § 4 GmbHG. in Verb. mit § 18 Abs. 2 HGB. unzulässig. Nur große Industriebetriebe dürften nach ständiger Rechtsprechung die Bezeichnung „Werk" oder gar „Werke" führen. Die Gegnerin aber, eine Familiengesellschaft, besitze nur ein Grundstück und beschäftige nur etwa 80 Arbeiter; sie sei daher ein kleineres, nicht einmal zur Führung der Bezeichnung „Werk" in der Einzahl berechtigtes Unternehmen. Durch den unbefugten Firmengebrauch sei die Beschwerdeführerin in ihren Rechten, nämlich in dem Rechtsgut ihres selbständigen, eingerichteten Gewerbebetriebs verletzt.

2. Das Amtsgericht Bremen hat mit Beschluß vom 28. Oktober 1930 ein Einschreiten abgelehnt, nachdem durch die Handelskammer daselbst festgestellt worden war, daß die Gesellschaft mbH. aus der offenen Handelsgesellschaft „D.-Werke Adolph D." hervorgegangen

ist, die am 9. Juni 1917 zunächst unter der Firma „D.-Werk Adolph D." handelsgerichtlich eingetragen worden war, aber nach Eröffnung einer — erst in der Inflationszeit wieder aufgelösten — zweiten Betriebsstätte am 11. Juni 1918 die veränderte Firma „D.-Werke Adolph D." angenommen und zur Eintragung gebracht hat. Die hiergegen erhobene Beschwerde hat das Landgericht unter Bejahung des Beschwerderechts als unbegründet zurückgewiesen, weil ein Einschreiten im öffentlichen Interesse (wie sowohl für das Verfahren nach § 140 als auch für das nach § 142 FGG. erforderlich) nicht geboten sei. Auf die weitere Beschwerde will sich das Oberlandesgericht Hamburg dahin aussprechen, daß die nach § 29 FGG. formgerecht eingelegte Beschwerde unzulässig sei, weil kein Recht der Beschwerdeführerin im Sinne des § 20 Abs. 1 das. verletzt sei. Es sieht sich jedoch am Ausspruch dieser Unzulässigkeit, wofür es sich auch auf die Entscheidung des Kammergerichts vom 26. November 1908 KGJ. Bd. 37 A S. 199 = RJA. Bd. 10 S. 20 beruft, durch die Erkenntnisse des Bayerischen Obersten Landesgerichts vom 19. September 1921 (Bayer. Rpfl. 1922 S. 74 = LZ. 1922 Sp. 31) und vom 17. Juni 1922 (JFG. Bd. 1 S. 188) gehindert, woselbst ein Beschwerderecht des Wettbewerbers anerkannt ist. Daher hat das Oberlandesgericht Hamburg die Beschwerde gemäß § 28 Abs. 2 FGG. dem Reichsgericht zur Entscheidung vorgelegt. Der Fall des § 28 Abs. 2 ist nach dieser Vorschrift in Verb. mit § 199 Abs. 1 und 2 das. gegeben.

3. Dem Oberlandesgericht Hamburg und dem Kammergericht ist beizupflichten. Nach § 20 Abs. 1 FGG. steht die Beschwerde jedem zu, „dessen Recht durch die Verfügung" (des Gerichts erster und höherer Instanz) „beeinträchtigt ist". Diese Vorschrift hat ihre gleichmäßige Bedeutung für alle Gebiete der freiwilligen Gerichtsbarkeit. Jede erweiternde Auslegung auf dem einen Gebiet hat unübersehbare Wirkungen für die übrigen Gebiete. Wie die Entstehungsgeschichte zeigt (vgl. die Darstellung bei Schlegelberger Komm. z. FGG. 3. Aufl. 1927 zu § 20 Bd. 1 S. 291), war wegen der Ausdehnung des Beschwerderechts schon die Fassung des Gesetzes umstritten. Angenommen wurde schließlich die Fassung des Entwurfs § 19, zu der die Denkschrift Mat. S. 39 erklärt: „Hiernach genügt es zur Anfechtung nicht, daß die Verfügung auf die rechtlichen Beziehungen des Beschwerdeführers von Einfluß ist und daß er insofern ein Interesse an ihrer Änderung hat, vielmehr ist stets

erforderlich, daß eine Beeinträchtigung seines Rechtes vorliegt. Diese Regelung steht mit allgemeinen Rechtsgrundsätzen im Einklang. Darüber hinauszugehen ist weder durch ein praktisches Bedürfnis noch durch Rücksichten der Billigkeit geboten".

Die „Verfügung" des Gerichts muß die Beeinträchtigung des Rechts enthalten. Kann dies auch dadurch geschehen, daß eine Verfügung, die eine Beeinträchtigung von Rechts wegen zu beseitigen hatte, nicht erlassen wird, so muß in diesem Falle doch zweierlei vorliegen: eine Beeinträchtigung des Rechts und eine Verpflichtung des Gerichts der freiwilligen Gerichtsbarkeit, sie zu beseitigen. Diese Verpflichtung des Registergerichts hat das Landgericht bei beiden vorgeschlagenen Wegen des Einschreitens verneint, und zwar gleichermaßen für das im Wege einer Kannvorschrift[1]) geregelte Löschungsverfahren nach § 142 FGG. (hier in Verb. mit § 144 Abs. 1 Satz 2 und Abs. 3 FGG. und § 75, § 3 Abs. 1 Nr. 1 GmbHG.), wie auch für die als Mußvorschrift gekennzeichnete Gebrauchsuntersagung nach § 37 Abs. 1 HGB., § 140 FGG., die auch bei der Gesellschaft mbH. Anwendung findet (JW. 1910 S. 121 Nr. 31). Die Ansicht des Landgerichts kann hier jedoch unerörtert bleiben, da die Meinungsverschiedenheit der Obergerichte nach der anderen Richtung hin besteht, ob nämlich ein Recht der Beschwerdeführerin beeinträchtigt sein kann. Dies ist aber zu verneinen.

Das Recht, auf dem die Beschwerdeführerin fußt, ist ihr selbständiger eingerichteter Gewerbebetrieb. Eine Beeinträchtigung ihres Namensrechts (RGZ. Bd. 109 S. 213, Bd. 115 S. 401 (406); JW. 1927 S. 1585 Nr. 21) und Firmenrechts kommt nicht in Frage, da die Gegnerin, abgesehen von dem für alle Fälle gleichmäßig vorgeschriebenen Zusatz „mit beschränkter Haftung", keinen Firmenbestandteil der Beschwerdeführerin gebraucht und bei dem sonst völlig verschiedenen Wortlaut der beiderseitigen Firmen jede Verwechslungsgefahr ausgeschlossen ist. Deshalb scheidet auch § 16 UnlWG. aus. Der eingerichtete Gewerbebetrieb, den die Rechtsprechung als ein Recht anerkennt, müßte aber als solcher Gegenstand der Beeinträchtigung sein, wenn der Beschwerdeführerin, die allerdings — wie jeder andere — zu dem Amtsverfahren nach §§ 142, 144 oder § 140 FGG. Anregung geben konnte, auch ein Beschwerde-

[1]) Vgl. hierzu RGZ. Bd. 122 S. 312 (314) und RGUrt. vom 1. Februar 1929 II 419/28 und vom 30. September 1930 II 11/30. D. E.

recht nach § 20 FGG. eingeräumt werden soll. Eine Verhinderung oder Störung ihres eigenen Gewerbebetriebs kann indessen die Beschwerdeführerin selbst nicht behaupten. Eine solche hat auch das Bayerische Oberste Landesgericht in den von ihm behandelten ähnlichen Fällen nicht angenommen, sondern in der schon angeführten älteren Entscheidung vom 19. September 1921, zu welcher die spätere nichts Neues bringt, unter Anführung der reichsgerichtlichen Entscheidungen in JW. 1913 S. 435 Nr. 12, 1915 S. 915 Nr. 3 und im Recht 1918 Nr. 236 selbst ausdrücklich abgelehnt.

Das Bayerische Oberste Landesgericht ist aber der Meinung, nach §§ 3, 13 UnlWG. bestehe ein Unterlassungsanspruch des Wettbewerbers gegenüber dem Mißbrauch des — gesetzlichen — Firmenrechts, und wenn die Verfügung des Registerrichters dieses Recht verletze, müsse ein Beschwerderecht nach § 20 FGG. gegeben sein. Es weist darauf hin, in JW. 1913 S. 435 Nr. 12 (Urteil des I. Zivilsenats des Reichsgerichts vom 29. Januar 1913) sei ausdrücklich „das Recht aus dem sonstigen Wettbewerbsrecht", außer § 16, „vorbehalten". Es sei, so wird weiter gesagt, nur folgerichtig, daß, wer selbst das Recht zur Unterlassungsklage habe, auch das Beschwerderecht erhalte. Für den springenden Punkt, ob durch die Führung einer unwahren, zur Täuschung über die Verhältnisse des Unternehmens geeigneten Firma das „Recht" eines Wettbewerbers verletzt wurde, geht jedoch die Bezugnahme auf jenes Reichsgerichtsurteil fehl. Damals wurde zurückverwiesen, damit im ordentlichen Prozeßverfahren geprüft werde, ob zur Rechtfertigung des erhobenen Unterlassungs- und Löschungsanspruchs „vielleicht eine andere Bestimmung des Gesetzes wider den unlauteren Wettbewerb Platz zu greifen habe". Daß die Klägerin durch den Gebrauch der zur Täuschung über den Umfang des Geschäfts geeigneten, folglich gegen § 18 Abs. 2 HGB. verstoßenden Firma „in ihren Rechten" verletzt sei, wurde unter Versagung des Klagerechts nach § 27 Abs. 2 HGB. ausdrücklich verneint. Das Zutreffen irgendeiner anderen Vorschrift des Wettbewerbsgesetzes wird also gerade **nicht** dahin beurteilt, daß dadurch die Klägerin „in ihren Rechten verletzt" sein müsse. Nun ist die Rechtsprechung des Reichsgerichts, besonders des mit dem einschlägigen Rechtsgebiet befaßten erkennenden Senats, auch in der Frage der Zulässigkeit der auf §§ 823, 1004 BGB. sich stützenden quasinegatorischen Unterlassungsklage auf dem Gebiete des gewerblichen Rechtsschutzes nicht dabei stehengeblieben, daß nur ein unmittelbar gegen den Bestand des Betriebs gerichteter Eingriff eine Verletzung des Rechts des eingerichteten und ausgeübten Gewerbebetriebs darstelle. Vielmehr ist diese Auffassung als zu eng bezeichnet und die Klage gegen unbefugte Beeinträchtigungen der gewerblichen Betätigung auch ohne Rücksicht darauf gewährt oder als berechtigt erklärt worden, ob ein sich unmittelbar gegen den Bestand richtender Eingriff vorliege (so unter Berufung auf JW. 1905 S. 174 Nr. 15 und RGZ. Bd. 109 S. 52 die Urteile dieses Senats in JW. 1929 S. 1217 Nr. 25 und vom 27. Februar 1931 II 155/30). Dabei werden aber immer Beeinträchtigungen des freien Gewerbebetriebs des Klagenden verlangt, mag man auch diese bürgerlich-rechtliche Unterlassungsklage als mit zur Abwehr unlauteren Wettbewerbs gegeben bezeichnen. Es handelt sich, wie stets betont wird, um eine auf dem Sondergebiet des gewerblichen Rechtsschutzes vor sich gehende Ausfüllung der in den Einzelvorschriften des Bürgerlichen Gesetzbuchs und in den Sondergesetzen enthaltenen Lücken durch Richterrecht zur Deckung schutzwürdiger Interessen. Diese Rechtsprechung liegt am äußersten Rande oder entfernt sich schon von dem Rechtsboden, auf dem das Gesetz über die Angelegenheiten der freiwilligen Gerichtsbarkeit das Beschwerderecht zuläßt. Hier genügt es gerade nicht, daß schutzwürdige Interessen bestehen; es muß ein Recht beeinträchtigt sein. Das hält die Rechtsprechung des Senats auch insoweit fortdauernd für erforderlich, als es sich um das durch eine Verletzung „in seinen Rechten" bedingte Klagerecht des Firmeninhabers nach § 37 Abs. 2 HGB. handelt (RGZ. Bd. 114 S. 90 [94]; JW. 1902 S. 27 Nr. 20, 1913 S. 435 Nr. 12; Staub-Bondi § 37 Anm. 14 gegen Düringer-Hachenburg-Hoeniger § 37 Anm. 8). Es ist nicht, wie das Bayerische Oberste Landesgericht sagt, folgerichtig, wenn jedem, der irgendeine Unterlassungsklage hat, das Beschwerderecht verstattet wird; gegenüber dem positiven Inhalt des § 20 FGG. ist dies vielmehr unstatthaft. Die Unterlassungsansprüche des Wettbewerbsgesetzes, zu deren Verfolgung in den Fällen der §§ 1, 3, 6, 8, 10, 11, 12 nach § 13 das. nicht bloß Gewerbetreibende, welche Waren oder Leistungen gleicher oder verwandter Art herstellen oder in den geschäftlichen Verkehr bringen, sondern auch Verbände zur Förderung gewerblicher Interessen berechtigt sind, haben in der Regel kein außerhalb dieser Interessen bestehendes Rechtsverhältnis zur Voraussetzung; sie entstammen grundsätzlich nicht einem Individualrecht. Die Vorschriften dieses Gesetzes sind nicht bloß der Wettbewerber halber gegeben, sondern sie dienen auch den Interessen des Publikums und der Wahrung des Rechtsfriedens (RGZ. Bd. 115 S. 330, Bd. 120 S. 49).

Von irgendeinem Eingriff in die freie gewerbliche Betätigung der Beschwerdeführerin ist hier keine Rede; es handelt sich allein darum, daß die Gegnerin durch eine inhaltlich unwahre Angabe in einem Firmenbestandteil ihren eigenen Absatz fördert und dadurch mittelbar dem Erfolg der geschäftlichen Betätigung der Beschwerdeführerin Abbruch tut. Konkurrenz ist aber, wie in JW. 1913 S. 435 Nr. 12 mit Recht gesagt ist, noch nicht ein Eingriff in den geordneten Geschäftsbetrieb eines anderen. Dies gilt selbst dann, wenn sie sich eines unlauteren Mittels bedient, das nicht zugleich einen solchen Eingriff enthält. Der in JW. 1905 S. 174 Nr. 15 behandelte Fall, wo aus den Unterlassungsansprüchen des Wettbewerbsgesetzes ein Untersagungsrecht hergeleitet und der geschäftlichen Betätigung des Klägers in den Weg gelegt wurde, enthält demgegenüber gerade einen Eingriff in dessen geschäftliche Betätigung. Die Unterlassungsklage nach §§ 3, 13 UnlWG. ist der Beschwerdeführerin durch die Verfügung des Registergerichts weder genommen noch beeinträchtigt. Wie bei der Ordnung des Beschwerderechts gemäß § 20 FGG. nach der Denkschrift das praktische Bedürfnis in Erwägung gezogen wurde, so ist bei der Zulassung des Beschwerderechts des Wettbewerbers als solchen, das dann auch den zur Unterlassungsklage berechtigten Verbänden nicht versagt werden könnte, der mehr aufs Formale gerichtete Aufgabenkreis der Registerführung gegenüber demjenigen der Rechtsprechung in Zivilsachen zu berücksichtigen und als Gegengrund zu würdigen. Wie schon im § 127 FGG. zum Ausdruck gebracht ist (vgl. Denkschrift S. 70 zu § 123 des Entwurfs), paßt die unter Umständen von eingehenden Erörterungen und Ermittlungen des Tatbestands abhängige Beurteilung „streitiger Rechtsverhältnisse“ und erst recht der im Wettbewerbsgesetz gesicherten schutzwürdigen Interessen nicht in jenen Aufgabenkreis. Es geht nicht an, die Austragung der mannigfaltigen Wettbewerbs-Streitigkeiten, die mit der Firmenführung zusammenhängen, durch Einräumung des Beschwerderechts in das

Amtsverfahren des Registerrichters zu verlegen. Gegen ein Beschwerderecht aus dem Grunde des Wettbewerbs und insbesondere wegen eines Verstoßes gegen § 18 Abs. 2 HGB. sprechen sich auch aus Schlegelberger Komm. z. FGG. § 20 Anm. 22 und Josef in HansRZ. 1922 S. 871.

---

62. Steht § 2 des Finanzausgleichsgesetzes oder § 21 des Umsatzsteuergesetzes der Erhebung von Stempelsteuer nach Tarifst. 7 Abs. 1b des preußischen Stempelsteuergesetzes vom 27. Oktober 1924 entgegen, wenn gemäß § 8 des letzteren Gesetzes die Höhe der Stempelabgabe nach dem tatsächlich erzielten Umsatz bemessen wird?

VII. Zivilsenat. Urt. v. 21. April 1931 i. S. Firma P. (Kl.) w. Preuß. Staat (Bekl.). VII 386/30.

I. Landgericht I Berlin.

Die Klägerin hat durch Vertrag vom 27. Februar 1928 der Firma G. für eine Anzahl östlicher Randstaaten das ausschließliche Recht zur Herstellung von Biomalz, ohne und mit Zutaten, gegen eine vom Umsatz zu berechnende Lizenzgebühr eingeräumt. Das Finanzamt B. in Berlin hat auf den Vertrag einen Überwachungsvermerk gesetzt, wonach ihm jährlich anzuzeigen ist, welche Beträge an Lizenzgebühren insgesamt und welche seit der letzten Anzeige auf Grund des § 6 des Vertrags an die Klägerin gezahlt worden sind, und wonach an Stempel $^2/_3$% von der gezahlten Summe zu entrichten sind. Der Beklagte beansprucht diesen Stempel auf Grund der Tarifst. 7 Abs. 1b StStG. Die Klägerin macht dagegen geltend, daß die Anwendung dieser Tarifstelle nach § 2 des Finanzausgleichsgesetzes ausgeschlossen sei, weil sie von den Lizenzgebühren schon Umsatzsteuer zu entrichten habe. Sie hat infolgedessen beantragt, festzustellen, daß sie entgegen dem Überwachungsvermerk die ihr gemäß § 6 des Vertrags zufließenden Lizenzgebühren nicht nach Tarifst. 7 Abs. 1b StStG. zu versteuern habe.

Das Landgericht wies die Klage ab. Die unmittelbar eingelegte Revision der Klägerin hatte keinen Erfolg.

Gründe:

Die Zulässigkeit einer Feststellungsklage, wie sie die Klägerin erhoben hat, ist nicht zu bezweifeln.

Daß der Vertrag der Klägerin mit G. als Vertrag über die entgeltliche Einräumung einer Lizenz zur ausschließlichen Herstellung von Biomalz in bestimmten Gebieten und damit als ein „ein lästiges Veräußerungsgeschäft enthaltender Vertrag über andere Gegenstände aller Art" an sich gemäß Tarifst. 7 Abs. 1b StStG. der Stempelpflicht unterliegt, ist unstreitig und auch rechtlich bedenkenfrei. Ebenso war auch, wie die Klägerin gleichfalls nicht bestreitet, das Finanzamt als Vertreter des Beklagten nach § 8 StStG. an sich berechtigt, den Stempel für diese Vereinbarung nach den der Klägerin tatsächlich zufließenden Lizenzgebühren zu bemessen und hierzu die Überwachung des Eingangs dieser Gebühren anzuordnen; denn der Wert des Gegenstands des Vertrags über die Lizenzeinräumung ist zunächst so unbestimmt, daß er von vornherein nicht festgestellt oder geschätzt werden kann.

Die Klägerin beruft sich darauf, daß die Verstempelung des Vertrags in dieser Art nach § 2 des Finanzausgleichsgesetzes nicht zulässig sei, weil sie von den Lizenzgebühren schon Umsatzsteuer zu entrichten habe. Daß letzteres der Fall ist, hat wiederum der Beklagte nicht bestritten, und es ist auch rechtlich zutreffend. Denn wenn die Klägerin, die ihren Sitz im Inland hat, der Firma G. die Herstellung von Biomalz in bestimmten Auslandsstaaten gegen Lizenzgebühr einräumt, so handelt es sich dabei um eine unter § 1 Nr. 1 des Umsatzsteuergesetzes fallende Leistung im weiten Sinne des § 241 BGB., welche die Klägerin innerhalb der von ihr selbständig ausgeübten gewerblichen Tätigkeit im Inland gegen Entgelt ausführt, während anderseits die Befreiungsvorschrift des § 2 Nr. 1c des Umsatzsteuergesetzes schon deshalb nicht anwendbar ist, weil sie sich nur auf Lieferungen im engeren Sinne, nicht aber auf sonstige Leistungen bezieht (RFH. Bd. 2 S. 241).

Entscheidend ist also, ob die Erhebung einer Stempelsteuer in Höhe von $^2/_3$% von den der Klägerin zufließenden Lizenzgebühren zulässig ist, obgleich von diesen Gebühren auch Umsatzsteuer nach dem Umsatzsteuergesetz erhoben wird. Hierfür könnte außer dem von der Klägerin herangezogenen § 2 des Finanzausgleichsgesetzes auch § 21 des Umsatzsteuergesetzes in der Fassung vom 8. Mai 1926 in Frage kommen. Bei der ersteren Vorschrift kommt es darauf an, ob die Beanspruchung von Umsatzsteuer für das Reich wegen der Lizenzgebühren und die Erhebung der Stempelsteuer in der gedachten Art für den Preußischen Staat „gleichartige Steuern" betreffen. Das ist aber mit dem Landgericht entgegen den Ausführungen der Revision zu verneinen.

Das Landgericht führt aus, der Gegenstand der Stempelsteuer aus Tarifst. 7 Abs. 1b sei ein anderer als derjenige der Umsatzsteuer; es sei nämlich Gegenstand der ersteren der das lästige Veräußerungsgeschäft enthaltende schuldrechtliche Vertrag, Gegenstand der letzteren aber die dingliche Ausführung des Veräußerungsgeschäfts. Für die Entstehung der Stempelpflicht sei es — so erwägt der Vorderrichter weiter — ohne Bedeutung, ob hinterher die Veräußerung dinglich vollzogen werde. Der Stempel werde hiernach für die Besonderheit der schriftlichen Form des zugrunde liegenden Kausalgeschäfts erfordert, die eine besondere Rechtssicherheit gewähre und deswegen ihre besondere steuerliche Belastung gegenüber der Steuerfreiheit eines nur mündlichen Vertrags rechtfertige. Diese Ausführungen decken sich weitgehend mit denen des Urteils des erkennenden Senats in RGZ. Bd. 103 S. 206. Auch dort wird insbesondere ausgesprochen, daß der Gegenstand der Stempelabgabe der Tarifst. 32c StStG. a. F. (jetzt Tarifst. 7 Abs. 1b) der schuldrechtliche Vertrag über die durch seinen Abschluß erzwingbare Veräußerung, Gegenstand der Umsatzsteuer aber die dingliche Ausführung der Veräußerung oder richtiger das dafür eingenommene Entgelt sei. Keine ausschlaggebende Bedeutung sei allerdings dem Umstand beizumessen, daß sich die Stempelabgabe im Gegensatz zur Umsatzsteuer als „reine Urkundensteuer" darstelle, da eigentlicher Gegenstand des Urkundenstempels doch die hinter der Urkunde liegenden Rechtsgeschäfte seien. Eine wesentliche sachliche Verschiedenheit beider Steuern sei aber darin zu finden, daß der Stempel den beurkundeten Veräußerungsvertrag ohne Rücksicht darauf erfasse, ob er zur Erfüllung gelangen werde oder nicht, während die Umsatzsteuer ein mindestens teilweise schon erfülltes Geschäft erfordere und das gezahlte Entgelt ohne Rücksicht auf das vereinbarte Entgelt besteuere. Die letzteren Ausführungen treffen nun allerdings mehr für den Regelfall zu, wo die Stempelsteuer ohne weiteres von dem beurkundeten Vertrag erhoben werden kann (z. B. wenn eine feste jährliche Lizenzgebühr vereinbart ist); hier dagegen wird in Anwendung des § 8 StStG. der auf Grund des Vertrags zu erzielende Umsatz abgewartet und gerade der tatsächlich erfolgte Umsatz und das tatsächlich dafür gewährte Entgelt zum Maßstab für die Stempelsteuer genommen. Selbst für einen solchen Fall muß jedoch bei dem in der Entscheidung im 103. Bande ausgesprochenen Grundsatz stehen geblieben werden, daß der verschiedene Gegenstand der Besteuerung maßgebend ist; denn die Stempelsteuer wird für den beurkundeten schuldrechtlichen Vertrag als solchen, die Umsatzsteuer aber für das infolge der Ausführung des Vertrags eingenommene Entgelt erhoben. Dem Maßstab, nach dem die Steuer erhoben wird, kann dagegen keine ausschlaggebende Bedeutung beigemessen werden. Dem steht auch die Entscheidung des V. Zivilsenats in RGZ. Bd. 109 S. 317 und das daselbst angezogene Urteil des Reichsfinanzhofs Bd. 7 S. 266 nicht entgegen, da dort nur ausgesprochen wird, daß nach § 44 des Umsatzsteuergesetzes vom 24. Dezember 1919 der Umsatz als Merkmal des Umfangs des Gewerbebetriebs von Landessteuern nicht als Steuermaßstab benutzt werden darf.

Die Erhebung der Stempelsteuer in der hier vorliegenden Art wird aber auch nicht durch § 21 des Umsatzsteuergesetzes ausgeschlossen. Dies ist schon deshalb zu verneinen, weil der Begriff „Warenumsätze" nicht allgemein im Sinne von Umsätzen im weitesten Umfang zu verstehen, sondern auf Lieferungen von Waren zu beschränken ist; denn von sonstigen Leistungen wird nur die Gewährung eingerichteter Schlaf- und Wohnräume in Gasthöfen, Pensionen und Privathäusern erwähnt. Überdies trifft aber auch hier der schon erwähnte Gesichtspunkt zu, daß die Stempelsteuer nicht vom Entgelt erhoben wird, sondern daß ihr Gegenstand eben der beurkundete Vertrag ist, das von der Klägerin eingenommene Entgelt aber nur den Maßstab für die Bemessung der Höhe der Stempelabgabe bildet.

---

63. 1. Können Maschinen, die zunächst unter § 97 Abs. 2 Satz 1 BGB. fallen, später Zubehör des Fabrikgrundstücks werden?
2. Erstreckt sich die Hypothek am ganzen Grundstück nach § 1120 BGB. auch auf das nur einem der Bruchteilseigentümer gehörige Zubehör?

V. Zivilsenat. Urt. v. 25. April 1931 i. S. Firma D. (Kl.) w. 1. Schl.Bank, 2. Frau Qu. (Bekl.). V 23/31.

I. Landgericht Breslau.
II. Oberlandesgericht daselbst.

Ein Grundstück in Breslau gehörte seit August 1924 zu 56/100 dem Kaufmann und Fabrikbesitzer K., zu 44/100 dessen Ehefrau. Der Ehemann betrieb seitdem als alleiniger Inhaber der Firma Kl. & Co. auf dem Grundstück eine schon vor dem Kriege gegründete Schokoladen- und Zuckerwarenfabrik. Beide Eheleute belasteten das Grundstück im Februar 1925 mit einer Hypothek für die Erstbeklagte, im Juli 1925 mit einer solchen für die Zweitbeklagte. Am 11. April 1929 übereignete der Ehemann als Alleininhaber der Firma Kl. & Co. der Klägerin sicherungshalber eine Anzahl von Maschinen, die sich schon vor dem Jahre 1925 in dem Fabrikgebäude befunden hatten, zum Fabrikbetrieb bestimmt waren und auch nach dieser Sicherungsübereignung in der Fabrik blieben. Im Oktober 1929 kam das Grundstück zur Zwangsversteigerung. Im Versteigerungstermin wurde auf den Antrag der Klägerin die Zwangsvollstreckung in die ihr übereigneten Maschinen einstweilen eingestellt. Die Zweitbeklagte erhielt den Zuschlag. Alle Hypotheken standen außerhalb des geringsten Gebots. Im Verteilungstermin kam die Erstbeklagte mit ihrer Post voll zur Hebung, ließ sie aber gemäß § 91 Abs. 2 ZVG. bestehen. Die Zweitbeklagte wurde bei ihrer nach § 91 Abs. 1 das. erlöschenden Post nur mit 8368,65 RM. befriedigt und fiel mit 62121,74 RM. aus. Sie sucht wegen ihres Ausfalls Befriedigung aus den der Klägerin übereigneten Maschinen, die sie als Grundstückszubehör bezeichnet und der Hypothekenhaftung unterwerfen will. Die Klägerin leugnet die Zubehöreigenschaft der Maschinen und deren Haftung für die Hypotheken und verlangt mit der Klage kraft ihres Eigentums von beiden Beklagten die Freigabe der Maschinen. Die Zweitbeklagte begehrt widerklagend Verurteilung der Klägerin zur Duldung der Zwangsvollstreckung wegen eines Teilbetrags von 10000 RM. vom Ausfall ihrer Hypothek. Beide Vorinstanzen haben die Klage abgewiesen und der Widerklage stattgegeben. Die Revision der Klägerin blieb erfolglos.

Gründe:

Das Berufungsgericht geht ohne Rechtsirrtum davon aus, daß die der Klägerin übereigneten Maschinen keine wesentlichen Bestandteile des Fabrikgrundstücks (§ 94 BGB.), sondern bewegliche Sachen

sind, die dem wirtschaftlichen Zweck des Grundstücks zu dienen bestimmt sind und zu ihm in einem dieser Bestimmung entsprechenden räumlichen Verhältnis stehen (§ 97 Abs. 1 Satz 1, § 98 Nr. 1 das.). Insoweit erhebt auch die Revision keinen Angriff. Sie wendet sich nur gegen die Begründung, mit der das Berufungsurteil die auf § 97 Abs. 2 Satz 1 BGB. gestützte Einwendung der Klägerin gegen die Zubehöreigenschaft der Maschinen zurückgewiesen hat. Auch insoweit ist jedoch das Ergebnis des Berufungsgerichts nicht von Rechtsirrtum beeinflußt.

Die Klägerin hat zur Begründung ihrer Ansicht, daß die Maschinen nur einer vorübergehenden Benutzung für den wirtschaftlichen Zweck des Fabrikgrundstücks gedient hätten, folgende Behauptungen aufgestellt: Die Maschinen seien schon in den Jahren 1919 bis 1924 von der Firma Kl. & Co. erworben worden. Die Firma sei damals noch eine aus zwei Gesellschaftern — dem Ehemann K. und einem gewissen Sch. — bestehende offene Handelsgesellschaft gewesen. Das Grundstück habe ihr nicht gehört; sie habe es lediglich von den damaligen vier Miteigentümern gemietet gehabt, zu denen allerdings auch der Ehemann K. gehört habe. Die Maschinen seien mithin von der Firma nur für die Dauer der Miete des Grundstücks in ein räumliches Verhältnis zu ihm gebracht worden. Auch nachdem K. Alleininhaber der Firma geworden sei und zusammen mit seiner Ehefrau das Grundstückseigentum erworben habe, sei das Firmenvermögen buch- und bilanzmäßig vom Grundstückseigentum getrennt geblieben. Der nur für beschränkte Zeit geschlossene Mietvertrag habe fortbestanden. Die Beklagten haben diese Sachdarstellung bestritten. Das Berufungsgericht hat sie für unerheblich erachtet und ausgeführt: Nach dem Ergebnis der Beweisaufnahme sei das Fabrikgebäude in den Jahren 1912 oder 1913 zum Betrieb der Schokoladen- und Zuckerwarenfabrik errichtet und seitdem dauernd für diesen Betrieb benutzt worden. Wenn auch zwischen den Fabrikinhabern und den Grundstückseigentümern ein Mietvertrag über das Fabrikgebäude bestanden haben möge, so sei das Mietverhältnis jedenfalls nicht als ein nur vorübergehendes zu betrachten gewesen. Seit 1924 sei — wenn es seitdem überhaupt noch bestanden haben sollte — seine Beendigung gegen den Willen des K., der nunmehr Alleininhaber der Fabrikfirma und zugleich mit seiner Frau Grundstückseigentümer gewesen sei, nicht mehr in Frage gekommen. Es müsse also angenommen werden, daß das Fabrikgebäude jedenfalls seit dieser Zeit nicht mehr nur vorübergehend zum Betrieb der Fabrik habe verwendet werden sollen. Die zum Betrieb der Fabrik bestimmten Maschinen hätten daher nicht nur vorübergehend für den wirtschaftlichen Zweck des Fabrikgrundstücks benutzt werden sollen.

Die Revision wendet sich zunächst gegen die Ansicht, daß die Maschinen schon mit ihrer Anschaffung durch die offene Handelsgesellschaft Kl. & Co. in den Jahren 1919 bis 1924 Zubehör des von der Gesellschaft gemieteten Fabrikgrundstücks geworden seien. Es kann dahingestellt bleiben, ob das Berufungsgericht diese Ansicht aufstellen wollte und aufgestellt hat und, bejahendenfalls, ob sie zutreffend begründet worden ist. Denn ersichtlich legt das angefochtene Urteil das entscheidende Gewicht erst auf die Verhältnisse seit 1924, also seit der Zeit, wo Grundstückseigentum und Firmeninhaberschaft in der Person des K. zusammentrafen. Nun mag zwar für die Entscheidung der Frage, ob eine bewegliche Sache gemäß § 97 Abs. 2 Satz 1 BGB. nur vorübergehend für den wirtschaftlichen Zweck eines Grundstücks benutzt wird, im allgemeinen die beim Beginn der Benutzung dem Benutzer innewohnende Absicht über die Benutzungsdauer ausschlaggebend sein, sodaß regelmäßig die Zubehöreigenschaft nicht begründet werden wird, wenn jene Absicht den künftigen Wegfall der Benutzung auf dem Grundstück in sich schließt (RGRKomm. Anm. 11 zu § 97; Planck Anm. 2e zu § 97). Der Revision kann auch zugegeben werden, daß der Mieter eines Fabrikgrundstücks regelmäßig seine dem Fabrikbetrieb gewidmeten Maschinen nicht zu dauernder, sondern nur zu vorübergehender Benutzung auf das Grundstück bringen wird. Erwirbt er dann aber nachträglich das Grundstückseigentum, so ändern sich die Verhältnisse. Nunmehr ist regelmäßig davon auszugehen, daß die zunächst nur zur vorübergehenden Benutzung eingebrachten Sachen fortan der dauernden Benutzung auf dem Grundstück gewidmet und damit Zubehör des Fabrikgrundstücks geworden sind (Planck a. a. O.). Die buch- und bilanzmäßige Trennung von Firmenvermögen (einschließlich der Maschinen) und Privatvermögen (einschließlich des Grundstücks) rechtfertigt noch keine Ausnahme von dieser Regel. Dasselbe gilt von der etwaigen Fortsetzung des Mietverhältnisses zwischen Fabrikfirma und Grundstückseigentümer in einem solchen Fall. Endlich spricht auch nicht gegen die Begründung der Zubehöreigenschaft der Maschinen die von der Revision ins Feld geführte theoretische Möglichkeit, daß später vielleicht das Geschäft allein ohne das Grundstück verkauft oder von dem Grundstück wegverlegt werden könnte. Daß K. praktisch jemals die Absicht gehabt hätte, von einer solchen Möglichkeit Gebrauch zu machen, hat die Klägerin nicht behauptet. Das Berufungsgericht hat das Gegenteil tatsächlich festgestellt. Seine Ausführungen ergeben, daß die Maschinen seit 1924, also seit sich die Alleininhaberschaft an der Fabrikfirma und die durch das Miteigentum der Frau nicht wesentlich beschränkte wirtschaftliche und rechtliche Herrschaft über das Grundstück in der Hand des Ehemanns K. vereinigt hatten, nach dessen maßgeblichem Willen nicht mehr nur vorübergehend, sondern dauernd für das Grundstück benutzt werden sollten. Diese tatsächliche Feststellung läßt keinen Rechtsirrtum erkennen. Sie rechtfertigt jedenfalls für die Zeit seit dem Jahre 1924 die Ablehnung des § 97 Abs. 2 Satz 1 BGB. und die Bejahung der Zubehöreigenschaft für die Maschinen.

Die im Jahre 1925 auf das Grundstück gelegten Hypotheken der Beklagten erstreckten sich nach § 1120 BGB. auch auf die Maschinen als Zubehörstücke des belasteten Grundstücks. Die Ausnahmevorschrift, wonach Zubehörstücke, die nicht in das Eigentum des Grundstückseigentümers gelangt sind, von der Hypothekenhaftung frei bleiben, kann für sie nicht Platz greifen. Zwar stand zur Zeit der Eintragung der Hypotheken das Grundstück im Miteigentum (§ 1008 BGB.) der Eheleute K., während die Maschinen dem Ehemann K. (als Inhaber der Fabrikfirma) allein gehörten. Dieser Unterschied in den Eigentumsverhältnissen am Grundstück und an den Maschinen rechtfertigt aber nicht die Anwendung jener Ausnahmevorschrift. Die im Schrifttum streitige Fragengruppe, wie sich die Erstreckung der Hypothekenhaftung in Ansehung des Zubehörs gestaltet, wenn Alleineigentum am Zubehörstück und Miteigentum am Grundstück oder Alleineigentum am Grundstück und Miteigentum am Zubehörstück zusammentreffen, braucht hier nicht allgemein erörtert zu werden (vgl. Planck-Strecker Anm. 3c β zu § 1120; Staudinger Anm. II B 2 zu § 1120; Warneyer Anm. III zu § 1120). Denn nach der besonderen Gestaltung des Sachverhalts besteht kein Zweifel darüber, daß hier das Miteigentum der Ehefrau K. an dem belasteten Grundstück die Erstreckung der Hypothekenhaftung auf die im Alleineigentum des Ehemanns stehenden Maschinen nicht hinderte. Die Hypotheken der

Beklagten lasteten auf dem ganzen Grundstück, also auch auf dem Anteil des Ehemanns, und erfaßten daher das zu diesem Anteil gehörige Zubehör, das im Eigentum des Ehemanns stand. Die Maschinen des Ehemanns waren Zubehör des ganzen Grundstücks, also auch seines Anteils. Sie wurden daher von den Hypotheken der Beklagten erfaßt. Daraus folgt nach den in RGZ. Bd. 125 S. 362 entwickelten Rechtsgrundsätzen die Bestätigung der von den Vorinstanzen getroffenen Entscheidung zur Klage und Widerklage.

---

64. 1. Unter welchen Voraussetzungen verlieren Forderungen auf rückständiges Gehalt, die der Arbeitgeber in laufende Rechnung aufgenommen hat, ihre Eigenschaft als Arbeitnehmereinlage?

2. Welche Verjährungsvorschriften finden auf solche Forderungen Anwendung?

AufwG. § 63 Abs. 3, § 65. BGB. § 196 Nr. 8.

I. Zivilsenat. Urt. v. 25. April 1931 i. S. Firma B. & Co. (Bekl.) w. H. (Kl.). I 339/30.

I. Landgericht Wiesbaden.
II. Oberlandesgericht Frankfurt a. M.

Der Vater des Klägers (nachstehend als Erblasser bezeichnet) war bis zu seinem Tode (1903) lange Zeit hindurch bei der Beklagten angestellt gewesen, zuletzt als „Direktor". Im Jahre 1896 ließ er sich bei ihr ein Konto errichten, auf dem die nicht abgehobenen Teile seines Gehalts und der Tantieme verbucht wurden; die Einlagen wurden mit 5% verzinst. Er hatte seinen Sohn, den Kläger, zum Alleinerben eingesetzt und seiner Witwe den Nießbrauch am Nachlaß vermacht. Diese vereinbarte mit dem Generaldirektor der Beklagten, daß das Kapital zu den alten Bedingungen bei der Beklagten belassen und das Konto auf ihren Namen weitergeführt werden solle. Das Guthaben wurde mit 5%, ab 1922 mit 8% verzinst und am 24. August 1923 zurückgezahlt.

Im September 1925 trat die Witwe mit der Bitte um Aufwertung an die Beklagte heran; diese stellte sich aber auf den Standpunkt, daß es sich um eine nicht aufwertbare Kontokorrentforderung handle. Im Januar 1929 hat der Kläger, der sich die seiner Mutter etwa zustehenden Aufwertungsansprüche hat abtreten lassen, Klage erhoben. Er sieht in dem im August 1923 zurückgezahlten Guthaben ein der Beklagten gegebenes, aus Arbeitnehmereinlagen seines Vaters herrührendes Gefälligkeitsdarlehen, das frei aufzuwerten sei, von dem er aber zunächst nur 25% des Goldwerts verlangen wolle. Die Beklagte hat u. a. eingewandt, es handle sich um die nach § 65 AufwG. unzulässige Aufwertung einer Kontokorrentforderung; der Charakter dieser Forderung als Arbeitnehmereinlage sei durch die Vereinbarungen der Witwe des Erblassers mit der Beklagten völlig verloren gegangen. Ferner hat sie die Einrede der Verjährung erhoben.

Das Landgericht verurteilte die Beklagte unter Abweisung des Mehranspruchs zur Zahlung von 19630 RM. nebst Zinsen. Berufung und Revision der Beklagten blieben erfolglos.

Gründe:

Zutreffend nimmt das Berufungsgericht an, daß die vom Erblasser nicht abgehobenen Summen nebst den darauf vergüteten Zinsen als Einlagen eines Arbeitnehmers beim Arbeitgeber im Sinne des Aufwertungsgesetzes anzusehen sind, obwohl der Erblasser, zum mindesten in der letzten Zeit, offenbar eine gehobene Stellung im Betriebe der Beklagten eingenommen hatte. Entscheidend ist in dieser Beziehung, daß er kraft Dienstvertrags angestellt war.

Nicht zu beanstanden ist auch die weitere Ausführung des Urteils, daß bei diesem Sachverhalt dem Kläger das Aufwertungsverbot des § 65 AufwG. nicht entgegengehalten werden könne. Zur Begründung wird freilich in erster Linie geltend gemacht, es habe zwischen dem Erblasser und der Beklagten und in gleicher Weise auch zwischen seinen Rechtsnachfolgern und der Beklagten kein Kontokorrent oder eine andere laufende Rechnung bestanden; trotz Vorliegens einiger bezeichnenden Merkmale eines solchen Rechtsverhältnisses habe es sich nämlich doch um nichts anderes gehandelt als um die zum buchungstechnischen Ausdruck gebrachte verzinsliche Anlage eines Kapitals auf einem Konto, das keine anderen Bewegungen aufgewiesen habe als die Gutschrift der Zinsen und die Lastschrift der regelmäßigen Abhebungen. Dies steht jedoch im Widerspruch mit der Rechtsprechung des erkennenden Senats. Danach genügt es für die Annahme eines Kontokorrents oder einer anderen laufenden Rechnung, wenn sich der geschäftliche Verkehr im beiderseitigen Einverständnis in den charakteristischen Formen dieser Rechtsverhältnisse abspielt, eine Voraussetzung, die hier sicherlich gegeben ist; hingegen kommt es auf den wirtschaftlichen Charakter der in die Rechnung einbezogenen Posten nicht an (vgl. RGZ. Bd. 123 S. 351 und Zeiler Nr. 1415, 1880). Richtig ist dagegen die hilfsweise gegebene Begründung des Berufungsgerichts, daß die Hauptregel des § 65 AufwG. deshalb nicht zur Anwendung kommen könne, weil einer der vorgesehenen Ausnahmefälle vorliege, nämlich die Einlage eines Arbeitnehmers bei seinem Arbeitgeber. In dieser Richtung wird dort ausgeführt, weder die Tatsache des eingetretenen Erbfalls noch die im Jahre 1903 zwischen der Witwe des Erblassers und der Beklagten getroffene Vereinbarung über die Weiterbehandlung des damals vorhandenen Guthabens und deren Rechtsfolgen hätten bewirken können, daß das Guthaben nicht mehr als Arbeitnehmereinlage anzusehen sei, ebensowenig die eingetretene Vermehrung, soweit sie durch Zuschreibung der Zinsen erfolgt sei. Nicht mit Unrecht macht freilich die Revision geltend, daß diese Ausführungen in einem gewissen Widerspruch mit dem stehen, was an anderer Stelle des Urteils gesagt ist, wo es sich um das Vorliegen einer Vermögensanlage handelt. Es heißt dort: Nach dem Tode des Erblassers sei insofern eine rechtliche Veränderung eingetreten, als zwischen der Witwe und der Beklagten ein Darlehens- oder Verwahrungs- und Verzinsungsvertrag abgeschlossen worden sei; das frühere arbeitsrechtliche Verhältnis sei erloschen, an seine Stelle sei ein kapitalwirtschaftliches getreten. Die Rechtsbeziehungen der Parteien seien auf eine neue Grundlage gestellt worden, und diese rein kapitalwirtschaftliche Grundlage sei zwei Jahrzehnte hindurch bestehen geblieben. Weiterhin wird von dem „novatorischen Charakter" der im Jahre 1903 getroffenen Vereinbarung gesprochen. Diese Sätze erwecken allerdings den Eindruck, als wolle das Berufungsgericht die Vereinbarung von 1903 — im Widerspruch mit den Ausführungen an früherer Stelle — dahin auslegen, daß das Rechtsverhältnis der Parteien auf eine gänzlich veränderte Grundlage gestellt und vom ursprünglichen Rechtsgrund — Arbeitnehmereinlage — völlig losgelöst worden sei. Dann würde der in § 65 AufwG. vorgesehene Ausnahmefall nicht mehr gegeben sein (vgl. Zeiler Nr. 1242). Eine solche Auslegung wäre aber nicht vereinbart mit dem Inhalt der Abmachung, wie sie das Berufungsgericht selbst festgestellt hat. Besprochen wurde zwischen der Witwe und dem

Vertreter der Beklagten nichts weiter, als daß der beim Tode des Erblassers vorhandene Saldo „stehenbleiben" und mit 5% (wie bisher) verzinst werden solle. Das ist kein Vertrag, durch den das Rechtsverhältnis der Parteien derart grundlegend geändert worden wäre, daß das Guthaben seine Natur als Arbeitnehmereinlage nachträglich hätte verlieren können (Zeiler a. a. O.). Die Aufwertung ist danach zulässig.

Bei Bestimmung der im einzelnen für die Aufwertung maßgebenden Grundsätze geht der Berufungsrichter davon aus, daß das ererbte Guthaben durch die Vereinbarung von 1903 zu einer Vermögensanlage geworden sei. Er verkennt nicht, daß nach der Entwicklung, welche die reichsgerichtliche Rechtsprechung genommen hat, die Einlagen des Arbeitnehmers, soweit sie aus dem Arbeitsverhältnis herrühren — was hier der Fall ist —, grundsätzlich auch nach Beendigung dieses Arbeitsverhältnisses ihren Charakter als Ansprüche aus einem zweiseitigen Vertrag behalten und daher unter die Ausnahmefälle des dritten Absatzes des § 63 AufwG. gehören, auch wenn sie, rein wirtschaftlich betrachtet, ebenfalls als Vermögensanlagen anzusehen wären (vgl. die vom Berufungsgericht angeführten Urteile des erkennenden Senats vom 9. Mai 1928 I 318/27 in JW. 1928 S. 2906 Nr. 2 [auch bei Zeiler Nr. 1242] und vom 12. Mai 1928 I 2/28 in JW. 1928 S. 1801 Nr. 18 [auch bei Zeiler Nr. 1267], ferner RGZ. Bd. 123 S. 351 [355]). Der Vorderrichter meint aber, daß hier ein abweichender Tatbestand vorliege, wofür er sich auf die vorher wiedergegebenen Ausführungen über die Rechtsnatur der Vereinbarung von 1903 stützt. Diese Ausnahme ist indessen sehr bedenklich, wie sich schon aus der obigen Beurteilung der Rechtsauffassung des Berufungsgerichts ergibt. Es braucht aber hierauf und auf das, was die Revision gegen das Vorliegen einer Vermögensanlage vorbringt, nicht näher eingegangen zu werden, weil die Beklagte, die allein Revision eingelegt hat, durch die Stellungnahme des Vorderrichters keinesfalls beschwert ist. (Wird näher ausgeführt.)

Endlich ist auch die Einrede der Verjährung in jedem Falle mit Recht zurückgewiesen worden. Es ist nicht zutreffend, daß man — wie anscheinend das Berufungsgericht annimmt — bei Verneinung einer Vermögensanlage dazu kommen müsse, die Verjährung zu bejahen. Dem steht entgegen, daß der Begriff der Vermögensanlage an sich wirtschaftlicher, nicht rechtlicher Art ist, daß ihm zwar im

Rahmen des Aufwertungsgesetzes die Eigenschaften eines Rechtsbegriffs beigelegt werden, daß sich aber die Wirkungen nicht über diesen Rahmen hinaus erstrecken. In der Rechtsprechung des Senats ist die freie Aufwertung von Arbeitnehmereinlagen, soweit sie in nicht abgehobenen Teilen des Gehalts bestehen, damit begründet worden, daß ihnen „der Charakter als einer Forderung aus einem gegenseitigen Vertrage, dem Dienstvertrage, nicht verloren gegangen sei, und somit der Tatbestand des § 63 Abs. 3 AufwG. vorliege" (RGUrt. vom 9. Mai 1928 a. a. O.), oder „daß sie auf einem gegenseitigen Vertrage (Dienstvertrage) als ihrer unmittelbaren Grundlage beruhen" (RGUrt. vom 12. Mai 1928 a. a. O.). Damit ist jedoch nur gesagt, daß diese Ansprüche im Sinne des Aufwertungsgesetzes, trotz ihrer Aufnahme in die laufende Rechnung, als auf gegenseitigem Vertrag beruhend zu betrachten sind. Nicht aber ist damit gesagt, die Aufrollung der laufenden Rechnung nach rückwärts müsse die Wirkung haben, daß diese laufende Rechnung überhaupt nicht mehr als vorhanden anzusehen und die Posten in jeder Beziehung so zu behandeln wären, als hätten sie nie darin gestanden. Für die Frage der Verjährung muß es vielmehr auch im Falle der freien Aufwertung dabei bleiben, daß die einzelnen Posten ihren rechtlichen Charakter insoweit eingebüßt haben, als sie Rechnungsposten geworden sind, und daß daher die Vorschriften, die für Dienstlohnforderungen gelten, nicht Platz greifen.

---

65. 1. Zur Auslegung formularmäßiger Prozeßschriften.

2. Kann das Berufungsgericht neues Verteidigungsvorbringen zurückweisen, wenn das Verfahren des Landgerichts an Fehlern leidet, welche die Verteidigung des Beklagten beeinträchtigt haben?

3. Erfordernisse der Entscheidung nach Lage der Akten.

ZPO. §§ 251a, 331, 331a, 529, 539.

VIII. Zivilsenat. Urt. v. 27. April 1931 i. S. M. u. Gen. (Bekl.) w. Internat. Tiefbohr-AG. (Kl.). VIII 611/30.

I. Landgericht Hannover.
II. Oberlandesgericht Celle.

Die Klägerin hat mit der Erdölbohrgesellschaft N. und der Erdölgesellschaft mbH. N. als Auftraggebern am 20. Mai 1927 einen Vertrag geschlossen, wonach sie als Unternehmerin eine Tiefbohrung nach Erdöl in der Gemarkung Ni. vornehmen sollte. Nach § 9 des Vertrags sollten die von der Klägerin jeweils nach dem Fortschreiten der Arbeiten auszustellenden Rechnungen am 1. und 15. jedes Monats bar bezahlt werden. Daran schließt sich die Bestimmung:

> Falls die Zahlung in Akzepten erfolgt, dann übernehmen die Herren des Grubenvorstands der Erdölbohrgesellschaft N. die persönliche Bürgschaft für den Eingang der Akzeptbeträge.

Aus dieser Verpflichtung und aus weiteren Vereinbarungen vom 4. April und 13. Juli 1928 hält die Klägerin die drei Beklagten als die damaligen Mitglieder des Grubenvorstands und als Unterzeichner der Verträge für haftbar. Sie hat die drei Beklagten und außerdem noch einen vierten Beklagten, bezüglich dessen das Verfahren abgetrennt worden ist, im Dezember 1928 auf gesamtschuldnerische Zahlung eines Teilbetrags von 30000 RM. nebst Zinsen verklagt. Außer den bezeichneten Verpflichtungsurkunden hat die Klägerin einen Rechnungsauszug über die von ihr ausgeführten Arbeiten und Lieferungen beigebracht, der mit einem Saldo zu ihren Gunsten in Höhe von 91479,50 RM. abschließt. Auf der Sollseite sind Wechselposten (Rückwechsel, Einlösungen, Diskontspesen usw.) aufgeführt, die den Betrag von 30000 RM. um ein Mehrfaches übersteigen.

Der erste Termin — vor dem Einzelrichter — war auf den 19. Januar 1929 angesetzt. In diesem Termin waren alle vier Beklagten durch den Rechtsanwalt W. vertreten, der nach der Verhandlungsniederschrift für alle Beklagten Abweisung der Klage beantragte. Der Viertbeklagte wandte örtliche Unzuständigkeit ein. Nach Verhandlung verlangten die Beklagten Vertagung. Gegen Widerspruch der Klägerin wurde neuer Termin auf den 2. Februar 1929 bestimmt und gleichzeitig „dem Beklagten" aufgegeben, „seine" Klagbeantwortung der Klägerin bis zum 24. Januar 1929 zuzustellen. Das war, als am 2. Februar 1929 der neue Termin vor dem Einzelrichter stattfand, noch nicht geschehen. Nach der Niederschrift verlasen damals beide Parteien ihre Anträge. Der Vordruck der Niederschrift: „Die Anwälte verhandelten sodann zur Sache" ist ausgestrichen. An seiner Stelle steht der Vermerk: „Klägerin beantragte Verweisung an die Kammer mit Rücksicht darauf, daß die Beklagten die Klagbeantwortung noch nicht zu den Akten gebracht haben." Der Einzelrichter verwies darauf den Rechtsstreit an die Zivilkammer.

Im Zivilkammer-Termin vom 6. März 1929, zu dem beide Anwälte geladen waren, erschien für die Beklagten niemand. Der Prozeßbevollmächtigte der Klägerin beantragte, nach Lage der Akten zu entscheiden. Das Landgericht setzte Termin zur Verkündung der Entscheidung auf den 20. März 1929 fest und gab das durch eingeschriebenen Brief an Rechtsanwalt W. bekannt. Bis zu diesem Tag war ein Antrag, die Verkündung zu unterlassen (§ 251a Abs. 1 letzter Satz ZPO.), nicht gestellt worden, wohl aber war mit dem Eingangsstempel vom 9. März 1929 ein vom 2. Februar 1929 datierter Schriftsatz zu den Akten gelangt, worin die der Klage zugrunde liegenden Forderungen namens aller Beklagten unter Bezugnahme auf ein mitüberreichtes umfangreiches Gutachten des Bergingenieurs B. bestritten wurden. Im übrigen trägt der Viertbeklagte in diesem Schriftsatz eine Reihe von Einwendungen vor, unter anderem auch den Einwand, daß der ganze Bohrungs-Vertrag wegen Verstoßes gegen § 138 Abs. 1 und 2 BGB. nichtig sei.

Das Landgericht verurteilte durch Teilurteil vom 20. März 1929 die drei ersten Beklagten nach dem Klagantrag. Diese Beklagten legten gegen das Teilurteil rechtzeitig Berufung ein. Die Berufungsschrift enthält neben dem Antrag auf Klagabweisung die (vorgedruckte) Begründung: „Zur Begründung der Berufung wird das Vorbringen erster Instanz wiederholt und die Anführung neuer Tatsachen, Beweismittel und Beweiseinreden vorbehalten." Das Oberlandesgericht wies die Berufung der drei Beklagten durch Versäumnisurteil vom 16. Januar 1930 zurück. Auf ihren Einspruch erging das jetzt angefochtene Urteil, das die Berufung in der Hauptsache zurückwies.

Die Revision dieser drei Beklagten führte zur Aufhebung und Zurückverweisung.

Gründe:

Die Revision greift das Berufungsurteil wegen Verstoßes gegen die Vorschriften des § 529 ZPO. über die Zurückweisung verspäteten Vorbringens an.

Das Berufungsgericht versteht mit dem ersten Richter den § 9 des Bohrungs-Vertrags dahin, daß die drei jetzt noch in Frage kommenden Beklagten für den Ausfall bei allen in Zahlung gegebenen Wechseln als Bürgen haften sollten, und hält auch die Voraussetzung des § 773 Abs. 1 Nr. 4 BGB. für erfüllt.

Diese Auffassung und die Auslegung der Abrede vom 4. April 1928 in dem Sinne, daß die beiden ersten Beklagten auf Zahlung hafteten, nachdem sie die zugesagten Akzepte nicht gegeben hätten, greift die Revision nicht an; ein sachlichrechtlicher Irrtum tritt darin auch nicht zutage. Gegenüber der schlüssigen Bürgschaftsklage hält der Berufungsrichter das Bestreiten der Höhe der Klagforderung durch die drei ersten Beklagten und ihr Vorbringen, der Bohrungs-Vertrag sei wucherlich, sowie dessen Anfechtung wegen arglistiger Täuschung an sich für beachtlich. Er versagt aber diesem gesamten Vortrag das Gehör, einmal weil die drei Beklagten von ihrer Verteidigung aus grober Nachlässigkeit nicht schon im ersten Rechtszuge Gebrauch gemacht hätten (§ 529 Abs. 2 Satz 1 ZPO.), und ferner, weil diese Behauptungen entgegen der Vorschrift des § 519 das. nicht in der Berufungsbegründung vom 21. Mai 1929, sondern zuerst im Schriftsatz vom 7. April 1930 vorgebracht worden seien.

Gegenüber der Anwendung von § 529 Abs. 3 greift die Revision mit Grund die Auslegung an, die der Vorderrichter der Berufungsschrift hat zuteil werden lassen. Wenn es dort heißt, das Vorbringen erster Instanz werde wiederholt, so will das Berufungsgericht den nach dem Verhandlungstermin vom 6. März eingegangenen Schriftsatz nicht als durch diese Wendung erfaßt gelten lassen, weil er im landgerichtlichen Verfahren nicht wirksam vorgetragen worden sei. Diese Auffassung mag sich sonst für Fälle rechtfertigen lassen, in denen Schriftsätze zwischen Verhandlungs- und Verkündungstermin zu den Akten gelangt sind. Im vorliegenden Fall enthalten die Akten der ersten Instanz über das Vorbringen der Beklagten überhaupt nichts bis auf diesen verspäteten Schriftsatz. Wenn es sich in dem angeführten Teil der Begründungsschrift auch um einen Vordruck handelt, bei dem die eigentliche Willenserforschung geringeren Halt findet, so muß nach dem Prozeßzweck auch die in solcher Form abgegebene Erklärung so gedeutet werden, wie sie der Anwalt verständigerweise allein gemeint haben konnte. Es bedarf keiner Ausführung, daß die

Berufungsbegründung nur bei Bezugnahme auf den Schriftsatz vom 2. Februar 1929 einen Sinn hat. Für diese Auslegung lassen die Worte „das Vorbringen erster Instanz“ um so mehr Raum, als bei dem vom Landgericht eingeschlagenen Verfahren nach Lage der Akten die Auffassung wenigstens vertretbar (wenn auch unzutreffend) war, daß das bis zum Verkündungstermin Vorgebrachte hätte beachtet werden sollen. Wäre aber auch die Auffassung des Berufungsrichters über die Prozeßerklärung zutreffend, so bot doch zum mindesten die Sachlage Anlaß zur Aufklärung. Es kommt indes auf diesen Punkt nicht an, wenn der Berufungsrichter schon nach § 529 Abs. 2 Satz 1 zur Abschneidung des Vorbringens befugt war.

Insofern bezweifelt die Revision, daß das Berufungsgericht den Begriff der groben Nachlässigkeit in dieser Vorschrift richtig erkannt habe. Die so gefaßte Rüge ist zwar zulässig, obgleich nach dem Gesetz bei der Feststellung des groben Verschuldens die freie Überzeugung des Tatrichters maßgebend ist (RG. in SeuffArch. Bd. 81 Nr. 79 und Urteil dieses Senats vom 4. Februar 1929 VIII 296/28). Sie ist aber hier keineswegs gerechtfertigt. (Wird ausgeführt.)

Daß objektiv durch die Zulassung der erst im zweiten Rechtszug aufgenommenen Verteidigung eine Verzögerung in der Erledigung des Rechtsstreits hätte eintreten müssen, ist offenbar. Es mag aber zweifelhaft sein, ob es sachgemäß war, den Beklagten das Gehör auch im zweiten Rechtszuge zu versagen, wenn sie, wie unterstellt, im ersten Rechtszug wirksam mit ihrer gesamten Verteidigung ausgeschlossen waren. Einer abschließenden Stellungnahme zu diesem Punkt bedarf es jedoch nicht. Denn das angefochtene Urteil kann jedenfalls aus einem anderen Grunde nicht aufrecht erhalten werden.

Der Berufungsrichter, der das zweitinstanzliche Vorbringen der drei ersten Beklagten nur unter dem Gesichtspunkt des § 529 ZPO. angesehen, inhaltlich aber nicht gewürdigt hat, macht damit das Verfahren und das Urteil des Landgerichts zur Grundlage seiner eigenen Entscheidung. Das geschieht in der auch ausdrücklich ausgesprochenen und begründeten Annahme, das landgerichtliche Urteil sei als ein solches nach Lage der Akten verfahrensrechtlich einwandfrei erlassen. Ist diese Urteilsgrundlage irrig, ist das Landgericht vielmehr unter Verstoß gegen § 331a ZPO., insbesondere durch Nichtbeachtung des Erfordernisses sachlicher Entscheidungsreife zu seiner

Entscheidung gelangt, so teilt der Berufungsrichter den Irrtum des ersten Richters. Die Eigenschaft der dann verletzten Rechtsnorm als einer Verfahrensvorschrift zwingt indes nicht zu der Folgerung, der Berufungsrichter habe, ebenso wie das Landgericht, das Gesetz „in bezug auf das Verfahren" verletzt und dieser Verstoß müsse nach § 554 Abs. 3 Nr. 2b ZPO. gerügt werden. Das mit einem regelmäßigen kontradiktorischen Urteil abschließende Berufungsverfahren ist im Gegensatz zum Urteilsverfahren des Landgerichts von der Stellungnahme zu § 331a ZPO. nicht berührt. Die mit der Beurteilung des Landgerichts übereinstimmende Auffassung von dieser Vorschrift beeinflußt beim Berufungsrichter vielmehr nur den Inhalt seiner Entscheidung. Die Rechtsprechung des Reichsgerichts hat auch in anderen Fällen anerkannt, daß die rechtlich falsche Beurteilung verfahrensrechtlicher Vorgänge einen inhaltlichen Mangel begründet, auf den § 554 Abs. 3 Nr. 2b keine Anwendung findet (RGZ. Bd. 79 S. 81; JW. 1912 S. 469 Nr. 15, 1910 S. 28 Nr. 49). Im übrigen ist aber auch anzunehmen, daß bei der Lage des gegenwärtigen Falles die gegen die Handhabung von § 529 Abs. 2 Satz 1 erhobene Rüge notwendig zur Nachprüfung der Stellungnahme des Berufungsrichters in bezug auf das erstinstanzliche Urteilsverfahren führt. Denn die Beschränkung in der Geltendmachung neuer Angriffs- und Verteidigungsmittel usw. in der Berufungsinstanz findet ihren Anlaß und ihre sachliche Rechtfertigung eben darin, daß die Parteien schon im ersten Rechtszug dem Gesetze gemäß angehört worden sind. Der Berufungsrichter nimmt nach dem Vorangestellten diesen Standpunkt ein und hat von dieser Anschauung aus das ihm nach § 529 Abs. 1 Satz 1 zustehende Ermessen ausgeübt. Die Grundlage dafür fällt aber weg, wenn sich herausstellt, daß der erste Richter rechtsirrig die Stellungnahme der Beklagten, wie im Fall des § 331 Abs. 1 ZPO., als Zugeständnis behandelt und von der erforderlichen weiteren Erörterung des Streitstoffs Abstand genommen hat. Auch von diesem Gesichtspunkt aus ist deshalb wesentlich, ob die dem Berufungsurteil zugrunde liegende landgerichtliche Entscheidung nach Lage der Akten ergehen durfte.

Nach § 331a ZPO. ist beim Ausbleiben einer Partei dem Antrag des Gegners auf eine Entscheidung nach Lage der Akten zu entsprechen, wenn der Sachverhalt für eine derartige Entscheidung hinreichend geklärt erscheint. Nach dem in § 331a Satz 2 angezogenen § 251a ZPO. kann ein Urteil nach Lage der Akten nur ergehen, wenn in einem früheren Termin eine mündliche Verhandlung stattgefunden hat. In Übereinstimmung mit der im Schrifttum überwiegenden Meinung hat das Reichsgericht hierin schon im Urteil vom 4. Juli 1924 III 66/24 (DJZ. 1924 Sp. 828) eine Verstärkung der angeführten Vorschrift des § 331a gesehen, die eine sichere Grundlage zur Beantwortung der Frage gewähren soll, ob sich der Streitstoff zum Erlaß eines die Instanz endgültig abschließenden Urteils eignet (vgl. de Boor „Die Entscheidung nach Lage der Akten" in den Beiträgen zum Zivilprozeß 2. Heft S. 41, 43, 70; Volkmar in JW. 1925 S. 109; Striemer in DJZ. 1924 Sp. 500; Sonnen in JW. 1925 S. 2351 Anm. zu Nr. 27; Curtius in JW. 1924 S. 354 [358]; Püschel in Zeitschrift für ZivProzeß Bd. 51 S. 85; Kann ZPO. § 251a Anm. 1 und 3d; Stein-Jonas ZPO. § 251a Anm. III 4a). Es unterliegt schon gewissen Bedenken, ob vor dem Zivilkammer-Termin vom 6. März 1929 eine mündliche Verhandlung im Sinne des soeben Ausgeführten stattgefunden hat. Im zweiten Termin (vom 2. Februar 1929) vor dem Einzelrichter (der auch an der zum Urteil führenden Verhandlung teilnahm) hat es an einer solchen Verhandlung jedenfalls gefehlt, da nach der Niederschrift zwar die Anträge verlesen worden sind, aber — wie die Streichung des Verhandlungsvermerks zeigt — eine Erörterung der Sache unter den Parteien und mit dem Richter nicht stattgefunden hat. Der Einzelrichter des ersten Termins vom 19. Januar 1929 hat an der Verhandlung vom 6. März 1929 nicht teilgenommen. Die Niederschrift vom 19. Januar 1929 ergibt nur, daß der Viertbeklagte örtliche Unzuständigkeit eingewendet hat, dagegen nichts über den Inhalt der Verhandlung mit den drei ersten Beklagten. Zwar ist entgegen de Boor a. a. O. S. 41 und Kann a. a. O. in Übereinstimmung mit Volkmar, Stein-Jonas a. a. O. und mit Sydow-Busch-Krantz § 251a Anm. 6, Baumbach § 251a Anm. 4 nicht zu fordern, daß — wie im Falle des § 309 ZPO. — an der früheren Verhandlung die gleichen Richter teilgenommen haben müßten wie an der zum Urteil führenden. Aber der Inhalt der früheren Verhandlung muß sich entweder aus den Schriftsätzen der Parteien erkennen lassen oder die Verhandlungs-Niederschrift muß ein Bild des damaligen Streitstandes geben. Das landgerichtliche Urteil sagt nichts über den Inhalt der früheren Verhandlung. Im Tatbestand heißt es, die Beklagten hätten, abgesehen vom Antrag auf Klagabweisung, keine schriftliche Erklärung abgegeben. Die Ausführung in den Gründen, die Beklagten hätten sich bis zur letzten mündlichen Verhandlung überhaupt nicht erklärt, ist im Sinne der erwähnten Feststellung im Tatbestand zu verstehen. Es bleibt also offen, ob die Beklagten in der ersten Verhandlung mündlich beachtliche Erklärungen abgegeben haben, die auf die Stellungnahme zur Frage der Entscheidung nach Lage der Akten und zur Sache selbst hätten einwirken können.

Das erstrichterliche Urteil beruht aber auch auf einer grundsätzlich unrichtigen Vorstellung von der Entscheidung nach Lage der Akten.

Daraus, daß die drei ersten Beklagten in der ihnen — wie das Landgericht meint — nach § 279a ZPO. gesetzten Frist und nachher keine (schriftliche) Erklärung abgegeben haben, folgert die Zivilkammer, das Vorbringen der Klägerin sei als unbestritten zu behandeln. Der Berufungsrichter schließt sich unter Anführung von § 331a ZPO. dieser Auffassung an. Beide Vorinstanzen stellen also die Entscheidungslage für § 331a der des § 331 gleich. Das ist rechtsirrtümlich. Die Grundsätze der Rechtsfindung sind im Falle des § 331a durchaus die des kontradiktorischen Urteils, es wird nur der Prozeßstoff durch den eintretenden Aktenschluß beschränkt oder verändert. Nach Maßgabe dieses Stoffes muß der auf Grund der Aktenlage befindende Richter den Streit auszuschöpfen und zu erledigen suchen. Für eine Entscheidung nach Lage der Akten ist deshalb nach ausdrücklicher Vorschrift des § 331a kein Raum, wenn dem Streit die Entscheidungsreife mangelt.

Nun gehen im vorliegenden Falle beide Vorinstanzen auch davon aus, daß die Beklagten von jeder Verteidigung wirksam ausgeschlossen waren. Abgesehen von dem schon zu § 529 ZPO. berührten Bedenken gegen eine so vollständige Versagung des Gehörs kommt die vom Landgericht angezogene Vorschrift des § 279a das. nach Lage der Sache nicht in Betracht. Wenn der Einzelrichter den Beklagten unter Fristsetzung aufgegeben hatte, die Klagbeantwortung schriftlich niederzulegen, so ist das ganz offenbar nicht das Verlangen, sich über bestimmte streitige Punkte zu erklären. § 279a setzt das voraus, was hier fehlt, nämlich eine Erörterung des Streitstandes mit den Parteien, und ist eine Ausgestaltung des richterlichen Fragerechts (Curtius in JW. 1924 S. 358). Die vielleicht näherliegende Vorschrift des § 279 ZPO. hat das Landgericht nicht angewandt. Auch sie käme für das Verfahren nach § 331a nicht in Betracht, weil — von anderem abgesehen — Verteidigungsmittel nur zurückgewiesen werden können, wenn sie vorgebracht worden sind und damit Gelegenheit gegeben war, die Frage der Verzögerung, des Verschuldens und der Angemessenheit der Ausschließung an Hand des neuen Vorbringens zu prüfen. Im Verfahren nach §§ 251a, 331a kann eine Ausschließung des Nichtvertretenen mit etwaigem Vorbringen nicht in Frage kommen. In der Verhandlung vom 6. März 1929 bestand deshalb eine der Klärung durchaus bedürftige und auch fähige Tatsachenlage, die von der Entscheidungsreife weit entfernt war. Das haben beide Vorderrichter verkannt. Der vom Gesetz für Fälle ungeklärten Sachstands allein bestimmte Weg zum Vorgehen gegen den nicht erschienenen und — was für die Einzelrichter-Termine zu beachten gewesen wäre — auch gegen den nicht verhandelnden Beklagten ist der Weg des § 331 ZPO.

Das die Instanz beendende Urteil des Landgerichts ist also prozeßordnungswidrig ergangen. Somit konnte der Berufungsrichter auf diesem Urteil als Grundlage nicht aufbauen. Vielmehr mußte er entweder nach § 539 ZPO. von seinem Recht zur Aufhebung des fehlerhaft erlassenen Urteils Gebrauch machen oder unter Beachtung der von den drei ersten Beklagten vorgebrachten Verteidigung auf Grund eigener Sachwürdigung entscheiden. Im Sinne dieser Erörterungen ist weitere Verhandlung vor dem Berufungsgericht erforderlich.

---

66. Hängt die Zulässigkeit der Klage auf künftige Leistung davon ab, ob anzunehmen ist, der Schuldner werde bei Fälligkeit der Schuld die Leistung aus bösem Willen verweigern?

ZPO. § 259.

VIII. Zivilsenat. Urt. v. 4. Mai 1931 i. S. Firma Th. (Kl.) w. H. u. Gen. (Bekl.). VIII 619/30.

I. Landgericht Zwickau.
II. Oberlandesgericht Dresden.

Durch Vertrag vom 1. Oktober 1924 und Zusatzvertrag vom 27. Mai 1925 haben die Beklagten ihren Grundbesitz bis zum 30. September 1934 an die Klägerin verpachtet. Der Zusatzvertrag bestimmt (mit ungenauer Bezeichnung der Vertragsteile) u. a. folgendes:

> Verpächter gibt seine Einwilligung zum Bau eines größeren Stallgebäudes. Die entstehende Bausumme wird jährlich mit 6 vom Hundert der jeweiligen Endsumme amortisiert. Die am Schlusse der Pachtzeit verbleibende Summe ist bei einer evtl. Nichtverlängerung des Vertrags vom Verpächter an die bisherigen Pächter in bar abzuführen.

Auf Grund dieser Abmachung verlangt die Klägerin von den Beklagten Zahlung von 12484 RM. zum 1. Oktober 1934. Das Landgericht hat der Klage stattgegeben. Das Oberlandesgericht dagegen hat sie abgewiesen, weil es die Voraussetzungen einer Klage auf künftige Leistung (§§ 257, 259 ZPO.) nicht für gegeben hält. Die Revision der Klägerin führte zur Aufhebung und Zurückverweisung.

Gründe:

Das Berufungsgericht ist der Meinung, nach den Umständen sei die Besorgnis nicht gerechtfertigt, daß die Beklagten sich der rechtzeitigen Leistung entziehen wollten. Zur Anwendung des § 259 ZPO. sei erforderlich, daß anzunehmen sei, die Beklagten würden künftig aus bösem Willen eine ihnen obliegende Leistung verweigern. Davon könne jedoch keine Rede sein. Die Beklagten hätten ausdrücklich erklärt, daß sie ihrer Verpflichtung bei Beendigung des Pachtvertrags nachkommen wollten, und es sei nichts hervorgetreten, was ihre Erklärung als unglaubhaft erscheinen lasse. Wenn sie wegen des Eintritts ihrer Verpflichtung den Vertrag anders auslegten, so geschehe dies offenbar aus Irrtum und in gutem Glauben; auch seien die Bedenken, die sie gegen die Höhe der Bausumme geltend machten, durchaus begreiflich.

Die Revision rügt Verletzung des § 259 ZPO. Der Angriff ist begründet.

Das angefochtene Urteil beruht auf der Auffassung, für die Anwendung des § 259 ZPO. müsse anzunehmen sein, der Schuldner werde bei Fälligwerden der Schuld die ihm obliegende Leistung aus bösem Willen verweigern. Im Schrifttum ist allerdings die Meinung vertreten worden, daß nicht jedes Bestreiten des Anspruchs zur Klage auf künftige Leistung genüge; das Bestreiten begründe die Besorgnis des § 259 ZPO. nur dann, wenn zugleich anzunehmen sei, daß der Schuldner bestreite, obwohl er das Bestehen seiner Verpflichtung kenne oder bei einiger Aufmerksamkeit und Sorgfalt kennen müßte, wenn er also Vorwände mache, um die künftige Unterlassung oder Verzögerung der Erfüllung zu entschuldigen oder zu bemänteln (Hellwig Lehrbuch Bd. I [1903] S. 372 flg. und Fußnote 34). Diese Ansicht ist jedoch in der Rechtsprechung des Reichsgerichts mehrfach abgelehnt worden (RGUrt. vom 22. März 1912 III 324/11 WarnRspr. 1912 Nr. 281, und vom 20. November 1923 VII 15/23; dagegen Urt. vom 30. März 1903 VI 388/02 Gruch. Bd. 47 S. 1091). Sie kann auch weder aus der Fassung des Gesetzes abgeleitet werden, noch entspricht sie dem von diesem verfolgten Zweck.

Das Gesetz verlangt nur, daß den Umständen nach die Besorgnis gerechtfertigt sei, der Schuldner werde sich der rechtzeitigen Leistung entziehen. Ein solches „sich entziehen" liegt aber nicht nur dann vor, wenn der Schuldner erkennt oder erkennen müßte, er werde sich mit Recht der Erfüllung „nicht entziehen" können; vielmehr muß es genügen, wenn der Schuldner ernstlich erklärt, er brauche nicht zu leisten oder er wolle den gegen ihn erhobenen Anspruch nicht erfüllen, um in der Regel die Besorgnis zu rechtfertigen, er werde die erklärte Absicht beim Fälligwerden der Leistung auch in die Tat umsetzen. Wenn er dann seine Absicht verwirklicht, so steht auch nach dem allgemeinen Sprachgebrauch nichts entgegen, zu sagen, daß er sich der rechtzeitigen Leistung entzogen habe, selbst wenn ihm der gute Glaube an die Berechtigung seiner Handlungsweise nicht aberkannt werden kann. Beschränkt sich also der Schuldner nicht darauf, die Fälligkeit des Anspruchs zu bestreiten, sondern erhebt er, wie im vorliegenden Falle, sachliche Einwendungen, um damit den Anspruch selbst nicht bloß für die Gegenwart, sondern auch für den zukünftigen Zeitpunkt der Fälligkeit von sich abzuwehren, so muß regelmäßig schon dieses Bestreiten genügen, um die Besorgnis zu rechtfertigen, daß er sich der rechtzeitigen Leistung entziehen werde. Dies ist besonders dann der Fall, wenn kein Anhalt dafür besteht, daß er sich einer besseren Erkenntnis nicht verschließen und — selbst auf die Gefahr, zu Unrecht zu leisten — doch noch rechtzeitig zur Erfüllung bereit sein werde.

Durch die über die Grenzen der §§ 257 und 258 hinausgehende Vorschrift des § 259 ZPO. sollte der Gläubiger in die Lage versetzt werden, seine Rechte so zeitig wahrzunehmen, daß die Zwangsvollstreckung, wenn nötig, mit dem Zeitpunkte der Fälligkeit beginnen könne. In der amtlichen Begründung (Reichstagsverh. 7. Legisl.-Per. V. Session 1897/98 Nr. 61 S. 104 [zu §§ 231a—231c]), die diesen Zweck besonders betont, wird auch hervorgehoben, die Voraussetzung vorzeitiger Klagerhebung werde namentlich dann gegeben sein, wenn der Schuldner die Verbindlichkeit, schon bevor sie fällig sei, ausdrücklich bestreite. Müßte der Gläubiger trotz ernstlichen Bestreitens mit der Klagerhebung warten, bis die Fälligkeit seines Anspruchs eingetreten ist, so würde ein für ihn — und unter Umständen auch für den Gegner selbst — lästiger und möglicherweise gefährlicher Aufschub entstehen. Damit würde der Zweck des Gesetzes, das eine derartige Verzögerung gerade ausschließen will, in den meisten Fällen vereitelt werden. Das ausdrückliche und ernstliche Bestreiten des Schuldners begründet für die Regel die Annahme, daß auch im Zeitpunkte der Fälligkeit keine Geneigtheit bei ihm bestehen wird, sich dem Begehren des Gläubigers gutwillig zu fügen.

Der vorliegende Sachverhalt rechtfertigt keine abweichende Beurteilung. Die Beklagten haben schon vor Beginn des Rechtsstreits ihre Verpflichtung zur künftigen Leistung bestritten und dieses Bestreiten im Rechtsstreit wiederholt. Verschiedene Einwendungen wurden von ihnen erhoben, mit denen sie dartun wollten, daß sie auch beim Eintritt der Fälligkeit des Anspruchs oder der Bedingung, von der ihre Verbindlichkeit abhängt, zur Leistung nicht verpflichtet seien. Sie haben dieses Verhalten auch im zweiten Rechtszuge fortgesetzt, obwohl das Landgericht ihre Einwendungen als unbegründet befunden und sie antragsgemäß verurteilt hatte. Es war also keineswegs anzunehmen, daß sie ihre Stellungnahme ändern und ohne gerichtliche Entscheidung bei Fälligkeit rechtzeitig erfüllen würden. Ihr Verhalten rechtfertigt die in § 259 ZPO. vorausgesetzte Besorgnis. Allerdings sollen sie erklärt haben, „daß sie ihrer Verpflichtung bei Beendigung des Pachtvertrags nachkommen wollten". Wie das zu verstehen war, ergibt sich jedoch aus der Feststellung ihres Vorbringens im Tatbestand, wonach sie geltend gemacht hatten, die erhobene Klage sei unzulässig, „weil sich noch gar nicht voraussehen lasse, wie sich die Verhältnisse bis zum 1. Oktober 1934 gestalten würden", und daran die Erklärung knüpften: „*soweit* sie zu einer Erfüllung dann verpflichtet seien, wollten sie sich ihr gar nicht entziehen". Der Klägerin war angesichts dieser unsicheren Haltung der Beklagten nicht zuzumuten, mit der gerichtlichen Klarstellung des Streits bis zum Fälligwerden ihres Anspruchs zu warten, um dann möglicherweise doch noch zur Führung eines Prozesses gezwungen und damit in eine Lage versetzt zu sein, welche notwendige geschäftliche Maßnahmen auszuschließen oder zu erschweren geeignet war und eine gefährliche Unsicherheit und Verzögerung mit sich bringen konnte. Im Gegensatz zu § 257 wird die Anwendung des § 259 ZPO. nicht dadurch ausgeschlossen, daß der Anspruch auf künftige Leistung von einer Gegenleistung abhängig ist (RGZ. Bd. 61 S. 333, 337). Es ist unbestreitbar, daß die Beklagten bei Beendigung des Pachtvertrags die Zahlung des geforderten Betrags bis zur Bewirkung der ihnen zustehenden Gegenleistung (§§ 556, 581 Abs. 2, § 591 BGB.) verweigern können (§ 273 das.). Wenn sie dieses Recht im Prozesse geltend machen, hat das die Wirkung, daß sie zur Leistung Zug um Zug gegen Empfang der ihnen gebührenden Leistung zu verurteilen sind (§ 274 Abs. 1 BGB.). Durch diese Möglichkeit können sie sich dagegen schützen, daß sie ihrerseits volle Zahlung an die Klägerin leisten müssen, während umgekehrt die Klägerin ihrer gesetzlichen und vertragsmäßigen Herausgabepflicht nur unvollkommen genügt. Dagegen hat die Klägerin im Falle der nicht rechtzeitigen Erfüllung des ihr zustehenden Zahlungsanspruchs nicht das Recht, die Zurückgabe des Pachtgrundstücks zu verweigern (§ 556 Abs. 2, § 581 Abs. 2 BGB.). Sie müßte bei Beendigung des Pachtverhältnisses das Grundstück zurückgeben, ohne die Gewähr zu haben, daß ihr vertragsmäßiger Zahlungsanspruch rechtzeitig befriedigt wird. Unter diesen Umständen kann der Klägerin nicht angesonnen werden, mit der Klagerhebung zu warten, bis das Pachtverhältnis beendigt ist. ...

---

67. Ist ein Ausgleichsanspruch des Schuldübernehmers und Grundstücksverkäufers gegen den Käufer darum ausgeschlossen, weil die Schuldübernahme vom Gläubiger nicht genehmigt worden war?

BGB. §§ 242, 415. AufwG. § 15.

VI. Zivilsenat. Urt. v. 4. Mai 1931 i. S. M. (Kl.) w. Ehel. K. (Bekl.). VI 603/30.

I. Landgericht III Berlin.
II. Kammergericht daselbst.

Der Kläger kaufte durch Verträge vom 6. November und 6. Dezember 1922 von den Eheleuten Paul und Marie Br. deren Grundstück in B., wobei er in Anrechnung auf den Kaufpreis Hypotheken übernahm, darunter eine Darlehenshypothek von 30000 M., deren Gläubiger ein Dr. L. war. Dieser verweigerte seine Genehmigung zu der Schuldübernahme. Darauf zahlte ihm der Kläger am 30. Dezember 1922 den Nennbetrag aus. Die Hypothek wurde am 24. Januar 1923 gelöscht; am selben Tage wurde der Kläger als Eigentümer des Grundstücks eingetragen. In einer notariell beurkundeten Erklärung vom 16. Juni 1923 bot er das Grundstück dem Kaufmann Karl Fr. zum Kauf an und verpflichtete sich, die Auflassung auch einem von diesem zu benennenden Dritten zu erteilen. Fr. trat seine Rechte aus dem Angebot gegen Entgelt an die Beklagten ab. Der Kläger ließ ihnen am 13. Dezember 1923 das Grundstück auf; am 3. Mai 1924 wurden sie nach behördlicher Genehmigung als Eigentümer in das Grundbuch eingetragen. Als Dr. L. Aufwertung seiner Hypothek kraft Rückwirkung verlangte, beriefen sie sich auf den öffentlichen Glauben des Grundbuchs. Dr. L. nahm darauf seine Anmeldung gegen sie zurück, ebenso seine Anmeldung gegen den Kläger, den er neben der Ehefrau Br. in Anspruch genommen hatte. Diese hatte sich nach dem Tode ihres Mannes, den sie allein beerbt hatte, wieder verheiratet und heißt seitdem Frau St. Sie wurde von Dr. L. als persönliche Schuldnerin in Anspruch genommen, und zwar zunächst wegen der Zinsen des Aufwertungskapitals, das zu 25% von 30000 M. unter Abzug der geleisteten Zahlung auf rund 7480 GM. berechnet wurde. Frau St. hielt sich ihrerseits auf Grund der Schuldübernahme an den Kläger und erstritt gegen ihn ein rechtskräftiges Urteil, das ihn verpflichtete, sie von der Aufwertungsschuld zu befreien.

Im gegenwärtigen Rechtsstreit verlangt der Kläger von den Beklagten Ausgleichung, weil die Grundlage seines Verkaufs an sie durch seine unvorhergesehene Heranziehung zur Tilgung der vermeintlich schon getilgten Hypothek erschüttert sei. Er macht ferner geltend, daß er das Grundstück für 2240000 M. gekauft, für 20000000 M. an die Beklagten weiterverkauft und wegen der inzwischen fortgeschrittenen Geldentwertung und wegen Ausbesserungen dabei Verlust gehabt habe, daß auch die beiderseitigen Vermögensverhältnisse den Ausgleich rechtfertigten. Die Beklagten sind der Meinung, daß es an der grundsätzlichen Voraussetzung für eine Ausgleichung fehle, daß diese aber auch nach den beiderseitigen Verhältnissen nicht gerechtfertigt sei.

Beide Vorinstanzen wiesen die Klage ab. Die Revision des Klägers führte zur Aufhebung und Zurückverweisung.

Gründe:

Die Vorinstanzen halten die grundsätzliche Voraussetzung eines Ausgleichsanspruchs nicht für gegeben. Das Berufungsgericht betont, daß der Kläger nicht selbst Schuldner der aufgewerteten Forderung, sondern nur verpflichtet sei, die Schuldnerin Frau St. von der Aufwertungsschuld zu befreien, und verweist auf die Entscheidungen RGZ. Bd. 120 S. 292, Bd. 129 S. 276 und JW. 1930 S. 818 Nr. 17. Demgegenüber macht die Revision mit Recht geltend, daß das Berufungsgericht die Rechtsprechung des Reichsgerichts mißverstanden und aus Rechtsirrtum auf einen nebensächlichen Umstand entscheidendes Gewicht gelegt habe.

Der Ausgleichsanspruch, wie er in der Rechtsprechung des Reichsgerichts auf Grund des § 242 BGB. entwickelt worden ist (RGZ. Bd. 112 S. 329, Bd. 119 S. 133, Bd. 120 S. 292, Bd. 121 S. 130, 141, 330, Bd. 122 S. 378, Bd. 123 S. 166, Bd. 124 S. 164, Bd. 125 S. 37, 48, Bd. 126 S. 13, Bd. 128 S. 365, Bd. 129 S. 276, Bd. 130 S. 115, 292), beruht auf dem Gedanken, daß ein starres Festhalten an einem Vertrag unbillig erscheint, wenn durch unvorhergesehenes Eingreifen der Gesetzgebung die Geschäftsgrundlage des Vertrags, nämlich das beiderseits vorausgesetzte Verhältnis zwischen Leistung und Gegenleistung, erheblich erschüttert worden ist. Die Gesetzgebung, um deren Eingriffe es sich hierbei vorzugsweise, wenn auch nicht ausschließlich (RGZ. Bd. 121 S. 141), gehandelt hat, war die Aufwertungsgesetzgebung. An einem Eingriff der Gesetzgebung fehlte es aber überhaupt im Falle der Entscheidung JW. 1930 S. 818 Nr. 17. Im Falle RGZ. Bd. 129 S. 276 standen mehrere, hintereinander abgeschlossene Verkäufe zur Erörterung, und es ist dort ausgesprochen worden, daß die Frage, ob die Geschäftsgrundlage erschüttert sei, für jeden Vertrag besonders geprüft werden müsse. Keine von beiden Entscheidungen hat für den vorliegenden Fall Bedeutung. Hier stützt der Kläger seinen Anspruch darauf, daß er habe annehmen können, durch die Zahlung vom 30. Dezember 1922 die Hypothek des Dr. L. vollständig getilgt und damit seine Befreiungsschuld aus § 415 Abs. 3 BGB. erfüllt zu haben, während er jetzt durch den Eingriff der Aufwertungsgesetzgebung zu einer neuen Zahlung von 7480 GM. genötigt sei, um seine Befreiungsschuld gegenüber der Frau St. vollständig zu erfüllen. Weil damit beim Verkauf des Grundstücks an die Beklagten nicht gerechnet worden sei, hält er die Voraussetzung des Ausgleichsanspruchs für gegeben. Der Fall, daß der Verkäufer persönlicher Schuldner einer Hypothek war und diese Schuld nach vermeintlicher Tilgung auf Grund des § 15 AufwG. aufwerten mußte, hat wiederholt zur Zuerkennung eines Ausgleichsanspruchs geführt, so in den Entscheidungen RGZ. Bd. 119 S. 133, Bd. 120 S. 292, Bd. 121 S. 130 und 330, Bd. 123 S. 166, Bd. 128 S. 365. In keiner dieser Entscheidungen, auch nicht in der vom Berufungsgericht angeführten Bd. 120 S. 292, ist aber zum Ausdruck gebracht, daß der Ausgleichsanspruch auf diesen Fall beschränkt und dann zu versagen sei, wenn der Hypothekengläubiger durch Nichtgenehmigung einer Schuldübernahme verhindert habe, daß der Übernehmer sein Schuldner werde, und wenn dieser nunmehr den bisherigen Schuldner nach § 415 Abs. 3 BGB. von der persönlichen Schuld befreien müsse. Der Zusammenhang mit der Hypothek und der Eingriff der Aufwertungsgesetzgebung ist auch in solchem Falle gegeben, und der Unterschied besteht nur darin, daß der Übernehmer nicht unmittelbar, sondern auf dem Umweg über den bisherigen Schuldner von der Aufwertungsgesetzgebung betroffen wird. Diesem Unterschied kann aber für die Frage der Ausgleichungspflicht keine ausschlaggebende Bedeutung beigemessen werden. Die wesentliche Voraussetzung des Ausgleichsanspruchs liegt auch hier vor: der Grundstücksverkäufer muß infolge der Aufwertungsgesetzgebung einem Hypothekengläubiger Aufwertung leisten, wenn auch nicht auf Grund eines unmittelbaren Anspruchs des Gläubigers gegen ihn, so doch auf Grund eines Befreiungsanspruchs des bisherigen Schuldners, und mit dieser Verpflichtung war beim Verkauf des Grundstücks nicht gerechnet worden. Das Reichsgericht hat denn auch schon in einem Falle, wo der Grundstücksverkäufer nicht persönlicher Hypothekenschuldner, sondern Erfüllungsübernehmer im Sinne des § 415 Abs. 3 BGB. war, die Möglichkeit eines Ausgleichsanspruchs angenommen; allerdings hing die damalige Entscheidung nicht davon ab (Urteil des erkennenden Senats vom 30. Mai 1930 VI 629/29, JW. 1930 S. 2392 Nr. 7).

Da hiernach das grundsätzliche Bedenken des Berufungsgerichts irrig ist, so mußte das Urteil aufgehoben und die Sache zurückverwiesen werden zur nochmaligen Prüfung, ob und in welchem Umfang ein Ausgleichsanspruch besteht.

---

68. Zu welchem Zeitpunkt findet die „dauernde Verbindung mit dem Grund und Boden" statt, wenn Überbauten vom Unternehmer aus den von ihm angeschafften und angelieferten Sachen neben der Brückenstelle auf Montierungsgerüsten zusammengefügt und danach auf die Brückenpfeiler hinübergeschoben werden?

Preuß. Stempelsteuergesetz v. 27. Oktober 1924 Tarifst. 7 Abs. 9 Nr. 3, Tarifst. 21 Abs. 2. BGB. §§ 93, 947.

VII. Zivilsenat. Urt. v. 5. Mai 1931 i. S. F. K. AG. (Kl.) w. Preuß. Staat (Bekl.). VII 337/30.

I. Landgericht Kassel.
II. Oberlandesgericht daselbst.

Die klagende Aktiengesellschaft hatte laut Vertrag vom 2./5. März 1929 von der Deutschen Reichsbahn-Gesellschaft den Ausbau der alten Überbauten der Lahnbrücke bei O. und die Herstellung, die Lieferung und den Einbau der neuen Überbauten zu dieser Brücke übernommen. In dem dem Vertrag beigefügten Preisverzeichnis waren unter je einem Posten aufgeführt die Preise 1. für die „etwa 720 t Stahlkonstruktion" der zwei erforderlichen Überbauten „gemäß den der Klägerin übergebenen Zeichnungen" und deren Montierung auf der Baustelle, 2. für das Verschieben dieser Stahlkonstruktion in die endgültige Lage, 3. für das Abmontieren der alten Überbauten. Die Eisenteile der neuen Überbauten, die aus dem Betrieb der Klägerin stammten, sollten auf einem Montierungsgerüst neben den alten Überbauten zusammengesetzt, die neuen Überbauten sodann auf die Pfeiler hinübergeschoben werden, die zuvor unter Entfernung der alten Überbauten hierzu vorzurichten waren. Nach Behauptung der Klägerin waren danach noch einige weitere Teile zur Fertigstellung der Überbauten einzufügen. Das Finanzamt erhob für diesen Vertrag aus einem Lieferwert von 260136 RM. auf Grund der Tarifst. 21 Abs. 2 in Verb. mit der Tarifst. 7 Abs. 1b des preußischen Stempelsteuergesetzes vom 27. Oktober 1924 einen Stempel von $^2/_3$% mit 1734 RM. und auf Grund der Tarifst. 18 Abs. 2 (1) das. den allgemeinen Vertragsstempel von 3 RM. Die Klägerin beansprucht die Rückzahlung der 1734 RM., weil die Befreiungsvorschrift der Tarifst. 7 Abs. 9 Nr. 3 StStG. zutreffe, wonach Kauf- und Lieferungsverträge über Mengen von Sachen oder Waren stempelfrei sind, sofern die Sachen oder Waren im Deutschen Reiche im Betrieb eines der Vertragschließenden erzeugt oder hergestellt wurden; in dem Zustand, in dem die von ihr hergestellten Teile des neuen Überbaues im Sinne der Tarifst. 21 Abs. 2 „mit dem Grund und Boden in dauernde Verbindung gebracht werden sollten", seien sie noch kein Überbau, sondern eine „Menge von Sachen" gewesen.

Die Klage wurde in beiden Vorinstanzen abgewiesen. Die Revision der Klägerin blieb erfolglos.

Gründe:

Das Berufungsgericht hält die Voraussetzungen der Befreiungsvorschrift der Tarifst. 7 Abs. 9 Nr. 3 StStG. deshalb nicht für gegeben, weil nach dem Vertrage nicht die zur Herstellung des Überbaues erforderlichen Eisenteile einzeln mit dem Grund und Boden in dauernde Verbindung gebracht werden sollten, sondern die vorher aus ihnen herzustellenden Sacheinheiten der Überbauten. Die Revision greift diese Auffassung mit der Begründung an, daß sie den einheitlichen Vorgang der Montierung der einzelnen Teile, durch den ihre dauernde Verbindung mit dem Grund und Boden habe hergestellt werden sollen, rechtsirrigerweise in die zwei Vorgänge der Zusammenfügung auf dem neben der Brücke zu errichtenden Montierungsgerüst und der Verschiebung von diesem auf die Brückenpfeiler zerreiße, und daß es für die Anwendung der Befreiungsvorschrift nur auf den Zustand vor Beginn des einheitlichen Vorgangs ankomme.

Die vom Berufungsgericht vertretene Auslegung der Befreiungsvorschrift entspricht indessen der vom erkennenden Senat am 14. Mai 1915 erlassenen Entscheidung (VII 63/15). Danach wird „die dauernde

Verbindung mit dem Grund und Boden" im Sinne der der gegenwärtigen Tarifst. 21 Abs. 2 entsprechenden Tarifst. 75 Abs. 2 des preußischen Stempelsteuergesetzes vom 26./30. Juni 1909 in einem Falle, wo Überbauten an der Baustelle zusammengefügt und dann im ganzen in den Boden eingefügt werden, erst durch die Einfügung des fertigen Überbaues hergestellt, und die Befreiungsvorschrift kann nicht deshalb für anwendbar erachtet werden, weil die Bestandteile der Überbauten bis zu ihrer Zusammenfügung eine Menge von Eisenteilen dargestellt hatten. Es besteht kein Grund, von dieser Abgrenzung der gesetzlichen Begriffe „Menge von Sachen" und „Verbindung" abzugehen, die schon vor jener Entscheidung im Schrifttum und in der Praxis herrschte (vgl. Hummel-Specht Bem. 12 zur Tarifst. 75 des Gesetzes von 1895 und den dort angeführten Erlaß des Finanzministers vom 27. Januar 1903; Heinitz 3. Aufl. Bem. 7 zu derselben Tarifstelle des Gesetzes von 1909). Diese Abgrenzung ist seitdem im Schrifttum nicht angefochten worden und hat auch die stillschweigende Billigung des Gesetzgebers insofern gefunden, als er sich bei den in den Jahren 1909 und 1924 vorgenommenen Gesetzesänderungen nicht veranlaßt gesehen hat, sie durch eine veränderte Fassung der maßgebenden Vorschriften auszuschließen. Die Auslegung des Berufungsgerichts wird auch sowohl dem Wortlaut wie dem Grunde jener Vorschriften gerecht. Die angelieferten Werkstücke verloren durch ihre Zusammenfügung zu den zwei Überbauten ihre Eigenschaft als einzelne bewegliche Sachen und wurden Bestandteile jener zwei neuen zusammengesetzten, aber einheitlichen Sachen; sie konnten also während der Dauer des Zustands dieser Verbindung nicht mehr als selbständige Sachen, infolgedessen auch nicht als eine Menge von Sachen angesehen werden. Der Grund der in Tarifst. 21 Abs. 2 getroffenen Unterscheidung ist, wie Heinitz 3. Aufl. in Bem. 4 zur Tarifst. 75 des Gesetzes von 1909 ausführt, darin zu finden, daß es, da Werkverdingungen über Herstellung beweglicher Sachen als Verträge über Lieferung solcher Sachen versteuert werden, folgerichtig und nicht unbillig erschien, Werkverträge über unbewegliche Sachen bis zu dem Zeitpunkte gleich Lieferungsverträgen zu behandeln, wo die zu dem Werk erforderlichen, vom Unternehmer zu beschaffenden beweglichen Gegenstände mit dem Grund und Boden in dauernde Verbindung gebracht werden. Diesem Grunde der Vorschrift entspricht es, wenn für die Frage, ob die Voraussetzungen zur Befreiung vom Lieferungsstempel vorliegen, gleichfalls auf den Zeitpunkt der Herstellung einer dauernden Verbindung mit dem Grundstück abgestellt wird.

Auch soweit es sich bei der von der Revision angeregten Frage nicht um die Auslegung des Gesetzes, sondern um die des Vertrags handelt, ist das Berufungsurteil nicht zu beanstanden. Die Fassung des Vertrags läßt nicht bloß die Deutung zu, daß die Klägerin nicht die einzelnen Eisenteile, sondern erst die aus ihnen herzustellenden Überbauten als Ganzes einzufügen hatte; die im Preisverzeichnis vorgenommene Teilung der Leistungen in einerseits Bearbeitung, Lieferung und Montierung, anderseits Verschieben in die endgültige Lage läßt sogar diese Zerlegung der Vorgänge durchaus als dem Willen der Vertragschließenden entsprechend erscheinen.

---

69. Wirkt ein im Anfechtungsprozeß nach § 111 GenG. unzulässigerweise gegen einen Teil der klagenden Genossen erlassenes, rechtskräftig gewordenes klagabweisendes Versäumnisurteil auch gegen die übrigen?

GenG. § 111. ZPO. § 62.

II. Zivilsenat. Urt. v. 5. Mai 1931 i. S. Sch. u. Gen. (Kl.) w. K. als Verwalter im Konkurs über das Vermögen der O.er Landbundgenossenschaft, eingetr. Gen. mbH. (Bekl.). II 362/30.

I. Landgericht Prenzlau.
II. Kammergericht Berlin.

Der Beklagte hat als Verwalter in dem über das Vermögen der O.er Landbundgenossenschaft am 31. Dezember 1926 eröffneten Konkurs auf Grund einer für den 31. Dezember 1926 aufgestellten Bilanz gemäß § 106 GenG. eine Vorschußberechnung aufgestellt, die durch Beschluß des Konkursgerichts vom 30. März 1927 für vollstreckbar erklärt worden ist. Die Kläger (94 Genossen) haben die Berechnung mit der Klage angefochten; sie beantragen Feststellung, daß weder die Bilanz noch die Vorschußberechnung richtig und daß die Zwangsvollstreckung aus der letzteren unzulässig sei. Sie behaupten, die Bücher der Genossenschaft seien unordentlich geführt, die Bilanzposten daher unzuverlässig und unvollständig.

Auf Antrag des Beklagten hat der erste Richter am 5. Juli 1929 gegen mehrere Kläger, die damals nicht aufgetreten waren, klagabweisendes Versäumnisurteil erlassen, gegen das kein Einspruch eingelegt wurde. Durch weiteres, am 14. August 1929 ergangenes Urteil hat das Landgericht sodann die Klage auch im übrigen abgewiesen, und zwar gegenüber einem Teil der damals noch vorhandenen Kläger wiederum durch (unangefochten gebliebenes) Versäumnisurteil, gegenüber dem restlichen Teil der Kläger aus sachlichen Erwägungen auf Grund streitiger Verhandlung. Die Berufung der letztgenannten Kläger war erfolglos, ebenso ihre Revision.

Gründe:

Der Vorderrichter weist die Berufung zurück, weil die beiden vom Landgericht erlassenen klagabweisenden Versäumnisurteile trotz ihrer aus § 62 ZPO. sich ergebenden Unzulässigkeit rechtskräftig geworden seien; danach habe aber der Klaganspruch gemäß § 111 Abs. 2 GenG. auch den Berufungsklägern gegenüber als endgültig aberkannt zu gelten. Diesen Erwägungen ist beizutreten. Die Revision greift sie unter dem Gesichtspunkt an, daß als Urteil im Sinne von § 111 Abs. 2 GenG. beim Vorhandensein nichtsäumiger Anfechtungskläger im Hinblick auf § 62 ZPO. nur ein kontradiktorisches, über die Sache selbst befindendes anzusehen sei. Dabei wird jedoch verkannt, daß, wie schon das Berufungsgericht unter Bezugnahme auf Rechtsprechung und Schrifttum ausführt, das klagabweisende Versäumnisurteil eine der materiellen Rechtskraft fähige, in der Sache selbst ergehende, das sachliche Recht des Klägers verneinende Entscheidung darstellt, die vom kontradiktorischen Urteil sich nur nach der Art ihres Zustandekommens, nicht aber dem Wesensinhalt nach unterscheidet, und daß daher kein logischer Grund besteht, im Sinne von § 111 Abs. 2 GenG. den beiden erwähnten Arten von Urteilen beim Vorhandensein einer Mehrheit klagender Streitgenossen eine verschiedene Wirkung zuzuerkennen. Die Möglichkeit, einen Anfechtungsprozeß mehrerer Genossen mit Rechtskraftwirkung gegen alle Genossen, auch gegen die am Rechtsstreit nicht beteiligten, durch ein gegen alle Kläger ergehendes klagabweisendes Versäumnisurteil zu beenden, ist nicht zu bezweifeln. Wenn im vorliegenden Falle die Revisionskläger den beiden Versäumnisurteilen die Rechtskraftwirkung absprechen, so kann zur Begründung dafür nicht auf die Frage abgestellt werden, ob diese Urteile auf Versäumnis oder auf streitiger Verhandlung beruhen. Es kann vielmehr nur darauf Bezug genommen werden, daß das Landgericht in einem Falle notwendiger Streitgenossenschaft gegenüber einem Teil der Kläger Teilurteile erlassen hat. Mit Recht geht das angefochtene Urteil davon aus, daß die Erhebung der Anfechtungsklage des § 111 GenG. durch mehrere Genossen zwischen diesen eine notwendige Streitgenossenschaft im Sinne von § 62 ZPO. begründet, da das streitige Rechtsverhältnis, die Rechtswirksamkeit der Vorschußberechnung des Konkursverwalters, gemäß § 111 Abs. 2 GenG. allen Genossen gegenüber nur einheitlich feststellbar ist. Das Berufungsgericht schließt hieraus auch folgerichtig, daß die in den landgerichtlichen Terminen nicht aufgetretenen Kläger in Wirklichkeit, weil durch die erschienenen Streitgenossen vertreten, nicht säumig gewesen seien, und daß das Landgericht einen verfahrensrechtlichen Verstoß begangen habe, wenn es trotzdem gegen einen Teil der Genossen durch Versäumnisurteil (§ 330 ZPO.) auf Abweisung der Klage erkannt habe. Bei solcher Verkennung der Bedeutung des § 62 a. a. O. kann die gleiche Rechtslage aber auch durch ein kontradiktorisches, nur gegen einen von den klagenden notwendigen Streitgenossen gerichtetes klagabweisendes Urteil geschaffen werden, wenn das Gericht z. B. im Falle des Todes des anderen dem Antrag seines Prozeßbevollmächtigten auf Aussetzung des Verfahrens (in Abweichung von RGZ. Bd. 106 S. 142, WarnRspr. 1916 Nr. 58) nur mit Bezug auf den Verstorbenen stattgäbe, das Verfahren gegen den Überlebenden fortsetzte und dessen Klage nach mündlicher Streitverhandlung durch Abweisung erledigte. Auch in diesem Falle würden sich die Erben des Verstorbenen bei Aufnahme des Verfahrens unter Umständen einem rechtskräftig gewordenen Teilurteil gegenübersehen, wie dies bei den Revisionsklägern gegenüber dem Versäumnisurteil vom 5. Juli 1929 der Fall war. Liegt auch in beiden Fällen die gesetzliche Möglichkeit eines Teilurteils im Sinne von § 301 ZPO. überhaupt nicht vor und bildete im Streitfall den Prozeßgegenstand nicht eine Mehrheit von Ansprüchen der verschiedenen Kläger, sondern nur der eine unteilbare, von allen gleichmäßig begründete Anfechtungsanspruch gegenüber der Vorschußberechnung, der keine Trennung der Entscheidung im Verhältnis zu dem einen oder anderen Teil der klagenden Genossen im Sinne inhaltlicher Verschiedenheit oder zeitlicher Aufeinanderfolge gestattet, so ist doch dem Berufungsrichter zuzustimmen, wenn er dem erwähnten Verstoß gegen das Prozeßgesetz angesichts der Rechtskraft des Versäumnisurteils vom 5. Juli 1929 die Rechtserheblichkeit abspricht. Da dieses Urteil, wie schon das Berufungsgericht hervorhebt, als eine vom zuständigen Gericht in gesetzlicher Form erlassene Entscheidung kein Merkmal einer absoluten Nichtigkeit aufweist, die es als nicht vorhanden erscheinen ließe, konnte der ihm zugrunde liegende Verfahrensmangel nur mit dem gesetzlichen Rechtsbehelf geltend gemacht werden, hier also mit dem Einspruch. Wurde das unterlassen, so erwuchs das Versäumnisurteil nicht nur trotz des vorgekommenen Prozeßverstoßes in formelle Rechtskraft, sondern es kamen ihm auch alle Wirkungen der materiellen Rechtskraft zu. Das besagt aber, daß die in ihm enthaltene Entscheidung eine für die Zukunft unabänderliche materielle Rechtslage geschaffen hat, die im Rechtsverhältnis der Revisionskläger zum Beklagten beachtet und auf jeden Fall festgehalten werden muß. Anders wäre es nur, wenn der Beklagte das Versäumnisurteil etwa bewußt rechtswidrig herbeigeführt hätte, um mit Hilfe seiner formalen Rechtskraft einer unrichtigen materiellen Rechtslage zum Schaden der Kläger den Schein des Rechtes zu verleihen (vgl. z. B. RGZ. Bd. 46 S. 76, Bd. 78 S. 389). Im Falle solcher Erschleichung eines falschen Urteils würde dem Beklagten, wenn er sich auf dessen Rechtskraft berufen wollte, allerdings der Einwand entgegenstehen, daß die Wirkung der Rechtskraft bei einer derartigen Sachlage versage. Indessen ist nach dieser Richtung im Streitfall nichts behauptet worden. Übrigens hatten auch die Revisionskläger, die den Prozeß betrieben und daher um den Erlaß des Versäumnisurteils wußten, nach § 62 ZPO. die Möglichkeit, es durch Einlegung des Einspruchs zu beseitigen und damit seine Rechtskraftwirkung auszuschließen (RGZ. Bd. 38 S. 426). Unterließen sie dies, so war mit der Rechtskraft des Versäumnisurteils der Streit über den Bestand des abgewiesenen Anfechtungsanspruchs auch für die übrigen Genossen sachlich erledigt und der Fall des § 111 Abs. 2 GenG. gegeben, der eine spätere abweichende Entscheidung zugunsten der Revisionskläger ausschloß. Der Vorderrichter hat danach die Berufung gegen das landgerichtliche Urteil mit Recht zurückgewiesen.

70. Kann dem Berufungskläger die Frist nach § 519 Abs. 6 ZPO. auch dann noch bestimmt werden, wenn ihm das Armenrecht zunächst bewilligt war, später aber nach Beweisaufnahme wegen Aussichtslosigkeit der Rechtsverfolgung wieder entzogen worden ist?

V. Zivilsenat. Beschl. v. 6. Mai 1931 i. S. W. (Kl.) w. E. (Bekl.). V B 13/31.

I. Landgericht Essen.
II. Oberlandesgericht Hamm.

Die Frage wurde bejaht mit folgenden

Gründen:

Der Kläger vertritt die Rechtsansicht, daß für eine Fristbestimmung nach § 519 Abs. 6 Satz 1 ZPO. kein Raum mehr sei, wenn das Berufungsgericht dem Berufungskläger zunächst das Armenrecht bewilligt und erst im späteren Laufe des Verfahrens nach § 121 ZPO. wieder entzogen habe. Die Meinungen über diese Frage gehen in Rechtsprechung und Schrifttum auseinander. Ohne nähere Begründung wird die Ansicht des Klägers von Stein-Jonas ZPO. 14. Aufl. Bd. 2 S. 40 Anm. V 1a geteilt, von Sydow-Busch-Krantz ZPO. 20. Aufl. Bd. 1 S. 654 Anm. 8a abgelehnt. Das Oberlandesgericht Karlsruhe hat sie am 11. Oktober 1926 mißbilligt (JW. 1927 S. 402 Nr. 10). Ebenso hat der II. Zivilsenat des Reichsgerichts im Beschluß vom 14. Mai 1929 II B 8/29 entschieden (JW. 1929 S. 2527 Nr. 21). Gegen diese Beschlüsse sind nach dem Abdruck in der Jur. Wochenschrift von Heilberg, Schweizer und Friedländer Bedenken erhoben worden.

Der beschließende Senat ist nach Prüfung dieser Bedenken dem II. Zivilsenat des Reichsgerichts beigetreten. Zwar mag es richtig sein, daß die Entziehung des Armenrechts wegen nachträglich festgestellter Aussichtslosigkeit der weiteren Rechtsverfolgung grundsätzlich nicht rückwärts, sondern nur in die Zukunft wirkt (Sydow-Busch-Krantz a. a. O. S. 196 Anm. 2 zu § 121; Stein-Jonas a. a. O. Bd. 1 S. 406 Anm. zu § 121). Indessen folgt daraus nicht die Unanwendbarkeit des § 519 Abs. 6 Satz 1. Vielmehr sind mit der Entziehung des Armenrechts die Voraussetzungen dieser Vorschrift erfüllt. Denn dem Berufungskläger ist nunmehr das Armenrecht nicht bewilligt; er schuldet also die Prozeßgebühr für die Berufungsinstanz. § 74 Abs. 4 GKG. greift im Berufungsverfahren nicht Platz. Aus dieser Vorschrift und aus ihrer Handhabung in der Praxis (vgl. z. B. JW. 1930 S. 3341 flg. Nr. 26, 27) können daher — trotz der nicht zu verkennenden Verwandtschaft zwischen § 74 Abs. 2 bis 4 GKG. mit § 519 Abs. 6 ZPO. — keine entscheidenden Gesichtspunkte für die hier zu lösende Rechtsfrage gewonnen werden. Wenn aber Schweizer ausführt, der Zahlungsnachweis nach § 519 Abs. 6 ZPO. gehöre „zur gesetzlichen Form der Berufungsbegründung", so kann ihm in dieser Fassung seines Gedankens nicht beigepflichtet werden. Die gesetzlichen Anforderungen an die Berufungsbegründung sind in den Absätzen 1 bis 5 des § 519 geregelt. Der Absatz 6 bildet ein Sondergebiet für sich. Aus der im Satz 3 das. aufgestellten Fiktion darf nicht der Schluß gezogen werden, daß der Fristablauf und die Folgen des mangelnden Nachweises nur zu Beginn, nicht aber in einem späteren Abschnitt des Berufungsverfahrens eintreten könnten. Überwiegende praktische Gründe sprechen dafür, die Möglichkeit des Verfahrens gemäß Satz 1 auch nach der Entziehung des zunächst bewilligten Armenrechts offen zu lassen. Wenn Schweizer meint, daß dadurch die Zulässigkeit der Berufung auf unabsehbare Zeit „in der Schwebe bleibe" und eine „zunächst in der gesetzlichen Form begründete Berufung nachträglich unzulässig werde", so liegt wohl auch diesen Bemerkungen eine konstruktive Überspannung des juristischen Gehalts und eine Verkennung des Zweckes der Fiktion im Satz 3 des § 519 Abs. 6 zugrunde. Der Gesetzgeber wollte aus Zweckmäßigkeitsgründen durch die Fiktion die Möglichkeit schaffen, bei Nichtzahlung der vom Berufungskläger geschuldeten und mit Fristsetzung erforderten Prozeßgebühr die Berufung auf dem einfachen Wege des § 519b zu erledigen. Es würde nun aber dem praktischen Bedürfnis nicht entsprechen, wenn man einen Berufungskläger, dessen Rechtsmittel sich erst nachträglich als aussichtslos herausstellt, in dieser Hinsicht anders behandelte als einen solchen, bei dessen Rechtsmittel die Aussichtslosigkeit von vornherein erhellt. Eine Prozeßpartei, der nachträglich das Armenrecht entzogen wird, hat keinen begründeten Anspruch darauf, in Ansehung der Zahlung der Prozeßgebühr für die Berufungsinstanz vor dem Gesetz besser zu stehen als eine Partei, der das Armenrecht für die Berufung sofort versagt und demgemäß die Nachweisfrist nach § 519 Abs. 6 Satz 1 ZPO. bestimmt wird.

71. Sind rechtliche Beziehungen zwischen Fideikommißvermögen und Allodialvermögen möglich, auch wenn dieselbe Person Inhaber der beiden Vermögen ist?

VII. Zivilsenat. Urt. v. 8. Mai 1931 i. S. H. Graf v. B. (Bekl.) w. verwitwete Gräfin v. B. (Kl.). VII 504/30.

I. Landgericht Kiel.
II. Oberlandesgericht daselbst.

Die Klägerin ist die Witwe und Allodialerbin des am 5. September 1926 verstorbenen A. Grafen v. B. Dieser war bis zu seinem Tode Besitzer des Primogenitur-Fideikommisses S., zu dem auch Landgüter in Holstein gehörten. Fideikommißfolger wurde, nachdem der nächste Anwärter L. Graf v. B. darauf verzichtet hatte, der Beklagte H. Graf v. B. als zweiter Bruder des A. Grafen v. B. In seiner Hand wurde das Fideikommiß, wie durch einen Familienschluß vorgesehen, freies Eigentum. L. Graf v. B. war Inhaber des Sekundogenitur-Fideikommisses S. Dieses bestand in einer jährlichen Rente von 18000 M.; sie lastete auf dem Primogenitur-Fideikommiß H., dessen Inhaber Ad. Baron v. B. war. Der erwähnte Familienschluß datiert endgültig vom 14. Juli 1922; er wurde rechtskräftig bestätigt und ministeriell genehmigt. Durch ihn wurde das Primogenitur-Fideikommiß S. in der Weise aufgelöst, daß ein Teil davon in der Hand des damaligen Besitzers A. Grafen v. B. sogleich freies Vermögen wurde, während der Rest erst in der Hand des Beklagten freies Vermögen geworden ist. Auch das Sekundogenitur-Fideikommiß S. wurde durch den Familienschluß aufgelöst. Darüber sagt § 2 des Schlusses folgendes:

Graf A. v. B. ist verpflichtet, alsbald nach Bestätigung des Familienschlusses aus dem Erlöse der von ihm vorgenommenen Veräußerungen freigewordener Grundstücke die auf S. ruhenden Schulden einschließlich der bisher gesetzlich festgelegten Vermögensabgaben zu tilgen, sodaß das Restfideikommiß schuldenfrei wird, jedoch mit folgenden Beschränkungen:

1. Die in Abt. II des Grundbuchs eingetragenen Lasten bleiben insoweit auch auf dem Restfideikommiß haften, als ihre Verteilung nicht möglich sein sollte;

2. das B.-S. Sekundogenitur-Fideikommiß wird aufgelöst. Als Abfindung soll für den Grafen L. v. B. ein Betrag von

250000 M. als Hypothek auf dem verbleibenden Restfideikommiß zu 4%, kündbar mit einjähriger Frist, eingetragen werden. Sollte infolge der Auszahlung der 250000 M. an den Grafen L. v. B. oder seine Rechtsnachfolger eine anderweitige Beschaffung notwendig sein, so ist der Fideikommißbesitzer ermächtigt, mit Genehmigung des Auflösungsamtes auch über eine vierprozentige Verzinsung hinauszugehen.

Außer diesen 250000 M. erhält Graf L. v. B. als weitere Abfindung in bar 150000 M., auszahlbar ein halbes Jahr nach rechtskräftiger Auflösung des Fideikommisses, soweit es hiernach frei wird.

Das Sekundogenitur-Fideikommiß von S. wird nach Maßgabe der vorstehenden Bestimmungen aufgelöst.

Auch die im Grundbuche von S. Band 1 Bl. 1 in Abteilung III unter Nr. 4 für den Baron Ad. v. B. in H. als den derzeitigen Inhaber des H.er Primogenitur-Fideikommisses eingetragene Rente hat demnach Graf A. v. B. auf seine Kosten zur Löschung zu bringen.

Nach der Einführung der neuen Festwährung haben sich die Grafen A. und L. v. B. vor dem Auflösungsamt für Familiengüter beim Oberlandesgericht Kiel dahin verglichen:

Die im § 2 des Familienschlusses vom 14. Juli 1922 betr. das Gräflich B.-S.er Fideikommiß für den Grafen L. v. B. in Sa. festgesetzte Abfindung von insgesamt 400000 M. wird erhöht auf insgesamt 22000 Goldmark.

Bezüglich der Zahlungs- und Sicherungsbedingungen bleibt es bei den Bestimmungen des Familienschlusses, sodaß 3/8 der 22000 Goldmark ein halbes Jahr nach Eintritt der Rechtskraft der Bestätigung des Familienschlusses ausgezahlt werden, während die übrigen 5/8 auf dem Restfideikommiß hypothekarisch sichergestellt werden.

Die 3/8 der 22000 GM. (= 8250 GM.) hat A. Graf v. B. zur festgesetzten Zeit aus seinem Allod an L. Grafen v. B. ausgezahlt. Die Hypothek in Höhe des Restes von 13750 GM. konnte zunächst nicht zu Lasten des Fideikommißvermögens eingetragen werden, weil das Grundbuch noch nicht bereinigt war. L. Graf v. B. verlangte sodann die Barzahlung auch dieses Restes und erreichte bei dem Auflösungsamt, daß es zu seinen Gunsten die Auszahlung von 13750 RM. sperrte, als es am 13. Oktober 1925 dem A. Grafen v. B. die Genehmigung zur Aufnahme einer in sein Allodialvermögen fallenden Anleihe von 300000 RM. erteilte. Auf die Drohung seines Bruders mit Klage willigte A. Graf v. B. mit Schreiben seines Rechtsberaters vom 27. Februar 1926 in die Auszahlung der gesperrten 13750 RM. an L. Grafen v. B. ein. Das Auflösungsamt genehmigte diese Auszahlung durch Beschluß vom 2. März 1926.

Die Klägerin macht geltend, durch die Auszahlung der 13750 RM. Fideikommißschuld aus Mitteln des Allods sei das Fideikommiß bereichert, und verlangt vom Beklagten Zahlung von 13750 RM. nebst Zinsen. Das Landgericht wies die Klage ab, das Oberlandesgericht gab ihr statt. Die Revision des Beklagten blieb ohne Erfolg.

Aus den Gründen:

Das Berufungsurteil beruht auf der unstreitigen Tatsache, daß der verstorbene A. Graf v. B. die 13750 RM. seinem Bruder L. aus Mitteln des Allods gezahlt hat, und weiter auf den Feststellungen, daß mit den 13750 RM. eine Fideikommißschuld bezahlt wurde und daß dies vorschußweise geschehen ist. Daraus leitet das Berufungsgericht einen Bereicherungsanspruch der Klägerin als der Allodialerbin des A. Grafen v. B. gegen den Beklagten als den Fideikommißfolger her.

Die Revision bekämpft in erster Linie die Annahme, daß es sich um eine Fideikommißschuld gehandelt habe. (Nach Zurückweisung dieses und eines weiteren Angriffs gegen die tatrichterlichen Feststellungen wird fortgefahren:)

Die Revision bemängelt aber auch die rechtlichen Schlußfolgerungen, die das Berufungsgericht aus den von ihm festgestellten Tatsachen gezogen hat. Sie meint grundsätzlich, Allodialvermögen und Fideikommißvermögen könnten nicht in rechtliche Beziehungen zueinander treten, und sucht weiter darzulegen, daß wenn dieses doch möglich sein sollte, jedenfalls keine ungerechtfertigte Bereicherung des Fideikommißvermögens auf Kosten des Allodialvermögens vorliege; der rechtliche Grund sei in der dem Inhaber der beiden Vermögen zustehenden Entschließungsfreiheit zu finden.

In diesen Darlegungen steckt ein richtiger Kern; den Bestand des Berufungsurteils vermögen sie aber nicht zu erschüttern.

In der Lehre vom Familienfideikommiß stehen sich zwei Ansichten gegenüber. Die eine nimmt an, die Allodialvermögensmasse und die Fideikommißvermögensmasse seien zu Lebzeiten des Fideikommißbesitzers nur unselbständige Teile eines und desselben Vermögens, das der Person des Fideikommißbesitzers gehöre. Rechtliche Beziehungen zwischen den Vermögensteilen sind dann unmöglich; erst beim Tod des Fideikommißbesitzers sind sie voneinander zu sondern. Dabei können dann Ausgleichsansprüche entstehen, z. B. wenn Schulden, die den einen Vermögensteil belasteten, aus dem andern bezahlt wurden. Darin wären Bereicherungsansprüche zu finden, weil es an einem rechtlichen Grunde für die Vermögensverschiebung innerhalb der beiden Massen fehlte und bei der Unmöglichkeit von rechtlichen Beziehungen zwischen ihnen auch fehlen mußte. Die andere Ansicht — und das ist die neuerdings herrschende — nimmt an, daß das Allodialvermögen und das Fideikommißvermögen dauernd und auch zu Lebzeiten des Fideikommißbesitzers voneinander getrennt bleiben, daß demzufolge rechtliche Beziehungen des einen Vermögens zu dem andern möglich sind, obwohl dieselbe Person Inhaber der beiden Vermögen ist. Von diesem Standpunkt aus kann z. B. der Allodialbesitzer dem Fideikommißbesitzer ein Darlehen gewähren. Auf diesem Standpunkt stand der Entwurf des preußischen Gesetzes über Familienfideikommisse und Familienstiftungen vom 22. Dezember 1913 (Anlagen zu den stenographischen Berichten über die Verhandlungen des Preußischen Herrenhauses in der Session 1914/15, Aktenstück 5 A bis D). Dort heißt es in der allgemeinen Begründung (Aktenstück 5 B S. 59), der Entwurf erblicke im Fideikommißvermögen ein dauernd vom Allod des Fideikommißbesitzers geschiedenes Vermögen, das lediglich durch die natürliche Einheit der Person des Fideikommißbesitzers mit dem Allod in Verbindung stehe. In den Verhandlungen der Kommission des Herrenhauses (a. a. O. Aktenstück 82 A S. 547 flg.) wurde ausführlich hierüber gesprochen und dabei von einem Regierungsvertreter gegenüber der abweichenden Ansicht eines Kommissionsmitglieds betont, daß der Austausch einzelner Vermögensgegenstände zwischen den beiden Massen möglich sei und daß sich dieser Austausch nicht nur als ein tatsächlicher Vorgang, sondern als ein Rechtsakt vollziehe (a. a. O. S. 549).

Der Entwurf von 1913 ist ebensowenig Gesetz geworden wie der spätere Entwurf von 1917, der sich in denselben Bahnen bewegte.

Seine grundlegende Anschauung hat sich aber, obgleich sie im geltenden Recht keinen unmittelbaren Ausdruck gefunden hat, in der Praxis fast allgemein durchgesetzt (Seelmann-Kläſſel Das Recht der Familienfideikommisse S. 35). Auf ihr fußend nehmen die Genannten (a. a. O. S. 177) auch an, daß der Fideikommißinhaber mit seinem eigenen Allod Verträge schließen, z. B. Grundstücke herüber und hinüber verkaufen, dem Allod aus Fideikommißmitteln und umgekehrt Darlehen gewähren kann usw. Die preußische Auflösungsgesetzgebung hat sich, wie das Landesamt für Familiengüter in dem Rechtsentscheid vom 26. Juni 1926 ausgesprochen hat, das System des Entwurfs von 1913 zu eigen gemacht (Kübler-Beutner Die Auflösung der Familiengüter in Preußen, Rechtsentscheid Nr. 27 S. 189 flg. [190]).

Die geschilderte Rechtsentwicklung ist durch das Reichsgericht wesentlich beeinflußt worden. Schon die Begründung des Entwurfs (a. a. O. S. 58) konnte sich für die Ansicht, daß das Vermögen des Fideikommißbesitzers als solchen ein vom Allodialvermögen verschiedenes Sondervermögen sei, auf die Entscheidungen RGZ. Bd. 26 S. 141, Bd. 34 S. 234 und bei Gruch. Bd. 52 S. 1144 berufen. Und in RGZ. Bd. 110 S. 310 hat das Reichsgericht wiederum hervorgehoben, daß das Familienfideikommiß die Rechtsnatur eines gegenüber dem übrigen Vermögen des jeweiligen Besitzers, dem Allod, rechtlich selbständigen, nicht nur eigene Aktiva, sondern auch eigene Passiva umfassenden Sondervermögens hat, sodaß es an der im § 273 BGB. vorausgesetzten Personengleichheit zwischen Gläubiger und Schuldner fehlt, wenn der Fideikommißbesitzer als Herr des einen Vermögens Gläubiger und als Herr des anderen Vermögens Schuldner ist.

Daß auch das gemeine Fideikommißrecht, wie es in Schleswig-Holstein gilt, den Fideikommißbesitzer als den Inhaber zweier getrennter Vermögensmassen ansieht und daß Ansprüche der einen Masse gegen die andere rechtlich möglich sind, hat der Vorderrichter unter Berufung auf Kraus Das Recht der Familienfideikommisse in Schleswig-Holstein (Schleswig-Holsteinische Anzeigen 1917 S. 21) festgestellt. Soweit es sich hier um Partikularrecht handeln sollte, ist die Feststellung des Oberlandesgerichts für die Revision unangreifbar. Soweit es sich um gemeines Recht handelt, steht das Ergebnis im Einklang mit der oben dargestellten Rechtsentwicklung. Der Entwurf von 1913 bezog sich auch auf die früher gemeinrechtlichen Gebiete des Preußischen Staates.

Die Revision meint, die jetzt herrschende Lehre wende zu Unrecht ein Verfahren der doppelten Buchführung an. Dabei übersieht sie, daß in der doppelten Buchführung die Konten unter verschiedenen Gesichtspunkten für ein und dasselbe Vermögen angelegt werden, während Fideikommißvermögen und Allodialvermögen nicht Teile eines einheitlichen Vermögens sind, sondern voneinander verschiedene und nur in zeitweiliger Personalunion stehende Massen, die eben deshalb nicht nur in buchmäßige, sondern in wirklich rechtliche Beziehungen zueinander treten können.

An Hand dieser Ausführungen wird klar, worin der Berufungsrichter gefehlt hat. Er stellt sich einerseits auf den Standpunkt der getrennten Vermögen und der Zulässigkeit rechtlicher Beziehungen zwischen ihnen, verneint diese dann aber doch und versagt den Verschiebungen zwischen den beiden Vermögen, auch den bewußt gewollten, jeden rechtlichen Grund, sodaß nur Ansprüche aus ungerechtfertigter Bereicherung daraus hergeleitet werden könnten. Das ist nicht folgerichtig. Wenn A. Graf v. B. die Fideikommißschuld, wie der Berufungsrichter annimmt, vorschußweise aus dem Allod bezahlte, so nahm er als Herr des Fideikommißvermögens bei dem Herrn des Allods ein Darlehen auf und war nunmehr kraft dieses Geschäfts verpflichtet, das Darlehen zurückzuzahlen. Der Grundsatz des § 181 BGB. stand ihm bei der Eingehung dieses Geschäfts nicht entgegen. Weder als Allodialbesitzer noch als Fideikommißbesitzer handelte er als Vertreter eines andern. Auch in seiner letzteren Eigenschaft handelte er im eigenen Namen kraft seines Eigentums am Fideikommißvermögen. Soweit Rechte der Familie hieran in Frage kamen, war er durch den Familienschluß gedeckt. Dieser hatte ihn ermächtigt, zur Abdeckung der Fideikommißschuld an L. Grafen v. B. eine neue Fideikommißschuld gegenüber einem andern einzugehen und dabei die Pflicht zu übernehmen, Zinsen bis zu 4% zu zahlen. In diesen Grenzen konnte er auch sich selbst als den Herrn des Allods zum Gläubiger des Fideikommisses machen, und es hätte an sich nichts im Wege gestanden, für das Allod auf den Fideikommißgrundstücken eine Hypothek von 13750 RM. nebst 4% Jahreszinsen eintragen zu lassen (Seelmann-Klässel a. a. O. S. 177). Schlimmstenfalls hätte A. Graf v. B. den Anspruch für das Allod auch gerichtlich gegen das Fideikommißvermögen geltend machen können; nur hätte er dann bei der Fideikommißbehörde beantragen müssen, für das Fideikommißvermögen einen besonderen Vertreter zu bestellen (Kraus a. a. O. S. 21).

Mit dem Tode des A. Grafen v. B. vereinfachte sich die Rechtslage. Das Gläubigerrecht aus dem Darlehensgeschäft fiel mit dem Allodialvermögen an die Klägerin und die Schuldnerpflicht ging auf den Beklagten als den Fideikommißfolger über. So stehen sich jetzt verschiedene Personen als Gläubiger und Schuldner gegenüber.

Der Umstand, daß das Fideikommißvermögen in der Hand des Beklagten freies Vermögen geworden ist, ändert grundsätzlich nichts an der Rechtslage. Wie das Landesamt für Familiengüter im Beschluß vom 28. Mai 1930 ausgesprochen hat, ist auch das dem Beklagten zugefallene Restfideikommiß durch den Familienschluß vom 14. Juli 1922 freiwillig aufgelöst worden. Nach welchen Grundsätzen das geschehen ist, namentlich was über die Haftung für die noch verbliebenen Fideikommißschulden vereinbart worden sein mag, steht dahin; auch der Beklagte hat in dieser Richtung keine Anführungen gemacht. Ebensowenig hat er sich darauf berufen, daß er etwa nur mit dem früheren Fideikommißvermögen hafte und daß dieses nicht ausreiche, um die Klägerin zu befriedigen. Alles dieses hätte aber schon in den Vorinstanzen geschehen sein müssen, wenn die Revision hier Zweifel anregen will.

Die Revision kommt endlich noch darauf zurück, daß das Fideikommiß äußerstenfalls verpflichtet gewesen sei, eine Hypothek von 13750 RM. eintragen zu lassen, und meint, Barzahlung könne deshalb nicht verlangt werden. Dieses Vorbringen wäre vielleicht erheblich, wenn es sich wirklich um den vom Berufungsrichter angenommenen Anspruch aus ungerechtfertigter Bereicherung handelte; es bleibt aber bedeutungslos, weil der Klaganspruch, wie dargelegt, als ein Darlehensanspruch anzusehen ist. Der Wechsel in der rechtlichen Beurteilung ist zulässig, weil der Sachverhalt, der die Annahme eines Darlehens rechtfertigt, seinem ganzen Umfang nach bereits vom Berufungsrichter festgestellt worden ist.

72. Unterbricht die Eröffnung des Konkurses über das Vermögen der wegen Patentverletzung verklagten Partei das Verfahren, wenn zwar die Klage allein auf Unterlassung gerichtet ist, die verklagte Partei aber dem Kläger die Geltendmachung eines Schadensersatzanspruchs angekündigt hatte wegen unberechtigter Erwirkung einer einstweiligen Verfügung gegen sie auf Unterlassung?

ZPO. § 240. KO. § 3.

I. Zivilsenat. Urt. v. 9. Mai 1931 i. S. Ter. Gesellschaft mbH. (Bekl.) w. Tel. (Kl.). I 295/30.

I. Landgericht Magdeburg.
II. Oberlandesgericht Naumburg a. S.

Die Klägerin besitzt die beiden Patente 271059 und 290257; außerdem besaß sie das inzwischen abgelaufene Patent 186084. Die Patente betreffen Empfangseinrichtungen für drahtlose Telegraphie. Die Beklagte befaßt sich gewerbsmäßig mit Herstellung und Vertrieb von Radioempfangsgerät. In den Schaltanordnungen, die sie dabei verwendet, erblickt die Klägerin einen Eingriff in ihre drei Patente. Sie hat deshalb Klage auf Unterlassung erhoben. Die Beklagte hat die behauptete Patentverletzung bestritten. Sie ist jedoch in den beiden ersten Rechtszügen zur Unterlassung verurteilt worden, im wesentlichen nach dem Klagantrag. Gegen das Berufungsurteil legte sie Revision ein.

Demnächst ist über das Vermögen der Beklagten das Konkursverfahren eröffnet worden. Man streitet darüber, ob hierdurch das gegenwärtige Revisionsverfahren unterbrochen worden ist. Der bisherige Prozeßbevollmächtigte der Beklagten, jetzt für deren Geschäftsführer auftretend, ist der Meinung, daß der Anspruch auf Unterlassung keine Konkursforderung sei, also nicht die Konkursmasse angehe, sondern nach wie vor gegen die — jetzt in Auflösung begriffene — Gesellschaft mbH. gerichtet sei, daß also das Verfahren nicht unterbrochen sei. Den gegenteiligen Standpunkt vertritt die Klägerin; ihn hat das Reichsgericht gebilligt.

Gründe:

Nach § 240 ZPO. unterbricht die Eröffnung des Konkurses über das Vermögen einer Partei das Verfahren, wenn es die Konkursmasse betrifft. Im Streitfall handelt es sich allein um einen Unterlassungsanspruch. Von solchen Ansprüchen lehrt man im allgemeinen, daß sie das Konkursverfahren nicht beträfen, weil sie sich gegen die Person des Schuldners richteten (vgl. Jaeger KO. § 3 Anm. 11; Mentzel KO. § 3 Anm. 4, Vorbem. 1d vor § 10). Allein schon für den in RGZ. Bd. 89 S. 114 entschiedenen Fall ist die gegenteilige Auffassung vertreten worden. Dort handelte es sich ebenfalls um eine patentrechtliche Unterlassungsklage, indes mit der Besonderheit, daß sich die verklagte Partei auf ein Lizenzrecht zur Benutzung eines jüngeren Patents berief, während der Kläger das jüngere Patent als von seinem älteren Patent abhängig betrachtete. Das Reichsgericht hat dort Unterbrechung durch die Konkurseröffnung angenommen, weil die Verurteilung zur Unterlassung zugleich die Abhängigkeit feststelle. Nicht anders liegt es z. B., wenn der Gemeinschuldner Einrichtungen zur Herstellung von Erzeugnissen besitzt oder Waren vorrätig hat, deren Verwertung für die Masse durch die Verurteilung zur Unterlassung vereitelt werden würde (vgl. Isay PatG. § 4 Anm. 69; Pietzcker PatG. § 4 Anm. 79). Ferner kann der Konkursverwalter nach § 129 KO. oder die Gläubigerversammlung nach § 132 das. die Fortführung des Geschäfts des Gemeinschuldners beschließen, und es kann hier also wiederum die Konkursmasse durch das den Unterlassungsanspruch betreffende Verfahren berührt sein.

Zu den Fällen dieser Art, wo ein Verfahren auf Unterlassung gegen den nachmaligen Gemeinschuldner als ein solches anzusehen ist, das die Konkursmasse betrifft, gehört auch der zur Entscheidung stehende Sachverhalt. Hier hatte die Klägerin gegen die Beklagte eine einstweilige Verfügung erwirkt, durch die der Beklagten die Herstellung und der Vertrieb der beanstandeten Schaltung verboten wurde. Wegen des dadurch entstandenen Schadens hat die Beklagte der Klägerin die Geltendmachung eines Ersatzanspruchs angekündigt. Es ist für die jetzt zu entscheidende Frage belanglos, daß dieser Schadensersatzanspruch nicht, wie bei der Vollstreckung eines vorläufig vollstreckbaren Urteils gemäß § 717 Abs. 3 ZPO., noch im gegenwärtigen Verfahren geltend gemacht werden kann (vgl. § 945 ZPO. und dazu Stein-Jonas Bem. IV). Denn sein rechtlicher Zusammenhang mit dem anhängigen Unterlassungsanspruch besteht auch so. Der Schadensersatzanspruch ist dadurch bedingt, daß der Unterlassungsanspruch unbegründet ist. Wird also die Revision zurückgewiesen, sonach endgültig auf Unterlassung erkannt, so ist hiermit dem Schadensersatzanspruch die Grundlage entzogen. Wird umgekehrt die Klägerin mit ihrem Unterlassungsanspruch abgewiesen, dann steht zugleich für die Parteien rechtskräftig fest, daß die einstweilige Verfügung von Anfang an unbegründet war, und ist damit gleichzeitig für den angekündigten Schadensersatzanspruch nach § 945 ZPO. die Grundlage festgestellt. Weder dort noch hier kann dann an diesen unmittelbaren Rechtsfolgen des Urteils im Unterlassungsstreit für den angekündigten Schadensersatzanspruch der Beklagten gerüttelt werden.

Hieraus folgt, daß nach dem zu Eingang aufgestellten Satz das gegenwärtige Verfahren die Konkursmasse betrifft, also zur Zeit unterbrochen ist.

---

73. Nach welchen Grundsätzen richtet sich die Verstempelung einer Abtretungsurkunde, wenn die Abtretung nur zum Zwecke der Einziehung der abgetretenen Forderung vorgenommen wurde?

Preuß. Stempelsteuergesetz v. 27. Oktober 1924 Tarifstelle 1.

VII. Zivilsenat. Urt. v. 15. Mai 1931 i. S. Ärztliche Verrechnungsstelle B. e. V. (Kl.) w. Preuß. Staat (Bekl.). VII 438/30.

I. Landgericht I Berlin.
II. Kammergericht daselbst.

Der klagende Verein besorgt für seine Mitglieder die Einziehung der Außenstände aus dem Betrieb ihrer ärztlichen Praxis. Zu diesem Zweck stellte ihm der Professor Dr. med. K. am 9. Juli 1929 unter Verwendung eines Vordrucks folgende Urkunde aus:

Cession.

Hiermit trete ich die Honorarforderung von Rest 288 M., die ich gegen Herrn B. . . . wegen ärztlicher Behandlung . . . im Juli bis September 1928 habe, dem Verein „Ärztliche Verrechnungsstelle . . . e. V." mit allen Rechten ab; die Abtretung erfolgt unentgeltlich und nur zum Zwecke der Wahrnehmung meiner Rechte im Zivilprozeß.

Auf Anfordern des Finanzamts entrichtete der Verein für diese Urkynde einen Abtretungsstempel in Höhe von 0,50 RM. mit

0,16 RM. Unkosten. Er hält die Erhebung des Stempels für ungerechtfertigt und verlangt mit der Klage Rückzahlung von 0,66 RM. Das Landgericht erkannte nach diesem Antrag. Auf die Berufung des Beklagten wies das Kammergericht die Klage ab. Die Revision des Klägers war erfolglos.

Gründe:

Im Gegensatz zum ersten Richter bejaht das Kammergericht, daß die Urkunde vom 9. Juli 1929 nach Tarifst. 1 des preuß. Stempelsteuergesetzes vom 27. Oktober 1924 stempelpflichtig sei. Der Vorderrichter erwägt, die Fassung der Tarifstelle (Abs. 1) rechtfertige nicht den Schluß, daß keine Stempelsteuer zu erfordern sei, wenn die Abtretung unentgeltlich geschehe. Der Wert der Gegenleistung sei danach nur für die Berechnung der Steuer, nicht aber für die Stempelpflichtigkeit von Bedeutung. Hier gehe zudem aus der Urkunde hervor, daß die Angabe, die Abtretung erfolge unentgeltlich, unrichtig sei; aus dem Zusatz, die Abtretung geschehe nur zur Wahrnehmung der Rechte des Abtretenden im Zivilprozeß, ergebe sich ohne weiteres, daß die Abtretung gegen die Verpflichtung erfolgt sei, dem Abtretenden das zu gewähren, was im Rechtsstreit, vielleicht noch unter Abzug satzungsmäßiger Leistungen an den klagenden Verein, erstritten werde. Eine Gegenleistung des Abtretungsempfängers sei auch deshalb in der Urkunde nicht enthalten, weil eine solche nach ihrem Inhalt, wenn der Zusatz über den Zweck der Abtretung fehlte, gar nicht vorhanden sei. Es handle sich um eine Inkassozession. In diesem Falle habe die Versteuerung nach dem Geldbetrag oder Wert des abgetretenen Rechts zu erfolgen; die Steuer betrage nach § 11 StStG. mindestens 0,50 RM.

Die Revision bekämpft diese Auffassung. Sie führt aus: Der Wortlaut der Urkunde ergebe unzweideutig, daß keine Gegenleistung für die Abtretung gewährt werde, und ferner, daß diese wirtschaftlich nur die Bevollmächtigung des Klägers zur Wahrnehmung der Rechte des Abtretenden im Zivilprozeß zum Ausdruck bringe. Demnach sei die Urkunde sowohl nach Tarifst. 1 wie auch nach Tarifst. 19 Abs. 7a StStG. stempelsteuerfrei. Die Tatsache, daß der Kläger verpflichtet sei, die im Rechtsstreit erstrittene und beigetriebene Summe an den Abtretenden abzuführen, könne niemals als Gegenleistung des Abtretungsempfängers für die Abtretung angesehen werden.

In letzterer Hinsicht ist der Revision zuzugeben, daß die Meinung des Berufungsrichters fehlgeht. Der Anspruch des Abtretenden auf Auskehrung des vom Abtretungsempfänger im Rechtsstreit Erlangten beruht auf dem Auftragsverhältnis oder — bei Gewährung einer Vergütung an den Abtretungsempfänger — auf dem Geschäftsbesorgungsvertrag. Demnach kann in der Einräumung dieses Anspruchs keinesfalls eine Gegenleistung des Abtretungsempfängers für die Abtretung gefunden werden. Aber auch bei Ausschaltung dieser Erwägung stellt sich die Steuerforderung des Beklagten doch als gerechtfertigt dar. In Betracht kommen kann hier nur die Tarifstelle 1 StStG., nicht die Tarifstelle 19. Denn die Urkunde vom 9. Juli 1929 bezeichnet sich mit einer jeden Zweifel ausschließenden Deutlichkeit als Abtretungsurkunde („Cession") und kann nicht in eine Vollmacht umgedeutet werden; der klagende Verein sollte offenbar im eigenen Namen, nicht im Namen des Professors Dr. K., die abgetretene Honorarforderung beitreiben.

Der Vorderrichter nimmt mit Recht an, daß es sich um eine nur zum Zwecke der Einziehung der Forderung vorgenommene Abtretung (Inkassozession) handle. Dies erhellt klar aus dem Inhalt der Urkunde, der nach § 3 Abs. 1 StStG. allein maßgebend ist. Eine solche Abtretung bewirkt wie jede andere Abtretung die Übertragung der Forderung gemäß § 398 BGB. und hat, wie der erkennende Senat in RGZ. Bd. 99 S. 142 des näheren dargelegt hat, nur die Besonderheit, daß neben den dinglichen Abtretungsvertrag noch ein schuldrechtlicher Vertrag gesetzt wird (vgl. auch RGZ. Bd. 25 S. 207, Bd. 37 S. 106, Bd. 39 S. 166, Bd. 107 S. 134, Bd. 117 S. 71). Das Vorhandensein dieses Nebenvertrags kann die Erhebung des Abtretungsstempels nicht ausschließen. Hier greifen diejenigen Erwägungen ein, die im Urteil vom 5. Juli 1912 (RGZ. Bd. 80 S. 42) den erkennenden Senat veranlaßt haben, die Frage zu bejahen, daß auch dann der Abtretungsstempel zu erheben ist, wenn ein Kaufpreis durch Abtretung einer Forderung berichtigt und die Abtretung zugleich mit dem Kaufe beurkundet wird. Demgemäß nehmen die Erläuterer des preußischen Stempelsteuergesetzes durchweg den Standpunkt ein, daß auch eine zum Zwecke der Einziehung vorgenommene Abtretung als solche stempelpflichtig ist (Hummel-Specht S. 447 Anm. 2A Abs. 3 zu Tarifst. 2 StStG. alter Fassung; Heinitz 3. Aufl. S. 258 Anm. II 1c zu Tarifst. 2 a. F.; Heucke S. 153 Anm. 2 zu Tarifst. 1;

Weinbach S. 153 Anm. 6 zu Tarifst. 1; Becher S. 66 Anm. 6a zu Tarifst. 1). Ein Entgelt von seiten des Abtretungsempfängers kommt bei der Inkassozession selbstverständlich nicht in Betracht. Die Unentgeltlichkeit einer Abtretung vermag aber grundsätzlich ihre Stempelpflichtigkeit nicht zu beseitigen (vgl. Heucke S. 152 Anm. 2a zu Tarifst. 1; Becher a. a. O.; Messerschmidt-Kollat 5. Aufl. S. 208 Anm. 1 Abs. 2 und S. 210 Anm. 3f zu Tarifst. 1; Loeck-Eiffler 10. Aufl. S. 129 Anm. 7e zu Tarifst. 1). Demnach ist es auch ohne Belang, ob bei einer Inkassozession der selbstverständliche Umstand, daß sie unentgeltlich erfolgt, in der Urkunde noch besonders zum Ausdruck gebracht wird, wie es im vorliegenden Falle geschehen ist. Die Angabe einer Gegenleistung kann darin nicht erblickt werden; vielmehr ist es für die Berechnung der Stempelabgabe so anzusehen, als ob in der Urkunde keine Gegenleistung enthalten ist. Dies führt gemäß der Regelung des Gesetzes in Tarifst. 1 Abs. 1 letzte Spalte, die — wie der Vorderrichter mit Recht hervorhebt — nur für die Berechnung der Steuer, nicht für die Stempelpflichtigkeit von Bedeutung ist, dazu, daß der Stempel nach dem Geldbetrag (oder nach dem Wert) des abgetretenen Rechts zu berechnen ist, wie es hier der Beklagte getan hat.

---

74. Ist das alleinige Recht der rheinischen Kirchengemeinden zur Leichenbeförderung durch die Gewerbeordnung aufgehoben worden? Ist es abtretbar?

Décret sur les sépultures vom 12. Juni 1804. GewO. §§ 1, 7, 8.

IX. Zivilsenat. Urt. v. 21. März 1931 i. S. Stadt K. (Bekl.) w. Kathol. Pfarrgemeinde L. (Kl.). IX 553/30.

I. Landgericht Köln.
II. Oberlandesgericht daselbst.

Nach dem Napoleonischen „Décret sur les sépultures" vom 12. Juni 1804 (23 prairial XII) art. 22 stand den Kirchenfabriken und den Konsistorien das alleinige Recht zu, „de fournir des voitures, tentures, ornements, et de faire généralement toutes les fournitures quelquonques nécessaires pour enterrements, et pour la décence ou la pompe des funérailles", das sie entweder selbst ausüben oder „d'après l'approbation des autorités civiles sous la surveillance desquelles ils sont placés" verpachten konnten. Die Kirchenfabriken von K. hatten das Recht der Leichenbeförderung im Jahre 1810 an die verklagte Stadtgemeinde verpachtet, und hierbei war es über ein Jahrhundert geblieben. Während des Weltkriegs faßte die Beklagte den Entschluß, das Leichenfuhrwesen für das ganze Stadtgebiet in ihrer Hand zu vereinigen, und schloß deshalb nach längeren Verhandlungen mit sämtlichen in Betracht kommenden katholischen und evangelischen Kirchengemeinden schriftliche Verträge, in denen ihr diese Kirchengemeinden ihre Rechte zur Leichenbeförderung für alle Zeiten übertrugen. Der Vertrag mit der Klägerin datiert vom 20. September 1917 und bestimmte u. a.:

§ 1. Der Kirchenvorstand . . . tritt das Recht der Ausübung des Leichenfuhrwesens für seine Pfarrangehörigen für alle Zeit . . . an die Stadt K. ab.

§ 2. Die Stadtgemeinde zahlt an die Kirchenkasse . . . als Entschädigung für den Entgang der bisher aus dem Leichenfuhrunternehmen gezogenen Überschüsse . . . jährlich 1900 M.

. . . .

§ 4. . . . Die Stadtgemeinde . . . verpflichtet sich, diese Entschädigung spätestens am 1. Oktober 1922 durch eine Kapitalabfindung abzulösen. Diese soll dann . . . 25 × 1900 = 47500 M. betragen.

Auf Grund dieser Vereinbarungen traf die Beklagte für ihr ganzes Gebiet eine einheitliche Neuregelung der Leichenbeförderung, die auch zur Zeit noch in Kraft ist, und zahlte an die Klägerin 5 Jahre hindurch die ausbedungene laufende Entschädigung und am 23. Oktober 1922 die Abfindung von 47500 M. Nach Festigung der Währung kam es zwischen der Beklagten und den Kirchengemeinden beider Bekenntnisse zu Aufwertungsverhandlungen, wobei diese eine Aufwertung von 100%, mindestens aber eine solche von 80% forderten. Die Beklagte dagegen bot zunächst 25%, später 40%, bestritt aber schließlich jede Verpflichtung zur Aufwertung, weil mit dem Inkrafttreten der Gewerbeordnung das Recht der Kirchengemeinden zur Leichenbeförderung als dem Grundsatz der Gewerbefreiheit widersprechend fortgefallen sei. Die Kirchengemeinden hätten ihr daher in den Verträgen von 1917 in Wirklichkeit ein „Nichts" übertragen, weshalb sie ihr damaliges Versprechen sowie die erfolgten Zahlungen „kondiziere bzw. wegen Irrtums anfechte."

Die Klägerin verlangt nunmehr von der Beklagten angemessene Aufwertung der Abfindung von 47500 M. Sie weist besonders darauf hin, daß die Beklagte das Recht der Klägerin zur Leichenbeförderung nicht bloß durch die jahrzehntelange Übung, sondern auch ausdrücklich durch ein Schreiben aus der Zeit des Beginns der Verhandlungen vom Jahre 1917 anerkannt und auch ihre Verpflichtung zur Aufwertung bei den hierüber gepflogenen Verhandlungen dem Grunde nach zugegeben habe.

Das Landgericht erklärte den Klaganspruch dem Grunde nach für gerechtfertigt. Berufung und Revision der Beklagten hatten keinen Erfolg.

Gründe:

Der Berufungsrichter verneint, daß in der schriftlichen Anerkennung der Aufwertungspflicht, welche die Beklagte bei den Aufwertungsverhandlungen erklärt habe, ein selbständiges Schuldanerkenntnis im Sinne des § 781 BGB. zu erblicken sei, das die Klage rechtfertigen könne. Er ist jedoch der Ansicht, daß sich die Berechtigung der Klagforderung dem Grunde nach aus dem Vertrag von 1917 ergebe. Hierzu führt er u. a. folgendes aus:

Ob die Klägerin das den Kirchenfabriken durch Art. 22 und 24 des Dekrets vom 12. Juni 1804 gewährte ausschließliche Recht im Jahre 1917 noch besessen habe, hänge davon ab, ob es ihnen als ausschließliche Gewerbeberechtigung oder als kirchliche Angelegenheit übertragen worden sei. Im ersten Falle sei es durch § 7 Nr. 1, 2, § 8, § 10 GewO. beseitigt worden, im andern Falle sei es bestehen geblieben. Die Frage sei nicht nach katholischem Kirchenrecht, sondern nach der Napoleonischen staatlichen Gesetzgebung zu beantworten. Nun seien allerdings von den drei Teilen des Begräbnisses, den Obsequien (Exsequien), der Leichenbeförderung und der Beerdigung, nur die Obsequien eine rein kirchliche Handlung, und es stehe jedenfalls für die hier in Betracht kommende Leichenbeförderung fest, daß sie gewerbsmäßig betrieben werden könne. Gleichwohl sei zu verneinen, daß sie den Kirchenfabriken als eine ausschließliche Gewerbeberechtigung übertragen worden sei. Nach Art. 1 des Kaiserlichen Dekrets vom 30. Dezember 1809, das die Stellung der Kirchenfabriken geregelt habe, liege ihnen ob, über die Unterhaltung und Erhaltung der Kirche, der sie zu dienen bestimmt seien, zu wachen, sämtliche für die Ausübung des Kultus bestimmten Gelder zu verwalten sowie die Ausübung und die Aufrechterhaltung der Würde des Kultus sicherzustellen. Auch nach dem französischen Recht zur Zeit Napoleons I. hätten sonach die Kirchenfabriken trotz ihrer wirtschaftlichen Aufgaben, die sich als bloße Mittel, nicht als Selbstzweck darstellten, dem alleinigen Zwecke gedient, eine würdige Ausübung des Kultus zu gewährleisten. Hiernach sei der Schluß geboten, daß den Gesetzgeber von 1804 zwei Beweggründe zur Übertragung des Rechts zur ausschließlichen Leichenbeförderung an die Kirchenfabriken veranlaßt hätten: die Absicht, ihnen Einkünfte zuzuwenden zur Erfüllung kirchlicher Aufgaben, und das Bestreben, der Kirche die Zusammenfassung der drei Teile jedes Begräbnisses zu einem einheitlichen kirchlichen Begräbnis zu ermöglichen. Die Kirchenfabriken hätten sich also durch Ausübung des ihnen ausschließlich übertragenen Leichenfuhrwesens nicht am allgemeinen wirtschaftlichen Verkehr zur Gewinnerzielung beteiligen, sondern sie hätten damit lediglich kirchlichen Zwecken dienen sollen. Die Unterhaltung von Anstalten, die ihrem Wesen nach auch gewerbsmäßig betrieben werden könnten, z. B. von Badeanstalten oder Stadtsparkassen, bilde dann keinen Gewerbebetrieb, wenn diese Anstalten, sei es auch unter Erzielung von Gewinn, durch Staat oder Gemeinde nur im öffentlichen Interesse betrieben würden. Ebensowenig könne als Gewerbebetrieb angesehen werden das Leichenfuhrwesen, das die Kirchenfabriken nur im kirchlichen Interesse und regelmäßig in engem Zusammenhang mit Kulthandlungen ausgeübt hätten. Daß mitunter die Mitwirkung eines Geistlichen bei der Beerdigung nicht gewünscht oder von der Kirche verweigert werde, sei eine für die Beurteilung unerhebliche Ausnahme. Dementsprechend habe denn auch in Frankreich, wo ebenfalls der Grundsatz der Gewerbefreiheit herrsche, das Leichenbeförderungsrecht der Kirchenfabriken nur durch ein besonderes Gesetz vom 28. Dezember 1904 beseitigt werden können. Somit habe die Beklagte durch den Vertrag von 1917 die volle ausbedungene Vertragsleistung erhalten. Hiernach sei die Beklagte nicht berechtigt, die Einrede des nicht erfüllten Vertrags oder des Rücktritts zu erheben, was als der Sinn ihrer Verteidigung anzusehen sei. Das Aufwertungsbegehren der Klägerin sei daher dem Grunde nach gerechtfertigt, da die Papiermarkzahlung von 1922 nicht als vertragsmäßige Leistung gelten könne.

Die Revision rügt Verletzung des materiellen Rechts, insbesondere des Dekrets vom 12. Juni 1804, der §§ 7, 8, 10 GewO., der §§ 157 und 242 BGB. sowie des § 286 ZPO. Ihre Einwendungen gegen die Ausführungen des Berufungsgerichts sind zwar nicht ganz unbegründet, sie können jedoch nicht zur Aufhebung des angefochtenen Urteils führen.

Dem Berufungsgericht ist darin beizupflichten, daß der Klägerin das ihr durch das Dekret vom 12. Juni 1804 gewährte ausschließliche Recht zur Leichenbeförderung durch die Reichsgewerbeordnung nicht genommen worden ist, sondern daß es ihr auch noch zur Zeit des Vertragsschlusses zustand.

Entgegen der Ansicht der Klägerin kann es freilich nicht zweifelhaft sein, daß die maßgebende Napoleonische Gesetzgebung die Totenbestattung nicht als eine kirchliche Angelegenheit angesehen und als solche den Kirchen bei Wiederherstellung ihrer Rechte zurückübertragen hat. Die eingehende Regelung, die sie ihr gerade im Dekret vom 12. Juni 1804 hat angedeihen lassen, beweist vielmehr überzeugend, daß sie darin in erster Linie eine staatliche Aufgabe erblickt hat, und zwar nicht nur, was den Schutz der Volksgesundheit und die Wahrung strafrechtlicher Belange anging, sondern auch insoweit, als die durch Pietät und religiöse Anschauungen gebotenen Rücksichten in Betracht kamen. Insbesondere fällt hierbei ins Gewicht, daß die Friedhöfe nicht etwa in das Eigentum der Kirchengemeinden zurückgegeben, sondern den politischen Gemeinden belassen wurden und daß diesen die Verpflichtung zur etwa nötigen Neuanlage von solchen auferlegt wurde (vgl. titre IV art. 16, titre II des Dekrets; auch Gaudry Traité de la Législation des Cultes et spécialement du Culte Catholique etc., Paris 1856, 2. Bd. Nr. 744 S. 534 flg.). Von Bedeutung ist weiter, daß die Bestimmung der Art und Weise der Leichenbeförderung ausschließlich den Präfekten übertragen wurde (titre V art. 21), daß die Kirchengemeinden in der Frage der Bestattung einer sehr ausgedehnten Staatsaufsicht unterworfen wurden (titre IV art. 16, 17, titre V art. 19 bis 23, 25, 26), die selbst vor einem Eingriff in die Festsetzung der Gebühren für die reinen Kultushandlungen und vor der Beauftragung eines anderen Geistlichen desselben Bekenntnisses an Stelle eines sich weigernden nicht zurückschreckte (titre V art. 19, 20), und daß die politischen Behörden verpflichtet wurden, überall da, wo die kirchlichen

Gemeinden versagten, selber für die Bestattung zu sorgen (titre V art. 19, 26).

Der Beklagten ist ferner zuzugeben, daß nach der maßgebenden französischen Rechtsanschauung auch staatliche Aufgaben einem Unternehmer zur Erledigung übertragen werden konnten, sodaß für diesen ihre Besorgung ein Gewerbe darstellte. Auch die Leichenbeförderung konnte so zum Gegenstand eines Gewerbebetriebs werden; das geschah zweifellos allemal dann, wenn die Kirchengemeinde das ihr zustehende Leichenfuhrwesen an eine Privatperson verpachtete, was ihr nach dem Dekret vom 12. Juni 1804 ausdrücklich gestattet war (titre V art. 22 Abs. 2).

Anders war die Stellung der Kirchenfabriken selbst. Für sie bildete die Totenbestattung keinen Gewerbebetrieb. Ausschlaggebend hierfür ist freilich entgegen der Ansicht des Berufungsgerichts nicht der Umstand, daß sie die Erträgnisse daraus nach gesetzlicher Vorschrift (titre V art. 23) ausschließlich zur Deckung der Kosten des kirchlichen Kultes zu verwenden hatten. Denn für die Eigenschaft eines Unternehmens als Gewerbe kommt es nicht entscheidend darauf an, welchen Zwecken der daraus etwa erzielte Gewinn zu dienen bestimmt ist. Auch eine politische Gemeinde kann versuchen, sich die Mittel zur Erfüllung ihrer gemeinnützigen Aufgaben durch den Betrieb eines Gewerbes zu beschaffen, ohne daß dieses deswegen seine Eigenart als Gewerbe verlöre. Maßgebend ist vielmehr, nach welchen Gesichtspunkten das Unternehmen selbst geführt wird, ob dabei wirtschaftliche Leitgedanken überwiegen — also das Bestreben nach Erzielung möglichst großen Gewinnes mit möglichst geringem Aufwand —, oder nichtwirtschaftliche, ideale. In dieser Hinsicht ist zwar zuzugeben, daß die Napoleonische Gesetzgebung mit der Übertragung des ausschließlichen Rechts zur Totenbestattung an die Kirchenfabriken und Konsistorien auch beabsichtigte, diesen eine — für sie sehr nötige — Einnahmequelle zur Deckung der Kultkosten zu verschaffen. Aber dieser Zweck war nicht der einzige und nicht der ausschlaggebende. Bedeutsamer war das aus der ganzen Gesetzgebung jener Zeit erhellende Bestreben, den religiösen Anschauungen nach den Verirrungen der vorausgegangenen Jahre möglichst entgegenzukommen und deshalb die alten kirchlichen Einrichtungen tunlichst wiederherzustellen, soweit es mit den staatlichen Belangen vereinbar erschien. Dazu trat die auf der Hand liegende Erwägung, daß man bei den Kirchengemeinden darauf vertrauen konnte, sie würden die Totenbestattung gerade nicht vorwiegend nach wirtschaftlichen Gesichtspunkten betreiben, sondern dabei in erster Linie die idealen Interessen im Auge behalten, deren Schutz und Förderung der Staat als seine Aufgabe erkannt hatte und zu denen nicht an letzter Stelle auch die religiösen gehörten. Das durfte um so mehr erwartet werden, als den Kirchengemeinden aus einer etwaigen Mindereinnahme bei der Totenbestattung wegen der allgemeinen Zuschußpflicht der politischen Gemeinden zu den Kultkosten im Grunde kein Nachteil erwachsen konnte. Schließlich waren die Kirchengemeinden auch die einzigen Stellen, die noch von Alters her die rechten Erfahrungen und Einrichtungen für die Totenbestattung hatten; ihre Betrauung damit unter Aufsicht und Anweisung der staatlichen Behörden war hiernach eine naheliegende Lösung, die selbst für solche Fälle noch zweckmäßig sein konnte, wo der religiöse Teil der Bestattung ausnahmsweise wegfiel. So blieb aber die Totenbestattung auch in der Hand der Kirchengemeinden eine öffentliche Angelegenheit, für die sie nach öffentlichrechtlichen Gesichtspunkten verantwortlich waren und bei der sie sich nicht ausschlaggebend von wirtschaftlichen Erwägungen leiten lassen durften, sondern die dem Staat als ihrem Auftraggeber am Herzen liegenden idealen Belange und den allgemeinen Nutzen entscheidend sein lassen mußten. Einen Gewerbebetrieb stellte sie deshalb in ihrer Hand weder im ganzen noch in einem einzelnen Teile dar. Das gilt insbesondere auch von der hier in Betracht kommenden Leichenbeförderung. Darum ist die im Dekret vom 12. Juni 1804 (titre V art. 22flg.) getroffene Regelung auch durch die Einführung des Grundsatzes der Gewerbefreiheit nicht berührt worden.

Fraglich könnte nur sein, ob die Kirchenfabriken die ihnen durch das Gesetz im öffentlichen Interesse zugewiesene Aufgabe, deren Erfüllung für sie nicht bloß Recht, sondern auch Pflicht war, auf die Beklagte übertragen konnten. Das ist jedoch jedenfalls in dem Sinne zu bejahen, daß sie befugt waren, ihr Recht für immer zu verpachten, sofern sie nur die Genehmigung der Aufsichtsbehörde dazu erhielten, die hier erteilt worden ist. Darüber hinaus wird man auch eine Übertragung des Rechts selbst auf diejenige Stelle für zulässig halten müssen, die nach dem Gesetze die sonst den Kirchenfabriken zugewiesene Aufgabe der Totenbestattung zu besorgen hat, wo diese fehlen oder versagen. Das ist aber die politische Gemeinde (Dekret vom 12. Juni 1804 titre V art. 26).

Hiernach ist dem Berufungsgericht darin beizupflichten, daß die Klägerin ihre Verbindlichkeit aus dem Vertrage von 1917 erfüllt hat. Ihr Aufwertungsbegehren ist daher dem Grunde nach berechtigt.

---

75. 1. Über den Inhalt des Art. 28 des zwischen den Staaten des Deutschen Zoll- und Handelsvereins und Frankreich abgeschlossenen Handelsvertrags vom 2. August 1862 und über das Verhältnis der beiden Absätze dieses Artikels zueinander.

2. Wie bestimmen sich nach dem in dem bezeichneten Art. 28 und in Art. 2 des Pariser Unionsvertrags vom 20. März 1883 anerkannten Grundsatz der Gegenseitigkeit die Grenzen für die Berücksichtigung künftiger sachlicher und räumlicher Ausdehnungsmöglichkeiten eines französischen Geschäftsunternehmens, das wegen einer in Deutschland begangenen angeblichen Verletzung seines Firmenrechts vor deutschen Gerichten Schutz sucht?

3. Zur Verkehrsgeltung eines schlagwortartigen Bestandteils der ausländischen Firma in Deutschland.

UnlWG. §§ 1, 16. BGB. § 12. WZG. § 9 Nr. 1, § 12. Pariser Unionsvertrag vom 20. März 1883 zum Schutze des gewerblichen Eigentums in der Washingtoner Fassung vom 2. Juni 1911 Art. 2, 8. Handelsvertrag zwischen den Staaten des Deutschen Zoll- und Handelsvereins und Frankreich vom 2. August 1862 (pr. GS. 1865 S. 333) Art. 28.

II. Zivilsenat. Urt. v. 30. April 1931 i. S. Société à responsabilité limitée Chaussures Manon (Kl.) w. B. & Co. GmbH. (Bekl.). II 298/30.

I. Landgericht Hamburg, Kammer für Handelssachen.
II. Oberlandesgericht daselbst.

Der Kaufmann Marcel R., Rechtsvorgänger der am 31. August 1928 gegründeten klagenden Gesellschaft, hat seit dem 30. April 1914 in Paris unter der Geschäftsbezeichnung „Chaussures Manon“

Schuhwaren hergestellt und vertrieben. Ende 1914 mußte er das Geschäft wegen des Krieges schließen. Nach Angabe der Klägerin hat er es im November 1917 neu eröffnet und von da an wiederum unter jener Geschäftsbezeichnung geführt. Seit dem 4. November 1920 hat er sich der in das Handelsregister des Handelsgerichts der Seine für ihn eingetragenen Firma „Marc. R. à Manon“ bedient. Bereits am 28. März 1919 hatte er sich das Wort „Manon“ als Warenzeichen für Schuhwaren durch Hinterlegung bei der Behörde für Fabrik- und Handelsmarken in Paris schützen lassen; die Marke ist auch beim Internationalen Büro in Bern registriert. Durch Vertrag vom 31. August 1928 hat er sein Geschäft mit dem Wortzeichen „Manon“ in die an diesem Tage gegründete klagende Gesellschaft eingebracht. Diese hat beim Reichspatentamt um Gewährung des Schutzes für das international registrierte Wortzeichen im Deutschen Reich gebeten.

Der Kaufmann Leo B. hat in Gemeinschaft mit Moses B. am 16. Juni 1920 in Hamburg die verklagte Gesellschaft mbH. mit dem Geschäftsbetrieb „Import, Export und Vertretungen“ und der späteren Telegrammadresse „Manon“ gegründet. Nach Behauptung der Beklagten hatte er schon im Jahre 1913 in Hamburg ein Schuhgeschäft unter der Bezeichnung „Manon-Schuhe“ errichtet und seine Waren als „Manon-Schuhe“ verkauft. Unstreitig hat er dieses Geschäft im Jahre 1915 aufgegeben, nach Angabe der Beklagten aber nicht in der Absicht, den Verkauf ausländischer Schuhe unter der Bezeichnung „Manon-Schuhe“ endgültig einzustellen. Nach der weiteren (bestrittenen) Behauptung der Beklagten hat Leo B. dann noch jahrelang Manon-Schuhe durch einen Mann Namens W. in Hamburg vertrieben. Die Beklagte hat den Vertrieb von Schuhen mit der Bezeichnung „Manon-Schuhe“ erst im Jahre 1925 begonnen. Am 21. Oktober 1925 ist für sie auf Grund der Anmeldung vom 18. Juni 1925 in der Zeichenrolle des Reichspatentamts das Wort „Manon“ als Warenzeichen für Schuhwaren, Schuheinlagen, Gummisohlen, Gummiabsätze eingetragen worden, ferner am 29. April 1927 auf Grund der Anmeldung vom 24. November 1926 das gleiche Wortzeichen für dieselben Waren und für Strumpfwaren. Die Beklagte hat auf Grund ihrer älteren Zeichenrechte an dem Worte „Manon“ der von der Klägerin beim Reichspatentamt beantragten Gewährung des Zeichenschutzes für das gleiche, international registrierte Wort widersprochen. Sie ist auch dazu übergegangen, den Wiederverkäufern von Schuhwaren der Klägerin, nämlich einer Firma Hermann L. in Hamburg, auf Grund ihres Zeichenrechts den Verkauf von „Chaussures Manon“ zu verbieten. Erst dadurch will die Klägerin auf die Beklagte aufmerksam geworden sein.

Die Klägerin macht nun geltend: Das Geschäftsunternehmen ihres Rechtsvorgängers Marcel R. habe eine große Ausdehnung gewonnen, es sei auch außerhalb Frankreichs bekannt geworden, der Name „Manon“ habe schlagwortartige Bedeutung für das Unternehmen und allmählich sogar Weltruf erlangt. Die Beklagte sei beim Erwerb ihres Zeichenschutzes darauf ausgegangen, den guten Ruf des Unternehmens ihres — der Klägerin — Rechtsvorgängers in einer gegen die guten Sitten verstoßenden Weise für sich auszunutzen (§ 1 UnlWG., § 826 BGB.). Außerdem verstoße sie unabhängig hiervon gegen § 16 UnlWG. Sie gebe auch unwahrerweise auf ihren geschäftlichen Drucksachen an, daß sie Geschäftsniederlassungen in Paris habe. Ferner benutze sie die Firmenbezeichnung „Manon-Schuhe GmbH. Berlin und Hamburg“, obwohl eine solche Gesellschaft weder in Berlin noch in Hamburg bestehe. Auf Grund dieses Vorbringens verlangt die Klägerin von der Beklagten: 1. Löschung der beiden Wortzeichen „Manon“ mit Verzicht auf die Schutzfrist des § 4 WZG., 2. Unterlassung der Benutzung dieser Bezeichnung für Schuhwaren und Strümpfe und als Bestandteil der Firma der Beklagten, 3. Zurücknahme ihres Widerspruchs gegen den Antrag der Klägerin auf Gewährung des deutschen Zeichenschutzes für das international registrierte Wortzeichen „Manon“, 4. Auskunfterteilung über die von der Beklagten unter der Bezeichnung „Manon“ verkauften Schuhe und Ersatz des sich hiernach ergebenden Schadens der Klägerin. Die Beklagte beantragt widerklagend Verurteilung der Klägerin dahin, daß sie die Benutzung der Bezeichnung „Manon“ oder „Manon Paris“ in Deutschland für Schuhwaren und Strümpfe zu unterlassen und der Beklagten über die unter der Bezeichnung „Manon“ oder „Manon Paris“ verkauften Schuhe und Strümpfe Auskunft zu erteilen, auch ihren Schaden zu ersetzen habe.

Das Landgericht wies die Klage ab und verurteilte die Klägerin auf die Widerklage zur Unterlassung, zur Auskunfterteilung und zum Schadensersatz für die Zeit seit dem Widerspruch der Beklagten gegen den Antrag der Klägerin auf Gewährung des deutschen Zeichenschutzes für das international registrierte Zeichen „Manon". Die Berufung der Klägerin führte nur insoweit zu einer Abänderung des ersten Urteils, als der Widerklage-Antrag auf Auskunfterteilung und Schadensersatz abgewiesen wurde. Ihre Revision war ohne Erfolg.

Aus den Gründen:

I. Revision zur Klage:

Die Ansprüche der Klägerin, einer Pariser Firma, gegen die Beklagte, eine Hamburger Firma, gründen sich auf das Recht eines französischen Geschäftsunternehmens auf Namens- und Firmenschutz in Deutschland. Für diesen Schutz kommen außer der Vorschrift des § 12 BGB. der Art. 28 des zwischen den Staaten des Deutschen Zoll- und Handelsvereins und Frankreich abgeschlossenen Handelsvertrags vom 2. August 1862 sowie Art. 2 und 8 des Pariser Unionsvertrags vom 20. März 1883 zum Schutze des gewerblichen Eigentums in der Washingtoner Fassung (PU.) in Verb. mit §§ 1 und 16 UnlWG., § 9 Nr. 1 und § 12 WZG. in Betracht.

Art. 28 des genannten Handelsvertrags, der auf Grund von Art. 289 Abs. 1 VersVertr. durch Wiederinkraftsetzung des Art. 11 der Zusatzkonvention vom 12. Oktober 1871 zum Frankfurter Friedensvertrag vom 10. Mai 1871 am 9. Februar 1920 von neuem Wirksamkeit erlangt hat (RGBl. 1920 S. 946) und auch unter Berücksichtigung des Art. 15 PU. geltendes Recht ist, lautet folgendermaßen:

Abs. 1: In betreff der Bezeichnung oder Etikettierung der Waren oder deren Verpackung, der Muster und der Fabrik- oder Handelszeichen sollen die Untertanen eines jeden der vertragschließenden Staaten in dem anderen denselben Schutz wie die Inländer genießen.

Abs. 2: Wegen des Gebrauchs der Fabrikzeichen des einen Landes in dem anderen soll eine Verfolgung nicht stattfinden, wenn die erste Anwendung dieser Fabrikzeichen in dem Lande, aus welchem die Ausfuhr der Erzeugnisse erfolgt, in eine frühere Zeit fällt als die durch Niederlegung oder auf andere Weise bewirkte Aneignung dieser Zeichen in dem Lande der Einfuhr.

Der Abs. 1 spricht ganz allgemein den Grundsatz der Gegenseitigkeit aus, wie er in den späteren internationalen Verträgen über den Firmenschutz und über den Schutz des gewerblichen Eigentums

(Pariser Unionsvertrag, Madrider Abkommen betr. die internationale Registrierung der Fabrik- und Handelsmarken) wiederkehrt und als maßgebend für die gesamte Regelung daselbst an die Spitze gestellt ist. Danach sollen die Angehörigen eines jeden vertragschließenden Staates für den Schutz ihrer Firma und ihres gewerblichen Eigentums (Patent-, Muster-, Zeichenschutz) den eigenen Angehörigen desjenigen Staates gleichgestellt werden, in dem der Schutz beansprucht wird (Art. 1, 2 und 8 PU.). Da im Abs. 1 des Art. 28 des Handelsvertrags vom 2. August 1862 den Untertanen eines jeden der vertragschließenden Staaten im Gebiete des anderen der gleiche Schutz, wie ihn die Inländer genießen, nicht nur für die Fabrik- und Handelszeichen, sondern auch für die „Bezeichnung und Etikettierung der Waren" gewährt ist, so ist unter der letzteren Bezeichnung unbedenklich der Schutz der Namen und Firmen mitzuverstehen (RGSt. Bd. 11 S. 397flg. [400]). Denn Namen und Firmen lassen sich zunächst schon von der „Bezeichnung und Etikettierung der Waren" sehr häufig nicht trennen, sondern fallen — wie auch hier — mit ihnen zusammen. Im übrigen wäre es aber auch nach Sinn und Zweck dieses Artikels, der in einem Handelsvertrag enthalten ist und daher Erleichterungen der gegenseitigen Handelsbeziehungen für die Angehörigen eines jeden der vertragschließenden Staaten durch Gewährung weitestgehender Schutzrechte im anderen Staat, u. a. für die bisherigen Bezeichnungen von eingeführten Waren, bezweckt, nicht verständlich, wenn hier der für den Kaufmann mindestens ebenso wichtige Schutz seiner Firma ausgenommen sein sollte. Auch durch die im RGBl. 1873 S. 365 enthaltene, am 8. Oktober 1873 zwischen dem Deutschen Reich und Frankreich vereinbarte Deklaration des den Art. 28 a. a. O. wieder in Kraft setzenden Art. 11 der zusätzlichen Übereinkunft vom 12. Oktober 1871 zum Friedensvertrag vom 10. Mai 1871 hat nichts Abweichendes bestimmt werden sollen (übereinstimmend RGSt. Bd. 11 S. 397; Finger WZG. 3. Aufl. S. 631). Die Deklaration spricht aus, daß alle Bestimmungen, die in den vor dem Kriege zwischen einem oder mehreren deutschen Staaten einerseits und Frankreich anderseits abgeschlossenen Verträge über den Schutz der Fabrik- und Handelszeichen getroffen wurden, durch Art. 11 der gedachten Übereinkunft wieder in Kraft gesetzt worden sind.

Danach ist die rechtliche Bedeutung des Art. 28 Abs. 1 des Handelsvertrags von 1862 und des Art. 2 in Verb. mit Art. 8 PU.

die gleiche. Das vermag aber den Klagansprüchen nicht zum Erfolg zu verhelfen.

Voraussetzung für einen Erfolg der Klägerin wäre nach dem Dargelegten die Verletzung des Firmenrechts der Klägerin in Deutschland durch das für die Beklagte am 21. Oktober 1925 in die Zeichenrolle des Reichspatentamts für Schuhe eingetragene Wortzeichen „Manon" und durch Verwendung dieses Wortes als Bezeichnung für Schuhe. Wäre in dieser Eintragung und Benutzung eine Verletzung des Anspruchs der Klägerin auf Firmenschutz in Deutschland zu erblicken, so würde selbstverständlich das gleiche für das zweite, gleichlautende, am 29. April 1927 für dieselben Waren und außerdem für Strumpfwaren eingetragene Wortzeichen zu gelten haben. Der Umstand, daß die Klägerin Verletzung nur eines Bestandteils ihrer Firmenbezeichnung behauptet, steht ihren Ansprüchen nicht entgegen. Denn sie macht geltend, daß dieser Bestandteil („Manon") schon lange vor Anmeldung des Zeichenschutzes der Beklagten schlagwortartigen Charakter als Hinweis auf das klägerische Unternehmen gehabt habe. Die Erstreckung des Schutzes über den eigentlichen Handelsnamen hinaus auf seine schlagwortartigen Bestandteile hat der erkennende Senat für § 12 BGB. und für die §§ 1 und 16 UnlWG. in ständiger Rechtsprechung bejaht; und dasselbe wurde auch schon dann angenommen, wenn es sich — wie hier — um die Anwendung der Art. 2, 8 PU. in Verb. mit § 1 oder § 16 UnlWG. handelt (RGZ. Bd. 117 S. 215). Das gleiche gilt natürlich für den, wie dargelegt, mit dem Grundsatz des Art. 2 PU. übereinstimmenden Art. 28 Abs. 1 des Handelsvertrags.

Da die Beklagte die angebliche Verletzung des Firmenrechts der Klägerin im Inland, nämlich durch den Erwerb des Zeichenschutzes an dem Worte „Manon" und durch die Benutzung dieser Bezeichnung in Deutschland begangen haben soll, so müßte dieses Wort schon damals in Deutschland schlagwortartige Verkehrsgeltung für das Geschäftsunternehmen der Klägerin oder ihres Rechtsvorgängers besessen haben. Diesen Standpunkt vertritt denn auch die Klägerin, indem sie vorbringt, das Geschäft ihres Rechtsvorgängers habe sich seit seiner Wiedereröffnung im November 1917 durch die Bezeichnung „Manon" einen Weltruf für elegantes Schuhwerk verschafft; dies gelte auch für Deutschland und schon für die Zeit vom Herbst 1925. Die Klägerin nimmt danach — rechtlich zutreffend — selbst nicht an, daß nach den mehrerwähnten Bestimmungen die Erlangung der Kennzeichnungskraft ihres Firmenbestandteils als Hinweis auf ihr oder ihres Rechtsvorgängers Geschäftsunternehmen außerhalb Deutschlands ausreiche zur erfolgreichen Geltendmachung ihres Rechts auf Firmenschutz in Deutschland. Eine andere Auffassung wäre rechtlich nicht zu billigen, weil sie gegen den Grundsatz der Gleichberechtigung der ausländischen Staatsangehörigen mit den inländischen verstoßen würde, indem sie praktisch eine Bevorzugung der ersteren vor den letzteren ergäbe. Ein solches Ergebnis würde auch nicht dem leitenden Gedanken der vom Berufungsgericht angeführten „Eskimo-Pie"-Entscheidung des erkennenden Senats (RGZ. Bd. 117 S. 215) entsprechen. Allerdings hat der Senat dort, ausgehend von der auch sonst betonten Notwendigkeit, im Warenzeichen- und Wettbewerbsrecht künftige, sachliche und räumliche Ausdehnungsmöglichkeiten eines Betriebs zu berücksichtigen, ausgesprochen, daß die den Anspruch eines ausländischen Unternehmens auf inländischen Firmenschutz begründenden tatsächlichen Verhältnisse in dem an sich für den Anspruch maßgebenden Zeitpunkt in Deutschland noch nicht völlig abgeschlossen vorzuliegen brauchen. Aber Voraussetzung für die Berücksichtigung dieser Ausdehnungsmöglichkeiten ist doch stets, daß eine begründete Aussicht, sogar eine hohe Wahrscheinlichkeit besteht für eine in nicht allzu langer Zeit eintretende derartige Ausdehnung. Das letztere Erfordernis wiederum setzt in Fällen wie dem vorliegenden (wo die ausländische Firma den schlagwortartigen Charakter eines Firmenbestandteils in Deutschland bis zu einem bestimmten Zeitpunkt — hier Herbst 1925 — entwickelt haben mußte, in dem eine inländische Firma, ohne unlauter zu handeln, Zeichenschutz an diesem Wort erworben hat) für jenen Zeitpunkt zum mindesten einen starken, sich ständig steigernden Umfang von Geschäftstätigkeit innerhalb Deutschlands voraus. Diese Tätigkeit muß die ausländische Firma in Deutschland in weiten beteiligten Verkehrskreisen bekannt gemacht und dem betreffenden Firmenbestandteil in diesen Kreisen schon eine gewisse Anerkennung als Hinweis auf die ausländische Firma verschafft haben. Das bedeutet eine Einschränkung gegenüber der weitergehenden Auffassung, die der Senat in dem schon erwähnten „Eskimo-Pie"-Urteil vertreten hat. Die Einschränkung ist geboten zur Wahrung des Grundsatzes der Gegenseitigkeit mit dem sich daraus ergebenden Verbot, eine ausländische Firma, die in Deutschland wegen Verletzung ihres Anspruchs auf Firmenschutz Recht sucht, gegenüber dem inländischen Unternehmen besser zu stellen.

Aber die Behauptungen, mit denen die Klägerin darzulegen sucht, daß ihr Firmenbestandteil „Manon" schon lange vor Entstehung des Zeichenschutzes der Beklagten (Herbst 1925) in Deutschland abgeschlossene Verkehrsgeltung erlangt habe, reichen nicht aus, um auch nur die geringere Voraussetzung zu erfüllen, von der oben die Rede war. (Wird näher ausgeführt.)

Hiernach lassen sich die Klagansprüche nicht auf Art. 28 Abs. 1 des Handelsvertrags von 1862 oder auf Art. 2, 8 PU. in Verb. mit §§ 1, 16 UnlWG. oder mit § 12 BGB. stützen. Dies selbst dann nicht, wenn man davon ganz absieht, ob nicht die Beklagte, wie sie behauptet, das Wort „Manon" ursprünglich überhaupt als erste, also früher als der Rechtsvorgänger der Klägerin, für Schuhe gebraucht hat, und wenn man die Beklagte nur so behandelt, als habe sie das Wort erstmals im Jahre 1925, bei Erlangung ihres Zeichenschutzes, benutzt.

Unter diesen Umständen kommt es für die Entscheidung an sich nicht mehr auf die Ausführungen des Berufungsgerichts zum Vorbringen der Beklagten an, daß sie sich in Hamburg früher, als es durch den Rechtsvorgänger der Klägerin in Paris geschehen sei, der Bezeichnung „Manon" für Schuhe bedient und daher das bessere Recht an dem Firmenworte „Manon" habe. Doch sind diese Ausführungen des angefochtenen Urteils rechtlich nicht zu beanstanden. (Wird im einzelnen ausgeführt.)

Hat hiernach die Beklagte, wie in Übereinstimmung mit dem Berufungsgericht anzunehmen ist, das Wort „Manon" im Jahre 1925 nicht neu aufgenommen, sondern das von ihr vor der Klägerin erworbene Recht auf Benutzung dieses Wortes als Geschäfts- und Warenbezeichnung in Deutschland nur fortgesetzt, so würde sie in ihrem Recht auf Weiterbenutzung auch nicht dadurch behindert, d. h. der an sich befugte Gebrauch des Wortes durch sie würde auch dann nicht zu einem unbefugten im Sinne der § 16 UnlWG., § 12 BGB., wenn es der Klägerin inzwischen gelungen wäre, ihrerseits dem Worte „Manon" in Deutschland Verkehrsgeltung als Hinweis auf ihre Firma zu verschaffen. Denn das einmal bestehende Recht der Priorität an einer Geschäftsbezeichnung wird nicht dadurch berührt, daß es dem anderen Teil gelingen sollte, dem gleichen oder einem verwechselbaren Bestandteil seiner jüngeren Firma in der Folgezeit

Schlagwortcharakter zu verschaffen (vgl. die Urteile des erkennenden Senats in M. und W. XXVI 263 und XXIX 124). Die Beklagte wäre auch nicht etwa aus dem Gesichtspunkt der nachträglich eingetretenen Bösgläubigkeit zur Preisgabe der gutgläubig erworbenen Bezeichnung verpflichtet.

Nach alledem ist kein Raum für die Annahme, die Beklagte habe sittenwidrig im Sinne des § 1 UnlWG. gehandelt, indem sie den Vertrieb von „Manon"-Schuhen wieder aufgenommen habe, um durch Herbeiführung von Verwechslungen mit dem gleichen Firmenbestandteil der Klägerin den guten Ruf der Waren der letzteren für sich auszunutzen. Das Berufungsgericht hat daher die Klage mit Recht abgewiesen.

II. Revision zur Widerklage.

Unbegründet sind aber auch die Angriffe gegen die Entscheidung über die Widerklage. Bei ihr handelt es sich in der Revisionsinstanz nur noch um den Unterlassungsanspruch der Beklagten. Diesem gegenüber beruft sich die Klägerin auf den Schutz des Art. 28 Abs. 2 des Handelsvertrags vom 2. August 1862. Sie meint, eine Verfolgung dürfe gegen sie nicht stattfinden, weil sie ihr seit dem 28. März 1919 „deponiertes" Zeichen „Manon" in Frankreich schon lange vor dem Zeitpunkt geführt habe, da der Beklagten der deutsche Zeichenschutz an diesem Worte verliehen worden sei (am 21. Oktober 1925). Nach dem Sinne des Art. 28 Abs. 2 a. a. O., soweit es sich dabei um Warenzeichen handelt, darf das in Frankreich geschützte Zeichen von französischen Staatsangehörigen beim Vertrieb ihrer Waren in Deutschland ohne Gefahr straf- oder zivilrechtlicher Verfolgung geführt werden, wenn es in Frankreich benutzt wurde, ehe ein anderer an demselben Zeichen in Deutschland Schutz erwarb. Durch diese Vorschrift ist eine tatsächliche Duldung gewährleistet. Dem Vorbenutzer eines französischen Zeichens steht gegenüber dem später eingetragenen deutschen Warenzeichen ein Recht auf Fortbenutzung zu (Urteile des erk. Senats RGZ. Bd. 64 S. 304, Bd. 67 S. 133). Dies ist der einzige Fall eines Vorbenutzungsrechts im deutschen Warenzeichenrecht. Die Vorschrift des Art. 28 Abs. 2, die nur von „Fabrikzeichen" spricht, ist aber nicht auf ihren engen Wortlaut zu beschränken. Eine solche Einschränkung würde dem schon dargelegten Sinn und Zweck jenes Artikels nicht entsprechen. So spricht auch schon das Urteil RGZ. Bd. 67 S. 133 (bes. S. 136) aus, daß Art. 28 Abs. 2, obgleich dort nur von Fabrikzeichen die Rede sei, darunter auch die im Abs. 1 erwähnten Handelszeichen mitverstehe. Dies wird aus der Entstehungsgeschichte des Abs. 2 und daraus gefolgert, daß zur Zeit des Abschlusses des Handelsvertrags von 1862 im Gebiete des Deutschen Zollvereins keine Markengesetzgebung bestanden habe, daß aber in der damals schon vorhandenen französischen Markengesetzgebung kein Unterschied in der rechtlichen Behandlung von Fabrik- und Handelsmarken gemacht worden sei. Der erkennende Senat hat aber in Bd. 67 S. 133 noch weiter dargelegt, daß und aus welchem Grunde der Abs. 2 des Art. 28 nur als eine Ausführungsbestimmung des Abs. 1 aufzufassen sei und daß der Zusammenhang zwischen den beiden Absätzen auch von der französischen Rechtsprechung und vom dortigen Schrifttum so verstanden werde. Daran ist festzuhalten. Selbst wenn man, wie die Klägerin will, im Abs. 2 nur eine Bestimmung für Warenzeichen im eigentlichen Sinne, d. h. im Sinne unserer heutigen und der französischen Warenzeichen-Gesetzgebung erblicken wollte, so würde ihr das nicht zum Erfolg verhelfen können. Denn der für die Rechtslage der Angehörigen eines jeden der vertragschließenden Staaten (in bezug auf Firmenrecht, Geschäftsabzeichen, Patente, Muster und Warenzeichen) gegenüber Verletzungen im andern Staat maßgebende Grundsatz der Gegenseitigkeit ist, wie schon bemerkt, im Abs. 1 des Art. 28 ausgesprochen, und ihm ist in Abs. 2 nur eine Ausführungsbestimmung beigefügt. Nun steht aber (vgl. Nr. I dieser Entscheidungsgründe) fest, daß die Klägerin für ihren Firmenbestandteil „Manon" in Deutschland im Herbst 1925 keine Verkehrsgeltung besaß, als die Beklagte den deutschen Zeichenschutz an diesem Worte erwarb, daß die letztere also in diesem Zeitpunkt — ganz abgesehen von ihrer ursprünglich ersten Benutzung des Wortes — das zeitliche Vorrecht vor der Klägerin in Deutschland hatte. Weiter steht nach dem unter Nr. I Ausgeführten fest, daß die Beklagte das zeitliche Vorrecht an der Geschäfts- und Warenbezeichnung „Manon" in Deutschland erworben hat, weil sie das Wort ursprünglich schon in Hamburg verwendete, bevor es die Klägerin in Paris zu benutzen begann. Diesen zeitlichen Vorrang hat sie in der Zwischenzeit nicht wieder verloren. Ist das aber der Fall, so wäre es unvereinbar mit dem im Art. 28 Abs. 1 ausgesprochenen Grundsatz, der sich auf alle oben genannten Gebiete gewerblicher Schutzrechte bezieht, wenn der Klägerin auch unter diesen Umständen das Vorbenutzungsrecht zugebilligt würde, d. h. das Recht, das Wort „Manon" in Deutschland nur deshalb ungestört weiterzuführen, weil sie es sich in Frankreich auch zeichenrechtlich hat schützen lassen, und zwar früher, als die Beklagte das gleiche in Deutschland tat. Damit würde der Grundsatz des Art. 28 Abs. 1, wonach die Priorität des Namens, der Firma und der Geschäftsbezeichnung (§ 16 UnlWG., § 12 BGB.) auch das später erworbene gleiche Warenzeichen ohne Einschränkung beseitigt, durch den Abs. 2, wie die Klägerin ihn ausgelegt wissen will, zu deren Gunsten außer Kraft gesetzt für einen Fall wie den vorliegenden, wo die Beklagte die Priorität an der Geschäfts- und Warenbezeichnung gegenüber der Klägerin besitzt und dann beide Teile — jeder in seinem Lande — Zeichenschutz an dem betreffenden Wort erwerben, und zwar die Klägerin vor der Beklagten. Daß ein solches Ergebnis ausgeschlossen ist, ergibt sich schon aus dem oben in Übereinstimmung mit dem Urteil RGZ. Bd. 67 S. 133 dargelegten Zusammenhang und Verhältnis zwischen den beiden Absätzen des Art. 28.

Das in Abs. 2 das. begründete Vorbenutzungsrecht an einem Worte kann hiernach für den französischen Staatsangehörigen in Deutschland nur dann in Betracht kommen, wenn nicht dem anderen Teil, d. i. dem deutschen Zeicheninhaber, die Priorität an dem gleichen oder zum Verwechseln ähnlichen Wort als Firmenbestandteil oder sonst zusteht.

Das Berufungsgericht gelangt ohne Heranziehung des Art. 28 Abs. 1 zu demselben Ergebnis. Es nimmt an, daß das „durch die Aneignung dieser Zeichen in dem Lande der Einfuhr" (Abs. 2) begründete Recht nicht beschränkt sei auf ein Warenzeichenrecht im engeren Sinne, sondern daß darunter nach Sinn und Zweck jenes Artikels auch ein Ausstattungsrecht, ein Firmenrecht oder ein Recht an einer besonderen Geschäftsbezeichnung zu verstehen sei. Maßgebend könne nur sein, ob das Recht, möge es durch Eintragung oder durch Verkehrsanerkennung oder durch bloße Ingebrauchnahme erworben worden sein, seinem Inhaber einen Anspruch auf Unterlassung des Gebrauchs des ihm geschützten Schlagworts oder sonstigen Unterscheidungsmittels zur Kennzeichnung fremder Waren gewähre. Auf Grund der Feststellung, daß Leo B., der Rechtsvorgänger der Beklagten, die Bezeichnung „Manon" früher in Gebrauch genommen habe als Marcel R., der Rechtsvorgänger der Klägerin, nimmt dann der Vorderrichter an, daß die erste Verwendung von „Manon" durch

Marcel R. nicht in eine frühere Zeit falle als die Aneignung dieser Bezeichnung durch Leo B. (in Deutschland). Demgemäß hält er den Anspruch der Klägerin auf das Vorbenutzungsrecht an ihrem Zeichen „Manon" nicht für gegeben, den Unterlassungsanspruch der Widerklage aber für begründet.

An sich bedürfte es nach den obigen, auf den maßgebenden Grundsatz des Art. 28 Abs. 1 a. a. O. und auf das dargelegte Verhältnis der beiden Absätze zueinander sich stützenden Ausführungen keiner Stellungnahme mehr zu dieser Begründung des Berufungsgerichts. Doch soll hierzu noch folgendes bemerkt werden:

Die Revision hält die Auslegung, die das Berufungsgericht dem Abs. 2 gibt, für unmöglich, weil er unzweideutig nur von „Fabrikzeichen" rede. Demgegenüber ist dafür, daß jedenfalls dort durch die alleinige Nennung der „Fabrikzeichen" keine unterschiedliche Stellung für diese im Vergleich zu den Handelszeichen begründet werden sollte, auf die obige Darlegung dieses Urteils zu verweisen, die sich der Entscheidung RGZ. Bd. 67 S. 133 anschließt. Aber auch die weitergehende Auslegung, die das Berufungsgericht dem Absatz 2 gibt (vgl. S. 384 letzter Absatz), ist rechtlich nicht zu beanstanden. Schon der Umstand, daß zur Zeit des Abschlusses des Handelsvertrags vom 2. August 1862 im Gebiete des Zollvereins keine Markengesetzgebung bestand, schließt die Möglichkeit aus, das Wort „Zeichen" auf den heutigen Begriff, d. h. auf das durch formale Eintragung erworbene Zeichenrecht zu beschränken. Dazu kommt, daß der Anlaß zu der auf Verlangen des deutschen Bevollmächtigten erfolgten Hinzufügung des Abs. 2 die in Deutschland gehegte Befürchtung war, es könne die in Deutschland geführte Bezeichnung von dem Konkurrenten in Frankreich nachgeahmt und dort hinterlegt werden, um dann mit Hilfe des so erlangten Markenschutzes der deutschen Marke den Eintritt in Frankreich zu verwehren. Dieser Zweck der Hinzufügung des Abs. 2 konnte bei dem damaligen Fehlen eingetragener Marken in den Ländern des Zollvereins naturgemäß nur durch Erlangung einer den Marken gleichen Behandlung für Warenbezeichnungen, Firmen und besondere Geschäftsbezeichnungen erreicht werden. Daraus erklärt sich auch der eigenartige Ausdruck „Aneignung", der nicht recht verständlich wäre, wenn es sich dabei nur um Warenzeichen im eigentlichen Sinne handelte. Der Ausdruck bedeutet den Vorgang, der für den Rechtserwerb an der in Frage kommenden Bezeichnung entscheidend ist. Soweit die bloße Ingebrauchnahme das Recht erzeugt, enthält also schon sie die Aneignung, wie das Berufungsgericht zutreffend annimmt. Hat demnach der Vorderrichter den Art. 28 Abs. 2 in rechtlich nicht zu beanstandender Weise ausgelegt, so unterliegt auch seine weitere Annahme keinem Bedenken, daß die Priorität der Ingebrauchnahme der Geschäftsbezeichnung „Manon" durch den Rechtsvorgänger der Beklagten in Hamburg gegenüber dem Rechtsvorgänger der Klägerin in Paris deren Vorbenutzungsrecht in Deutschland ausschließt.

---

76. 1. Zur Frage der Beweislast bei einem Anspruch aus ungerechtfertigter Bereicherung.

2. Über den Beweis des ersten Anscheins.

3. Was ist unter „Gefahr" im Sinne des § 16 Abs. 1 des Versicherungsvertragsgesetzes zu verstehen die Gefahr des Versicherungsnehmers, daß er den Schaden erleidet, gegen den er sich versichert, oder die Gefahr des Versicherers, daß er auf Grund des Vertrags, sei es mit Recht oder mit Unrecht, in Anspruch genommen wird?

BGB. §§ 119, 812. VVG. §§ 16 flg.

VII. Zivilsenat. Urt. v. 15. Mai 1931 i. S. Vers. AG. A. (Bekl.) w. Frau X. (Kl.). VII 92/30.

I. Landgericht Düsseldorf.
II. Oberlandesgericht daselbst.

Nach zwei Versicherungsscheinen vom 13. März 1925 waren die Klägerin und ihr Ehemann bei der verklagten Gesellschaft gegen die Folgen körperlicher Unfälle versichert, und zwar für den Fall des Todes mit je 100000 GM. und für den Fall dauernder Arbeitsunfähigkeit mit je 200000 GM. Die erste Halbjahrsprämie wurde am 6. April 1925 gezahlt. Am 28. Juni 1925 verletzte sich die Klägerin am Daumen und am Zeigefinger der linken Hand. Nach ihrer Darstellung geschah dies durch einen Unfall beim Holzzerkleinern. Die Beklagte stellte Ermittlungen an, fand keinen Anlaß, den Eintritt des Versicherungsfalles zu bestreiten, und zahlte, nachdem ein Streit über die Höhe der Entschädigung durch Vergleich beigelegt worden war, Ende Oktober 1925 an die Klägerin 55000 RM. aus. Am 24. Oktober 1927 erwirkte die Beklagte gegen die Klägerin und ihren Ehemann einen Arrestbefehl in Höhe von 55000 RM. und erstattete zugleich Anzeige gegen das Ehepaar wegen Versicherungsbetrugs. Sie behauptete nunmehr, daß sich die Klägerin die Verletzung an der linken Hand freiwillig beigebracht habe. Das Strafverfahren endete damit, daß die Angeschuldigten außer Verfolgung gesetzt wurden.

Ende 1927 erhob die Klägerin Klage auf Feststellung, daß sie nicht verpflichtet sei, die 55000 RM. zurückzuzahlen. Die Beklagte erhob Widerklage auf Rückzahlung der Summe und bat weiter hilfsweise um die Feststellung, daß der Versicherungsvertrag mit der Klägerin nichtig sei. Das Landgericht erklärte dem Antrag der Klägerin entsprechend die Klage in der Hauptsache für erledigt und wies die Widerklage ab. Das Oberlandesgericht wies die Berufung der Beklagten zurück. Auch ihre Revision blieb ohne Erfolg.

Gründe:

Bei seinen Erörterungen über die Frage des Versicherungsbetrugs hat das Berufungsgericht der Beklagten und Widerklägerin die Beweislast dafür aufgebürdet, daß sich die Klägerin und Widerbeklagte die Hand vorsätzlich selbst verletzt habe. Das beanstandet die Revision mit dem Bemerken, daß der Rückzahlungsanspruch der Widerklägerin nicht sowohl einen Anspruch aus unerlaubter Handlung als vielmehr einen Anspruch aus ungerechtfertigter Bereicherung darstelle. Indessen auch derjenige, der seine Klage auf § 812 BGB. stützt, muß beweisen, daß sein Gegner die Leistung ohne rechtlichen Grund erlangt habe. Im vorliegenden Falle mußte also die Widerklägerin dartun, daß der von ihr befriedigte Versicherungsanspruch der Widerbeklagten tatsächlich nicht bestanden habe, weil diese keinen Unfall erlitten, sondern sich vorsätzlich selbst beschädigt habe. Die Tatsache der nun doch einmal geschehenen Zahlung ist insoweit von ausschlaggebender Bedeutung. Das verkennt die Revision, wenn sie meint, daß die Widerbeklagte der Widerklägerin nicht anders gegenüberstehe, als wenn sie selbst jetzt ihren Versicherungsanspruch einklagte. Wie in diesem — hier nicht gegebenen — Falle die Beweislast zu verteilen wäre, kann unerörtert bleiben.

Hilfsweise meint die Revision, daß angesichts der festgestellten vielen gegen die Widerbeklagte sprechenden Verdachtsgründe mindestens eine Umkehrung der Beweislast angenommen werden müsse. Damit wird an sich nur die Beweiswürdigung des Berufungsgerichts bekämpft. Sollte darin die Rüge zu finden sein, daß das Berufungsgericht die Grundsätze über den sog. Beweis des ersten Anscheins (prima facie) verkannt habe, so wäre ihr entgegenzuhalten, daß der Berufungsrichter einen überwiegenden Verdacht der Selbstverstümmelung gegen die Widerbeklagte nicht festgestellt hat, daß aber ein bloßer Verdacht, dem Möglichkeiten von derselben Wahrscheinlichkeit gegenüberstehen, keinen Beweis des ersten Anscheins erbringen kann (vgl. Urt. des erk. Senats vom 17. Oktober 1930 VII 23/30).

In zweiter Linie hat die Widerklägerin versucht, den grundlegenden Versicherungsvertrag durch Anfechtung wegen arglistiger Täuschung und wegen Irrtums zu beseitigen. Die arglistige Täuschung soll darin liegen, daß die Widerbeklagte und ihr Ehemann bei Stellung des von beiden unterschriebenen Versicherungsantrags eine vom Ehemann wegen Unternehmens der Verleitung zum Meineid verbüßte Zuchthausstrafe nicht mitgeteilt haben. Der Berufungsrichter ist der Ansicht, daß die Angabe dieser Bestrafung den Antragstellern nicht habe zugemutet werden können, weil sie bereits 17 Jahre zurückliege, weil der Ehemann der Widerbeklagten seit langen Jahren nicht mehr bestraft worden sei und weil eine einmalige, in jungen Jahren erlittene Strafe dem Verurteilten nicht lebenslänglich nachgetragen werden dürfe. Diese Erwägungen sind zu billigen. In ihnen liegt aber die Feststellung, daß die Antragsteller, wenn sie im gegebenen Augenblick an jene Vorstrafe des Ehemanns gedacht haben sollten, sie wohlberechtigt und aus guten Gründen unerwähnt gelassen haben. Die Annahme eines arglistigen Handelns der Antragsteller ist damit nicht vereinbar.

Die Anfechtung des Versicherungsvertrags wegen Irrtums stützt die Widerklägerin darauf, daß sie sich in einem Irrtum über eine „verkehrswesentliche“ Eigenschaft des Ehemanns der Widerbeklagten befunden habe; sie habe nicht gewußt, daß er wegen Verleitung zum Meineid bestraft worden sei, daß er die deshalb gegen ihn verhängte Zuchthausstrafe verbüßt und auch gegen einen als Zeugen benannten Dritten betrügerisch gehandelt habe. Die Parteien stritten insoweit in erster Reihe darüber, ob diese Anfechtung mit

Rücksicht auf die in den §§ 16flg. VVG. getroffene Sonderregelung überhaupt zulässig sei. Im § 16 Abs. 1 das. wird dem Versicherungsnehmer die Pflicht auferlegt, bei der Schließung des Vertrags alle ihm bekannten Umstände, die für die Übernahme der Gefahr erheblich sind, dem Versicherer anzuzeigen. Im Abs. 2 wird dem Versicherer das Recht zum Rücktritt vom Vertrag für den Fall gegeben, daß der Versicherungsnehmer die Anzeige eines erheblichen Umstands unterlassen hat. Endlich bemerkt dazu § 22 a. a. O., daß das Recht des Versicherers, den Vertrag wegen arglistiger Täuschung über Gefahrumstände anzufechten, unberührt bleibe. Die Parteien sind sich zwar darüber einig, daß die in den §§ 16flg. VVG. enthaltene Regelung über die Folgen der unterbliebenen Anzeige eines für die Übernahme der Gefahr erheblichen Umstands erschöpfend ist und daß der Vertrag wegen Irrtums über einen derartigen Umstand nicht angefochten werden kann. Sie streiten aber darüber, ob die Zuchthausstrafe des Ehemanns der Widerbeklagten und sein angeblich betrügerisches Verhalten gegenüber dem Dritten derartige Umstände bilden. Die Widerklägerin will den Kreis der gefahrerheblichen Umstände eng begrenzen und dazu nur solche rechnen, die für die Gefahr des Eintritts eines Unfalls bei der Widerbeklagten von Bedeutung waren, während diese selbst unter der Gefahr im Sinne des § 16 VVG. die Gefahr des Versicherers versteht, daß er auf Grund des Vertrags in Anspruch genommen wird, sei es mit Recht und wegen eines wirklich eingetretenen, sei es mit Unrecht und wegen eines nicht oder nicht in dieser Höhe erlittenen Schadens. Der Unterschied der beiderseitigen Ansichten wird klar, wenn man an den von der Widerklägerin — vergeblich — erhobenen Vorwurf des Versicherungsbetrugs anknüpft und sagt: Im Sinne der Widerklägerin ist die Gefahr des § 16 VVG. nur die Unfallsgefahr, im Sinne der Widerbeklagten auch die Betrugsgefahr. Das Berufungsgericht hat den Streit unentschieden gelassen, die Richtigkeit der Ansicht der Widerklägerin unterstellt, die Erheblichkeit ihres Irrtums aber verneint, weil die Beziehungen des Versicherungsnehmers zum Versicherer nur ganz lose seien, sich auf die Pflicht zur Prämienzahlung beschränkten, und weil diese durch das Vorleben des Ehemanns der Widerbeklagten nicht berührt werde. Diesen Darlegungen kann das Revisionsgericht nicht beitreten. Das Wesen des Versicherungsvertrags ist damit nicht erschöpft. Er setzt ein weitgehendes Vertrauensverhältnis voraus; namentlich der Versicherer ist nach vielen Richtungen auf die Ehrlichkeit und Zuverlässigkeit des Versicherungsnehmers angewiesen. Wo er Anlaß hat, diese Eigenschaften zu vermissen, etwa das Vorhandensein von Gewinnsucht und Gewissenlosigkeit zu vermuten, da wird er den ihm angebotenen Vertrag nicht abschließen. Das Berufungsgericht hätte also bei richtiger Verfolgung seines Gedankengangs prüfen müssen, ob die weit zurückliegende Strafe des Ehemanns der Widerbeklagten und sein etwaiges sonstiges Verhalten der Widerklägerin genügenden Anlaß zu Mißtrauen geben konnten. Es kommt darauf aber nicht an. Die Anfechtung wegen Irrtums, wie sie die Widerklägerin erklärt hat, ist unzulässig; die „Gefahr" des § 16 a. a. O. ist in dem weiteren Sinne aufzufassen, den die Widerbeklagte vertritt.

Die Versicherungsgesellschaften selbst scheinen im allgemeinen auf diesem Standpunkt zu stehen. Sie bemühen sich, ein Bild von der Persönlichkeit desjenigen zu bekommen, der als Antragsteller an sie herantritt. Fragen, die diesem Zwecke dienen, nehmen sie in die Formblätter ihrer Versicherungsanträge auf; unrichtige Antworten auch auf solche Fragen machen sie zur Unterlage eines Rücktritts nach § 16 a. a. O. Wenn sie auch aus begreiflicher Scheu davon absehen, nach den Bestrafungen des Antragstellers zu fragen, so suchen sie doch sein Vorleben auf dem Gebiete des Versicherungswesens zu klären. Deshalb fragen sie, ob der Antragsteller bei anderen Gesellschaften versichert ist oder gewesen ist, ob und bei wem er Versicherungsanträge gestellt, ob und welche Versicherungsschäden er erlitten hat. Das alles sind Fragen, die mit der zu versichernden Gefahr eines Brandes, eines Unfalls usw. kaum oder doch nur ganz lose zusammenhängen, die aber zusammen mit den etwa weiter anzustellenden Ermittlungen die Gesellschaft darüber aufklären sollen, ob sie es wagen darf, mit dem Antragsteller überhaupt oder doch in der von ihm gewünschten Weise einen Vertrag abzuschließen, ob bei ihm nicht Unredlichkeiten irgendwelcher Art zu befürchten sind.

Von diesem Standpunkt aus hatte in einem Rechtsstreit, den der erkennende Senat durch Urteil vom 19. März 1918 VII 14/18 entschieden hat, die Versicherungsgesellschaft ihren Rücktritt nach § 16 Abs. 2 VVG. darauf gegründet, daß der eine Unfallversicherung begehrende Antragsteller die ihm vorgelegte Frage: „Haben Sie bei einer Gesellschaft jetzt oder früher Unfallversicherungsanträge gestellt?" unrichtig mit „nein" beantwortet hatte. Mit der „Unfallsgefahr" des damaligen Antragstellers, eines Tischlermeisters, hatte der Umstand, nach dem gefragt worden war, gewiß nichts zu tun; gleichwohl ist damals die Zulässigkeit des Rücktritts aus dem angegebenen Grunde nicht bezweifelt worden, und die Versicherungsgesellschaft ist nur daran gescheitert, daß sie den Rücktritt zu spät erklärt hatte.

Die jetzt zu entscheidende Streitfrage ist damals nicht angeregt und deshalb auch nicht ausdrücklich behandelt worden; ihre Beantwortung im Sinne der Widerbeklagten liegt aber jener Entscheidung zugrunde, und daran ist festzuhalten. Unter den für die Übernahme der Gefahr erheblichen Umständen ist alles zu verstehen, was für den Entschluß des Versicherers wesentlich ist, ob er die Gefahr laufen will, den ihm entgegengebrachten Versicherungsvertrag abzuschließen oder nicht. Damit fällt nach den vorhergehenden Darlegungen die Möglichkeit weg, den Vertrag mit der Widerbeklagten aus dem von der Widerklägerin angegebenen Grunde wegen Irrtums anzufechten. Auf die ebenfalls unter den Parteien streitig gewesene Frage, ob denn der Vertrag mit der Widerbeklagten wegen des Irrtums über eine Eigenschaft ihres Ehemanns angefochten werden könne, braucht bei diesem Ergebnis nicht mehr eingegangen zu werden.

Die Widerklägerin hat schließlich noch den Versuch gemacht, den über die Schadenshöhe abgeschlossenen Vergleich wegen Irrtums anzufechten. Der Vergleich ist unstreitig mit der Widerbeklagten und ihrem Ehemann abgeschlossen worden, und der Anfechtungsgrund soll auch hier darin liegen, daß die Widerklägerin bei Abschluß des Vergleichs von der Zuchthausstrafe des Ehemanns und seinem angeblich betrügerischen Verhalten gegenüber dem Dritten nichts wußte. Es ist der Revision zuzugeben, daß die Gründe nicht völlig klar sind, mit denen der Berufungsrichter diesen Angriff der Widerklägerin abgelehnt hat. Die Anfechtung muß indessen schon daran scheitern, daß die Widerklägerin nicht dargelegt hat, warum anzunehmen sein sollte, daß sie bei Kenntnis der Sachlage und bei verständiger Würdigung des Falles dem Vergleich nicht zugestimmt hätte (§ 119 BGB.). Bei der Beurteilung dieser Frage ist jedenfalls davon auszugehen, daß die Widerklägerin mit der Widerbeklagten einen gültigen Versicherungsvertrag abgeschlossen und daß die letztere einen wirklichen Unfall erlitten hatte, der unter den Versicherungsschutz fiel. Der Streit, der durch den Vergleich erledigt wurde, drehte sich nur noch darum, wieviel die Widerklägerin zu zahlen hatte. Der im Vertrag vorgesehene Fall völliger Arbeitsunfähigkeit der Widerbeklagten war nicht eingetreten; es mußte erst geschätzt werden, inwieweit ihre Arbeitsfähigkeit durch die Folgen des Unfalls beschränkt worden war. Entsprechend der erlittenen Einbuße war die zu zahlende Summe zu errechnen. Die zu diesen Ermittlungen erforderlichen Unterlagen standen fest. Schließlich haben sich die Parteien über den Betrag der Forderung verglichen. Es ist nicht einzusehen, welche Rolle bei diesem Vergleich eine etwa vorhandene Unzuverlässigkeit des Ehemanns der Widerbeklagten gespielt haben sollte oder auch nur hätte spielen können. Die Widerklägerin selbst hat in dieser Richtung keine Anführungen gemacht, und irgendwelche Anhaltspunkte für ein auch nur mögliches Vorbringen haben sich nicht gezeigt. Deshalb muß auch der Anfechtung des geschlossenen Vergleichs der Erfolg versagt bleiben, und damit fällt die Revision überhaupt.

---

77. Haften im Falle der Erhöhung des Stammkapitals einer Gesellschaft mbH. die Übernehmer der neuen Stammeinlagen auch für die Fehlbeträge bereits vorhandener Stammeinlagen?

GmbHG. §§ 24, 55.

II. Zivilsenat. Urt. v. 15. Mai 1931 i. S. Chr. als Konkursverwalter der H.werke T.-D. GmbH. (Kl.) w. W. (Bekl.). II 459/30.

I. Landgericht Gotha.

Das Stammkapital der am 19. Januar 1927 gegründeten, am 2. März 1927 in das Handelsregister eingetragenen gemeinschuldnerischen Gesellschaft mbH. belief sich ursprünglich auf 400000 RM.; durch Beschlüsse der Gesellschafterversammlungen vom 25. März 1927 und 1. Juni 1928, die demnächst gleichfalls eingetragen worden sind, wurde es um je 100000 RM., schließlich also auf 600000 RM. erhöht. Der Beklagte war zunächst nicht an der Gesellschaft beteiligt; er trat ihr erst durch Übernahme der am 1. Juni 1928 neugeschaffenen Stammeinlage von 100000 RM. bei. Zur Zeit der Konkurseröffnung — 5. März 1929 — hatten die Gesellschafter R., D. und

Sch., die zu den Gründern gehörten, ihre damals übernommenen Stammeinlagen von 40000, 40000 und 10000 RM. noch nicht voll gezahlt. Die rückständige Stammeinlageschuld betrug nämlich

bei R.	20000 RM.
bei D.	15000 „
bei Sch.	5000 „
zus.	40000 „

Diese Ansprüche waren sicherungshalber der D. Bank abgetreten worden, die sie ausgeklagt hat; die Zwangsvollstreckung blieb aber erfolglos. Die D. Bank übertrug dann die Ansprüche am 22. Juli 1929 an den Kläger zurück. Dieser führte gegen die genannten Gesellschafter das Ausschließungsverfahren durch und erklärte sie mit Schreiben vom 16. September 1929, zugestellt an R. und Sch. am 17., an D. am 18. September 1929, ihrer Geschäftsanteile und Teilzahlungen zugunsten der Gesellschaft für verlustig. Der Kläger ist nun der Ansicht, daß sämtliche übrigen Gesellschafter nach dem Verhältnis ihrer Geschäftsanteile für den Ausfall von 40000 RM. aufzukommen hätten, gleichviel ob sie der Gesellschaft von vornherein als Gesellschafter angehörten oder ihr erst aus Anlaß der späteren Kapitalerhöhungen durch Übernahme neu zu leistender Stammeinlagen beitraten. Den auf den Beklagten verhältnismäßig entfallenden Teil des Fehlbetrags errechnet er auf 7843 RM.; diesen Betrag nebst Zinsen fordert er von ihm mit der gegenwärtigen Klage.

Das Landgericht wies die Klage ab. Die unmittelbar eingelegte Revision des Klägers führte zur Verurteilung des Beklagten nach dem Klagantrag.

Gründe:

Es handelt sich um eine reine Rechtsfrage, nämlich darum, ob bei einer Gesellschaft mbH. im Falle der Kapitalerhöhung die Übernehmer der neuen Stammeinlagen ohne weiteres auch für Ausfälle an damals schon vorhandenen Stammeinlagen haften. Diese Frage hat der erkennende Senat im Urteil RGZ. Bd. 82 S. 116 bejaht. Das vom Landgericht angeführte Urteil Bd. 93 S. 251 betrifft den umgekehrten Fall, wenn die ursprünglichen Gesellschafter zur Tilgung von Rückständen *späterer* Kapitalerhöhungen herangezogen werden. Allerdings ist in diesem Urteil dargelegt, daß die Gründe des Erkenntnisses RGZ. Bd. 82 S. 116 auch zur Bejahung der Haftung der ursprünglichen Gesellschafter für Fehlbeträge neugeschaffener Stammeinlagen führten.

Das Landgericht begnügt sich für seinen abweichenden Standpunkt mit der Erwägung, daß eine so weitgehende Haftung, wie sie sich aus der den Urteilen RGZ. Bd. 93 S. 251 und Bd. 82 S. 116 zugrunde liegenden Auffassung ergebe, im Gesetz einen unzweideutigen Niederschlag hätte finden müssen. Im übrigen verweist das angefochtene Urteil auf die Ausführungen von Hachenburg in Anm. 16 bis 19 zu § 24 GmbHG. und in LZ. 1914 Sp. 119.

Die Revision des Klägers rügt Verletzung der §§ 24, 55 GmbHG. Sie ist begründet. Es ist richtig, daß auch nach den beiden angeführten Urteilen des Reichsgerichts die dort entschiedenen Fragen im Schrifttum umstritten geblieben sind und daß insbesondere die damalige Stellungnahme des erkennenden Senats von verschiedenen Seiten lebhaften Widerspruch erfahren hat; so außer von Hachenburg auch von Flechtheim DJZ. 1914 Sp. 90, von Brodmann Anm. 3d zu § 24 GmbHG., von Feine in Ehrenbergs Handbuch des gesamten Handelsrechts Bd. III 3 S. 334 flg. Zustimmend äußern sich dagegen z. B. Scholz Komm. z. GmbHG. S. 290/291 Nr. 3, Warneyer-Koppe zu § 24 GmbHG., Neukamp-Becker Anm. 2b zu § 55 GmbHG.; ferner wegen der Haftung neu eintretender Gesellschafter für ausstehende Reste aus älteren Stammeinlagen: Liebmann-Sänger Anm. 5 zu § 24 GmbHG. und Molitor „Die ausländische Regelung der GmbH. und die deutsche Reform" in den Gesellschaftsrechtlichen Abhandlungen, herausg. von A. Nußbaum, Heft 5 S. 41.

Der erkennende Senat ist bei nochmaliger Prüfung der Frage zu demselben Ergebnis gelangt wie im Urteil RGZ. Bd. 82 S. 116.

§ 24 GmbHG. steht allerdings im zweiten Abschnitt des Gesetzes, der sich mit den Rechtsverhältnissen der Gesellschaft und der Gesellschafter befaßt, während im vierten Abschnitt, der die Änderungen des Gesellschaftsvertrags, darunter die Kapitalerhöhungen behandelt, eine entsprechende Vorschrift fehlt. Indessen herrscht, soweit ersichtlich, darüber Einigkeit, daß § 24 nicht etwa für Stammeinlagen aus Kapitalerhöhungen schlechthin unanwendbar ist; es besteht vielmehr Übereinstimmung in der Richtung, daß er jedenfalls für die Übernehmer der Stammeinlagen aus derselben Kapitalerhöhung gilt.

Darüber kann in der Tat kein Zweifel bestehen. Es wäre nicht einzusehen, weshalb das Gesetz die hilfsweise Ausfallhaftung wohl für die Gründer, nicht aber für Übernehmer von Stammeinlagen aus späteren Kapitalerhöhungen hätte einführen sollen. Der gesetzgeberische Grundgedanke, dem der § 24 GmbHG. seine Entstehung verdankt, trifft in gleicher Weise für das ursprüngliche wie für das zusätzlich durch Kapitalerhöhung geschaffene Stammkapital zu. Zudem gelten ohnehin die sonst in den §§ 15 bis 25 GmbHG. enthaltenen Vorschriften für alle Geschäftsanteile und Stammeinlagen. Hiervon würde nach der gegnerischen Ansicht allein § 24 eine Ausnahme dahin bilden, daß entgegen seinem klaren Wortlaut die Ausfallhaftung immer nur die Gesellschafter desselben Stammkapital-Abschnitts unter sich träfe. Dabei ist das Stammkapital eine einheitliche Ziffer und ebenso das Vermögen der Gesellschaft nach innen und außen ein einheitliches Ganzes.

Nun kann zugegeben werden, daß die letzteren Erwägungen in Verbindung mit dem Wortlaut des Gesetzes nicht durchschlagen würden, wenn ihnen zwingende sachliche Gegengründe entgegenständen. Solche werden von den Gegnern der bisherigen Rechtsprechung einmal aus den Belangen der neu eintretenden Gesellschafter hergeleitet und zum andern aus den Verhältnissen der Gesellschaft und der Gläubiger. In ersterer Hinsicht wird geltend gemacht, daß sonst neu eingetretene Gesellschafter sich wider Erwarten vor vielleicht unerschwingliche Schulden gestellt sehen könnten, die sie mit Fug und Recht für längst getilgt gehalten hätten; selbst dem bisherigen Gesellschafter werde es oft nicht leicht sein, festzustellen, wie es mit den Einzahlungen auf die einzelnen Geschäftsanteile bestellt sei; der Hinzutretende sei in der Regel auf Erklärungen des Geschäftsführers angewiesen und wäre selbst bei nachgewiesenem Betrug der Gesellschaft gegenüber schutzlos. Demgegenüber ist zunächst darauf hinzuweisen, daß die Gläubiger der Gesellschafter, soweit es sich um den Stand der Einzahlungen auf Geschäftseinlagen handelt, jedenfalls nicht besser gestellt sind. In der Regel wird sich sodann der neu eintretende Gesellschafter vor seinem Eintritt durch Einsicht in die Bilanzen über den Stand der Einzahlungen auf frühere Stammeinlagen, die, soweit noch offen, als Forderungen der Gesellschaft an die Gesellschafter in die Aktivseite der Bilanz aufzunehmen sind, Klarheit verschaffen und sich über seinen Beitritt endgültig schlüssig machen können. Nachher geben ihm die Gesellschafterrechte die Möglichkeit, sich im Bilde zu halten und auf Einforderung oder Beitreibung etwaiger Außenstände hinzuwirken.

Was sodann das im Vordergrund stehende Verhältnis der Gesellschaft und der Gesellschafter zu den Geschäftsgläubigern betrifft, so wird die Frage aufgeworfen, welchen berechtigten Anspruch denn die letzteren darauf hätten, daß durch den Kapitalerhöhungsbeschluß eine erhöhte Garantie für das alte Stammkapital geschaffen werde. Dem ist entgegenzuhalten, daß dieser Einwand gegenüber Gläubigern, die der Gesellschaft erst nach der Stammkapitalerhöhung Kredit gewährt haben, und überall da überhaupt nicht durchgreift, wo die bisherigen Gläubiger gerade wegen des Hinzukommens neuer Gesellschafter aus Anlaß der Kapitalerhöhung der Gesellschaft den bisherigen Kredit belassen haben. Es darf weiter nicht übersehen werden, daß die Fälle vielfach so liegen, daß die neu eintretenden Gesellschafter gerade mit Rücksicht auf den Stand der Einzahlungen der bisherigen Gesellschafter auch ihrerseits keine Volleinzahlung leisten und zu leisten verpflichtet sind und daß es dabei im allseitigen Einverständnis der Gesellschafter auch bleibt, daß also die neu eintretenden Gesellschafter mit der Nichteinforderung weiterer Zahlungen auf Stammeinlage durchaus einverstanden sind und sich mit ihren Stimmen gegen die Einforderung aussprechen (§ 46 Abs. 1 Nr. 2 GmbHG.). Wenn dann Einlagerückstände notleidend werden, so ist nicht einzusehen, weshalb nicht die sämtlichen Gesellschafter für die Auswirkung der von ihnen selbst gebilligten oder geübten Handhabung der Rechte der Gesellschaft in Ansehung der Stammeinlageforderungen eintreten sollten. Gerade weil nach § 46 Abs. 1 Nr. 2 GmbHG. die Einforderung von Einzahlungen auf die Stammeinlagen der Beschlußfassung der Gesellschafter unterliegt, weil ferner nach § 19 Abs. 1 das. bei Stammeinlagen der Grundsatz der gleichmäßigen Heranziehung nicht nur dem Betrag, sondern auch der Zeit nach gilt, und weil endlich auch da, wo der Gesellschaftsvertrag die sofortige Einzahlung oder im voraus einen festen Einzahlungstermin bestimmt, die Maßnahmen der Geschäftsführung auf Beitreibung von Rückständen mit gewissen Gegenwirkungen aus dem Kreis der Gesellschafter zu rechnen haben, ist die hilfsweise Haftung *sämtlicher* Gesellschafter für etwaige Ausfälle durch Rückstände an Stammeinlagen, gleichviel aus welcher Zeit, von besonderer Bedeutung. Sie sichert mittelbar sowohl die Interessen der Gesellschaft wie insbesondere den Gläubigern eine sachgemäße Handhabung der Einforderungs- und Beitreibungsrechte der Gesellschaft. Eben weil das Gesetz insoweit der autonomen Satzung und der Gesamtheit der Gesellschafter rechtlich und tatsächlich eine weitgehende Einflußnahme verstattet, erscheint es durchaus nicht unbillig, wenn die subsidiäre Haftung aus § 24 GmbHG. die Gesellschafter in ihrer Gesamtheit trifft. Es kann auch nicht zugegeben werden, daß diese Auffassung mit dem Grundgedanken des Gesetzes im Widerspruch steht. Das Urteil RGZ. Bd. 82 S. 116 legt unter Bezugnahme auf die Vorarbeiten dar, daß der Gesetzgeber die Rücksicht auf die Sicherheit der Gläubiger als leitenden Gesichtspunkt bei den Vorschriften über Aufbringung und Erhaltung des Gesellschaftsvermögens in den Vordergrund stelle und daß dem mehrfach unzweideutiger Ausdruck verliehen worden sei. Die amtliche Begründung zum GmbH.-Gesetz (S. 32/33) betont ausdrücklich: Bei der Gesellschaft mbH. komme weder der ausgedehnte Verwaltungsapparat der Aktiengesellschaft noch die für diese vorgeschriebene weitgehende Publizität in Frage. Ebensowenig beständen bei ihr besondere, der Sicherung des Grundkapitals dienende Gründungsvorschriften wie bei der Aktiengesellschaft (konkurrierende Verantwortlichkeit verschiedener Gesellschaftsorgane, umfassende Öffentlichkeit bezüglich der Gründungshergänge und der späteren Ergebnisse). Deshalb sei im Interesse der Gläubiger ein Ersatz erforderlich, der am besten dadurch geschaffen werde, daß man den Gesellschaftern eine Gesamthaftung für das im Gesellschaftsvertrag bestimmte Stammkapital auferlege. Eine solche hilfsweise und verhältnismäßige Gesamthaftung müsse — so heißt es in der amtlichen Begründung weiter — notwendig dazu beitragen, die Verbindung der Mitglieder mit der Gesellschaft fester zu knüpfen, und sie erscheine anderseits als ebenso notwendig wie ausreichend, um anderweitige „kautelarische" Vorschriften in vielen Beziehungen entbehrlich zu machen. Da den Gläubigern für die Aufbringung des Stammkapitals anderweit, d. h. eben durch § 24 GmbHG., besondere Sicherheiten geboten sind, wurde auch davon abgesehen, die Kapitalerhöhung — abweichend von der für Aktiengesellschaften geltenden Regel des § 278 HGB. — von der vorherigen Volleinzahlung des bisherigen Stammkapitals abhängig zu machen (vgl. hierzu die amtliche Begründung S. 81). Mit Recht weist sodann Neukamp (im Bankarchiv 1914 S. 197/198) darauf hin, daß die hilfsweise eintretende Gesamthaft sämtlicher Gesellschafter für die jeweilige Stammkapitalziffer zugleich ein sehr wirksames Mittel sei, um Mißbräuchen bei Kapitalerhöhungen von vornherein vorzubeugen, denen sonst Tor und Tür geöffnet wäre.

Daß endlich auch aus § 55 Abs. 2 Satz 2 GmbHG. kein durchschlagender Gegengrund gegen die hier vertretene Meinung hergeleitet werden kann, ist ebenfalls schon in RGZ. Bd. 82 S. 116 flg. (121) eingehend dargelegt. Davon abzugehen liegt kein genügender Anlaß vor. Es muß deshalb grundsätzlich bei dem dort eingenommenen Standpunkt des Senats sein Bewenden haben.

---

78. 1. Muß der Eigentümer einer öffentlichen Straße ein in den Luftraum über der Straße hineinragendes, polizeilich genehmigtes Vordach vor einem Hauseingang dulden?
2. Zur Auslegung des § 80 Preuß. ALR. I 8.

BGB. §§ 905, 1004. Preuß. ALR. §§ 78 flg. I 8.

V. Zivilsenat. Urt. v. 16. Mai 1931 i. S. Stadtgemeinde B. (Kl.) w. E. (Bekl.). V 235/30.

I. Landgericht I Berlin.
II. Kammergericht daselbst.

Der Beklagte hat am Eingang des ihm gehörigen, in der Str.-straße zu B. gelegenen Hotels mit Genehmigung der Baupolizeibehörde und des Polizeipräsidiums ein Schutzdach anbringen lassen. Dieses erstreckt sich in einer Flächenausdehnung von 25 qm in einer Höhe von 4 bis 5 m über dem Erdboden, von der Hauswand aus freischwebend ohne Stützpfeiler, etwa vier Meter weit in das im Eigentum der klagenden Stadtgemeinde stehende Straßengelände hinein über den ganzen Bürgersteig hinweg bis zum Fahrdamm. In früherer Zeit zahlte der Beklagte der Klägerin für das Halten des Schutzdachs eine „Anerkenntnisgebühr". Als die Klägerin eine Jahresgebühr von 500 RM. forderte, fand der Beklagte diese zu hoch und bot eine geringere Gebühr an. Da eine Einigung nicht zustande kam, verlangt die Klägerin im Prozeß Entfernung des Schutzdaches; sie will es nur gegen Zahlung einer Jahresgebühr von 500 RM. weitergestatten. Der Beklagte stellt sich nun auf den Standpunkt, die Klägerin müsse das Dach ohne Zahlung irgendeiner Gebühr dulden.

Das Landgericht verurteilte zur Beseitigung des Schutzdachs; das Kammergericht wies die Klage ab. Die Revision der Klägerin führte zur Aufhebung und Zurückverweisung.

Gründe:

Die Grundfläche der Str.-straße steht im Eigentum der Klägerin. Dieses Recht an der Straßenfläche ist echtes Privateigentum, beschränkt durch die Zweckbestimmung der Straße, dem Gemeingebrauch zu dienen. Diese ihren Ausgang vom Privatrecht nehmende Anschauung über das Eigentumsrecht an der Wegefläche wird in der Rechtswissenschaft weit überwiegend, wenn auch nicht durchweg, vertreten (vgl. Fleiner Institutionen des deutschen Verwaltungsrechts 8. Aufl. § 21; Germershausen-Seydel Wegerecht 4. Aufl. § 6; Mayer Deutsches Verwaltungsrecht 3. Aufl. Bd. 2 §§ 35, 36). Die Rechtsprechung der höchsten Gerichte, insbesondere die des Reichsgerichts, ist ihr überall gefolgt (RGZ. Bd. 30 S. 245, Bd. 88 S. 14, Bd. 123 S. 181 und 187, Bd. 125 S. 108; JW. 1928 S. 502 Nr. 35; Pr. OVG. Bd. 28 S. 74, Bd. 35 S. 26, Bd. 74 S. 360). So neuerdings auch für das Gebiet des rheinischen Rechts, für das die Rechtslage bisher nicht einheitlich angesehen wurde (RGZ. Bd. 131 S. 264). Zur Straße gehörig und daher im Privateigentum des Straßeneigentümers befindlich ist auch der Luftraum über der Straße; dies jedoch in den Schranken des § 905 Satz 2 BGB. Es besteht kein Anlaß, von dieser Grundauffassung abzugehen, auf der sich die ganze bisherige Rechtsprechung aufbaut.

Der Beklagte greift mit dem den Bürgersteig überragenden Vordach in das Eigentum der Klägerin ein. Hieraus folgt die Berechtigung der Eigentumsfreiheitsklage (§ 1004 BGB.), falls nicht dem Beklagten eine das Eigentum der Klägerin einschränkende, sie zum Dulden des Daches nötigende Befugnis zustehen sollte. Mit Recht nimmt das Kammergericht zugunsten der Klägerin an, dem Klaganspruch stehe die Vorschrift des § 905 Satz 2 BGB. nicht entgegen, wonach der Eigentümer Einwirkungen nicht verbieten kann, die in solcher Höhe vorgenommen werden, daß er an der Ausschließung kein Interesse hat. Die Klägerin kann sehr wohl in der mit in Betracht zu ziehenden Zukunft zu irgendwelchen Anlagen innerhalb des ihr gehörigen Straßenraums veranlaßt sein, die mit dem nur vier bis fünf Meter über dem Erdboden befindlichen Vordach in Widerstreit treten würden. Die Entfernung der Anlage von der Grundstücksoberfläche ist nicht so groß, daß die Klägerin aus diesem Grunde an der Untersagung kein Interesse haben sollte.

Zuungunsten der Klägerin führt das Kammergericht aus: Die Einrichtung des Schutzdaches halte sich innerhalb der Grenzen des zulässigen Gemeingebrauchs an der Straße, wie ihn der Beklagte als Anlieger ausüben könne. Denn die neuzeitliche Entwicklung im Hotel- und Theaterwesen habe nicht nur in B., sondern auch in anderen Städten des In- und Auslands dazu geführt, die Eingänge mit derartigen Schutzdächern zu versehen, die den Besuchern den Zutritt auch bei schlechtem Wetter so bequem wie möglich machen. Der Klaganspruch scheitere auch an den für die Stadt B. noch jetzt gültigen Vorschriften der §§ 78 bis 82 I 8 ALR; das Vordach falle nach Wesen, Umfang und äußerer Gestaltung unter § 80 I 8, wonach der Straßenanlieger bestimmte Einrichtungen im Luftraum über der Straße halten dürfe, wenn sie polizeilich genehmigt seien. Verfehlt sei schließlich die Meinung der Klägerin, ihr stehe deswegen ein Beseitigungsrecht auf Grund vertraglicher Vereinbarung zu, weil der Beklagte bisher für die widerruflich erteilte Genehmigung eine Anerkenntnisgebühr gezahlt habe und sich dessen jetzt weigere.

Diese Ausführungen halten der rechtlichen Nachprüfung nicht durchweg Stand.

Gegen die Zulässigkeit des Rechtswegs, auch soweit es sich um die Frage des Gemeingebrauchs handelt, bestehen keine Bedenken (vgl. RGZ. Bd. 123 S. 183). Das Kammergericht geht zutreffend von dem Begriff des Gemeingebrauchs an der Straße aus, der in der Rechtsprechung des Reichsgerichts (namentlich in RGZ. Bd. 123 S. 181 und Bd. 125 S. 108) erläutert ist als der einem jeden kraft öffentlichen Rechts offenstehende freie Gebrauch der Wege für den Verkehr innerhalb der besonderen Bestimmungen der einzelnen Wege und innerhalb der verkehrsüblichen Grenzen. Der Straßenanlieger kann diesen Gemeingebrauch infolge seines räumlichen Verhältnisses zur Straße in ganz besonderem Maß ausüben. Es handelt sich da um einen Gemeingebrauch gerade des Straßenanliegers, an dessen Wesen nichts geändert wird, wenn man ihn als „gesteigerten Gemeingebrauch" (so Fleiner Institutionen 8. Aufl. S. 378) oder als „Anliegernutzung" (so Merkel Anm. in JW. 1929 S. 2342) bezeichnen will. Zutreffend läßt sich das Kammergericht weiter von dem Satz leiten, daß die Grenzen des Gemeingebrauchs nicht ein für allemal feststehen, sondern örtlich und nach der Entwicklung der Verkehrsverhältnisse verschieden sind, daß für die Abgrenzung die allgemeine und regelmäßige Gestaltung des Verkehrs maßgebend ist. Dem Berufungsgericht ist aber nicht zuzustimmen, wenn es schon aus der Tatsache, daß auf Grund neuzeitlicher Entwicklung im Verkehrswesen namentlich bei Hotels und Theatern in B. und in anderen Städten des In- und Auslands die Hauseingänge vielfach mit derartigen Schutzdächern versehen sind, ohne weitere Erörterung entnimmt, auch das Vordach des Beklagten halte sich seiner Art wie seinem Umfang nach innerhalb der Grenzen des Gemeingebrauchs an der Straße. Damit, daß solche Dächer auch anderwärts vorkommen, ist die entscheidende Frage nicht ausreichend beantwortet. Diese geht dahin, ob zur Zeit in B. und in anderen deutschen Großstädten mit gleichliegenden Verhältnissen für große Geschäftsstraßen, wie es die Str.-straße ist, Verkehrsanschauung und Übung dahin bestehen, daß der Straßeneigentümer solche Einrichtungen ungefragt und unentgeltlich dulden müsse.

Der Umstand, daß auch für Anlagen, die sich innerhalb des Gemeingebrauchs halten, in vielen Fällen mit Rücksicht auf Verkehr und Bebauung polizeiliche Genehmigung notwendig und daß diese hier erteilt ist, kommt dabei nicht in Betracht. Die Frage, ob eine bestimmte Anlage vom Straßeneigentümer als gemeingebräuchlich (hier nicht im Sinne von „allgemein gebräuchlich“, sondern „als sich in den Grenzen des Gemeingebrauchs an der Straße haltend“) zu dulden ist, kann überhaupt erst dann auftreten, wenn keine Hindernisse polizeilicher Art bestehen. Diese Frage der Gemeingebräuchlichkeit ist zwar auch öffentlichrechtlicher Natur, aber doch von der Frage der polizeilichen Gestattung getrennt zu betrachten. Letztere unterliegt im Gegensatz zur ersteren nicht der Beurteilung durch das Prozeßgericht. Dabei besteht allerdings insofern ein Übergang von polizeilichen Gesichtspunkten zur Frage des Gemeingebrauchs, als Gemeingebräuchlichkeit nur für solche Anlagen anzuerkennen ist, die dem Verkehr in der Straße und anderen dort befindlichen Anlagen nicht hinderlich sind, und als die Stellungnahme der Polizei von wesentlicher Bedeutung für die tatsächliche Beurteilung der Sachlage sein wird, namentlich soweit es sich um die Frage der Vereinbarkeit mit den Anforderungen des Verkehrs handelt.

Von Gemeingebräuchlichkeit einer bestimmten Anlage kann nur

dann die Rede sein, wenn der Straßeneigentümer als solcher sie kraft Widmung der Straße für den öffentlichen Verkehr ohne weiteres dulden muß Der Gemeingebrauch ist seinem Wesen nach unentgeltlich; denn der Eigentümer kann für eine ihm ohnehin obliegende Gestattung keine Vergütung fordern (JW. 1930 S. 1961 Nr. 20; Stammler in Gruch. Bd. 70 S. 146). Soweit das privatrechtliche Eigentum an der Straße durch eine sich in den Grenzen des Gemeingebrauchs haltende Befugnis eines Anliegers eingeschränkt ist, muß der Eigentümer die Einwirkung kraft Widmung des Wegs zum öffentlichen Gebrauch dulden. Daneben kommt eine vertragsmäßige Gestattung gegen Bezahlung nicht in Betracht. Eine privatrechtliche Vereinbarung über die Benutzung seines Eigentums kann der Straßeneigentümer nur insoweit treffen, als die Benutzung über den Gemeingebrauch hinausgeht. Duldung kraft Gemeingebrauchs und Gestattung gegen Vergütung sind Gegensätze.

Es ist zwar nicht zu bezweifeln, daß solche Dächer Einrichtungen sind, die dem Fortschritt des neuzeitlichen Verkehrs und der Entwicklung im Hotelwesen entsprechen; auch nicht, daß sie, wie in B., so auch in anderen Großstädten vielfach üblich sind. Aus diesen Tatsachen kann aber so lange nicht darauf geschlossen werden, daß sich eine solche Einrichtung in den Grenzen des dem Anlieger zustehenden Gemeingebrauchs an der Straße halte, als die nicht fernliegende Möglichkeit offen bleibt, daß sich die Anlieger die Erlaubnis zu solcher Einrichtung allgemein oder doch überwiegend durch Vertragsschluß mit dem Straßeneigentümer verschafft haben. Eine Anlage auf Grund solcher Rechtsverschaffung könnte nicht eine Verkehrsanschauung und Übung des Inhalts bestätigen, daß der Straßeneigentümer sie auf Grund der Widmung der Straße für den öffentlichen Verkehr ohne weiteres dulden müsse. Sie würde vielmehr gegen solche Schlußfolgerung sprechen. Bedenken in der Richtung erweckt gerade im vorliegenden Falle der Umstand, daß der Beklagte seit 1908 eine Gebühr für die Duldung des Schutzdaches gezahlt hat. Demgegenüber hat das Kammergericht die tatsächlichen Grundlagen für die Annahme der Gemeingebräuchlichkeit unzureichend festgestellt. Für die Frage, was in deren Bereich fällt, muß erhellen, was im allgemeinen in ähnlichen Fällen üblich ist. Es ist Aufgabe des Tatrichters, nötigenfalls unter Ausübung des Fragerechts, weitere Aufklärung herbeizuführen über die Beziehungen zwischen Straßeneigentümer und Anlieger in Fällen, wo ähnliche, auch der örtlichen Lage nach zum Vergleich geeignete Anlagen vorhanden sind. Es wird dabei in Frage kommen, ob sie, polizeiliche Genehmigung vorausgesetzt, in ähnlicher örtlicher Lage überwiegend und üblicherweise vom Straßeneigentümer ohne weiteres zugelassen und geduldet werden oder ob der Abschluß von Verträgen über die Zulassung gegen eine vom Anlieger zu gewährende Vergütung gebräuchlich ist. Im letzteren Falle könnte in Betracht kommen, ob etwa der Abschluß solcher Verträge von den Stadtverwaltungen, hier von der Stadt B., entgegen früherer anderer Handhabung erst in neuerer Zeit angesichts des wachsenden Geldbedarfs der Städte gefordert und von den Anliegern, um Weiterungen zu vermeiden, zugebilligt worden ist. Sollten im Gegensatz hierzu früher solche Vordächer vom Straßeneigentümer unentgeltlich geduldet worden, daher für die frühere Zeit als „gemeingebräuchlich" anzusehen gewesen sein, so könnte eine neuere andere Handhabung der Stadtverwaltung möglicherweise als Mißbrauch und als der Annahme der Gemeingebräuchlichkeit nicht hinderlich erscheinen. Dabei wird es in erster Linie auf die jetzigen Verhältnisse und auf ihre geschichtliche Entwicklung in B. ankommen. Aber es kann auch die Sachlage in anderen deutschen Großstädten zum Vergleich herangezogen werden, weil anzunehmen ist, daß sich derartige Verkehrsanschauungen — abgesehen von einzelnen örtlichen Besonderheiten — im allgemeinen in deutschen Städten gleichmäßig entwickeln. In den angegebenen Richtungen ist weitere tatsächliche Aufklärung notwendig, ohne daß zur Zeit abschließend gesagt werden könnte, was alles als wesentlich in Betracht kommen mag. Zur Aufklärung dessen, wie die bisherige städtebauliche Entwicklung in Ansehung solcher Vordächer gewesen ist, welche Rechtsverhältnisse ursprünglich und im weiteren Verlauf dem Halten solcher Anlagen zugrunde gelegen haben, wie im allgemeinen die heutige Handhabung ist, wird in erster Linie die Klägerin in der Lage und deswegen auch verpflichtet sein, weil allerdings der äußere Anschein, daß solche Anlagen vielfach vorhanden sind, zunächst gegen sie spricht. Weiter könnte die Einholung eines Gutachtens über die hier in Frage kommende bauliche und rechtliche Entwicklung von einer mit dem Städtebauwesen vertrauten Persönlichkeit in Betracht kommen, der die Klägerin die nötigen Unterlagen zur Verfügung zu stellen hätte.

Sollte allerdings das Schutzdach des Beklagten, wie das Kammergericht annimmt, eine Einrichtung sein, deren Anlage dem Hauseigentümer nach §§ 78 bis 82 I 8 ALR. gestattet ist, so müßte sich die Klägerin als Straßeneigentümerin aus diesem Grunde eine so gesetzlich begründete Einschränkung ihres Eigentums gefallen lassen (vgl. zur fortdauernden Geltung und zur Bedeutung dieser Vorschriften RGZ. Bd. 30 S. 245 und Bd. 123 S. 181 [184]). Sie könnte dann die ihr ohnehin obliegende Duldung auch nicht von der Zahlung einer Gebühr durch den Beklagten abhängig machen. Nach § 80 I 8 ALR. ist „die Aussetzung von Wetterdächern" über den Bürgersteig zulässig, falls sie, was hier der Fall ist, den örtlichen Polizeibestimmungen entsprechen. In dem etwa aus gleicher Zeit mit der Entstehung des Preußischen Allgemeinen Landrechts stammenden deutschen Wörterbuch von Adelung (1801) wird der Begriff „Wetterdach" dahin erläutert: „Ein Dach von Brettern über den Türen und Fenstern, Sturm und Regen von denselben abzuhalten". Es kann dahingestellt bleiben, ob etwa diese Erläuterung für die landrechtliche Vorschrift zu eng sein würde, ob nicht auch schon bei Inkrafttreten des Preußischen Allgemeinen Landrechts Schutzdächer vor Behausungen zur Ermöglichung bequemen Verkehrs von vorfahrenden Wagen aus vereinzelt vorhanden und nach damaligem Sprachgebrauch ebenfalls als Wetterdächer zu bezeichnen waren, deren Haltung dem Anlieger nach polizeilicher Genehmigung gesetzlich gestattet sein sollte. Denn es kommt für die Jetztzeit nicht entscheidend auf die Sprachübung bei Inkrafttreten des Preußischen Allgemeinen Landrechts an: die erwähnte landrechtliche Vorschrift legt als Gesetzesinhalt nur das fest, was sich schon nach allgemeinen Rechtsgrundsätzen aus der Widmung der Straße für den öffentlichen Verkehr als „Gemeingebrauch" zugunsten des Anliegers ergibt (RGZ. Bd. 123 S. 185). Wie der Inhalt des Gemeingebrauchs nicht ein für allemal feststeht, sondern zeitlich und örtlich nach der Entwicklung der Verkehrsverhältnisse und den jeweiligen Anschauungen wandelbar ist, so muß sich hiernach auch die Auslegung dieser den Gemeingebrauch behandelnden Gesetzesbestimmung richten. Eine sinngemäße Auslegung gerade dieser Vorschrift hat sich den im Laufe der Zeiten wechselnden Verkehrsanschauungen anzupassen. Es liegt hiernach nicht im Willen des Allgemeinen Landrechts, Wetterdächer ein für allemal zuzulassen, wie sie bei Erlaß des Gesetzes gemeingebräuchlich waren, und damit jede Entwicklung — sei es zugunsten der Anlieger, sei es zugunsten des Straßeneigentümers — zu verhindern. Auch in

Ansehung des § 80 I 8 ALR. ist nicht entscheidend, ob die Anlage des Beklagten etwa dem entspricht, was im 18. Jahrhundert als ein auf dem Straßengelände unentgeltlich zu duldendes Wetterdach des Hausbesitzers angesehen wurde; sondern entscheidend ist hierbei, ob die Anlage im Rahmen dessen bleibt, was jetzt zum Gemeingebrauch an der Straße gehört. Der Wortlaut des § 80 I 8 ALR. kann also für sich allein den Eingriff in das Eigentum der Klägerin nicht stützen. Vielmehr kommt es für die Anwendung jener Vorschrift gleichfalls auf die Feststellung des jetzigen Inhalts des Gemeingebrauchs an. Dies führt wiederum zu dem Ergebnis, daß neue Ermittlungen in der dargelegten Richtung nötig sind.

Der erkennende Senat hat in den bisher entschiedenen Fällen neuzeitliche Lichtwerbeanlagen, die 1,20 m und 1,10 m in den Luftraum der Straße hineinragten, als nach gegenwärtigen Verkehrsanschauungen innerhalb des dem Straßenanlieger zustehenden Gemeingebrauchs liegend erklärt und sie im Gebiete des Preußischen Allgemeinen Landrechts unter dessen §§ 78 bis 82 I 8 begriffen, ohne daß geprüft wurde, ob und in welchem Umfang bisher für solche Anlagen Geldvergütungen gefordert und gezahlt worden sind (RGZ. Bd. 123 S. 181; JW. 1930 S. 1961 Nr. 20). Das war im Gegensatz zum jetzigen Falle möglich, weil solche Lichtwerbeanlagen von mäßigem Umfang eine ganz allgemein übliche Einrichtung von viel größerer Verbreitung als Schutzdächer sind, weil sie in ihrem Zweck und in der Art ihrer Anlage durchaus mit den von jeher gebräuchlichen und zweifellos gemeinüblichen Ladenschildern übereinstimmen und weil sie in den Rechtskreis des Straßeneigentümers in erheblich geringerem Maß eingreifen als große festgebaute Schutzdächer. Eine Anlage, wie sie jetzt streitig ist, nimmt den Luftraum über der Straße in viel weiterem Flächenumfang in Anspruch, als dies bei einer Lichtwerbeanlage gewöhnlich der Fall ist. Der Widerstreit mit den zu berücksichtigenden Belangen des Straßeneigentümers tritt hier schärfer auf. Die Anschauung, der Hausbesitzer müsse zahlen, wenn er fremdes Eigentum so weitgehend benutzen wolle, könnte da eher gerechtfertigt sein als bei den eine neuzeitliche Geschäftsankündigung darstellenden Lichtwerbeanlagen, wie sie bisher vom Reichsgericht zu beurteilen waren. Aus diesen Gründen kann der Beklagte die dem Inhaber solcher Lichtwerbeanlagen mäßigen Umfangs günstige Stellungnahme des Reichsgerichts nicht ohne weiteres für sich verwerten.

79. 1. Über die Voraussetzungen einer wirksamen Auflassungserklärung vor dem Grundbuchamt.

2. Welche Gerichtsschreibereibeamte waren im Mai 1923 in Preußen zur Entgegennahme von Auflassungserklärungen zuständig?

BGB. §§ 873, 925. Preuß. Gesetz v. 14. Dezember 1920 (GS. 1921 S. 75). Allgem. Verfügung des Preuß. Justizministers v. 25. Januar 1921 (JMBl. S. 75).

VI. Zivilsenat. Urt. v. 7. Mai 1931 i. S. D. (Kl.) w. F. (Bekl.). VI 615/30.

I. Landgericht Glatz.
II. Oberlandesgericht Breslau.

Der Kläger war eingetragener Eigentümer eines Grundstücks in M. Am 12. Mai 1923 erschienen die Parteien mit einem privatschriftlichen Kaufvertrag über dieses Grundstück auf dem Grundbuchamt in N. Nach dem Inhalt dieses Vertrags verkaufte der Kläger sein Grundstück an den Beklagten für 11000000 M. § 3 lautet:

Die Übergabe, mit welcher Gefahren, Lasten, Abgaben, aber auch die Nutzungen auf den Käufer übergehen, erfolgt am 15. Mai 1923. Die Vertragschließenden sind darüber einig, daß das Eigentum des erkauften Grundstücks an diesem Tage auf den Käufer übergeht. Dieser beantragt, ihn als neuen Eigentümer im Grundbuch einzutragen, was Verkäufer hiermit genehmigt.

Der Schlußsatz des Vertrags hat folgenden Wortlaut:

Die Vertragschließenden sind darüber einig, diesen Vertrag dem Amtsgericht N. zur Eintragung der Eigentumsänderung einzureichen, und bekunden ihr Einverständnis mit diesem Vertrag durch ihre eigenhändige Unterschrift.

Der Grundbuchrichter war nicht an der Gerichtsstelle. Der inzwischen verstorbene Grundbuchführer, Justizobersekretär H., beglaubigte die Unterschriften der Parteien unter dem Kaufvertrag „nach erfolgter Anerkennung". Ferner nahm H. von der Witwe T., die sich ebenfalls auf dem Grundbuchamt eingefunden hatte, die Bewilligung der Löschung von zwei für sie auf dem Kaufgrundstück eingetragenen Hypotheken und vom Kläger den Löschungsantrag zu Protokoll. H. legte den Kaufvertrag und die ebenfalls vom 12. Mai 1923 datierte Bescheinigung über die Sicherstellung der Grunderwerbsteuer unter dem 12. Mai 1923 dem Grundbuchrichter mit folgendem Vermerk vor: „Mit dem heute zu den Akten überreichten Kaufvertrage nebst Grunderwerbsteuer-Bescheinigung vorgelegt.“ Er fügte folgenden Verfügungsentwurf bei:

1. Eingetragen auf ... (folgt der Name des Beklagten), aufgelassen 12. und eingetragen am 14. Mai 1923.
2. ...

Der Grundbuchrichter unterzeichnete die Verfügung unter dem 14. Mai 1923. Am gleichen Tage wurde der Beklagte als Eigentümer eingetragen. Ein Protokoll über die Auflassung befindet sich nicht bei den Grundakten.

Der Kläger verlangt vom Beklagten die Einwilligung, daß er wieder als Eigentümer des Grundstücks eingetragen und die Eintragung des Beklagten als Eigentümers gelöscht werde. Er behauptet, eine Auflassung des Grundstücks habe überhaupt nicht stattgefunden. Wenn die Auflassung erklärt worden sein sollte, so sei sie nichtig, weil sie nicht protokolliert worden sei. Zudem habe H. die Akten nicht zuvor dem Grundbuchrichter zur Entscheidung darüber vorgelegt, ob dieser sich die Bearbeitung der Sache vorbehalte oder ob sie durch den Grundbuchführer erledigt werden solle. Der Beklagte behauptet, die Parteien seien am 12. Mai 1923 nach ihrem ausdrücklich erklärten Willen zur Auflassung auf dem Grundbuchamt erschienen. Dort habe H. ihnen zunächst erklärt, der Grundbuchrichter sei nicht zugegen und komme auch nicht mehr auf das Gericht. Als sie daraufhin geäußert hätten, sie könnten in den nächsten Tagen nicht abkommen, habe H. erklärt, er sei auch ermächtigt, er werde die Sache machen. Die Parteien hätten vor H. unzweideutig zum Ausdruck gebracht, ihr Wille gehe dahin, daß der Beklagte Eigentümer des Grundstücks werden und als solcher bald eingetragen werden solle.

Der Kläger unterlag im ersten und im zweiten Rechtszuge. Seine Revision führte zur Aufhebung und Zurückverweisung.

Gründe:

Ist im Grundbuch für jemand ein Recht eingetragen, so wird vermutet, daß ihm das Recht zustehe (§ 891 BGB.). Das Berufungsgericht nimmt daher mit Recht an, dem Kläger liege die Beweislast dafür ob, daß die Eintragung des Beklagten als Eigentümers unwirksam sei. Der Kläger leitet die Unwirksamkeit der Eintragung daraus her, daß die zur Übertragung des Eigentums an einem Grundstück nach

§ 873 BGB. erforderliche Einigung über den Eintritt der Rechtsänderung nicht im Sinne des § 925 das. vor dem Grundbuchamt erklärt worden sei, meint aber in erster Linie, es komme darauf nicht an, weil nach der Feststellung des Berufungsgerichts kein Protokoll über die Auflassung aufgenommen worden sei. Die Revision verkennt nicht, daß der V. Zivilsenat des Reichsgerichts in RGZ. Bd. 99 S. 65 die Aufnahme eines Protokolls im Falle des § 925 nicht für notwendig erachtet hat; sie teilt diese Rechtsauffassung aber nicht und beruft sich für das Gegenteil auf Güthe-Triebel Bem. 35 zu § 20 GBO. Die erneute Prüfung der Rechtslage gibt jedoch dem Senat keinen Anlaß, von der soeben angeführten Entscheidung abzugehen, die auf den Wortlaut der §§ 925, 873 in Verbindung mit der Entstehungsgeschichte dieser Vorschriften gestützt ist und zutreffend annimmt, daß die Erklärungen der Beteiligten vor dem Grundbuchamt zum Zustandekommen des Rechtserfolgs ausreichten, ohne daß es noch ihrer Beurkundung bedürfe (vgl. auch Planck Bem. 3c und Staudinger Bem. II 2α zu § 925). Aber freilich ist nach dem Gesetz erforderlich, daß die Erklärungen „vor dem Grundbuchamt" abgegeben werden. In dieser Beziehung sind die Ausführungen des Berufungsgerichts rechtlich zu beanstanden.

Die Feststellungen des angefochtenen Urteils ergeben folgenden Sachverhalt: Der Grundbuchrichter war am 12. Mai 1923 nicht an Gerichtsstelle. Die Parteien überreichten dem Grundbuchführer, einem Justizobersekretär, den privatschriftlichen Kaufvertrag, den jener beglaubigte. Der Vertrag ist mit Maschinenschrift hergestellt und am Schluß mit dem Datum des 12. Mai 1923 versehen; der Monatstag des in Maschinenschrift hergestellten Datums ist jedoch nicht mehr deutlich erkennbar, da die Zahl 2 mit Tinte darüber geschrieben ist. In § 3 des Vertrags erklären die Parteien, die Übergabe erfolge am 15. Mai und sie seien darüber einig, daß das Eigentum an diesem Tag auf den Käufer übergehen solle. An den Rand dieses Paragraphen schrieb der Grundbuchführer „Auflassung" und legte den Vertrag und die Bescheinigung über die Grunderwerbsteuer dem Richter mit dem schriftlichen Vermerk vor: „Mit dem heute zu den Akten überreichten Kaufvertrage nebst Grunderwerbsteuer-Bescheinigung vorgelegt." Das Berufungsgericht führt zunächst aus: Aus der ganzen Sachlage ergebe sich zwingend, daß sich die Parteien nicht darauf beschränkt hätten, um die Beglaubigung ihrer

Unterschriften zu bitten und den Vertrag zu weiterer Veranlassung zu übergeben. Gegen eine solche Annahme spreche die Aussage der Zeugin T. Vielmehr müsse, zumal nach der Persönlichkeit des Grundbuchführers, wie sie sich aus der Aussage des Richters ergebe, angenommen werden, daß die Parteien auch über den Inhalt des Vertrags gesprochen und dabei das, was im § 3 stehe, nochmals als ihren übereinstimmenden Vertragswillen erklärt hätten, daß nämlich das Eigentum an dem Grundstück übergehen solle. Allerdings stehe im § 3 der Zusatz, daß dies am 15. Mai 1923 der Fall sein solle. Allein daraus, daß der Grundbuchführer alsbald die Verfügung mit dem sofortigen Eigentumsübergang entworfen habe, folge, daß die Parteien bei ihrer mündlichen Auflassungserklärung an dieser Bestimmung nicht festgehalten hätten. Irgendein Interesse daran, daß das Eigentum erst am 15. Mai habe übergehen sollen, sei nicht ersichtlich. Wie bei dieser Sachlage ohne weiteres erhelle, sei H. auch bereit gewesen, die Erklärungen der Parteien entgegenzunehmen. Aus welchem Grunde die Aufnahme des Protokolls unterblieben sei, erscheine unerheblich. Selbst wenn der Grundbuchführer geglaubt habe, es genüge die Niederlegung der Auflassungserklärung in dem beglaubigten Kaufvertrag, so stehe das der Feststellung nicht entgegen, daß die Parteien die Auflassung mündlich vor ihm erklärt hätten und daß er zur Entgegennahme bereit gewesen sei.

Das Berufungsgericht verkennt hierbei die Bedeutung der Abgabe der Auflassungserklärung vor dem Grundbuchamt und verstößt auch gegen § 286 ZPO., wie von der Revision mit Recht gerügt wird, weil es nicht alle zur Würdigung des Tatbestands zur Verfügung stehenden Umstände berücksichtigt hat. Der Grundbuchbeamte muß zunächst zur Entgegennahme der Willenserklärungen bereit gewesen sein; das ist unbedenklich. Ein Bedenken könnte nach der Richtung entstehen, daß für den Fall der Eheschließung, mit dem der Fall der Willenserklärungen nach § 925 BGB. verglichen werden kann (so auch RGZ. Bd. 99 S. 65 [68/69]), in § 1317 das. ausdrücklich vorgesehen ist, der Standesbeamte müsse zur Entgegennahme der Erklärungen bereit sein. Das kann aber daraus erklärt werden, daß nach dem früheren Rechtszustand auf Grund des Personenstandsgesetzes vom 6. Februar 1875 (§ 52) der den Erklärungen der Verlobten folgende Ausspruch des Standesbeamten, daß er sie nunmehr kraft Gesetzes für rechtmäßig verbundene Eheleute erkläre, für das

Zustandekommen der Eheschließung erforderlich war, während nach § 1317 BGB. die Ehe nunmehr durch die dahin gerichteten Erklärungen der Verlobten geschlossen wird und es ausreicht, daß der Standesbeamte zur Entgegennahme der Erklärungen bereit ist. Im Zusammenhang damit steht die Sollvorschrift des § 1318. Ebenso wie im Falle des § 1317 müssen aber auch nach § 925 die Willenserklärungen von dem Beamten entgegengenommen werden; die Wahrnehmung des Beamten muß also von dem Bewußtsein getragen werden, die Erklärungen würden vor ihm zu dem Zweck abgegeben, daß sie damit Rechtswirksamkeit erlangen. Hat der Grundbuchbeamte, wie das Berufungsgericht unterstellt, geglaubt, es genüge zur Auflassungserklärung deren Niederlegung in dem überreichten privatschriftlichen Kaufvertrag, dessen Unterschriften von ihm beglaubigt wurden, so ist nicht ersichtlich, wie er die Vorstellung gehabt haben kann, daß die Erklärungen vor ihm zu dem angegebenen Zweck abgegeben wurden. Er nahm dann ja eben an, daß die Erklärungen bereits anderweitig rechtswirksam beurkundet worden seien; es lag kein Anlaß mehr vor, Willenserklärungen entgegenzunehmen. Bei der Prüfung des Sachverhalts müssen aber die gesamten Umstände des Falles gewürdigt werden; vor allem, daß der Grundbuchführer dem Richter ausdrücklich den Kaufvertrag vorlegte, ohne die Auflassung im Sinne zweier vor ihm abgegebener Erklärungen überhaupt zu erwähnen. Ferner ist zu berücksichtigen, daß die Parteien im Schlußsatz des Vertrags erklärten, sie seien darüber einig, daß der Vertrag dem Amtsgericht N. zur Eintragung der Eigentumsänderung eingereicht werden sollte. Der Verfasser der Urkunde ging also davon aus, daß keine weiteren Willenserklärungen mehr abgegeben zu werden brauchten, um den Eintritt der Eigentumsänderung herbeizuführen. Von diesem Gesichtspunkt aus würde es auch verständlich sein, daß der Grundbuchbeamte die Unterschriften beglaubigte. Da andere Willenserklärungen, auf Grund deren eine Eintragung im Grundbuch vorzunehmen gewesen wäre, in dem Vertrag nicht enthalten sind — es sind auch keine weiteren Eintragungen auf Grund des Vertrags erfolgt —, so kann sich die Beglaubigung auch im Sinne des Urkundsbeamten sehr wohl auf die im Vertrag enthaltene Auflassungserklärung bezogen haben. Es ist sogar nicht ersichtlich, welchem Zwecke die Beglaubigung sonst gedient haben sollte; einer zu Protokoll genommenen

Auflassungsverhandlung hätte die Urkunde ohne Nachteil in unbeglaubigter Form beigefügt werden können. Die Tatsache der Nichtaufnahme eines Protokolls über die Auflassungserklärung kann aber für die Frage, ob eine solche überhaupt erfolgt ist, um so mehr Bedeutung haben, als derselbe Beamte an demselben Tage eine sorgfältige Verhandlung über die Bewilligung der Löschung zweier auf dem Grundstück eingetragener Hypotheken und den Löschungsantrag des jetzigen Klägers aufgenommen hat. Es würde sich bei dieser Sachlage die Frage erheben, warum denn die Aufnahme eines Protokolls über die Auflassungsverhandlung unterblieben ist, wenn die letztere wirklich stattgefunden hätte. Dazu kommt, daß der Beamte einen deutlichen Vermerk „Auflassung" neben die in § 3 ausgedrückte Einigung der Parteien über den Eigentumsübergang gesetzt hat. Es wird sich fragen, ob darin nicht unter den vorliegenden Umständen die Auffassung des Beamten zum Ausdruck gekommen ist, daß die Erklärung der Parteien in dieser Urkunde unter Hinzutreten der Übergabe an Gerichtsstelle zur rechtswirksamen Erklärung der Einigung über den Eigentumsübergang ausreiche. Falls es noch für erforderlich erachtet werden sollte, dürfte an der Würdigung des Umstands nicht vorübergegangen werden, daß das Datum des 12. Mai in die Urkunde in einer Weise eingefügt worden ist, die die Frage entstehen läßt, ob die Änderung nicht vom Grundbuchbeamten selbst vorgenommen worden ist. Das könnte in Verbindung mit dem Umstand, daß in der von diesem entworfenen Eintragungsverfügung auf die Auflassung vom 12. Mai hingewiesen ist, und in Verbindung mit dem Vermerk „Auflassung" zu § 3 des Vertrags die Annahme verstärken, daß die in der Urkunde abgegebene Erklärung auch nach der Auffassung des Beamten die für den Eintritt der Rechtsänderung maßgebende Erklärung sein sollte. Der Beklagte hat übrigens selbst den Entwurf der Vertragsurkunde vorgelegt, der das Datum des 11. Mai 1923 trägt.

Schlüssiger Begründung entbehrt endlich zur Zeit die Erwägung des Berufungsgerichts, daß zwar nach § 3 des Vertrags das Eigentum am 15. Mai 1923 habe übergehen sollen, daß aber die Parteien bei ihrer mündlichen Auflassungserklärung an dieser Bestimmung nicht festgehalten haben müßten; denn der Grundbuchführer habe die Verfügung der Eintragung so entworfen, daß diese schon am 14. Mai erfolgt sei, und es sei irgendein besonderes Interesse daran nicht ersichtlich, daß der Eigentumsübergang nicht schon am 14. Mai, sondern erst am 15. eintrete. Hierbei ist nicht berücksichtigt, daß nach dem Vertrag die Übergabe, mit erheblichen Rechtswirkungen verbunden, am 15. Mai erfolgen sollte und daß deshalb nach der Auffassung der Parteien ein Zusammenhang zwischen Eigentumsübergang und Übergabe bestanden haben kann. Bisher ist nicht festgestellt, wann die Übergabe stattgefunden hat.

Da es sich bei der erörterten Frage nicht nur um die Abgabe der Auflassungserklärung, sondern auch um ihre Entgegennahme durch den Grundbuchbeamten handelt, kann auch die Erwägung des Berufungsgerichts nicht durchgreifen, es sei nicht erwiesen, daß die Parteien keine Auflassungserklärung abgegeben hätten.

Die Revision ist aber auch insoweit begründet, als sie die Erwägungen des Berufungsgerichts über die Zuständigkeit des Obersekretärs H. bemängelt. Nach § 1 des preußischen Gesetzes vom 14. Dezember 1920 (GS. 1921 S. 75) können Gerichtsschreiber nach näherer Anordnung des Justizministers mit der selbständigen Erledigung bestimmter richterlicher Geschäfte in Grundbuchsachen beauftragt werden. In der zur Ausführung dieses Gesetzes erlassenen Allgemeinen Verfügung des Preußischen Justizministers vom 25. Januar 1921 (JMBl. S. 75) wurde unter I zunächst bestimmt, daß bisher vom Richter wahrgenommene Geschäfte in Grundbuchsachen nach näherer Maßgabe der Bestimmungen unter II von dem mit der Führung des Grundbuchs beauftragten Gerichtsschreibereibeamten (Grundbuchführer) wahrzunehmen sind, falls dieser ein Justizoberinspektor ist. Sodann wurde für den Fall, daß der Grundbuchführer ein anderer Gerichtsschreibereibeamter ist (dieser Fall liegt hier vor), angeordnet, daß der Landgerichtspräsident zu bestimmen hat, ob der Beamte zur Wahrnehmung der unter Nr. II bezeichneten Geschäfte ganz oder teilweise zu ermächtigen ist. In Nr. II heißt es sodann:

> Soweit der Grundbuchführer zur selbständigen Wahrnehmung von Geschäften nach Nr. I befugt ist, gelten die folgenden Bestimmungen:
>
> 1. Das Protokoll über eine Erklärung, die der in § 29 der Grundbuchordnung vorgeschriebenen Form bedarf und vor dem Grundbuchamt abgegeben wird, kann auch von dem Grundbuchführer aufgenommen werden (Art. 5 des Ausführungsgesetzes zur GBO. vom 26. September. 1899). . . .

4. Die Bearbeitung von Eintragungsanträgen ... kann dergestalt dem Grundbuchführer übertragen werden, daß dieser auch die erforderlich werdende Verfügung selbständig zu erlassen und zu zeichnen hat.

Es heißt dann in der Verfügung weiter, die Übertragung könne durch eine allgemeine Anordnung des Landgerichtspräsidenten oder durch eine Verfügung des Richters im einzelnen Falle erfolgen. ...

6. In gleicher Weise wie zu 4) kann dem Grundbuchführer auch die Entgegennahme einer Auflassung übertragen werden.

Zu den Bedenken, welche der Revisionsbeklagte dagegen erhebt, daß der hierauf sich beziehende Teil der oberlandesgerichtlichen Entscheidungsgründe vom Revisionsgericht nachzuprüfen sei, ist folgendes zu bemerken: Die Allgemeinen Verfügungen, welche der Preußische Justizminister im Rahmen des Gesetzes vom 14. Dezember 1920 zur Ausführung dieses Gesetzes erlassen hat, sind als Rechtsnormen im Sinne des § 550 ZPO. anzusehen (RGZ. Bd. 79 S. 154, 156). Ob und inwieweit das gleiche auch für die auf Grund dieser Ausführungsbestimmungen erlassenen Verfügungen des Landgerichtspräsidenten gelten könnte, bedarf keiner Erörterung. Denn im vorliegenden Falle handelt es sich insoweit lediglich um die Frage, ob einem bestimmten Beamten bestimmte richterliche Geschäfte übertragen worden sind, also um die Feststellung tatsächlicher Vorgänge und um die Auslegung von Urkunden. Ob hierbei ein Rechtsverstoß des Berufungsgerichts vorgekommen ist, bedarf der Nachprüfung durch das Revisionsgericht.

Das Berufungsgericht stellt in rechtlich bedenkenfreier Weise fest, daß der Richter das hier in Frage kommende Geschäft — Entgegennahme der Auflassung — dem Grundbuchführer H. nicht übertragen hat. Es kann also nur in Betracht kommen, ob eine allgemeine Übertragung solcher Geschäfte auf den Grundbuchführer durch den Landgerichtspräsidenten ausgesprochen worden ist. Denn der Vorderrichter geht trotz gewisser Zweifel, die er äußert, mit Recht davon aus, daß aus Nr. II 1 der Allgemeinen Verfügung vom 25. Januar 1921 für die hier zu entscheidende Frage nichts zu entnehmen sei. Diese Vorschrift bezieht sich vielmehr auf folgendes: Nach Art. 5 des preuß. Ausführungsgesetzes zur Grundbuchordnung vom 26. September 1899 (GS. S. 307) ist, falls eine der Form des § 29 GBO. bedürftige Erklärung vor dem Grundbuchamt abgegeben wird, das Protokoll vom

Richter aufzunehmen. Die Vorschrift in II 1 der Verfügung will nun lediglich allgemein bestimmen, daß ein solches Protokoll im Rahmen der Eingangsworte von Nr. II auch vom Grundbuchführer aufgenommen werden darf. Über die Entgegennahme einer Auflassung ist dort nichts gesagt; sie ist vielmehr Gegenstand der Regelung in Nr. II 6 in Verbindung mit Nr. II 4 der Verfügung.

Der Vorderrichter nimmt an, der Landgerichtspräsident habe dem Grundbuchführer H. die Entgegennahme von Auflassungen allgemein übertragen. Zunächst ist die in Nr. I der Verfügung geregelte „Ermächtigung" zur Wahrnehmung von Geschäften unbedenklich zu unterscheiden von der „Übertragung" von Geschäften, die in Nr. II 4 und in Nr. II 6 behandelt wird. Das ergibt nicht nur der Wortlaut der genannten Bestimmungen, sondern auch die Einleitung zu Nr. II, welche die nachfolgenden Vorschriften erläßt, soweit der Grundbuchführer zur selbständigen Wahrnehmung von Geschäften nach Nr. I befugt ist. Diese Befugnis hat derjenige Grundbuchführer, welcher Justizoberinspektor oder Justizinspektor ist, ohne weiteres auf Grund der Ministerialverfügung. Für andere Grundbuchführer, zu denen der hier in Rede stehende Justizobersekretär H. gehörte, kann diese Befugnis nur in der Ermächtigung durch den Landgerichtspräsidenten ihre Grundlage haben. Und diese Ermächtigung kann zur Wahrnehmung der unter Nr. II bezeichneten Geschäfte „ganz oder teilweise" erfolgen. Im Sinne der Verfügung kann das nur bedeuten, daß einzelne der in Nr. II aufgeführten Gattungen von Geschäften oder alle diese Gattungen Gegenstand der Ermächtigung sein können. Auf Grund dieser Ermächtigung kann nun die „Übertragung" der Geschäfte in Nr. II 6 in Verbindung mit Nr. II 4 entweder durch allgemeine „Anordnung" des Landgerichtspräsidenten oder durch eine „Verfügung" des Richters im einzelnen Falle geschehen. Diese Unterscheidung wird auch in der Allgemeinen Verfügung vom 7. Juni 1921 (JMBl. S. 341) festgehalten. Zu welchem Ergebnis die weiteren Unterscheidungen unter Nr. II 4 durch die Übertragung der dortigen Vorschriften auf Nr. II 6 im einzelnen führen können, bedarf hier keiner Erörterung. Denn es handelt sich nach dem bisher festgestellten Sachverhalt nur darum, ob eine Übertragung der hier fraglichen Geschäfte an H. durch allgemeine Anordnung des Landgerichtspräsidenten stattgefunden hat. Die Verfügung des Landgerichtspräsidenten vom 7. November 1921 „ermächtigte" drei Beamte, darunter den Justizobersekretär H., zur selbständigen Wahrnehmung der in der Verfügung vom 25. Januar 1921 unter Nr. II 1, 2 und 3 bezeichneten Grundbuchsachen. Dann fährt die Verfügung vom 7. November 1921 fort: „Hinsichtlich der Übertragung der in der Allgemeinen Verfügung vom 25. Januar 1921 unter II 4, 5, 6 bezeichneten Grundbuchsachen an die Grundbuchführer wird später besondere Verfügung ergehen". In einer auch an das Amtsgericht N. gerichteten Verfügung vom 19. Dezember 1921 machte der Landgerichtspräsident im Anschluß an die Verfügung vom 7. November 1921 aus Anlaß eines Einzelfalls darauf aufmerksam, daß die Aufsichtsrichter nicht berechtigt seien, die „Ausführung" seiner Anordnungen hinauszuschieben oder gar zu unterlassen. Am 7. Februar 1922 berichtete das Amtsgericht N. auf eine Verfügung des Landgerichtspräsidenten, daß die Durchführung der Justizreform als beendet anzusehen sei, soweit namentlich bezeichnete Justizobersekretäre — darunter H. — zur selbständigen Wahrnehmung der unter Nr. II 1, 2 und 3 . . . genannten Sachen ermächtigt seien. Am 2. Juni 1922 ermächtigte der Landgerichtspräsident die erwähnten Beamten — darunter den H. — zur selbständigen Wahrnehmung der in der Allgemeinen Verfügung vom 25. Januar 1921 unter Nr. II 1, 2, 3, 4 flg. bezeichneten Grundbuchsachen. Die Annahme des Berufungsgerichts, daß der Landgerichtspräsident in dieser Verfügung vom 2. Juni 1922 die Begriffe Ermächtigung und Übertragung „offensichtlich" nicht auseinandergehalten habe, entbehrt in dieser Allgemeinheit gegenüber dem klaren Wortlaut der Verfügung der schlüssigen Begründung; der Hinweis auf den Vorbehalt in der Verfügung vom 7. November 1921 berücksichtigt nicht, daß nur „hinsichtlich" der Übertragung anderer Grundbuchsachen später eine besondere Verfügung ergehen sollte. Die Übertragung der weiteren Geschäfte auch durch das Amtsgericht setzte voraus, daß die in Betracht kommenden Beamten zur Wahrnehmung der Geschäfte durch den Landgerichtspräsidenten ermächtigt worden waren. Es wird sich fragen, ob zur Auslegung der Verfügung vom 2. Juni 1922 anderes Material, etwa eine Auskunft des Landgerichtspräsidenten, herangezogen werden kann, insbesondere auch nach der Richtung, wie denn die „Ausführung" der Verfügung vom 7. November 1921 gedacht war, von der in der Verfügung vom 19. Dezember 1921 die Rede ist. Es würde dabei auch zu prüfen sein, ob der Landgerichtspräsident eine so weitgehende Entscheidung treffen wollte, durch die eine anderweitige Maßnahme des Amtsgerichts ausgeschlossen worden wäre.

Die Allgemeine Verfügung vom 28. Mai 1923 (JMBl. S. 401), die nach der Erledigung des hier zu beurteilenden Vorgangs auch zur Ausführung des Gesetzes vom 14. Dezember 1920 erging, regelt die selbständige Wahrnehmung einfacherer Geschäfte des Richters durch Beamte des mittleren Dienstes als Rechtspfleger. Sie bestimmt in § 13 Abs. 3, daß ein von einem Rechtspfleger selbständig wahrgenommenes Geschäft nur dann die Wirksamkeit eines richterlichen Geschäfts habe, wenn es zur Zeit der Vornahme ihm übertragen gewesen sei. Diese Vorschrift gibt nur einem allgemeinen Rechtsgedanken besonderen Ausdruck. Dieselbe Erwägung muß bereits auf den früheren Rechtszustand bezogen werden; denn die Rechtssicherheit des Verkehrs wäre stark gefährdet, wenn die Wirksamkeit eines von einem unzuständigen Beamten vorgenommenen Rechtsgeschäfts davon abhinge, ob seine Zuständigkeit nachträglich geschaffen wird.

---

80. Nach welchem Recht hat der deutsche Richter eine Ehenichtigkeitsklage zwischen Ausländern zu beurteilen, wenn diese in einem fremden, nichtdeutschen Staate geheiratet und nach der Eheschließung eine andere Staatsangehörigkeit erworben haben?
EG. z. BGB. Art. 11, 13, 17, 30. ZPO. § 606 Abs. 1. Haager Ehescheidungsabkommen vom 12. Juni 1902 (RGBl. 1904 S. 231) Art. 1.

IX. Zivilsenat. Urt. v. 16. Mai 1931 i. S. Ehem. C. (Kl.) w. Ehefr. C. (Bekl.). IX 497/30.

I. Landgericht Karlsruhe.
II. Oberlandesgericht daselbst.

Die Parteien haben am 14. Oktober 1918 russischer Zeitrechnung in Odessa vor dem Pastor der Lutherischen St. Paulikirche die Ehe geschlossen. Der Kläger ist evangelischer Konfession. Er war damals als österreichischer Unteroffizier in Odessa zu einer Schiffsabteilung kommandiert. Die Beklagte ist Jüdin. Sie besaß bei der Eheschließung als Lettländerin die russische Staatsangehörigkeit. Am 8. Dezember 1918 haben die Ehegatten mit der österreichischen Besatzung Odessa verlassen und sind nach Graz gezogen, wo der Kläger in seiner früheren Stellung als Bankbeamter tätig war. Von Graz kamen die Parteien nach Triest, wo sie 1922 die italienische Staatsangehörigkeit erwarben. Seit 1927 haben sie in Karlsruhe gewohnt. Am 9. April 1929 hat der Kläger die Beklagte verlassen. Mit der Klage hat er beantragt, die Ehe für nichtig zu erklären, weil nach § 64 des österreichischen Allgemeinen Bürgerlichen Gesetzbuches „Eheverträge zwischen Christen und Personen, welche sich nicht zur christlichen Religion bekennen, nicht gültig eingegangen werden können." Die Klage wurde in beiden Instanzen, aber aus verschiedenen Gründen, abgewiesen. Die Revision des Klägers hatte keinen Erfolg.

Gründe:

... Für die Entscheidung ist davon auszugehen, daß die Parteien zur Zeit der Erhebung der Nichtigkeitsklage italienische Staatsangehörige waren. Denn das Berufungsgericht hat festgestellt, daß der Kläger die deutsche Reichsangehörigkeit nicht erworben hat. Die Rügen, welche die Revision insoweit erhoben hat, sind also nicht zu beachten. Es fragt sich deshalb, nach welchem Recht über die vorliegende Nichtigkeitsklage zu entscheiden ist. Das Haager Abkommen, das auch für Italien gilt, bezieht sich nicht auf eine solche Klage. Für die Frage, welches Recht auf sie anzuwenden ist, können deshalb nur die Vorschriften des deutschen Rechts in Anwendung kommen. Diese ergeben zunächst im § 606 Abs. 1 ZPO. die ausschließliche Zuständigkeit des angegangenen Gerichts, weil der klagende Ehemann bei ihm seinen allgemeinen Gerichtsstand hat. Sie ergeben weiter im Art. 11 EG. z. BGB., daß die Form der in Odessa geschlossenen Ehe nach russischem Recht zu beurteilen ist. Art. 13 das. regelt nicht die Fälle der Eheschließung von zwei Ausländern im Ausland. Es fehlt daher eine Vorschrift darüber, wie eine solche Ehe zu beurteilen ist. Hierbei sind aber zwei Fälle zu unterscheiden; einmal der Fall, daß Ausländer in ihrem Heimatstaat und zweitens der Fall, daß Ausländer in einem fremden, nichtdeutschen Staate geheiratet haben. Nach dem Grundsatz, daß Deutschland jedem Staat die Souveränität über seine Staatsangehörigen einräumt, soweit es sie auch für seine eigenen Staatsangehörigen in Anspruch nimmt, ist eine Eheschließung von Ausländern in ihrem Heimatsstaat nach ihren Heimatsgesetzen zu beurteilen. Für den Fall aber, daß sie nicht nach ihrem Heimatsgesetz geheiratet haben, sind nach der herrschenden Meinung die Vorschriften des Art. 13 a. a. O. auch in diesem Fall entsprechend anzuwenden. Es entscheidet also in Ansehung eines jeden Verlobten sein Heimatrecht über die Gültigkeit der Ehe. Von diesem Standpunkt aus haben die beiden Vorinstanzen den § 64 des österreichischen ABGB., wonach die Ehe zwischen Christen und Nichtchristen nicht gültig eingegangen werden kann, hier herangezogen, weil der Kläger zur Zeit der Eheschließung österreichischer Staatsangehöriger war. Sie haben dann im Anschluß an die österreichische Rechtsprechung zu den §§ 4, 64 a. a. O. die Anwendung der letzteren Vorschrift davon abhängig gemacht, ob die Parteien durch die Eheschließung Rechtsfolgen in Österreich nicht haben begründen wollen. Käme man auf diesem Wege dazu, daß die Ehe nach dem maßgebenden österreichischen Recht als ungültig anzusehen ist, so würde es sich weiter fragen, ob nicht etwa die Anwendung des § 64 des österreichischen ABGB. nach Art. 30 EG. z. BGB. ausgeschlossen ist, weil die Anwendung gegen die guten Sitten oder gegen den Zweck eines deutschen Gesetzes verstieße. Das hat das Berufungsgericht ohne Rechtsirrtum verneint. Denn vom Standpunkte des deutschen Rechts und der deutschen Rechtsprechung kann nicht gesagt werden, daß ein ausländisches Gesetz, welches die Verschiedenheit der Religion der Verlobten zum Ehehindernis erklärt, gegen die guten Sitten oder den Zweck eines deutschen Gesetzes verstößt, weil das deutsche Recht dieses Ehehindernis nicht kennt. Der § 64 des österreichischen ABGB. richtet sich nicht gegen die einer bestimmten Religion angehörigen Personen. Der Revision ist darin beizutreten, daß die mit Rücksicht auf das österreichische Recht materiell ungültig geschlossene Ehe nicht dadurch hätte gültig werden können, daß die Eheleute in der Folge die italienische Staatsangehörigkeit erworben haben und daß nach der italienischen Ordnung im Art. 12 der einleitenden Bestimmungen zum italienischen Codice civile (wie das Berufungsgericht für den Senat bindend festgestellt hat) die Ehe der Parteien als gültig angesehen werden muß. Das Berufungsgericht meint, es könne aus diesem Grunde den § 64 des österreichischen ABGB. nicht anwenden; eine Nichtberücksichtigung des „ordre public“ in Italien könnte zu dem unbefriedigenden Ergebnis führen, daß man die Ehe in Deutschland für nichtig erklärte, während sie im jetzigen Heimatsstaate der Ehegatten als gültig behandelt würde. Es fragt sich aber, ob nicht über die Nichtigkeitsklage nach italienischem Recht zu entscheiden ist. Die Nichtigkeit einer aus sachlichrechtlichen Gründen nichtigen Ehe kann nach dem deutschen Bürgerlichen Gesetzbuch, solange diese nicht für nichtig erklärt oder aufgelöst ist, nur im Wege der Nichtigkeitsklage geltend gemacht werden. Das bedeutet, daß eine dem äußeren Anschein nach zu Recht bestehende Ehe so lange als gültig zu behandeln ist, bis ihre Nichtigkeit durch Klage im besonderen Verfahren mit Erfolg geltend gemacht worden ist. Entsprechendes gilt für das österreichische Allgemeine Bürgerliche Gesetzbuch (§ 94) und für den italienischen Codice civile (Art. 104), wie der Tatrichter für das Revisionsgericht bindend festgestellt hat. Für die Scheidung der Ehe gilt nach Art. 17 EG. z. BGB. und Art. 1 Abs. 1 des Haager Ehescheidungs-Abkommens, daß die Gesetze des Staates maßgebend sind, dem der Ehemann (so EG. z. BGB.) oder die Ehegatten (so das Haager Abkommen) zur Zeit der Erhebung der Klage angehören. Für die Nichtigkeits- und die Anfechtungsklage ist keine solche Bestimmung getroffen, ohne daß ersichtlich wäre, welche Gründe für die verschiedene Behandlung der Scheidungsklage einerseits und der Nichtigkeits- und Anfechtungsklage anderseits maßgebend waren. Daraus folgt aber nicht, daß etwa über die Nichtigkeitsklage nach dem Recht des Ehemanns oder der Ehegatten zur Zeit der Eingehung der Ehe zu entscheiden wäre. Nach Sinn und Zweck der Nichtigkeitsklage im deutschen, österreichischen und italienischen Recht, nach dem allgemeinen Grundsatz, daß in Ehesachen das Heimatsrecht entscheidet und daß der deutsche Richter keine Veranlassung hat, eine Ehe für nichtig zu erklären, die im Heimatstaat der Ehegatten als gültig behandelt wird, ist vielmehr anzunehmen, daß im vorliegenden Falle das italienische Recht maßgebend ist, das die Ehe der Parteien als gültig betrachtet.

---

81. Kann gegen die unrechtmäßige Löschung einer Vormerkung ein Widerspruch im Grundbuch eingetragen werden?

BGB. §§ 883, 888, 892, 894, 899. GBO. § 54.

V. Zivilsenat. Beschl. v. 20. Mai 1931 in einer Grundbuchsache. V B 8/31.

I. Amtsgericht (Grundbuchamt) Halberstadt.
II. Landgericht daselbst.

Der Sachverhalt ergibt sich aus den

Gründen:

Die Stadtgemeinde H. und die H.er Spar- und Baugenossenschaft eingetr. Genossenschaft mbH. schlossen am 17./23. März 1914 einen Vertrag, der die Errichtung einer Arbeiter-Gartenstadt durch die Genossenschaft und die Förderung dieser Unternehmung durch die Stadtgemeinde zum Gegenstand hatte. Die Stadt übernahm in dem Vertrag u. a. die Verpflichtung, an die Genossenschaft in bestimmtem Umfang Land zu verkaufen, während die Genossenschaft sich u. a. verpflichtete, für alle Grundstücke, welche sie oder einzelne ihrer Mitglieder an ihrer Stelle zu Eigentum erwerben würden, der Stadt ein im Grundbuch durch Vormerkung gesichertes Wiederkaufsrecht im Sinne der §§ 497flg. BGB. einzuräumen. Der hierfür maßgebende § 6c des Vertrags lautet:

> Die Stadt kann dieses Wiederkaufsrecht ausüben, falls und sooft das Grundstück innerhalb des Zeitraumes von 50 Jahren vom Tage der Auflassung ab an die Baugenossenschaft veräußert wird. Es gilt jedoch nicht für den erstmaligen Erwerb eines Grundstücks durch eines der jetzigen Mitglieder der Genossenschaft. ... Das Wiederkaufsrecht entsteht ferner:
>
> 1. ... (Es folgt die Anführung einzelner Fälle.)

Die Stadtgemeinde verkaufte auf Grund dieses Vertrags an die erwähnte Genossenschaft das Trennstück Kartenblatt 6 Parzelle Nr. 142/41. Die H.er Spar- und Baugenossenschaft verkaufte das genannte Trennstück am 9. Juni 1923 weiter an die Eheleute Ho. Die Auflassung erfolgte am 19. März 1924 zu notariellem Protokoll unter Mitwirkung der Genossenschaft unmittelbar von der Stadtgemeinde an die genannten Eheleute. Hierbei bewilligten und beantragten sämtliche Erschienenen gemäß § 6 des zwischen der Genossenschaft und der Stadtgemeinde geschlossenen Vertrags die Eintragung einer Vormerkung zur Sicherung des künftigen Anspruchs auf Rückauflassung aus dem Wiederkaufsrecht der Stadtgemeinde mit der Maßgabe, daß die vorgesehene Frist von 50 Jahren am 1. Juli 1915 beginnen solle. Die Eheleute Ho. wurden am 10. April 1924 auf dem bezeichneten Grundbuchblatt als Eigentümer des Trennstücks eingetragen. Gleichzeitig gelangte in Abt. II unter Nr. 1 die Vormerkung zugunsten der Stadtgemeinde zur Eintragung.

Das Grundbuchamt löschte am 18. November 1930 die Vormerkung von Amts wegen, indem es annahm, die Eintragung der Vormerkung sei unzulässig, weil ein Wiederkaufsrecht mit dem Inhalt, daß jeder Nacherwerber zum Wiederverkauf an den ersten Verkäufer verpflichtet sein solle, nicht rechtswirksam vereinbart werden könne. Die Stadtgemeinde legte gegen die Löschung erfolglos Beschwerde ein. Ihre weitere Beschwerde hält das Kammergericht an sich für zulässig mit dem beschränkten Ziel der Eintragung eines Amtswiderspruchs nach § 71 Abs. 2 Satz 2 GBO. Es nimmt weiter an, daß das Grundbuchamt die Vormerkung zu Unrecht gelöscht habe. Trotzdem möchte das Kammergericht die weitere Beschwerde zurückweisen, weil es entgegen der Entscheidung des beschließenden Senats vom 4. Juni 1930 (RGZ. Bd. 129 S. 184) an seiner bisherigen Rechtsprechung festhalten will, wonach das Grundbuch durch die unrechtmäßige Löschung einer Vormerkung nicht unrichtig werde und demgemäß ein Widerspruch nicht eingetragen werden könne. Deshalb hat das Kammergericht die Sache dem Reichsgericht zur Entscheidung vorgelegt. Der Vorlegungsbeschluß führt gegen den in RGZ. Bd. 129 S. 184 vertretenen Standpunkt folgendes aus:

Die Vormerkung sei kein Recht am Grundstück, auch nicht ein bedingtes Recht dieser Art. Auf der anderen Seite sei sie mehr als ein einfacher Grundbuchvermerk; denn sie sei mit gewissen dinglichen Wirkungen ausgestattet. Sie verschaffe dem vorgemerkten Recht den Rang der eigenen Eintragung (§ 883 Abs. 3 BGB.) und bewirke ferner, daß Verfügungen, die nach Eintragung der Vormerkung über das Grundstück oder das Recht getroffen würden, insoweit unwirksam seien, als sie den durch die Vormerkung gesicherten Anspruch vereiteln oder beeinträchtigen würden (§ 883 Abs. 2 das.). Diese beiden Wirkungen, die Rangwirkung wie die Sicherungswirkung, seien an das Eingetragensein der Vormerkung geknüpft. Es genüge daher, wie in KGJ. Bd. 43 S. 215 ausgeführt sei, nicht, daß die Vormerkung einmal zur Eintragung gelangt sei, ihre Eintragung müsse vielmehr fortdauern, damit die Vormerkung die erwähnten Rechtswirkungen äußern könne. Mit der Löschung der Vormerkung fielen ihre Wirkungen für die Zukunft weg. Dahingestellt möge bleiben, ob sie auch für die Vergangenheit hinfällig würden und ob es demgemäß so anzusehen sei, als wäre die gelöschte Vormerkung niemals eingetragen worden. Das Reichsgericht verneine dies ohne weiteres, indem es die Fortdauer der während der Eintragung der Vormerkung begründeten Unwirksamkeit der ihr widersprechenden Verfügungen annehme. Wenn man dem folge, so blieben damit aber doch nur die während der Dauer der Vormerkungseintragung eingetretenen

Rechtswirkungen bestehen. Es blieben also die Verfügungen, die nach der Eintragung und vor der Löschung der Vormerkung vorgenommen worden seien und den gesicherten Anspruch vereitelten oder beeinträchtigten, dem Vormerkungsberechtigten gegenüber unwirksam. Aus der Fortdauer dieser materiellen Wirkung der Vormerkung könne jedoch nicht auf den Fortbestand der im Grundbuch gelöschten Vormerkung außerhalb des Grundbuchs geschlossen werden. Die Fortdauer der schon hervorgerufenen Wirkungen und die Fortdauer der Vormerkung selbst nach deren Löschung seien zwei verschiedene Fragen. Was trotz Löschung der Vormerkung erhalten bleibe, das seien die auf Grund ihres Eingetragenseins bereits hervorgerufenen Rechtswirkungen. Sie seien in ihrem Fortbestand von dem weiteren rechtlichen Schicksal der Vormerkung unabhängig; insbesondere bedürfe es für die Annahme ihrer Fortgeltung nicht des Fortbestehens der gelöschten Vormerkung außerhalb des Grundbuchs. Die Fortdauer der Rechtswirkungen ergebe sich vielmehr in einem solchen Falle daraus, daß das Gesetz selbst an die Tatsache der Eintragung der Vormerkung die erwähnten Rechtswirkungen geknüpft habe. Zur Erhaltung der einmal begründeten Unwirksamkeitsfolgen gegenüber späteren rechtsgeschäftlichen Erwerbern der unwirksamen Rechte bedürfe es aber auch nicht der Wiedereintragung der gelöschten Vormerkung. Denn die Annahme der Fortdauer der hervorgerufenen Wirkungen setze voraus, daß auch der Inhalt des Grundbuchs so, wie er bis zur Löschung der Vormerkung gestaltet war, mit Beziehung auf die anspruchswidrigen Rechte fortgelte. Nur auf dieser Grundlage lasse sich überhaupt die Fortdauer der einmal eingetretenen Rechtswirkungen rechtfertigen. Daraus folge, daß auch für den rechtsgeschäftlichen Erwerber des relativ unwirksamen Rechts die Fortdauer der Rechtswirkungen aus dem Grundbuch hervorgehen müsse, sodaß er das Recht gemäß § 892 BGB. nicht als vollwirksames erwerben könne. Indessen würde auch bei gegenteiliger Auffassung doch nur für die nach Eintragung der Vormerkung eingetragenen anspruchswidrigen Rechte eine Unrichtigkeit des Grundbuchs vorliegen, nicht aber für die Vormerkung selbst. Jene Unrichtigkeit würde jedoch nur die Eintragung eines Widerspruchs bei den erwähnten Rechten rechtfertigen können. Gegen die zu Unrecht gelöschte Eintragung der Vormerkung könne nur dann ein Widerspruch zugelassen werden, wenn die gelöschte Vormerkung außerhalb des Grundbuchs fortbestehe. In diesem Falle erst könne die Frage aufgeworfen werden, ob nicht der den §§ 894, 899 BGB. und dem § 54 GBO. zugrunde liegende Zweckgedanke gebiete, die Eintragung eines Widerspruchs zuzulassen, obwohl keine Unrichtigkeit des Grundbuchs im Sinne von § 894 BGB. vorliege.

Die Zuständigkeit des Reichsgerichts ist nach § 79 Abs. 2, 3 GBO. gegeben.

Zutreffend hat das Kammergericht ausgeführt, daß die Beschwerde nur mit dem beschränkten Ziel der Eintragung eines Amtswiderspruchs zulässig ist, weil die Löschung der Vormerkung eine Eintragung im Sinne des § 71 Abs. 2 GBO. darstellt, an die sich ein gutgläubiger Erwerb anschließen kann. Dem Vorlegungsbeschluß ist auch darin beizutreten, daß die für die Beschwerdeführerin eingetragen gewesene Vormerkung in vollem Umfang zulässig war. Denn sie sicherte einen Anspruch aus einem bedingten, für den Zeitraum von 50 Jahren eingeräumten Wiederkaufsrecht, der sich nur gegen die zur Zeit ihrer Eintragung im Grundbuch vermerkten Eigentümer richtet. Die durch das Grundbuchamt von Amts wegen vorgenommene Löschung der Vormerkung ist daher zu Unrecht, unter Verletzung gesetzlicher Vorschriften erfolgt, da die Voraussetzung des § 54 Abs. 1 Satz 2 GBO. nicht gegeben war.

Dagegen bieten die Ausführungen des Kammergerichts zur Frage der Unrichtigkeit des Grundbuchs keine Veranlassung, von dem im Urteil vom 4. Juni 1930 eingenommenen Standpunkt abzugehen. Zunächst ist es nicht zutreffend, daß der beschließende Senat „ohne weiteres" von der Fortdauer der während der Eintragung der Vormerkung begründeten Unwirksamkeit der ihr widersprechenden Verfügungen ausgegangen sei, auch wenn die Vormerkung gelöscht ist. Diese Fortdauer ist vielmehr nur für den Fall der zu Unrecht erfolgten Löschung der Vormerkung angenommen worden, der jener Entscheidung zugrunde lag und auch hier gegeben ist. Der Senat hat damals ausgesprochen: daraus, daß eine Vormerkung nur durch Eintragung entstehen könne, folge nicht, daß eine Vormerkung, die eingetragen gewesen sei und bereits die relative Unwirksamkeit ihr widersprechender Verfügungen begründet habe, ohne weiteres dadurch hinfällig werde, daß sie ohne Rechtsgrund, durch ein bloßes Versehen oder durch eine widerrechtliche Handlung im Grundbuch gelöscht werde. An dieser Ansicht ist festzuhalten. Die eingetragene Vormerkung verleiht dem geschützten Recht in gewissem Sinne dingliche Rechtswirkungen. Diese mit der Vormerkung verknüpfte und einmal entstandene Rechtsstellung kann nicht durch eine zu Unrecht erfolgte Löschung wieder beseitigt werden, und zwar auch nicht für die Zukunft. Bleibt sie aber trotz der Löschung bestehen, so gebietet der den §§ 894, 899 BGB. und dem § 54 GBO. zugrunde liegende Zweckgedanke, die Eintragung eines Widerspruchs gegen die zu Unrecht erfolgte Löschung zuzulassen, obwohl eine Unrichtigkeit des Grundbuchs im strengen Sinne des § 894 BGB. nicht vorliegt.

Daß die Eintragung eines Widerspruchs erforderlich ist, um die Rechtsstellung des Vormerkungsberechtigten für die Zukunft zu sichern, bedarf keiner weiteren Ausführung. Aber auch für die Vergangenheit bietet nur der gegen die Löschung der Vormerkung eingetragene Widerspruch einen Schutz dagegen, daß die nach § 883 Abs. 2 BGB. relativ unwirksamen Verfügungen infolge der Vorschriften über den gutgläubigen Erwerb nachträglich Wirksamkeit erlangen. Denn nur durch die Eintragung eines Widerspruchs gegen die Löschung wird klargestellt, daß diese zu Unrecht erfolgt ist und daß trotz der Löschung die relative Unwirksamkeit der vormerkungswidrigen Verfügungen bestehen geblieben ist. Die Eintragung eines Widerspruchs bei den von der relativen Unwirksamkeit des § 883 Abs. 2 BGB. betroffenen Rechten selbst ist nicht zulässig. Denn durch die Eintragung dieser Rechte ist das Grundbuch nicht unrichtig geworden. Das ergibt sich einmal daraus, daß der Gesetzgeber den Vormerkungsberechtigten zur Beseitigung der relativ unwirksamen Rechte nicht auf den Weg des § 894 BGB. verweist, sondern ihm die besondere Klage aus § 888 Abs. 1 das. zur Verfügung stellt. Ferner ist es einhellige Rechtsansicht, daß das Grundbuch durch die Eintragung einer Vormerkung nicht gesperrt wird, daß der Grundbuchrichter daher auch solche Eintragungen nicht ablehnen darf, die mit den vorgemerkten Ansprüchen im Widerspruch stehen (RGRKomm. Anm. 11 zu § 883 BGB.). Es wäre aber ein Widersinn, wenn der Grundbuchrichter, der das Grundbuch doch nicht unrichtig machen soll, verpflichtet wäre, Eintragungen vorzunehmen, die eine Unrichtigkeit des Grundbuchs zur Folge hätten (vgl. Planck-Strecker Anm. I 2g zu § 888 BGB.; RGRKomm. Anm. 1a zu § 888 BGB.; Güthe-Triebel Anm. 36 zu § 25 GBO. Bd. 1 S. 658; KG. im JFG. Bd. 5 S. 324).

Demnach ist die weitere Beschwerde insoweit begründet, als das Grundbuchamt anzuweisen ist, die Eintragung eines Amtswiderspruchs gemäß den § 71 Abs. 2 Satz 2, § 54 Abs. 1 Satz 1 GBO. vorzunehmen.

Anhang:

Entscheidung des Staatsgerichtshofs.

In der verfassungsrechtlichen Streitsache

1. **des Lübecker Haus- und Grundbesitzer-Vereins e. V. zu Lübeck,**
2. **des Oberpostsekretärs i. R. Karl D. in Lübeck,**

Antragsteller,

gegen

1. **die Freie und Hansestadt Lübeck,**
2. **die Bürgerschaft der Freien und Hansestadt Lübeck,**
3. **den Wahlprüfungsausschuß der Bürgerschaft,**

Antragsgegner,

wegen Auslegung des Bürgerschaftswahlgesetzes (StGH. 4/30),

hat der Staatsgerichtshof für das Deutsche Reich in der öffentlichen Sitzung vom 24. April 1931 für Recht erkannt:

Im Sinne des § 17 Abs. 2 des Bürgerschaftswahlgesetzes vom 5. Dezember 1923/18. September 1929 für die Freie und Hansestadt Lübeck gilt als „Rest"-Zahl auch eine solche Stimmenzahl, die hinter der Verteilungsziffer zurückbleibt.

Gründe:

A.

I. Art. 22 Abs. 1 der Lübeckischen Landesverfassung bestimmt:

Die Mitglieder der Bürgerschaft werden auf Grund des allgemeinen, gleichen, unmittelbaren und geheimen Wahlrechts nach den Grundsätzen der Verhältniswahl auf drei Jahre gewählt.

Sodann bestimmt das lübeckische Bürgerschaftswahlgesetz (BWG.) in der Fassung der Bekanntmachung vom 18. September 1929:

Feststellung des Gesamtergebnisses.

§ 17.

Das Gesamtergebnis wird alsbald von dem Statistischen Landesamt nach den folgenden Vorschriften festgestellt:

Zuerst sind die Sitze zu verteilen nach der Zahl der gültigen Stimmzettel, die für jede Vorschlagsliste abgegeben sind. Zu diesem Zwecke wird die Zahl aller Stimmzettel durch die um eins erhöhte Zahl der zu wählenden Mitglieder geteilt. Die nächst höhere Vollzahl bildet die Verteilungszahl. Auf jeden Wahlvorschlag entfallen so viele Mitglieder, als die Zahl der für ihn abgegebenen Stimmzettel, geteilt durch die Verteilungszahl, ergibt. Die hierbei nicht verteilten Sitze entfallen auf die höchsten Restzahlen.

Verbundene Listen werden als eine gemeinsame Liste behandelt.

. . . . . .

§ 18.

Das Gesamtergebnis der Wahl wird vom Statistischen Landesamt in einer spätestens am dritten Tage nach Eingang der Abstimmungsakten stattfindenden öffentlichen Sitzung verkündet. Es ist sofort dem Senat und dem Wortführer der Bürgerschaft mitzuteilen und zu veröffentlichen.

Anfechtung der Wahl.

§ 19.

Die Gültigkeit der Wahl kann ganz oder teilweise angefochten werden. Die Anfechtung ist binnen einer Frist von zwei Wochen nach der amtlichen Veröffentlichung des Gesamtergebnisses zulässig. Sie hat in einem Schriftsatze zu erfolgen, der in der Kanzlei der Bürgerschaft einzureichen ist und von mindestens dreißig Stimmberechtigten unterzeichnet sein muß. Der Schriftsatz muß die Tatsachen enthalten, deretwegen die Wahl als ungültig angefochten wird. Die zur Feststellung der Tatsachen erforderlichen Beweismittel sind anzugeben. Die Gesetzesbestimmung, die verletzt sein soll, ist zu bezeichnen.

Wahlprüfungsausschuß.

§ 20.

Über die eingegangenen Anfechtungen entscheidet ein Wahlprüfungsausschuß, der von der neuen Bürgerschaft in ihrer ersten Sitzung zu bilden ist.

Der Wahlprüfungsausschuß besteht aus sieben Mitgliedern der Bürgerschaft, die von ihr im Verhältniswahlverfahren gewählt werden.

Ungültigkeit der Wahl.

§ 21.

Wird die Wahl von dem Wahlprüfungsausschuß in vollem Umfange für ungültig erklärt, so hat eine Neuwahl der gesamten Bürgerschaft stattzufinden. Beschränkt sich die Ungültigkeitserklärung auf einzelne Stimmbezirke, so ist nur in diesen neu zu wählen.

§ 17 Abs. 2 des Gesetzes hat durch ein am 13. Februar 1931 veröffentlichtes Gesetz eine neue Fassung erhalten.

Zuletzt hat eine Bürgerschaftswahl in Lübeck am 10. November 1929 stattgefunden. Dabei trat der Antragsteller zu 2 für den Antragsteller zu 1 laut Wahlvorschlag 6 als Bewerber auf. Über das Wahlergebnis veröffentlichte das Statistische Landesamt eine Bekanntmachung vom 14. November 1929, in der es u. a. heißt:

Die Gesamtzahl der abgegebenen gültigen Stimmen beträgt nach den Abstimmungsniederschriften 78510. Hiervon entfallen auf den Wahlvorschlag:

1. Hanseatischer Volksbund	27881	Stimmen
2. Sozialdemokratische Partei	33278	"
3. Kommunistische Partei	6721	"
4. Demokratische Partei	2615	"
5. Deutsche Zentrumspartei	886	"
6. Lübecker Haus- und Grundbesitzer-Verein e. V.	782	"
7. Nationalsozialistische Deutsche Arbeiterpartei	6347	"

Die Wahlvorschläge 4 und 5 sind für miteinander verbunden erklärt worden.

Zu verteilen sind 80 Sitze. Die Verteilungszahl berechnet sich somit wie folgt:

$$78510 : 80 + 1 = 81 = 969^{21}/_{86}$$

erhöht auf 970.

Bei Anwendung dieser Verteilungszahl entfallen auf den Wahlvorschlag:

1:	28 Sitze	721 Restzahlen
2:	34 „	298 „
3:	6 „	901 „
4 und 5:	3 „	591 „
6:	0 „	782 „
7:	6 „	527 „

Verteilt sind somit 77 Sitze.

Die hiernach nicht verteilten 3 Sitze entfallen auf die höchsten Restzahlen, mithin je ein Sitz auf Wahlvorschlag 3, 6 und 1.

Nach der Reihenfolge der Benennungen auf den Wahlvorschlägen sind hiernach gemäß § 17 Abs. 4 des Bürgerschaftswahlgesetzes zu Mitgliedern der Bürgerschaft gewählt:

. . . . . .

Aus Wahlvorschlag 6:

1. D., Karl, Oberpostsekretär i. R.

Die Deutsche Demokratische Partei, Ortsgruppe Lübeck, focht die Wahl an und beantragte, sie teilweise für ungültig zu erklären, weil die auf den Wahlvorschlag 6 entfallene Stimmenzahl keine Restzahl im Sinne des Gesetzes und also diesem Wahlvorschlag mit Unrecht ein Sitz zuerkannt sei. Der Wahlprüfungsausschuß der Bürgerschaft beschloß darauf mit Stimmenmehrheit, daß die vom Statistischen Landesamt getroffene Feststellung, wonach aus dem Wahlvorschlag 6 der Antragsteller zu 2 zum Mitglied der Bürgerschaft gewählt ist, ungültig sei.

Gegen diesen Beschluß wendete sich der Antragsteller zu 1 an den Senat mit einer Vorstellung, worin er ausführte, der Wahlprüfungsausschuß sei nicht zuständig, nachzuprüfen, ob das Statistische Landesamt das Gesetz richtig angewendet habe. Übrigens sei § 17 BWG. von diesem Amt richtig, vom Wahlprüfungsausschuß aber falsch ausgelegt worden.

Der Senat holte über die Frage nach der Zuständigkeit des Wahlprüfungsausschusses ein Rechtsgutachten des Oberlandesgerichts Hamburg ein und wies daraufhin das Statistische Landesamt an, das Wahlergebnis neu zu berechnen. Unter Bezugnahme auf diesen Auftrag machte das Statistische Landesamt demnächst bekannt, daß das von ihm dem Antragsteller zu 1 zuerkannte Mandat nach der

Entscheidung des Wahlprüfungsausschusses ungültig sei und der dadurch freigewordene Sitz der Deutschen Demokratischen Partei zufalle. Infolgedessen sei statt des Antragstellers zu 2 der Geschäftsführer S. zum Mitglied der Bürgerschaft gewählt.

Schon früher hatte der Antragsteller zu 2 der Bürgerschaft mitgeteilt, daß er an ihren Sitzungen so lange nicht teilzunehmen gedenke, bis der Wahlprüfungsausschuß gesprochen habe. Seit dessen Entscheidung werden die Funktionen eines Bürgerschaftsmitglieds — wie zwar nicht ausdrücklich vorgetragen ist, sich aber schlüssig aus dem Zusammenhang des Parteivorbringens ergibt — nicht vom Antragsteller zu 2, sondern von dem genannten S. wahrgenommen.

II. Der Haus- und Grundbesitzerverein und D. haben beantragt:

Der Staatsgerichtshof wolle feststellen:

1. Im Sinne des § 17 Abs. 2 des Bürgerschaftswahlgesetzes vom 5. Dezember 1923/18. September 1929 für die Freie und Hansestadt Lübeck gilt als „Rest"-Zahl auch eine solche Stimmenzahl, die hinter der Verteilungsziffer zurückbleibt; es können deshalb auch auf solche Listen Mandate entfallen, die mit ihrer Gesamtziffer hinter der Verteilungsziffer bleiben.

2. Der Wahlprüfungsausschuß nach dem gleichen Wahlgesetz hat nicht die Befugnis eines Wahlprüfungsgerichts, insbesondere ist er nicht zuständig, darüber zu entscheiden, ob das Statistische Landesamt als Wahlkommissar nach einer unangefochtenen Wahlhandlung bei der Feststellung des Wahlergebnisses die gesetzlichen Bestimmungen richtig angewandt hat.

3. Der Senat ist nicht befugt, dem Statistischen Landesamt, bzw. dessen Leiter, in seiner Eigenschaft als Wahlkommissar bindende dienstliche Anweisung zu geben, wie er die Vorschriften über die Ermittlung des Wahlergebnisses auszulegen und anzuwenden hat.

4. Das vom Statistischen Landesamt nachträglich ermittelte Wahlergebnis entspricht nicht den gesetzlichen Bestimmungen.

Das Land Lübeck beantragt, die gestellten Anträge zurückzuweisen.

Der Antragsgegner zu 2 hat sich nicht schriftlich geäußert.

Für den Antragsgegner zu 3 hat sein Vorsitzender erklärt: Der „Wahlausschuß" habe „seine Wirksamkeit beendet". Sollte er als fortbestehend erachtet werden können, so beziehe er sich auf die Ausführungen des Antragsgegners zu 1.

III. Die Antragsteller haben ausgeführt:

1. Es handle sich um eine Verfassungsstreitigkeit eines Landes im Sinne des Art. 19 RVerf., § 16 Nr. 3 StGHG.

2. Die Antragsteller seien befugt, das Streitverfahren zu betreiben. Der Antragsteller zu 1 sei eine politische Partei und als solche jahrelang durch mehrere Mitglieder in der Bürgerschaft vertreten gewesen. Der Antragsteller zu 2 trete nicht als einzelner wahlberechtigter Staatsbürger, sondern als Angehöriger des gesetzgebenden Körpers, der Bürgerschaft, auf, dessen aus dem Verfassungsrecht herzuleitendes subjektives öffentliches Recht aus der ihm streitig gemachten Wahl durch falsche Gesetzesanwendung verletzt worden sei.

3. Anderseits sei die Sachbefugnis der Antragsgegner zu bejahen. Der das Land Lübeck vertretende Senat habe in einem den Antragstellern ungünstigen Sinne in den Streit über das Wahlergebnis eingegriffen und sich den Standpunkt der Bürgerschaft zu eigen gemacht. Rechtswidrig habe die Bürgerschaft den Wahlprüfungsausschuß eingesetzt und dieser seine Zuständigkeit überschritten.

4. Der Wahlprüfungsausschuß sei gesetzlich darauf beschränkt, bei Wahlanfechtungen die Gesetzmäßigkeit der Wahlhandlung nachzuprüfen. Dagegen könne er bei unangefochtener Wahlhandlung nicht darüber befinden, ob das Statistische Landesamt bei Feststellung des Wahlergebnisses die gesetzlichen Bestimmungen richtig angewendet habe. Darüber zu entscheiden, sei nur der im Verfassungsstreitverfahren angerufene Staatsgerichtshof zuständig. Setze sich der Wahlprüfungsausschuß hierüber hinweg, so könne sein Beschluß dem Staatsgerichtshof nicht vorgreifen. Denn der Wahlprüfungsausschuß sei kein Gericht; sein Spruch schaffe keine rechtskräftige Entscheidung der hier streitigen Frage.

5. In der Sache selbst ergebe sich, daß bei richtiger Auslegung des § 17 Abs. 2 BWG. in der Fassung vom 18. September 1929 die auf die Liste der Antragsteller entfallenden Stimmen als „Reststimmen" im Sinne des Gesetzes zu betrachten seien. Dem entspreche auch die früher in Lübeck beobachtete Übung. Kautelen gegen die Bildung von Splitterparteien entsprechend § 31 Abs. 1 Satz 4, § 32 Satz 3 des Reichswahlgesetzes seien in Lübeck nicht eingeführt.

6. Der Senat habe durch seine dienstliche Anweisung an den Wahlkommissar — d. h. das Statistische Landesamt — unzulässig in dessen lediglich nach eigenem pflichtmäßigen Ermessen zu erledigende gesetzliche Entscheidungsbefugnisse eingegriffen.

7. Wäre die Auslegung des § 17 Abs. 2 BWG. durch die Antragsteller unzutreffend, die Zuteilung des streitigen Sitzes an sie also nicht gerechtfertigt, so müßten die auf ihre Liste entfallenen Stimmen von der Gesamtzahl abgerechnet werden. Dann würde sich eine andere als die jetzt erfolgte Verteilung der Restsitze ergeben. Dies und die anderen gerügten Rechtsverletzungen legten die Frage nahe, ob die ganze Wahl überhaupt noch als gültig angesehen werden könne.

IV. Das Land Lübeck läßt dahingestellt, ob es sich um einen Verfassungsstreit innerhalb eines Landes handle; um Bestimmungen „der Verfassung selbst" werde der Streit jedenfalls nicht geführt.

1. Zunächst fehle aber auf beiden Seiten die Sachbefugnis.

Der Haus- und Grundbesitzerverein sei keine politische Partei. Der Antragsteller zu 2 verkenne, daß es sich bei Verfassungsstreitigkeiten nicht um subjektive öffentliche Rechte einzelner, sondern um die Auslegung und Anwendung des objektiven Verfassungsrechts handle, zu deren Wahrung der einzelne Staatsbürger nicht berufen sei.

Das Land Lübeck sei nicht der richtige Antragsgegner. Als solcher würde vielmehr in erster Linie die Deutsche Demokratische Partei in Frage kommen; neben ihr etwa noch ein Organ des Landes Lübeck — die Bürgerschaft oder ihr Wahlprüfungsausschuß —, keinesfalls aber der Senat, der in der vorliegenden Wahlrechtsstreitigkeit keinerlei sachliche Entscheidung getroffen habe.

2. Dies habe vielmehr der Wahlprüfungsausschuß getan, und zwar als zuständiges Gericht. Soweit sich die Anträge gegen seine Entscheidung richteten, würden für den Fall, daß die unter 1 geltend gemachten Bedenken nicht durchschlügen, die Einreden der Unzuständigkeit des Gerichts und der rechtskräftig entschiedenen Sache erhoben.

3. Dem Klagantrag zu 1 entspreche insoweit kein Rechtsschutzinteresse, als er eine verallgemeinernde, über den vorliegenden Fall hinausgehende Feststellung erstrebe.

4. Dem Senat als Landesregierung habe es nur obgelegen, die Folgerungen aus der Feststellung des Wahlprüfungsausschusses zu ziehen und das Statistische Landesamt zur anderweitigen Zuteilung nach Maßgabe der Entscheidung des Wahlprüfungsausschusses anzuhalten. Die Berechtigung des Senats, diesem Amt im Rahmen der Gesetze entsprechende Anweisungen zu erteilen, ergebe sich aus seiner Stellung als oberste Landesbehörde und aus Art. 47 LV.

5. Sachlich unbegründet sei auch der Klagantrag zu 4. Die auf die Liste der Antragsteller entfallenen Stimmen hätten bei Berechnung der Verteilungszahl nicht unberücksichtigt bleiben dürfen.

Dementsprechend haben die drei Antragsgegner, die sich sämtlich in der mündlichen Verhandlung vertreten ließen, Zurückweisung der gestellten Anträge beantragt. In Ergänzung des früheren Vorbringens haben sie noch darauf hinweisen lassen, daß der Antragsteller zu 1 nicht der in früheren Jahren durch verschiedene Mitglieder in der Bürgerschaft vertretene Verein sei, sich vielmehr von ihm abgesplittert habe. Die Antragsteller haben erklärt, dieser Behauptung nicht widersprechen zu wollen.

B.

Die Zuständigkeit des Staatsgerichtshofs für das Deutsche Reich ist gegeben; denn es handelt sich hier um eine Verfassungsstreitigkeit innerhalb eines Landes im Sinne von Art. 19 Abs. 1 RVerf., § 16 Nr. 3 StGHG. Dies wird nicht dadurch in Frage gestellt, daß sich der Streit der Parteien nicht auf die Auslegung eines in der Lübeckischen Verfassungsurkunde enthaltenen Satzes bezieht. Verfassungsstreitigkeiten können nicht nur in Meinungsverschiedenheiten über das formelle Verfassungsrecht wurzeln, sondern liegen insbesondere auch dann vor, wenn sich der Streit auf wesentliche Vorschriften über die Bildung der obersten Organe des Staates bezieht, die dessen Willen bestimmen. Ein solcher Fall ist hier gegeben.

Ein anderes Gericht zur Erledigung der Streitigkeit besteht nicht. Auch der frühere Wahlausschuß der Bürgerschaft ist kein Gericht gewesen. Daß er dazu berufen war, über Wahlanfechtungen, und zwar lediglich auf Grund des geltenden Rechts, zu entscheiden, begründet diese Eigenschaft noch nicht. Er war nicht als ein neben der Bürgerschaft bestehender besonderer Gerichtskörper ausgestaltet, sondern ganz nach Art ihrer übrigen Ausschüsse gebildet. So wenig wie die Bürgerschaft selbst als „Gericht“ gelten könnte, wenn ihr nach dem Wahlgesetz die Entscheidung über Wahlanfechtungen zustände — vgl. hierüber die Entscheidung StGH. 13/28 vom 22. März 1929 bei Lammers-Simons Bd. II S. 132/133 —, kann daher ihm, der lediglich einen verkleinerten, mit dieser Aufgabe betrauten Ausschnitt aus ihr darstellt, jene Eigenschaft zuerkannt werden. Er ist das Wahlprüfungsorgan der Bürgerschaft, aber kein Wahlprüfungsgericht. Die Meinung der Antragsgegner, sie könnten sich insoweit auf den

Beschluß vom 12. Mai 1928 StGH. Tgb. 6/28 — Lammers-Simons Bd. I S. 418 — berufen, geht fehl. Damals hatte nicht, wie sie irrigerweise annehmen, der Hessische Landtag die Gültigkeit der Wahl ausgesprochen, sondern der Hessische Staatsgerichtshof. Dieser aber ist in der Tat ein Gericht, wie im Beschluß StGH. 20/29 vom 24. Juli 1930 näher dargelegt. Hiermit erledigt sich zugleich der Einwand der rechtskräftig erledigten Sache, wie vorwegnehmend unter wiederholtem Hinweis auf die Entscheidung StGH. 13/28 vom 22. März 1929 zu bemerken ist.

Durchgreifende Bedenken gegen die Sachbefugnis des Haus- und Grundbesitzervereins bestehen nicht. Diese Befugnis ist nach der Rechtsprechung politischen Parteien zuzubilligen, soweit es sich, wie hier, um sie berührende verfassungsrechtliche Wahlrechtsstreitigkeiten handelt. Nach der Sachlage ist dem Verein die Eigenschaft einer politischen Partei nicht zu versagen. Er ist eine straff organisierte Vereinigung, die satzungsgemäß eine Einwirkung auf die Gesetzgebung, also politische Ziele verfolgt. Ohne entscheidende Bedeutung hat demgegenüber zu bleiben, daß er kein vollständiges, alle Zweige der inneren Politik umfassendes Programm aufgestellt hat. Wenngleich er nach dem Ergebnis der mündlichen Verhandlung bei früheren Wahlen noch nicht erfolgreich aufgetreten ist, so hat er doch jetzt eine Stimmenzahl auf seine Liste vereinigt, die hinter der „Verteilungszahl" nicht allzuweit zurückbleibt. Deshalb kann nicht gesagt werden, daß er wegen der geringen Zahl seiner Anhänger von vornherein keine Aussicht gehabt habe, einen Bewerber durchzusetzen. Im übrigen kann auch nicht unbeachtet bleiben, daß es sich hier um die Verhältnisse eines kleinen Landes handelt und daß sich infolgedessen die Voraussetzungen, die an eine Wählergruppe hinsichtlich des Ausbaues ihrer Organisation, der ihr zur Verfügung stehenden Hilfsmittel und ihrer öffentlichen Betätigung zu stellen sind, damit sie als politische Partei gelten kann, dementsprechend herabmindern.

Der Wahlprüfungsausschuß der Bürgerschaft hat die ihm obliegende Tätigkeit beendet und besteht daher tatsächlich nicht mehr. Es liegt kein Bedürfnis und kein Anlaß vor, ihn in diesem Verfahren gleichwohl als rechtlich noch fortbestehend zu behandeln. Als Antragsgegner kommt er somit nicht in Betracht.

Wohl aber sind sowohl die Freie und Hansestadt Lübeck wie auch ihre Bürgerschaft die richtigen Antragsgegner, und zwar letztere, weil es sich u. a. um einen Streit zwischen ihr und einer bestimmten Einzelperson — dem Antragsgegner zu 2 — über seine Zugehörigkeit zu ihr handelt. Zugleich ist aber das Land Lübeck an der verfassungsmäßigen Zusammensetzung seines gesetzgebenden Körpers rechtlich interessiert.

Hiernach bedarf es des Eingehens auf den Sinn des § 17 Abs. 2 BWG. in der für die hier in Rede stehenden Wahlen maßgebenden Fassung vom 18. September 1929. Diese Bestimmung entspricht wörtlich dem Vorschlag, den die durch Rat- und Bürgerschluß vom 21. Mai 1917 eingesetzte gemeinsame Kommission des Senats und der Bürgerschaft in ihrem Bericht vom 4. November 1918 gemacht hatte, vgl. § 14 Abs. 2 des betreffenden Gesetzesvorschlags Nr. 20 der Drucks. 1918. In den anschließenden Erläuterungen dazu wird es u. a. als Vorteil der Verhältniswahl bezeichnet, daß kleine Minderheiten nicht einfach aufgesogen würden, als entgegenstehender Nachteil die Parteizersplitterung. Ein Nachteil könne für Lübeck nur daraus erwachsen, daß sich zu viele Parteien oder Interessengruppen bildeten, wodurch eine nicht erwünschte Zersplitterung eintreten würde. Man dürfe aber hoffen, daß sich solche Erscheinungen nur vorübergehend zeigten. Denn einen dauernden Erfolg würden nur diejenigen Parteien und Gruppen haben, welche allgemeine Interessen verfolgten, gut organisiert seien und mit Geschick geleitet würden. Hiernach hat die bei der Fassung der Bestimmung beteiligten Personen offenbar der Gedanke geleitet, daß es sich nicht empfehle, die Bildung von Splitterparteien durch wahlgesetzliche Bestimmungen irgendwie einzuschränken, indem sie darauf vertrauten, daß eine zeitweilige, zunächst vielleicht zu befürchtende ungesunde Parteizersplitterung durch das freie Spiel der Kräfte von selbst auf das richtige Maß zurückgeführt werden würde. Dieser Gedankengang spricht jedenfalls nicht dafür, daß man beabsichtigte, Parteien, welche die Verteilungszahl nicht erreicht hätten, auch demnächst bei der Verfügung über die noch nicht verteilten Sitze auszuschließen. Der Wortlaut des Gesetzes ergibt auch nicht, daß die Auffassung der Antragsgegner zutrifft. Von einer Restzahl kann allerdings nur im Verhältnis zu einer Gesamtzahl gesprochen werden, von der ein Rest übrig geblieben ist. Aber daraus ergibt sich kein Bedenken gegen die Berechtigung der von den Antragstellern in der Sache selbst vertretenen Auffassung. Die Summe aller gültigen Stimmen, die bei der ersten Verteilung, nämlich bei der Zuweisung von Sitzen auf Grund der Verteilungszahl, nicht zum Zuge gekommen sind, läßt sich gegenüber der Gesamtheit der sämtlichen Stimmen sprachlich völlig unbedenklich als die Restzahl bezeichnen, mit der sich die das Wahlergebnis berechnende Stelle nunmehr zu beschäftigen hat. Zu der Restzahl in diesem Sinne gehören unzweifelhaft sowohl die überschießenden Stimmen der durch Zuweisung von Sitzen schon berücksichtigten wie die Stimmen derjenigen Listen, die bei der ersten Verteilung ganz ausgefallen sind, weil sie die Verteilungszahl nicht erreicht haben. Diese „Restzahl" setzt sich somit aus einzelnen Summanden zusammen, nämlich aus den auf die einzelnen Parteien entfallenen, in § 17 Abs. 2 Schlußsatz BWG. sogenannten Restzahlen. Es ist hiernach nicht sprachwidrig, dazu auch die — sämtlichen — Stimmen der zunächst ausgefallenen Listen zu rechnen, weil auch sie einen Bestandteil der Gesamt-Restzahl im ersterwähnten Sinne bilden. Es handelt sich mit anderen Worten bei den in § 17 a. a. O. erwähnten Restzahlen nicht um Reste, d. h. Teile, der auf jede einzelne Liste entfallenen Stimmzahlen, sondern um die den einzelnen Parteien auf Grund des Abstimmungsergebnisses zustehenden ziffermäßigen Anteile an der Gesamtheit derjenigen Stimmen, die bei der ersten, unter Zugrundelegung der Verteilungszahl erfolgten Zuweisung von Sitzen unberücksichtigt geblieben sind.

Daß man nach dem in den deutschen Wahlgesetzen herrschenden Sprachgebrauch auch dann von Reststimmen oder Restzahlen zu reden hat, wenn die auf die betreffende Liste entfallenen Stimmen zunächst zur Zuteilung auch nur eines Abgeordnetensitzes nicht ausreichen, lehren z. B. § 30 des Reichswahlgesetzes, § 30 des preußischen Wahlgesetzes, die dem lübeckischen Bürgerschaftswahlgesetz zeitlich vorausgegangen sind und dem lübeckischen Gesetzgeber unzweifelhaft bekannt waren. Das im Reich und in Preußen geltende sogenannte automatische Wahlsystem ist allerdings vom lübeckischen wesentlich verschieden. Es kann aber auch auf die Wahlgesetze derjenigen Länder hingewiesen werden, deren Wahlrecht dem lübeckischen durchaus entspricht, weil sie nicht nur, wie dieses, von einer im voraus feststehenden Zahl von Abgeordneten ausgehen, sondern ebenso wie das lübeckische Wahlgesetz in seiner für die vorliegende Entscheidung maßgebenden Fassung bei Ermittlung des Wahlergebnisses dem Hareschen System folgen. Das anhaltische Landtagswahlgesetz vom 7. Mai 1920 versteht in § 23 Abs. 2 unter überschüssigen Stimmen diejenigen, deren Zahl für die Zuteilung eines oder eines weiteren Abgeordnetensitzes an einen Wahlvorschlag nicht ausreicht. Ferner bestimmt das sächsische Landeswahlgesetz vom 4. September 1920 in § 27 Abs. 1, daß Reststimmen der Parteien, auf deren Gesamtstimmenzahl nicht wenigstens ein Abgeordneter entfallen ist, bei der Nachtragsverteilung unberücksichtigt bleiben, womit anerkannt wird, daß auch solche Stimmen an sich „Reststimmen" sind. Entsprechendes gilt nach § 13 Abs. 2 Satz 4 und Abs. 3 des preußischen Wahlgesetzes für die Provinziallandtage und Kreistage vom 7. Oktober 1925.

Gegenüber dem von den Antragsgegnern in Bezug genommenen Bericht des Wahlprüfungsausschusses ist noch zu betonen, daß sich die hier vertretene Auffassung, wonach Restzahlen alle zunächst nicht zum Zuge gekommenen Stimmen sind, mit der Entscheidung des Staatsgerichtshofs vom 22. März 1929 StGH. 7/28 nicht in Widerspruch setzt.

Nach dem Ausgeführten ist der Antragsteller zu 2 gültig zum Bürgerschaftsmitglied gewählt und somit berufen, als Abgeordneter bei der Bildung des Staatswillens mitzuwirken. Seine Parteifähigkeit läßt sich daher nicht bezweifeln und ebensowenig seine Sachbefugnis für das vorliegende Streitverfahren.

Dem Klagantrag zu 1 war daher im wesentlichen zu entsprechen. Er enthält keine unzulässige Verallgemeinerung, wohl aber im letzten Halbsatz eine nicht in die Entscheidungsformel gehörende Schlußfolgerung. Die Anträge zu 2 und 3 betreffen Vorfragen und haben keine selbständige Bedeutung. Der Antrag zu 4 ist nur hilfsweise für den Fall gestellt, daß dem Antrag zu 1 nicht entsprochen werden sollte. Auch er war daher in der Formel nicht zu bescheiden.

Der gegen den Wahlprüfungsausschuß gerichtete Antrag bedurfte nicht der Zurückweisung, zumal da eine Kostenfolge nicht in Betracht kommt.

Register.

Die Zahlen bedeuten die Seiten.

A. Sachregister.

C

D

E

L

M

S

B. Gesetzesregister.

1. Reichsrecht.

b. Einführungsgesetz zum Bürgerlichen Gesetzbuch.

c. Allgemeines Deutsches Handelsgesetzbuch.

d. Handelsgesetzbuch von 1897.

2. Landesrecht.

Sachsen.

3. Rheinisches Recht.

4. Ausländisches Recht.

C. Zusammenstellung der Entscheidungen nach der Zeitfolge.

Entscheidung des Staatsgerichtshofs.

Zusammenstellung
der
im 132. Bande
mitgeteilten Entscheidungen
nach
Oberlandesgerichtsbezirken

(bei Sprungrevisionen und bei Beschwerden in Angelegenheiten der freiwilligen Gerichtsbarkeit nach Landgerichtsbezirken).

(Die Zahlen bezeichnen die Nummern der Entscheidungen.)

Berlin	6. 7. 9. 11. 14. 27. 30. 31. 33. 34. 36. 40. 44. 50. 51. 54. 56. 58. 67. 69. 73. 78.	**Hamm**	53. 70.
Breslau	4. 8. 16. 22. 48. 55. 63. 79.	**Karlsruhe**	80.
Celle	35. 65.	**Kassel**	32. 68.
Darmstadt	10.	**Kiel**	2. 24. 49. 71.
Dresden	66.	**Köln**	15. 20. 74.
Düsseldorf	26. 76.	**Königsberg i. Pr.**	12. 46.
Frankfurt a. M.	64.	**München**	17. 38.
Hamburg	25. 47. 60. 75.	**Naumburg a. S.**	29. 39. 52. 57. 72.
		Oldenburg	23.
		Rostock	13. 19.
		Stettin	37. 45. 59.
		Stuttgart	43.

Landgericht I Berlin	62.
Landgericht II Berlin	3. 18.
Landgericht III Berlin	1.
Landgericht Bochum	5.
Landgericht Bremen	61.
Landgericht Gotha	77.
Landgericht Halberstadt	81.
Landgericht Hamburg	21. 28.
Landgericht Kempten	42.
Landgericht Königsberg i. Pr.	41.
Staatsgerichtshof. Anhang	1.

Berichtigung.

Hundertzweiunddreißigster Band.

S. 179 Z. 5 v. u. statt: „Abs. 2" lies: „Abs. 1".

FSC
www.fsc.org
MIX
Papier | Fördert
gute Waldnutzung
FSC® C083411

Kolibri 360 GmbH
Ferdinand-Jühlke-Straße 7
99095 Erfurt, Deutschland
produktsicherheit@kolibri360.de